# 元祐大时代

## 从庙堂博弈看北宋转衰之路

### The Great Times Of YuanYou

祁新龙 著

陕西新华出版
陕西人民出版社

图书在版编目(CIP)数据

元祐大时代/祁新龙著. —西安：陕西人民出版社，2023.12

ISBN 978-7-224-15012-4

Ⅰ.①元… Ⅱ.①祁… Ⅲ.①中国历史—研究—元祐(1086—1094) Ⅳ.①K244.107

中国国家版本馆CIP数据核字(2023)第140923号

出 品 人：赵小峰
责任编辑：彭　莘
　　　　　王彦龙
整体设计：杨亚强

元祐大时代：从庙堂博弈看北宋转衰之路
YUANYOU DA SHIDAI: CONG MIAOTANG BOYI KAN BEISONG ZHUANSHUAIZHILU

| 作　　者 | 祁新龙 |
|---|---|
| 出版发行 | 陕西人民出版社 |
| | （西安市北大街147号　邮编：710003） |
| 印　　刷 | 西安市建明工贸有限责任公司 |
| 开　　本 | 787毫米×1092毫米　1/16 |
| 印　　张 | 32.5 |
| 字　　数 | 480千字 |
| 版　　次 | 2023年12月第1版 |
| 印　　次 | 2023年12月第1次印刷 |
| 书　　号 | ISBN 978-7-224-15012-4 |
| 定　　价 | 89.00元 |

如有印装质量问题，请与本社联系调换。电话：029—87205094

宋神宗坐像轴

宋英宗后（高太后）坐像轴

宋哲宗坐像轴

王岩叟《大人上问帖》

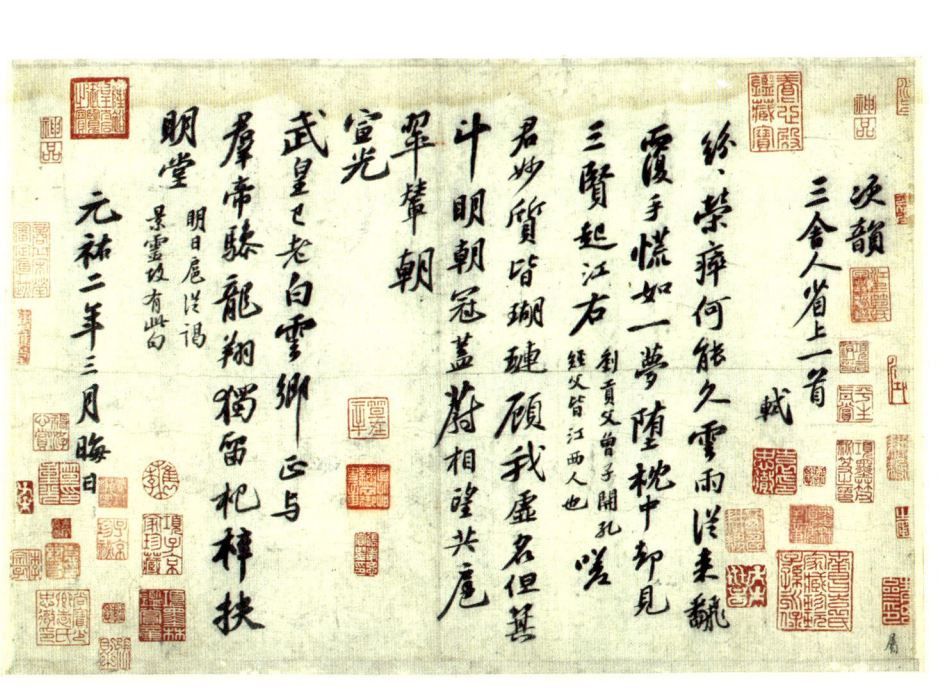

苏轼《次韵三舍人省上诗》

文彦博《三札卷》（局部）

## 楔子 一个时代的终结是另一个新时代的开始吗？

宋元丰八年（1085）正月，首都汴京到处呈现出一派新年的热闹氛围。街市行人如织，四野如市。放眼望去，灯红酒绿，车水马龙。都市的繁华吸引着市民的眼球，"州东宋门外，州西梁门外踊路，州北封丘门外及州南一带，皆结彩棚，铺陈冠梳、珠翠、头面、衣着、花朵、领抹、靴鞋、玩好之类。间列舞场歌馆，车马交驰"①。忙碌了一年的开封人，放下一身疲惫，沉浸在新年的节日中，享受着少有的清闲、恬淡、舒适。开封府放关扑三日，很多人投入这项娱乐中。

不过，这种新年的氛围并未蔓延至皇宫深处。正月初一，按照惯例，群臣要先贺正旦，然后宋神宗给群臣赏赐财物，新年才算正式开启。但这一年的正月初一，群臣没有上早朝贺正旦，因为神宗病了。其实，神宗非新疾，而是已沉疴数年。病因是几年前宋夏永乐城之战。当时宋军战败，数万宋军、十数万民夫丧命。那是宋朝自开国以来从未有过的败绩。高梁河之战、澶渊之战、三川口和好水川之战都无法与那次大屠杀相比较。也就是从那时候起，神宗就病了。强烈的自责，让神宗数年不能释怀，最终酿成大病。元丰七年（1084）秋宴，神宗招待群臣、诸王。起初大家都觉得现场氛围和谐，君臣同乐。然而，酒过三巡，当众人再看神宗时，惊奇地发现神宗端着酒杯的手僵在半空，酒洒到了龙袍上，"手弱觞侧，余酒沾污御

---

① 《东京梦华录·卷六》。

袍"①。皇帝似乎中风了。

也就是从此时起,神宗身体每况愈下。到第二年春节,神宗病危。国家只能暂时由三省、枢密院宰执坐镇。不久,有内侍官传来消息:皇帝的病更加严重了,"春正月戊戌,上寝疾"②。三省、枢密院长官急于弄清楚皇帝的病情。于是,当天下午他们进宫问安。

神宗的病情很严重,但精气神还在。这是三省、枢密院长官的直觉。他们只是问候了一声,不愿意多打扰被病魔折磨的君上。不过,宰执们依然很担忧,他们祈求神宗安康,同时也在心底做着最坏打算。次日,他们再次进宫问安,并打算在大庆殿设消灾祈福道场七昼夜,为皇帝祈福。宰执们向神宗征求意见,此时,神宗已无法说话,只能用点头或摇头表示肯定与否。宰执们目睹皇帝病重,不敢回家,留宿宫中。

即便做了这些,神宗的病依然毫无转好迹象。宰执们商议后,决定实施大赦,让上天切实感应到朝廷的诚心。他们向危病中的神宗请示,神宗点头示意可以大赦。正月初九,一道大赦天下的诏书传遍朝野内外。举国上下都希望神宗可以好转,毕竟他才三十多岁,正是干事创业的年纪。此后,大臣们在景灵宫诚心祈祷,并设坛祭祀,向天地、宗庙、社稷祈祷,为神宗安康做些力所能及之事。

上苍似乎还垂怜着这位君主,一连串的举措下来,神宗身体有所好转。在接下来的几天中,他还亲自处理了一些政务。比如,御辇院上疏,请给皇太后配备仪卫队,神宗同意了。神宗还打算开科取士,让户部侍郎李定权知贡举。③

皇帝看起来好多了,群臣在庆幸之余,依然不愿让他过多操劳。目前神宗的身体健康胜过一切。正月二十四,神宗病情忽然加重,再次卧榻。三省、枢密院长官搞不清皇帝病情明明已好转为何又莫名加重。当他们进宫看望时,神宗才透露了个中缘由。原来,由于近日身体好转,卧床多日的神宗振奋之余,在皇宫里进行锻炼。可能还出了一身汗。做完运动的神宗却忽略了一个因素:当时是三九天气,出汗了就要保暖。于是,神宗再次着凉。

宰执们暗暗觉得情况不妙,他们一边操持国事,一边与皇帝商议政事。宰相王

---

① 《老学庵笔记·卷七》。
② 《续资治通鉴长编·卷三百五十一》。
③ 《续资治通鉴长编·卷三百五十一》。

珪隔三岔五就进宫请安，也向神宗征求政事意见。神宗尽管卧病病榻上，但毫无放松理政的意思。他还颁布了一条命令："非召赴阙者，有奏陈事，权令进入，并至视事依旧。"①凡事都要亲力亲为，这得是多么要强的一位帝王啊！

不过，这种要强也加速了他的病情。朝中的御医已无法减轻神宗的病痛，朝廷不得不向民间求助，"诏河南、大名、颍昌府，郓、青、扬、邓州守臣访诸通医术者，乘驿赴阙"。

群臣不再叨扰皇帝，希望他能安心养病。然而，偏偏这时候又发生了几件事，扰乱了神宗的心神，进一步加重其病情。第一件事是发生在二月十七日夜里的一场大火。着火的地方是开宝寺旁礼部贡院。火势很大，瞬间蔓延至周围建筑。尽管消防人员第一时间赶到了现场，并扑灭了火，但损失依然不可估量，更要命的是，在这次火灾中，承议郎韩玉、冀王宫大小学教授兼睦亲广亲宅讲书翟曼、奉议郎陈之方、宣德郎太学博士马希孟等数十人被大火吞噬。神宗听闻此事后，沉寂不语，没有人知道他在想什么。但所有人都清楚，这场火灾对神宗的健康一定产生了较大影响。第二件事是二月二十日，神宗年仅七岁的第五女（追封惠国公主）去世。②这件事对神宗的打击要比火灾更大，谁能忍受在危病中眼见子女病故又无能为力呢？神宗的悲痛不用想都能猜得出来。

神宗的病情急转而下。所有人都清楚，这时候搞打醮、祭祀等已是尽人事听天命了。皇帝不可能再恢复如初。宰相王珪建议，尽早立储，并由皇太后权同听政。等到神宗康复后，一切一如既往。神宗答应了首相所请。得到许可后，王珪马不停蹄去请示高太后，向高太后陈述了自己与皇帝的计划。但高太后似乎不太愿意接受。王珪不得不动之以情晓之以理再三恳求，高太后这才答应了宰相所请。③

其实所有人都明白，做这些都是以防万一。朝臣不得不面对一个事实：皇帝驾崩是迟早的事。因此，要在这天到来之前，确定皇位继承人，这样才能稳定朝局、安抚人心。

然而，尽管神宗同意了册立太子之事，但宰执之间意见很难统一。加之一些别有用心之人故意把水搅浑，因此在此事上，朝臣们也形成了不同阵营。

---

① 《续资治通鉴长编·卷三百五十一》。
② 《续资治通鉴长编·卷三百五十一》。
③ 《续资治通鉴长编·卷三百五十一》。

事实上，从神宗得病伊始，朝中的各派势力就已在为自己谋后路了。眼下朝廷大臣有两派——新党（支持变法派）和旧党（反对变法派）。这两派都在为自己的将来做打算。按理说，即便神宗去世，继任者也不能随意更改神宗之前的路线，这是尽孝。可谁又能保证这一点呢？若继任者不愿意沿着神宗制定的路线走，重用旧党，宋朝会不会变成另外一副样子呢？而一旦旧党得势，新党将会面临什么样的际遇呢？因此，在无法预料的情况下，不管是新党还是旧党，最安全的做法就是做两手准备，以应对未来朝局的变化。

最先出动的是以蔡确为首的新党。他担忧神宗为调和新旧党争，在弥留之际起用吕公著、司马光等旧党人，进而威胁到自己的相位。于是，蔡确决定先下手为强。

在实施计划前，蔡确找到了一个既是帮手也是同谋的邢恕。计划由邢恕出面操作，蔡确做幕后推手。

邢恕此人，出身并不显贵，但他很有能力，文章写得好，喜欢借古喻今，谈论国家大事。史称他"博贯经籍，能文章，喜功名，论古今成败事，有战国纵横气习"①。然而，邢恕此人虽有能力，但为人狡诈钻营，以利益最大化为毕生追求。起初得到王安石赏识，后来王安石发现其人品行不佳，就把他外放了。吴充任宰相期间，邢恕由此得到朝廷重用。此后，蔡确看到神宗喜欢邢恕，就大力举荐，邢恕由此得到晋升，邢恕与蔡确之间便建立起某种"关系"。即便如此，邢恕也没闲着，他到处结交达官显贵，利用各种人脉资源往上爬。

现在机会来了，蔡确要在神宗病危之际做一件大事。蔡确秘密会见邢恕，并向邢恕全盘托出了自己的计划。

原来，蔡确料到神宗很难挨过这个春天，因此他想拥立新皇，为自己捞取更多政治资本。不得不说，这的确不失为高明之计谋。放在任何朝代，拥立之功都大于一切。新皇即位，必将重用拥立之人。不过，此前首相王珪已征得神宗同意，择日

---

① 《续资治通鉴长编·卷三百五十一》。

册立皇太子。难道蔡确不知道这件事？他当然知道。可若拥立太子之事由王珪主导，拥立之功必然归于王珪，就与他蔡确没多大关系了。蔡确自然不允许这种情况发生。

蔡确想另立储君。因为此时，储君还未最终确定。只要他先下手为强，未来还是他的时代。显然，王珪主张拥立的六皇子延安郡王赵佣不是合适人选，绝不能将首功拱手让于王珪。这时候，亟须另外物色一个储君人选，这样主动权才能重新回到蔡确手中。

蔡确打算立雍王（赵颢）、曹王（赵頵）中任何一位为储君，因为宋朝有兄终弟及的先例。这两位王爷均是神宗之弟，都过而立之年，又是高太后的亲儿子，完全有资格充任储君人选。在蔡确、邢恕看来，高太后肯定乐于让她生的儿子继承皇位。他们的依据是，高太后对这两个儿子很是疼爱，一直将他们留在宫中居住。

然而，想要拥立二王其中一位，就得做好规划。若拥立之事一旦泄露，那可是谋逆之罪。蔡确决定派邢恕出面，先疏通各种关系，向二王透露自己的计划，若二王中有人愿意参与此事，整个拥立就成功了一半。再通过运作，最终实现拥立之目的。不过这件事显然不能直接与二王商议，蔡确认为要先试探高家人的态度，只要高家主张拥立二王，其他人也就翻不起多大浪花。而与高家人联络的任务，就交给邢恕了。别看邢恕职位不高，却在多年京官经营中结识了很多人。比如，邢恕与神宗母亲高太后娘家侄子高公绘、高公纪私交甚笃。蔡确和邢恕这次的计划就打算从高公绘、高公纪二人入手，通过与他们建立联盟，进而与高太后结盟，拥立二王之一为储君。

计划看似天衣无缝。

不久，邢恕找到了高家二公子，向他们打探神宗的病情。要知道邢恕虽是京官，却并无进宫请安的资格。很多神宗的消息，他都是从高氏兄弟口中得知。当邢恕得知神宗身体状况堪忧时，对蔡确和自己密谋之事愈加着急起来。

邢恕认为，当断则断，不断自乱。

此后，蔡确让邢恕邀请二公子到自己府上相聚。但这两人似乎知道结交大臣是皇家忌讳之事，拒绝了蔡确的邀请。随即，蔡确让邢恕再次邀约，既然他们与你相好，不如将他们请到你家里商议大事最为妥当。于是，某一天，邢恕又秘密传话给高氏兄弟，并声称家中白桃树近日开花，典籍上说此花可治愈皇上疾病。此话一出,两人果然应允到邢恕家里观赏桃花。

邢恕让家里人准备好一切,等着向对方摊牌。不久之后,两人应邀到了邢恕家里。当他们怀着极大兴致进入邢府花园后,发现满院子都是红桃花,根本没有邢恕口中的白桃花。他们不太友善地问:"你说的白桃花在哪里?"邢恕这才上前拉住这两位富家公子的手说:"某请二位此来非看桃花,却是奉蔡相之命与你们结成腹心之交。如今皇上龙体欠安,皇子年幼,国家大事我们应早做打算。某以为雍王、曹王都是有贤德的王爷,不知道二位以为怎样?"听了邢恕的话后,两人才恍悟了邢恕的如意算盘。但理智告诉他们,决不能干政,这是大忌,也是底线,轻则获罪,重则祸及高氏家族,甚至连累高太后。

于是,他们极其不悦地对邢恕说:"你这是要害我们高家呀,你不知道这是要被满门株连的吗?"说完,拂袖而去,将邢恕晾在了庭院。邢恕愣了半天才回过神来,看来蔡相和他押错了宝。

邢恕感觉到危机来了。若那二人将此事公之于众,他和蔡确必将祸及满门。邢恕马上找到蔡确商议应对措施。邢恕认为,要在他们将此事泄露之前下手,赢得主动权。蔡确却并不担心,他认为暂时不能采取行动,静观时局,因为密谈现场只有他们三人。只要邢恕不认账,谁也奈何不了他。同时,蔡确也料定,高公绘、高公纪二人也不敢将此事宣扬出去。否则,这对他们也没有任何益处。

但就此尚不能摆脱嫌疑,邢恕、蔡确两人需要转移朝臣的视线,将自己从谋逆的泥潭中解救出来。于是,由蔡确操纵,邢恕与其党羽出面,到处散布雍王赵颢有觊觎皇位之心的消息,达到混淆视听的目的。为了让这件事坐实,邢恕联合内殿承制致仕王械一起污蔑赵颢。蔡确也利用此事,污蔑高太后与王珪密谋欲废准太子延安郡王,另立雍王为储。

不过邢恕、蔡确等人的诋毁并未奏效,似乎所有人都清楚他俩的伎俩。此时,王珪等人也没有闲着,他不待见蔡确,问候皇帝时也不约蔡确一起,蔡确对宫闱深处的事情一无所知,反倒是邢恕还探听到了某些内幕。比如,有一次邢恕问蔡确神宗的病情,蔡确竟然一无所知。邢恕很不高兴地告诉蔡确:"上疾再作,失音直视,闻禁中已别有处分,首相外为之主。公为次相,独不知耶?一日片纸下,以某为嗣,则公未知死所矣。公自度有功德在朝廷乎？天下士大夫素归心乎？"①

邢恕这一通批评让蔡确明白,他被王珪耍了。他本以为自己的精明深藏不露,最后却发现自己才是最大的笑话。恐慌之中的蔡确认为,是时候采取非常手段反击了。他找到邢恕商议,邢恕又给蔡确提供了建议："延安郡王今春出阁,上去冬固有成言,群臣莫不知。公盍以问疾率同列俱入,亟于上前白发其端。若东宫由公言而早建,千秋万岁后,公安如太山矣。"意思是说,虽然神宗决定立延安郡王为太子,但其他臣子尚不知,下次等宰执问候神宗病情时,你要一起跟去,抢先向神宗提及此事,若由你提出立延安郡王,那你的后半生就无忧了。蔡确觉得此计可行。相传蔡确还派人将计划告诉了章惇。章惇也是一位宰执,王安石变法支持者。为了保险起见,蔡确还让知开封府蔡京带人埋伏在枢密院外庭,若王珪有异议,就将他斩首示众。②

然后,蔡确就找到了王珪,商议进宫面圣,一方面问候神宗,另一方面也向神宗正式提出立储事宜。王珪也慨然应允,看来皇储问题不仅仅困扰着蔡确、邢恕之流,首相王珪也焦急异常。之后,宰执们进宫问候神宗。众人看到皇帝身体状况不佳,宰执也没有提及立储之事,他们担心此举会影响到圣上的心情。

看望完毕,一行人到了枢密院南厅商议立储之事,打算商定结果后,直接报神宗批示。这时候,刺杀王珪的计划也秘密开始了,蔡京带领人已埋伏于枢密院南厅外,只等着一声令下,他就可以带着人冲进去,杀死王珪。

宰执们坐定后,由蔡确出面,指出六皇子年纪太小,继承皇位可能会带来一些不稳定因素,故意从王珪口中套话。邢恕也在一边帮腔,好让王珪露出破绽。王珪只说了一句："上自有子,复何议！"什么意思？皇帝已经确定了太子人选,你们还在这里商议储君人选,简直可笑至极。蔡确瞬间被打脸,而章惇似乎有些幸灾乐祸。王珪的话那样铿锵有力,谁还能反驳呢？

经王珪一说,六皇子延安郡王为储君基本已成定局,而蔡确机关算尽,也没有实现拥立之功。宰执们将商议的结果写成文字,由章惇手持,进宫征求神宗意见。在宫廷外,众人遇到了被蔡确计划拥立的两位王爷。章惇高声道："已得旨,立延

---

① 《宋史·卷四百七十一·列传第二百三十》。
② 《宋史·卷四百七十一·列传第二百三十》："遂与确定议,仍约知开封府蔡京以其日领壮士待变于外廷,谓曰：'大臣共议建储,若有异议者,当以壮士入斩之。'"

安郡王为皇太子矣！奈何？"赵颢说："天下幸甚。"章惇这样说，可能是他已知道，赵颢与蔡确私底下或有相互成就对方的盘算。章惇故意如此大声，意在打消赵颢的储君梦。

有意思的是，就在王珪劝高太后权同军国事后，高太后也担忧神宗忽然驾崩，天下陷入乱局，她早就命人给小皇子缝制了孩子穿的龙袍以备万一。

现在，遗旨已拟定，只差册立皇太子的程序了。这也意味着神宗已为赵氏政权选定了继承人，即便他驾崩，也可以安然闭目了。

## 3

---

三月，莺飞草长，春意盎然。汴京城已花红柳绿，人们脱去了厚厚的冬衣，迎接着新的春天。每年这时候，金明池、琼林苑对外开放，游人如织。神宗要在这里宴请群臣，观看各类娱乐节目，"驾先幸池之临水殿，锡（赐）宴群臣。殿前出水棚，排立仪卫。近殿水中，横列四彩舟，上有诸军百戏，如大旗、狮豹、掉刀、蛮牌、神鬼、杂剧之类。又列两船，皆乐部"①。

然而，尽管今年金明池的水更清、鱼更肥，皇帝却无法出宫主持盛大的仪式了。这些天子与民同乐的场面，或许要等到下一个春天才能实现。

三月初一，宰执大臣进宫问安，并就目前政事咨询高太后意见。这是高太后和太子一起第一次听政。高太后情绪低落，她告诉各位宰执大臣，太子好学，已能诵读《论语》七卷，自从神宗得病后，已手抄两卷佛经祈福。高太后还将太子写的《论语》经卷展示给众人。看到太子抄写的佛经字迹工整，书写规范，宰执们纷纷称赞太子有德才。②

随即，高太后命人宣读圣旨，将六皇子改名为煦，并让有司准备册立事务。高太后还希望宰执像辅佐神宗一样辅佐太子，保证国家机器正常运转。之后，就是大赦，向内外宣布太子册立事宜。据沈括《梦溪笔谈》记载，三月初四，高太后还命人请一个叫道亲的僧人为神宗求药，希望神宗能够好起来。

---

① 《东京梦华录·卷七》。
② 《续资治通鉴长编·卷三百五十二》："皇子精俊好学，已诵《论语》七卷，略不好弄，止是好学书。自皇帝服药，手写佛经二卷祈福。"

同一天，朝廷正式册立赵煦为皇太子。①这是神宗最后放心不下的事情，太子只有正式册封了才是太子。刚刚进行完册封礼，神宗身体便急转而下。当天下午，神宗已进入昏迷状态。所有人似乎都清楚，他们等待的那个时刻即将到来。整个晚上，皇宫中气氛紧张。这一夜好难熬，神宗身边的人和他自己，都非常痛苦。当三月初五的光亮透进宫殿里时，神宗的生命也到了最后的时刻。②

　　三十八岁的神宗带着深深的遗憾离开了人世，他还有很多事没有来得及去做。

　　神宗去世后，九岁的皇太子赵煦在他父亲灵柩前即位，是为哲宗。首相王珪对着宰执大臣念出了遗诏："皇太后为太皇太后，皇后为皇太后，德妃朱氏为皇太妃。应军国事并太皇太后权同处分，依章献明肃皇后故事。如向来典礼有所阙失，命有司更加讨论。"③

　　这道诏书里透露出两个信息：其一，皇帝年纪还小，所有政事都要由祖母高太后参与辅政，与小皇帝一起处理。其二，典礼有所阙失，让有关部门讨论完善。相传，在草拟这道诏书前，就高太后权同处置军国事一事，章惇和王珪意见很不统一。章惇隐隐觉得高太后摄政会带来诸多问题，但是王珪还是坚持了神宗的意见，让高太后垂帘听政。

　　新皇帝即位了，尽管他只有九岁，却是庞大帝国的合法继承人。而神宗的棺椁被安置在一个角落里，等待陵墓修好后，择日下葬。宋神宗的时代随着他的去世终结了。

---

　　神宗去世是所有人预料中的事情，只是大家都发现，当这一刻真正来临时，伤痛席卷了全身。不管神宗生前做事对与错，他都应该被历史记住。这位积极进取的君王，穷尽一生，也未能改变北宋朝局的困境。

---

①《宋史·卷十六·本纪第十六》："丁酉，皇太后命吏部尚书曾孝宽为册立皇太子礼仪使。"
②《宋史·卷十六·本纪第十六》："戊戌，上崩于福宁殿，年三十有八。"
③《续资治通鉴长编·卷三百五十三》。编者注：高氏虽已贵为太皇太后，但全书为叙述简洁起见，依然始终称其为"高太后"。

神宗继承皇位时十九岁，他的父亲英宗在位四年，没有建树。朝廷却面临着巨大考验，宋夏战争内需消耗过大，官员系统冗繁致使财政入不敷出，强邻环伺饱受外敌频频冲击……内外交困使国家呈现出一种从未有过的危机。到神宗时期，入不敷出已成常态。

这还只是收支问题，事实上，在神宗即位时，有宋以来前几代积攒下来的问题，在这一节点全部暴露了出来。当时有个叫张方平的官员，对神宗说："天下不幸，大行皇帝奄弃。仁宗升遐，及今未满四年，大祸仍臻，内外公私，材费不赡，再颁优赏，府藏虚散。深惟方今至要，莫先材用。材用者，生民之命，为国之本，散之甚易，聚之实难。材用不足，生民无以为命，国非其国也。祖宗平天下，收敛其金帛，纳之内帑诸库，其所以遗后世之业厚矣。自康定、庆历以来，发诸宿藏以助兴发，百年之积，惟存空簿。"①张方平曾经担任三司使，对国家财赋状况非常清楚，他的话应该很有权威性。

针对这一系列的问题，年轻的神宗感叹不已。他从父辈手中接过了一个到处漏风的问题帝国，坐享其成不现实。这些问题不解决，国家很可能就此衰落。素有大志的神宗不能让帝国在他手中变衰。他要利用自己的智慧，解决掉这些问题，还要将大宋打造成堪比汉唐一样的强国。

然而，理想很丰满，现实很骨感。没有一帮治世能臣，仅凭一己之力，神宗很难实现富国强民的目标。不幸的是，跟随仁宗皇帝推行庆历新政的那些旧臣老的老、死的死，难堪重用。神宗只能从国家现任的执政大臣中寻找人才，征求强国意见。

神宗第一个找到的人是司马光，此人有才学，又是两朝元老，经历丰富，可以为他图强做参谋。不过，当神宗表达了自己的决心后，司马光的话却让神宗陷入沉思。司马光给年轻的皇帝提出了两个方面的治国方略："修心之要三：曰仁，曰明，曰武；治国之要三：曰官人，曰信赏，曰必罚。"②神宗大失所望，一代大儒，竟然提出如此陈腐的建议。司马光的这些观点也曾给仁宗、英宗提过，并没有起到实质性作用。在神宗看来，司马光的观点虽然导向正确，但失之空泛，可行性

---

① 《续资治通鉴长编·卷二百九》。
② 《宋史·卷三百三十六·列传第九十五》。

不足。急于做出一番事业的神宗对司马光失去了信心。

此后，神宗又向老臣富弼征求治国之道。富弼曾与范仲淹一起推行庆历新政，资历和威望在官僚系统中首屈一指，神宗相信富弼必有高论。然而，富弼却对神宗说："人主好恶，不可令人窥测；可测，则奸人得以傅会。当如天之监人，善恶皆所自取，然后诛赏随之，则功罪无不得其实矣。"神宗还不满足，又向富弼征求强兵之法，富弼却是一盆冷水泼在了神宗头上："陛下临御未久，当布德行惠，愿二十年口不言兵。"①此时已垂垂老矣的富弼，看来已不可能再为富国强兵提供任何有益的建议。

神宗又咨询了其他朝臣，得到的答案大同小异。或许这帮人对神宗这种激进改革的态度很敏感：如今四海承平，皇帝您要干什么？难道要打破这种平衡吗？

司马光、富弼等国家精英貌似都在回避革新这个话题。

这让神宗很恼火，他虽有强国富民之心，然国无治世能臣。即便如此，神宗还是不甘心，他在等待着和他一起撑起天下的能臣出现。此后，曾在神宗做太子时的幕僚韩维经常给神宗说出一些耳目一新的治国言论，并声称这些言论都是好朋友王安石的观点。这引起了神宗的极大兴趣。

于是，神宗擢升王安石，将他从江南调到京城，亲自向王安石征求治国良方。王安石等待这一刻已经很多年，此前他曾在仁宗朝上过一份万言书《上仁宗皇帝言事书》，并未得到仁宗皇帝的回应，王安石也觉得属于自己的时代应该还未到来，就一直蛰居江南。此后，尽管朝廷一遍遍给他下达任命书，他都拒而不受。现在，神宗有改革之心，王安石觉得时机已到。他火速从江南赶到京城，急于得到新帝的认可。

两个人相谈了几次后，神宗深深觉得王安石就是他苦苦寻找的变法能臣。②于是，两人着手准备变法，以实现国库充盈、开疆拓土。然而，当神宗准备掀起变法时，司马光站出来表示坚决反对，他的态度之强烈让神宗很不理解。司马光的经济观是，天下的财富是一个定数，朝廷要想多得，民间财富就会减少，这恰恰与王安石"不加赋而国用足"的观点相反。这场理财之争持续了一段时间，但神宗还是更

---

① 《宋史·卷三百三十六·列传第九十五》。
② 《续资治通鉴长编·卷六十六》。

倾向于王安石的建议。最终君臣二人掀起了变法，史称熙宁变法。

一大批的新法从中央颁布到基层，增加财政的新法有均输、青苗、市易、免役、方田均税、农田水利等，强兵的新法有置将法、保甲法、保马法等，都是奔着解决国家各种实际问题去的。几年时光过去，新法的确解决了国家财政空虚的问题，也实现了强兵的目的，却触碰了各种阶层的既得利益，由此，批评纷至沓来。此后，关于新法的争论逐渐演变成推行新法的新党和反对新法的旧党之间的斗争。

王安石为了让新法持续推行下去，起用了一大批品行不正的官员，比如蔡确、吕惠卿、蔡京等人。这些人既推行新法，也参与新旧党之间的争斗。他们甚至违背新法设置的条款，随意指挥地方落实法令，这也让旧党对新法更加痛恨。再后来，因各种势力的联合作用，加上神宗立场不坚定，新法推行出现了滞碍。为了不前功尽弃，王安石主动辞去相位，把矛盾集中在自己身上，任由旧党继续攻击自己。

神宗在王安石罢相后也没有辜负王安石，一直力排众议推行新法，并在元丰年间实施了一场名曰"元丰改制"的改革。神宗意图用王安石变法赚来的钱，向西夏、吐蕃发动战争，用战争的胜利来堵住旧党的嘴。战争起初取得了一系列胜利，北宋实现了拓边熙河的目的，将疆域延展到河西走廊以西。然而，战争持续到后期，由于多种原因，宋军对西夏战争出现了败绩，尤其是五路伐夏失败和永乐城失利，给神宗造成了极大的心理负担。永乐城失败后，神宗曾对着大臣痛哭不已。从这以后，神宗陷入深深的自责和自我折磨中。元丰八年（1085）三月初五，正值壮年的神宗终于在遗憾中离世。

现在，这位君主永久地沉睡在皇宫的角落里，他对身后事还没有来得及做更多安排，只是让母亲高太后辅政，帮助儿子赵煦成长，直到赵煦可以独自扛起振兴国家的重任。

那么，当神宗离开人世后，国家的前路在何方？承接这份大任的高太后，是否会沿着儿子制定的路线走下去呢？神宗的时代结束了，北宋会不会迎来一个新的时代呢？

# 目 录

**第一章　高太后垂帘听政**
1. 高太后选贤　/ 001
2. 司马相公的忧郁　/ 006
3. 新旧党争初现端倪　/ 012
4. "以母改子"神理论　/ 016
5. 三大毒瘤　/ 021
6. 旧党全部要回朝　/ 029

**第二章　旧党得势**
1. 韩维反对"一刀切"更张新法　/ 036
2. 吕公著反对司马光　/ 043
3. 废除保甲法是当务之急　/ 052
4. 旧党台谏的呼声　/ 061
5. 千古一帝宋神宗　/ 067
6. 新旧两党的初次较量　/ 071

**第三章　驱赶新党与讨论更张**
1. 台谏官的反攻　/ 080
2. 新党党魁被排挤　/ 085
3. 司马光对西夏的纵容　/ 091
4. 免役法利弊集体大讨论　/ 097
5. 难以止息的边境纠纷　/ 105
6. 驱赶奸邪与废除新法　/ 112
7. 台谏官与章惇的斗争　/ 119

| 第四章 台谏官的胜利 | 1. 安焘任职风波 / 125 |
|---|---|
| | 2. 废除新科举制度 / 131 |
| | 3. 韩缜陷入党争旋涡 / 135 |
| | 4. 苏轼反对司马光 / 142 |
| | 5. 废除新法和与西夏邦交同步进行 / 147 |
| | 6. 王安石去世 / 153 |

| 第五章 在斗争中更张法令 | 1. 在乱局中治理国家 / 161 |
|---|---|
| | 2. 旧党台谏对政局的影响 / 167 |
| | 3. 高太后与台谏官共治 / 172 |
| | 4. 台谏官围攻吕惠卿 / 178 |
| | 5. 言论自由与限制的争议 / 182 |
| | 6. 宋夏纠纷进行时 / 187 |

| 第六章 废除新法运动 | 1. 废除青苗法 / 193 |
|---|---|
| | 2. 王岩叟和朱光庭受宠 / 199 |
| | 3. 司马光的哀荣与旧党的危机 / 205 |
| | 4. 章惇再受责难 / 211 |

## 第七章 考题风波与党争

1. 苏轼考题引发的争论 / 218
2. 台谏官对苏轼的弹劾 / 224
3. 打压蔡确的公与私 / 229
4. 斗争永远在路上 / 234
5. 台谏官与朝廷对抗 / 240
6. 边境战争永无休止 / 245
7. 朋党形成 / 250

## 第八章 延续的党争

1. 暧昧的边防态度 / 258
2. 贾易对苏轼的轮番进攻 / 263
3. 苏轼自证清白 / 269
4. 考题风波后续 / 274
5. 台谏官的治国方略 / 281
6. 无休无止的斗争 / 287
7. 黄河复（改）道大讨论 / 293

## 第九章 元祐新拐点

1. 刘安世其人其事 / 301
2. 台谏官得势 / 306
3. "车盖亭诗案"始末 / 313
4. 旧党驱逐朝中新党 / 321
5. 台谏官与宰执的斗争 / 328

6. 明堂大礼风波　　／ 335

7. "奶娘事件"引发的争议　　／ 342

**第十章 后元祐时代**

1. 文彦博请辞　　／ 348
2. 台谏官对邓温伯的弹劾　　／ 355
3. 台谏官起内讧　　／ 362
4. 边境问题新讨论　　／ 369
5. 刘挚引起的新党争　　／ 375
6. 新一轮斗争形成　　／ 381
7. 苏辙与台谏系统的争端　　／ 387

**第十一章 朔党离朝**

1. 苏辙离开台谏系统　　／ 394
2. 宰执重新得势　　／ 400
3. 赵彦若父子引发的党争　　／ 407
4. 苏轼与贾易的再斗争　　／ 413
5. 疑惑的旧党　　／ 420
6. 无法根绝的党争　　／ 428

**第十二章 最后的辉煌**

1. 章楶的御边策略　　／ 439
2. 为哲宗立后　　／ 445

3. 朝臣的担忧　　/ 452
4. 南郊大典的信号　　/ 458
5. 继续斗争与垂死挣扎　　/ 464
6. 蜀党离朝的背后　　/ 471

**尾声：哲宗亲政意味着另一个时代的到来吗？**　　/ 478

**大事记**　　/ 486

**元祐时期重要官员**　　/ 492

**参考书目**　　/ 496

**参考论文**　　/ 499

**后　记**　　/ 500

# 第一章 高太后垂帘听政

> 自是内降遂绝，力行故事，抑绝外家私恩。文思院奉上之物，无问巨细，终身不取其一。人以为女中尧舜。
> ——《宋史·英宗宣仁圣烈高皇后传》

## 高太后选贤

尽管高太后有心理准备，可当神宗真正驾崩时，她依然感觉到一种从未有过的慌乱。

在此之前，她恪守后宫制度，决不参与国家大政。唯一一次干政，是熙宁变法时，她听到各种铺天盖地诋毁新法的言论，担心这些刺耳的批评对江山社稷不利，对神宗不利，当然也对以她为代表的阶层不利，因此她建议神宗将王安石外放。她甚至不惜放下身段苦口婆心劝谏神宗："等这阵风过去了，你再将王安石召回来。"这个建议被神宗果断拒绝。神宗觉得他和王安石实施的变法没有错，将王安石外放不就等于向天下承认新法有问题吗？神宗自然不会这么做。此后，高太后像个局外人一样，冷眼旁观这场震惊朝野的变法，不再过问朝中任何事。①或许高太后想过神宗会孤注一掷到底，自始至终拒不承认变法有问题。这在熙宁七年（1074）王安石罢相时朝廷颁布的一道诏书中可以窥见："朕嘉先王之法，泽于当时而传于后世，可谓盛矣。故夙兴夜寐，八年于兹，度时之宜，造为法令，布之四方，皆稽古先王，参考群策而断自朕志。"

---

① 《邵氏闻见录·卷三》："帝一日侍太后，同祁王至太皇太后宫，时宗祀前数日，太皇太后曰：'天气晴和，行礼日亦如此，大庆也。'帝曰：'然。'太皇太后曰：'吾昔闻民间疾苦，必以告仁宗，常因赦行之，今亦当尔。'帝曰：'今无它事。'太皇太后曰：'吾闻民间甚苦青苗、助役钱，宜因赦罢之。'帝不怿，曰：'以利民，非苦之也。'太皇太后曰：'王安石诚有才学，然怨之者甚众。帝欲爱惜保全，不若暂出之于外，岁余复召用可也。'帝曰：'群臣中惟安石能横身为国家当事耳。'"

这道诏书里面坚持表明新法无错，王安石无错，更加强调朝廷的态度——若违背新法，将严肃追责问责。或许在高太后和旧党看来，神宗这种做法是一种执迷不悟的莽撞。高太后无法改变儿子，只能听之任之。甚至在神宗后来生病时，高太后都未曾表现出过分担忧和怜爱。或者像某些学者说的，高太后自始至终不喜欢神宗。不过主要的原因是高太后无法改变神宗的看法，两人都是坚持己见的人，自然无法融洽相处。当然，起初时，高太后可能没想过神宗会郁郁而终，毕竟三十几岁，是一个人最美好的年纪，即便面对失败挫折，也应该重新振作。

一切的可能，都变成了但是。的确如此，正常情况下，神宗会康复。但是他死了。

如今，治理国家这一重任落在高太后肩上，她该怎么办？

有一点是非常清楚的：尽管经历仁宗、英宗、神宗三朝，但不可否认的是高太后没有治国经验，而任何一个决策都可能牵一发而动全身，眼下能做的就是延续神宗时期路线，边学边干。事实证明高太后也这样做了，她谨慎地按照宰执意见处置政事。

当然，这并非说高太后会随波逐流。恰恰相反，她一直都是一个有想法的人，她内心有一股力量，抗拒着儿子和王安石推行的新法。或许是她看到了反对新法的力量之强大，或许是归咎于新法让儿子郁郁而终。总之，她很不喜欢新法。

可是，儿子刚刚去世，就迫不及待废弃他生前苦心经营的事业吗？是个正常人都不能这么做。而且神宗还有个儿子，尽管这个孩子只有十岁，但他才是国家的主事人。古人向来坚持"父在，观其志；父没，观其行。三年无改于父之道，可谓孝矣"的主流观点，哲宗不可能行不孝之事，朝中大臣也不能接受这种悖逆伦常之事发生。

高太后如新媳妇当家一样，开始学着临朝听政，她想先看看时局再作判断。当下最重要的事情是给神宗发丧。大行皇帝的丧事一切都要符合礼仪程序，否则就可能给天下留下笑柄。

高太后和宰执商议后，决定由群臣讨论、议定神宗的一生："聪明英睿，天性孝友，事两宫竭诚尽力，天下称孝。……安石更定法令，中外争言不便，上亦疑之，而安石坚持之，不肯变。……在位十有九载，兴为建立，法三代，由汉以下，陋而不取。而谦冲退让，去华务实，终身不受尊号，此诚帝王之盛德也。"①这或许是当时朝臣们的共识，神宗所做的一切，都是为了摆脱国家积贫积弱的局面，出发点是好的。即便如此，在这盖棺论定里，也将王安石归为国家的罪人。②此论显然有失公允，将国家的问题全部推在王安石身上，这或许是后来修改《神宗实录》时，旧党派人恶意为之。

修建神宗陵墓的事宜也要马上启动。首相王珪依惯例为山陵使，负责安葬事宜。一切安排妥当了，只等着陵墓修好，择日下葬。

此后，国家的重心需从神宗去世的悲伤中逐渐转移到推动国家运转上。国不可一日不处置政事。眼下，就有一系列工作需要去做。在宰执们的建议下，一连串的赏赐、大赦等惠官惠民政策颁布，以显示新的接任者对天下的恩宠。同时，边关各处要时刻警惕，越是到皇位交接时，敌人越容易趁火作乱。这时候朝廷要的是安定祥和，边关一定得安宁。还要派人出使辽国，向辽国通报神宗去世的消息，避免引起误会。

这些都是宰执们的意见，高太后和小皇帝一律准了。在高太后看来，第一步走得似乎很容易。有宰执们出谋划策，治理国家似乎也并没有那么难。

之后，宰执们给垂帘听政的高太后和小皇帝确定临朝的时间——五日听政一次，若有重大事项，可以双日觐见。另外还就各种政事处置的方式方法提出了建议。这些都是有先例可循的，当年宋真宗去世，刘太后就是五日上朝听政一次，直到撤帘还政。现在的建议，不过是对"祖宗之法"的延续而已。高太后能说什么呢？只能同意。只要搬出祖宗，谁也不敢越雷池。

但是，宰执们忽视了高太后的好强性格，他们也不能仗着高太后无治国经验就左右朝政。高太后是个有思想的人，她讨厌新法，认为是新法让朝廷饱受非议，让神宗英年早逝，让天下怨声载道……高太后执政之初就一直思考着怎样回到过去的日子。只是目前的一切她还不能完全掌握，故而暂不轻易出手。有一件事为证，当时英宗在位，高氏是皇后。英宗身体转好，身边却没有几个嫔御，多嘴的侍从就将

---

① 《续资治通鉴长编·卷三百五十三》。
② 《宋史·卷十六·本纪第十六》："安石为人，悻悻自信……青苗、保甲、均输、市易、水利之法既立，而天下汹汹骚动，恸哭流涕者接踵而至。帝终不觉悟，方断然废逐元老，摈斥谏士，行之不疑。卒致祖宗之良法美意，变坏几尽。自是邪佞日进，人心日离，祸乱日起。惜哉！"

此事秘密告诉了曹太后："官家即位已久，今圣躬又痊平，岂得左右无一侍御者耶？"可能曹太后也觉得皇帝有几个妃子是正常的，于是，她向皇后高氏提了这件事。不想高氏一点也不领情："奏知娘娘，新妇始得嫁'十三团练'耳，即不曾嫁他官家。"一句话就将姨母兼婆婆的曹太后怼了回去，让曹太后不敢再干预英宗、高氏夫妻间的事。①高太后的强势可见一斑，这种强势还会在日后日渐显现出来。不过眼下高太后的主要任务还是学习。

　　为了稳定局面，在高太后的操持下，朝廷给三省、枢密院和皇亲们授予各种赏赐。如，朝廷授"银青光禄大夫、尚书左仆射兼门下侍郎、郇国公王珪为金紫光禄大夫，进封岐国公"，这一连串加封达到荣誉的天花板，因为宰相之上再无官可升了。其他的人也都同时加官晋爵、获赐金银财富。比如身居中枢的"太中大夫知枢密事韩缜、门下侍郎章惇、中书侍郎张璪、同知枢密院事安焘并为通议大夫，中大夫尚书左丞李清臣为太中大夫"。虽然都是荣誉头衔，但高调显示出新皇帝上位，对朝中宰执的额外恩宠。对那些退休的朝廷大员和曾经任职中央后来外调的官员也面面俱到，比如给潞国公文彦博、太子少师张方平、知河阳冯京、提举崇福宫孙固、知扬州吕公著、知太原府吕惠卿、知亳州蒲宗孟、知江宁府王安礼等均御赐了宽衣、金带、银、帛等财物。

　　这期间，朝廷颁布的两道诏书非常有意思，也能反映出高太后参与国政的影子。一道是："诏雍王颢、曹王頵赐赞拜不名，五日一朝见，如大长公主之仪。"也就是说，雍王、曹王上殿参见皇帝时可不用通报姓名，足见朝廷对两位皇叔的恩宠。这显然是高太后的意思。另一道是："诏太皇太后父鲁王遵甫，宜避名下一字，余依章献明肃皇后故事。"②就是说从今之后，天下都要避太皇太后的父亲高遵甫的名讳。这个决定并不合礼制。自古以来，都是避皇帝的讳，没有避外戚名讳一说。但朝廷就是颁布了这样一道诏命。因为此时高太后掌权，天下都得遵从。

　　那么，这里就有个疑问：这种冒天下之大不韪的事是谁提出并最后敲定的呢？毫无疑问，一定是有人为讨好高太后才做出的这种决定。眼下神宗刚刚去世，执政以新党为主。只有一种可能，这两道诏书体现的是首相王珪的意思。《宋史》里将

---

① 《铁围山丛谈·卷第一》。
② 《续资治通鉴长编·卷三百五十三》。

王珪讽刺为"三旨相公"其实是不准确的。王珪并不是个随波逐流的人，有一件小事就能证明他只是隐藏得太深，而非唯唯诺诺。苏轼因"乌台诗案"被流放五年之后，朝廷忽然想起了他，神宗打算调回苏轼，让其负责编《神宗实录》。此事遭到了王珪的强烈反对，因为编实录历来都是首相的事情，神宗却打算将这么重要的事交给苏轼，可见对苏轼的重视。而神宗越是如此，越让王珪不安。于是王珪利用苏轼的诗文做文章，弹劾构陷苏轼，但最后神宗还是调回了苏轼。王珪虽未能阻止苏轼编纂《神宗实录》，但他能在盘根错节的庙堂之上稳坐首相之位，足以说明他绝非泛泛之辈，他能协调好自己与各种势力之间的关系。现在太皇太后掌权，他应该是与太皇太后已经建立了某种"关系"。王珪清楚，只有得到高太后的认可，他才能继续担任首相。

此后，高太后依然没有表现出过多的揽权行为，一切还是按照宰执群体的意见处置政事。比如宰执群臣建议举行科考，高太后答应了。年初时，神宗曾组织过一场考试，不想一场大火把考卷烧了。后来神宗病重，科考之事也被束之高阁。现在新皇帝上位，重新考试也是收揽人心的做法之一。于是，朝廷让兵部侍郎许将、给事中兼侍读陆佃、秘书少监孙觉并权知贡举，以"遗火再试"①。这次，一个叫焦蹈的士子夺魁。不过放榜六天之后，他就意外去世了，没能进入宋朝官场为国效力，委实可惜。

高太后还未表现出左右朝政的势头的原因是，她对眼前的这些人还都很陌生，无法判断他们都是什么样的脾气、秉性，以及是否与自己立场一致。尽管神宗遗旨里清楚写着让她"权同处分军国事"，但她毕竟一介女流，不宜抛头露面。至少她需要一个助手，做她与诸大臣之间的桥梁。

那么，这个助手谁担任最合适呢？王珪还是蔡确，抑或是章惇、苏轼？王珪的主要任务是神宗丧葬事宜。神宗下葬后，按照惯例他就要辞职。况且此时王珪身体多疾，能否支撑到任务完成难以保证。蔡确和章惇是新党，高太后天然排斥他们。苏轼倒是有才学，但为人不够圆通，有时候很执拗，也非最佳人选。其他核心层的官员，尚未发现有中意者。

其实，不是因为这些人不够优秀，而是高太后最认可的人姗姗未至，她也没有

---

① 《续资治通鉴长编·卷三百五十三》。

派人去催他。高太后相信那个人一定会来的，不管之前他有何心病不愿意到汴京来，现在先帝驾崩，身为臣子，他应该到汴京来吊唁，送先帝最后一程。另外，高太后还打算在那个人到来之前，先向德高望重的人征求执政之道，虚心学习，宽容纳谏。

## 司马相公的忧郁

高太后等的人正是司马光。

在哲宗时代的士大夫与百姓心中，司马光的地位很高。当年他批评王安石，就赢得了很大一部分人的支持。司马光由此成为反对新法的领袖人物，尽管他当时尚未跻身执政官序列。后来，鉴于神宗推行新法的决心，司马光果断退居洛阳，以退为进，静观时局变化。这期间，司马光的声威不但没有减弱，反而在旧党中成为名副其实的精神领袖。

司马光在高太后心中的形象也一直很伟岸，很多年前的一件小事在高太后心中留下了深刻印象。当时高太后还是高皇后，她的丈夫宋英宗与曹太后关系不融洽，她与曹太后之间也有隔阂。两宫不和导致外议纷纷，是司马光出面调解，促使这对婆媳关系好转，直至曹太后去世。①此后，高太后也会时常接触到司马光为国为民的一些传闻。尤其是王安石和神宗主持变法时，司马光在官员缄默时主动反驳王安石，不计较个人得失成败，这让高太后对司马光有几分钦佩之情。现在，高太后摄政，自然对司马光充满了期待。或许在高太后眼中，朝中现任宰执王珪、蔡确、章惇等执政官都不及司马光。

神宗去世后，司马光并未到汴京来吊唁。从洛阳到汴京不过数百里，但司马光就是没有来，这让高太后多少有些失望。不过，高太后清楚司马光不愿到汴京吊唁神宗的原因，因为朝廷未召见他。有些人无论何时都坚持自己的操守，司马光就是这样的人。但在神宗去世这件事上，司马光应该放下成见，到汴京来送先帝最后一程。高太后没有向司马光发出邀请，或许她自有期待。

---

① 《司马光集·上皇太后疏》。

事实也确实如高太后所料，司马光因未收到朝廷的邀请，不愿意到汴京祭奠神宗。此时的司马光在洛阳坐立不安，他等待着朝廷的召唤，而朝廷也等待着他的主动到来。

司马光犹豫不定，只得继续在洛阳独乐园计日以俟，难以遏制地不断回首起历历在目的往事。司马光的这个院子与同时期其他官员的家完全不一样，之所以叫独乐园，就是独自享受之意，即便这种焦躁不安的等待，司马光也要一个人独自承受。宋人李格非在他的《洛阳名园记》中这样记述独乐园："司马温公在洛阳自号迂叟，谓其园曰'独乐园'。园卑小，不可与他园班。其曰'读书堂'者，数十椽屋。'浇花亭'者，益小。'弄水种竹轩'者，尤小。曰'见山台'者，高不过寻丈。曰'钓鱼菴'、曰'采药圃'者，又特结竹梢，落蕃蔓草为之尔。"就是这样简陋的院落，司马光住了十多年。春去秋来中，他在院子里与孤独为伍，完成了毕生的心愿——《资治通鉴》的编纂工作。这期间他还有几个助手帮着他工作，其中有个叫范祖禹的史官会在接下来的时间里，被朝廷重用。范祖禹的祖父叫范镇，是仁宗、英宗朝名臣。范祖禹学识渊博，唐史部分都是由他撰写的，他的事迹后文再叙。

司马光躲在洛阳编书的理由，官场人士都清楚，就是反对熙宁变法。自变法伊始，司马光与王安石就各执己见，争论不已。这也形成了人们习惯上划分的两类代表——以王安石为首的改革派和以司马光为首的保守派（反对变法派）。后来，司马光看清楚了神宗与王安石"如一人"，便决定离开，即便朝廷授予他枢密副使的职务，他也坚决不受。等王安石复相后，司马光便辞职了。①

按说一个闲居在洛阳的官员，天下事已然与他无关。既然无法融入那个时代，当个局外人也未尝不可。不过，在洛阳编书的司马光一刻也没有停下过对时局的关注，范仲淹喊出的"先天下之忧而忧，后天下之乐而乐"或许也是司马光的人生标尺。不管身在庙堂还是身处江湖，都不应该忘记一个士大夫的责任。只是他空有一腔热血，朝廷却没有起用他的意思。后来王安石罢相，神宗依然未召回他。

元丰五年（1082）司马光得过一次病，他以为自己要死了，就写了一篇《遗

---

① 《宋史·卷三百三十六·列传第九十五》："帝乃拜光枢密副使，光辞之曰：'陛下所以用臣，盖察其狂直，庶有补于国家。……'安石起视事，光乃得请，遂求去。"

表》。这是司马光临终之前的一份"死谏"。司马光给儿子司马康交代，一旦自己离世，就要将这份死谏交给神宗。在司马光看来，尽管神宗对新法深信不疑，但作为自己临终前的最后规劝，他深信神宗会重视他的谏言的。但是不久后司马光又康复了，这份《遗表》也就被搁置下来。

只是那次生病给司马光敲响了警钟，他要趁着还有一口气，把余生未了之事做完。司马光几乎都放下了原来的"志气"，翘首以盼等待着来自开封的呼唤。这一等又是三年，神宗依然没有召见他的意思。司马光心里可能产生过悲凉与恨意，但依然不甘心。①

三年时光过去，司马光的等待逐渐落空。元丰八年（1085）三月，终于有消息从汴京传来，但不是召见司马光的消息，而是神宗去世的噩耗。司马光悲痛之余感慨万千，他与神宗自此阴阳相隔，今生今世都不会再见了。多年的企望终归是竹篮打水一场空。

现实像一出无法预料又早就设定好结局的戏剧，让身处其中的人难以自拔又不得不接受命运的安排。

司马光失望透顶，可他依然心有不甘，他隐忍这么多年，难道仅仅因为神宗去世就要对不可预知的未来妥协吗？显然，司马光还有未竟的事业。现在，摆在他眼前的一个困惑是：还要继续守在他的独乐园不出世吗？毫无疑问，司马光并不愿意真的退出政治舞台，从此一个人被孤独、悲凉包裹。其实，他早就表现出要复出的意思。不久前，《资治通鉴》完稿，他派人将书稿送到汴京，神宗赏赐了很多，这让他觉得神宗会起用他，然而结果令他大失所望，可见神宗对他怀有多么深的成见。司马光愤恨之余，只能继续蛰伏。

如今，时机就摆在眼前——没有比到汴京去进行祭奠更恰当的理由了。可是司马光依然有顾虑，若高太后对他和神宗持一样的态度，他还能回到汴京吗？再说，朝廷没有召见他，贸然进京于礼制不符，他无法不顾虑重重。

就在司马光陷入纠结时，很多外调官员包括洛阳闲居的官员都纷纷奔汴京而去。这些人可能各怀心思，想在神宗去世这件事上做文章，也好窥探朝廷下一步的动向。

---

① 《司马光集·卷五七·遗表》。

正当司马光徘徊之际,一个老朋友上门了。来人是程颢,他强烈建议司马光到汴京祭奠神宗。程颢还问司马光:"因反对新法被安置洛阳的孙固、韩维第一时间都赶赴汴京去了,你为何还畏首畏尾?"程颢的这一问,让司马光恍然大悟。司马光这才拿定主意回汴京去。①

司马光上路了,这次他比任何一次都着急。司马康建议路上慢点,祭奠神宗不在一两日路程,毕竟此时司马光已六十五岁,过度颠簸会让他的身体难以支撑。司马光不管这些,依然坚持每日疾行百里,他或许希望早一点见到神宗的遗容。五天后的三月二十二日,司马光到达汴京。然而他紧赶慢赶依然迟了,就在一天前的二十一日,哲宗第一次临朝听政,向群臣展示了神宗的遗像,这也意味着朝廷哀悼结束了。

悔恨之余,司马光也对自己的处境有了更深入的认识:在朝廷眼中,他并没有比谁更重要。不过转机很快到来,司马光回到汴京的当天晚上,高太后得到消息,马上派侍从给司马光传话,希望司马光放下成见,多多上奏疏,谈论国事,为国家建设出谋划策。②这当然是非常客气的接触,也是高太后抛来的第一个橄榄枝。司马光很警觉,高太后为何派人送来这样一个口信呢?目的也很明显,这是高太后在进行试探。对于司马光本人,高太后也吃不准他最后能否为国效力或能够效力到什么程度,毕竟这位大师已经年逾六旬,他的身体还允许他挑起大梁吗?

高太后这么做,还有一个更深层次的原因,就是平顺解决朝廷路线问题。大臣对治国理政素来意见分歧,从仁宗朝党争到英宗濮议事件,再到熙宁变法,几乎每一次舆论都会让朝野不得安宁。现在,高太后已在谋划更张新法问题,这就需要一个德高望重之人来压阵。高太后初步认为司马光就是这个压阵的人。所以,当司马光回到汴京后,高太后迫不及待地派人去投石问路。

高太后的慰问,也引起了司马光内心的波动。这次回汴京,司马光一方面是祭奠神宗,另一方面则是观望朝廷风向。根据他多年来的官场经验,高太后能在他回京当晚就派人来安抚并征求治国之道,自然流露出对他的格外重视。司马光预感到自己将要东山再起。不过他一如既往不动声色,也没有立即表态。

---

① 《续资治通鉴长编·卷三百五十三》:"会神宗崩,光欲入临,又避嫌不敢。已而闻观文殿学士孙固、资政殿学士韩维皆集阙下,时程颢在洛,亦劝光行,乃从之。"

② 根据《司马光集·谢宣谕表》和《司马光年谱》整理。

次日早上，司马光早早出门，打算进宫祭奠神宗，同时参加朝会。但在早上进宫时，发生了一个小插曲，让司马光陷入不安。他进宫后，一些年轻的官员非常尊敬地问候他，站在道路两旁给他让路，让司马光走在最前面。尽管这些面孔对他而言都很陌生，但司马光充分感受到被人尊重的感觉，他表现出一位学者大家的风范，向大家点头示意。这些举动引起周围侍卫的好奇，他们便在私底下说："这就是司马相公呀！"①侍卫们的话让司马光惶恐。要知道，"相公"一词是对宰相的尊称，司马光此前只得到过一个枢密副使的任命书，还压根没有就任，遑论担任宰相了。

司马光在惴惴不安中参加完朝会。然而，在祭拜完神宗返回途中，又发生了一件更让他不知所措的事情。当司马光的马车路过汴京街道时，百姓听闻司马光回来，都在道路两边好奇观望，他们或许只是想看看司马光到底有何不同。这时候，人群中有人喊："公无归洛，留相天子，活百姓。"②翻译过来就是，司马光你可别再回洛阳去，你要留下来辅佐天子，给百姓一条活路。听到这个声音，司马光竟被吓到了。他只是一个闲散官员，没有能力给百姓创造出一条活路。

联想到早晨侍卫们称呼他"相公"的经历，司马光愈发感觉到阴风飕飕。他回到汴京临时住所后，当即给高太后写了一份《谢表》，算是对昨晚太后派人来求治国之道的回复。司马光在谢表中建议国家广开言路，让官员和老百姓开口说话。这当然是针对目前朝廷言论不自由而提出的建议。此前，神宗推行新法，外界议论纷纷，为此朝廷设立特务机构，专门探听民间议论，对那些妄议朝纲的人都进行过严厉打击。一时间无人敢议论朝政。现在，既然高太后询问治国建议，广开言路就是破局的第一步，也是试探高太后决心的第一步。

把计划给了高太后，司马光就"逃"回了洛阳，"光惧，会放辞谢，遂径归洛"。汴京的氛围让他无所适从、如芒在背。他需要回到洛阳，静观其变，整理思绪。

司马光的举动超出了高太后的预料，为了迎回这位相公，她马上按照司马光的建议采取措施。她颁布诏命，广开言路，声明天下之人都可以谈论国政。之后，高

---

① 《宋史·卷三百三十六·列传第九十五》。
② 《宋史·卷三百三十六·列传第九十五》。

太后还授意某些部门，处分了一个叫吴居厚的官员，此人是新法支持者，在推行变法时不遗余力，为国库聚拢了大量钱财。吴居厚成了高太后主政后第一个新党牺牲者。①很明显，这些举措都是在向司马光示好。另外，高太后对朝中的宦官也进行了大换血，这些人都是神宗时期的人，若不换掉，宫廷里的事情可能会泄露出去。如三月二十六日，李宪的权被削夺。李宪是个军事人才，深得神宗宠信，曾经在熙河之役中发挥了重要作用，一时兵权在握。后来，宋夏息战，李宪才被召回来，不过依然受到神宗的重用。李宪还有个义子叫童贯，将来会在宋徽宗时期"大放异彩"，这是后话。现在高太后剥夺李宪的职权，自然要调整朝廷对外的部署。

紧接着，李友询、石璘、宋用臣、冯仲礼、阎守懃、冯景、梁安礼、卢守正、史环、老弼、刘友益、黄经臣、雷易等一批宦官也被高太后换掉。

司马光当然看到了高太后的诚意，但他还是没有回到汴京，因为眼下他没有合适的身份回去。不过司马光与高太后之间的联系自此建立，司马光要表达的一些意见也能顺利进入朝中了。三月三十日，司马光再次上疏，请求朝廷要开言路，让大家敞开了说话。②司马光之所以按捺不住，看起来是让天下人说真话，但细细分析，就能发现广开言路建议的背后，还有他个人的小心思，那就是放开言论，让大家畅谈对新法的看法，不用怀疑，结果一定会引来铺天盖地的批评。神宗活着时，对新法的攻击就未曾停歇，此时他已驾崩，言路一开，天下一定会炸锅。③

朝中新党在高太后这一连串举措之后，开始隐隐担心。他们清楚若广开言路，诋毁新法的信件一定会雪片一样飞向朝廷。到时候新法推行定会受到严重阻碍，甚至可能会被废除。而新法一旦被废，他们这批依赖新法存在的官员还有立足之地吗？

为今之计，就是在高太后、司马光等人还未动手前付诸行动，抵制朝廷改弦更张。因此，局势变得复杂起来，新党与高太后、司马光的交手也开始了。

---

① 《续资治通鉴长编·卷三百五十四》："京东路都转运使、天章阁待制吴居厚降知庐州，以言者论其苛刻也。"
② 《续资治通鉴长编·卷三百五十六》："……以为言路将开，下情得以上通，太平之期，指日可待也……公私两困，盗贼已繁，宜下诏书，不以有官无官之人，有知朝政阙失及民间疾苦者，并许进实封状，鼓院、检院、州军长吏不得抑退。其义精当者，行其言而显其人，狂愚鄙陋者，报闻罢去，亦不加罪。"
③ 《宋史·卷三百三十六·列传第九十五》。

## 新旧党争初现端倪

元丰八年（1085）四月八日是个值得记住的日子。这是当朝新旧两党正式展开交锋的日子。此时，距神宗去世仅一月。

宋廷在这一天时间里，接连颁布了十道诏令，这还不包括太皇太后、皇太后、皇太妃的册封诏书，以及处分吴居厚的诏命。①

第一道诏书，朝廷让吏部侍郎李定调查宦官宋用臣负责的税收事务。②这其实就是向新法下手了。只不过宋用臣负责的这些事，都是些鸡毛蒜皮的小事，不会触及新法根基。

第二道诏书也是针对新法的："诏尚书省左右司，取在京免行纳支钱橐名取旨。"这次级别提高了，直接要求尚书省去收京城的钱。接下来，高太后想到了好办法，将宗室牵扯进来，此前宗室因议论废止新法没有被加官晋爵的，一律加以封赏，"又诏宗室官已至磨勘止法者，该今年三月六日覃恩，并特与转官，依例加恩"③。

不过这些都是小打小闹，新法已经根深蒂固，仅凭这些无法撼动。但是，以高太后为首的旧党没有停下来的意思。紧接着，他们就对保甲法下手了。④

朝廷出台了三条诏令，都是针对保甲法的。这时候，新党慌了。若说之前他们尚处于观望中，那么现在朝廷下了这么大决心，他们就不能坐视不理了。神宗刚刚去世一个月，高太后这个老太婆要干什么？她就这么迫不及待吗？

事实证明，高太后非常迫不及待。不过高太后还是有所顾虑的，凡事操之过急，可能带来隐患，因此，在废除部分新法时，朝廷还顺带颁布了一些惠民政策。如下令，免除元丰六年（1083）以前积欠夏、秋税租及缘纳钱物。

---

① 《续资治通鉴长编·卷三百五十四》。
② 《续资治通鉴长编·卷三百五十四》："诏户部侍郎李定，取都提举汴河堤岸司所领事，并提举京城所管课利，条析以闻。"
③ 《续资治通鉴长编·卷三百五十四》。
④ 《续资治通鉴长编·卷三百五十四》："开封府界、京东西、河北、陕西、河东所养户马，近已支价钱拨买，配填河东、鄜延、环庆路阙马军分。自今府界并京东等路养马指挥并罢……"

同一天，高太后又对宫中几位有威望和资历的宦官做了调整：冯宗道主管御药院，老宗元、梁惟简主事内东门司，梁惟简兼太皇太后殿祗候，老宗元兼皇帝殿祗候。①这是处置自己身边的人，其他人应该没有想法吧？

另外，朝廷还颁布了一道诏命："诸官司见行条制，文有未便，于事理应改者，并具其状随事申尚书省、枢密院。即面得旨。若一时处分，应着为法，及应冲改条制者，申中书省、枢密院审奏。传宣或内降，若须索及官司奏请，虽得旨而元无条贯者，并随事申中书省、枢密院覆奏取旨。"②这是在限制三省、枢密院的权力。这两个部门是朝廷的"两府"，重大事宜都要从这两个部门发出政令。现在高太后的手终于伸到了政府中央。当然，这也是给自己和两府宰执一个和解的机会，各自都有好处。相信两府宰执总不能直接与她过招吧。

这或许也是高太后的迂回战术，她一介女流，怎么能对抗这一帮新党呢？

那么，以蔡确为代表的新党人士四月初八这天在干什么呢？朝廷下了这么多诏命，他们怎么会无动于衷呢？事实上，新党按兵不动，就是要看高太后还能搞出多大的动静来。接下来的四月初九和初十两天，朝廷只是加封了多位妃子、公主和交趾、西蕃首领。

这一切看似合理合情，神宗刚刚去世，要照顾那些仁宗、英宗、神宗的遗孀和子女，边关也需要安定。不过新党还是打算略略比画一下，毕竟处置朝政，宰相比高太后更方便。因此，四月十一日，朝廷颁布了一道诏命："恭以先皇帝临御四海十有九年，夙夜励精，建立政事，所以惠泽天下，垂之后世。……以称先帝更易法度、惠安元元之心，敢有弗钦，必底厥罪。"③这道诏书非常值得玩味。要知道，朝廷的路线方针是要公布于众的。在这道诏书里，朝廷重申神宗路线的正确性，还表示朝廷将一如既往坚持此路线。这道诏书一出，有些官员们糊涂了，从高太后开言路来分析，朝廷可能要回到熙宁变法前的路子，但现在颁布的诏书，又声明新法的重要性，高层到底在干什么？其实，只要稍微一分析，就能发现这份诏书来自蔡确等人。此时首相王珪忙着神宗安葬事宜，朝中大事都是由次相蔡确全权处分。这道诏书，一定是以蔡确为首的新党颁布的，高太后并不知情。这也就理解了之前为

---

① 《续资治通鉴长编·卷三百五十四》。
② 《续资治通鉴长编·卷三百五十四》。
③ 《续资治通鉴长编·卷三百五十四》。

什么朝廷要颁布一道诏命，规定："传宣或内降，若须索及官司奏请，虽得旨而元无条贯者，并随事申中书省、枢密院覆奏取旨。"那意思很明确，以后国家大政，要相互通气，两府不能独自决断。

这是新党对高太后此前开言路、处置吴居厚等人的小小回击。高太后由于刚刚摄政，经验尚浅，无法与宰执较量，只能对蔡确等人之举暂时隐忍。高太后在用常规政事锻炼自己的能力，比如给张茂则、范纯粹等人调整职位，或者处罚宋彭年工作失误，再或者是诏令天下，以太皇太后七月十六日生辰为坤成节。这期间，高太后还做出了一项明智举动，她给两个儿子（哲宗即位，赵颢进封昌王，赵頵进封荆王）在外面修建了府邸，让他们搬出后宫。①相传，高太后非常怜爱这两个儿子，允许他们住在宫中。要知道，在等级森严的封建社会，皇宫里原则上只能有两个男人：一个是皇帝，另一个是太子。高太后执意要两个爱子住在宫中，意气风发的神宗也忍了，毕竟是自己的一母胞弟。

高太后接下来的举动，让新党再次提高警觉。四月十四日，她命人拟诏书，调吕公著回朝，让其担任侍读。为此，高太后还做了解释，表明召回吕公著是神宗生前的意愿，她不过是按照神宗意见做罢了。但新党都清楚，吕公著和司马光一样，对新法持有强烈反对态度，因之在朝廷推行新法时被调离中央，在地方任职。现在，高太后将他调回，这里面有多少玄机呢？

是个人都能猜到高太后要干什么。然而，若朝廷仅仅调回吕公著，新党倒也可能相信高太后的说辞。但在同一天，朝廷又出了第二道诏命："资政殿学士、大中大夫司马光知陈州，朝奉郎、秘书少监孙觉兼侍讲，奉议郎、宗正寺丞刘次庄为殿中侍御史，奉议郎、真定府路安抚司勾当公事孙升为监察御史。朝奉郎刘挚、宣德郎张汝贤为吏部郎中，朝奉郎、集贤校理梁焘为工部郎中，奉议郎黄庭坚为校书郎。"②这个任命诏书简直给了朝中新党一记闷棍。若吕公著的回朝是前奏的话，司马光等人的归来无疑就是高潮。只是蔡确等人一开始并未发现高太后的这个温水煮青蛙的计谋，等他们反应过来时，盖有玉玺的任命书已经传到了这几人手中。

新党们恨得牙痒痒。谁都知道吕公著、司马光、刘挚、安焘等人是旧党代表人

---

① 《续资治通鉴长编·卷三百五十四》："诏催作二王外第。"
② 《续资治通鉴长编·卷三百五十四》。

物。当年推行变法时，以司马光为首的旧党没少阻拦，现在高太后给司马光委以实职，自然是为以后做铺垫，其目的再明显不过了——朝廷要隆重搬出司马光来更换路线。

旧党回朝已成定局，这里除了司马光、吕公著两人，另外的安焘、刘挚也要记清楚他们的名字，他们被安置在台谏系统，负责朝廷舆论导向和官员监察。这两个人以后将发挥巨大作用。高太后在不经意间，将旧党主要战将都召回了中央。以后更张新法就不仅仅是她一个人的事情，至少她会有一大帮"战友"，帮着出谋划策。到此时，新党才意识到高太后并不好对付，至少他们已眼睁睁看到她在一步步利用她的资源、权力改变朝政时局。

随即，朝廷又下了诏书，要求枢密院和三省要经常沟通信息，所有政事都要商量。这明显是要置祖宗之法于不顾了。宋朝之所以设立两府，就是要将军政分开，形成钳制。现在倒好，就差两府合在一起办公了。

高太后做这一切时不动声色，但是又非常果断，这让两府里的新党心乱如麻。不安之余，新党也使尽解数对眼下的一些举措进行有力回击。四月十七日，知太原府吕惠卿忽然发兵攻入西夏境内，大破六个堡寨，斩下六百余首级。谁都清楚吕惠卿曾是王安石的左膀右臂，尽管后来背叛了王安石，但他的身份依然是新党。[①]

不过吕惠卿的这种做法显然不是高太后希望看到的结果，新帝刚刚登基，就贸然对外出兵，简直无法无天。但能怎么办呢？这就是新党的手段。高太后没有处置吕惠卿，这也不是吕惠卿一人的战斗，而是新旧两党之间即将全面展开的旷日持久的大规模较量。

高太后越来越意识到对付新党需要智慧，不能急于求成，最好群策群力，步步为营。现在召回吕公著，对司马光委以实职，就是为这一切做准备。有意思的是，司马光被授予实职后，他还是没有即刻赴任，而是再度上疏，继续要求朝廷开言路。因为之前尽管颁布了开言路的诏命，但朝廷的言论依然被新党把控，朝中很多官员的真实想法没有人敢说出来。司马光在奏疏中，再次提及："即言人君之德三：曰仁，曰明，曰武；致治之道三：曰任官，曰信赏，曰必罚。"这话很耳熟，正是神宗变法前，他给神宗的治世之道。于是，朝廷再度颁布诏命，要求天下畅谈

---

① 《续资治通鉴长编·卷三百五十四》。

国事，说错了也没关系，绝不追究。①

司马光的建议，可谓一针见血。只要朝廷全面开放言路，批评新法的奏疏一定会从四面八方涌入朝廷。杀人诛心，这才是高明的招式。高太后心领神会，让几位刚刚任职言官的人把持言路，广泛收集证据。

新旧两党的较量真正开局了。

## "以母改子"神理论

司马光尚未回朝的这段日子，各种势力都在蠢蠢欲动。四月二十二日，监察御史安惇弹劾成都知府吕大防贩卖大米牟利。朝廷让吕大防做情况说明。吕大防不敢含糊，赶紧写了个详细的报告，才将一切解释清楚。此事虽是小事，但能反映出台谏官与地方官的关系。安惇是个新人，此前几乎没有任何政绩。而吕大防则是老臣，历经仁宗、英宗、神宗，是位有资历有威望的官员，一直在地方任职，政声卓著。元丰元年（1078），吕大防被调任永兴军。也是在这一年，天上出现彗星，神宗以为德行有失，向天下求言，吕大防上了一道洋洋数千言的奏疏，具有很强的操作性，得到神宗赏识，被调往成都任职。尽管他的资历不如司马光、吕公著等人，但依然闪耀出自己的光芒。安惇与吕大防相比，显得黯然失色。想必正是如此，安惇这才弹劾吕大防，希望引起人们对他的关注，提升自己的人气。②

这件事最后不了了之。

四月二十四日，朝廷颁布了一道诏书，非常值得玩味："遣鄜延路第一副将李浦，专捕陕西、京西路军贼王冲。仍令选募胆勇兵员三五百人，每五十人，许不拘常制，抽差武勇使臣一名部押，不以远近袭逐。每三日一具捉杀次第，急传以闻。"③明眼人一看就知道，这道诏书出自新党之手。朝廷三令五申要保持国防安

---

① 《续资治通鉴长编·卷三百五十四》："臣闻本固则末茂，源浊则流浑。……臣一夫之愚，不能周知天下之务，近曾上奏，乞下诏书，开言路，伏望圣慈早赐施行。并治平四年五月三日上殿奏疏具录进呈，乞陛下留神幸察。"

② 《续资治通鉴长编·卷三百五十四》。

③ 《续资治通鉴长编·卷三百五十五》。

定,不可随意发动战争。可边境上依然战乱不止,上面的态度很暧昧,既然有番族入侵,将士们抵御也是功不可没。所以,赏赐砸到了将士们头上。

四月二十七日,朝廷悄悄将文彦博的次子文贻庆调整为奉议郎、都官员外郎。这是一个小小的人事调动,不过里面透露着高太后、司马光等人的意图。几天后,司马光的儿子司马康也被授予秘书省正字一职,理由也很简单,司马康曾经帮着父亲编纂《资治通鉴》。司马康的岗位安排很大程度上不是司马光本人的意思,这位大儒不会为了儿子向朝廷要官,连他自己的职位,也是朝廷主动授予的,他不是那种为了往上爬而肯放下身段的人。司马康在父亲编纂《资治通鉴》时,的确出了很大力。有一段时间编纂史书的三个人司马光、范祖禹、刘恕不在同一处,有些无法确定的史料,司马光就让儿子拿着自己的书信,到开封找范祖禹,然后又到南康军找刘恕,将他们的意见带回洛阳。应当说,给司马康晋升没有人反对。不过事情得分时机,这时候给司马康迁官,就显得朝廷动机不纯了。项庄舞剑,意在沛公,朝廷调整司马康实际还是为了司马光的回朝。

司马康上任报到时,还拿着司马光的一份奏疏,这是一份以"开言路"为幌子,实际批评新法的奏疏。

由于这份奏疏内容多,是废除新法的一个纲领性文件,在此有必要对其重点内容进行归纳分析。奏疏分为三部分,第一部分是对新法的界定问题。司马光开篇先扬后抑:"臣窃见先帝聪明睿智,励精求治,思用贤辅,以致太平,委而任之,言行计从,人莫能间。"然后话锋一转,就说:"不幸所委之人,于人情物理多不通晓,不足以仰副圣志。又足己自是,谓古今之人皆莫己如,不知择祖宗之令典,合天下之嘉谋,以启迪清衷,佐佑鸿业,而多以己意轻改旧章,谓之新法。"这里"情物理多不通晓"之人自然指的是王安石,话里话外还是透露着一个意思,即神宗没有错,错全在王安石,遗憾的是,神宗被王安石迷惑,以至于掀起了新法改革。①这也就明确界定了新法有问题。

紧接着,司马光就在奏疏里斥责王安石的种种恶行,"其人意所欲为,人主不能夺,天下莫能移"。这是说王安石已经膨胀到神宗都无法约束的程度,造成的结果就是"与之同者援引登青云,与之异者摈斥沈沟壑,专欲遂其很(狠)心,不顾

---

① 《续资治通鉴长编·卷三百五十五》。

国家大体。人之常情,谁不爱富贵而畏刑祸,于是搢(縉)绅士大夫望风承流,竞献策画,务为奇巧,舍是取非,兴害除利"。这是司马光奏疏里反映出的意思,事实上真是这样吗?若翻阅宋朝史料,就能发现,司马光的话不过是将王安石推行变法时的一些失误刻意放大罢了。用权力打压不同意见者,属于污蔑。此前,司马光还曾将王安石的一些言论归结为:"天变不足畏,祖宗不足法,人言不足恤。"只可惜,王安石在朝时,尚能与司马光辩论,现在王安石已经在江南老家养老,司马光可以随心所欲,想怎么说就怎么说。

第二部分,司马光笔锋再次转换,指出"名为爱民,其实病民,名为益国,其实伤国"。王安石借着变法的幌子,不断将国家推入深渊。他推崇的青苗、免役、市易、赊贷等法,达到了"以聚敛相尚,以苛刻相驱,生此厉阶,迄今为梗"的程度,实在是误国误民。批评完青苗、免役、市易等法,司马光将目光延伸到边境上。要知道,这才是重头戏,神宗当年与王安石掀起的变法,目的是充盈国库,攒足军费消灭西夏,熙河拓边,收复幽云十六州,重现汉唐风采。所以,军费一直是新法的核心问题,比如保甲、将兵等法就是专门为扩充军费设立的。免役法、青苗法等充盈国库,都要在战争中体现出来,富国是前提,强兵才是目的。所以,要废除新法,绕不开战事。司马光在奏疏中直指战争的要害,"又有边鄙之臣,行险徼幸,大言面欺,轻动干戈,妄扰蛮夷"。然后他就自己提出的观点,展开了论述:"……又有生事之臣,欲乘时干进,建议置保甲、户马、保马,以资武备。变茶、盐、铁冶等法,增家业侵街商税等钱,以供军需。遂使九土之民,失业困穷,如在汤火。此皆群臣躁于进取,惑误先帝,使利归于身,怨归于上,非先帝之本志也。"①

这段话义正词严,声讨发动战争给国家带来的伤害。最后司马光说这"非先帝之本志",都是因为"群臣躁于进取,惑误先帝,使利归于身",斥责这些鼓动皇帝用兵的人,为了一己之私,却让战争失利的后果由皇帝来承担,天理何在?

指责完新法种种问题后,司马光说了自己的事。他蒙先帝圣恩,经常想着报效国家。在新法推行时,他多次上疏,指出新法的弊病,不想却"触忤权贵,冒犯众怒,争辩非一"。这些话单刀直入,"权贵"就是王安石。然后,司马光又表示,好

---

① 《续资治通鉴长编·卷三百五十五》。

在先帝垂怜自己"孤忠","不以为罪,仍蒙宠擢,寘之枢廷",是他自己觉得若不能做到言行一致,就不配担任枢密高官……之后,他强调自己虽想着国家,但是皇帝不召见,自己的行动也不能冒失无状。①

司马光这段话,完全将自己描绘成一个受害者,这就有些混淆视听了。事实上,当初神宗让他担任枢密副使,也是为了牵制王安石,防止相权过大。但司马光拒不接受任命,现在却将这一切的责任推到了王安石身上,实在有失公允。

不得不说司马光的文笔绝对是一流的,这种循序渐进的陈述方式,让高太后很受用。想必高太后看到司马光的奏疏后,心情大悦。因为在接下来的内容中,司马光不负所望地提出了解决办法。前面说的都是新法的问题,谁都知道新法有不完善的地方。可只说问题不谈对策,无异于隔靴搔痒。于是,司马光重申"开言路"。事实上,自从与高太后建立"联系"后,司马光就一直在这个命题上做文章。这其实是一个很平常的举措,新皇帝登基后,必然要采取措施,听取民间意见。但司马光要求开放言路的动机不纯,他只是想利用开言路的机会,让所有反对派都站出来攻击新法,"所立之法不合众心,天下之人必尽指其非"②。

当然,这些都不是重点。司马光接下来列举了诸多历史事实,表达了一个思想:"有害无益者,如保甲、免役钱、将官三事,皆当今之急务,厘革所宜先者。臣今别具状奏闻,伏愿决自圣志,早赐施行。"也就是说,当前要将保甲、免役、将官三法废除,这是当务之急,非如此不能改变已经跑偏的国家走向。

考虑到新法虽是王安石制定,但推行的人却是神宗,现在哲宗即位,要废除新法,就是推翻父志。哲宗若这样做,那就是不孝,可若不这样做,那就不能废除新法。为此,司马光绞尽脑汁,从孔孟讲起,说到了儿子要尽孝,就必须做到"父死三年不改其道"。但在司马光看来,尽孝与为天下百姓着想是两个层面的问题。历史上很多帝王生前推行了不符合国家发展规律的所谓改革,他们的儿子继承皇位后,对这些不合时宜的制度、法令进行修改,得到了天下的交口称赞。比如他提到了:"武帝作盐铁、榷酤、均输等法,天下困弊,盗贼群起……顺宗即位,皆罢之,中外大悦。是皆改父之政而当者,人谁非之哉?"司马光一心想推翻"父死三

---

① 《续资治通鉴长编·卷三百五十五》。
② 《续资治通鉴长编·卷三百五十五》。

年不改其道"。在他看来，现在最好的治国方略，就是恢复到熙宁新法以前，按照祖宗家法来治理国家，这才是最佳方案。若朝廷继续推行新法，必然会给国家造成巨大损失。为此，司马光还做出了解释："况先帝之志本欲求治，而群下干进者，竞以私意纷更祖宗旧法，致天下籍籍如此，皆群臣之罪，非先帝之过也。"他的立场很鲜明，以上过错都是那些改革派的问题，与先帝无关。

看到这个结论，相信很多人都觉得司马光擅长诡辩。新法是神宗推行的，把责任推给新党人士，很显然是甩锅，也是转移矛盾。如此一来，朝廷更改法度时，就不会涉及子改父志的问题了。

为了顺利启动更张新法的行动，司马光也没有全盘否定新法，他建议"择新法之便民益国者存之，病民伤国者悉去之"。这似乎看起来没有问题，那些不适合的新法的确应该摒弃，只需要保留对国家有益的。问题的关键是哪些新法对国家有益？哪些新法对国家造成了伤害？新法推行以来，反响最强烈的是青苗法和免役法。不过这两项新法尽管争议大，但的确使国家财政状况有所好转。显然，司马光指的不符合实际的法令，就是以青苗、免役首当其冲。在司马光看来，只有选择合适的法令，才能让国家富强，让百姓安居乐业，"莫若使天下晓然知朝廷子爱黎庶之志，吏之苛刻者必变而为忠厚，民之离怨者必变而为亲誉，德业光荣，福祚无穷"。但事实真会变成这样吗？这世间最难掌控的就是人心，司马光的德治策略神宗使用过，并不奏效。①

司马光还指出，若朝廷不按照他的建议行事，就会出现"千里之蝗旱，公私匮竭，无以相救，失业之民，蜂起为盗，安知无奸雄乘之而动，则国家有累卵之危"。这是多么恐怖的预言和警示，也是多么恶毒的威胁和诅咒啊！

当然，即便司马光如此抨击新法，危言耸听都不是最重要的，他还没有吐露出自己最深层的用意。这就是奏疏第三部分的内容，也是司马光的创举。

在奏疏的末尾，司马光抛出了自己的"良苦用心"：宋朝已到国将不国的地步，若还坚持三年不改其道的做法，会陷入各种泥沼。况且，现在是太皇太后代行君权，完全不是哲宗改了神宗的路线，而是太皇太后您以母亲的身份改了神宗之前

---

① 《续资治通鉴长编·卷三百五十五》。

不正确的做法，这样就不是"子改父道"，而是"以母改子"了。①

司马光的论调不论是放在今天还是放在当时的环境中，都会让人觉得好笑。他是儒家大宗师，处处以儒学思想治理国家，圣人的语录不能轻易修改，否则他就是个伪儒。"三年不改其道"那可是孔圣人的观念，现在他要推翻这个观念。儒家三纲是指君为臣纲、父为子纲、夫为妻纲。三从四德是"故未嫁从父，既嫁从夫，夫死从子"。这都是老祖先留下来需要遵循的准则，尤其对三从四德做了界定："妇人有三从之义，无专用之道。"也就是说，作为一个女人，不管是皇家的女人还是百姓家里的女人都要遵循三从四德，却不能独断专行。对比一下司马光的"以母改子"口号，已经颠覆了"故未嫁从父，既嫁从夫，夫死从子"的人伦道德。②

总之一句话，"以母改子"根本站不住脚。高太后却被司马光这个荒唐理论触动了。作为一介女流，她知道自己在男权社会里扮演的角色，现在有了司马光的"神助攻"，一切如拨云见日。

高太后对司马光寄予了厚望，一定要从速将司马光调回京城。

## 三大毒瘤

给朝廷提出"以母改子"的建议后，司马光继续上奏疏，从保甲、免役、将官三项法令入手，谈论新法对国家造成的损害。或者说，它们不是司马光认为的"便民益国"法令，因为司马光直接建议废除这三项新法。③这就是司马光著名的《乞罢保甲状》《乞罢免役状》《乞罢将官状》三疏。

先看《乞罢保甲状》中对保甲法的批评。司马光开宗明义"其乞罢保甲"，然后，他围绕保甲法来解释，为什么要首先废除。司马光先搬出了古代制度："臣窃以兵出民间，虽云古法，然古者八百家才出甲士三人、步卒七十二人，闲民甚多，

---

① 《续资治通鉴长编·卷三百五十五》："朝廷当此之际，解兆民倒垂之急，救国家累卵之危，岂暇必俟三年然后改之哉！况今军国之事，太皇太后陛下权同行处分，是乃母改子之政，非子改父之道也，何惮而不为哉？惟圣明裁察！"

② 《续资治通鉴长编·卷三百五十五》。

③ 《续资治通鉴长编·卷三百五十五》。

三时务农,一时讲武,不妨稼穑。自上世相承,习以为常,民不惊扰。自两司马以上,皆选贤士大夫为之,无侵渔之患,故卒乘辑睦,动则有功。"司马光陈述的观点是古法征兵比例低,对民间骚扰少。这里面的"两司马"需要说明一下,它不是指司马迁、司马光,而是一种兵制。以前中士(类似于班长)管理二十五个兵,这个中士就是两司马。司马光借用这些古代兵制来对比保甲法,他先指出了古代兵甲制度的优越性——至少在他看来,这些制度都具有优越性,因此历朝历代都沿用下来,以至于"侵渔之患,故卒乘辑睦"。这当然是断章取义,这些制度若真那么优越,后世为何还要进行军制改革?

介绍了古代兵制的优越性,司马光掉转笔锋,直指保甲法:"今籍乡村之民,二丁取一,以为保甲,皆授以弓弩,教之以战陈(阵),是农民半为兵也。三四年来,又令河北、河东、陕西置都教场,无问四时,每五日一教。特置使者比监司,专切提举,州、县不得关预。每一丁教阅,一丁供送,虽云五日,而保正长以泥堋除草为名,日聚教场,得赂则纵之,不则留之,是三路耕耘收获稼穑之业,几尽废也。"①这是与上面古法做对比的,问题主要集中在征兵人数上。保甲法破坏了原来的半农半兵形态,在农村大量招募兵员,搞得国家的土地大面积荒芜,造成粮食减产。②

那么保甲法对国家造成的损害真如司马光所说的程度吗?换言之,朝廷实施保甲法的真正目的是什么呢?

大概有三方面的理由:其一是"除盗";其二鉴于国家军队战斗力不高,朝廷本着想"与募兵相参",既招募保甲也招募士兵;其三"省养兵财费"。③看这三个方面,每一方面都是针对目前国家军队中存在的问题制定的解决办法。宋朝的军队分为禁军和厢军。禁军一大部分驻扎在京城附近,用来保卫京城,另一部分分散在全国各地。而厢军则是地方的预备役部队,平时不参与战争,只在紧急时期调用,由此可想而知他们的战斗力了。厢军尽管是预备役,但依旧由国家财政供养着。这就等于说,国家白养了一帮吃公粮的士兵,他们不出力,有时候还成为地方的破坏势力。蔡襄曾说,国家每年六分之五的钱都要用来养兵。正是基于此,王安石才提

---

① 《续资治通鉴长编·卷三百五十五》。
② 《续资治通鉴长编·卷三百五十五》。
③ 《续资治通鉴长编·卷二百二十一》。

出了保甲法。所谓的保甲法，即将全国各地的农民每十家（后改为五家）组成一保，五保为一大保，十大保为一都保，并设立相应保长、大保长、都保长来管理这些人。每户人家但凡有两个以上男丁，要抽出一个人来担任保丁。由长官们管理这些保丁，农闲训练，农忙务农；保丁兼有夜间轮差巡查维持治安的职权。这其实是将府兵制和募兵制结合使用的办法，用农民来治理农民，是解决厢军尸位素餐非常奏效的办法。为什么这么说呢？因为终神宗一朝，由于保甲法的推行，地方上没有一起暴乱，至少史料中未曾发现，这其实已体现出保甲法的优势。之前养厢兵，国家的钱财并未节省下来，地方治理也混乱不堪。实行保甲法，削减禁军和厢兵人数，不仅节省了军费，还促进了地方治理，一举两得的事情，为什么在司马光这里就成了干扰农民的坏法了呢？

司马光在奏疏里继续围绕保甲法的种种"弊端"展开批评，从唐代说起，"自唐开元以来，民兵法坏，戍守战攻，尽募长征兵士，民间何尝习兵？"。斥责推行保甲法之后，"耆旧叹息，以为不祥"，造成"比户骚扰，不遗一家"。就是新法骚扰到百姓原有生活了。司马光由此又联想到这些兵甲的战斗力，指出国家花费如此巨额，却无法提升军事水平，一旦遇到战争，这些人"虽复授以兵械，教之击刺，在教场之中，坐作进退，有似严整，必若使之与敌人相遇，填然鼓之，鸣镝始交，其奔北溃败，可以前料，决无疑也"。在司马光看来，利用保甲法培育出来的战士，战斗力弱，远不如太祖、太宗时期的更戍法等制度的效果。司马光还听说这些保甲在地方上为所欲为，甚至助纣为虐、为虎作伥，导致"民丧其生业，无以自存，赴诉不受，失其所依，安得不去而为盗哉"①。总之，司马光指出保甲法浑身全是问题，影响了原来的村落治理制度，破坏了既定平衡，百姓们都练兵抓盗贼去了，土地荒芜，国家收入降低，是必须废除的新法之一。这是"纵民为盗"的行为，只要督促各地"处长吏并巡检、使臣、钤辖、兵士及边上人户，不得侵扰外界，务要静守疆场"，依靠天威，皇帝广施仁政，就能让天下臣服，不需要为了防患于未然，搞得天下皆兵。②

搞辩论赛，估计没有人能胜过司马光，他实在太有学问了，微言大义、旁征博

---

① 《续资治通鉴长编·卷三百五十五》。
② 《续资治通鉴长编·卷三百五十五》。

引是他的强项。但是司马光似乎忽略了一个因素，若广施仁政能让天下臣服，宋朝用得着与辽国、西夏常年战斗不息吗？党项人从李继迁时代开始，就与宋朝展开了无休无止的战与和。即便是宋廷不招惹他们时，他们依然咄咄逼人，仅凭仁政就能让他们臣服？

这或许就是司马光对儒家思想的活学活用，一切都要平和，都要讲宽容，与那些蛮夷没必要大动干戈。

陈述完保甲法种种弊端，司马光提出了"宜悉罢保甲使归农"的观点，并从实际操作的层面，给出了解决办法："召提举官还朝，量逐县户口，每五十户置弓手一人，略依缘边弓箭手法，许荫本户田二顷，悉免其税役。……若召募不足，即且于乡村户上，依旧条权差，候有投名者即令充替。其余巡检兵士、县尉弓手、耆长壮丁逐捕盗贼。"司马光相信，只要按照他的这些措施做了，不用保甲法，也能治理盗贼。奏疏末尾，司马光再次郑重声明要"乞依祖宗旧法"，就是说，一定要恢复祖宗法度。

司马光先强调废除保甲法，从根子上解决军务问题。至于免役法、青苗法、市易法等都是要在军政上体现结果，废除了军政，免役法、青苗法、市易法等法令也就成了无源之水、无本之木。

面对司马光这一通输出，对新法尚不够深入理解的高太后无法不被其打动。司马光才是可以依靠的人，王珪、蔡确、章惇等官员都显得黯然失色了。

紧接着，司马光就在《乞罢免役状》中开始陈述废除免役法的问题。和请求废除保甲法一样，司马光首先抛出了观点——"又乞罢免役"，然后，围绕着废除免役法，展开了各种论述。要知道，保甲法只是强兵的一种方法，其目的是强兵，或多或少都有一些司马光奏疏里指摘的问题。但强兵是大计，为了实现这一目的，增加赋税是必然的，而赋税重就会让百姓吃亏。可免役法与保甲法完全不一样。这是一项经过多次讨论，并试点成功后，才在全国推行的新法。免役法条款全面，各种问题面面俱到。但是不可回避的是，免役法损害了士大夫阶层的利益。另外，因为免役法是神宗和王安石最看重的新法，所以，废除免役法是击败新党最有力的手段。这才是司马光将目标首先对准免役法的根本原因。

那么，什么是免役法呢？这个问题回答起来有些复杂，为了便于解释清楚免役法，这里要与另外一项法令做个对比，这项法令就是差役法。何谓差役法呢？在中国古代，百姓都要承担徭役。每个朝代的徭役种类不同，但都是由底层农民背负的。朱熹就曾说宋朝的徭役遵循前朝，前朝有的徭役，宋朝一样不缺。这些徭役有的需要服役，有的需要承担赋税。比如家里有男丁需要承担兵役，有些民户则需要给朝廷运送某种物资。这大概就是差役法的内容。不过，差役法有个特点，就是若家里有人在朝中"干公事"，为国家出力，即可免除赋役。另外只要有人在"衙门"服务，充当胥吏身份，尽管算不上正式公职人员，但是也参与国家公务，也可以不承担赋税，造成官户、坊郭户、未成丁户、单丁户、女户、寺观户等免役。而除去这部分，实际负担国家赋税的都是最底层的百姓。差役法的问题是让很多实际掌握资源的人逃脱了赋役制度。王安石正是看到了这一症结所在，才与神宗多次讨论，不断修订完善了免役法。

　　免役法的核心是全民分摊徭役，用钱购买服务是免役法的特点。免役法是动态法令，原则是按照各类民户不同，划归其赋税任务也不同。比如，主户资源多、财产丰富，承担相应赋税就更多，相反，下等户赋役就少。总之，所谓的免役法就是按户等级别承担徭役，实现花钱免役、充实国库的目的。比如某一家庭若不想让男丁去服兵役，给官府缴纳一定的钱财就可以获得豁免。

　　作为顶层设计者的神宗和王安石在设计这项法令时，似乎已考虑到免役法一旦实施，必然引起国家内部不稳，毕竟这是让全民为国家买单。因此，免役法的推行相当谨慎。神宗和王安石一起试点，成功之后，才开始向全国铺开。当免役法一经全面实施，国库迅速充盈，实现了王安石不加赋税就能增加国家财政收入的预设。

　　然而，即便免役法可以为国家积攒财富，但依然有严重缺陷。比如各类户身份界定问题会直接影响新法推行。按照免役法，下等户本来可以缴纳较轻赋税，但地方官在推行变法时，为了不让自己的利益受损，会强行改变下等户类别，让下等户变成主户。如此一来，土地兼并情况非常突出，本来就贫穷的下等户不得不承担更多赋税，造成破产，引发更剧烈的矛盾。

　　免役法政策设计的出发点是好的，但在实际操作时，政策执行走了样，造成农民负担更重。这也招致免役法反弹最严重，不仅百姓苦不堪言，原来不纳税的阶层因为要承担相应赋税，也会积极抵制。所以，就能看到这样一个现象，在新法推行中，免役法是遭受批评最多的法令。司马光作为反对新法的主力，他冷眼旁观了很多年，现在看到朝廷风向要变，自然首先要提出废除免役法的建议。

在这份奏疏中，司马光详细分析了免役法的弊端，他以差役法为对比，证明差役法要比免役法更好。比如，司马光认为以前推行的赋税制度（差役法）其实很合理，只是王安石一厢情愿地觉得这些旧制对百姓不利，致使百姓破产现象很严重，才强力推行变法。司马光在奏疏中表示，差役法并未造成百姓破产严重现象。①司马光的文笔好，奏疏的节奏也控制得好，这与他之前在熙宁年间的辩论完全不一样。解释清楚差役法并未给国家造成破产频发后，司马光指责免役法的问题：差役出自民众，赋税也出自民众。现在先收钱雇人服役，这不是割了鼻子喂嘴巴吗？且原来那些不承担赋税的单丁、女户及品官、僧道等人现在也要担税，严重增加了各种阶层的负担。②

然后，司马光开始数落免役法推行后的结果："故自行免役法以来，富室差得自宽，而贫者困穷日甚，殆非所以抑兼并，哀茕独，均赋役也。"土地兼并现象严重。由此，司马光列举了很多事例来说明这件事："又监司、守令之不仁者，于雇役人之外，多取羡余，或一县至数万贯，以冀恩赏，规进取，不顾为民世世之患。……借使有人鬻薪籴米，米价虽贱，薪价亦贱故也。"用事实说话，更具说服力。

指出了免役法的问题，司马光开始建议朝廷废除免役法，"臣愚以为宜悉罢免役钱"。而且还提出了具体措施："其州、县诸色役人，并依旧制，委本县令佐揭簿定差，替见雇役人。其衙前，先召募人投充长名，召募不足，然后差乡村人户。每经历重难差遣，依旧以优轻场务充酬奖。所有见在免役钱，拨充州、县常平本钱，以户口为率，存三年之蓄，有余则归转运司。凡免役之法，纵富强应役之人，征贫弱不役之力，利于富者不利于贫者。"这个举措非常到位，要废除免役法，就得动员所有地方官员。司马光还危言："及今耳目相接，犹可复旧，若更年深，富者安之，民不可复差役矣。"若朝廷现在不废除新法，那么将来等民众适应了新法，想

---

① 《续资治通鉴长编·卷三百五十五》："……按因差役破产者，惟乡户衙前有之，自余散从、承符、弓手、手力、耆户长、壮丁，未闻破产者也。其乡户衙前所以破产者，盖由山野愚戆之人，不能干事，使之主管官物，或因水火损败，或为上下侵欺，是致欠折，备偿不足，有破产者。至于长名衙前，久在公廷，勾当精熟，每经重难差遣，积累分数，别得优轻场务酬奖，往往致富，何破产之有！"

② 《续资治通鉴长编·卷三百五十五》："夫差役出于民，钱亦出于民，今使民出钱雇役，何异割鼻饲口？朝三暮四，于民何所利？又向者役人皆上等户为之，其下等单丁、女户及品官、僧道，本来无役，今更使之一概输钱，则是赋敛愈重，非所以宽之也。"

要废除就艰难了。

司马光废除免役法的观点是要从重从快，坚决彻底废除。同时，在这里，司马光又提出了废除将官法的问题。将官法显然主要是针对边境将士的法令。在司马光看来，兵总归是不祥之物，会给国家带来灾难性危害。然后他引经据典，从远古一直分析到魏晋，重中之重是地方武将要受文官节制，"必严其武备，设长吏，必盛其侍卫"。这一点当然也是宋朝的祖宗之法，宋太宗时期，就开始正式用文臣来钳制武将。

司马光从先帝治军的先例来论证他观点的正确性："先帝欲征伐四夷，患诸州兵官不精勤训练，士卒懈弛，于是有建议者，请分河北、陕西、河东、京东、京西等路诸军若干人为一将，别置将官，使之专切训练。其逐州总管以下及知州、知县皆不得关预。及有差使，量留羸弱下军及剩员，以充本州官白直及诸般差使。其余禁军，皆制在将官，专事教阅。"①这是先帝治军的办法，司马光又为自己的理论找到了新依据。

之后，司马光由恢复祖宗之法来治军转到了选拔将帅人才上，"臣愚以为职事修举，在于择人，不在设官，苟不得其人，虽将官亦何所为？"。大致意思就是，干工作在于选择合适的官员。就此问题，他又开始了辩论，最后得出，用人不当，"万一有非常之变，州、县长吏何以号令其众，制御奸宄哉？"②。这个观点若没有后面的内容，其实也不能算错。不管是文臣还是武将，都需要选拔正确（合适）的人才来担当。但司马光紧接着又说："又顷岁以来，自转运使、知州以下白直及迎送之人，日朘月减，出入导从，本为萧条，供承荷担，有所不给，观望削弱，无以威服吏民。"这不是变着法儿说新法的问题吗？为此他还列举了目睹的一件事来说明："……况僻小州、县，其守御之备，侍卫之众，可知矣。"并得出了理论："万一有凶狡之贼，驱乌合之众，突入城邑，或戕贼长吏，以焚烧庐舍，杀掠吏民，将何以制之哉？此则天下太平之久，习俗淳厚，群心安固，贼不测虚实，胆智怯弱，故未敢为之耳！岂可忽略，谓之必无而不为之备哉？"

这是防患于未然的做法，也是宋朝开国以来一贯的军事方针。司马光在说兵制

---

① 《续资治通鉴长编·卷三百五十五》。
② 《续资治通鉴长编·卷三百五十五》。

的问题时总是先扬后抑。在他看来，国家边境各处城墙坚固，士卒众多，守御力量强大。反而是那些域内城池，城墙低矮，士卒较少，一旦遇到盗贼攻击，这些士卒必然不会坚守城池，他们或者会主动投降盗贼，或者帮着盗贼掠夺百姓财产，到那时候如之奈何？这还是遇到盗贼，若是外敌入侵，又该如何应对？司马光建议要时常用居安思危的心态来治理国家。

接下来，司马光就如何让国家长期保持安定提出了自己的主张。

> 臣愚以为河北、陕西、河东、京西等路腹内州县，宜以渐候丰年农闲之际，委提点刑狱与本处长吏相度，各修筑所治之城。……仍令逐州各选有勇力武艺之人充弓手，以守卫城邑，讨捕盗贼。其州、县吏所给白直迎送之人，皆如嘉祐编敕以前之数。如此力可以守，然后遇寇盗之至，责其弃城等罪而诛之，彼亦甘心矣！①

这个建议非常有意思，完全颠覆了朝廷此前边境驻军的制度。司马光将目光放在了国家腹地的城镇，以后要给国家腹地城镇加宽加高城池，增加驻兵人数。他还建议在春夏没有战争时，允许让边境将士回家，尤其是"悉罢将官，其逐州、县禁军"。历朝历代的国防建设无不重视在边境要塞驻屯大量兵马，以防被敌人忽然袭击。司马光的建议恰巧相反。这样惊世骇俗的理论，可能要吓坏边关将士们。

不管怎么样，这就是四月二十七日司马光在儿子司马康回京任职时，给高太后提交的数千言治国方略。高太后还认真研读了，但是由于对法令不甚清楚，她也被司马光的奏疏搞得有些云山雾罩。高太后或许觉得，尽管自己没有完全读懂司马光的札子，但她已经与司马光达成了共识——废除三项法令。

月底时，监察御史安惇上疏，弹劾两名宦官高品、甘承立借着为朝廷采买木材的名义，到处强行征调工匠，劳民伤财，非法残害，已经死了很多人。希望太皇太后派人调查，若事情属实，请依法处置。高太后看着这个奏疏，哭笑不得，宦官高品、甘承立是为了她两个儿子修建府邸而到南方去采购木材，不想被安惇发现了他们违法乱纪的行为。高太后无可奈何，只能派人去调查。这本来是一件小事，但联

---

① 《续资治通鉴长编·卷三百五十五》。

想几天前安惇弹劾吕大防的事情，就能发现，安惇如此，或许就是新党在背后操纵的。新党们不可能让高太后一心一意废除新法，只要有机会，他们一定会制造出麻烦来搅局。

高太后觉得眼前局势混乱，她一人尚无法控制局面，她需要司马光赶紧回朝。

## 旧党全部要回朝

高太后派出的使者马不停蹄奔向洛阳。五月十五日，司马光收到了朝廷的新诏书，要求他赴陈州就任前，先到京城一趟。这当然不是哲宗召见司马光，而是高太后的意思。①

司马光有些意外，但很快恢复到平静状态，似乎他已猜到来人的意图。在此之前，司马光只是在三月二十二日朝会时见过高太后一次，之后就一直停留在洛阳。但这期间，他已经连续上了多份奏疏，陈述自己的治国之道。这种未见面细谈便书面交心的举动，让司马光在高太后心中的形象伟岸不少。想必是这些奏疏引起了高太后的重视，故而在他还未到陈州就任前，就收到了高太后命他到京城觐见的诏书。

去还是不去？司马光在纠结，因为他还摸不准朝廷的意图。尽管在四月份他上完开言路奏疏后，朝廷也的确放开了言路，撤销了一些"特务"机关，不再由专人窃听民间对新法的批评。但是几天后，一件耸人听闻的事发生了。在朝廷开放言路的大前提下，有两位官员宋彭年、王谔向朝廷上疏，指责目前国家存在的问题，新党随即对这两人实施了打压。此举让司马光非常恼火，他一直期望朝廷能广开言路，让官员、百姓都说实话。可刚刚有人冒头，就被严厉打击了，这样一来，谁还敢给国家提意见？言路不开，是否意味着国家要继续沿着新党的路子走呢？司马光马上进言，他在奏疏中说："顷者王安石秉政，欲蔽先帝聪明，专威福，行私意，由是深疾谏者，过于仇雠，严禁诽谤，甚于盗贼。是以天下之人以言为讳，百姓愁苦无聊，靡所控告，致怨谤之语，上及先帝。臣常痛心泣血，思救其失，是故首乞

---

① 《续资治通鉴长编·卷三百五十六》。

下诏开言路，以通下情。臣谓群臣苟有肯进言者，陛下必加褒擢，以劝来者，此乃古人市骏骨、揖怒蛙之意也。"①

司马光还声明开言路对新皇政权的重要意义："今皇帝陛下新即位，太皇太后陛下初垂帘，天下之人莫不属目倾耳。臣自到西京以来，朝夕伏听朝廷惟新之政，以为必务明四目，达四聪，以发天下积年愤郁之志。"紧接着他就直奔主题，表明朝廷开言路就是要人说真话，如今宋彭年和王谔两个官员不过是提了一点小小意见，朝廷就"以非其本职而言，各罚铜三十斤"。司马光很失望，"怅然失图，愤悒无已"。为了进一步阐述开言路的重要性，他先撇清自己与宋彭年、王谔两人的关系，"彼宋彭年、王谔，臣素不识，不知其人为贤为不肖"，以免让人觉得他与这二人有私交，形成朋党。宋朝的祖宗之法是不诛杀言事之人，后面这一条又逐渐演变成不针对言事之人。司马光强烈谴责处置此二人的做法，认为尽管朝廷对两个提意见的人处罚力度小，但影响极坏，如此一来，谁还愿意冒着危险给朝廷提意见呢？在司马光看来："二臣首以言事获罪，臣恐中外闻之，忠臣解体，直士挫气，欲仕者敛冠藏之，欲谏者咋舌相戒，则上之聪明犹有所不昭，下之情伪犹有所不达，太平之功，尚未可期也。"然后，司马光围绕这些问题，以王安石推行的新法做对比，言之有物指出，不能打击提意见的人。

但是朝廷还是没有撤回对宋彭年、王谔的处罚。这让司马光对朝廷废除新法的决心产生了怀疑。因此，当高太后的使者到达洛阳之后，司马光依然没有决定到京城去。不过来使态度坚决，一定要请司马光一道回京，并表示，请不动司马光他也绝不回朝。这又让司马光放下了戒心。思谋再三，司马光认为无论如何都有进宫面见高太后的必要。此前提出的很多废除新法的奏疏，高太后还没有正式回应呢！司马光认为，高太后召见他可能也是这个意思。

事实上也如司马光所料，此前他提出罢除保甲、免役等法令的建议，还有"以母改子"的理论，都让高太后很感兴趣，这才有了召司马光觐见的诏书。当然，这种召见似乎也向外界透露着一个信息：朝廷要重用司马光，可能还会让司马光成为名正言顺的司马相公。

司马光果然没有到陈州任职，直接奔汴京而去。不过与上次祭奠神宗时不一

---

① 《续资治通鉴长编·卷三百五十六》。

样，这一路上，司马光走得很慢。他故意放慢脚程，且行且观，他需要掌握各种势力对他回朝的态度。

这期间，朝廷处置了几件小事，但都值得回味。

其一，此前派出调查汴河两岸相关市场业务的户部官员调查清楚了内幕，给朝廷上了奏疏，然后朝廷就下诏罢除一些市场。这虽是一件小事，但背后却是废除新法的试验。

其二，是五月初六、初七，朝廷颁布了两道人事调整任命书。先看五月初六的诏书："戊戌，诏责授汝州团练副使本州安置苏轼，复朝奉郎、知登州。……鄜州团练副使高遵裕复右屯卫将军，管勾西京中岳庙，任便居住。"这里面包含两个人的岗位变动，第一个是苏轼，他因为"乌台诗案"被放逐黄州，在那里度过了一段异常艰难的岁月。其间，苏轼也变成苏东坡。不久之后，他被调往汝州任职团练副使。但在去汝州的路上，幼子不幸夭折，苏轼悲痛欲绝，给朝廷上疏请求暂时在常州休整，朝廷准许了苏轼的请求。苏轼怎么也没想到，他在常州时忽然听到了神宗去世的消息，他面对北方久久伫立，怀念神宗。之后，苏轼继续在常州居住，并打算将常州作为人生孤老之地。就在他对政治生涯绝望之际，他收到了朝廷让他到登州任知州的调令。另一个人是高遵裕，这是高太后的侄子，神宗朝宋夏战争失利，高遵裕负主要责任，之后他被神宗罢官。高太后垂帘听政时，蔡确曾建议调回高遵裕，但高太后没有同意。直到这时候，他才与苏轼一起被调回内地。高遵裕回调可能有高太后个人照顾娘家人的意思，但让苏轼任实职，却无异于发出一个强烈信号。朝中官员似乎都觉得这是旧党要复宠的节奏。实际上，苏轼也不算旧党，但当时的官员们都将苏轼划入司马光阵营。

其三，五月初七朝廷催促吕公著上任报到："己亥，诏资政殿大学士、银青光禄大夫、兼侍读吕公著，乘传赴阙。"朝中任命诏书颁布很多天了，仍然不见吕公著的人影，朝廷对吕公著也是翘首以待。需要强调的是，几天后的五月十四，吕公著的身份再次被做了调整，"丙午，资政殿大学士、兼侍读吕公著提举中太一宫兼集禧观"，以彰显圣眷。

这些事，都发生在司马光回朝之前。这也意味着吕公著、苏轼等人的回调，正是高太后迈出的第一步。紧接着，朝廷又调回几人："庚子，朝奉大夫、提举京东路保马兼保甲霍翔知密州，同管勾京西路保马兼保甲吕公雅知濠州。""承议郎程颢为宗正寺丞。""朝请郎、太府少卿宋彭年提点江南西路刑狱。""诏御史中丞黄履，举堪充监察御史二员以闻。"①其中霍翔、吕公雅是旧党，不过影响不及司马光、吕公著等人，程颢因理学成就而大名鼎鼎，也是旧党。宋彭年就是之前司马光请求开言路时，提意见被处罚的人。不过，由于司马光从中斡旋，宋彭年并未被罢官。同时，朝廷让黄履给御史台增加人手也释放出一个信号——国家要利用御史台这张王牌了。

这一系列的人事安排和近期频频调整制度、法令都指向一个终点：国家的风向标要变了。具体如何变？朝臣暂时还猜不透高太后的意图。对新党而言，眼下最大的威胁正在向他们靠近，这就是朝廷对司马光的重视。因之，官场的人目光多聚焦在司马光身上。

此时的司马光还在路上，诚如前文所述，他不紧不慢地向汴京进发，若路过州郡有老朋友，还会停下脚步去看望。比如，司马光到郑州后，就去见了郑州知州孙固，孙固也是旧党一派，对新法一直持有保留意见。王安石和神宗推行变法时，鉴于神宗不听他的劝阻，孙固效仿司马光，主动申请退居二线，直到神宗去世，他才出任郑州知州。司马光在郑州逗留了几天，孙固料定司马光这次回京必当宰相，因此在郑州期间，孙固就称呼司马光为"相公"，还建议司马光要慎重处置国家大事。

高太后这里似乎也不着急，这段时间朝廷一直都没有催促司马光，似乎他们都在等待着一个合适的时机。为什么会出现这种怪异的现象？原来首相王珪病了。五月份以来，王珪身体急转直下，如若他随时撒手人寰，那样，首相位置自然而然腾出来，等司马光回到京城就能水到渠成地进入宰执班子里了。

五月十七日，王珪病故。这对高太后来说不啻为一个好消息。她等待的机会终于到来。首先，朝廷下了一道诏命，让蔡确负责神宗安葬事宜。这等于是将蔡确踢开了，也为司马光回朝清空了障碍。否则即便司马光回到朝廷，以蔡确为首的新党一定会强烈反对直接对司马光授予高位。之后，又下诏："庚戌，金紫光禄大夫、守尚书左仆射、兼门下侍郎岐国公王珪卒。辍视朝五日，初赠太尉，再赠太师，谥文恭。"这一串头衔王珪都受得起，至少在神宗后期得病期间，他能够坐镇中枢，

---

① 《续资治通鉴长编·卷三百五十六》。

掌舵正确的方向，维持国家平顺发展。仅此一点，他就功不可没。当然，他也有缺点，比如他完全不像前期宰相李沆、王旦等人那样宽容大度，与蔡确的内斗，给国家带来了损失。

王珪去世，朝廷下令辍朝五日。这对一个宰相来说，已经是哀荣备至了。这五天，朝堂上下到处都呈现出一种安静的状态。司马光则继续在赶往汴京的路上。五月二十三日，是政事恢复正常的第一天，也是在这一天，司马光"掐着点"到达了京城。

回到京城后，司马光还未面圣，就先上了一道奏疏。这个奏疏算是对朝廷听从他的建议开言路的一个回复。司马光在奏疏中强烈请求朝廷采取他三月三十日上疏的建议。

> ……臣狂瞽妄言，曲荷采纳，岂独微臣之幸，抑亦天下之幸。此乃圣主之先务，太平之本原也。然臣伏读诏书，其间有于心未安者，不敢不冒万死，极竭以闻……如臣三月三十日所奏，颁布天下。使天下之人晓然知陛下务在求谏，无拒谏之心，各尽所怀，不忧黜罚。如此，则中外之事，远近之情，如指诸掌矣。①

人尚未露面，奏疏先到了高太后手中。这让高太后有些激动。她时刻都在等着司马光进宫来，但是眼下还不能见司马光，高太后心中藏着一个大计划。

五月二十六日是个重大日子，哲宗朝宰执第一次大换血从这一天开始。当天，朝廷调整了几个重要领导岗位。蔡确如愿以偿，从次相升级到首相位置。通议大夫、知枢密院事韩缜成为次相。看起来都是平稳过渡，却显示了高层的高超水平。蔡确成为首相，三省实际权力落在次相韩缜手中，这是元丰改制的结果。从此，蔡确便可名正言顺作为山陵使去给神宗修墓了。

而韩缜是个稳重的人，不会给高太后制造麻烦。高太后有意无意地在模仿神宗当年的策略。神宗为了推行变法，让富弼担任宰相，主持大局，王安石只是副宰相，隐身幕后，实施变法。这样一来，即便变法出现问题，以富弼的威望也能稳住

---

① 《续资治通鉴长编·卷三百五十六》。

时局。事实证明这招非常管用，只是后来富弼辞职，便将王安石孤立地暴露在旧党攻击之下了。现在高太后支走蔡确，以韩缜为次相，是不是预示着司马光也会成为副宰相，在韩缜的压阵下，实施新法废除工作呢？

果然如此，因为朝廷不仅仅调整了蔡确、韩缜，对章惇和司马光的任命书也在同一道诏书里。韩缜调整为次相，通议大夫、门下侍郎章惇顶替韩缜，成为知枢密院事。而司马光则以资政殿学士、通议大夫的身份任职门下侍郎，也就是副宰相。①这几个人的岗位迁移，充满了政治智慧。章惇是新党，从三省调整到枢密院，虽也是宰执，但枢密院的主要工作是掌管军队，可以说被调离政务的核心部门。这样一来，三省的主要掌权者有韩缜、司马光。蔡确修完神宗陵墓还要辞职。高太后的目标就实现了。

高太后心心念念的司马光就要上任了，她在深宫大院里等着这位四朝元老。但是当朝廷的任命书传到司马光手中时，他却拒绝了。这一招大大出乎所有人的意料。关于司马光辞职这段历史，在苏轼《司马光行状》以及《宋史·司马旦传》里都能找到类似记载。《续资治通鉴长编》里面录入了司马光的推辞奏疏。

> ……先帝以睿智之性，切于求治，而王安石不达政体，专用私见，变乱旧章，误先帝任使，遂致民多失业，闾里怨嗟。……借令皇帝陛下独览权纲，犹当早发号令，以解生民之急，救国家之祸，收万国之欢心，复祖宗之令典，况太皇太后陛下同断国事，舍非而取是，去害而就利，于体甚顺，何为而不可？②

司马光的这份报告学术水平非常高，既表扬了先帝，又不失时机地进谏高太后推行"新政"，废除新法，遣词精准，深中肯綮。难能可贵的是，在给朝廷有所交代后，他表示自己无法就任副宰相，坚持要到陈州去任职。

看到司马光的辞呈，高太后慌了：这怎么能行！大费周章将你调回来，现在你却说走就走？于是，高太后让侍从梁惟简拿着自己的手诏到了司马光家里，督促司

---

① 《续资治通鉴长编·卷三百五十六》和《宋史·卷三百三十六·列传第九十五》。
② 《续资治通鉴长编·卷三百五十六》。

马光任职。高太后在手诏中表示，皇帝年纪尚小，老身身为摄政要处置所有国家事务，值此关键时刻，正需要像你这样的人才来辅佐，另外，朝廷还将再降开言路诏书，但你必须到三省来就职。听了高太后的手诏，司马光这才决定到三省任职，"光乃受命"。其实，这时候的高太后对司马光抱有极大希望，她能为司马光做的都做了，甚至不惜以恳求的姿态请司马光任职，还信誓旦旦地表示朝廷将再开言路。

面对如此荣耀，司马光不走了，他要与高太后一起推行"新政"，尽管他此时已经六十五岁了。人生七十古来稀，司马光打算在七十岁之前，完成他一生追寻的事业。

与此同时，朝廷还调整了几个官员的位置："资政殿学士、知太原府吕惠卿为资政殿大学士。端明殿学士、知江宁府王安礼为资政殿学士，翰林学士曾布为户部尚书，户部尚书王存为兵部尚书。兵部侍郎许将为龙图阁直学士、知成都府，龙图阁直学士、知成都府吕大防为翰林学士，龙图阁待制、知青州邓绾为龙图阁直学士、知永兴军，龙图阁直学士、知永兴军刘庠知青州。中散大夫、知冀州王令图知澶州。"吕惠卿、王安礼等于被剥夺了实职，只剩虚衔，因为他们一个是王安石变法的支持者，一个是王安石的弟弟。曾布也是新党中人，被调离翰林学士，充任户部尚书。许将、吕大防、邓绾、王令图、刘庠等人，或者没有参与新法，或者是新法反对者，皆受到朝廷擢升。

五月二十八日，朝廷正式任命蔡确为山陵使，到巩义负责神宗安葬事宜。

在这一连串计划周密的人事布局后，王朝统治的中枢机构都安插上了旧党。

一切昭然若揭，新法面临被废除的危机。

## 第二章 旧党得势

> 孔子上圣，子路犹谓之迂。孟轲大贤，时人亦谓之迂阔。况光岂免此名。大抵虑事深远，则近于迂矣。
> ——《宋元学案·卷八》

### 韩维反对"一刀切"更张新法

司马光回朝后，没有与高太后单独会面，之前预想的种种相见场景，并未在历史画面中出现。高太后尽管权同听政，但皇家有皇家的礼仪约束，凡事不可坏了规矩。让高太后焦急不安的是，司马光尽管答应留下辅政，但在最初就任的一个多月里，没有任何动静，一切都按照既定方针推行着。

六月初一，高太后与哲宗在福宁殿会见朝臣，主要的任务是让群臣瞻仰神宗皇帝新画像。此前的画像与神宗一点也不像，因此在礼部的建议下，朝廷召集专业画师重新绘制了神宗画像。这次的画像与神宗容貌逼肖，得到了肯定。看着画像，群臣尽管不免悲伤，但也没有将精力过多用在追思先帝上，一个新时代已经来临，他们要进入新一轮权力角逐了。

六月初五，朝廷对已故宰相王珪家人赐寿昌坊的官第，又给王珪的神道碑赐"懿文"，恩荫王氏子弟十人，并责令给事中陆佃负责王珪的安葬事宜。这已是很大的追赠了。有宋一朝对于已故宰相，都能给予恩宠，即便要剥夺某些宰相生前头衔，也是为了国家利益。①

接着，朝廷就开始发布各种拉拢人心的举措。先是对高太后的儿子赵颢、赵頵的家人给予封赏："扬王男右武卫将军孝骞为端州刺史，第四男赐名孝锡，为右骁卫大将军，领成州刺史。荆王男右武卫大将军孝诒为宁州刺史，

---

① 《续资治通鉴长编·卷三百五十七》。

孝参为和州刺史，孝奕为庆州刺史，孝骘为荣州刺史，第七男赐名孝忱，为右骁卫大将军，领秀州刺史，第八男赐名孝颖，为右骁卫大将军，领英州刺史，第九男赐名孝愿，为骁卫大将军，领通州刺史。"

这两位王爷当初有"自立"之嫌，若不是王珪等人极力斡旋，赵颢可能还真有兄终弟及的野心。现在稳住他们，也是稳住高太后。其实，从高太后的生平观察，她很少主动为娘家及儿子们要求什么——除了在神宗时期让两个儿子住在宫中。所以，给两位王爷家人提升地位，应该也是回朝旧党对太皇太后的投桃报李。要知道，神宗还有其他几个儿子，为何这时候只优先对高太后生的两个儿子格外照顾呢？

惠民政策也接踵而至。朝廷在同一天下诏，赦免元丰七年（1084）前河东州军人户积欠的和籴粮草。这是一笔很大的财富，若收上来充盈国库，大有益处。不过舍弃这些财富，更能体现朝廷的恩泽。因为即便要收取，也不见得可以收上来，不如借此笼络民心。

对高太后应该享受的待遇，旧党们也花了心思。比如，六月初八，礼部官员给哲宗和高太后上疏，要求对高太后生辰制定详细的册子，列出需要赏赐奉物，在原来的基础上增加一倍。皇太妃由此也沾了光，她的生辰也要按照皇后的规格设置。按说这样的奏疏应该遭到高太后的反驳，因为按照制度，朝臣们的意见要提交哲宗和皇太后两人最终敲定，哲宗年幼且不论，高太后是成人，且她经常以"节俭"自居，即便这时候她才听政三个月，可有些制度应该学会了。但是，高太后的态度很暧昧，两个字——"从之"。也就是同意礼部的意见。六月十二日，朝廷再次下诏："皇太后出入仪卫，依治平四年四月内参定。皇太后所乘舆，上设行龙六。皇太妃出入，乘檐子。"这里面有个核心的词语"六龙"，高太后出行的车舆上要镂刻六条龙。这可是天子车舆规格。在封建社会，各阶层车舆有着明确的图文界定，大臣的车要装饰成与大臣身份对应的规格，太皇太后的车舆也要按祖制制成与其地位相匹配的车舆。可这次朝廷直接下诏，强调以后高太后的车舆上镂刻六龙。这与礼制不符，高太后再怎么德高望重，也不能与天子车辇规模一样啊！台谏官集体失声，其他官员装聋作哑。礼部的官员也忙着搜肠刮肚，为这一做法寻找立得住脚的依据。

需要指出的是，朝廷在做这一切时，新党已经被边缘化了。他们也无法参与核心政务的讨论和制定。章惇贵为枢密院的长官，也不能逾越相关制度。还有个现象很奇特，高太后刚刚垂帘听政时，要求两府宰执集体商讨政事，但朝廷自从对两府宰执进行调整后，便不再强调国家政事三省、枢密院相互沟通。

即便如此，新党们也没有停下反击的步伐。就在朝臣商讨给高太后车舆上刻六龙时，从遥远的西北环庆路传来了战报："肃远寨蕃官左侍禁巡检慕化、环庆路第二将部将戴宗荣，差人探得西界减瘯井人马欲来作过，同率一百余人，要路等截斗敌，斩获四十余级。"这份奏疏写得很有意味，是敌军入侵我们边境在前，才有国家将士拦截的行动，这可不是不听朝廷诏命，实在是形势所迫。但这份奏疏传到朝廷高层时，想必会有两种意见：在以章惇为首的枢密院看来，这完全是情理之中的事情，难道敌人打来了，就因为朝廷的"敕疆吏勿侵扰外界"命令而坐以待毙吗？而在旧党司马光等人看来，这显然是枢密院授命的，即便不是枢密院授命，也代表了新党的意图。朝廷三令五申不要在边境上惹是生非，更禁止宋朝的军队未经允许深入敌境抢掠。但是环庆路的将士还是不听话。那么，以高太后为首的旧党，会怎么处置这件事？结果却超出预料，朝廷竟然给打仗的慕化、戴宗荣两位将军升官了。①

这次小较量，以新党完胜收官。或许谁都不想把事闹大。设计层在密谋如何废除新法，抽不出过多精力来对付新党的各种小动作。但这并不意味着旧党一直沉默。有时候退也是进。随即，同提举经度制置牧马事、枢密副都承旨曹诵出场了，他给朝廷上了一道奏疏："伏见朝廷用崇仪副使温从吉法，创置孳生马监，迄今二年，得驹数少，而马之死损、转送愈多，虑合更加讨论。乞诏御史台兵察官，取索自置监已来文字，会校利害，限半月以闻。"②这是斥责养马法的问题。宋史里关于曹诵的记载不多。在《宋大诏令集》中有这样一条罢黜曹诵的诏命："朕顺名器以昭大功之治。……可特授持节洋州诸军事、洋州刺史、充中太一宫使、武康军节度、洋州管内观察处置等使、勋封食实封如故。主者施行。"③这道诏命是宋徽宗时期颁发的，可以看出曹诵一直在边关为官。也有说曹诵是宋朝开国名将曹彬的重孙，不过尚缺史料佐证。这时候曹诵上这一道奏疏是什么意思呢？曹诵是不是新法

---

① 《续资治通鉴长编·卷三百五十七》。
② 《续资治通鉴长编·卷三百五十七》。
③ 《宋大诏令集·卷一百二》。

反对者呢？这些暂且不论，朝廷强兵之法可是神宗与王安石联手推行的。即便王安石罢相后，神宗依然推行新法。曹诵这里说施行了两年的养马法，一点儿成效都没有，显然是冲着新法去的。

当然，曹诵的进言毕竟分量有限，他作为一介武官，在朝廷没有话语权。但是接下来提出意见的人朝廷必须重视。此人是殿中侍御史黄降。他给朝廷的奏疏，矛头直指京西转运副使沈希颜，指责沈希颜"资性苛刻，老而弥甚"。此人到任后，明知"京西民力素薄"，"惟务刻剥"，以便引起朝廷的注意，进而为自己的进用谋取政治资本，尤其是在邓州等地"非法聚敛"，简直到了无法无天的地步。沈希颜自己对外宣称："到任一年所入，比之前官一年之数，共增八十二万余贯。"另外沈希颜还造假账，上报给朝廷的财务收支与实际不符。这一连串的控诉下来，沈希颜前途堪忧，因为这是台谏官的弹劾，绝不能轻视。台谏官的职责是监督皇帝和百官，他们是朝廷的耳目。朝廷很慎重，没有直接处置沈希颜，只是下诏"令希颜一就分析闻奏"，让他自己就这些弹劾条目逐一进行解释并形成翔实的报告。

若单纯地将这个弹劾看成台谏官正常行使权力，就过于简单化了。所有的根源都要从这两个人的生平去寻找答案。史料中关于黄降的记载不多，曾巩有一首诗《赠黄降自宜城赴官许昌》："所学从谁得最完，豫间新出已难攀。不摇声利心能定，欲正哇淫手自删。颍水珠玑来席上，鄢城桃李在人间。高斋挂榻骊歌后，坐守尘编少往不。"曾巩在诗中劝黄降戒骄戒躁，等待机会再次翻身。而曾巩与苏轼一样，因为参与熙宁变法大讨论，得罪了新旧两党，一直被排斥在国家核心层外。这反而铸就了他们文学上的巨大成就。当然曾巩在地方任职时，政绩也很大。从黄降与曾巩的交往，以及这份奏疏可以推测，黄降是新法反对者。沈希颜在宋史中也没有传，他的零星记载都是综合各种史料而来。沈希颜，四明（浙江省宁波市西南）人，字几圣。他是仁宗嘉祐八年（1063）进士，之后被安排在雩都县（今江西于都县）。担任知县期间，他廉洁从政，宽以养民，得到了高层的认可。神宗熙宁年间，他以比部员外郎身份任开封府判官，议行仓法，升提点仓场。①也就是说，沈希颜是新法推行者，他在掌管粮草上为朝廷出过大力。

---

①根据清同治《雩都县志》卷七、《宋诗纪事补遗》卷一、《续资治通鉴长编》卷二三八等史料整理。

因此不难看出，黄降弹劾沈希颜是旧党对新党采取的行动。尽管黄降对沈希颜的弹劾并未触及中央高层，但"千丈之堤，以蝼蚁之穴溃；百尺之室，以突隙之炽焚"，基层官员撼动的是新法，大对决似爆发前的火山，正在积聚着摧枯拉朽的力量。

这期间，韩维的调任，成为新旧党争的导火索。

六月十四日，资政殿学士、提举崇福宫韩维被调往陈州（今河南省淮阳区）任职。陈州就是司马光没有去任职的地方。当初朝廷将没有实际差遣的司马光调任陈州，本想让司马光在那里过渡一下，再调他回中央。可高太后让司马光去陈州前到汴京入觐后，朝廷竟然改变了策略，直接让司马光出任副宰相。现在陈州知州空缺，韩维就顶了这个缺。当然，这一切看起来只是官员的正常调动，但更深层次的原因是韩维所持政见与国家高层的治国方略不同，这才被外调。

韩维是神宗做太子时的幕僚，也算是神宗的老师。王安石就是他推荐给神宗的。不过，在王安石推行变法时，韩维反对"一刀切"的政策，批评过新法。尽管当时他是神宗的老师，但因所持立场与国家主政方针不合，被朝廷外放了。神宗驾崩后，韩维到京城祭奠，高太后曾经下手诏慰问，韩维也上《谢表》给朝廷提过建议。韩维提出："治天下之道，不必过求高远，止在审人情而已。识人情不难，以己之心，推人之情，可见矣。大凡人情贫则思富，苦则思乐，劳困则思息，郁塞则思通……"这一段奉行"人情"的言论，与司马光的观点大同小异。不过在接下来的内容里，韩维又转向了对朝廷"更张新法"的担忧："臣窃恐议者以嗣君新即位，且当循守父道，三年无改，此大不然。"韩维这是坚持"父死三年不改其道"的古制，言外之意，自然是反对司马光"以母改子"的谬论。①

这只是谢表，韩维蜻蜓点水地提了一下。然而不久之后，韩维发现高太后还是一意孤行，并没有听取他的建议，打算实施新政。所谓的新政，其实就是废除新法，这显然是要改变神宗生前的路线。韩维坐不住了，他继续上疏，劝谏小皇帝和太皇太后。他一如既往地坚持自己的立场，即新法的确存在问题，但也有符合国家发展的良好法令，不能搞"一刀切"。比如在谈论新法废除时，他就提出："……探盗贼所起之原，罢非业之令……农民以稼穑为生，使之出钱市马，已非其愿，又守

---

① 《续资治通鉴长编·卷三百五十七》。

护灌饲……夫使失业怨怼之人，操兵器习为击刺之事，岂非可虑？……且臣非谓国马遂不可养，但官置监牧可矣；非谓民兵遂可不教，但于农隙一时训练可矣……臣伏望太皇太后陛下，更留圣虑，详酌施行。"①分析新法问题时，韩维提出了很多"非"，也就是不能全盘否定。新法在推行中，充盈了国库，也改善了一些此前国家政令中的痼疾，岂能因部分新法有问题就一笔抹杀？为了让自己的观点更具说服力，韩维还搬出了神宗："先帝为此，盖是忧边预虑，原非好事，然至今日，方见此数弊。老臣之愚，不识忌讳，切于爱君忧国，遂至喋喋，惟圣慈少宽而深亮其诚。"②

韩维的奏疏，让高太后、司马光等人计划废除新法的行动遇到了困难。其实，自司马光回朝前后，新旧两党的争论就没有中断过。主张废除新法、恢复旧制的旧党也面临着巨大压力。韩维正是看到了这种危机，才第一个跳出来反对"以母改子"。此时，关于更张新法的准备工作尚在进行中，朝廷或许不想引出更多争议，令其举措夭折，故而并没有对韩维进行罢黜，只是对他提出的意见置之不理。

谁能想到韩维也是个较真的人。他继续给朝廷上疏。此举让新党对韩维有了几分敬意。其实，韩维就是这样的人，他并不觉得自己的举动有多么伟大。当初在王安石、吕惠卿、吕公著、文彦博、富弼等群星灿烂之时，韩维没有表现出多少个人的作用。眼下，新旧两党实力不可同日而语，他能主动站出来，这叫操守。

韩维在奏疏中，再次提出与治国方略不相符的言论。此时，国家正在大肆宣扬"开言路"，要求朝臣多提意见。他就国家的这项新政提出了异议，甚至指责朝廷对高太后的一些礼遇过了头："今则多设防禁，又以黜罚惧之，是使人有所讳而悼后患也。"且目前国家"出榜止于朝堂，降诏不及诸道，既乖古义，亦非旧体。恐非所以推广圣德，普及于遐远，开辟言路，不间于幽侧也。此事若不改正，臣深恐自今圣聪渐成壅蔽"！挑明这都是有损国家利益的事情。韩维最后指出："此事于国体不小，伏望陛下深察此弊而痛绝其端，特作圣意批降指挥，令刊去此七十五字，只以榜前所云，别撰诏文，遍颁天下。"

韩维的意思再明显不过了：你们这是挂羊头卖狗肉，高喊着开放言路，但并未

---

① 《续资治通鉴长编·卷三百五十七》。
② 《续资治通鉴长编·卷三百五十七》。

实际开放言路，地方上到处都在阻塞言路。对此，高太后或许也无法改变，这里面似乎还有新党在运作。不过对于韩维的态度，高太后很不高兴。要知道在韩维回朝祭奠神宗时，高太后专门下手诏，希望韩维能够为自己效力，她虽寄希望于司马光，然而仅凭他们两人之力，难以实现新政。高太后给韩维的手诏是奔着结交韩维去的。或许是高太后认为，韩维在神宗朝未受到重用，现在朝廷主动向他抛出橄榄枝，他应该感恩戴德，誓死效忠。谁承想韩维在接二连三的上疏中，强烈反对朝廷目前的施政方略，泼了高太后一头冷水。不难想象老人家看到韩维这些奏疏时郁闷的心情。

看来韩维根本不识抬举，这样的人不能用。于是，朝廷打算将韩维外调。诏令一出，朝臣们一片哗然。有意思的是，韩维对此次外调一点也不沮丧，或许他看透了朝局，不想继续在这个道貌岸然的圈子里混迹。

按照礼制，韩维就任前要进宫谢恩。然而，他还未动身，就收到了要求他进宫面圣的诏命。韩维可能打算趁着这次谢恩的机会，再次劝谏哲宗、高太后慎重对待更张新法之事。然而，让韩维没想到的是，朝廷这次召见他，竟然是收回成命，让他留经筵兼侍读。这让韩维有些摸不着头脑，他本来不想承接这份差事，但考虑到做小皇帝的老师，虽不能直接左右朝政，但能给小皇帝灌输一些治国思想，这比在地方为官有意义。且此时他已近古稀，不适宜再到地方任职。

关于朝廷这次"回心转意"，除了让韩维感到意外，其他朝臣也一头雾水。外调诏书已下，还能重新调整？谁有这么大能力！此事看起来蹊跷，实际上可能与次相韩缜有关系。要知道韩维与韩缜可是兄弟。现在外放韩维，那不等于一点面子都不给韩缜留了吗？一定是韩缜从中斡旋，才挽回了韩维的政治生命。旧党似乎也认为没必要因为韩维之事，与韩缜再起冲突。以后还要依靠韩缜的力量来维持国家稳定呢！

还有一种可能，那就是朝中的新党也不愿意韩维离开，尽管韩维对新法持有保留意见，但在这关键时刻，韩维还是为新法继续推行提供了帮助。新党们也认为，只要韩维在，朝廷就无法顺利废除新法。

不过韩维虽留下了，却不能位居高位，其一，韩缜是次相，韩维就不能任职要害部门；其二，韩维不主张全部废除新法，与国家即将实施的战略不符。这种情况下，只能让他给小皇帝当老师。

表面上旧党对韩维留京之事妥协了，但有个人心里却不乐意。此人就是司马光。起初，司马光并不主张朝廷重用韩维，这样的人留在朝中只会增加破坏"新政"的力量，不如外放。或许让韩维任职陈州的建议就是司马光提出来的。但司马光忽略了韩缜及新党的作用。王朝像一艘行驶在海面上的船只，任何高层人士的意见，都能改变航线，作为掌舵人的高太后，总是在不断听取这些帝国精英的意见上，做出稳定航向的综合判断。

目前只能让韩维留下。其中的关系错综复杂，很难一一厘清。

## 吕公著反对司马光

在朝廷打压韩维的这段时间里，司马光在干什么呢？通过仔细观察，就能发现司马光任职门下侍郎二十多天来，未做出任何让朝廷叹为观止的事情。这不免让高太后对司马光的从容不迫有些焦急。

或许是司马光还正在适应如何做一个副宰相。有一件事可以证明，六月四日，朝廷召见新一届两府班子成员，但在班位（宰执人员的先后顺序）问题上引发了争议。朝廷宰执班位先是次相韩缜和枢密院长官章惇，紧接着就应该是三省、枢密院副职依次站立。这时候，三省和枢密院各有两位副宰相，他们分别是张璪、司马光与李清臣、安焘。这些人当中，司马光任命书颁布最晚，按照顺序，司马光应该站到最后，但此时张璪、李清臣、安焘三位宗执主动请求司马光站在副宰相首位。高太后一看众人举贤也同意了这么做。司马光也没有推辞，就站在了章惇之后。这显然有逾矩之嫌，大概是张璪、李清臣、安焘看出高太后对司马光的重视，于是主动让贤了。

班位之事虽不大，但也能反映出司马光在几位宰执中的影响力。连一向得理不饶人的章惇，对此事都默许了。

司马光的影响力在朝野都不小，这也给了高太后信心。这期间，韩维的事让司马光心里不乐意，倒不是他对韩维有什么意见，而是就韩维外调这件事，他想不到其中竟然能裹挟各种势力。司马光很生气。这人一旦步入老年，就有几个特点比较突出：爱生气，爱骂人，脾气倔，还喜欢在背后使绊子。司马光正在向这方面发展。他思来想去,决定上疏发声,于是就有了在朝廷让韩维担任哲宗老师的同一天司马光上了奏疏。

在这道奏疏里,司马光开篇就火药味浓重:"臣伏见皇帝陛下初临大宝,太皇太后陛下同断万机,侧身虚己,渴于求谏,于五月三日特下诏书,大开言路,此诚明主之先务,太平之本原也。窃见中间一节,天下见者,未达圣心,咸以为朝廷虽名求谏,实恶人论事,豫设科禁,有上言者,皆可以六事罪之。是以盘旋犹豫,未敢尽言。如此,则上恩不得下究,下情不得上通,上下否闭,万事乖失。"①这是什么意思?司马光对朝中阻塞言论的事情非常恼火。尤其是"咸以为朝廷虽名求谏,实恶人论事,豫设科禁,有上言者,皆可以六事罪之"的言论,矛头直指新党,眼下能阻塞言路的只能是新党,是这些人想方设法阻碍真实的言论流入朝廷。阻止韩维外调,只是新党耍的小手腕,表面云淡风轻,而真正的斗争早已暗潮汹涌。

接下来,司马光继续论述开言路的方略。这是司马光第一次祭奠神宗时提出的建议,想不到几个月过去了,朝廷虽下了几道开言路的诏书,但总是被人阻拦着。这些人都是谁?他们其心可诛!司马光在奏疏中强烈建议,朝廷要重新颁布诏书,写清楚"勤求谠言,使之尽忠竭诚,无有所讳"。开言路要一竿子扎到底"遍布天下","在外,诸州、府、军、监各于要闹处晓示",不能仅紧紧盯着京城这片地方,尤其要注意,不能阻拦给朝廷提意见的人,不管来人有无官职,只要"有知朝政阙失及民间疾苦",就允许其"进实封状言事"。百姓与群臣的意见书,京城的,要投在"登闻鼓院、检院"外面的意见箱里,有司官员要及时检查箱子,将意见归纳整理后上奏;京城以外的州、府、军、监,也要设立专门的意见箱,由专人负责,按照各类意见整理上报,不能将意见保存本地,也禁止对提意见之人进行恐吓。尤其是"百姓无家业人,虑有奸诈,即令本州责保知在,奏取指挥,放令逐便"。

皇帝要"以万机之暇,略赐省览"。收集的言论不可能都是有用的,必须保持清醒的头脑,坚持"其所论至当者,当用其言而显其身;其是非相半者,舍短取长;其言无可采,事不可行者,亦当矜容,不可加罪"的原则,就能甄选出对国家大政真正有用的意见建议。这样一来,就能"下情无不通,嘉言罔攸伏,聪明周四

---

① 《续资治通鉴长编·卷三百五十七》。

达，海内如指掌矣"。风清气正的政治生态氛围也就形成了。朝廷根据这些建议，制定出详细可行的施政方略，才能做到为国为民。

那么，广开言路就能征求到真实的意见了吗？答案是否定的。在封建时代，能给朝廷进言的人都是官僚群体，他们自然是根据朝廷风向提出迎合高层官员的建议，不可能是代表百姓的声音。尤其是在新旧党争激烈的情况下，这种开言路显得别有用心。需要指出的是，若没有更深入的研判，仅仅凭借开言路，是无法掌握国家实际情况的。司马光的开言路建议，破解了神宗时代言路阻塞的问题，却不可能收到真正意义上的建言。但司马光显然不这样认为。

既然是司马光主导的工作，接下来归纳整理全国各地上报的意见建议这件事也就落在了他身上。到此时，高太后推行的新政也徐徐启动。

七月十五日，承议郎、宗正寺丞程颢未及赴任而去世。这是位反对新法的大人物，他曾因为反对新法与王安石吵过架。如今他离世，士大夫识与不识都很感伤，在洛阳养老的文彦博为他的墓碑题文"明道先生"。①程颢生前的学术思想影响深远，成为后世"程朱理学"的启蒙。他的弟弟程颐将继续活跃在北宋政坛与文坛上。

新时代已拉开帷幕，谁也阻挡不了历史的车轮。朝廷先调整了几个官员岗位。六月十六日，刚刚提拔知永兴军的邓绾再次被调整知邓州，知青州的刘庠知永兴军。②奉议郎、知定州安喜县事王岩叟调整为监察御史。同时调整的还有李宪。需要进一步说明的是王岩叟，他是从一个县官一下子变成京官的。王岩叟很有才，相传他曾连中三元，也就是在乡试、省试、殿试中都是第一名。这样的人在官场自带光环。由此，司马光、吕公著、韩琦、苏辙等人都很赏识他。他考中进士后，被朝廷先后调任栾城主簿、泾州推官。在泾州（今甘肃省泾川县）任职期间，他的弟弟意外去世，家中父母无人照顾，王岩叟果断辞官回家赡养父母，直到父母去世。熙宁年间，朝中实施变法，一些人就想起了王岩叟。韩琦举荐王岩叟到国子监任职。后来王岩叟因批评新法，又被调往定州（今河北省定州市）任职，就此结识同在定

---

① 《宋史·卷四百二十七·列传第一百八十六》："哲宗立，召（程颢）为宗正丞，未行而卒，年五十四。"
② 《续资治通鉴长编·卷三百五十七》。

州任职的吕公著，并得到其赏识。①现在朝廷已重组了班子，急需选拔任用一批有才干的人，王岩叟自然在朝廷预备人选序列。因为吕公著、司马光等大佬都回朝了，只要他们一句话，王岩叟回朝还不是轻而易举之事？

王岩叟能被调回，的确是司马光、吕公著等人向朝廷举荐的结果。当然，最重要的原因，还是王岩叟刚正不阿、不畏强权、能说真话的品性。将这样的人安排在御史台，是朝廷的幸运，是国家的幸运。此前，朝廷已经采纳司马光的建议，补充御史台人员，现在调王岩叟回来正当其时。需要"剧透"的是，王岩叟终元祐时代，都活跃在朝廷之上。

在调整完王岩叟等人的岗位后，高太后召见了吕公著。他虽无司马光那么大的咖位，但也是举足轻重的人物。高太后在宫中设宴招待了吕公著，商讨一些国家大政。由此，也能看出高太后绝非泛泛之辈。几个月临朝，她已经学会了怎样与朝中各种势力相处。

这次会面场景相当温馨，就像老朋友之间畅谈一样。吕公著向高太后吐露了心声：愿意协助她治理国家。为此，吕公著拿出了一道早就准备好的奏疏，有洋洋数千字，这可是他前前后后思考了很多年的心得。归纳起来有十个方面的内容："一曰畏天，二曰爱民，三曰修身，四曰讲学，五曰任贤，六曰纳谏，七曰薄敛，八曰省刑，九曰去奢，十曰无逸。"②

吕公著在奏疏里先提出十个方面核心建议，然后围绕这些建议展开论证。吕公著所提的前三条是对皇帝的要求，要敬畏上苍、勤政爱民、修身养性。第四条要求是兴学智民，改良社会风气。从第五到第八条是对朝廷施政提出的建议，要任人唯贤、虚心纳谏、善用刑罚。最后两条是对皇帝及其高层提出的意见，要勤俭戒奢，勿贪图享乐。整个论述的过程非常烦琐，这里不再赘述。不过就这十个方面来看，与司马光提出的很多建议有相似之处。

这些意见高太后也很支持，但她没有细看，吕公著这样的官员，所提建议都是经过深思熟虑的，估计一时半刻高太后难以吃透。这次召见吕公著的目的，只是希望他不要有任何顾虑，只管一心为国效力。至于他的奏疏，她可以在日后细细翻

---

① 结合《宋史·卷三百四十二·列传第一百一》整理。
② 《宋史·卷三百三十六·列传第九十五》。

阅，慢慢体会。

最后，关于充盈台谏力量、畅通言路的问题，吕公著再次发表了高论："……况先帝新定官制，设谏议大夫、司谏、正言之官，其员数甚备。伏乞申敕辅弼，选忠厚骨鲠之臣，正直敢言之士，遍置左右，使掌谏诤，无空要职，益广言路……"①这也是朝廷选拔台谏官的标准制度，只要按照这个制度选拔人才，作为监察机构的谏院和御史台就能发挥效用。高太后表示同意吕公著所请。两人相谈甚欢，高太后对吕公著有了更深入的了解，这也给了吕公著更加忠心干事的底气和信心。司马光虽也受高太后重视，却没有与高太后这样促膝而谈过。

这次会面，在宋史上很有名，也被旧党津津乐道。很多旧党认为吕公著很快就会被提拔重用，成为与司马光一样的宰执大臣，他们与高太后三人组合会掀起新政的大潮。不过关于吕公著的岗位调整并未立即实施。三省、枢密院都满员，要想提拔吕公著，就得将现有人员进行罢黜。可眼下谁都动不得。

吕公著对此倒并不在意，继续为皇帝讲课，也为新政提供一些参谋。高太后时刻惦记着要调整吕公著的岗位，但没有合适的机会，只能暂且放一放。以吕公著的资历、威望，也只能进宰执班子。不过，虽不能暂时擢升，但并不妨碍施行他提出的意见，以显示朝廷对他的重视。因此，在吕公著与高太后晤谈后的第四天（六月二十四日），朝廷立即采取行动，调整了台谏官人员，原右司谏鉴序辰调出台谏系统，成为负责朝廷封司次官、掌封爵、命妇、朝会及赐予等事务的司封员外郎。

紧接着，朝廷就对三省、枢密院的选拜提出新要求："诏三省、枢密院官，如遇选拜，东西府居更不迁移。"②有意思的是，当这道诏书颁布后，枢密院紧锣密鼓地也给朝廷上了奏疏，陈述边患问题。③这是西蕃再次死灰复燃的节奏，枢密院已经责令河东、泾原、熙河兰会路经略司盯着西蕃动静，现在向朝廷请奏，前番部署是否妥当。朝廷的态度也很明确："丁宁诫约缘边当职将官，远布斥侯及探伺西贼动静，过为之备。如更至透漏，重行黜责。"在这之后，枢密院再次上疏，意味

---

① 《续资治通鉴长编·卷三百五十七》。
② 《续资治通鉴长编·卷三百五十七》。
③ 《续资治通鉴长编·卷三百五十七》："夏国已遣使诣阙陈慰，虑诸谓西人通贡，遂弛边备，已降指挥，令陕西、河东逐路经略司、制置司，严诫边臣，常如寇至为守备。近据河东、泾原、熙河兰会经略司奏，透漏西贼，至汉界杀害吏民，显失守御。"

深长地陈述了这样一个事实,有些"正长"为官不为,对边境事务多加干涉,甚至有些小人嘴脸的"正长"欺上瞒下,导致边境将士怨愤,但这些将士又不敢检举揭发,从而引起一些不稳定因素,希望朝廷派人去调查此事,若属实,请对那些为官不为的"正长"进行惩处。

并非枢密院夸大其词。从太宗朝至今,重文抑武现象愈发严重。这当然与军制有很大关系,宋朝的军制与其他朝代不同,在地方驻军时,长官一般是文臣,武官充任副职。即便是战时,也要派出文臣担任监军。这些人不懂军队管理,但握有实权,一切都要按照他们的想法行事,致使边境熟悉军务的将士难以发挥特长,屡屡被拖后腿。远的不说,宋朝五路伐夏、永乐城之败几乎都是这类人造成的。现在枢密院这么说,一定是发生了类似文臣打压武官的问题。

枢密院的奏疏很快也得到了答复:就按照枢密院的意思去调查。此后,章惇带领的枢密院没有闲着,隔一段时间,他们都会给朝廷上疏,或提供战报,或征求意见。总之,不能让朝廷忽略了枢密院这个部门。比如,枢密院给朝廷上疏,请求按照旧例,派人给西夏国主送去银器一千五百两、绢一千五百匹。朝廷只能听从建议,高太后对外交、战争事宜并不精通。当然,这里也能看出章惇的能力,他在司马光、吕公著等人备受重用的朝堂中,也能争得自己一席之地。①

边境事宜安排妥当后,朝廷新政推行者开始布局更张新法规划。首先宣布即将改元。这是个强烈信号,要比召回旧党更有爆炸性。按照以往惯例,先帝驾崩,接任者往往会在年底发布来年改元诏书,在来年进行改元。这是对大行皇帝的尊重,也是行孝。不过宋朝也有当年改元的先例,如太宗即位后,当年改元太平兴国,导致太平兴国元年只有两个月。当然,更多的接任者不会在当年改元。②

这次,朝廷也只是下诏要在来年进行改元,具体变什么新年号,尚在商议之中。种种迹象都表明,新法眼看难以为继了。可以预想新党的处境,不管是章惇还是蔡确,这时候他们或许对高太后还抱有一丝希望,即便要推行新政,也不能如司马光所言,将新法全部废除吧!只是他们不知道,这一丝丝侥幸,会让他们在以后狠栽跟头。

---

① 《续资治通鉴长编·卷三百五十七》。
② 《续资治通鉴·卷九》:"十二月,甲寅,帝御乾元殿受朝,乐悬而不作,大赦,改元。命太祖子及齐王廷美子并称皇子,王、石、魏氏三公主并称皇女。"

处置完这些事，高太后才着手安排吕公著的岗位。这么有分量的人定要安置在重要岗位上发挥作用。就在吕公著给朝廷具陈"十事"后不久，高太后又派出亲信梁惟简传诏："览卿所奏，深有开益，备见忠亮，良切嘉称。当此拯民疾苦，更张何者为先，更无灭裂，具悉以闻。"这说明高太后详细看了奏疏，还要求吕公著拿出具体措施来，到底如何更张？首先从哪里着手？

吕公著看到高太后的手诏激动不已，这说明高太后认可自己。随即，他草拟了一份可行性规划书，递交给了朝廷。在这个规划书里，吕公著先肯定哲宗"临朝以来，留神庶政，以休息生民为念，凡所施为，皆中义理"，然后围绕朝廷新政展开了论述，"如罢导洛、堆垛等局，减放市易见欠息钱，罢人户养马，放积欠租税，差官体量茶、盐法。使者之刻剥害民，如吴居厚、霍翔、王子京等，内臣之生事敛怨，如李宪、宋用臣等，皆从罢去。中外闻之，无不欣喜踊跃"。一番恭维后，提出了治国措施。

一是朝廷改弦更张是历史必然，但"当须有术，不在仓卒"。原因是"王安石秉政，变易旧法，群臣有论其非者，便指以为沮坏法度，必加废斥。自是青苗、免役之法行而夺民之财尽，保甲、保马之法行而用民之力竭，市易、茶盐之法行而夺民之利悉，若此之类甚众"。吕公著也清楚，经过二十年新法推行，很多制度已深入人心，朝廷在更改时务必慎重，尤其要循序渐进，不能一下子全部推翻，那样会给国家和百姓带来无法适应的局面。围绕这一问题，吕公著从青苗、保甲、免役入手，分析如何逐步废除，"如青苗之法，但罢逐年比较，其官司既不邀功，百姓自免抑勒之患。免役之法，当少取宽剩之数，度其差雇所宜，无令下户虚有输纳，上户取其财，中户取其力，则公私自然均济。保甲之法，止令就冬月农隙教习，仍只委本路监司提按，既不至妨农害民，则众庶稍得安业，无转为盗贼之患。如此三事，并须别定良法，以为长久之利"①。这是肯定三条法令。很多宋史学者认为，吕公著后来坚持废除新法，就把他之前的一切也否定了，这是不合理的。起码在他回朝之初，认为新法还是有很多可取之处，不可全部废除。当然，这也反映了他提出的"不在仓卒"的意思。

二是立即废除有害无利之新法。"至于保马之法，先朝已知有司奉行之谬，市

---

① 《续资治通鉴长编·卷三百五十七》。

易法，先帝尤觉其有害而无利，及福建、江南等路配卖茶、盐过多，彼方之民，殆不聊生，俱非朝廷本意，恐当一切罢去。而南方盐法，三路保甲，尤宜先革者也。"这些新法有害而无利，应当及时制定方案，迅速开展废除行动。

三是要废除新法，应先开言路，选人才，然后施行。"乞陛下广开言路，选置台谏官，诚得忠正之士，布在要职，使求天下利害，议所以更修之术，朝廷上下，协力同心，斟酌而裁制之，则天下不难为矣。若不得其人，则虽有欲治之意，终不可以济事功。"

这些措施，在当时政治环境中，尚算中肯。奏疏上呈之后，吕公著觉得他既然提出重用人才，选拔人才，便又写了一道奏疏，给朝廷推荐了一大批人才。这些人才有秘书少监孙觉、直龙图阁范纯仁、礼部侍郎李常、吏部郎中刘挚、承议郎苏辙、新授察官王岩叟。此六人，稍懂点宋史的人都知道，他们在熙宁、元丰年间就已位列名臣。吕公著甚至结合这些人的品行，草拟了一份让他们出任"最合适"官职的建议书。之后，吕公著担心有人认为他与这六人结成朋党，故而在奏疏末尾解释："臣诚见陛下有意更张，而阙人裨助，故不避狂妄，辄有论荐，更乞圣慈详择。"

高太后看到吕公著的这两份奏疏后，没有立即下结论，而是转手将这两份奏疏交给了司马光，让司马光提建议。这种做法也能理解，高太后对很多政事和人事并不熟悉。不过她将吕公著的建议给了司马光，而没有给蔡确和章惇让这两位两府长官参谋，可以看出高太后对他们似有疏离之意。

看到吕公著的奏疏后，司马光马上给高太后写了一份回奏，表示吕公著回朝后和他没有私下见过面，他们也没有商谈过国家大事，不过他同意吕的建议。司马光还引经据典，剖析吕公著所奏。不过司马光建议，国家在实施新政时，可将他和吕公著的建议相互对比，互为参考。

尽管如此，也并不意味着司马光完全同意吕公著的建议，他既有所肯定："公著一言而天下受其利，可谓有兼济才，所言无有不当。"接着又说："惟有保甲一事，欲就农隙教习，臣愚以朝廷既知其为害于民，无益于国，便当废罢，更安用教习？容臣续具奏疏奏闻。"司马光不相信保甲法的功效，建议直接废除，这会在几天后（七月一日）的奏疏中再次提出。

另外，就吕公著提出重用的那些人，司马光也有不同意见。因为朝廷也让他举荐一些可以重用的人。司马光推荐的人有吏部郎中刘挚、龙图阁待制知亳州赵彦若、朝请郎傅尧俞、知庆州范纯仁、朝请郎唐淑问、秘书省正字范祖禹。司马光强调："此六人者，皆臣素所熟知，节操坚正，虽不敢言遽当大任，若使之或处台谏，或侍讲读，必有裨益。其人或与臣有亲，或有过失，臣窃慕古人内举不避亲，不以一眚掩大德，既蒙访问，不敢自避嫌疑，致国家遗才。"在司马光眼里，这六个人都是大才，只因国家政策推行中，他们被遗忘了，现在朝廷要推行新政，就要大力起用这样的人才。

在这里，有必要分析一下司马光和吕公著分别举荐的六人。在司马光举荐的六人当中，只有范纯仁、刘挚也在吕公著推荐的人员名单中。吕公著举荐的苏辙、王岩叟、李常、孙觉都不入司马光法眼。苏辙是苏轼的弟弟，司马光虽认可苏轼，但对秉性持重的苏辙没有什么兴趣。有意思的是，当年苏轼深陷"乌台诗案"，差点被舒亶、李定等人折磨致死，也未见司马光发表只言片语搭救。王岩叟之前介绍过，只需要记住这个人刚正不阿、学识渊博即可。李常也是位有政绩的官员，处置政事有一套自己的策略。孙觉很有才华，与王安石、苏轼等人是密友，也是黄庭坚的岳父，他知识渊博，不畏强权，曾一月间连上奏疏十余章弹劾蔡确、章惇、韩绛等人。

将吕公著、司马光各自举荐的人进行对比就能发现，司马光另外举荐的赵彦若、傅尧俞、唐淑问、范祖禹四人都与他有各种关系。范祖禹跟着司马光编纂《资治通鉴》多年，这项工作完成后，才被司马光推荐给朝廷。另外三人中，赵彦若是司马光的密友，历史学家，皇室宗亲，没有多少建树，傅尧俞、唐淑问是新法反对者，在此之前也未见突出政绩。

没有对比就没有伤害，细细分析吕公著举荐的六人，不论是能力还是才学，都在司马光举荐的人之上。可因为是司马光举荐的人才，朝廷当然不可能不重视。

特别推介之后，司马光才顺道举荐了一些他认为可以重新重用的人，比如，新翰林学士吕大防、兵部尚书王存、礼部侍郎李常、秘书少监孙觉、右司郎中胡宗愈、户部郎中韩宗道、工部郎中梁焘、开封府推官赵君锡、新监察御史王岩叟、朝议大夫知泽州晏知止、朝请大夫范纯礼、知登州苏轼、知歙州绩溪县苏辙、承议郎朱光廷等人。在司马光眼里，这些人"或以行义，或以文学，皆为众所推伏"。当然，这都不是最关键的，司马光重点强调"臣虽与往还不熟，不敢隐蔽"。自己与这些人不熟，故而不敢重点举荐。这就有个疑问：既然你司马光不知道这些人是否有真才实学，那你举荐他们的理由是什么？难道仅仅是因为他们名声好、名气大？显然，司马光的话不能自圆其说。

当然，司马光对他为何重点举荐了那六人也做了解释："况臣愚陋，加以屏居岁久，与士大夫多不相接，岂敢尽天下之贤才！伏望圣慈博加采访。"说他一直在洛阳居住，不与士大夫来往，所以对天下的贤才无法悉数知晓。这里面还有一层意思，他没有与这些人形成利益团体，或者结成朋党，因此不敢乱举荐，他所强力推荐的人，都是知根知底的有才能者。但是司马光又在奏疏末尾举荐了文彦博、吕公著、冯京、孙固、韩维等人。世人都清楚，司马光在洛阳编书期间，经常与文彦博等人在洛阳聚会，发起一个叫"耆英会"的组织，让主持变法的神宗、王安石如芒刺背。司马光却认为这些人"皆国之老成，可以倚信"。①

朝廷采纳了司马光和吕公著的建议，对他们举荐的这些人均做了安排调整。这也意味着又有一批旧党先后回朝，更张新法时机将至。

## 废除保甲法是当务之急

自朝廷开言路之后，司马光忙于收集各种言论。他要利用收集上来的言论，形成一种舆论压力，迫使朝臣认可更张新法的主张。其中，庆州（今甘肃省庆城县）知州范纯仁的进言极具代表性。

> ……今吏之行法者，不恤民之利害恶欲，曰：惟知行法而已，不恤其他。……曰：某事利人益国，可以兴行；某事烦扰劳费，可以简省，某事蠹害公私，可以厘革……②

范纯仁是范仲淹的次子，在范仲淹四个儿子中，尤以范纯仁成就最大。他时刻

---

① 《续资治通鉴长编·卷三百五十七》。
② 《续资治通鉴长编·卷三百五十七》。

以父亲"先天下之忧而忧，后天下之乐而乐"的精神来要求自己，在神宗、哲宗时代可谓一股清流。熙宁变法时，他第一个跳出来反对。现在，他又第一个进言。范纯仁的言论三观很正确：新法好不好，只有实施过的官员知道；新法是否损害百姓利益，只有百姓知道；新法是否提升军队战斗力，只有将帅知道；新法是否让国家富强，只有有司知道……应该让"六曹、四司、九寺、三监、三帅、百司，外则敕监司、提举、提点、边臣、牧守，以至令佐、监当、曹掾"这些人分别上疏，陈述新法利弊，不能仅仅依靠开言路的方式，有选择地收集对新法的看法。范纯仁的这个建议有利有弊。利在于，地方官之前不说话是不愿意参与新法问题讨论，现在变成必须完成的"规定动作"，他们就得进言，哪怕是言不由衷也得有话说。弊在于，官员们和利益集团不一定说真话，旧党得势，很多官员必会趋炎附势去说新法坏话。①

范纯仁的建议书一递上去，朝廷立即采纳了。当然，这道奏疏，让本来自由上疏的"开言路"变成强制执行的工作任务，一定程度上助推了司马光的主张。由此，范纯仁被调回也指日可待了。

时间不紧不慢进入流火七月。朝廷的一系列更张新法活动也逐步施行。七月初二，吏部郎中张汝贤奉命调查福建路蹇周辅所立盐法。之后，殿中侍御史黄降上奏疏，请求罢京东、西两路保马法。随即，朝廷直接下令："诏诸镇寨市易、抵当并罢，仍依条立法。"一个是盐法，一个是保马法，一个是市易法。这是启动废除新法的钥匙。旧党似乎也很清楚，不能新政伊始便废除青苗、免役等重要法令，且朝中旧党也对废除新法有异议。因此，这三法就成了试金石，以借此看看天下人的态度。而这时，天下也都在观望。奇怪的是，这时候蔡确、章惇等新党竟然鸦雀无声，至少在史料中没有找到他们对抗的任何记录。此前，他们还会通过入侵敌境等策略来进行反击。但自从司马光、吕公著建议后，他们便集体失声了。

接着，就是一连串的官职任命："朝奉大夫范纯礼为户部郎中。""资政殿大学士、银青光禄大夫、兼侍读吕公著为尚书左丞。""朝奉大夫、守秘书省少监、兼侍讲孙觉为右谏议大夫、兼侍讲，仍赐三品服。""资政殿学士韩维兼侍读，仍提举中太一宫并集禧观事。"这些人被安插在了重要的位子上，为下一步废除新法补充了

---

① 《续资治通鉴长编·卷三百五十七》。

人力资源。尤其是吕公著，成为名正言顺的尚书左丞，与司马光一样，进入中央政务核心部门。随即，吕公著上了一道奏疏，对神宗改制的三省制度提出异议。

> ……国朝之制，每便殿奏事，止是中书、枢密院两班。昨来先帝修定官制，凡除授臣僚及兴革废置，先中书省取旨，次门下省审覆，次尚书省施行，每各为一班。虽有三省同上进呈者，盖亦鲜矣。此盖先帝临御岁久，事多亲决，执政之臣大率奉行成命，故其制在当时为可行。今来陛下始初听政，理须责成辅弼。况执政之臣，皆是朝廷遴选，安危治乱，均任其责，正当一心同力，集众人之智，以辅惟新之政。譬如共舆而驰，同舟而济，人无异心，则何求而不得？何为而不成？……①

吕公著不完全否定新法，但对于元丰改制，让三省分开办公各领其事并不认可。吕公著建议："应三省事合进呈取旨者，并令三省执政官同上奏稟，退就本省，各举官制施行。"这自然无法实现，元丰改制在神宗推行时就没有引起多大争议，现在更改，岂不是说明神宗错了？朝廷当然无法施行吕公著的建议。

七月初六，朝廷下诏："府界、三路保甲，自来年正月以后并罢团教，仍依义勇旧法，每岁农隙赴县教阅一月。"这是要求保甲法从明年正月开始停止训练。据司马光所记，当时枢密院打算截胡，阻拦他建议废除新法，是他先一步行动，给高太后呈递了奏疏，这才有了废除保甲法的诏命。此说应该有一定真实性，尽管以章惇为首的新党知道朝廷要废除新法，但章惇在枢密院，主责主业是军制，不能手伸太长，干涉三省事务。

这期间，礼部尚书韩忠彦等人曾上疏："皇太妃在三年服内，衣褥、从物并浅淡，生日节序物色，依皇后例。称慈旨。庆贺用笺，太皇太后、皇太后于皇太妃称赐，皇帝称奉，百官不称臣。"这里面有个符合礼制但不公平的现象，那就是对皇太妃的一些约束，而这位皇太妃就是哲宗的生母朱氏。年幼的哲宗虽不懂政治，但能看到母亲与祖母、大娘娘的差异，心里一定不乐意，这也成为哲宗亲政后，反感旧党的因素之一。一个皇帝，连自己母亲的荣耀都争不来，何谈为天下谋利？这一

---

① 《续资治通鉴长编·卷三百五十八》。

点，可以联想到几十年后，那位南宋建立者赵构对待被掳的父亲、哥哥的态度。赵构的母亲韦氏也没有得到宋徽宗宠幸，地位一直不高。因此赵构对他的父亲、哥哥从小就有一种隔膜。很多年后他继承皇位，不愿意迎回二圣的原因，与这些经历有无关系，也未可知。

小皇帝的情绪变化暂且不表，这时候也不是他的时代。此时，高太后要与司马光、吕公著等人掀起元祐时代的浪潮，哲宗的任务就是好好学习，健康成长，等着将来成年后，接过这份沉甸甸的家业，到那时候，他才能开启自己的时代。

话归正题，再说废除新法。司马光再上奏疏，建议立即废除保甲法。那么，为什么这个保甲法成了所有人的眼中钉、肉中刺呢？原因大致有两点：其一，保甲法让全民皆兵，干扰百姓务农，影响国家赋役。其二，哲宗年幼，高太后摄政，朝廷需要的是稳定，而不是对外战争，没必要实施保甲法，"登极诏书敕边吏，令不得侵扰外界，务要安静疆场"。持此观点的主要是司马光，其他旧党人士也极力附和司马光。司马光在此前的奏疏中，不止一次提出要废除保甲法。现在他再次强调保甲法的问题。在司马光这道千余言的奏疏里，突出了以下几个方面的核心思想：

一是保甲法乃先帝所设，为的是"征伐开疆"。保甲法在推行时，"有司各务张皇，以希功赏，其提举官专护本局，不顾他司。事干保甲，州、县皆不得关预，管内百姓，不得处治"。保甲法推行，让地方上保甲部门独大，地方官不得干涉保甲事宜，造成"巡检、指使、保正、保长，竞为骚扰，蚕食无厌，稍不如意，擅行捶挞。其保丁习于游惰，不复农务，或自为劫掠，或侵凌乡里。其本家耕种耘获，率皆妨废，供送不办，箕敛无穷，资产耗竭，无以为生。弱者流移四方，壮者亡为盗贼"。都去练兵了，土地荒芜，保丁不务正业，游手好闲，滋扰地方，有的甚至沦为盗贼。①

二是基于以上原因，先帝知道了保甲法的弊端，实施了一系列调整措施，"申敕州、县，令保甲应有违犯并巡教官、指使违法事件，并许州、县觉察施行"。司马光说的这些完全没有依据，保甲法实施时，他尚在洛阳编书，哪能参与朝中政策导向？难道是他听人说的？即便保甲法在实施时有漏洞，朝中也是在不断更正，试问历朝历代每一项新政策颁布施行时，谁能保证没有问题。但在司马光看来，修正

---

① 《续资治通鉴长编·卷三百五十八》。

与否都说明保甲法有问题。

三是哲宗登基后,朝廷要更张保甲法。司马光先详细列举了朝廷的更张措施,"陛下践阼听政,首令京东、西两路保甲养马,并依元降年限收买,其剩过数目,并充次年之数。又令开封府界、三路团教已及半年,经朝廷按阅者,每月并教两日;未经按阅者,并教三日"。接着,列举了很多保甲法给百姓造成的伤害。比如,教官身材短小,带病上场,导致保甲法推行走样;再比如,尽管朝廷赦免了部分户的保甲费用,但地方官在推行时不听指挥,还是向这部分百姓收钱。分析司马光指出的问题,其实并不是保甲法本身的问题,任何政策在下层执行时,总会与顶层设计出现偏差。

四是保甲法徒有其名,所训练的保甲没有战斗力。若征讨盗贼,厢兵即可完成,没必要出动保甲。要用朝廷培养的保甲去"攻讨四夷",必然会"皆畎亩白徒,教阅虽熟,未尝见敌,与敌人战斗,必望风奔溃"。需要辩解的是,神宗时期,土地不但没有荒芜,还开垦了很多荒地。另外,司马光指责保甲与"敌人战斗,必望风奔溃",这是将保甲比作逃兵了。试都没试,司马光就这样否定了保甲的作用,很难有说服力。不管是驱逐盗贼,还是上阵打仗,只有与敌人交手,才能检验保甲的实力,而不是凭借几道奏疏"纸上谈兵"。司马光又很矛盾地指出,"幸赖社稷之灵,适值累年丰稔,犹流民甚多,盗贼充斥"。前面刚刚提出由于保甲法实施,造成土地荒芜,现在又说在祖宗保佑下天下丰收,还不忘了强调即便丰收依然难以掩盖盗匪、流民很多的事实。别的暂且不论,仅就推行变法这些年来,由于保甲法施行,各地盗匪少了很多,民变也少有,足以说明保甲法没有他描述得那么一无是处。

总之,在司马光眼中,保甲法徒增百姓负担,造成地方不稳定,以至于他发出"此保甲、保马,实有何所用?"的质问。司马光甚至危言耸听地表示:"若遇如明道年之蝗,康定年之旱,至和年之水,则为国家大患,岂可尽言!近者群盗王冲,乘保马诸处行劫,置保马本欲逐盗,今为盗资。又获鹿县保甲斫射殴伤提勾孙文、巡检张宗师,以下陵(凌)上,是乃大乱之源,渐不可长。"这是用个案论证整体,说服力并不强。司马光没有看到保甲法的成效。若北宋能一直施行保甲法,数十年后,当金军铁骑南下时,即便禁军不堪一击,这些保甲乡兵或许也能背水一战。当然这都是事后诸葛亮的话,毫无意义。司马光铁了心要废除保甲、保马法,

"凡保甲、保马，有害无利，天下之人莫不知之，臣不知朝廷何惮而久不废罢！"。

司马光还建议将保甲中武艺高强的人归到县里，"逐县以户马数，每五十户置弓手一人，略依缘边弓箭手法，许荫本户田二顷，与免二税"。这些人既能在县里当差，又能保证其武艺不会生疏，一旦朝廷需要征调，他们就能及时入伍。

朝廷并未立即采取司马光的建议，毕竟保甲、保马属于兵者大事，司马光一介文臣，怎能这样过多干预军政呢？最终，朝廷将此事批给枢密院，让枢密院拿出可行的办法来。①

枢密院这时候上了调查报告，也指出了保甲法的问题："府界、三路团教保甲，虽不当赴教日，往来于市井村趣，以习学事艺为名，聚集博饮，不治生业。"这与司马光的看法不谋而合。但这道奏疏很难说明它就出自枢密院，因为此时枢密院的长官是章惇，当然还有两位副职。或者说，对于这道奏疏章惇并不知情，是另外副职传上去的。章惇作为新法的支持者，他不可能任由司马光一行人无端指责保甲法。然而，事实上确有这样一道奏疏呈给了中央。

当高太后看到这样的奏疏后，是否决定立即废除保甲法呢？从处置保甲法的诏令来看，朝廷并没有全盘否定保甲法的意思。这其实也很容易理解，司马光不过是门下侍郎，尽管他深得高太后信任，但三省还有其他长官，保甲法是否立即废除，不能仅以高太后、司马光的意见为主。因此，朝廷的态度是"提举保甲司关牒辖下，不赴教日，令务农作。遇闲暇，许于本家阅习事艺。违者重坐之"。要求各地敦促那些不务正业的保甲，要认真对待训练，农忙时节务农，闲暇时继续训练，不得荒废了本事。

那么，这是否意味着司马光此前的建议都没有奏效呢？事实上，除了司马光之外，当朝廷继续推行保甲法的诏命下达后，范纯仁也向朝廷进言，请求废除保甲法。范纯仁结合自己管理的地方，指出虽然朝廷不让保甲们聚集，但只要不废除新法，依然"有妨农务"。范纯仁还说："盖子弟惯入镇市，渐喜游惰，托以修葺弓弩箭器，或期约同保私阅为名，不肯专意生业，官司及父兄终难钤束觉察。"最后，他建议："今欲乞应三路教阅保甲，计一岁合教日数，并就农闲之月。其余月分，并归农业，则官司与父老易为拘管。"不得不说，范纯仁要比司马光理智很多，他

---

① 《续资治通鉴长编·卷三百五十八》："保甲依枢密院今月六日指挥，保马别议立法。"

没有那么尖锐地提出全面废除保甲法，而只是要求地方上严管保甲。

经过一连串的争论，七月二十二日，就保甲法完善问题，朝廷颁布了一道诏命，给各路派出督导组，深入一线，监督保甲法推行与实施。这算是折中处理办法，没有废除保甲法，但也对各路长官进行整顿。

保甲法的争端尚未结束，新党内部也出现了问题。掀起风波的人是吕惠卿。熙宁变法时，他是王安石的得力助手。现在朝廷旧党得势，吕惠卿立马见风使舵地变换了立场。他责令自己管辖的河东地区立刻推行朝廷修订的保甲法完善措施。①上级只要有诏命下，下级立马行动，这本无可厚非。但吕惠卿是谁啊，是新法的支持者。可这时候他叛变了。其实朝中大臣早就见识了吕惠卿的狡黠，不愿意与他为伍。不过吕惠卿如此"识时务"之举得到了朝廷的认可。但为了防止他矫枉过正，朝廷又下诏："河东第十一将下弓箭手，新定团教等条格及创添上番人数，并不问情愿买马等事，更不施行。令本将并依旧条管辖教阅。"明令就按照朝廷既定政策来，不要花心思搞所谓创新。

屋漏偏逢连阴雨，对新党而言，保甲法带来的风波远未结束。就在臣僚们争论是否废除保甲法时，台谏官也没闲着，他们将目光放在了盐法、茶法等市场法令上。此前，台谏官黄降已经上了多道诏书弹劾，现在殿中侍御史刘次庄再次上疏，请求朝廷罢除相关法令。黄降则借着吴居厚之事，弹劾王子京禁止贸易的问题。②此事，御史台还会继续盯着，寻找弹劾的机会。

七月二十四日，朝廷悄悄调整了部分官员岗位，"户部侍郎李定为龙图阁直学士、知青州，宝文阁待制吴雍为户部侍郎，起居郎范百禄为中书舍人，右司郎中胡宗愈为起居郎，右司员外郎邢恕为起居舍人，吏部郎中刘挚为秘书少监，朝散大夫、监衡州盐仓刘攽知襄州"。

---

① 《续资治通鉴长编·卷三百五十八》："宁化、岢岚火山军见管弓箭手五千余人，隶第十一将统辖。已指挥将副，依做保甲法，于弓箭手内选人充教头，禁军内选都教头，支钱米，就教场习事艺。并拣退老弱，换强丁马。有疾老者，亦令别印换。并系边防动众及更改旧法，理当奏取朝旨。"

② 《续资治通鉴长编·卷三百五十八》："殿中侍御史黄降奏：'福建路腊茶，近王子京奏，官复禁榷。今遣使按察，窃见京东路吴居厚罢任日，铁钱监并权住民间买纳之物，未得拘榷。并候范纯粹相度，别听朝旨。今来子京所奏福建等路茶法，臣欲乞依此事体施行。'诏令权住收买。"

到了二十八日，司马光很不高兴地上了一道奏疏，矛头直指朝廷对他收集上来反映政务阙失的意见充耳不闻。原来，自从朝廷开言路以来，收到了很多讨论"朝政阙失、民间疾苦"的奏状。司马光将这些意见整理后，递交给了朝廷。但朝廷并未召集三省、枢密院长官商议此事。这让司马光很生气，这是他一手促成的事情，如今却没了下文。他甚至埋怨道："徒烦听览，何所裨益？"当然，司马光不可能只表示愤怒，他提出了处置办法。① 不能让三省、枢密院这帮人闲着，应该将这些建议整理出来，把对国家有用的精华提交朝廷，让朝廷来制定相应措施，再由有司施行。看到司马光的建议书，高太后恍然大悟，这段时间她太忙了。高太后马上下旨，有司要根据这些意见，整理出推行新政的方案。

司马光再次将目光放在了保甲法上。这比起整理那些言论更重要。这一步要是走不好，接下来的免役、青苗、市易、方田均税、均输等法令的废除就会受挫。因此，司马光再次上疏，指责保甲法的问题："伏见京东、西两路保甲司勾当公事官，今来买到保马，比元降年限数多。已准朝旨，以充次年分之数。即买马年分尚赊岁月，见在马数，自可只委逐县令、佐，诣保点阅。"司马光不断强调："欲乞并权放罢，候至买马年分依旧。"高太后立即表态：那还有什么说的，就按照司马相公的建议施行。

至此，废除保甲法已成定局。当年十月二十六日，朝廷正式下诏："提举府界、三路保甲官并罢，令逐路提刑及府界提点司兼领。所有保甲止冬教三月，仍自来年正月一日施行。"②

八月初，朝廷再度调整部分人员岗位。"翰林学士兼侍读邓温伯为翰林学士承旨。朝奉郎、吏部郎中曾肇，朝请郎、礼部郎中林希，兼著作。职事官有兼职自此始。承议郎苏辙为校书郎。"③很难说这些人都是旧党。随着这些人事调整，他们将参与朝政。恰巧这时候，河北发生了洪灾。这对新法来说，又是一个罪证。旧党会将一切的天灾人祸都算在新法头上。朝廷先派韩绛到河北去赈灾，司马光、吕公

---

① 《续资治通鉴长编·卷三百五十九》："臣窃计今来臣民所上文字，其间是非臧否虽错杂，嘉谋长策，不可谓无。以睿明烛照，谅毫发无遗，岂可一槩弃置，全不采用？欲乞选其可从者降出施行。或以万几之繁，未暇遍加省览，即乞依臣前奏，降付三省，委执政官分取看详。择其可取者，用黄纸签出，再进入，或留置左右，或降付有司。"

② 《续资治通鉴长编·卷三百六十》。

③ 《续资治通鉴长编·卷三百五十九》。

著等人则在思考如何逐步废除新法。

不久，一向只做事不问政策设计的户部忽然给朝廷上了一道奇怪的奏疏，直指市易法的问题。

> 勘会诸路，自去年推行市易、抵当，至今一年有余，逐旋申明条画颁行。访闻诸处商贾，少愿市卖物货入官，本处官吏或不晓法意，即不免拘拦障固，本部虽屡行约束，尚恐未能止绝。岁课未集，已有侵扰之患。兼勘会镇寨市易、抵当，已准敕旨更不予置，今相度，除诸路州军抵当收息至薄，以济民间缓急，可存留外，其州县市易及余处抵当，一切可皆省罢。①

户部是施行部门，现在给出了具体案例，又提出了解决办法，朝廷怎么办？当然是采取户部提供的意见："仍诏抵当如敢抑勒，依给纳常平钱物法。"

这应该是新法废除的第二步，因为保甲法废除已成定局。在这种背景下，户部提出废除市易法，也在旧党的计划之内。更要紧的是，青苗法的废止也提上了议事日程："又诏给散青苗钱，不许抑勒。仍不立定额。"

八月十二日，司马光再度上疏。不过这次上疏不是再议废除新法，而是近期发生的几宗凶案让司马光很愤怒。第一件是司马光在处置刑部上奏的奏报时，发现泰宁军保正家人姜齐与大保长张存联手打死了一个叫孙遇的人，又栽赃给一个叫袁贵的人；第二件是百姓魏简与郭兴赌博时起冲突，郭兴的父亲郭升拉偏架，导致其非正常死亡；第三件是耀州百姓张志松将一个叫张小六的人打死。司马光认为这三起案件虽事出有因，但后果严重，造成恶劣的社会影响。司马光建议："应诸州所奏大辟罪人，并委大理寺依法定断。"奏疏看起来没有任何问题，完全是出于维护国家司法公正，但稍加分析，不难发现还是有针对新法的蛛丝马迹，因为第一件事说的正是保正家人和保长联手致死人命。

这时候的司马光，一直在寻找如何全面废除新法的直接例证。

---

① 《续资治通鉴长编·卷三百五十九》。

## 旧党台谏的呼声

元丰八年（1085）的最后几个月，国家处于一种平稳状态中。

这期间，以前被宰执们举荐的那些人都先后回到了中央，很难说这些人都是旧党，比如苏轼，他就不参与党争。当初他反对新法，是因为资历浅，不懂下层百姓生活，无法体会新法惠民的优势，只是单纯从士大夫阶层利益出发，说白了那时的苏轼还是个地主阶级的代表。不过，由于苏轼反对新法，旧党想当然地就将他认作同一阵营的成员。当他到了黄州之后，当了五年的农民，才对农民阶级有了深入了解，对新法有了深入了解。因此，此时的苏轼也就不愿意多介入新法更张。

此后，朝廷继续回调旧党。八月二十四日，任礼部郎中林希为秘书少监，朝散大夫周尹为主客郎中，吏部郎中曾肇、张汝贤并为右司郎中。八月二十八日，给龙图阁直学士知永兴军刘庠加了一个枢密直学士头衔。九月初九，将工部郎中梁焘调整为吏部郎中，户部郎中李周调整为职方郎中，太常博士林旦调整为工部员外郎。九月十八日，调整朝奉郎、秘书少监刘挚为侍御史。与刘挚一起调整的还有苏轼，"朝奉郎苏轼为礼部郎中"。十月十六日，朝散大夫傅尧俞被调整为秘书监，与他一起提拔的还有承议郎、集贤校理顾临，朝廷让其担任朝奉郎、吏部郎中。十月十八日，"正字范祖禹为著作佐郎。承议郎孔文仲为校书郎。陕西转运副使叶康直、李察并迁一官再任"。十月二十二日，"龙图阁待制赵彦若兼侍读，秘书监傅尧俞兼侍讲"。十月二十六日，"天章阁待制范纯仁兼侍讲，朝议大夫赵瞻为太常少卿，开封府推官赵君锡为司勋郎中，承议郎吕大忠为工部郎中"。

以上涉及人员就是司马光与吕公著举荐的人才。当然，起用这些人是高太后与宰执们一起议定的结果，很难说这是某一个人的功劳。不过，需要指出的是，这些人都是当初新法反对者，他们如今高调回朝，为即将上演的党争大戏提前进入角色。

事实上，元丰八年最后几个月，是朝廷新班子的磨合期，除了保甲法明确要废除之外，其他国家政策也都在商讨之中。而司马光的重点工作依然是整理"进言"，至于更高层面国家政策制定方面，司马光涉足不深。不假思索地将这段时间以来新法废除之举一股脑归结于司马光，其实并不准确。

反而是那些刚刚调回的旧党，争先恐后都要表达对治国的看法。其中，台谏官的呼声最高。八月二十二日，谏议大夫孙觉给朝廷上疏，建议朝廷按照真宗天禧元年（1017）"手诏言事勘会官制事目"。孙觉还在奏疏中指陈要忠于职业操守，为国家尽心尽力。① 孙觉都这样说了，朝廷当然全力支持。在当初司马光、吕公著举荐人才时，司马光并未重点举荐孙觉。但孙觉一上来，就给台谏官立了规矩。孙觉发表以上言论近一个月后的九月十八日，刘挚被调整为侍御史，他也建议朝廷要加强御史台队伍建设，为国家开言路、正风气奠定基础。

八月二十六日，殿中侍御史黄降第一个站出来弹劾官员。黄降弹劾的人是昭宣使宋用臣，这是高太后之前不愿意重用的宦官，因为此人得到过神宗宠幸。黄降弹劾宋用臣的理由是："营缮私第及别治园池亭馆而臣领点检水磨所，见用臣偷盗官园莲藕等并亏偿买物，累赃不少。又闻取洛口金泉法酒嬴卖入己。"②然后宋用臣就被朝廷处罚了。

八月二十八日，司马光怀着沉痛的心情再次上疏。

> ……陛下近诏天下臣民皆得上封事，言朝政阙失、民间疾苦，仍降出令臣与执政看详。其第一次降出者三十卷，臣谨与诸执政选择，其中除无取及冗长之辞外，其可取者已用黄纸签出，进入讫。伏乞陛下取签出者，更赐详览或留置左右，以备规戒；或降付有司，商议施行。如此，则忠言日进，聪明日广，诚生民之厚幸，社稷之盛福也……

司马光的这道奏疏要表达什么意思？就是朝廷开放言路后，收到了很多提议，他本人也将整理好的建议递交给皇帝、太皇太后，但是并未见出台相关政策。这就让司马光不爽，咱们朝廷花了巨大人力物力来收集梳理言论，现在言论理出来了，又无具体措施跟进，如此一来，也就失去了开放言路的意义。司马光在奏疏末尾强烈呼吁："惟在陛下断志而力行之耳！"关键在于行动啊！为此，司马光继续上奏

---

① 《续资治通鉴长编·卷三百五十九》："凡发令举事，有不便于时，不合于道，大则廷议，小则上封。若贤良之遗滞于下，忠孝之不闻于上，则条其事状而荐言。"

② 《续资治通鉴长编·卷三百五十九》。

疏，从祖宗之法说起，摆事实讲道理，请求"太皇太后陛下与皇帝陛下，同赐省览，庶以开广聪明，资益圣德，惟于民间情伪靡不周知，异日太平之业，由此为始也"①。

司马光的建议依然没有得到朝廷的立即回应。由此也能想到作为门下侍郎的司马光当时的处境，不管你多有能力，只要你不是首相，就很难左右朝政。

九月十四日，就韩宗道、韩宗古两人的任命，朝堂之上再掀波澜。朝廷初步计划重用这两个人，但是御史中丞黄履不同意。御史台的长官公开反对重用韩宗道、韩宗古两人，里面有无新旧党争因素尚无法证明。但黄履的建议很重要，他在奏疏中说："臣伏思太常之职，掌邦国礼乐、郊庙、社稷之事，历古及今，号为清职。宗道虽有吏能，且无文誉，超次授之，既为非称，而又本朝故事，凡缘宰执避亲，多以本等少降处之，如中书舍人避亲为待制之类，未闻假以优迁，使窃幸焉。兼希绩与宗道、宗古同为避亲，在希绩则降之本班之末，在宗道则升二班，在宗古则升一班，尤为未允。"说这两人与次相韩缜有亲属关系，应该避亲。另外，黄履又指出，韩缜成为次相几月来，尽给他家亲戚谋官位了，一点政绩都没有。故强烈建议不能重用韩宗道、韩宗古。为了权衡利弊，最终朝廷还是采取了黄履的意见，以"朝请大夫、太常少卿韩宗道为太仆少卿。光禄少卿韩宗古为少府少监"。

朝廷打算重用韩家两人可能有高太后照顾韩缜的意思，但御史台紧盯着人事变动，高太后也无可奈何。这几个月的听政生涯让她逐渐对台谏官有了深刻认识。此前，高太后或许只是觉得这是一帮专门挑刺的人，但真正事关自己处置政事时才发现，台谏官远比想象中要难缠得多。

自此，哲宗前期的台谏官也正式登上舞台。九月底，监察御史王岩叟上疏，指责朝廷当前政令不通，致使忠臣短缺。王岩叟的这道奏疏代表了这一批台谏官的立场，或者说旧党的立场。这也是元祐党争最早的着火点。此后，打击同僚、排斥异己的燎原之火越烧越旺。因此，必须得对王岩叟奏疏中的内容进行分析，一窥其因由。

一是朝中忠贤之人较少而奸邪之人多，影响朝政走向。王岩叟首先肯定了新皇帝、高太后执政之初的举动："内批废罢京师民情不便十余事，及屏黜宋用臣等数

---

① 《续资治通鉴长编·卷三百五十九》。

人，中外喧呼，交相庆快！又协天下之望，登用忠贤以辅大政，人皆谓积年之弊，指日可除。"但是从七月份到如今，朝廷没有表明到底走哪条路线，让天下人处于迷茫之中。这是什么原因造成的？主要原因是忠贤少而奸邪众。

二是奸邪之人容易结成朋党，无法清除。王岩叟指出："奸朋邪党既已辜负圣君于前日，又欲欺惑陛下于此时，臣窃痛心！"这些奸邪们隐藏很深，"固有与忠贤佯为相亲而心实忌恶之，以伺其倦厌者；有明肆悖戾，以侵侮忠贤而欲挠之使去者；有默默不言，是非两可而苟容于其间者"，所以"奸邪不易去，忠贤不易留"。王岩叟询问高太后、宋哲宗：国家的忠贤、奸邪两类人朝野皆知，但就是不知道朝廷知道不知道。

三是当前损害百姓利益的制度法令就是熙宁新法。王岩叟毫不回避地指出，他在河北担任县官时，"奉行青苗、免役、保甲之法，亲见其害，至深至悉，非若他人泛泛而知之也。如青苗实困民之本，须尽罢之，百姓乃苏。而近日指挥，但令敛散，不立额而已，则所以困民之本，十分之八九犹在，此必陛下不知也"。在王岩叟眼里，国家百余年都处于平稳发展中，都是新法搅乱了人心，让天下不得安宁。他说免役法造成天下亿兆之家所共苦，保甲让三路之民如在汤火。

在王岩叟看来，现在朝廷之所以不废除新法，都是朝中佞臣在作祟，蒙蔽圣聪，"奸邪遂非饰过而巧辞强辩，以欺惑圣听，将至深之弊，略示更张，以应副陛下圣意而已，非至诚为国家去大害，复大利，以便百姓，为太平长久之策者也"。希望皇帝能够"行此数事"，天下自然安宁。王岩叟所说的数事，自然指的是废除新法诸项。另外，在一份贴黄中，王岩叟说："如执论者以青苗、免役遽罢之，恐国用不足，则乞陛下问以治平、嘉祐之前，国用何以不阙？"①有人认为青苗、免役法废除后，可能会引起国用不足，那么回望仁宗嘉祐、英宗治平年之前，国用为什么依然充盈？

这里之所以要对王岩叟的奏疏解剖麻雀般分析，是因为此前即便有人指责新法，但语气也不如王岩叟这般严厉。朝廷在最初的几个月当中，也只是明确提出将废除保甲法，其他法令尚在推行当中。现在，王岩叟将朝中新党全部污蔑成"奸邪"，将新法比喻成误国误民的昏令，强烈建议朝廷废除一切新法。看起来王岩叟

---

① 《续资治通鉴长编·卷三百五十九》。

在言论上比司马光更激烈。但王岩叟只是陈述了旧党不敢表达的意见，仅此而已。王岩叟的这道奏疏，一石激起千层浪，让他在朝臣中扬了名。

站在后人的角度上分析，熙丰新法并非一无是处，很多方面利国利民。王岩叟以直言著称，他在奏疏中的语气，不仅抨击了新法，也剑指新党。哲宗时代新旧党争由此肇端。

新党也一定得知了王岩叟的奏疏内容。他们也在极力找机会以牙还牙。

有意思的是，王岩叟的奏疏敬呈后，朝廷尽管未按照他的建议罢黜"奸邪"、废除新法，但对台谏官有了更加深刻的了解。加大台谏队伍建设，成为眼前的当务之急。十月十六日，按照此前孙觉、刘挚等人的建议，朝廷打算扩充台谏人数。最初朝廷的方案是："中旨除朝议大夫、直龙图阁、知庆州范纯仁为左谏议大夫，朝请郎、知虔州唐淑问为左司谏，朝奉郎朱光庭为左正言，校书郎苏辙为右司谏，正字范祖禹为右正言。"①这是一份草拟的人员名单，由这份名单可以发现，这些人都是吕公著、司马光推荐的人。不过，朝廷要确定台谏官人选，按照制度，先得由两制官等举荐，宰执们集体商议推选，最终由皇帝直接任命。

朝廷便召集三省、枢密院长官与高太后商议这些人员名单。高太后征求宰执们的意见，三省的其他几位宰执肯定毫无异议。问题的关键在章惇这里。章惇不同意这几个人出任台谏官："谏官皆令两制以上奏举，然后执政进拟，今除目从中出，臣不知陛下从何知之，得非左右所荐，此门不可浸启。"就是说，台谏官的任命应该首先由翰林学士和中书舍人举荐，然后由宰执草拟人选。但高太后向宰执征求意见的这些人员并未经过宰执集体推选，至少枢密院不知道。这么做显然不合祖制。章惇还问高太后："不知道太皇太后您从哪里来的名单？若这是身边的人所举荐，臣认为此风不可长。"章惇的话一下子就戳中了提供名单的大臣的软肋。三省宰执在举荐台谏官人员名单时确实没有与枢密院沟通，自然与礼不合。为了掩饰章惇指出的漏洞，高太后马上改口说："这就是大臣所举荐的啊！"章惇反问："既然是大臣所举荐，应该公开工作，为什么要采取密荐？"吕公著、司马光、韩缜等人做了解释：范纯仁与他们关系好，怕落人话柄，才出此下策，而范祖禹与司马光一起编纂《资治通鉴》数年，早就是师徒关系。章惇认为这些辩解简直幼稚得可笑，既然

---

① 《续资治通鉴长编·卷三百六十》。

这些人与现任宰执有利害关系，就更不能被选拔为台谏官，至少他们应该避嫌。韩缜、吕公著、司马光也觉得理亏，一时无法反驳章惇。最终，朝廷还是"以朝请郎、知虢州唐淑问为左司谏，朝奉郎朱光庭为左正言，校书郎苏辙为右司谏"。而范纯仁改任天章阁待制兼侍讲，范祖禹改任著作佐郎。

这一回合下来，韩缜、吕公著、司马光等人感受到章惇的厉害。此前，他们攻击保甲法时，章惇之所以没有出手，就是在等待时机，一旦时机成熟，他绝对不会给对手机会。但是司马光、吕公著他们也没有妥协，因为紧接着朝廷就下了一道诏书："诏尚书、侍郎、给、舍、谏议、中丞、待制以上，各举堪充谏官二员以闻。"①让尚书、侍郎等人给朝廷举荐台谏官两人。这是什么意思？你章惇不让范纯仁任台谏官，但你阻挡不了其他人举荐台谏官。不久之后，朝廷又降了一道诏书："监察御史兼言事，殿中侍御史兼察事。"②

这算是对章惇的正式回击，不过这次章惇没有接招，他在等待另一个时机。现在朝中旧党人多，章惇不能在所有工作中都与旧党争论，他要保存实力。

此后，因为河北盐法的事情，又引起风波。此前，王岩叟曾就河北盐法的问题上过奏疏，指责熙宁新盐法施行以来，让商人赚不到利，让百姓买不起盐，宋朝的盐从未这么贵，强烈建议恢复旧盐法。这次朝廷很谨慎，只是让金部员外郎范锷担任河北转运，调查盐法施行情况，并根据具体情况来实施相关政策。

不久，朝廷为哲宗选老师，刘挚上了奏疏，指出了老师的重要性，他认为"兼侍讲、给事中陆佃、蔡卞皆新进少年，越次暴起，论德业则未试，语公望则素轻，使在此官，众谓非宜"。给皇帝选一位德才兼备的老师，也是台谏官关注的对象。陆佃、蔡卞资历不够，于是，朝廷就任命龙图阁待制赵彦若兼侍读，秘书监傅尧俞兼侍讲。③这两个人都是旧党，不过章惇没有跳出来反对。

这期间新旧党之间的明暗斗争一直都在。蔡确虽被边缘化了，但章惇依旧稳居枢密院长官，他一直静观时局，伺机而动。

十月，新旧党暂时放下成见，共同处置另外一件大事。从神宗去世至今已逾数月，如今，神宗的陵墓修建接近尾声，这也预示着安葬神宗的事宜正式提上日程。

---

① 《续资治通鉴长编·卷三百六十》。
② 《续资治通鉴长编·卷三百六十》。
③ 《续资治通鉴长编·卷三百六十》。

## 千古一帝宋神宗

神宗去世时，春天悄然而至。等他下葬时，已经来到雪花飘落的冬季。

神宗去世已经七个月了。在过去的这七个月里，他的棺椁被安置在皇宫的角落里，逐渐被人忘却。朝中那些官员，追逐着哲宗、高太后，进行着新一轮权力游戏。

相比于朝中即将实施的新政，神宗的安葬事宜显得有些简单。这也容易理解，毕竟一个新时代开始了。老皇帝的丧仪一切循旧制即可，无须节外生枝。

在神宗安葬事宜上，蔡确成了主角。

这段时间里，蔡确调动一切资源，为丧葬事宜尽心尽力。尽管他感受到朝廷这七个月来的政策变化，可他不敢去对抗。与章惇的强硬相比，蔡确多了几分明哲保身的清醒，他不想把自己与旧党搞得泾渭分明。神宗去世时，高太后垂帘听政，蔡确曾表示过亲近，建议将高遵裕复官，但是遭到了高太后拒绝。蔡确就清楚了高太后对他有很深的成见。既然得不到高太后的认可，蔡确也无可奈何。现在他是首相，山陵使非他莫属。但除了山陵使之外，朝廷似乎有意不让他参与朝政。因此，他将主要精力放在了神宗安葬事宜上，也能借机观望朝中动向，进而为自己下一步官场生涯做打算。

这时候，知河南府韩绛忽然给朝廷上了奏疏："山陵役兵病死，方盛暑之际，臣权宜与免检覆。然辄违诏条，自劾以闻。"①修陵墓死了人，由于正值盛夏，韩绛担心尸体腐烂，于是违背了政策，命人将其安葬了，他请求朝廷对他进行处分。韩绛是次相韩缜的兄长，有德才。朝廷根据韩绛的奏疏，请工部拿出处置意见。工部认为韩绛的处理虽情有可原，但毕竟出了人命，害怕其中有欺诈蒙骗，建议给韩绛降罪。不过最后朝廷赦免了韩绛的罪责。②

六月二十六日，朝廷下诏让宦官石得一担任永裕陵使，另一名宦官宋用臣充当

---

① 《续资治通鉴长编·卷三百五十七》。
② 《续资治通鉴长编·卷三百五十七》。

石得一的副手。这两个人都是神宗时期的宦官宠臣，深得神宗信赖，现在让他们去负责神宗陵墓修建，也算是人尽其才。当然，这都是表象，主要是高太后不喜欢神宗留给她的这些内侍，她已经换了一批。但过多打压神宗时期的宦官，会招致内外的非议，如此处置石得一、宋用臣最为恰当。

与此同时，朝廷的新政如火如荼地进行着，人们已经忘却了神宗。神宗也只能在有些官员的奏疏中被提及，但提及神宗不是为了纪念神宗，而是为即将推进的新政提供依据。神宗似乎已经成为一种符号而存在。

在最初的几个月里，中央忙着重组班子，没有人想起神宗也尚可理解。但班子重组后，神宗依然被人遗忘。他生前的种种创举，似乎都成了新政的枷锁，从核心层到地方官，都在极力摆脱神宗的阴影。

或许小皇帝还会想起父亲，只是父亲在他的记忆里太模糊了。神宗终其一生都在忙着改制，忙着推行变法，疏于对孩子们的照顾。以至于多年以后，哲宗、徽宗提及他时，都只能模糊描述。

七月初五，朝廷要举行南郊大典。这是一项特殊的祭天仪式。这次祭祀的目的，主要是向上天通报给神宗的谥号。经过礼部官员们不断翻阅典籍、查找资料，又进行了层层审核把关，终于确定了"英文烈武圣孝"六字。现在向上天请示。宰臣、执政、中散大夫、卿监、宗室正任团练使以上大臣都奔赴南郊，按照各自班位站好，等待着礼官宣读神宗的谥号。翰林学士邓温伯手持册文，敬告上天："奉诏告天请谥，天赐之曰英文烈武圣孝皇帝，庙号曰神宗。"[①]上苍并没有明确表示，这种请示仿佛成了一种例行汇报。自此，神宗也成为一个纪念对象。

之后，蔡确从巩义回朝，陵墓已经修缮妥当，就等礼部择日，由他带人护送神宗灵柩出宫。

七月二十二日，礼部再次上疏请示朝廷："大行皇帝虞主回京，至琼林苑权奉安，依故事，皇太后行奉迎之礼，今皇太后已从灵驾回，不当行奉迎之礼。"神宗的神主牌位已从巩义回到京城，琼林苑的官员要将神主牌位暂时安置在琼林苑，而且神宗皇后向氏要行奉迎之礼。根据礼部的建议，朝廷传下诏书："大行皇帝灵驾发引，皇太后不从行。候虞主回京，依故事于琼林苑奉迎。"这道诏书里透露出一

---

① 《续资治通鉴长编·卷三百五十八》。

个消息，送葬灵驾出发时，向太后没有陪着去。

七月二十五日，正式给神宗上庙号，群臣按照礼仪制度慰问高太后、向太后、朱太妃和哲宗。

做完这一切后，神宗的棺椁就被运出宫了。但宫中还有一些事牵扯到神宗。比如，他的妃子林氏八月底诞下一名男婴，这个遗腹子就是神宗的第十四子赵偲。

九月初四，秘书省正字也是哲宗的老师范祖禹上了一道奏疏，谈论关于服丧事宜。

> 先王制礼，以君服同于父，皆斩衰三年。……臣愚以为，宜令群臣朝服，止如今日而未除衰，至期而服之，渐除其重者。再期而又服之，乃释衰，其余则君服斯服斯可也。至于禫，不必为之服，惟未纯吉以至于祥，然后无所不佩。则三年之制，略如古矣。①

这是神宗去世后，对守丧事宜提出坚守古代礼制的一道奏疏。范祖禹认为服丧礼仪要结合具体事宜，尽量做到崇古，不能随意更改。为什么范祖禹如此这般重视此事？最可能的原因，当然是教小皇帝要遵守礼制，而在他父亲的丧礼上言传身教，是最合适的方法。因为范祖禹发现哲宗年纪虽小，但只要涉及神宗的事，他都表现出很崇敬的感情。范祖禹的这道奏疏显得很温和。朝廷马上下令让礼官查阅资料，参考相关礼制，草拟具体情况说明。

范祖禹是修史的，出于职业的操守，他建议要按照古制守丧。但是这个建议遭到了礼部尚书韩忠彦等人的反驳。在韩忠彦等人看来，"朝廷典礼，时世异宜，不必循古。若先王之制不可尽用，则当以祖宗故事为法。今言者欲令群臣服丧三年，民间禁乐如之，虽过山陵，不去衰服，庶协古之制。缘先王恤典，节文甚多，必欲循古，则又非特如臣僚所言故事而已。今既不能尽用，则当循祖宗故事及先帝遗制"。在宋朝，一旦搬出"祖宗之法"，就是无敌利器，无人能反驳，范祖禹提倡的古制与之相比，不足为据。

九月十八日，礼部上疏："大行皇帝神主祔庙毕，其时享并明堂祀上帝配座，

---

① 《续资治通鉴长编·卷三百五十九》。

欲依故事，下待制以上及秘书省长贰、礼官详定以闻。"这也意味着神宗的神位正式进入明堂，成为后世上下祭奠的祖先。神宗生前的很多故事，也会变成"祖宗故事"来影响以后的执政班子。

事实上，这时候，虽然神宗神位已入明堂，但他的灵柩还在运往巩义的路上。从开封到巩义尽管不远，但灵仗前行缓慢，沿途各处官员都要设祭台祭拜，加入送灵队伍。

十月初，大行皇帝灵驾到了巩义。接下来就是按照既定日子下葬。礼官选定的日子是十月二十四日。蔡确已经派人准备好了一切事宜。十月二十四日这天，按照礼仪流程，高太后、朱太妃以及皇帝哲宗都出席了神宗的葬礼。

安葬完毕后，礼官手持祭文，怀着沉痛的心情念诵。

> 维元丰八年，岁次乙丑十月六日，大行皇帝迁玉座于裕陵，乾坤惨凄而变色，华夷奔走而同悲。桥山一封，人世万古！具官臣冯某，恭闻大事，属在兹辰，严恩已表于追崇，薄奠荐伸于报慕。远通神鉴，少述哀辞。其辞曰："自唐中叶，凋丧衰圮，生民荼毒，祸烬五季。祖功宗德，开廓天地，五圣光华，群生茂遂。百三十年，盖古无治，天心眷佑，帝业增炽。恭惟大行皇帝，应运挺生，浸昌浸明。仁远孝至，文昭武成，任相不疑，随弊变更。忧民至劳，度宜经营，汉法新美，舜官和平。思古明将，复唐府兵，才谋兼资，械用必精。灵旌所向，犷俗以宁，威通西域，教浃南溟。金闿六部，璧水三舍，法度渊薮，文章陶冶。寒暑七闰，胚浑一化，方举云、亭之盛节，远追唐、虞之逸驾。呜呼！岂谓道高德尊，厌世乘云，大寐遽尔，九龄徂云。内圣慈亲，重明嗣君，俯仰付托，始终忧勤。丹青之遗训犹在，钟磬之洪音不闻。呜呼哀哉！河洛初霜兮鴈飞，缑嵩欲晓兮风悲，玉舆停轮，金阜启扉。弓剑藏而永闷，几席撤而犹疑。宫车寂寞以将返，仙驭逍遥而不归。呜呼哀哉！守土职縻，去国路遥，衔恩兮孺慕，送往兮魂销。感神游于泉海，徒洒泪兮云霄。呜呼哀哉！恭惟尚飨！"①

---

① 《续资治通鉴长编·卷三百六十》。

这是对神宗的盖棺论定，也是与神宗做最后告别，不管他生前有多少创举和失误，随着他的安葬，他的时代结束了。

十一月初七，神宗的神主牌位被安置在了太庙第八室，成为祖宗之一。①

## 新旧两党的初次较量

神宗长眠了，新旧党争继续。掀起争议的是对熙河之地的舍弃与坚守问题。

韩维上了一道数千言的奏疏，议论朝廷对西夏的态度。韩维说："臣窃见先帝时大兴甲兵，西讨夏国，始以问罪为名，既而收其地，遂致夏人有辞，违失恭顺。彼国之俗以不报仇怨为耻，今其国力渐复，必来攻取故地，若不幸复夺去，则先帝累年劳师所得，一旦失之，似为可耻。若兴师拒战，则边隙自此复开，臣恐兵连祸结，未有已时。"

众所周知，神宗去世与征讨西夏失利有很大关系，但韩维的意见却是要与西夏建立良好的关系。当然，这也与当时的环境有关。与宋朝发生战争时，西夏的主事人是梁氏集团。而此时，梁氏集团已被消灭。韩维认为既然没有了劲敌，宋夏之间就不能再开战火。韩维列举了三条息兵止戈，以及五条舍弃熙河之地的建议。由于原文太长，这里不再引用，只是有一点需要指出，神宗在位期间的十多年战争，就是为了开疆拓土。为此，朝廷不惜实施各种变法，充实国库，宋军在大将王韶、李宪等的统率下，拓地千里，击溃了盘踞在熙河的吐蕃人。尽管宋朝在与党项人的战争中没有取胜，但占据的熙河之地已与宋原有版图相连，随时都可以对西夏实施合围。在这样的情况下，即便宋廷不再出战，西夏也不敢轻易入侵大宋边境。然而，韩维的意见是撤回熙河之地驻军，舍弃原先占领的熙河之地。韩维还表示，朝廷若不相信他的话，可以让驻守在西北重镇庆州的范纯仁写份报告。②

据记载，朝廷在韩维奏疏之后，就降下一道诏书，表示与西夏和平相处。

---

① 《续资治通鉴长编·卷三百六十一》。
② 《续资治通鉴长编·卷三百六十》。

> 向者，神宗皇帝以尔世受封爵，为我藩屏，而国母与其用事之臣擅行囚废，故大兴师旅，以问厥罪。比闻国母倾逝，卿复领国事，自先帝上仙，继遣人致吊与祭，所为恭顺，有藩臣礼，朕甚嘉之。朕受天命，统临万国，效顺者褒纳，违命者诛绝，义无亲疏。朕嘉卿之复位率职，哀尔民之丧地失业，成先皇帝之圣志，今以向者王师所得土地还赐尔国，卿其明谕人民，依旧住坐耕作，毋蹈后患，服我休命，并励忠勤。①

由于在其他史料中并未发现类似记载，因而朝廷下诏与西夏和谐相处的说法有待进一步考证。这么大的事情，也不能因为韩维一道奏疏，朝廷就做出部署。另外，此时的西夏没有入侵迹象，掌管枢密院的章惇也不允许这样的事情发生。熙河之地是神宗时君臣费尽心机拓边得到的土地，现在岂能拱手让人？当然，这件事远未结束，此后司马光还会就此事发表意见。

就在韩维进言时，台谏官再次出动。侍御史刘挚将枪口对准了三省和枢密院："……今差谏官、罢侍讲，不识枢密院何为而预也，外言籍籍，皆以三省容纵密院侵紊政体，莫不疑异。臣窃谓国家所恃者在纲纪，大臣所宜守者在名分，纲纪正于上，则下无邪志；名分治于下，则政无多门。一有夺移，何患不起？朝廷今日正当尊强君道，谨守祖宗法制，严臣下之名分，以消压权僭之心……"这份奏疏的矛头是三省僭越，枢密院听之任之，造成"交乱官守，渐行私意，以害政事"的现象，这对朝纲极为不利。宋朝的两府向来相互制衡，现在却各行其是。刘挚不能容忍这种情况长期存在。为了遏制三省乱权而枢密院不管不顾的情况，刘挚建议："戒谕三省、枢密院臣僚，凡以差除拟进者，各依自来条制、班次取旨，所贵正名定业，事无侵逾，以尊朝廷，以正在位。"

刘挚的奏疏还没得到朝廷的回复，王岩叟又跳了起来。王岩叟直接针对的是章惇。原因是上次朝廷在商议台谏官人选时，章惇"语涉轻侮，外庭传闻，众所共愤"。章惇的话伤害性不大，侮辱性极强。在王岩叟看来，朝廷选拔台谏官的职权在三省，枢密院根本无权干涉。但是章惇却不守礼制，越职肆言，简直无法无天。另外，当时朝会上提及的几个台谏官预选人员都是"天下公议从来愿得以为谏官、

---

① 《续资治通鉴长编·卷三百六十》。

御史之人",作为国家宰执大臣,章惇不思未给国家举荐贤才的失职行为,反而嫉贤妒能,阻拦朝廷重用贤才,真不知是何居心?王岩叟指出,朝廷御批授命台谏官自祖宗以来即为常例,章惇却认为哲宗不能随意给台谏官授命。王岩叟为此夸赞哲宗:"陛下聪明博问,能得贤而进之,不肖而退之,乃是盛德。"而章惇语言傲慢,明显是挑战陛下权威,他的不忠显而易见,应当予以罢黜,"以严臣职,以重主威"。

王岩叟的奏疏充满了火药味,显然是恶意诋毁,其中不乏个人敌对意味。而刘挚则就事论事,不失为台谏官的典范。

不过,王岩叟指责章惇傲慢,倒不是无中生有。在反对范祖禹、范纯仁担任台谏官一事上,章惇的语气确有傲慢之处。这种强势的品性,也会让他栽跟头。正如王岩叟在奏疏末尾说的,"言惇之强横,不独侮玩众人,又敢轻易陛下,臣当言职,既有所闻,不敢不言。然此事惟陛下知之,如臣言不妄,乞付外施行"。不过王岩叟的奏疏,把章惇描绘成了欺君罔上、霸道专权的佞臣,显然有些欲加之罪了。王岩叟这份奏疏看起来是谏官弹劾宰执有辱礼节,但其真实用意是否代表了他身后的一众旧党呢?司马光、吕公著等人有没有给他施加影响呢?

王岩叟对章惇的弹劾,朝廷置之不理。不久,刘挚又出手了。这次刘挚的靶子不是章惇,而是首相蔡确。

刘挚弹劾蔡确的事情,是在神宗安葬过程中,蔡确没有尽到山陵使的职责。

> 伏见今月六日神宗皇帝灵驾进发,准敕,前一日五使、三省执政官宿于两省及幕次。窃闻宰相蔡确独不曾入宿,中外莫不疑骇。伏以山陵国之大事,迁坐发引,葬之大节。故前夕群臣宿于内者,以陛下是夜躬行祭奠之礼,臣子之心同于攀慕,不得安寝于其私也。下逮执事、奔走之众,谁敢不虔奉期会,以共厥事?而确位冠百辟,身充山陵使,正当典领一行职务,而乃于是夜独不赴宿,慢废典礼,有不恭之心,谨具弹劾以闻。伏望圣断,特赐详酌施行。①

---

① 《续资治通鉴长编·卷三百六十》。

核心的含义就是神宗灵柩起驾前，朝中大臣都要留宿宫中，准备好一切出行事宜。但蔡确作为山陵使，一夜都不见踪影。当时朝臣可能忙于应付神宗安葬事宜，故而没有人在意，但这件事被刘挚暗暗记在心里。在刘挚看来，蔡确这么做，是置朝廷礼仪于不顾，对先帝有不恭之心。

刘挚的奏疏上报后，这才有人回忆起当夜的经过，马上有人指出蔡确的确没有留宿，谁也不知道他去了哪里。所以刘挚的弹劾有理有据，蔡确难辞其咎。蔡确看到刘挚的弹劾后，只是搪塞性地回答说他当夜出去办事，回来时宫门已关，也就未曾入宫。但刘挚反驳说，若你真曾到了宫门口，发现宫门关闭，应该敲门，定会有人处置，而不是直接离开。

这是刘挚上的第一道弹劾蔡确的奏疏，被压下了，毕竟涉及首相。然而接下来，台谏官似乎心领神会，瞅准时机集体向蔡确发动起攻击。紧随刘挚脚步的是右正言朱光庭。

朱光庭攻击的方向也集中在蔡确作为山陵使，在送葬过程中的失礼之处。这可是扳倒宰相的撒手锏，宋真宗时期的丁谓权倾朝野，太后刘娥都不得不避让三分。但是，王曾利用丁谓在押送真宗灵柩途中未尽职责加以弹劾，丁谓果然被罢相。此时，蔡确也面临同样的处境。当然，朱光庭的爆料与刘挚不一样。朱光庭在奏疏中说："蔡确，先帝简拔，位至宰相，送终之际，殊不尽恭。灵驾发引在道，确为大礼使，当与扈从臣僚先后徐行，常以妥安神灵为虑。而确不务此，每灵驾行，辄先驰去数十里之远，以自便安，而灵驾一行在后，略不顾省，为臣不恭，莫大于此。""为臣不恭"这个罪名蔡确已无法摆脱，要命的是，朱光庭不仅仅弹劾蔡确，还连带捎上次相韩缜："章惇欺罔肆辩，韩缜挟邪冒宠。"挑明韩缜与蔡确沆瀣一气。韩缜似乎都没料到自己什么都没做，就躺着中枪了。接着，就是翻旧账。蔡确此前在哲宗即位时，与章惇等人密谋立赵颢为皇帝不成，又诬陷高太后的事情就被人抖搂出来。韩缜为自保也借机弹劾蔡确。蔡确这时候百口莫辩，树倒猢狲散的感觉，让他每天都如坐针毡。

不过，朝廷并未立即罢黜蔡确。事实上，不用罢黜，只要先帝安葬后，首相都要主动辞职，这是惯例。因此，台谏官趁风使舵，又弹劾蔡确在神宗下葬之后，依然不主动辞职。

在此期间，朝廷又调整了部分人员岗位。旧党继续回朝。十一月初三，朝廷让朝奉郎、直龙图阁、权发遣京东路转运使范纯粹知庆州，代其兄范纯仁。这当然是调回范纯仁的前奏。不管章惇怎样反对，他都势单力薄。朝议大夫鲜于侁被调整为京东路转运使，举荐的人是司马光，目的是让鲜于侁"救东土之弊"。据说，鲜于侁到任后，雷厉风行，"侁既至，奏罢莱芜、利国两监铁冶，又乞海盐依河北通商，民大悦。又乞止绝高丽朝贡，只许就两浙互市，不必烦扰朝廷"①。这一通快刀斩乱麻下来，废除新法的具体行动势不可当。

与此同时，宫廷里也悄悄更换了一大批内侍。②这是对皇宫内侍第二次大换血。至此，哲宗、高太后身边都换成了"自己人"。

这期间，一个叫刘昌祚的官员任命，又遭到了台谏官刘挚的反对。刘昌祚是武将，颇有军功，神宗时代在军中较有威望。这时候朝廷打算提拔重用刘昌祚。刘挚强烈反对："臣窃闻祖宗之法，不以武人为大帅，专制一道，必以文臣为经略，以总制之。武人为总管，领兵马，号将官受制，出入战守，惟所指挥。"刘挚认为，武将不能直接担任地方官，需要文官节制，这是立国之本。但由于此时诏命已经下达，刘挚的话即便有道理，朝廷也无法收回成命。于是，刘昌祚以步军都虞候、雄州团练使身份知渭州（今甘肃省平凉市）。

王岩叟也就罢保甲法事宜上了奏疏，指责保甲法废除不彻底，要求各地迅速掀起废除保甲法热潮。因此，在这一阶段存在这样一种现象：自从刘挚和王岩叟担任台谏官以来，刘挚盯住朝廷人事方面进行弹劾，王岩叟则紧跟废除新法进行弹劾。

十一月二十七日，朝廷将乡贡进士程颐授为汝州团练推官，充西京国子监教授。这可是一个特例，要知道宋朝的官员要么通过科举，要么通过恩荫进入官场。程颐不过是"处士"身份，可朝廷破格将他调任为团练使，到国子监任职，这简直是莫大荣誉。究其根源，是程颐在洛阳时结识了司马光、吕公著等人。如今，此二人都是宰执，给程颐安排这样的职务也就是一句话而已。当然，若仅仅依靠司马光

---

① 《续资治通鉴长编·卷三百六十》。
② 《续资治通鉴长编·卷三百六十一》："石得一已充永裕陵使，罢入内副都知及兼领差遣，其提举监教马军所、提举训练皇城司亲从亲事官射司，并差入内押班梁从吉管勾。同文馆所差内侍押班刘有方、入内省申奉圣旨入内东头供奉官武球等并落阁子下。武球、陈处约、赵礼、刘瑗、苏珪特与转官及减年磨勘转出。张士彦带句当后苑，先次与差走马承受。西头供奉官陈端、郝随、王遘、殿头刘友端并与走马承受。张士彦等五人，并西头供奉官张琳、石煮、高班韩邈、胡绚各与等第减年磨勘，奉旨依已得指挥。"

等人举荐就能进入官场，成为吃公粮的人，倒也没有什么稀奇的，但程颐不得了，他在以后的岁月里会掀起更大波澜。

其后，司马光上了一道奏疏，意味深长。

> ……是以圣人立为君臣，使人臣各献其谋，而人君裁决其是非，若网在纲，有条而不紊，此国家所以治也。……万一群臣有所见不同，势均力敌，莫能相一者，伏望陛下特留圣意，审察是非。若甲是而乙非，当舍乙而从甲，乙是而甲非，当舍甲而从乙，如此则群臣莫敢不服，善政日新矣。不然，陛下虽有求治之心，事功无时而成也……①

这是劝谏高太后和哲宗要善于甄别"是与非"的问题。当然不仅仅是"是与非"，更重要的是要甄别贤良忠臣与奸邪佞臣。平心而论，这样的意见应该采纳，无论何时，作为统治者都应该有这样的基本功。问题的关键是，谁是贤良忠臣？谁又是奸邪佞臣？司马光没有明确点出来，只是希望高太后与哲宗对宰执人员进行所谓"甄别"。虽然明眼人都清楚司马光是奔着朝中新党去的，可没有具体人名，朝廷怎么甄别呢？

朝廷没有回应司马光的请求。接下来，司马光又上了奏疏，在这道奏疏中，他就没有那么含蓄了，直接指出了问题症结所在："……今执政之臣，虽各相与竭力，同寅协恭；若万一有议论必不可合者，欲乞许令各具奏疏奏闻，望陛下精察其是非可否，以圣意决之，或于帘前宣谕，或于禁中批出，令依某人所奏；若群臣犹有固争执者，则愿陛下更加审察；若前来处分果非，则勿惮改为；若灼然无疑，则决行不移耳。如此再思而行，庶几得尽众心，事亦少失矣。"②司马光希望朝廷在做决断时要果断，不能被朝臣尤其是宰执的意见所左右。这是不是暗指章惇、蔡确呢？刘挚也再次上疏，弹劾章惇。这是刘挚第二次向章惇发难，建议"罢惇政事，以允公论"。

事实上，台谏官对章惇的弹劾远没有结束，在旧党眼中，章惇已然是十恶不赦

---

① 《续资治通鉴长编·卷三百六十一》。
② 《续资治通鉴长编·卷三百六十二》。

任事之臣，不同心忧国，人怀私意，有所诋欺"。然后，围绕这件事展开论述，指出国家上至宰执，下至基层官员，都未尽心尽职，才会出现这种天象。奏疏还提出了"恤天下刑狱，命从官分治在京狱事，蠲除法令与祖宗朝异意者，饬尚书省在京百司，务恪其职，使皆以身任责"的要求，强调官员们若能同心协力，国家必然呈现"阴阳和，天地应，雪以时降，气序和平"的大好局面。

在宣扬天人合一的封建社会，这种异兆是上天的警示。尽管无可考证写此奏疏的人是谁，但能从中窥探其身份，"有不如旨，御史、谏官以次条陈其失，朝廷按而行之不赦"。从这种口气来分析，写这道奏疏的人大概率是台谏官。当然，若仅仅是督促官员们尽职尽责的奏疏，也不妨看作促进国家建设的好建议。但这封奏疏里隐隐透露着对眼前国家制度、核心官员的不满。制度是神宗元丰年间的改制，国家执政核心成员新旧党兼用。这是不是旧党的一次试探性进攻呢？

朝廷的处置态度很暧昧："久愆时雪，虑囚系淹留，在京委刑部郎中、御史，开封府界令提点司，诸路州军令监司催促结绝。"只要求各地掌管刑狱的官员对本地案件进行"回头看"，能结案的尽快结案，不能结案的也要弄清楚详细脉络，保证在朝廷监督检查时不出纰漏。

正月初九，稳定的局面再次被打破。这次还是刘挚上疏，针砭时弊。一是神宗变法更张制度，虽天下有所受益，然而造成的"偏而不起，眊而不行"现象也很严重。二是造成这些问题的根源，主要是役法、坊场、吏禄。然后，刘挚围绕这些展开讨论，得出了三条具体原因。三是罢除所有让百姓无法忍受的无穷无尽的役钱，罢免推行役法的官员，重新设置两制官。待有司衙门负责罢除一切役钱后，这些"提举常平官司亦可罢去，以见存职事，付之转运司足矣"。到时候，"天下既减罢监司数十人，则州县稍得从容，上下省事，非小补也"。另外，朝廷要"欲乞于两制臣僚"，还应该"选差明于治体、达于民事者三两员，置局讲议，裁立条格，而三省执政官典领之，以待圣断施行"。刘挚的奏疏没有一句话批评新党，但是每一条建议，都是向新法发出责难。

殿中侍御史刘次庄与刘挚一唱一和，也提了建议："伏见熙宁以来变新役法，其意欲以均惠利民，盖富厚之家安享休佚，而贫民日入于困乏。"推行新法是为了"均惠利民"，但事实恰恰相反，新法的推行，让百姓更加困顿了。刘次庄还表示，他并非胡说八道，朝廷可以"指挥下诸路转运、提举官，合郡县之议，究心斟酌，裁画上闻"，让地方官写情况报告以做征信。

台谏官的职责就是弹劾官员、纠察政事。现在他们说什么都可以。与唐朝相比，宋朝台谏的职能、权限都得到很大提升，直接监督官员，监察君权相权。朝廷若不采纳台谏官的建议，也得有所回应，否则台谏官就会不断上疏。仁宗朝废黜郭皇后时，台谏官轮番出动阻止，英宗朝的濮议大讨论也大抵如此，还有神宗朝变法派与保守派的争论，等等，都可以领略宋朝台谏官的风采。这次，台谏官依然如故。

刘挚、刘次庄之后，王岩叟又上场了。

王岩叟的奏疏每次都很直接，不像刘挚那样，即便批评也相当含蓄。王岩叟在奏疏里开宗明义："臣伏以免役之法，行之已久，深见其弊，当有以变而通之。"新法苦天下久矣，其中尤以免役法为甚。之后，王岩叟就拿出了定州安喜一邑的案例来论证自己的观点。按照他的说法，安喜县有一万三千余户人家，四等户超过五千（原来只有一千多，因为新法推行，很多五等户被当地官员强行划分为四等户，也有四等户被划分为三等户现象）。户籍等级随意划分，让百姓无法摆脱承担朝廷税务的重负，导致百姓怨声载道。王岩叟还表示，每次看见下户交不上赋税，生活跳不出"艰难窘蹙之中"，官员不得不用鞭笞苛逼他们缴纳赋税。①

在王岩叟看来，百姓生活之所以如此艰苦，都是免役法所致。通过安喜一县就能窥见免役法对整个河北路造成的迫害，而通过河北路则能见天下被免役法祸害至深。因之，"乞罢免役法，复差法如嘉祐敕，独于衙前大役立本等相助法，以尽变通之利"。废除免役法，恢复差役法是当务之急。王岩叟还提出了具体办法："借如一邑之中，当应大役者百家，而岁取十人，则九十家共为助，明年易十户，复如此，则大役无偏重之弊矣。其于百色无名之差占，一切非理之资赔，悉用熙宁新法之禁，则虽不助犹可为。今所谓助者，不过助役者之家岁用而已，无厚敛也；诚能如此，人情莫不欢欣交通以安业，而郡县无事于督责矣，天下之美政也，此实今日之先务。"站在今天的角度思考，王岩叟以安喜一个县的问题说明全国免役法的问题，很显然是以偏概全，不能完全反映免役法的功过。事实上，免役法增加了国家财富，只是让更多的利益集团损失了利益，因此他们才要费尽心思废除。王岩叟还

---

① 《续资治通鉴长编·卷三百六十四》。

提出了废除坊场、河渡等相关法令的建议。最后，他发出"伏乞详度，早赐改用差法，以宽贫民"的呼吁，请求皇帝"早赐指挥施行，以慰人心"。

朝廷依然没有回应三位台谏官的建议。不过正月十二时，上命调整了朝散大夫、光禄卿吕嘉问的职位，将他调出朝廷，知淮阳军。而吕嘉问的外调，也暗含了新旧党争的玄机。

吕嘉问是王安石的追随者，也就是新党人士。王安石推行市易法时，就让吕嘉问具体负责。吕嘉问按照新法设置，全面铺开市易法。当然，市易法推行时可能有一些强制摊派的意思，因此这时候监察御史孙升言就说吕嘉问"罔上坏法，失陷甚多"。不过，吕嘉问的身世也需要交代一下，他是吕公绰的孙子，而吕公绰是吕公著的大哥。这样梳理一下，便能看出吕嘉问与吕公著的关系。不过，宋朝士大夫有时候因为执政理念不同，父子、兄弟之间也会分道扬镳，比如王安石与王安礼。因此这时候很难看出吕公著对他这个侄孙有格外照顾的意思。且吕嘉问是新党，而吕公著是旧党，此事众所周知，吕公著也不敢轻易保护吕嘉问。

与此同时，因长时间未见雨雪，有人将此责任归咎于朝中官员失职。由此，另外一些台谏官发声了。左正言朱光庭再提出"奸邪"说。

> ……伏见自冬涉春，时雪未降，傥岁一不稔，则民将何赖？当睿明之在御，方责任于辅臣，若不别白忠邪，何以召迎和气？窃以蔡确之不恭，章惇之不忠，韩缜之不耻，见于行事已极着明，岂可尚容居位以累圣政？臣虽已曾两具论奏，至今未见施行。臣窃观自古以来君天下者，任忠贤则治，任奸邪则乱，此不易之道也。恭惟陛下图治之始，方一意致天下于太平，宜鉴古之所以为治乱之由，则忠贤不可不信任，奸邪不可不放远。然今辅弼之间，尚此忠邪未判，欲以成治，于理则难。天时愆亢，咎或由之。……①

天上不下雪，都是朝中奸邪影响，蔡确、章惇就是奸邪，他们一个不恭，一个不忠，才会导致天下久无雨雪。朱光庭建议："伏望陛下上观天意，下察人情，任

---

① 《续资治通鉴长编·卷三百六十四》。

贤勿贰，去邪勿疑，自然天人协顺，善祥来格，丰年之应，固未为晚。欲乞检会臣前奏，早赐睿断施行。"

高太后和哲宗已经记不清这是他们第几次弹劾两位宰执了，但是台谏官这样紧揪不放，也让朝廷棘手，毕竟这是他们的职责所在。可能在高太后心中，对这两位宰执也没有多少好感。然而，司马光、吕公著、蔡确等人都没有明确表态，只是几个台谏官叫嚣就要罢黜宰执，这事也很难施行。

朝廷没有采取措施，不过打算加强一下机构编制，要求御史中丞黄履、侍御史刘挚各自举荐御史二员，充任台谏官。这又是个奇怪的举动，不久前，朝廷刚刚削减台谏官人数，有两人被调出台谏系统，现在又给其补充人手，难道裁员只是针对此前调出的两人？

正月十五元宵节，监察御史王岩叟继续上疏，就从天未下雪的事情入手，指出："天地之所以示意于陛下者，非不再三，比者既阴而复晴，欲雪而还已，陛下知其然乎？犹陛下于天下之大害、朝中之大奸，已悟而复疑，将断而又止也。"王岩叟要表达的意思依然是朝中有奸邪，眼下朝廷需要做的是"旷然判忠邪、别是非、除大害、复大利，使亿兆鼓舞，欢然一辞，和气上薄于天，则天自将以膏泽嘉瑞答陛下矣"。紧接着，他尽数新法的罪状："今天下之大害，莫如青苗、免役之法，阴困生民，莫如茶盐之法，流毒数路，陛下固知之矣，且优柔而未断，以绝其源，此民心之所以犹郁，而天意之所以未开也。"这些新法对国家无益，又损害百姓利益，早就该被废弃了，但是朝中如"蔡确之阴邪险刻，章惇之谗贼很（狠）戾，相为朋比，以蔽天聪，虐下罔上，不忠之迹，耆于两朝"。王岩叟建议哲宗要革除新法大害，须得先赶走大奸蔡确、章惇等人，"为宗社无穷之休，以为生灵莫大之福"。他还质问朝廷，自己已经上了很多奏疏，为什么不见有所行动？若皇帝觉得为难，可以"集百官于朝堂会议，以决是非"。言不尽意，还上了个贴黄，强调："今奸邪在朝，格陛下之良心，害陛下之美政者，非一二人，然莫如蔡确、章惇为奸臣之杰也。"

任由王岩叟等人聒噪不已，朝廷置若罔闻。但是之后几天，对于台谏官提出的一些意见，朝廷立马付诸实施了。比如，"御史中丞黄履言，乞修正不用去官赦降原减条。诏刑部大理寺看详合去留以闻"，"御史王岩叟言近除太学博士刘泾、学正谢文瓘不协众议，并罢之"，"御史安惇言开封府推官胡及纵狱子胡义拷无罪人死,又推治公事漏泄狱情。诏送吏部与合入差遣"。再比如,御史刘次庄言"门下、中书外省置局设官,编修六曹寺监条例,岁月浸久,殊未就绪。欲乞罢局,送六曹随事修立,委三省属官详看"。①朝廷对这些政事的处置,似乎是对台谏官做出的一个回应:正常的建议你们尽管提,朝廷也会按照你们的意见来处置,但弹劾宰辅之臣的事情暂且放一放。

就在台谏官摇旗呼吁罢黜蔡确、章惇之时,朝散郎、集贤校理黄廉却被擢升为户部郎中。黄廉是新党,他在河东路负责推行保甲法,六年里没有到京城来过,元丰年间,他经常与司马光、吕公著等人交往,得到了这些人的赏识,所以这次才被提拔重用了。台谏官对黄廉的任命毫不在意,只盯着章惇、蔡确等人。此时的朝中似乎在酝酿更大的暴风雨。一场官场大洗牌也即将来临。

## 新党党魁被排挤

台谏官在攻击蔡确、章惇时,未曾发觉高太后有不想立即罢黜二人的意思。或许台谏官弹劾的理由很正确,不罢黜蔡确、章惇,朝廷很难实现路线更改。可是这两位大佬在宰执位上多年,根基深厚,对朝政影响巨大,对政事处置也颇有心法。现在罢黜他们,两府之间尤其是新旧党成员任职平衡登时就会被打破。高太后不喜欢新法,但她也不希望看到朝廷动荡。对于台谏官的轮番进攻,她都置之不理。但这种置之不理,让台谏官也孤注一掷了。既然已撕破脸皮,无法与奸邪蔡确、章惇之流共处,那就只能一条道走到黑,直到赶走他们为止。

其实,台谏官之所以如此激进,也有担心自己处境的一层顾虑。当年范仲淹带领台谏官进攻吕夷简,结果被吕夷简先下手为强,将他们集体赶出朝廷。现在的处境与当时很相似,若朝中发生变故,这一批台谏官可能会被集体罢黜。因此,他们想尽一切办法防患于未然。为了达到这一目的,他们在奏疏中不惜罗织罪名,煽动仇恨,让朝堂宽容的氛围越来越难以维持。②

---

① 《续资治通鉴长编·卷三百六十四》。
② 赵冬梅:《大宋之变》之《第五部:黄叶在烈风中·34 僵局》,广西师范大学出版社,2020,第417页。

如此一来，尽管朝堂之上台谏官与两位宰执势同水火，但高太后却继续在幕后采取息事宁人的态度，让台谏官无可奈何。

当然，这段时间里，高太后也寄希望于司马光，希望他能给自己多出主意。司马光回朝半年多以来，一直兢兢业业，高太后也对他充满期待。但正月二十这天，朝廷忽然收到司马光的告假书。原来从正月开始，司马光身体一直不好，小病不断。拖了十多天，终于无法上朝，只能向圣上告假。高太后派人前往慰问，让司马光安心休养。故而一些处置当前弹劾蔡确、章惇的事情，也就无法再向司马光征求意见了。

高太后继续晾着台谏官。但是台谏官摆出不达目的不罢休的劲头，逼着高太后应对此事。于是侍御史刘挚又上疏了，而且是连珠炮。刘挚在最初的一道奏疏里，尚能保持理智，不过指责朝廷不作为的语气也相当严厉："臣自去年十一月后来累具状，弹奏宰相蔡确不恭不忠，贪权罔上，无廉耻之节，失进退之义，营私立党，阴害政事，皆公议所不容，而朝廷安危大体之所系，天示谴告，旱暵成灾，无燮理阴阳之德，无厌服中外之望也，乞赐罢免，使之外补，至今不蒙可否之命。"然后，老生常谈，围绕天气异常现象，指出这些都是因为蔡确这等奸臣在朝中作祟。刘挚不惜赌咒发誓："若臣之言不诬，即乞速赐睿断，罢确以答天戒，以慰安中外；若臣之言有不出于公议，则乞黜臣以谢确。所贵忠邪是非有所分别，无徒使臣纷纷言之，烦渎天听也。"同时，刘挚使用贴黄的形式，三次要求朝廷罢黜蔡确。比如，在第一份贴黄里，刘挚就说："确罢则正人可以伸，邪党可以化，确不去则君子道消，小人道长；正人君子进则善政行、天下安，小人邪党进则善政不行、天下危。伏望圣明深察。"①

分析刘挚的言论，可以发现在这半年中，他自身也发生了变化。刚刚担任台谏官时，即便弹劾官员，他也都是有理有据，不会恶意伤人。但半年后，他和朱光庭、王岩叟等人一样，变得尖酸刻薄，为了扳倒对方不惜丧失君子之风。这是个危险的信号，人一旦迈出不该迈的那一步，就再也无法返回，只会越陷越深。而其他的台谏官，似乎对刘挚的这种转变并不诧异。

再看刘挚接下来的奏疏："……臣本以奸邪在朝，豺狼当路，故不避祸患以尽

---

① 《续资治通鉴长编·卷三百六十四》。

言责，而陛下曾不省察，岂微贱之臣，区区之琐说，不足以感悟天听乎！"将蔡确比喻成豺狼、奸邪，这已经有违一个台谏官正常的措辞。刘挚还指出蔡确不过是"以锻炼大狱、排斥善良、聚敛民财、阿谀苟合致身执政"，对国家没有任何实质性的作用，还与章惇等人结成朋党，天下震怒。刘挚又利用蹇周辅父子之事和天气异常做文章，斥责蔡确"贪天之功以固权位，欺上罔下更无廉耻"。刘挚认为，现在国家都改元了，就是要推行新政，还留着这些奸邪干什么？

刘挚在他的奏疏里，来来回回论述的一个核心就是，蔡确、章惇不罢黜，天理不容。字里行间充满仇恨的味道，其用意已经与台谏官弹劾官员不作为、乱作为的正常履职相去甚远。然而，台谏官对此浑然不觉。刘挚等人认为君子为追求正义的目标，可以采用各种不义手段，以达到驱赶奸邪的目的。①这显然歪曲了正义与不义的概念，若过程是不义的，结果能达到正义吗？

刘挚的奏疏上报后，高太后依然置之不理。刘挚接着上奏疏，核心问题还是围绕之前的论点，只是语气不一样而已，他斥责蔡确"欺君罔上、不恭不忠、贪功怙权、无廉耻、立朋党，极人臣之大恶，并有实迹，天下之所共知，而王法之所不容者也"。除了把蔡确描述得十恶不赦外，还指出："今日政在大臣，而大奸杂处、忠邪混淆，无燮理阴阳之德，无厌服中外之望，害流生民，人情愤郁之所致也。"这一竿子不清不楚的指责，横扫到的人就多了。

看到朝廷依旧充耳不闻，蔡确、章惇等人继续在两府任职，刘挚再也无法忍受了，他甚至怀疑自己递进的奏疏可能被宰执压着不报，因此朝廷并未看到他的弹劾。于是，他再接再厉，"臣近具状，乞罢宰相蔡确，至今未蒙施行。缘臣备员御史，以触邪指佞为职，今宰相奸险，有犯公议，臣若失职，谁敢言者？"。在奏疏的末尾，他几乎用了恳求的语气呐喊："伏望圣慈，深察事势，以天下为念，早发圣断，罢确职任，使之外补，以答天变，以召和气，以慰公议，以新改元之政，天下幸甚！"②

站在今人的角度来看上述情形，已与泼妇骂街无异了，宋朝开国一百多年的历史中，哪有台谏官如此死咬宰执不放的道理？最糟糕的是，这也为以后新旧两党相

---

①赵冬梅：《大宋之变》之《第五部：黄叶在烈风中·34 僵局》，广西师范大学出版社，2020，第417页。

②《续资治通鉴长编·卷三百六十四》。

互置对方于死地埋下了隐患，宋朝官场的内斗风气，从这时候开始改变了。以前官员间政见不同，可以相互批评，有理、有据、有节、有度。这时候的党争演变成为扳倒对方不惜一切代价的龌龊行径。台谏官完全不顾及职业道德了。

就在刘挚近乎偏执地连着弹劾蔡确时，枢密院上奏了一个特大消息：全国的保甲法已全部废除。新旧党听到这个消息后，估计各自心里都有着说不出的感觉吧。保甲法的废除，意味着在高太后的元祐时代，朝廷不会有对外战争，地方治理也回归到从前了。

正月二十二日，右正言朱光庭再上弹劾，与刘挚唱起了双簧。不过有一点不一样，那就是刘挚的奏疏像极了请求，而朱光庭完全是指责。他指责朝廷不能分辨忠奸，让奸邪继续隐藏在朝中祸害。朱光庭的弹劾还涉及首相韩缜，"若蔡确不恭而心私，章惇不忠而邪说，韩缜不耻而冒宠，是皆不足当大任，臣已累尝备论之，愿陛下留神省察，以幸天下。窃以蔡确、章惇、韩缜不恭、不忠、不耻之如此，必无大公至正之心，以陛下生灵为虑"。另外，朱光庭又从新法入手，指出"今夫内有青苗、免役、茶盐等害未尽更张，外有边防、疆场之事未经处置，以臣观之，是皆枝叶之害，未足为忧，惟其奸邪未去，实根本之大患"。依他的道理，新法对国家的迫害都是不足挂齿的，关键是要驱赶他口中的"奸邪"之人。这种言论放在任何时候，都会让人毛骨悚然。

同一天，监察御史王岩叟也再上弹劾奏疏，要求罢免蔡确、章惇等人。王岩叟一向言辞激烈，这次还是一样，他不断强调："陛下岂不知蔡确、章惇受先帝恩深，明知天下疾苦，都不进一言告先帝知之，惟是阿谀佞媚、欺罔蒙蔽，以安身固位而已，非先帝不听其言也。辜负恩德，可为痛心，岂有不忠于前日，而望其忠于今日哉？"王岩叟还说自己料定哲宗已经看穿蔡确、章惇的真面目，但没有下决心，希望陛下将此二人罢免，"上以答天意，下以慰人心"。

弹劾蔡确和章惇的奏疏，早就在官场传遍了。他们二人一遍遍听着台谏官控诉其"罪责"，只能硬着头皮表面上安之若素继续上朝办公。他们似乎很清楚，不回应就是最好的办法，一旦有所反应，反而会被对方抓住把柄，掀起轩然大波。所以只能以不变应万变。当然，最重要的还是要看高太后的态度。事实上，蔡确、章惇也知道，高太后不喜新法，也不会喜欢他们。现在没有罢黜他们，不过是不想引起时局不稳罢了。这段时间的蔡确几乎每天都如坐针毡，章惇尽管强势，但尚未练就心狠手辣的本领。

正月二十三日，刑部修订完善了御史台察官功过岁终考较及比折分等法。这是朝廷的态度，或许对高层而言，也不能继续放任台谏官狂轰滥炸了，因为朝廷眼下有更重要的事情要做。从去年年底至今，未见一丝雨雪，若任由干旱持续下去，必然会导致粮食绝收，后果严重。

此后的二十四、二十七日，高太后先后两次祈雨。但是天上没有一丝下雨的迹象。高太后想到了为神宗修建庙宇。直至此时台谏官还坚持认为，这都是奸邪未除的原因。因此，在开展祭祀祈雨的同时，刘挚借机上疏弹劾蔡确、章惇。

刘挚这次找到了新的切入点：陛下起用司马光，拨乱反正，国家正在步入正轨，但现在司马光老了，身体又多病，一旦他去世，大权必然落入蔡确、章惇之流手中，到时候，此前做过的种种努力都将付诸东流，希望陛下尽快罢免此二人，选拔真正有才干的人到三省、枢密院任职，让国家新政继续施行。刘挚在贴黄中还指出，"陛下虽用司马光，而反使确等牵制之，故为政将一年矣，虽更制改法，利于民者固多，而大病根本皆在。又天下推行之人，犹怀疑贰，依违不肯尽心，使民不能尽被惠泽也。推行所以怀贰者，以确与惇持权当路，人畏他日反覆之祸也。伏望专任正人，早罢确等，则善政可以成，基本既定，后日不可动，乃万世之利也。"①不得不说，刘挚很敏锐，他从司马光的病情中嗅出了危机。不管他们承不承认，司马光都是旧党的领袖。有司马光在，他们才能无所顾忌地弹劾蔡确、章惇。需要指出的是，此前朝廷之所以没有给司马光首相的位置，是为了平衡新旧党人的势力，让他们之间形成某种钳制，包括三省、枢密院的副长官都是新旧党参半。刘挚或许看到了这层，却没有想过为什么朝廷要实行钳制。一旦将新党全部驱除，旧党会不会将国家拉向另一个方向呢？

这时候，哲宗的老师韩维上了一道很有意思的奏疏。

> 臣等见进读三朝宝训，其间有祖宗时事与今不同者，盖当是时天下初定，与治平之后事体自别，君臣论议亦从而异。又有祖宗一时处分，难以

---

① 《续资治通鉴长编·卷三百六十四》。

通行于后世者，欲乞遇有似此等事，特许臣等看详，更不进读。①

这是说祖宗之法不一定都正确，具体还要根据实际情况而定。韩维的这个建议到底是在为新党说话，还是站在旧党角度呢？若是倾向于新党，那就是说，神宗改革是对祖宗之法的完善；若是站在旧党角度，那就是说，现在朝廷更改神宗时期的策略，也是对神宗改革错误的一种纠正。不得不说，韩维才是厉害人，不针对任何人，短短几句话，滴水不漏，行之有效。遇到这样的人，一定要绕着走。

之后，朝廷采纳了户部请求废罢新盐法、复行旧法通商的建议。鉴于之前刘挚说司马光身体老迈等问题，朝廷特意给三省、枢密院下了诏书。诏书先肯定了司马光对国家所做贡献，并要求三省参与废除免役法事务，"当今法度，所宜最先更张者，莫如免役钱。不惟刻剥贫民，使不聊生，又雇得四方无赖浮民，使供百役，官不得力，为今日之计，莫若尽罢免役钱，依旧差役"。另外，高太后要求枢密院掌管好军政，约束好边境守将，保持目前与西夏的和平稳定局面，还要善于用人。

随即，高太后又给吕公著下了一道手书，既突出对司马光的问候，又显示朝廷对吕公著的重视，希望吕公著为朝廷尽心尽力。

> 自晦叔入都，及得共事，每与僚寀行坐不相离，未尝得伸悃愊，虽日多接武，犹隔阔千里也。今不幸又在病告，杳未有展觐之期，其邑邑可知。光平生有国武子疾，好尽言以招人过，遇庸人时，或妄发以取恨怒，况至交益友，岂敢反怀情不尽乎？晦叔自结发志学，仕而行之，端方忠厚，天下仰服，垂老乃得秉国政，平生所蕴，不施于今日，将何俟乎？比日以来，物论颇讥晦叔谨默太过，此际复不廷争，事有蹉跌，则入彼朋矣。愿勉旃勉旃！光诚不肖，岂敢以忧国为己任，然昨日富家之谕，已上闻矣。光自病以来，悉以身付医，家事付康，惟国事未有所付，今日属于晦叔矣。②

---

① 《续资治通鉴长编·卷三百六十四》。
② 《续资治通鉴长编·卷三百六十四》。

也许高太后也觉得司马光可能来日无多，这才给吕公著交底。吕公著当然表示要为国家鞠躬尽瘁死而后已。

月底时，右谏议大夫孙觉也无法忍受朝廷的无动于衷，上疏道："皇帝陛下、太皇太后陛下亲出祈祷，忧勤切至，遍走群望，未尝一日而忘其忧。而蔡确、韩缜视之，眇然若不任其责者，未有闭门引咎，上章谢罪，引故事乞赐罢免。"

其结果一如既往被无视。此事让台谏官愤怒、无助，更充满仇恨。当然，他们这种用党派立场诋毁、攻击对手的做法，也让蔡确、章惇等对他们恨之入骨。日后哲宗亲政，章惇重新掌权，对旧党的打压也丝毫不手软，这是后话。

## 司马光对西夏的纵容

通过上述情况，不难发现这样一个事实：元祐年间如此复杂的弹劾情况，放眼整个宋朝也是首屈一指。台谏官打破了就事论事的原则，上升至人身攻击。弹劾已然变味，台谏官却不以为意。这是对台谏制度的一种破坏，更是人心变坏的前奏。宋朝的士大夫们还能回到"和而不同"的时代吗？

这个问题的答案其实已然明了。某种风气一旦形成，想要改变，非伤筋动骨不可。

二月份，枢密院连续处置了两件军政事宜。第一件是关于各类军人退休安置办法。第二件是增设县官人员的请示。朝廷按照枢密院的请奏，分别做出了批复。放到往常，这不过是最普通的公务罢了。不过，在这帮台谏官眼中，枢密院还能如此淡然自若，都是因为章惇没有被罢黜的缘故。反观蔡确，在轮番进攻下，虽居首位，却已知趣地龟缩到角落不敢出声。而枢密院对台谏官的进攻似乎完全不当回事儿。

二月初二，朱光庭再次就驱除"奸邪"进行弹劾。其实到了这时候，蔡、章二人已经成为奸邪的象征，而奸邪在朝一日，台谏官就一日不得放松。朱光庭围绕政事未修、忠贤不安两个方面的内容，进行了长篇阔论。他将奸邪和忠贤进行了分类："臣尝论奸邪，则指蔡确、章惇、韩缜为之先；论忠贤，则以司马光、范纯仁、韩维为之先。去奸邪、任忠贤，惟先者为急，伏望陛下上观天时，如此愆亢，将为灾岁矣。臣愿陛下早赐睿断,以顺天意。若以蔡确、章惇、韩缜久为大臣,进退以礼,因此惩忒,假之礼数,俾均逸外藩,礼固不薄矣。陛下擢任忠贤,弥加信任,待以不次,蔡确既去,乞以司马光补其阙;韩缜既去,乞以范纯仁补其阙;章惇既去,乞以韩维补其阙。"只要皇帝按照这个意见处置,必然会使得"奸邪去则忠贤安,忠贤安则政事修,政事修则人心悦,人心悦则天意和"。①

不难发现,在朱光庭的这份奏疏中,没有提及吕公著。

这等于将朝中的官员分成了两类,一类为奸邪,一类为忠贤。但是这样主观的划分也存在一个巨大漏洞:这两类人内部会不会形成两种朋党?朱光庭所说的奸邪自不必说,忠贤是否也会形成忠贤党?这世间哪有那么多非黑即白、非对即错的事情,中间大部分其实是灰色地带。

朱光庭还在贴黄中强调:"司马光今已疾矣,陛下早屏去奸邪,专任忠贤,天意助顺,就陛下太平功业,司马光必安。"赶走这些奸邪,司马光就安心了,病也可能会好起来。这是什么逻辑?也许朱光庭等台谏官就是要通过不断重申这种观点,形成言论事实,逼迫朝廷调整宰执班子。

刘挚也上疏,请求朝廷在废除保甲法后,及时制定措施,防止地方盗贼群起。刘挚的建议是:"乞除衙前,依熙宁法用坊场钱召募外,其余弓手等役人,并乞用祖宗差法。今来雇召,又须候七分方行勾抽,窃虑妨阙,伏乞检详前奏,早赐指挥。"朝廷由此下诏,让各地"保甲未行以前复置"。

二月初三,可能是台谏官弹劾宰执的消息在朝臣中扩散开来引起反响,监察御史王岩叟很不高兴:这不是泄密了吗?他随即进言:"人主待臣下虽无间,而臣下自立不能无不同,既不同,则不能无忌惮而言有所不尽,事有所不密。言之不尽,事之不密,非有益于朝廷之道也。古之人有以告于君者,父子之间不以相语,况可使他人闻之哉!"为保密起见,他提出"依久来故事,台谏官只令一人上殿,庶使各尽其忠,而无不密害成之失"。

王岩叟还说了一番话,似乎别有所指。"台谏官,天子耳目之任,当使各尽其见闻以告主上,岂可却使互相窥察?常得志同道合之人则可,若有怀私意、持异见者,如何与之共论于上前?此不可不察也。故事,台谏官论事,不相通议,亦不关

---

① 《续资治通鉴长编·卷三百六十五》。

白官长，盖欲以各尽其忠，岂可上殿却使两人同也。"这是不是很隐晦地说在台谏官里面也有新党，有人专门给蔡确、章惇、韩绛等人通风报信？

有意思的是，司马光在这天也上了一道两千多言的奏疏。这是司马光在元祐元年（1086）所上第一道奏疏，也说明他的健康状况有所好转。司马光的奏疏尽管不会像台谏官那样尖锐，但其内容向来含金量大，需要认真加以分析。

司马光在奏疏中没有提及"奸邪""忠贤"这些标签性质的东西，他也不屑于发表那种雷人的言论，他每次上奏疏，都直指要害，需要朝廷立即实施。这次也不例外，司马光谈论的重点是朝廷对西夏、熙河等边境问题的处置办法。这件事其实困扰他很久了。

一是神宗在熙、丰年间进攻西夏，开边后建立的米脂、义合、浮图、葭芦、吴堡、安疆等寨毫无用处，只会拖累国家。"臣窃闻此数寨者，皆孤僻单外，难以应援，田非肥良，不可以耕垦，地非险要，不足以守御，中国得之，徒分屯兵马，坐费刍粮，有久戍远输之累，无拓土辟境之实，此众人所共知也。王师既收灵州不克，狼狈而还，卒疲食尽，失亡颇多，西人知中国兵力所至，自此始有轻慢之心。"永乐、兰州等宋夏战役，也让"中国得之虽无利，敌中失之为害颇多"。

二是西夏现在已经认识到自己的错误，派人与宋朝沟通，请求与宋朝和好如初。"一年前，敌尝专遣使者诣阙，深自辩诉，请臣服如故，其志无他，止为欲求其旧境而已。"朝廷也许可了西夏的请求，就应该善待西夏。司马光围绕这一观点，展开了大篇幅论述，提出了"朝廷既许其臣服，敌求请旧境，朝廷乃降指挥"的观点。

三是西夏此前表示顺从宋朝，但最近不派使者来贺正旦、生辰以及陛下登基事宜，反映出其依然有不臣之心。主要原因有三方面："一者犹冀朝廷万一赦其罪戾，返其侵疆；二者阳为恭顺，使中国休怠，阴伺间隙，入为边患；三者久自绝于上国，其国中贫乏，使者往来，得赐赉之物，且因为商贩耳。"司马光分析西夏是抱有侥幸心理，在观望宋朝是否会归还他们旧疆，若宋朝没有此意，他们还可能会入侵扰边。至于不进贡的问题，可能是由于没有钱财置办进贡礼品。司马光也提出了两点处置办法："一者返其侵疆，二者禁其私市。"还地西夏是为了怀柔安邦，禁止贸易是为了打击西夏不来朝贡的不恭。

四是对上面提出的两条解决宋夏问题措施的解读。首先是返其侵疆的问题，朝廷需要"自今以后，贡献赐予，悉如旧规。废米脂、义合、浮图、葭芦、吴堡、安疆等寨，令延、庆二州，悉加毁撤，除省地外，元系夏国旧日之境，并以还之"。这是要求把神宗之前十数年与西夏战争夺得的城池全部还给对方。司马光还不断重申"此国家大事，伏望陛下留神熟虑，更与执政详议，以圣意断而行之，不可后时，失此机会，悔将无及"。其次是禁其私市问题，这个很容易理解，其实就是经济制裁。① 不过，在司马光看来，经济制裁只是一种威慑的策略，若西夏及时悔悟，宋朝还是要开放榷场，恢复贸易的。之后，司马光又给三省、枢密院写了手书，表达了自己对西夏的态度。②

司马光的建议书必然引起三省、枢密院的重视，毕竟他的资历、威望都摆在那里。可以想象一下，当司马光的手书传到枢密院时章惇脸上惊诧的表情。或许在章惇看来，司马光岂止老糊涂了，简直有些居心叵测。不过，对司马光的手书绝不能大意，既然他这样思考处置西夏的策略，以后就还会沿着这个思路做文章。

二月初四，御史中丞兼侍讲黄履的职位被调整为翰林学士兼侍讲。这又是个匪夷所思的任命。不过，对近期一段时间台谏官弹劾宰执现状进行分析，就能发现其中微妙。在台谏官对蔡确等人发起弹劾时，黄履一直缄默不语。按说弹劾官员，一般都是御史中丞先带头，其他台谏官紧随其后，才符合常规动作。但这次的弹劾，却是其他台谏官冲锋在前，黄履则像局外人一样袖手旁观。几个月以来，黄履的不作为可能已让台谏官不满，比如之前王岩叟提出台谏官上奏疏时，皇帝应该单独接见，而不是一起召见，是否就是在暗讽黄履呢？当然，可能是黄履看到这种毫无底线的弹劾所隐含的危险，主动独善其身，故而引起其他台谏官对他的指摘。

不管什么原因，在黄履看来，他可能不适宜继续在台谏系统任职，既然无法管理台谏官，又不能做一个"合格"的御史中丞，那还是将这个位子腾出来，让更有能力的人上。因此他决定辞职。另外，据史料记载，黄履离职的重要原因是他曾被蔡确举荐，朝臣自然将其归于蔡确一党。黄履无法阻止台谏官攻击蔡确，但他自己

---

① 《历代名臣奏议·卷三百四十五·论西夏奏疏》。
② 《续资治通鉴长编·卷三百六十五》："不和西戎，中国终不得高枕。光所上刍荛，果有可采否？纵未欲遽以侵地归之，且早下一诏，数其不贺正旦、生辰及登宝位臣礼不备，谕以天子新即位，务崇宽大，旷然赦之。自今贡奉赐予，宜皆复旧规，但不责其必来献地，分画疆界而已，令保安牒与。如此则彼此相弥缝，且有名，又不失大体。不乘此际为之，万一彼微为边患，或更出不逊语，愈难处置，愿诸公算其多者。"

不能恩将仇报，于是只能辞职。

黄履的离职，给了这帮台谏官中的旧党机会，刘挚、朱光庭、王岩叟等人都有可能晋级。二月十二日，侍御史刘挚被授予御史中丞职位，不过职位前面还有个"试"，类似于暂时主持工作。同时，另一位左司谏唐淑问也因身体原因被调整为管勾灵仙观。随后，朝廷就将王岩叟调任为左司谏。①

不久，枢密院给朝廷上疏："按阅遍开封等县团教保甲提举官、客省副使刘琯等，今既减罢，难议依法全赏。诏减半酬奖，内有已行赏者依此改正，及府界、三路去年所按该补名目保正欲依元条递降一等，元补殿侍者支钱四十贯。"这段时间以来，朝廷对枢密院格外信任，只要枢密院提建议，朝廷一般都予以采纳，完全不顾台谏官对枢密院长官章惇的弹劾。

二月初六，朝廷命首相蔡确提举修神宗皇帝实录，还给蔡确配了几个帮手，这些人中有翰林学士兼侍讲邓温伯、吏部侍郎陆佃、左司郎中兼著作郎林希、右司郎中兼著作郎曾肇、入内都知张茂则等。②这算是给蔡确的一个明确的工作任务。编纂神宗实录不是一件小事，那是对神宗一生事业的回忆和总结，容不得半点马虎。

不过以上这两件事会让旧党怎么想呢？事实证明，对于朝廷这种处置，台谏官没有发动攻击。这就让人很难理解了，若旧党不加以阻拦，让蔡确负责编纂神宗实录，那旧党会被描述成什么样子呢？其实，他们没有阻拦也是有原因的。因为黄履刚刚辞职，御史台尚处于群龙无首状态，所以，之前那种不顾一切的弹劾状态被破坏了。他们也在为自己的将来思考，若朝廷执意不罢黜蔡确、章惇、韩绛，这帮弹劾宰执的台谏官前途堪忧。

当然，这时候还有另外一些事引起了台谏官王岩叟、梁焘的注意。由于整个春月都不曾下雨，朝廷叫停对黄河沿岸的河道维修工程，"诏以未得雨泽，权令罢修黄河，其诸路兵夫，并放归元（原）来去处"③。修建河道是常规工作，每年开春，国家都会组织人力去修复黄河河道，以免在雨季来临时造成洪灾。但今年不修复，就显得反常。这能从王岩叟、梁焘的奏疏中一探究竟。

---

① 《续资治通鉴长编·卷三百六十六》。
② 《续资治通鉴长编·卷三百六十五》。
③ 《续资治通鉴长编·卷三百六十五》。

臣所领工察正预河事，伏睹今降指挥，此陛下以实应天仁民爱物之深意也，然臣窃有所疑，不敢遂默。陛下以为"大河之役，劳民动众而未必有成功，不雨之灾，实在于此，此天意也，不若罢之便"。然臣闻救灾恤难，天之道也，陛下岂不思北流横溃，河北生灵被害者不可胜数，日夜嗷嗷，未获安堵，其愁忧无聊之气，亦足以感天道致灾变乎！臣愿陛下念之勿忘，更敕大臣讲利害、计轻重，使河北生灵得免大患，以成王道无偏之美，以全陛下兼听博览之善。①

王岩叟当然希望朝廷动工修复河道，以备不时之需。但朝廷没有回应他。

当天，朝廷给三省下了诏命："元丰八年九月十八日后来增置职级，逐省从上各留录事、都事两人，后永为定额，更不得增置；其以次合递迁之人依旧外，余并放。"②这是要推行元丰改制。为什么忽然出现这样一道奏疏？可能与韩缜、蔡确等人有关。元丰改制是神宗元丰年间进行的一次重要的职官制度改革，旨在简政放权，实现国家机构的高效化。现在重申这件事，是不是预示着朝廷暂时不会驱赶新党、罢黜新法呢？

但紧接着，朝廷又下了诏命："诏并废州县，令诸路转运、提点刑狱、提举常平司，同相度合与不合废并以闻。"③宋朝"冗官"问题严重，神宗为了解决这一问题，实行了一项叫"并废州县"的政策，合并了一批州县，以减少官员编制。④现在朝廷商议废除这个办法，显然是对之前制度的不认可。

刘挚与王岩叟一起上疏，要求对"自免役以来并废过州、县、军、监，凡可复者，皆复之以便民"。还指出："自来并废州县，虽省得役钱以为封桩之利，然酒课税额亏失者不可胜计。今复添官三数员，禄廪至微，酒税之利自足备用，亦于公家无所侵耗。"都是因为"并废州县"，让国家赋税流失严重，建议恢复此前合并的州县，方便百姓。⑤

---

① 《续资治通鉴长编·卷三百六十五》。
② 《续资治通鉴长编·卷三百六十五》。
③ 《续资治通鉴长编·卷三百六十五》。
④ 马玉臣：《试论神宗时期的州县省废》，《中国历史地理论丛》2005年10月，第20卷第4辑。
⑤ 《续资治通鉴长编·卷三百六十五》。

台谏官转移了视线，黄河故道修复就自然被搁置了。不过从这些看起来不起眼的细节中，可以窥见朝廷正在徐徐废除新法。这种悄无声息的举动，一时间朝臣和百姓毫无察觉。

## 免役法利弊集体大讨论

沉寂多日后，自二月初六起，刘挚、王岩叟、朱光庭重整旗鼓，继续上疏弹劾蔡确、韩缜、章惇三人，并坚持之前的观点，让司马光、范纯仁、韩维接替。朝廷的态度则一成不变，任由他们喧嚣。台谏官迟迟得不到回应，有些泄气。不过，在这期间，韩维提了一个建议：请朝廷重视退休的范镇。马上被朝廷准许了。于是，朝廷"以镇子蔡州平西县令百揆为宣德郎、监西京嵩山中岳庙。寻又赐镇对衣、鞍辔马"。

朝廷此举让一帮叫嚣的台谏官显得灰头土脸，更加激发了他们对蔡确等人的愤恨。他们还在寻找机会，为赶走这些人努力着。站在现代人的角度看，这批台谏官把太多心思花在了弹劾同僚上，若将这些精力、时间放在治国理政上，或许政事会顺当得多。不过，在当时他们认为赶不走蔡、章，就无法开启新政。这是路线问题，大过一切，所以他们誓不罢休。

二月初八，朝廷颁布了一道举荐人才的诏命。

> 朕绍承圣绪，总揽庶政，永惟四方万里之远，其能使吏称其职，而民蒙其泽者，以监司得其人故也。然非左右侍从之臣各举所知，则安能尽得天下之才而用之哉！孔子曰："如有所誉者，其有所试矣。"朕将考核能否而进退诛赏焉。应内外待制、大中大夫以上，限诏到一月，各举曾历一任知州以上、聪明公正、所至有名、堪充监司者二人，委中书籍记，遇转运使副、提点刑狱有阙选差。若到官之后，才识昏愚、职业堕废、荐才按罪、喜怒任情，即各依本罪大小，并举者加惩责。①

---

① 《续资治通鉴长编·卷三百六十五》。

要求内外待制、大中大夫以上的官员都要举荐人才。显然，朝廷颁布这样的诏命，肯定是司马光的建议。司马光为什么要举荐人才呢？其实，还是与废除新法有关。他要组建起一支大军，来协助他实施废除新法运动。

接下来，司马光对免役法下手了。

谁都知道，司马光不动则已，一动就会放出大招。上一次他放大招时，给朝廷的建议是放弃西北重要堡寨。或许在司马光看来，刘挚、王岩叟等人一味弹劾蔡确、章惇等新党，并非诛心之举。要赶走这帮人，最好的办法还是从新法入手。这是新党立于朝堂的根基，只要摧毁了这个根基，他们也就没有存在的价值，而免役法又是新法的核心，只要摧毁了免役法，新党必然集体倒台。

事实上，在司马光刚刚回朝时，就提出了废除免役法的建议，后来之所以先废除保甲、保马等法令，主要的原因是免役法牵扯各个阶层利益，废除时需要慎之又慎。司马光需要审时度势，然后再做判断。因此，保甲法就成了试验品。事实证明，废除保甲法不费吹灰之力。这才给了司马光信心。

这次，司马光奏疏中列举了免役法的五条祸国殃民的罪责：一是免役法搞得百姓"年年出钱，无有休息，或有所出钱数，多于往日充役陪备之钱"。这是对干扰与民休息的指责。二是免役法只出钱不出力，搞得"驱迫贫民，剥肤椎髓，家产既尽，流移无归，弱者转死沟壑，强者聚为盗贼"。这是指责免役法赋税太重，让百姓破产。三是免役法招募的都是"四方浮浪之人"，这些人"无宗族田产之累，作公人则恣为奸伪，曲法受赃，主守官物则侵欺盗用"，一旦事发则"挈家亡去，变易姓名，往别州县，投名官中，无由追捕，官物亦无处理索"。这是指责推行免役法的人品不行，会给国家造成损失。四是免役法要求百姓出钱，可自古农民只有谷帛与劳力，出不起朝廷下达的役钱。为了应付朝廷的赋税，他们不得不"卖庄田、牛具、桑柘以求钱纳官"，甚至造成"惟有拆屋、伐桑以卖薪，杀牛以卖肉"的后果。这是指责免役法赋税太沉重，百姓无法承受，只能贩卖家产来交付税钱，搞得民不聊生。五是负责收取赋税的"提举常平仓司惟务多敛役钱，广积宽剩，以为功效，希求进用。今朝廷虽有指挥，令役钱宽剩不得过二分，窃虑聚敛之臣，犹依傍役钱，别作名目，隐藏宽剩，使幽远之人，不被圣泽"。这是指责新法推行人员私自克扣国家赋税充实自己腰包，损公肥私。

需要说明的是，司马光说的这些问题，在推行免役法时，在某些地区的确存在。不过，司马光本人并未到实地去调查，他怎么这么清楚新法推行时存在的问题呢？答案来自那些官员给朝廷的意见书。从司马光回朝后，他就不断给朝廷建议开言路，听天下人的意见——当然主要是听取各级官僚对新法的意见。此后，司马光的主要工作之一，便是整理这些意见书。他的奏疏中指责免役法的依据，便自此而来，"陛下近诏臣民，各上封事，言民间疾苦。所降出者约数千章，无有不言免役钱之害者，足知其为天下之公患无疑也"。

列举了免役法存在的五方面问题后，司马光提出了解决的办法："以臣愚见，为今之计，莫若直降敕命，应天下免役钱一切并罢，其诸色役人，并依熙宁元年以前旧法人数，委本县令、佐亲自揭五等丁产簿定差，仍令刑部检会熙宁元年见行差役条贯，雕印颁下。"即罢免一切免役钱，将相关制度恢复到熙宁变法之前。司马光还列举了一系列废除免役法的具体措施，如"诸州所差之人，若正身自愿充役者，即令充役，不愿充役者，任便选雇有行止人自代，其雇钱多少，私下商量……"。他还要求，"若有妨碍，致施行未得，即仰限敕到五日内具利害擘画申本州"。①

司马光的奏疏上报到三省后，所有人都紧张了。这可不是台谏官弹劾那般信口开河。司马光的话一旦出口，朝廷必然要重视，而且要有明确应对。蔡确不敢私自处置，只能请求三省、枢密院"同进呈"。于是，司马光的奏疏就传到了哲宗、高太后手中。朝廷的态度让臣众震惊：从之。也就是说完全同意司马光的建议。其实，朝廷这么做也是有目的的：先同意司马光的提议，再看朝臣的动静。废除免役法的消息立即在新党中炸锅了。司马光这是亮底牌，一上来就要分出生死。

朝臣们纷纷观望，新党也不敢贸然出动。这时候还真有个人不愿意就此妥协，这个人就是章惇。他再也不能容忍司马光如此践踏新法了。

一次偶然的机会，章惇与司马光展开了激烈的争论。当时河西军节度使、武威郡王董毡去世，其养子阿里骨继承爵位。章惇认为按照旧例，朝廷应当承认阿里骨的地位。但司马光坚决反对阿里骨不经请示自立为王的做法。在司马光看来，西蕃这帮人毫无信用，时常入侵大宋边境。但对于解决西蕃与宋朝的关系，司马光并没

---

① 《续资治通鉴长编·卷三百六十五》。

有他诅咒西蕃那般强硬，他主张："若用臣上策，早相弥缝，纵未欲还其侵地，且下诏书，责而赦之，使彼此安心，时难得而易失，不可忽也。"归还宋朝占领西蕃的土地，他们就安分了。司马光还建议："伏望圣意独断行之，勿复有疑，天下幸甚！若有执政立异议，乞令其人自入文字；若依从其议，他日因此致引惹边事，当专执其咎。"什么意思？就是请皇帝您独自做决断，不要受其他臣僚的挑唆。若谁有不同意见，请持不同意见的人写下保证书，若西蕃再来叨扰，就按照保证书上的内容处置。①司马光这种处置问题的办法，简直让章惇抓狂。都是为了国家安定着想，司马光竟然让他写保证书，谁能保证承认阿里骨的地位后，他就不生事了呢？但是章惇忍了，一来司马光有疾在身，不能与他叫板，二来自己现在正在风口浪尖上，不能因为这件事与司马光开撕。不过分析一下司马光的观点，可以肯定他不懂军事、外交、战争，他充其量也就是位学识渊博的历史学家、文学家。若将此前宋朝占领的熙河地区交给西蕃，他们会甘心被笼络吗？肯定不会！他们只会觉得是宋廷软弱，在向他们示好。到那时候，宋朝不仅仅要面对西夏的入侵，还要迎击西蕃的进犯。

章惇的忍耐，让司马光比较满意，他暂时不再寻枢密院的问题。不过几天后，司马光再次上疏，要求朝廷对西蕃"还其侵地，且行此策以安边境"，希望朝廷及早施行他提出的建议。另外，即便司马光忙着应付与西蕃的关系，但他依然不忘向朝廷举荐他的熟人。因为在这期间，司马光将程颐推荐给了朝廷，要求朝廷将程颐任命为侍讲官。高太后许可了，不就是给哲宗增加一个老师吗？况且据说这位程夫子在治学方面颇有心得，可以帮着小皇帝迅速提升学识。

与此同时，朝廷彻底废除免役法的各种举措也在酝酿之中。

随即，右司谏苏辙上了两道奏疏，谈论目前国家的施政问题。第一道是关于台谏官进言的虚实与惩戒。苏辙的意见是："夫朝廷所以待台谏者不过二事，言当则行，不当则黜。其所上封事，除事干机密，人主所当独闻，须至留中外，并须降出行遣。"最后，苏辙亮出了观点："臣愿陛下永惟邪正盛衰之渐，始于台谏，修其官则听其言，言有不当，随事行遣，大者可黜，小者可罢。"不点名道姓说任何人，但大家都知道他说的是谁。文法之高明，不输司马光。第二道是关于新法的。苏辙

---

① 《续资治通鉴长编·卷三百六十六》。

没有批评新法，只是列举了事例，用事实说话。最后突出了重点："近年贪刻之吏，习以成风。"希望朝廷惩治。苏辙的奏疏没有所指，但个中所涉显而易见。他是否对刘挚、王岩叟、朱光庭等人不满呢？

几天后的二月十六日，苏辙再次上疏，正式讨论司马光废除免役法的建议。也是在这个阶段，这场大讨论被推向了高潮。

相信只要是个读过几年书的中国人，对苏辙都不陌生。苏轼那首《水调歌头》就是写给弟弟苏辙的，其中的名句"但愿人长久，千里共婵娟"家喻户晓。苏辙的文学成就尽管不如其兄苏轼，不过他政治才能突出，在朝堂上是位精明强干的优秀官员。王安石推行新法时，他是新法的支持者，不过对新法多有微词。后因"乌台诗案"牵连，被贬为监筠州盐酒税，五年不得升调。司马光回朝后，他才被调回，任职台谏官。按理说，司马光对苏辙有提携之恩，苏辙应该支持司马光的观点。可事实恰恰相反，苏辙反对立即废除免役法。

> 伏见门下侍郎司马光乞罢免役钱，复行差役法，奉圣旨依奏施行。臣窃谓近岁所行新法利害较然，其间免役所系尤重。……盖朝廷自行免役至今，近二十年，官私久已习惯……今以往，其必有人借中外异同之论，以摇动大议，臣愿陛下但思祖宗以来，差役法行，民间有何患害？……苟大法既正，纵有小害，随事更张，年岁之间，法度自备……①

苏辙的建议很中肯：新法施行近二十年，天下已习惯，且免役法盘根错节，牵扯甚多，现在再改回差役法，必然又会引起动荡。朝廷要实在决心废除免役法，那就请先令有司衙门制定施行差役法的方案，等一切准备妥当了再安排废除也不迟。②

另外一位谏官右正言王觌也说："免役之法便于民者固多，而亦不能无弊。如

---

① 《续资治通鉴长编·卷三百六十六》。
② 《宋史·卷三百三十九·列传第九十八》："司马光以王安石雇役之害，欲复差役，不知其害相半于雇役。辙言：'自罢差役仅二十年，吏民皆未习惯。况役法关涉众事，根芽盘错，行之徐缓，乃得审详。若不穷究首尾，忽遽便行，恐既行之后，别生诸弊。今州县役钱，例有积年宽剩，大约足支数年，且依旧雇役，尽今年而止。催督有司审议差役，趁今冬成法，来年役使乡户。但使既行之后，无复人言，则进退皆便。'"

此则其势必至于更张，而更张不可以不慎也。望与执政大臣熟讲之、审取之而无忽，则天下幸甚。"监察御史孙升也说："臣窃以谓免役之为法，推行十有余年，习俗已成，一旦尽复旧法，其间不无窒碍，理当委曲，随宜斟酌，惟以便安公私为务。"孙升担心地方官员在宣传废除免役法和推行差役法政策时不尽职尽责，使得中央的政令在落实上大打折扣。因此，孙升建议："选择诸路转运使诚敕诸部使者，咸令体认朝廷因民所欲，复行祖宗之法，惠养元元之意，务在协心尽公，委曲斟酌，便安公私，无或过差以相违戾，庶祖宗成法早获就绪，则天下幸甚！"监察御史王岩叟则表示，既然大家说免役法、差役法都有问题，为什么不舍弃不合时宜的法令，干脆改用利国利民的新法令，达到中和免役、差役两条法令的目标？

苏轼也上疏，提出了"五利二弊"的十二条建议，不主张废除新法。至少在苏轼看来，免役法、差役法各有利弊。现在朝廷已实施免役法多年，一旦废除，势必造成混乱。因此，他提出了改进的建议。

尽管遭到以上这些官员的反对，司马光还是坚持要立即废除免役法。最后站出来反驳的依然是章惇。蔡确虽为首相，但他一方面被边缘化去修神宗实录，另一方面也在求自保，在新旧党激烈交手时，他选择了失声。因此，只能由代表新党的章惇站出来了。

其实，从司马光废除免役法的奏疏上报后，章惇就一直在思考如何反驳司马光。他经过充分酝酿，写成一道四千多字的奏疏，呈递给了朝廷。章惇的奏疏分为三大部分，第一部分是表达自己的态度；第二部分分七个方面，对司马光指责免役法逐条进行辩驳；第三部分是对今后朝廷推行役法的建议。

在奏疏的开头，章惇就表达了自己的嘲讽之意，司马光上了那么多奏疏主张废除免役法，但很多观点前后矛盾，不能自圆其说。章惇说："臣观司马光忠直至诚，岂至如此反覆，必是讲求未得审实，率尔而言。"①

第二部分由于原奏疏过长，这里不再逐一进行分析。列举其中一二即可。比如章惇说："但缘差役、免役，各有利害，要在讲求措置之方，使之尽善。臣再详司马光所言下户出免役钱，驱迫贫民，剥肤椎髓，弱者转死沟壑，强者聚为盗贼，及

---

① 《续资治通鉴长编·卷三百六十六》："臣看详司马光初三日奏疏内，竭言上户以差役为便，以出免役钱为害；至十七日奏疏内，却言彼免役钱虽于下户困苦而上户优便。旬日之间，两入奏疏，而所言上户利害正相反，未审因何违戾乃尔。"

言民间求钱纳官，至于拆屋、伐桑以卖薪，杀牛以卖肉，其言太过。凡近下人户诚是不愿纳，然自行法以来十五余年，未闻民间因纳免役钱有如此事。"①章惇也承认差役、免役都有缺陷，朝廷要做的是不断完善现行法令，而非朝令夕改。另外，章惇还表示司马光指责免役法诸多罪名，言过其实，没有真凭实据。章惇在这部分里面，用数据、实例对司马光一一进行了回击。

此后，就是否废除免役法，宰执们再一次展开了论述，因为司马光提出了五天内废除新法的要求。在争论的现场，章惇又怒斥："保甲、保马一日不罢，则有一日害。如役法，熙宁初以雇代差，行之太速，故有今弊。今复以差代雇，当详议熟讲，庶几可行。而限止五日，其弊将益甚矣。"②

章惇说的有没有道理呢？其实稍微有点理智的人都清楚，短短五天时间肯定是废除不了免役法的。遗憾的是，此时的章惇势单力薄，似乎也向旧党妥协了，只是表达不满而已。

那么，废除免役法的事情就此敲定了吗？当然没有，朝廷尚未表态呢。这时候，首先是台谏官轮番上阵了。刚刚转正的御史中丞刘挚表示，朝廷既然有废除免役法的打算，就不要被章惇这样的奸邪所迷惑，应该立即实施。不过刘挚也指出，"今既有所改更，虽州、县嘉祐旧敕具在，施行不难，然事经变革，其首尾牵连相牴牾者，不能无也，而限以五日，恐仓猝以应期会，却致苟简，不免后日申请纷纷，臣欲乞诸县与展限一月"。既然章惇说五天太仓促了，那一个月的时间总够了吧！刘挚还在贴黄中说："诸路及臣僚必然申明利害，文字渐多，臣恐须置局详定，作画一条贯。然今来止是变复旧法，略有修正，其置局不须多设官员，仍乞责立近限了当。"刘挚看似恢复了理智，但其实是为废除免役法找到更多合理的借口。

就在群臣争论不休时，忽然出现了一个奇迹般的变量：知开封府蔡京竟带领千余人在五天内，全部废除了免役法，恢复了差役法。同僚们开始私底下议论蔡京的行为。蔡京是新党，是王安石的追随者，他现在这么积极配合朝廷废除免役法，明显是在向司马光投诚。司马光听闻蔡京的所作所为后，尽管对蔡京的身份有所芥

---

① 《续资治通鉴长编·卷三百六十六》。
② 《续资治通鉴长编·卷三百六十六》。

蒂，但还是高兴得逢人就说："使人人如待制，何患法之不行乎！"①蔡京帮助司马光实现了五天废除新法的目标，彻底堵住了章惇的嘴。

但谁也都清楚，蔡京无非是借着地理优势，采取非常手段，为达目的不惜一切代价以此邀功。若放在任何远离京城的地方，五天简直是痴人说梦。蔡京这是钻空子，为自己谋私利。苏辙很愤怒，上奏疏弹劾蔡京："今来开封府官吏更不相度申请，于数日之间，一依旧法人数差拨了绝。……乞下所司取问开封府官吏，明知有上件妨碍，更不相度申请，及似此火急催督，是何情意？特赐行遣，以戒天下挟邪坏法之人。"

此时，右正言王觌显然站在司马光一边，他对苏辙弹劾蔡京并不认可。不过王觌也对蔡京五天废除新法的高效率表示怀疑。他上了一道奏疏，指出蔡京可以五天废除新法，但其他地方若强行以五天为限，可能会引发某种混乱。然而朝廷并未回复他，继续推行废除免役法行动。

由此也能看出即便蔡京做出榜样，但想要全面废除新法，朝廷依然面临着种种困难。朝中官员意见极不统一，尤其是以章惇为首的新党不会坐以待毙，这些人为因素自然也会让地方废除免役法的效果大打折扣，朝廷还可能会因废除免役法操之过急而掀起舆论风波。吕公著为了平息事态，对司马光、章惇的争论做了总结。

> 勘会司马光近建明役法文字，大意已善，其间不无疏略未完备处。若博采众论，更加公心，申明行下，向去必成良法。今章惇所上文字，虽其言亦有可取，然大率出于不平之气，专欲求胜，不顾朝廷命令大体。早来都堂三省、枢密院会议，章惇、安焘大段不通商量。况役法元不属枢密院，若如此论议不一，必是难得平允。望宸衷详酌，或选差近臣三数人，专切详定闻奏。②

吕公著认为司马光博采众论，他的建议"必成良法"，而章惇之理虽有可取之处，但为了争论获胜而不顾礼仪，又没有与枢密院其他长官商量，所以他的意见只

---

① 《续资治通鉴长编·卷三百六十六》。
② 《续资治通鉴长编·卷三百六十七》。

能代表他自己。吕公著站在了司马光一边,因此,章惇即便再有理,也变得无理。这就是政治。

二月十七日,司马光再度上疏,谈论废除免役法事宜。

> ……窃以即日为小民病者,无若免役钱,欲乞悉行废罢,复祖宗差役旧法。识虑短浅,不意朝廷尽从其说,非陛下明断,不能如是,此乃天下之幸,非独微臣之幸也。然臣闻令出惟行弗惟反,彼免役钱,虽于下户困苦,上户优便,行之已近二十年,人情习熟,一旦变更,不能不怀异同。又复行差役之初,州县不能不小有烦扰。又提举官专以多敛役钱为功,惟恐役钱之罢。若见朝廷于今日所下敕微有变动,必更相告曰:"朝廷之敕果尚未定,宜且观望。"必竟言役钱不可罢,朝廷万一听之,则良法复坏矣。伏望朝廷执之坚如金石,虽小小利害未备,俟诸路转运司奏到,徐为改更,亦未晚。当此之际,则愿朝廷勿以人言,轻坏利民良法。①

司马光认为朝廷既然决定了,就不要再观望了,也不要轻易相信那些"别有用心"之人的言论,要坚定信心。这次,朝廷确实坚定了信心,开始全面布局废除免役法事宜。至此,废除免役法已成定势,只需要在全国铺开行动即可。

也是在这时候,章惇才发现周围都是敌人,他真孤掌难鸣了。而章惇也清楚,一旦免役法被废,其他法令的废除也只是时间的问题。

## 难以止息的边境纠纷

废除免役法的决议一旦敲定,具体操作就是有关部门的事情了。大臣们转移了方向,他们把目光移到了边境上。因为此时,西夏派出使者入宋,要来讲和。

这件事成了当务之急,新旧党暂时放下了成见,集中目标应付西夏使者。朝廷让负责接待的官员带领来使在汴京吃喝玩乐,朝臣们则各抒己见,谈论应对西夏的

---

① 《续资治通鉴长编·卷三百六十七》。

办法。其实谁都清楚，这次西夏派使者来，讲和是幌子，目的是向朝廷索要西北堡寨。此前，司马光已做过高论，不断强调舍弃神宗朝夺回的那些堡寨。现在，关于应对西夏的诉求，朝廷宰执、台谏官再次吵了起来。宰执们各说各的，似乎谁都有道理。旧党一派当然更重视司马光的意见。章惇就坚决反对将占据的城池还给西夏，若那样做，等于将我大宋几十万将士十数年浴血奋战的成果拱手让人，地底下的神宗会安心吗？

为了解决这一问题，朝廷组织了一次御前会议，要求宰执各自发表意见，直到达成共识。

首先发表意见的是尚书右丞李清臣。李清臣，字邦直，河北大名人，生于仁宗明道元年（1032）。相传他"七岁知读书，日诵数千言"，可见多么早慧。事实也如此，他少年成名，声名大噪。这样的人必然飞黄腾达。当时名相韩琦听闻李清臣的学养后，决定拉拢这个才子。韩琦悔恨没有女儿，最终只能把侄女嫁给李清臣。后来，李清臣参加科考，顺利考中进士，被调往邢州（今河北邢台）任司户参军。再以后，宋朝举行才识兼茂科（类似于选拔特殊人才的考试）考试，李清臣一举夺魁。其纵论文章文辞华丽、论述鞭辟入里，震撼众人。当时文坛第一人欧阳修很看好李清臣，他盛赞放眼宋朝，苏轼是新秀第一，而能与苏轼相匹敌的大才唯有李清臣。①

由于这些光环加持，李清臣在仕途上平步青云。不过王安石变法时，他保持中立，并未参与其中，以致未受重用。哲宗即位后，他就被调回，现在任职尚书右丞。有了这个身份，李清臣便可以议论政事，这是他的岗位职责。在新旧两党争论废弃免役法时，他都没有主动出来发声，任由司马光、吕公著和一帮台谏官龃龉。现在说到边境问题，李清臣应该是觉得兹事体大，不能再置身事外了。因此，他上了奏疏，表达自己的态度。他说："伏以夏国虽通问使，未就贡职，察其深意，实为款兵之策，观我强弱。谓朝廷有厌兵之论，则自弃新疆，坐收全胜。若依旧固守，则今秋物力稍完，必左右攻劫，使应接仓皇。纵未能袭破城寨，使上下恐动，自谋退保。臣料戎人之计必出于此。"意为如今我们改变对待西夏的态度，会让党项人觉得我们有厌战之嫌，在向西夏示弱，他们必然会乘机进攻我们。李清臣建议

---

① 《宋史·卷三百二十八·列传第八十七》。

传召在边境任职的吕大防、范纯仁进宫，向他们询问情况，"若夏国未肯款服，当如何措置？向去如何守御？以其奏付三省、枢密院，与司马光所言参决利害，或选遣一人行视边塞，亲与逐路将帅定议闻奏，庶得不致误事"。最后，李清臣提出的建议，是防患于未然。整个宋朝一直施行的策略都是"防患于未然"。高太后也觉得李清臣的建议很中肯，直接说事，不牵扯党争。

二月十七日，高太后派侍从给吕大防、范纯仁赐手诏："……如向者所得边地，虽建立城寨，亦虑孤僻，不易应援。弃之则弱国威，守之则终恐戎人在念。卿久住西塞，深晓边情。当此宜罄嘉谋，辅予忧劳。可条具边计合如何措置，向去如何守御，亲书实封闻奏，无拘以文者。"①

得到手诏后，吕大防先写了奏疏，分析眼前的局势。吕大防，字微仲，京兆府蓝田（今陕西蓝田县）人，仁宗皇祐元年（1049）进士，曾担任冯翊主簿、永寿县令。据说当时永寿县百姓饮水困难，吕大防组织人力引泉入县，解决了百姓吃水难问题，为了感念这位县官，百姓将这泉取名为"吕公泉"。吕大防因此也得到朝廷关注。宋英宗时期，吕大防被调至中央，任太常博士、监察御史里行。后因反对濮议被外放。神宗时期，他一直在陕西一带为官，知永兴军，在地方治理上很有成效。哲宗即位，他得到举荐，被授予翰林学士、权开封府。②

吕大防根据自己多年与戎人打交道的经验，提出了应对建议：一是西夏人奸险狡诈，毫无信用，不能被他们的许诺忽悠，"诏问戎情狡狯，未测其诚心何如。臣愚以为戎人之情，自古无信"。西夏从李继迁时代就这样"专事谲诈"。他们在边境上行动，不过是虚张声势。二是西夏军也不是神兵天将，他们甚至很无能。吕大防列举了西夏无能的两个方面。比如，神宗曾派人"径抵灵武，几入其国"。虽然我们失利，但也能看出西夏软肋所在，他们耗不起，每次都想着速战速决，"自来开边进筑之始，彼必极力决争，乘其未完，至于三四，不能得而后已"。三是西夏进攻兰州时，"攘斥甚广，虽一再至，争不能得"。吕大防还提出，目前由于太后梁氏去世，惠宗李秉常生死存亡未可知，西夏内部不稳定。眼下西夏遣使者到我朝来，不过是试探我们的态度，我们只要表现出强势即可。还可以让接待西夏使臣的

---

① 《续资治通鉴长编·卷三百六十七》。
② 《宋史·卷三百四十·列传第九十九》。

官员从其口中打探消息,了解内幕。

就司马光提出弃城的做法,吕大防的建议是:"弃之则弱国威,守之则终恐戎人在念。臣窃谓新收疆土,议者多言可弃,盖思之未熟也。诏旨以为弱国威而已,又有取侮于四夷之端焉,不可不审计也。"若舍弃此前攻占的市镇,那是有损国威的,我们绝不能做这种事情。处置兰州城的办法是"改熙河兰会路为熙河兰州路",并在"兰州及延庆两路新建城寨,只据见得地界守御,亦可以稍安敌情"。如此一来,即便是议和,主动权也在我们手中。另外,绥、兰等地到处都是良田,可以"增招民兵垦辟以足食,则供馈之费省,专事守计,少存战兵,则骑兵可大减矣。其增招民兵,垦辟旷土,分守战之计,减供馈之费,如以为可,即乞下臣条析子细利害。又诏问边计合如何措置,向去如何守御"。①不过,吕大防也提出了警示:"元昊既得甘凉,遂有窥陇蜀之志,后缘唃氏(即青唐吐蕃唃厮啰家族)中强,无以进取。今青唐乖乱,其势渐分,若中国又失洮兰之土,则他日陇蜀之患,不可不豫为之防。"

最后,吕大防认为,朝廷目前安边最重要的事情是"择将帅为先,转运使为次,其他施设皆可取办"。只要选好了守将,及时运送粮草,西夏、西蕃等部就不敢到宋朝边境骚扰。吕大防还向朝廷推荐了刘昌祚、张守约、种师古等人,希望朝廷能够重用,只要"中国有练卒精甲之备,苟将帅得人,固无足畏"。②

范纯仁与吕大防的意见截然不同。他在奏疏中首先指出:"臣窃见夏国自朝廷用兵以来,近汉之民,颇失生业,并塞二百余里,不敢耕种,其国上下之人,皆欲讲和。"他说西夏因种种原因,并不想挑起战乱,只想与我们讲和。范纯仁还给哲宗、高太后戴了一顶高帽:陛下自即位以来,颁布的每一项诏命,都让天下鼓舞,敌人打探了这些诏命,更不敢向宋朝进攻了。因此,西夏才"遣使入慰,探朝廷之意"。范纯仁的理由是:"朝廷待其初来之使,礼意既厚,是以接续肯来,以至累次不失恭顺,而终未敢复言请地者,其意应为前来朝廷拒之太峻,却虑启口之后,更失朝廷之意,则和好愈难。"③

范纯仁认为,此前朝廷谈论归还西夏土地的消息,一定是传到了西夏,所以他

---

① 《续资治通鉴长编·卷三百六十六》。
② 《续资治通鉴长编·卷三百六十六》。
③ 《续资治通鉴长编·卷三百六十六》。

们这次来是试探朝廷是否真要归还他们土地。不过目前掌权的梁太后已死，李秉常刚刚亲政，稳定国内是西夏的头等大事。范纯仁的意见是："令押伴臣僚自作臆度说与，自用兵以来，其有陷蕃官吏军民见在西界，若夏国尽底纳与朝廷，闻朝廷待将掳到生口赐还夏国，如有边上未便之事，亦可因而陈请，朝廷必应量度应副。"旁敲侧击地告诉西夏使者，宋朝不可能给他们归还土地。同时，西夏若有和好之意，可让边境守将"立定誓表，豫约日数，两相交还，如此措置，则取舍有名，于国威无损"。

对于吕大防在边境建立城寨的建议，范纯仁认为："其间实有孤僻不易应援供饷之处，留之则戎人必须在念，边事难息。"最好的办法还是与西夏交换战俘，不但会"无损国体"，也"兼和气充塞天地，陛下圣德超越古今，为中国无穷之利矣"。具体操作就交给宋将赵禼。范纯仁还说自己"只熟知环庆及粗知鄜延，其他路分非臣所知"。他自己陈述的部分，也是"王体当然万世之法"。

范纯仁的办法说白了，就是一面派人与西夏使者交往，探听西夏虚实，一面又做好与西夏交换俘虏的准备；另外再给点好处，就能达到"释怨罢兵息民"的目的。不过对于归还土地，范纯仁也不同意。

朝廷将吕大防、范纯仁的奏疏交给宰执讨论，却没有形成最终的决议。对待西夏，也只能等待下一次御前会议再进行商讨。不过，对于处置边境事宜，朝廷已经分步行动。此前枢密院曾给朝廷上疏，请求继续加封西蕃首领阿里骨，但因为司马光从中作梗，这个计划未能实施。二月十八日，三省、枢密院再次请求让阿里骨继承爵位。朝廷这次同意了两府所请，授予阿里骨河西节度使、西蕃邈川首领、宁塞郡公。①这算是暂时承认了阿里骨的合法身份，也稳定了西蕃诸部。不过同时，朝廷也担心西蕃内部不稳定，就派出一个叫赵济选的人拿着朝廷的赏赐到熙河去宣诏，顺带视察当地风土人情。这是稳定西蕃的举措，若西夏与宋朝交恶，西蕃也不至于趁火作乱。

同时，朝廷为了安定边境，下诏："诸将兵在镇寨将官驻扎者，监镇主依知县法同管勾公事，着为法。"这相当于将管束将兵的职权交给了知县。

二月二十一日，西夏国主再遣使者携带礼品来宋朝进贡。这似乎又是给宋朝打

---

① 《续资治通鉴长编·卷三百六十六》。

预防针。令朝廷失望的是，此前派出探口风的人，也未从西夏使者口中探听出任何有价值的情报。朝廷只能改让学士院负责接待工作。

在这个节骨眼上，台谏官又掀起了对蔡确、章惇等人的弹劾。事情起源于一份调查报告。二十二日，江西、湖南路按察司按照朝廷此前部署，调查蹇周辅推行盐法一事也有了结果。调查人员发现，蹇周辅父子在江西、湖南推行盐法时，胡作非为，恶意欺压百姓；在朝廷调查组进驻这两个地方后，蹇周辅父子及其党羽故意隐瞒实情，给调查组制造麻烦；蹇周辅父子给朝廷上报的税额也是假的……凡此种种，都显示其欺君罔上。蹇周辅父子的事吸引了台谏官的注意，右正言王觌弹劾蹇周辅"增添课额，害民罔上，自当速正典刑。今周辅职任仍旧，而之邵复蒙除任，中外人心安得不惑？望早行贬责"。朝廷就罢黜了蹇周辅父子旧职。

蹇周辅父子刚刚被罢黜，首相蔡确请示朝廷："奉差提举修神宗皇帝实录，欲乞就门下后省东位权充修实录院。"其实也就是为编神宗实录索要一个办公地点。这本无可厚非。但是随着蔡确再次冒头，台谏官也再次关注了他。此前，蔡确都躲在角落编书，不参与朝廷争论，台谏官似乎把他忘却了。现在他重新回到人们的视野里，台谏官自然不愿意放过他。

随即，有台谏官结合以上这两件事，向蔡确、韩缜、章惇等发起了弹劾："臣窃闻惟辅弼之任实难其人……如蔡确、章惇、韩缜者，其心徇私，安有经邦之道？……"又在贴黄中呼吁"惟早去奸邪，明进忠亮，以幸天下"。①王岩叟再次重申："今天下之人皆言蔡确、章惇天性奸邪，无由变改，恐于陛下不觉不疑之间潜行私意，阴作身谋，或欺罔圣聪，或诡随睿旨，或沮格公言，或倾陷善类，千机万巧，陛下如何可防？谏官御史如何尽知？虽或知之，几人敢言？此奸邪之所以不惧也。确辈若从来果是忠臣，则天下之人莫不愿其长在庙堂，自受太平之福，安肯日夜望天子逐而去之？"天下之人都知道蔡确、章惇是奸邪，欺君罔上，皇帝您却浑然不知。蔡确若真是忠臣，在先帝安葬后，他就应该主动辞职，而不是霸占首相位置不离朝。

朝廷依然置之不理。在此期间，枢密院还处置了河北新招士兵的安置问题。这就让台谏官更加郁闷了。朝廷完全没有赶走章惇的意思，章惇也没有将这些弹劾放

---

① 《续资治通鉴长编·卷三百六十六》。

在心上。因此，台谏官们继续磨刀霍霍，准备新一轮进攻。

在这帮台谏官中，苏辙的每次进言都与众不同。就在众人忙着弹劾蔡确等人时，苏辙关注的却是新法废除。他在奏疏中说："臣伏见朝廷近罢市易事，不予商贾争利，四民各得其业，欣戴圣德，无有穷已。惟有益、利、凤、熙河等路茶场司，以买卖茶虐四路生灵。又茶法影蔽市易贩卖百物，州县监司不敢顾问，为害不细，而朝廷未加禁止。"随后，他就几路茶盐税收列举了五条损害百姓利益的问题，每一条都有数据有实例，无可辩驳。最后，苏辙提出："五害不除，蜀人泣血无所控告。臣乞朝廷哀怜远民，罢放榷法，令细民自做交易，但收税钱，不出长引，止令所在场务，据数抽买博马茶，勿失朝廷武备而已。"苏辙还举报了几项破坏朝廷制度、利用推行茶盐便利为自己捞利的官员，请求朝廷将其罢黜。

二月二十五日，不胜其烦的蔡确给朝廷递交了辞职报告："已再具表辞位，准朝旨令臣管勾门下省，缘臣见候解罢，欲望差权官管勾。"蔡确表示自己可以辞去首相，但不想离开朝廷，希望自己能够管理门下省。之后，朝廷马上召尚书左丞吕公著处置这件事。①

蔡确的辞呈在御史台又引起了一阵骚动，御史中丞刘挚认为蔡确尽管"辞位求退，其所上表，无引咎之意，有论功之言"。蔡确罪责天下皆知，他却不愿意离开朝廷，显然是奸邪无疑。希望朝廷将蔡确的辞职报告交给三省，让三省"议确之恶，重行窜逐，以正典刑，使天下为人臣者皆得以自尽"。刘挚的弹劾显然过于狠毒了，即便蔡确不愿意离开朝廷，但他已然迫于形势辞掉了相位。台谏官这样咄咄逼人，只能让新党更加痛恨他们。

左谏议大夫孙觉则认为蔡确、韩缜两人，"皆非以德进者"，建议朝廷"以灾异之故罢免确、缜，别选有德有言众所畏服者，使称其位。外足以镇抚四夷，内足以悚动天下，以怀来桀骜不轨之心，不胜幸甚"。②孙觉还认为蔡确以对国家有功和年老为理由不愿意离开朝廷，实则是暗讽司马光、吕公著，因为司马光、吕公著也老了。蔡确辞职的原因显然不合理，强烈建议贬谪他二人。

有意思的是，当孙觉的奏疏上报后，司马光马上也上了一道奏疏，请求朝廷罢

---

① 《宋会要辑稿·职官二》。
② 《续资治通鉴长编·卷三百六十七》。

黜他门下侍郎的职位。司马光辞职的理由是自己身体不好，常常"气体疲乏，足肿生疮，步履甚难，策杖而行"，朝廷垂怜他，给他发工资，让他在家里办公，但他这不成了尸位素餐了么，他受之有愧。

司马光的辞职报告递交上去后，朝廷当然不允许。哪怕司马光身体有病，也得占据门下侍郎的岗位。朝廷为了表示对司马光的重视，二十六日，专门派内供奉官陈衍到司马光家里宣读圣谕，安抚司马光躁动的心。司马光见高太后不许自己辞职，连着再次上疏，感谢朝廷的挽留，表示自己"疾势渐平，饮食亦进，而皮骨羸瘠，气力疲乏，足肿骭疡，余毒方炽"，一再请求罢去自己的职务。朝廷的态度还是安抚，不同意司马光辞职。

与此同时，王觌借章惇此前反驳司马光主张废除免役法的事情，弹劾章惇，请求朝廷罢黜章惇。

苏辙也上了奏疏，引用汉代君臣典故，对当前的宰执人员逐一进行分析："左仆射蔡确，憸佞刻深，以狱吏进；右仆射韩缜，识暗性暴，才疏行污；枢密使章惇，虽有应务之才，而其为人难以独任；门下侍郎司马光，尚书左丞吕公著，虽有忧国之志，而才不逮心。至若张璪、李清臣、安焘，皆斗筲之人，持禄固位，安能为有，安能为无！"按照礼制，这些人都是神宗旧臣，都应该罢黜。但苏辙只是建议"早赐罢免确、缜二人"，也就是三省的两位长官，并未提及章惇，且苏辙在奏疏中也说章惇"有应务之才"，只是"难以独任"而已。

苏辙的奏疏不仅得罪了新党，更得罪了旧党。等待他的，将是一场暴风雨。二十八日，朝廷下诏，让御史台不限御史中丞、侍御史、殿中监察御史，谏官不限同省别省，谏议大夫、司谏、正言二人同上殿奏事。这是给了台谏官两人同时上朝议事的权力，也是打破之前只有一人汇报工作的限制。朝廷看到了台谏官对宰执的制衡，这么做或许也是为了驱赶蔡确、章惇、韩缜等人。

## 驱赶奸邪与废除新法

元祐元年（1086）闰二月，台谏官对蔡确、韩缜、章惇等人发动了一次更为猛烈的弹劾。

闰二月初一，右司谏苏辙最先上疏，弹劾"蔡确、韩缜才不足用，及多过恶，乞赐罢免。至今未见施行。确近已上章求退，而缜安然未有去意。臣恐陛下隐忍不决，久失天下之望"。①抛出论点后，苏辙展开了论述。第一层意思是，哲宗继位以来，做了"奉承遗旨，罢导洛，废市易，捐青苗，止助役，宽保甲，免买马，放修城池之役，复茶、盐、铁之旧，黜吴居厚、吕孝廉、宋用臣、贾青、王子京、张诚一、吕嘉问、蹇周辅等"利国利民的举动，天下"细民鼓舞相贺"。第二层意思是，朝廷既然"罢黜小臣，至于大臣，则因而任之，将复使燮理阴阳，陶冶民物。臣窃惟朝廷之意，将以礼貌大臣，待其愧耻自去，以全国体。今确、缜自山陵以后，犹端然在职，不肯引咎辞位，以谢天下"。神宗时代的旧臣都被罢黜，宰执大臣应该主动辞职，蔡确、韩缜却装傻故意拖延时间，让先帝独自承担恶名，实在可恶。第三层意思是，蔡确、韩缜"徒以悦媚上下，坚固宠禄"，请求哲宗"正确、缜之罪，上以为先帝分谤，下以慰天下之望"。苏辙还表示，蔡确虽递交了辞呈，却声称自己功业巨大，不愿意离朝，言外之意是把新党所造之恶都归给先帝，而将陛下继位以来的善业都归结于自己，这是强词夺理，抢夺功绩，简直不知廉耻，令人气愤。

左正言朱光庭也上弹劾奏疏。朱光庭的目标始终是蔡确、章惇，没有涉及韩缜。就像苏辙总是针对蔡确、韩缜而从不弹劾章惇一样。朱光庭在奏疏中指出："臣自供职以来，累具章疏，言退三奸，进三贤。乞陛下早行睿断，以幸天下。今日蔡确请去，是天欲去一奸臣矣，愿陛下因其自请，去之勿疑。……外有章惇奸臣，尚安厥位，亦欲陛下早行屏去。窃惟惇之所为，更甚于确。"在朱光庭看来，蔡确好歹还有自知之明能主动辞职，章惇的可恶之处在于，台谏官弹劾他时，他"自知素履不为清议所与，向日妄作荆南边事，欺罔朝廷，侥幸大用"。这显然是奸邪的做法，希望陛下千万不要被章惇蒙蔽。

当然，赶走蔡确、章惇还在其次，朱光庭的核心观点是："今若蔡确先去，则乞进司马光，以补蔡确之阙，进范纯仁，补门下侍郎之阙；若章惇、韩缜继去，则乞进范纯仁，补韩缜之阙，进韩维，补章惇之阙。"朱光庭将蔡确、韩缜、章惇称作"三奸"，将司马光、范纯仁、韩维比作"三贤"。并在贴黄里强调："今日治乱

---

① 《续资治通鉴长编·卷三百六十八》。

安危之所系，惟在陛下退三奸，进三贤，一举错之间尔。"

御史王岩叟也进言，指责蔡确为"阴邪巧佞"，又列举了蔡确各种恶行，发出"今不黜确，后日大臣子弟必自肆而不置意于法矣"的警示，这完全高估了蔡确的能力。朝廷罢黜蔡确，一道诏命即可，未必会牵扯那么多。王岩叟的这种言论，不过是威吓高太后而已。

在台谏官的轮番进攻下，朝廷最终做出了决定。蔡确被罢相，以宰相的身份充任观文殿大学士、知陈州。二月初三，蔡确离朝。接替蔡确的人毫无悬念是司马光。若接受这个任命，司马光就能顺势成为首相。但当朝廷的诏书传到司马光家里时，司马光却坚决不受，"光方以病再乞宫观，未报，而有是命，光固辞，不许"。司马光的确病了，但尚未病到不能操持国事的境地。这时候的司马光不接受朝廷任命，主要原因是觉得朝廷刚刚赶走了蔡确，他就接任，在这场驱蔡运动中，他受益最大，按照谁主张谁受益来分析，那么这背后肯定就是他一手操纵的。他一向以君子标榜，怎么会干这种事呢？事实上，当台谏官轮番弹劾时，司马光闭口不谈蔡确，加上朱光庭不断进言，也让他非常难为。但是朝廷的态度也很强硬，不接受也得接受，不许司马光再辞职，"令阁门就赐光制书，光又固辞，乞留制书阁门，须疾损入对，又不许"。

朝廷不让辞职，司马光也无可奈何，便上了一份陈情表，陈述自己实在难以胜任，请求调回文彦博担任首相。

> 臣窃见文彦博沈敏有谋略，知国家治体，能断大事。……臣今自书此奏疏，不令人见，陛下若允臣所奏，乞自以圣意行之。若以已除臣左仆射，难以无故以他人易之，则臣欲露表，举彦博自代，乞御批依臣所奏，以臣表付学士院草麻施行。①

司马光的这道陈情表显得谦虚而大度，但又隐隐透露着心虚，如果胸怀坦荡又何惧人言？但朝廷的态度很明确，就是要你司马光担任首相。同一天，朝廷还将资政殿大学士、正议大夫、知太原府吕惠卿调往扬州。由此也拉开了对新党的惩罚。

---

① 《续资治通鉴长编·卷三百六十八》。

太原府是朝廷重要战略据点，扬州尽管物产丰富，但在政治、军事地位上远不及太原府。

不久，司马光接受首相之职。这让旧党们欢呼雀跃。司马光上任后，动用相权，命各地在两月内陈述免役法的利害，写成报告上交上一级单位，并由上一级单位形成综合性报告，呈报给朝廷。这是对之前废除免役法悬而未决提出的解决策略。现在司马光位极人臣，很多此前不敢做不能做的事情，都可以大胆放手去做了。

听闻司马光接任首相后，刘挚第一时间上疏，指责免役法祸国殃民："免役钱之为天下害也久矣，陛下一旦罢去，复用祖宗差法，中外罔不欣快。"刘挚还在诏书中表示，朝廷废除免役法的决心很坚定，但是有人故意混淆视听，"迁延之谋、动摇之术"，改变舆论方向，造成废除免役法推进缓慢，并由此引申出差役法要比免役法强很多，请求朝廷废除免役法，恢复差役法。刘挚的这份奏疏，是在极力讨好司马光。王岩叟也不失时机向司马光示好，他伙同刘挚，指责免役法的问题。王岩叟认为，朝廷虽然同意司马光废除免役法的建议，但迟迟不见动静，这都是因为有人误导皇帝，"以借口诳惑圣聪，动摇善政，误陛下仁民爱物之良法"。希望皇帝不要上当，派人抓紧时间制定方案，确定废除免役法的日期，这样才能安定人心。

不久，尚书省就科举考试中存在的问题，向朝廷提出了整改建议。

> 礼部以掌贡举为职，伏见朝廷用经术设科，盖欲人知礼义，学探原本。近岁以来，承学之士，闻见浅陋，辞格卑弱。其患在于治经者专守一家，而略去诸儒传记之说；为文者惟务解释，而不知声律、体要之学。深虑人材不继，而适用之文，从此遂熄。兼一经之内，凡可以为义题者，牢笼殆尽，当有司引试之际，不免重复。若不别议更张，浸久必成大弊。欲乞朝廷于取士之法，更加裁定。[①]

这是说，熙宁新法改制的科举考试存在问题较多，需要更张其考试科目，重新确定考试内容，才能真正选拔出对国家有用之人。这道奏疏的深层含义是神宗和王安石推行的新法科考内容不合时宜，应该及早修正。

---

① 《续资治通鉴长编·卷三百六十八》。

尚书省的建议书内容很含糊，不过刘挚就没有这么含蓄了，他直指新法科考弊端。一是宋朝自开国以来，取士设科，都沿用唐制，"进士所试诗、赋、论、策，行之百余岁，号为得人"。但是王安石主持变法时，改变了原来的取士制度，"神宗皇帝崇尚儒术，训发义理，以兴人才，谓章句破碎大道，乃罢诗、赋，试以经义，儒士一变，皆至于道"。刘挚痛斥"取士以经"导致"才十余年，数榜之间，所在义题，往往相犯。然则文章之体，贡举之法，于此其弊极矣"。①二是诗赋与经义取士都是"取人以言"，这本无可厚非，然而，熙宁新法也考司法，而司法考试就有难易，"有难易，故有利害，有利害，故去取或失其实，则所系者大矣"。造成不公平现象。另外，考试时为什么非得采用王安石编著的《三经新义》？建议以后科考可引用其他古人的注释。三是恢复贤良、茂材科目，广言路，求人才，继祖宗之制。②四是避免司法考试中只考刑书的不足，应加入《论语》《孝经》大义等内容，确保录取上来的人除了有司法知识外，还要是个厚道之人，避免选拔出来的人才都是"浅陋刻害之人、固滞深险之士"。

这次刘挚的建议很快得到了朝廷的认可，下诏要求"礼部与两省学士、待制、御史台、国子司业，集议闻奏。所有将来科场，且依旧法施行"。

这期间，苏辙的沉默很不正常。按惯例，朝廷更换高层、废除新科取士条目如此大事，他不应该不发声。等刘挚谈论科考弊端之后，苏辙才极不情愿地上了奏疏，不过他没有迎合刘挚，而是弹劾开封知府蔡京。苏辙总是不同于他人。其实宋朝的台谏官之间，意见也总有分歧。苏辙对蔡京五天内废除新法之事非常反感，此前他已经弹劾过一次蔡京。这次还是利用这件事做文章，苏辙认为要废除一项法令应是徐徐推进的过程，蔡京这么做，就是为了向上级表忠心吗？由此，苏辙把蔡京的社会关系网也扒拉了出来，指责蔡京为达目的不择手段，建议将蔡京赶出朝廷。苏辙的建议，也得到了一些朝臣的支持。但朝廷不置可否。

闰二月初四，朝廷拜金紫光禄大夫、尚书左丞吕公著为门下侍郎，接替了司马光。同一天，朝廷还调整了几个人的职位，如"给事中王震为龙图阁待制、知蔡州，光禄大夫、知扬州滕元发为龙图阁直学士、知郓州，朝议大夫、仓部郎中王说

---

① 《续资治通鉴长编·卷三百六十八》。
② 《续资治通鉴长编·卷三百六十八》。

知密州，朝请大夫、鸿胪少卿韩正彦知曹州"。

朝廷这一系列人事变动下来，台谏官还是不乐意，因为韩缜、章惇还在朝中。于是，右谏议大夫孙觉、右司谏苏辙继续弹劾韩缜。孙觉说："右仆射韩缜素无德望，稔有愆恶，百揆之任，非缜所宜。……以为朝廷今日四夷窥测之时，天下延颈之际，必得重德伟望、才谋出世之人，以为辅相，则敌人不敢外侮，奸雄不敢生心。自缜在位，敌使见之，相顾央竟，适足以遗朝廷之羞，增边陲之气。"苏辙的奏疏更有意味："韩缜才质凡鄙，性气粗暴，文学政事，举无寸长，比之蔡确，远所不及。"苏辙还透露了一个消息："臣又窃观言事之官，每有论奏缜事，缜怀忮恨，不拘久近，或罢其言职，或因事责降，必报而后已。"只要言官弹劾，韩缜都会利用职务给人家穿小鞋，打击报复，毫无宰执大臣应有的胸襟，强烈建议罢黜韩缜。这一次，朝廷反应迅速，直接下达诏命："俟帘下，内臣尽出，方得敷奏。"堵住了孙觉、苏辙的嘴。随即，朝廷又调整朝请郎、司门郎中吕陶为殿中侍御史。另外承议郎、殿中侍御史刘次庄被调出朝廷，转任江南西路转运判官。

朝廷的态度是，等着把内臣都罢黜了，再考虑其他事情，目前暂时不讨论韩缜、章惇的事。但左正言朱光庭岂肯善罢甘休："……今蔡确一奸臣退矣，中外之臣，莫不叹服朝廷刚决之明，实宗庙社稷之福。外有章惇、韩缜二奸臣未退，窃惟天下大任，非奸臣所当处，如章惇之轻肆鄙俚，敢为邪说，以沮抑圣政；韩缜之冒宠固位，不知引避其贤兄，是皆天下之奸臣，去之则朝廷清明矣……"弹劾之余，依然不忘举荐范纯仁担任尚书左丞。①

经过这几个月相处，高太后已经基本掌握了这帮台谏官的命脉，对他们的进言也是能用则用，不能用就置之不理。朝廷也会适时对台谏官进行调整。比如，将右谏议大夫、兼侍讲孙觉任给事中。然而，孙觉尽管高升了，但他却很担心。此前他多次弹劾韩缜，如今被调离台谏系统，会不会招致韩缜的报复？孙觉希望朝廷重新安排给事中人员，让他继续在台谏系统任职，等韩缜去位之后，再将他调离。

很难想象，孙觉拒绝接受给事中的理由竟然是害怕韩缜报复。通过这件事，也能看出孙觉并不如外界传扬的那么品行高洁。事后，孙觉再次上奏疏，用司马光对比韩缜，得出韩缜"人品污下，才薄望轻"的判词。孙觉对枢密院的两位长官章

---

① 《续资治通鉴长编·卷三百六十八》。

惇、张璪也极尽贬斥："惇虽小有才，而为性强愎，操心不公，庙堂之上，以恶言相加，所谓具瞻之地，若此可乎？张璪暗谬荒疏，尤非所处。若惇与璪，可并罢去。伏乞别赐推选有德有言，堪其任者，擢以代之。"就在孙觉弹劾枢密院长官的同时，朝廷却若无其事继续命枢密院处置一些紧要军政事务。

闰二月初六，朝廷下诏让尚书省立法度，更张尚书省的职权。这也是司马光的建议。当初，司马光在门下侍郎任上时，主张"尚书兼领左右曹，侍郎分职而治，其右曹所掌钱物，尚书非奏请得旨，不得擅支"。现在他成为首相，一切国家制度的更张，都要与他扯上关系。此后，朝廷将编纂神宗实录的任务又交给了司马光，还给司马光派了两名助手范祖禹和孔文仲。

闰二月初八，朝廷召见吕大防、孙永、韩维、范纯仁等人，向他们询问调查免役法情况。听完众人汇报后，高太后特别交代："役法大事，自来出役钱人，下户不易，卿等各宜子细。仍辟属官四员曾历知县差遣者，要知民事。"对他们寄予殷殷期望，让他们不能只道听途说，而要深入基层了解实际情况，因为废除免役法涉及千家万户，绝不能大意，以后朝廷关于这方面的工作，会直接交给他们。

也就在这天，朝廷下令废除青苗法。如此，废除新法的浪潮席卷全国。章惇既然无法阻挡司马光废除新法，也只能先安分守己做好他枢密院的工作。

此后，朱光庭继续弹劾章惇、韩缜，请求将他们罢黜。王觌和王岩叟则将工作重心转向对废除新法提出自己的见解。尤其是王岩叟与高太后的对话，堪称典范。那是在后宫一片祥和温馨的氛围里，高太后向王岩叟询问了废除免役法、亲贤臣远小人、回归祖宗之法等内容。高太后和王岩叟也对彼此有了更加深入的了解。①这次会谈后，朝廷于闰二月初十下诏，让吏部尚书吕大防等人详定役法废除方案，草拟结束后交给三省审核，最终形成决案。

看似大局已定，但其中又隐含着一股阻拦力量，这个力量就是章惇。朝廷未曾表态要罢职章惇。章惇也没有坐以待毙，他在不断思考着怎样与台谏官纠缠下去，为维持新法做最后努力。

---

① 《续资治通鉴长编·卷三百六十八》。

## 台谏官与章惇的斗争

废除免役法有了定论后,国家又发生了不太平的事件。这个不太平来自西夏和宋朝内部。

闰二月十一日,环庆路经略使范纯粹给朝廷上疏,提出制约西夏的办法:"臣窃以谓中国之所以能坐制西夏者,诚由连城比帅,并统重兵,利害相同,左右相援,首尾相副,声势相接,心一而力同,气远而势重,如一身之有手足上下,交相为用,而无有偏废,此我之所长,而彼之所畏者也。"建立各种堡寨,派兵驻守,一点点向西夏内部推进,最终将其蚕食。这是范纯粹本人多年驻守陕西边防的真实想法,唯其如此方能遏制西夏到宋境掳掠。范纯粹引用实例来论证这个应对措施的正确性。

来自宋朝内部的事情则与保甲法有关。原来保甲法被废除后,很多从事保甲之人开始到处无事生非,动摇国之根基。御史中丞刘挚在给朝廷的奏疏中明确指出,很多原来从事保甲的人无法再安心务农,他们"出入公门,游集市井",请求朝廷抓紧时间制定"法以敛制之"。刘挚的建议的确值得深思,这些原本从事保甲事务的人脱离土地日久,现在再难以像从前一样安心务农了。这部分人若不妥善安置,必然会引起底层动乱。

朝廷对目前这两个影响国家安定的重要因素进行了讨论,有司抓紧制定方案。闰二月十四日,苏辙进言,继续讨论保甲法问题。苏辙表示,河北之地原保甲余党,因保甲法废除后,未曾从事农业生产,成为流民。若这些保甲旧民"因之以饥馑,则变故之作,不可复知"。苏辙的建议是拿钱来"消其变"。若陛下从元丰库或内藏库拨付钱三十万贯,"上以为先帝收恩于既往,下以为社稷消患于未萌"。苏辙还举出富弼治理流民的例子。之前,富弼在青州(今山东省青州市)任知州时,发现河北百万流民流转到了青州一带,马上想办法对这些流民进行安抚和赈济,老幼妥善安置,青壮加入军籍,以至"百万之众,无一人为盗者"。富弼都能做到,陛下您富有四海,只要出资三十万贯为招军例物,"选文武臣僚有才干者各一二人,分往河北,逐路于保甲中招其强勇精悍者为禁军",一定能够化解河北保甲不安定隐患。

左司谏王岩叟也表示，他在寒食节时曾去故乡祭拜先人，路过管城县孙张村时，遇到一位老者，对他说孙张村原来有七十余户，如今只剩余二十八户。原因是保甲法施行以来，家家户户为了逃避服役，置薄产于不顾，全部外逃了。此后，官府就将这些田产收归公有，另请他人耕作。如今虽废除了保甲法，但逃出去的人已不愿回来。王岩叟建议朝廷制定方案，修建安集之方，让那些背井离乡的百姓不再颠沛流离，能有安身之处。

王岩叟还建议对西夏事宜暂时放一放，原因是西夏尚未入侵宋朝边境。而保甲法造成的流民问题迫在眉睫，亟须解决。但此时朝廷将废除免役法的事情放在了第一位。闰二月十五日，详定役法废除的人员给朝廷上建议书，提到了更张新法的具体操作办法，请朝廷审核是否予以施行。朝廷准了这个方案。王岩叟还就各级官员"勒令雇人"情况做了说明，要求各级官员不得乱雇用人，若实在需要，则自行承担役钱差数。①

苏辙也上奏疏谈论废除免役法事宜，他提出了五条建议。其一是衙前役法之害没有群臣想象得那么严重，苏辙还举了实例和数据。其二是坊郭户承担的赋税摊派是个难题。就此问题，他列出了三条供朝廷选择的办法：役钱若按熙宁年间收取，显得太重；若按熙宁之前收取也太多，人心不安；若按现在全部不收，农民负担自然少，但无法充盈国库。其三是新法实施多年，已经形成习惯，现在再打破这种平衡，必然造成混乱。其四是如今民力凋残，朝廷应该更加悯恤，如若不然，"必有逃窜流离之忧"。其五是州、县胥吏服役时，要把握好尺度，该给钱则给钱，不要盘剥百姓太严重。苏辙的建议很有道理。但以司马光为首的旧党不见得会听。

此后，刘挚再次对章惇发起了攻击。台谏官在朝中的呼声一波高过一波。刘挚说："臣窃以志士莫不嫉恶，御史在于触邪，见无礼之人，有如鹰鹯之逐鸟雀，遇当路之害，不问狐狸而先豺狼。伏见知枢密院章惇素无才行，立身居家，有不可言之恶，此天下之所共知也。向以附会王安石，欺罔朝廷，进不以道，遂尘政路。自陛下登用旧德，修复祖宗政令，而惇意不自得，以为不便，非己之利也，故为沮

---

① 《续资治通鉴长编·卷三百六十九》。

害,以悖慢不逊奏对于至尊,以强悍非理凌轹其同列,排诟之语,播于中外。"①把章惇比喻成豺狼,恨不能食其肉。

当然,以上罪名都是陈词滥调。这次,刘挚转变了方向,利用废除免役法做文章:"近者陛下改免役为差役,人情欣快,上下莫不以为是,而惇独以为非,敢建异议,以沮诋圣政,非毁诏令。"刘挚还说章惇不识时务,孤注一掷,"宁负朝廷而不忍负安石,欲存面目以见安石而已"。刘挚还指责章惇一直以来都"利口喋喋,足以变事实而惑主听;凶气焰焰,足以摧善良而胁群下",若"章惇不去,则不可以安庙朝、成善政、镇百姓而服四夷"。里里外外彰显一个意思:章惇就是朝廷那个最坏的人,不罢黜他,天下难安。

弹劾完章惇,隔了一天,刘挚再次上疏,这次的目标是曾布。曾布,字子宣,太常博士曾易占之子,"唐宋八大家"之一曾巩之弟,在王安石变法时,曾布得到重用。后来,在推行市易法时,曾布与变法派意见相左被外调。此后,他就辗转于江南各地为官。哲宗即位后,曾布因为反对市易法被调回,先后任翰林学士和户部尚书。②

现在刘挚针对曾布,还是以熙宁变法为着眼点,"在熙宁初,王安石以亲戚最先引用"。在刘挚看来,王安石变法时,曾布冲在最前面。后来,神宗皇帝对新法产生怀疑,曾布"慨然更化",其摇摆不定、左右逢源的小人行径昭然若揭。王安石变法"颠倒善恶,割剥生灵",曾布作为王安石的心腹,"其政皆出于布之谋,其法皆造于布之手。至于滥刑赏、开侥幸、排勋旧、进奸谀,安石一以咨之布,布以为然,然后落笔。遂使流毒肆恶,人被其害,皆安石为之,布实成之"。就是说曾布的性质比王安石更加恶劣。刘挚还表示自己当时就是台谏官,曾给神宗提建议,不要使用曾布这样的人,但是神宗不听。如今王安石已归老,曾布依然在朝中。国家要更张法度,重点在户部,但是曾布在户部领导工作,看起来是在落实朝廷的诏命,实际上却是钻政策的空子,阳奉阴违,建议"罢布户部尚书,别移一职任,以允公议"。③

曾布完全没有预料到刘挚会来咬他。不过,对于他此前做的事情,刘挚说得倒

---

① 《续资治通鉴长编·卷三百六十九》。
② 《宋史·卷四百七十一·列传第二百三十》。
③ 《续资治通鉴长编·卷三百六十九》。

一点儿都没错,他是个识时务的人,人生的每一步都在依据国家的形势随机应变。这样的人容易在官场风生水起。不过在士大夫阶层里,曾布的这种行为就丧失了君子风骨,变得毫无立场以致沦入小人的阵营。

刘挚弹劾完章惇、曾布,苏辙也紧随其后,对韩缜进行弹劾。苏辙还用韩缜在河北任职期间的失误,斥责韩缜"不为国深虑,私相往还,至受贿遗",又"割地与敌,边民数千家,坟墓、田业皆入异域,驱迫内徙,哭声振天,至今父老痛入骨髓"。随着刘挚、苏辙的发声,朱光庭等其他台谏官也纷纷出手,打起"组合拳"。

面对台谏官的叨叨不休,高太后哭笑不得。十八日,朝廷做出一系列人事调整:"通议大夫、守尚书右丞李清臣为尚书左丞;朝散大夫、试吏部尚书吕大防为中大夫、尚书右丞。朝散大夫、秘书监兼侍讲傅尧俞为给事中兼侍讲,试礼部侍郎蔡卞为龙图阁待制、知宣州,朝议大夫刘攽为秘书少监,朝请大夫、太常卿叶均直龙图阁、知荆南,军器少监蔡硕为蔡河拨运,监察御史邵材知广德军。"这份人事任命名单里,两位副宰相应该没有争议,傅尧俞也是司马光举荐的人。值得玩味的是,蔡卞被赶出了朝廷,而他的弟弟蔡京竟然在苏辙的不断弹劾下,还能稳居京官。蔡硕是蔡确的弟弟,这次外调应该与蔡确有关。

此后,朝廷又颁布了两道诏令:"诏户部,应诸路人户见欠市易息钱,并特与除放。""诏以刘挚所言乞罢坊场新法及创增吏禄,付韩维等相度以闻。"这是对之前台谏官提出废除市易法建议做出的回应。

监察御史孙升乘机弹劾刑部、大理官员崔台符、蹇周辅、杨汲、王孝先、刘衮、张奕等人,请求将其罢黜。朝廷立马做出回应:"诏御史中丞刘挚、给事中孙觉,取索元丰以来大理寺、开封府断遣过因内降探报公事元断犯及断遣刑名看详,内有不合受理并事涉冤抑者,具事理以闻。"或许高太后本身就不喜欢这些人,抑或她觉得罢黜孙升弹劾的这些人不会引起朝堂不稳。但对于章惇、韩缜,高太后始终未下诏罢免,也可能是希望这两个人能够效仿蔡确主动辞职。但章惇没有辞职的意愿,他留在朝中的原因是出于对新法的保护。

不久以后,苏辙再次上疏,结合市易法推行情况,指出蜀中茶盐赋税的问题:成都提点刑狱郭概辜负朝廷厚望,未妥善处置成都一带茶盐之法,希望朝廷先罢卖盐、榷茶、市易等事,再根据实际情况,制定出代替之前茶盐税收的可行办法。当然，以上只是苏辙抛砖引玉，接下来，他奏疏中两个方面的内容才是重点。第一个方面是弹劾章惇，第二个方面是弹劾蔡京。需要指出的是，这是苏辙作为台谏官以来，第一次弹劾章惇。不过在行文中，苏辙似乎有所保留。也许他本意并不想弹劾章惇，但作为台谏官的一员，在其他官员不断攻击章惇时，他无动于衷，也会被人误以为与章惇结党营私，因此，这也实属无奈之举。而对于蔡京的弹劾，苏辙的言辞毫不客气，"故意扰民，以败成法，及曲法庇盖段继隆赃污公事"，可谓罪不可恕。苏辙又利用蔡京之事，引出韩缜为官不为，请求朝廷"早赐降黜韩缜，仍先罢免蔡京差遣"。对于蔡京违法乱纪的事情，应交给有司衙门去核查。

此后，孙升对蔡京也进行了弹劾，认为蔡京"恃与宰相同宗，不奉朝廷法令，任情肆己，放纵奸强"。殿中侍御史吕陶也借"小阿贾杀人公"一事弹劾蔡京任"知府已来，殊无治迹，听狱断罪、失谬极多"。①弹劾蔡京这把火越烧越旺。这时候，朝廷再置之不理，就不合适了。

但朝廷并未立即罢免蔡京，而是调户部尚书曾布为龙图阁学士，知太原府兵部尚书王存接替曾布，担任户部尚书。不过王存似乎早有预见，觉得户部是负责钱粮的部门，在未来废除新法时必然充当重要角色，难免成为众矢之的，故坚决不接受任命。这就导致户部尚书职位暂时空缺。之后，朝廷才将蔡京调出京城，出知成德军（治所在今河北正定），调宝文阁直学士谢景温权知开封府。台谏官在弹劾中央高层时，也在给朝廷举荐人才。而朝廷对于台谏官举荐的人才，大多予以重用。如王岩叟举荐了程颐，朝廷就任命汝州团练推官、西京国子监教授程颐为承奉郎。

随后，朝廷忽然颁布了一道震惊官场的诏命："英州编管人郑侠，特放逐便，仍除落罪名，尚书吏部先次注旧官，与合入差遣。从监察御史孙升、右司谏苏辙所奏也。"这个郑侠大名鼎鼎，就是他当年给神宗上《流民图》，导致新法搁浅，王安石也因此罢相。后来，神宗就将郑侠外放到英州（今广东英德），让当地官员监视其住所，命其不得离开住所。现在放了郑侠，赦免其罪，这不就是表明郑侠无错吗？难道是神宗和王安石错了？退一步讲，即便郑侠妄议是新法给天下造成了严重灾害导致百姓流离失所所言非虚，但他越级进言，也应该被重责。这时候，朝廷赦免他的罪责到底意味着什么？

---

① 《续资治通鉴长编·卷三百六十九》。

此后，御史中丞刘挚、右正言王觌、左正言朱光庭、左司谏王岩叟等人轮番上阵，请求罢黜章惇。其中，王岩叟和孙升的弹劾内容最多。①

禁不住台谏官的车轮战，闰二月二十三，朝廷下诏，解除章惇的枢密院长官职务，让他以枢密使的身份，出任汝州（今河南省汝州市）知州。且看朝廷罢免章惇的制辞。

> 黜陟之典，咸询至公，进退之间，尚存大体。惇早縻法从，丞预近司，肆彼躁轻，失于审重，至于亵御之列，常交问遗之私。比议役书，本俾参订，当其敷纳，初不建明，迫于宣行，始兴排沮。务从含贷，益至喧呶，鞅鞅非少主之臣，硁硁无大臣之节，稽参故实，稍屈典刑。噫！朕以幼冲，仰烦慈训，苟乖忠实，曷肃宪章？其解政机，往临郡寄，弗忘循省，祗服宽恩。②

这份罢黜章惇的制辞出自钱勰之手，内容充满讥讽和侮辱。原因是章惇与钱勰有隙。当初朝廷缺翰林学士，章惇三次举荐林希，但朝廷最终还是用了钱勰。章惇与钱勰由此不睦。只是章惇一直在宰执位置上，钱勰也没办法弹劾。这次罢黜章惇，朝廷恰巧将贬黜制辞交给钱勰。钱勰公报私仇，把章惇说成"鞅鞅非少主之臣，硁硁无大臣之节"。不过钱勰与章惇的梁子也彻底结下，等日后章惇回朝，钱勰会遭受打压。钱勰为了掩饰自己，在制辞结尾，还对罢黜章惇做了解释："太皇太后怒其无礼，乃黜之。"好一个冤有头、债有主。

章惇被罢黜后，台谏官得寸进尺。王岩叟更认为目前朝中还有奸佞，"韩缜之鄙俗不学，张璪之阴邪不正，李清臣之柔佞不立，安焘之阘茸不才"。若不将这些人全部清理，很难实现"新政"。苏辙和刘挚也就水磨茶和免役法废除提出了自己的见解。

但朝廷的态度向来很暧昧，台谏官也不敢妄自揣度圣意，只能暂时停下弹劾的脚步。至此，台谏官的第一轮进攻落下帷幕，朝廷的主要任务也落在废除新法上。

---

① 《续资治通鉴长编·卷三百六十九》。
② 《续资治通鉴长编·卷三百七十》。

# 第四章 台谏官的胜利

> 尝考宋之立国，元气在台谏。
> 
> ——《宋史·卷三百九十·列传第一百四十九》

## 安焘任职风波

闰二月底，朝廷重新调整了一批人事："甲寅，龙图阁待制兼侍讲赵彦若为兵部侍郎兼侍读，新除给事中孙觉依旧为右谏议大夫。""朝请郎、权发遣河北路转运使李南公，朝奉郎、权发遣河东路转运副使孙览，两易其任。以累赦放逐便人刘彝为朝奉大夫。""乙卯，正议大夫、同知枢密院事安焘知枢密院，朝议大夫、试吏部尚书兼侍讲范纯仁为中大夫、同知枢密院。"因为任命的人员职位和机构不尽相同，这些人牵扯三份任命文件。①

他们当中，最受争议的是安焘。此前，安焘已经是同知枢密院，现在是知枢密院。名字看起来差不多，但就这一字之差，让安焘晋级为枢密院的长官。也就是说章惇罢职后，安焘接了他的班。接替安焘的人则是范纯仁。由此可见，朝廷并未听从朱光庭的建议。不过可以肯定的是，范纯仁是谦谦君子，朝廷给他的职务没有引起争议。

台谏官反对安焘，是因为安焘曾是新法支持者。在旧党看来，赶走章惇让安焘上位，换汤不换药。台谏官极力反对授予安焘知枢密院事职务。王岩叟上奏疏说，安焘为人毫无才能，又暗助章惇干了很多坏事。此前没有弹劾安焘，是为了赶走大奸邪章惇，现在朝廷让安焘主管枢密院，以安焘的资质，如何能应对边境大事并做出正确抉择？王岩叟请求朝廷撤回成命，重新安排合适人选。之

---

① 《续资治通鉴长编·卷三百七十》。

后，王岩叟又指责朝廷越级提拔安焘不合礼制，即便格外恩宠，也只能让他与范纯仁同知枢密院，而不应该授予他知枢密院事。王岩叟的这种弹劾显得无理取闹，安焘曾是章惇助手，对枢密院工作很熟悉，不能因为他晋级就说他不懂军政。

有一个现象值得注意，那就是王岩叟弹劾安焘，其实没有任何有力证据，只是认为安焘与章惇关系密切，不应该被提拔重用。王岩叟还将安焘与章惇做对比："章惇之逐，则是陛下知其恶也；安焘之进，是亦陛下知其善也。惇之恶，喧然流播于人，故其逐也，人快之；焘之善，寂然无闻于人，故其进也，人皆疑之。"贬黜章惇天下称颂，重用安焘天下怀疑。

王岩叟憋着一股劲儿，连续上疏。朝廷的态度依然如故。也是从此时起，王岩叟变得越来越刻薄，越来越激烈。他先指出安焘无才，又强调安焘"闻朋附章惇，助为奸言，动摇正论，沮格圣恩"。朋党是宋朝士大夫的死肋，前有寇准、丁谓、欧阳修、范仲淹等人，无不因被卷入朋党旋涡而被朝廷罢黜。而此时，朝廷正企图寻找一种平衡点，既能让台谏官满意，又不至于罢免安焘。

但事实上，根本没有这种平衡点。王岩叟根本没有妥协的意思，他强烈呼吁："今陛下进忠退奸，一新大化之时，而容柔佞杂进，使四海有感陛下之心，忠臣有不自厉之志，其可乎？焘之非才，以久尘枢近，既不能自有所发明，又朋附强臣章惇，助为不公之论，沮格圣政，自当随惇罢黜，而反蒙褒进，更长枢庭，何以协公言？"王岩叟还在贴黄中表示，即便我不弹劾安焘，其他谏官、御史也会交章攻击，到时候必然会带来更大的舆论风波。

王岩叟并非危言耸听，而是提前发现了端倪。紧接着苏辙进言："臣近奏论诸执政才力长短，以谓张璪、李清臣、安焘皆斗筲之人，持禄固位，安能为有，安能为无。"苏辙对这届两府班子并不看好。他表示，"安焘自同知枢密院为知院，度越四人，直行其上，中外惊怪，不知陛下何以取之，而遽至此！臣观焘之为人，才气凡近，学术空虚，不逮中人，仅免过失。先帝特以焘万里涉海，故酬其劳，置之侍从。焘谨默自守，遂至枢府"，若"陛下怜焘，未忍罢去，臣愿令且守旧职，与范纯仁共事"。安焘越级提拔不符合官员管理条例，又是章惇的附庸者，故建议保留其原职。孙觉也指出，当下朝廷"新庶政，若焘，在所先罢者也。不谓陛下因惇之罢，拔范纯仁在密院，纯仁立朝本末，习知边事，非焘之比也"。建议让安焘与范纯仁一起处置军政事务即可。①

一向言论上不饶人的刘挚也上奏疏，认为朝廷给安焘安排的职位不妥。"焘备位执政以来，未闻有一善见称于人，亦不闻有一言少补于国。朋附章惇，助其强横，以养交固宠，中外鄙之。惇既贬逐，焘亦自当罢去。陛下笃于恩旧，尚且包含，固已为焘之幸，岂可一旦无故超越左右两丞及门下、中书侍郎，而暴有进擢？臣不知陛下以何名进焘，谓有德邪？有功邪？"刘挚的奏疏能反映他的脾性，还是那么嫉恶如仇，还是那么慷慨激昂。不过这次刘挚倒还理智，他觉得既然所有台谏官都没有驱赶安焘的意思，自己也就顺势建议朝廷让安焘保留原职即可。

之后，刘挚与孙升再论安焘的任命问题，但朝廷依然没有撤回成命的意思。这时候，就需要给事中审核安焘的任命书。有意思的是，当朝廷将诏命交给事中审核时，给事中两次驳回了此诏书。这下子朝廷没有罢安焘，却将给事中给罢职了。也就是说，由安焘任命引发的问题，已经让给事中落职。刘挚、孙升马上进言，认为朝廷罢免给事中的举措不妥。他们还指出此风不能开，不然谁还敢为朝廷效力？

总之，这一段时间，台谏官轮番上疏，态度强硬，大有"有安焘没我们"的意思。台谏官还谴责高太后和哲宗对他们的弹劾无动于衷，是不信任他们的体现。

此后，王岩叟因给事中封驳安焘任命书一事不断上疏。高太后被台谏官吵烦了，终于在二十八日让王岩叟、朱光庭进宫，安抚他们的情绪。高太后的一番话很有味道，值得王岩叟、朱光庭好好品味：其一，台谏官都是公正的人，所论也都是职责所在。高太后还表示台谏官弹劾安焘的事情，也都合情合理，这次朝廷用了安焘，以后就不会再擢升了。另外，朝廷很重视台谏官的言论，对于台谏官举荐的人（程颐）也毫无保留地重用了。其二，朝廷用人都是经过深思熟虑的，尽量做到所用之人都是大家心悦诚服的，"差除，若是他有人望，不惜。他合得人望，自然无言语，掩人口不得"。比如罢黜蔡确如此，起用韩缜也是如此。其三，自古以来知人善用是难题，尧舜尚且难以做到。高太后还表示章惇是因无礼被罢黜，非朝廷恶意打击新党，"章惇毁韩缜、李清臣、张璪、安焘如奴仆，帘前亦无礼。便是平

---

① 《续资治通鉴长编·卷三百七十》。

交，亦须存事体。这里是其处，七八次将入文字来，甚不逊。改更事，天下人皆喜，只惇不喜，本候他自请，图教去得好。却是他如此，不免贬去"。高太后解释了朝廷近来罢黜和起用人员的初衷，透露出在人才去留问题上朝廷也很艰难，希望台谏官不要再为难朝廷了。

然而，王岩叟、朱光庭却没有听出高太后的弦外之音，或者说他们听出来了，但装作不明白。他们固执己见，"惟是今升安焘为知枢密院一事，便是朝廷阙失，臣等诚不忍容焘妄进，却累全美……伏望圣慈取天下公言，且令焘只居旧职，上则不伤陛下之恩，下则不起众人之议，中则使焘居之亦安，庶全陛下日进之盛德。此臣等区区之心，所以报陛下也，惟乞留神听纳"。高太后苦口婆心解释了半天，希望这两位台谏官代表放手，可根本无法撼动他们心中的执念。高太后也只能作罢。

与此同时，安焘也寝食难安，台谏官的弹劾让他无所适从。蔡确、章惇尚且难以抵挡，比起蔡、章二人，安焘不论在资历、威望还是才学等方面都差一大截。朝廷授予的知枢密院事职位仿佛成了一只烫手的山芋，安焘觉得应该尽早摆脱它才能自保。因此，当朝廷的任命书传达到他眼前时，他拒绝接受。这就让朝廷很尴尬，强行压下了那么多弹劾奏疏，希望让安焘上位，可他自己先做缩头乌龟了。为了打消安焘的顾虑，朝廷打算让王岩叟宣读安焘的任命敕书，不出所料王岩叟拒绝宣读。同一天，朝廷连续下达八道诏令，安排朝廷的新布局。这里面有对地方提刑官的授权和任命，也有罢黜水磨茶的诏命，还有对军政事务的处置。总之，朝廷忙起来了，不再就安焘任职之事与台谏官扯皮。

此后，台谏官也见好就收，没有再提出异议。不过在月底时，殿中侍御史吕陶上了一份数千言的奏疏，陈述了哲宗即位、高太后垂帘听政以来，朝廷的种种问题。比如，大臣相互猜疑，不能尽诚竭力，以至于造成了"尚且依违偷惰，务习故态，观望反覆，互持两端"。吕陶认为造成这些的原因有三点。这其实也是一种警示。其一，现在将神宗制定的法令全部更张，日后哲宗亲政，我们这帮人都会是罪人。其二，国家用钱的地方很多，若不从民间汲取，怎么能满足用度？如今一切都放开，国家的财政收入日渐萎缩。其三，司马光老了，不可能继续施行新政，蔡确、韩缜、章惇、张璪都等着司马光去世，安焘、李清臣是左右摇摆派，哪一派对他们有利他们就投奔哪一派。①不得不说，吕陶的见识的确超过了同时期的大多数台谏官。

接下来，吕陶就围绕自己提出的三个方面的担忧，展开了论述。"然则欲改法者，他日将至于无罪，不欲改者，他日将至于有罪，不当私忧而过计也。谓国家用度非取于民不能足乎？则今日之议法，非不取也，惟患小人苛刻而取之多，故参酌中道，而除去烦苛，乃百姓足，君孰与不足之义也。"这是指责某些官员畏首畏尾，害怕将来获罪，不敢为国尽心竭力服务。"谓司马光老而且病，将不能终其事乎？则修讲法度，本为宗社万世之计，不问光之存亡。假使光虽物故，而朝廷图治之意，岂肯中辍哉？亦何必望望然幸光之死，谋人之国，而立意如此，是昔日负先帝，今日负陛下也。"有些人认为司马光身体状况不佳，担心司马光去世后，朝廷再次改变策略，因此工作得过且过。然而，这些人不明白的是，即便司马光去世，国家的法令坚不可摧，新政依然会推行，他们这种患得患失的心态必然是先负先帝，再负圣上。

再比如，"当熙宁、元丰之际，小人之党，棋布于天下，急利者争敛财，急功者争用兵，结民怨，起边祸，日甚一日……以民事验之，其极也，则有市易之息，有堆垛之利，有江湖之盐法，有京师之茶禁；以军政验之，其极也，有乞弟之役，有兰州之取，有灵武之役与永乐之陷……"元丰年间，都是小人作祟，鼓动神宗发动变法，才有了市易、茶盐等法令，才有了兰州之战、灵武之役、永乐之陷等险情。还有，"是以罢市易，则尚存抵当；放保甲，则须俟岁首；黜江淮运盐之臣，则迁延累月而后行；遣川蜀按茶之使，则巧为之词而不发。至边鄙之大患，存舍之长策，皆置而不议。及司马光一献差役之法，则昌言其疏，窃笑其迂，其徒从而和之，妄传章惇有五利七难之说"。司马光提出恢复差役法，实在有些可笑，怪不得章惇用"五利七难之说"反驳。

吕陶又从朝廷罢黜蔡确、章惇事件入手，指出韩缜、张璪能力低下，无法出任宰执，请求朝廷罢黜他们，"缜、璪辈犹备位，实未厌天下公论也。伏望陛下特出

---

① 《续资治通鉴长编·卷三百七十》："一曰先帝之法岂可遽改，他日嗣皇亲决万机，则吾属皆有罪；二曰国家用度至广，非取于民何以足，今一切蠲放余利，则遂见阙之；三曰司马光老且疾，将不能终其事。萌此心者，蔡确、韩缜、章惇、张璪是也。安焘、李清臣则依阿其间，俯仰徘徊，以伺势之所在而归之尔。"

圣断，以辨君子小人之分，无使邪正杂处于朝。罢黜缜等，以谢天下，则王道之成、政体之纯，一易如反掌耳"。①

然后，吕陶从韩缜、张璪生平经历翻起，先指责韩缜心胸狭窄，不适宜担任次相，"伏见韩缜自备位宰府以来，内外文武百执事，至于闾阎聚落之人，无不窃议交毁，以为非据。盖其人自为小官以至大吏，行检乖僻，誉望衰轻。有所欲为，则任其狠愎，而继之以无耻……"几乎把韩缜描述成了十恶不赦之人。吕陶又对张璪进行弹劾："张璪之为人柔邪猥佞，善能窥人主之意，随势所在而依附之，往往以危机中人。"张璪无底线，能做到今天职位，都是阿谀奉承、揣测圣意争宠所得。

弹劾完宰执，吕陶又列举了福建、江西、湖南等路盐法弊端，将盐法比喻成流毒。又指出："江西、湖南运盐添额之害，皆惇所倡，周辅辈从而和之也。按惇备位二府，不以道辅朝廷，而乃首建邪议，与小人相附会，苟利肆毒，贻害生民，其罪甚大。今蹇周辅、张士澄、魏纶、朱彦博等皆已黜逐，而惇独不问，非大公至治之法，无以戒天下。惇虽以悖慢罢免，而运盐之过未治，意朝廷未知也。臣愚伏愿陛下付有司根治其罪。"这是借用茶盐之法，对章惇进行再次打击的前奏。或许章惇本人都想不到，他已经离开朝廷，但朝廷里面关于他各种"罪行"的争论一刻也没有停下。

吕陶又对朝廷的选人制度进行问责，他认为新政以来，朝廷破坏了原来的制度，很多选拔上来的"知州、通判、知县并在京库务、寺、监丞阙六十余处，并归中书取旨选差之后，除吏之弊，私徇浸多"。中书省不应该插手选拔官员的事情。吕陶还列举了一些中书省安排到地方的具体官员名单，建议将这些人都进行罢黜。另外，对于政策性晋升的官员，吕陶也发出了质疑，斥责铨选部门没有严格按照晋升制度来管理官员，很多官员尚未达到晋升的年限，吏部的官员就对其进行提拔。

详细分析吕陶的这些指责，打击范围很大，覆盖面很广，吕陶第一次出场就惊呆了整个官场。谁也没想到这位台谏官如此与众不同，他几乎是逮谁咬谁。只是台谏官肆无忌惮谈论国政、弹劾官员，朝廷亦能对此置之不理。

吕陶连着谈论很多政事之弊后暂时歇息了。接下来，其他台谏官又绕回到安焘的问题上来。三月初二，左司谏王岩叟再次进言，指责朝廷授予言官弹劾资格，却

---

① 《续资治通鉴长编·卷三百七十》。

对言官弹劾的事情不予回应，尤其是安焘，"交章论奏，而多士之议，喧然不平，盖非公望所与也"。若朝廷不愿意听从台谏官的建议，那就请朝廷罢免台谏官。①苏辙也说："陛下必谓先朝旧臣，无大过恶，不可轻弃，则同知枢密院任用不轻。陛下必谓已行之命，不可中止，则命之未行，臣等无由预议。若既行之后，又不得言，则朝廷设置台谏竟将安用？"三月初三，御史中丞刘挚建议："速降指挥，追还焘等告命，依国朝典故行下。所有门下侍郎及尚书省官属、吏部官吏各有前项罪状，伏乞以臣此章并前后论列文字，付外施行。"台谏官的意见很统一，不收回任命安焘为知枢密院事的诏命，就集体辞职。这是此前他们惯用的伎俩，且屡试不爽。

朝廷还没来得及回应，此时关于废除新科举考试的争论再起波澜。而首提科举制度改革的人当仁不让是司马光。

## 废除新科举制度

在司马光讨论废除新科举之前，朝廷详定役法领导小组上了一份调查报告："乞下诸路，除衙前外，诸色役人只依见用人数定差。今年夏料役钱住罢，更不起催。官户、僧道、寺观、单丁、女户出钱助役指挥勿行。"这是说，除了衙前役法外，从今年起，各种役人的征调都要提前计划好，不能随便乱加各种服役名目。各路的赋税也要酌情减免，官户、僧道、寺观、单丁、女户等不再承担役钱。这无疑是个好消息，不过完全背离了当初朝廷设立免役法的初衷。苏辙曾指出，熙宁变法前，徭役重，百姓苦不堪言，变法后，赋重役轻，百姓依然苦不堪言。现在全盘否定，百姓的负担的确减轻了，但国家的财政严重缩水。朝廷显然没有听进去苏辙的建议，继续开展更张役法活动。

详定役法部门显然在极力讨好司马光。还有一点需要解释，这就是为何朝廷唯独保留了衙前役？原因是衙前役不是新法，此项法令宋朝立国时就有，这就与新法没有关系。另外，衙前役是朝廷从民间汲取财富的重要役法之一，不能随便废除。

---

① 《续资治通鉴长编·卷三百七十一》。

事实上，衙前役就是一种职役，其作用是押运官物、看管仓库。这项役法的主要服役主体是上户和州县的低级官吏逐户轮差。然而，衙前役看起来只是简单的役法，但对承担赋税的人来说是一项盘剥严重的法令，因为摊派在户在人头。很多人为了逃避这项法令，不惜伪造身份，甚至以死抗役。

详定役法领导小组认为应当坚持衙前役，也能看出衙前役的确对国家有益处，否则以旧党的能力，废除衙前役只需要一道奏疏。朝廷基本同意他们的建议，但司马光对此持保留态度，毕竟衙前役虽然是一种传统役法，但经过王安石改制后，依然有新法的影子。而只要与新法牵扯上关系，司马光心里就不痛快。不过他没有直接上奏疏请求废除衙前役，而是盯上了熙宁变法时的新科举制度。司马光进言，建议朝廷废除王安石推崇的新科举制度。司马光在奏疏中突出了以下几个方面的内容。

一是"凡取士之道，当以德行为先，文学为后。就文学之中，又当以经术为先，辞采为后"。选拔人才要以品德为先，文学才能为次。考察干部的才能，要重点突出经学，而非注重文辞。在解释这一论点时，司马光从汉代一直说到了隋唐，认为目前朝廷取士改变了原来的类别，譬如目前经术考试只注重"帖经墨义试明经，专取记诵，不询义理。其弊至于离经析注，务隐争难，多方以误之"，造成的后果是"举人自幼至老，以夜继昼，腐唇烂舌，虚费勤劳以求应格"，对"圣人之道，瞢若面墙，或不知句读，或音字乖讹"。这都是主持考试的有司部门的乱作为。在赋诗、论策试中，朝廷注重的也是"专用律赋格诗取舍过落，摘其落韵，失平侧，偏枯不对，蜂腰鹤膝，以进退天下士，不问其贤不肖。虽顽如跖、蹻，苟程试合格，不废高第；行如渊、骞，程试不合格，不免黜落，老死衡茅。是致举人专尚辞华，不根道德，涉猎钞节，怀挟剿袭，以取科名"。

二是王安石推崇的新科考"以一家私学，欲掩盖先儒，令天下学官讲解及科场程试，同己者取，异己者黜"。王安石以私人学说为取士的标准，取士时对支持他新法的学子加以录取，这样造成的后果必然"使圣人坦明之言，转而陷于奇僻；先王中正之道，流而入于异端"。

三是若国家要实施新政更张，不应该继续王安石时期的取士路线，应当"依先朝成法，合明经、进士为一科，立《周易》《尚书》《诗》《周礼》《仪礼》《礼记》《春秋》《孝经》《论语》为九经，令天下学官依注疏讲说，学者博观诸家，自择短长，各从所好"，全面选拔人才。

四是文官每年举荐一名士子，礼部要将举荐人和被举荐人相关信息登记在案，签订举荐责任书，确保所举荐人无作奸犯科行为，否则罪责株连举荐人。每次开科取士时，有举荐人的士子可直接参加特殊科目考试，若无举荐之人，则需要按乡试、省试、殿试逐层进行考试。

五是在举行科举考试时，次序不能乱。譬如，"第一场先试《孝经》《论语》大义五道，内《孝经》一道，《论语》四道"，"次场试策三道，皆问时务"。按照这样的秩序组织考试，从成绩就能分辨出哪些人能录用，哪些人不被录用。另外，对于那些屡试不中的老举人，可以"令试诗赋，随其优劣等第推恩，亦无伤也"。

最后，司马光表示，他所列的这些建议也不一定全面，只是就目前科举考试存在的问题进行了梳理。地方如何教学、如何推选人才，还得请各地学校负责人在一个月内上奏拟出操作办法，朝廷根据这些办法制定方案推行新的科考制度。

以上就是司马光更张科举制度的奏疏，其实司马光提出的每一条建议，都是对王安石《三经新义》取士的反驳。尽管司马光的取士措施看起来很有指导性，但临时变考试大纲、参考书目，对长年按照《三经新义》攻读的士子不公平。因此，朝廷并未立即做出回应，而是需要群议这件事。不过按照以往惯例，只要是司马光的建议，基本可以被采纳，废除《三经新义》科考只是时间问题。

不过，当司马光提出上述建议后，台谏官并未及时附和他。因为此时台谏官的注意力都集中在安焘、韩缜身上。王岩叟先表明自己的态度："今焘差除未安，已累恩德；命令斜出，尤损纪纲。此事最重，实系国体。臣所以夙夜思虑，殆废寝食，屡进愚忠，冀回天意。"说他之所以弹劾安焘，全是为了国家，个人与安焘毫无恩怨。王岩叟还表示，就安焘不能重用问题"谏官御史，议论如一"。

王岩叟的执着在台谏官中是出了名的，朝廷一日不罢黜安焘知枢密院事，他就不断上奏疏弹劾，还批评哲宗"明主惟义是从，不以回已行之命为难"，又引用仁宗计划授予夏竦枢密使职务，遭到台谏官集体反对事例来论述。原来仁宗朝时，由于夏竦曾担任仁宗老师，因此夏竦在临退之际向仁宗索要使相身份，仁宗就答应了他。事后，台谏官集体上疏，反对授予，但仁宗既然答应了夏竦，也不能食言，台谏官遂轮番上疏阻止，最终宋仁宗不得不作罢。这件事与给安焘知枢密院事职务很相似，因此被王岩叟拿来充分利用。①

三月初七，御史中丞刘挚，殿中侍御史吕陶、孙升紧随王岩叟上疏，请求朝廷罢黜安焘。朝廷继续装傻充愣。与此同时，右司谏苏辙的弹劾另辟蹊径，他转而去弹劾韩缜。他先引出君子、小人的概念，然后指出朝廷重用司马光，天下臣服。可同时又重用韩缜，让韩缜与司马光同列，天下议论纷纷。苏辙认为："以臣度之，不过一年，缜之邪计必行，邪党必胜，光不获罪而去，则必引疾而避矣。"然后苏辙反其道而行之，表示若朝廷不愿意舍弃前朝旧臣韩缜，也请将司马光一同罢黜，"使缜自引其类，布列于朝。臣等亦当相率而避之，毋使邪正杂处，而君子终被其祸"。苏辙说话的情商颇高：陛下您要是愿意用韩缜，那就把司马光罢黜了，顺便把这届台谏官也全部罢黜，您爱怎么重用韩缜及其同党都可以。不过，即便苏辙在司马光身上做文章，朝廷还是无动于衷。三月十四日，朝廷让工部尚书孙永出任吏部尚书，吏部侍郎李常出任户部尚书。任命诏书颁布后，李常担心自己难以胜任，找司马光解释。司马光却安慰他，让他安心到户部上任。得到了司马光的认可，李常才去了户部。

与李常、孙永一起任命的还有两个人，"中书舍人胡宗愈为给事中。起居舍人苏轼免试为中书舍人"。苏轼成了中书舍人，又能在朝堂上发表自己的看法了。然而在台谏官轮番进攻蔡确、章惇、韩缜、安焘时，他始终缄默，着实令人费解。可能是这些年外调经历，让他对政治圈子多少有所顾忌。

就在这个时候，范纯仁也提出了辞职。其实这也非常容易理解，范纯仁受父亲范仲淹影响，时刻都以君子来标榜自己。他需要的一切也必须符合礼仪制度，即便是朝廷的任命也是如此。当他得知自己和安焘的任命诏书未经门下省审核而是直接授予后，就非常不安，"窃闻臣今来告命，不曾经门下省审读"。此后，在台谏官轮番进攻安焘时，范纯仁其实也处于风口浪尖上，因为大家总拿他与安焘比。台谏官有多么痛恨安焘，就有多么尊崇他。范纯仁料想安焘心中对他一定充满了敌意。基于种种原因，范纯仁提出了辞职。至少，在范纯仁心中，他不愿意搅入这些争论的旋涡里，他只想为国效力。范纯仁预感到某种危险："今来台谏官若俱有文字，即是朝野公言。其言当，则人皆谓之忠贤；其言不当，则人皆谓之逸党。各自系其名

---

① 《续资治通鉴长编·卷三百七十一》。

节,岂有轻易奏论,非同一人私窃之言,可以误惑圣听。"他也表示,自己宁可辞职,也不愿意让圣上与台谏官分裂,"况陛下临御以来,闻善必纳,从谏如流,今乃于臣命特令不过门下,言者必不肯已,微臣必不敢居。久郁众情,恐失群望,不若因臣辞免,特赐允从。则上可以资陛下纳谏之明,下可以成愚臣安分之志,而俾近臣得职,言路开通"。

对此,高层不能坐视不理。这时候,吕公著出面,他是副宰相,对于这次安焘、范纯仁任命有发言权,"安焘、范纯仁除命,虽已依中旨发下,而中外纷纷,皆以为门下省失官,若言者论奏不已,则恐转难处置。闻焘方固辞不敢受,或因其请,特赐俞允,则朝廷命令不至乖失,其于待焘亦为得体"。吕公著的意见很中肯,他将责任揽在他所在的部门门下省,因为朝廷每一道诏书颁布,最后都需要门下省审核。这是神宗皇帝元丰改制后的新政策。安焘、范纯仁的任命诏书实乃门下省把关不严,应该受到责罚。另外,吕公著也表示由于台谏官的弹劾,安焘本人也不愿接受知枢密院事,建议让安焘和范纯仁同知枢密院。

吕公著的意见出来,朝廷必然要重视起来。于是,高太后就派人拿着手书去询问吕公著:能否不给枢密院设置单一长官,而让两位同知枢密院负责枢密院政事?吕公著则认为此法可行。①于是,朝廷更改了任命书,让范纯仁、安焘共领枢密院,这样既能安抚台谏官的情绪,也能留住范纯仁。否则再僵持下去,范纯仁必然坚决辞职。三月十五日,朝廷重新颁布诏命,经过门下省审核,"安焘坚辞知枢密院事,特依所乞,依旧同知枢密院事,仍令班左丞李清臣上。范纯仁告未经给事中书读,见在阁门,可勾收。别出录黄告身,遍经门下省官施行"②。

如此,安焘的事暂告一段落。但是,谁也没有预料到,更大的风波即将到来。

## 韩缜陷入党争旋涡

此前,朝廷就边境戍卫和军政改制已做过大讨论,司马光也提出了归还西夏市

---

①《续资治通鉴长编·卷三百七十一》:"近蒙除知枢密院事,非才躐等,不协士论,致给事中累行封驳。在臣之分,岂惟新命不敢辄当,至于旧职,亦难安处,望收还成命,俾领近州。"

②《续资治通鉴长编·卷三百七十二》。

镇的建议，苏辙等人也附和司马光。不过，当时由于章惇的反对，此事暂被搁置。

现在朝中"奸邪"尽去，是时候面对这些问题了。其实，在群臣讨论这件事之前，高太后已命梁惟简给文彦博送去了自己的手诏，向文彦博征求治国之道，尤其是治军之道。

> 予宫中阅故事，得卿神宗时所上亲书奏章，见卿论议，切于治要，至诚忧国，忠义可见，深用嘉叹。卿平时所蕴如此，况当兹国难之际，想多忧勤。予佐助机政，斯逾年矣。虽勉勷听览，以天下之广，万几之繁，深虑不逮。顾我元老，宜有咨询。如近者黜陟臣僚，因革庶政，公议不孚。夏国未附，御以何术？卿之所知贤人堪大任者，亟当论荐，用副柬求。并所访事可条具闻奏，切伫至言，以补阙失。①

文彦博不惜拖着老迈的身躯，为高太后写了一份治国、治军、戍边的奏疏。三月十五日，在朝廷终结安焘任职之争后，这份奏疏就送到了高太后手中。

文彦博在奏疏中先表达了对新皇帝即位尤其高太后垂帘听政以来政事的肯定，"自听政以来，发号施令，及进贤退愚，时政污隆，或因或革，小大惬当，中外欣悦……以至罢去市易，减损青苗，免纳役钱，宽保甲按阅之频，遂农民耕种之业，市井畎亩之人，欢欣之声"②。不过文彦博也对户部尚书、侍郎、郎中、员外等官员频繁换人表示担心，希望朝廷慎重处置户部人员，因为接下来的废除新法行动中，户部是最重要的部门。第二层意思是对朝廷人才选拔提出了建议，他的观点是"累玷钧衡之任，惟在荐贤以图报国"。为此，他给朝廷举荐了枢密直学士刘庠、光禄大夫、前吏部侍郎苏颂，朝奉大夫、京西路提点刑狱刘奉世。第三层意思是"自数十年来，养育人材，有所未至"。朝廷此前推行变法时，很多人才都没有得到重用。文彦博建议，各地要多多举荐人才，为国尽力。另外，选拔上来的人才也需要长期观察，综合其能力、品行、特长后授予官职。

以上三层意思，是关于治国理政、人才选拔的建议。其实内容并不新奇，此前

---

① 《续资治通鉴长编·卷三百七十二》。
② 《续资治通鉴长编·卷三百七十二》。

司马光、吕公著等人曾就此展开过讨论。这也很容易理解，毕竟文彦博最擅长的是对边境形势的把控和与外国的邦交事宜。文彦博曾长期戍边，在应对西夏问题上最有发言权。他在奏疏中的谈论也显得从容不迫。

其一，自从去年以来，尽管西夏派使者多次联络，希望归附宋朝，不过在最基本的修岁礼上却没有派人进贡，反映出其奸诈狡黠的本性，由此也能看出西夏并不想真正归附，"当此之际，朝廷亦须有以待之，边臣亦必有以制之"。其二，要吸取教训，时刻关注边境冲突，即便打仗，也得打有准备之仗，"当责成边臣审料贼势，精选谍者，密窥贼形，必先事以待之，使贼计不行，边垒有备，此亦困羌夷之策，为人谋之小胜"。其三，在对待西戎（蕃）问题上要多加训导和安抚，若可以将其首领招至京城，恩威并施，必然能够约束。其四，涉及疆域割让、土地归还事宜，需要慎重对待，群臣商议，不能听信一面之词，"若议及疆土，须庙堂之上，众谋大同，苟有后艰，同任其责。或取与之间，谋有同异，各述利害，理须明白。后或不应，谋果不臧，自任其责"。若按照这种思路处置外患问题，"庙谋一定，边计粗宁，天下小康，堂上高枕"。最后，文彦博的建议是："远大之计，固已先定，出于众智，岂俟臣之过虑。"也就是说，朝廷的任何决策都应先定下基调，让臣子们讨论，通过集思广益，最终形成最完善的方案。

朝廷接受了文彦博的建议，但具体如何操作，还在酝酿当中。

同一天，环庆路经略使范纯粹也给朝廷上了一道关于边境、外交、治军的奏疏。范纯粹是范仲淹的四子，范纯仁的四弟。范纯仁被调回中央后，范纯粹就被安置在环庆路，接替了范纯仁的职位。范纯粹的奏疏，也是朝廷要求上奏的。因此，他的奏疏与文彦博的奏疏一同被呈上。梳理范纯粹的奏疏，主要有以下几个方面内容：

其一，范纯粹表示他多年驻守宋夏边境，对宋夏之间的情况比较熟悉，因此自己有资格谈论目前局势。其二，西夏一直很忠顺，边境也无战事。后来战乱皆因种谔、沈括这些人"希功造事，欺罔朝廷"，忽悠朝廷"以为夏国失势，众怨亲叛，无甚劳费，席卷可平；或请覆巢长驱，或请进筑开拓，致朝廷大举干戈，诸路并兴"。未能实现打击西夏的目的，却因"长驱而无功，亦已进筑而失利，众说并试，一无所成"。最终造成的后果是"徒致关辅疮痍，公私困敝，百姓流徙，国兵凋残"。其三，神宗朝自以为的开疆拓土名不副实。尽管各处有所收复，但这些地方"故寨废州，多非中国所利之地。深在贼境，创为兴修，横添兵屯，倍置器械，加费金帛，益耗刍粮。尽关辅公私之力，曾不足以自支，故日烦朝廷自内应副，而边防衅隙日有可忧"。其四，西夏国力损失尚未恢复，休养生息尚且不能自保，短时间内不会发动战争。其五，宋朝诸路兵马几经战乱，将士战斗力不足，士气低下。其六，边境现在看似平顺稳定，但西夏不来进贡，边疆尚有争议，很难保证西夏一直会保持这种相对和平状态，万一"岁月滋久，彼力渐强，待草丰谷实之秋，弓劲马肥之际，称兵有请，暴肆跳梁"，那时怎么办？其七，建议朝臣对西夏实施拖延政策，关闭榷场，不与西夏表明关系，干耗着必然使其臣服。不过这些都是权宜之计，凭借增加贫困尚不足以让西夏臣服，朝廷应该补充军力，养精蓄锐，防患于未然。其八，如今边事还未平息，一旦发生战争，必然要花费巨大钱财，最好的处置办法就是"令先以前后战阵掳陷官员、使臣、将吏、丁夫悉归朝廷，其所削之地，并从给赐"。

以上八条建议，是范纯粹根据自己的戍边经验提炼总结，是可以放在阳光下任人评论的。但范纯粹在敬呈这份奏疏时，还夹带了一份贴黄。他所要表达的内情，其实在贴黄里。

> ……臣以谓西北唇齿之国，万一北敌狡慢，或一日又以夏国失疆土为言，即朝廷至是却似难为处决。今日机会，恐不可忽，此臣所谓事机贵速者也。臣窃见所得西夏旧城堡寨：如河东路葭芦、吴堡，鄜延路米脂、义合、浮图，环庆路安疆等寨，皆系深在贼疆。于汉界地利形势略无所利，而费刍粮皆是倍价计置，及岁岁劳烦税户远入输纳。至于运致钱帛、器械，置官、遣戍，一一艰苦。今日若行斥弃，委是并无关害。惟是鄜延路塞门一寨，系当中路之冲，平川广阔，去帅府地里甚近，别无地里控扼之险，自得塞门，增远四十余里，可为中路屏蔽，粗为边防之利……[1]

这段文字里，透露出一个重要的主张：西夏旧城堡寨如河东路葭芦、吴堡，鄜延路米脂、义合、浮图，环庆路安疆等寨子都在西夏境内，朝廷虽占据了这些寨

---

[1]《续资治通鉴长编·卷三百七十二》。

子，但因为地理位置等因素，不得不面对钱帛、器械运送困难，置官、遣戍没人愿意去等问题，还不如舍弃，只留下地理位置特殊的鄜延路塞门一寨即可。这就与司马光的建议有些相似了。

很难想象这样的见解，出自一位戍边多年的官员之手。或许文臣不懂战事，或许是范纯粹看出了朝廷更张熙、丰路线的苗头，尤其是司马光主张舍弃这些寨子，因此他才顺水推舟提出这个建议。

对于文彦博、范纯粹的建议，高太后想必细细审阅了，只是这种更张之事，需要挑一个合适的时机来表达。

三月十六日，朝廷忽然降了一道圣旨："以季秋择日有事于明堂。"也就是说，朝廷将于本年秋天在明堂开展盛大的祭祀仪式。这是哲宗即位以来，第一次实施大规模祭祀计划。王岩叟得知此事后，非常振奋，他马上上了奏疏，表达了年老深识之士的渴望："吾君即位以来，发政施仁，全得祖宗之懿。今宗祀礼成，大赉天下，必能宽赋敛，释逋负，求贤才，兴典礼，省刑罚，无遗匹夫，无间微物，无略细事，害之所在，必蠲除之，以慰满群生之望矣。"满目溢美之言。

朝廷对王岩叟这次进言很满意，没有充满戾气的语言，没有泼妇骂街的气势。但这种平静、祥和的氛围很快被打破了。详定役法的人员，给朝廷提交了阶段性调查报告："坊场、河渡钱，元用支酬衙前重难、添酒钱等，准备场务陪费。如此之类，名件不一。除依条合支外，欲并拘留，以备招募衙前，支酬重难及应缘役事之用。"依然是官员衙前役的问题。废除新法行动时刻在推进，时刻也在受阻。谏官认为这都是韩缜尚在朝中的原因，所以驱赶韩缜离朝又成了这一阶段的重要工作。这次先发言的是苏辙。其实，自弹劾宰执人员伊始，苏辙的火力便集中在蔡确、韩缜身上。现在蔡确已离朝，韩缜就是他的靶子。苏辙谴责朝廷对韩缜"皆留中不出，人人惶惑"。他认为韩缜之所以不辞职，朝廷也不罢黜，主要原因在于皇帝想留下韩缜，这显然是只顾个人私心而置台谏官弹劾于不顾。苏辙列举了仁宗朝时"所用宰相二三十人，其所进退，皆取天下公议，未尝辄出私意"，指出"终仁宗之世，台谏不敢矫诬，而宰相不敢恣横"，现在韩缜不被罢黜，就是宰相专横的表现。苏辙又分析了蔡确、章惇被罢黜的经过，强烈建议罢黜韩缜。如若不然，就请圣上严惩台谏官以正典刑。

几天后，高太后召御史中丞刘挚、殿中侍御史吕陶进宫，与他们商议苏轼、胡宗愈等人的任用问题。这次进对，高太后重点谈论了苏轼。高太后非常欣赏苏轼，认为苏轼很有才学，但多年未受重用，建议授予要职。刘挚则认为苏轼向来都不入流，贸然重用会招致非议，建议先公议一下。高太后认为刘挚冥顽不化，完全不按照她的意思来，便不再询问。见高太后不再谈苏轼的问题，刘挚便开始谴责韩缜，"缜素无学术，言词浅陋，夤缘执政，无一善可道。人之善恶才否，懵然不知。近日差除，但用私意，招致物论，怨讟并兴。窃恐渐肆邪志，败坏公道，上负委任，下妨贤路"。接着，又陈述了坊间的流言，表明韩缜不得人心，希望朝廷尽快罢黜，以安天下。高太后没有表态，但表示朝廷很重视台谏官的意见，只要台谏官发现国政阙失、人事调整有疏漏，都可以进言。

不久，王岩叟就给朝廷上疏，请求开展救灾活动。原来，就在近日，京城忽然着了一次大火，很多百姓房屋被毁。王岩叟对此忧心忡忡，他甚至提出将同文馆、旧尚书省、三班院等部门空闲房子腾出来，用于安置灾民。①刘挚和王岩叟的建议让高太后很为难。但是给言官言论自由的权利可是高太后自己说的。此时，最好的办法就是拖延时间。

废除新法的行动在有条不紊地持续推进中。朝廷下诏："罢熙河兰会路经制财用司，其本路财利职事并入陕西转运司。如有措置事，速具闻奏。其熙河路合得钱物，许兑那应副，即不得将充别路支费。经制司旧官候交与转运司方得离任。"这完全是奔着熙河路的边境钱物去的。当年，朝廷为了拓边，每年给熙河路百万钱物，设置财用司负责具体开支，现在罢黜财用司，也就意味着之后熙河路的各种费用不再是专款专用，而是需要从陕西转运使那里申请。②只是朝廷忽略了一个问题：一旦发生战争，粮草运行不便，将会带来怎样不堪设想的后果？

此后，朝廷又下诏："应差除并更改事件，令六曹限画黄录到，画时关报御史台并门下、中书后省谏官案，从御史中丞刘挚请也。"对需要更张的法令，六曹要以黄纸书写，且要将画黄报给御史台、中书、门下等部门审核备案。这也就让台谏官全程参与到新法废除行动中来。这种诏命，又成了元祐时代的一个特色。按照宋朝的制度，台谏官的主业是监督监察，但此时的台谏官还要负责审核废除新法相关

---

① 《续资治通鉴长编·卷三百七十二》。
② 《续资治通鉴长编·卷三百七十二》。

方案。此风一开，台谏官谈论新法就名正言顺了。比如，左正言朱光庭就对天下青苗钱的使用提出了自己的建议。监察御史孙升则斥责江西湖南盐法损害百姓利益，当地一些官员胡作非为，利用盐茶法盘剥百姓，建议罢黜这类官员，"独提举江南西路常平等事刘谊，乃能上疏极言利害，谊夺官勒停。而江南西路转运使刘淑，再任本路，首尾五年，坐视毒虐其民，曾无一言，今乃除祠部郎中。伏望特正蒋之奇、刘淑之罪，复刘谊之职"。朝廷于是果断处置了这些官员。

御史孙升与其他台谏官不同，他想了很久决定利用保甲法来弹劾韩缜。在孙升看来，神宗朝"道德之泽熄，而礼义之俗坏；三代井田之法废，而兼并之徒兴。千百年间，积习陵夷，兵民乃判"。在全国各地推行的保甲法中，河北的祸患最为严重，原因也很简单，那就是在河北推广保甲法的刘定、狄谘（狄青之长子）等人瞒上欺下，"内纵巡教指使，恣为诛剥，外为姑息宽假，抑沮州县，使法令行乎其民，大肆冯陵，公行恐喝，故真定、获鹿之变起于后，而澶、滑之盗作于前"。刘定、狄谘到处盘剥百姓，生事起变，导致"深郁士民之愤"，希望朝廷处置这些人。孙升在贴黄中怒斥刘定、狄谘把朝廷"教场内地所种菜，配卖与保甲，取其人为己用"，实在可恨。

因为孙升的进言，朝臣再度关注到韩缜了。刘挚也进言，他高举祖宗大法，列举了太祖、太宗、真宗、仁宗、英宗朝的名相赵普、李沆、王旦、王曾、吕夷简、富弼、韩琦等人，夸赞他们的德行和能力。刘挚又肯定朝廷起用司马光的正确决定，但对于让司马光、韩缜同时为相表示极不认可，"韩缜者，与光为左右仆射，对秉国钧，同持大政，光欲为此，则缜为彼矣，光欲一，而缜则三矣，为光者不亦难乎！"。司马光要施行的各项政策，都会被韩缜予以否决，两位宰相政见不合，使司马光为难，更不利于国家长远发展。最后，刘挚建议"宜罢缜相位，或虚位以待贤者可也"。①此时，朝廷尽管没有表态，但明显对韩缜的维护已有所松懈，这也就意味着韩缜罢相是时间问题了。

与此同时，为了壮大台谏队伍，刘挚给朝廷举荐了林旦、韩川、上官均三人。随即，朝廷下诏，授予考功员外郎林旦为殿中侍御史，承议郎韩川、权发遣开封府推官上官均为监察御史。

---

① 《续资治通鉴长编·卷三百七十三》。

## 苏轼反对司马光

三月底时，韩缜已不再参与更多政事，他或许已预料到自己的结局，静静等待命运的安排。有意思的是，就在韩缜居家待罪期间，台谏官忽然不再弹劾他了。韩缜打探了内幕，才知道台谏官又开始盯着新法更张问题了。

朝廷先下诏，让御史中丞刘挚、右正言王觌、刑部郎中杜纮重新刊修元丰敕令格式。这是刘挚提议的。刘挚认为，祖宗之法之所以被人推崇，至今对国政有益，主要的原因是坚持法度不变。现在国家法令更改很多，导致天下不能适应。刘挚建议："明法之用，选择一二儒臣有经术、明于治体、练达民政者，将庆历、嘉祐以来旧敕，与新敕参照去取。"紧接着，右谏议大夫孙觉也提出了类似问题。高太后一贯主张恢复旧路线，见刘挚这样说，与她心意暗合。于是，高太后就将修订法令的事情交给了刘挚等人。①

朝廷如此安排，是不是意味着要改元丰路线了呢？的确如此，现在朝中无人阻拦恢复庆历、嘉祐路线，朝廷当然要恢复到以前的状态，彻底摆脱新法造成的阴影。

中书舍人苏轼有话要说，他也上了一道奏疏，不是为新党辩解，也非给旧党撑腰，而是执行中书舍人"封还词头"职责，拒绝为小官沈起草拟任职诏书。需要注意的是，苏轼的拒绝绝非简单的反驳，其文隐隐透露出对旧党们一味否定神宗事业的抗议。

> 臣伏见熙宁以来，王安石用事，始求边功，生隙四夷。王韶以熙河进，章惇以五溪用，熊本以泸夷奋。沈起、刘彝闻而效之，结怨安南，兵连祸结，死者数十万人。……今以一朝散郎监岳庙，诚不足计较，窃哀先帝至明至当不刊之语，轻就改易，诚不忍下笔草词，遂使四方群小，阴相庆幸，吕惠卿、沈括之流，亦有可起之渐，为害不细。伏乞圣明深念先帝

---

① 《续资治通鉴长编·卷三百七十三》。

"永不叙用"之语，未可改易；而数十万性命之冤，亦未可忽忘。明诏有司，今后有敢为起等辈乞叙用者，坐之。所有告词，臣未敢撰。①

在分析这道奏疏之前，这里先简单谈谈苏轼的变化。此时的苏轼已步入中年，经过"乌台诗案"和数年黄州垦荒生活，他从士大夫阶层变成了自耕农苏东坡，身上已没有了当年"愣头青"的色彩。他也逐渐理解了王安石变法的深刻含义，对变法有了新的认识。他甚至觉得那些减轻农民负担的新法尚有可取之处。这在苏轼写给友人滕甫（滕元发）《与滕达道书》中可以找到证明："盖谓吾侪新法之初，辄守偏见，至有异同之论。虽此心耿耿，归于忧国，而所言差谬，少有中理者。今圣德日新，众化大成，回视向之所执，益觉疏矣。若变志易守，以求进取，固所不敢；若晓晓不已，则忧患愈深……"②正是随着这种心态的变化，苏轼对事物的看法也发生了改变。他的思想更加深邃，对待人生的态度更加练达。在文艺创作方面，他在诗词、书法、绘画等领域都有巨大的飞跃，比如书法《寒食帖》成为北宋行书第一，比如他的诗词，意境更加深远，很多都成了千古名作。

在对待国家政事方面，苏轼也成熟了很多。这次朝廷调他回朝，他清楚这一切都是司马光的功劳。若非司马光举荐，他可能还得在黄州种几年地。因此当他回到汴京后，先拜访了司马光，想聆听司马光的教诲，还对今后国家的施政方略期以有所了解。不过与司马光交谈之后，苏轼才恍然发现，自己一向敬重的司马光对新法竟持有如此深沉的恨意，对此，他有所保留。之后，当司马光上奏疏痛批新法为"毒瘤"时，苏轼没有站出来说话。当台谏官进攻蔡确、章惇、韩缜、安焘等人时，苏轼依然没有表态。他需要思考眼前的局势，尽己所能，更多地为国家建言献策，尽一份自己的力，而非站在朝堂上与台谏官、宰执争论不休，那样不但起不了任何作用，反而可能将自己再次卷入党争。

现在，通过苏轼经历的变化来分析这道奏疏，就能看出其中蕴含的意味。苏轼不愧是文坛领袖人物，写奏疏隐晦又不失主见。首先，王安石推行新法，贪图战功，搞得边境不得安宁，宋朝四邻之间关系日渐紧张。王韶、章惇、熊本也附和王

---

① 《苏轼全集·卷五十三·奏议二十七首》。
② 苏轼：《与滕达道书》，《全宋文·卷一八九六·苏轼四八》。

安石挑起战事。此后，沈起、刘彝等人效仿王安石，与南夷结怨，让苏缄一家坐受涂炭，造成两广地区至今都没有臣服朝廷。神宗本打算处置此二人，都是王安石庇护，他们才免于被处罚。元丰六年三月二十四日，朝廷降下圣旨："沈起所犯深重，永不叙用。"当时天下称颂。这是介绍沈起、刘彝不被重用的背景。此后，朝廷不顾神宗皇帝先前圣旨，重新起用沈起、刘彝。刘彝尚能秉持公心，努力为国效力。沈起则本性不改，不思报效国家，继续为非作歹，"人材猥下，素行憸险，庆州兵叛，起守永兴，流言始闻，被甲乘城，惊动三辅，几致大变"。在地方为官时，沈起"措置尤为乖方，致灾伤之民，死倍他郡。与张靓等违法燕饮交私，靡所不至"。

接下来，苏轼表达了自己的立场："窃哀先帝至明至当不刊之语，轻就改易，诚不忍下笔草词，遂使四方群小，阴相庆幸，吕惠卿、沈括之流，亦有可起之渐，为害不细。伏乞圣明深念先帝'永不叙用'之语，未可改易；而数十万性命之冤，亦未可忽忘。明诏有司，今后有敢为起等辈乞叙用者，坐之。所有告词，臣未敢撰。"他说，作为臣子，他想起了先帝"不刊"沈起的圣旨，不敢轻易为沈起写任命诏书。若此风一开，小人们定会暗地庆幸，吕惠卿、沈括这些小人也可能死灰复燃，到时候必然会给国家造成损害。因此，他还是建议遵从先帝遗愿，永不复用沈起。这也是他拒绝为其草拟任命诏书的原因。

这个奏疏乍看没有出奇之处，无非是拒绝为沈起草拟任命书，但里面隐隐流露出遵从神宗路线的意思。只是苏轼将这种情感表达得很隐晦，不深究，很难发现。这是否也隐约反映出苏轼对眼下一刀切废除新法举措的不满呢？

既然苏轼反对，沈起的任命也就被搁置了。

此后，司马光再次向朝廷举荐了程颐，认为朝廷给程颐的任命要符合其性格，"不可太轻，亦不可太重"。因为此前朝廷给了程颐很多职位，但程颐拒不接受。朝廷也不撤回任命诏书，程颐就半推半就领薪不做事。高太后当然要给首相大人这个面子，也考虑到程颐老夫子的脾性，给程颐思谋新岗位。三月二十四日，朝廷下诏，授宣德郎程颐为通直郎、崇政殿说书。但程颐依然不愿意接受这个官儿，当面向高太后提出辞职，高太后不许。程颐悻悻而退后，给朝廷上了份很长的奏疏，摆明自己的姿态：朝廷让我给小皇帝当老师，我接受这种安排，但如何教授小皇帝课业，得按照我的规矩来，否则我不愿意接受这个任命。

程颐的奏疏遭到了刘挚的反对。在刘挚看来，程颐这是矫情，朝廷不嫌他布衣出身，他却嫌这嫌那。刘挚还表示自古以来的那些名士，不过是"皆盗虚名，无益于用"，程颐也无非"以迂阔之学，邀君索价而已"。放眼天下，像程颐这样的人一抓一大把，朝廷让他出任帝师，他却给朝廷提意见，简直不识抬举。但刘挚显然对司马光有所顾忌，毕竟程颐是司马光所荐之人，因此他在贴黄里又说："惟望速降圣旨，依颐辞免，但命之以初官，试之以西京教授，庶几成颐之志，全颐之节，以息群议，而亦不害异日擢用也。"①

然而，朝廷也考虑到了司马光的举荐因素，加之程颐在儒学界的声望，让这样的人给小皇帝当老师总归没错。因此，朝廷同意了程颐所请，任由程颐按照自己的方法教导哲宗。而刘挚一看朝廷铁了心要重用程颐，也不再发表言论阻止了。

既然朝廷答应了程颐所请，程颐便高兴地上岗了。不过，这位以孔孟之学标榜的大儒，言行举止过于迂腐古板甚至不近人情，十二岁的小皇帝讨厌他，群臣也厌恶他。比如，刚刚上任，程颐就常常以老师自居，讲课时表情凝重庄严，说话时也经常无所顾忌，哪怕眼前之人是皇帝。或许在程颐眼中，即便是皇帝，也不过是他的弟子而已，而弟子就应该尊崇老师的地位。试想早慧的哲宗对这位自负的老头得有多讨厌。可是没办法，这是祖母高太后安排的人，哲宗也只能接受这种安排。有一次，程颐听闻哲宗看到一群蚂蚁在爬行就主动躲避，给蚂蚁让路。事后，程颐问哲宗是否有这回事。哲宗回答说有，程颐就夸赞哲宗懂事，还要求哲宗："推此心以及四海，帝王之要道也。"②哲宗只能满口答应。

当然程颐教授小皇帝经学只是国家的一小部分内政，此时朝廷中最大的动作是新法废除运动。一项项法令也开始颁布："诏罢提举熙河等路弓箭手营田蕃部司。""诏府界诸路人户买扑坊场见欠课利，并抽纳贯税钱及过限倍税钱，令户部许以息罚钱充折官本，已纳及官本即放免。并坊场净利钱，见今孤贫不济，即权住催理积欠，免役钱与减放一半带纳。其败阙坊场、委实停闭，官司不为受理词诉。令依旧认纳课利、净利者，疾速根究诣实，所欠课利，特与除放，讫，以闻。""乞罢榷酤之禁。""户部修定郑、滑州捕盗赏钱法。"……③这些修订的法令绝大多数

---

① 《续资治通鉴长编·卷三百七十三》。
② 《续资治通鉴长编·卷三百七十三》。
③ 《续资治通鉴长编·卷三百七十三》。

出自户部，这就能理解司马光为何那么重视户部侍郎的人选了。

与此同时，在弹劾韩缜问题上，王岩叟依旧很执着，他引用外界的传闻："在缜一身，怀禄耽宠，不畏清议，不过自弃其身而已，无损朝廷。盖方圣人在上，以廉耻厉天下，而宰相无知耻之风，此于朝廷为损大矣。"韩缜没有廉耻之心，不主动辞职，枉为人臣。王岩叟表示这是天下人的言论，非他故意攻击，"以缜为公辅，其用不用，于臣等无所系，所系者，朝廷之重轻，天下之休戚，四夷之信否耳"。罢黜不罢黜韩缜，对我们言官无关紧要，但对于朝廷却至关重要，天下人能否不再说闲话，四方是否信服，全在朝廷的决断。

为了罢黜韩缜，王岩叟几乎拼尽全力。这个生来就好斗的人，职场生涯里最喜欢的事便是不断弹劾。王岩叟还表示，陛下您要是不罢黜韩缜，我们就天天上奏疏烦您。朝廷尽管回应了王岩叟，但态度模棱两可：这件事容后再议。王岩叟受挫下场休息，右正言王觌接棒，王觌的弹劾是翻旧账，不直接攻击。因为翻旧账远比直接骂人更奏效。有时候，作为言官的台谏人员，同样的话说多了，高太后、哲宗耳朵会起茧子。王觌连发四问，一气呵成："夫缜闺门之内，悍妾贪虐，父子之间，天性疏薄，其治家如此，而能上助陛下理阴阳、顺四时，下育万物之宜乎？……敢为私徇，虽暴着而无所畏惮，如其侄宗道，本为避嫌，而更超迁其官是也，其任情如此，而能为陛下使卿大夫各任其职乎？"

此时，殿中侍御史林旦进言，将朝中支持变法者归为王安石一党："凡此朋类，相济以权，相交以利，相报以恩，中外侧目，孰不畏惧？"斥责蔡确、章惇、吕惠卿、王安礼是天下共知大奸，他们附和王安石，自为死党；斥责张璪、李清臣左右摇摆；斥责吕惠卿兄弟、蔡京兄弟"骤迁迭用，多据要剧"。如此，林旦的弹劾目标也凸显出来——张璪。林旦表示，尽管陛下罢黜了蔡确、章惇等人，但张璪等人还在朝中，他每时每刻"与其党逐日夜冀其复用"。这帮人很恶毒，他们"反指台谏官论事太烦，动摇人心，以惑圣聪"。

弹劾完张璪后，林旦又向邢恕开火，因为就在此时，林旦听闻邢恕正在疏通关系，希望回朝为官。林旦说："以恕之资浅罪大，出知节镇，已是宽恩。窃虑执政中有素党恕者，密加营救，渐乞召还，以为鹰犬；奸邪入朝，必无安静之理，伏望留神省察。"①

　　监察御史孙升也弹劾张璪，建议罢黜。四月初二，为了安抚台谏官的情绪，朝廷罢正议大夫、守尚书右仆射兼中书侍郎韩缜为光禄大夫、观文殿大学士、知颍昌府。②罢黜韩缜的制辞显得意味深长："至诚屡抗于封章，自讼恐妨于贤路，异乎矜功要名而去，尤得难进易退之体焉。"这是说韩缜辞职的原因是担心阻挡贤才之路。还说韩缜之所以不主动辞职，是因为要向朝廷索要功名，这完全是胡说八道。韩缜在朝这段时间以来，没有任何政绩，反而陷入台谏官弹劾泥沼不能自顾。他不辞职的原因只有他自己知道吧！

　　韩缜也离开了，剩下张璪一个人继续成为台谏官监督的对象。朝廷自此会安稳下来吗？

## 废除新法和与西夏邦交同步进行

　　旧党驱赶新党费尽周折。现在终于达到目的了，张璪一个人在朝，他也翻不起多大浪花，李清臣是个左右摇摆的人，他应该投靠旧党吧！这是韩缜被罢黜后，旧党的集体想法。

　　韩缜被罢黜后，高太后遣入内内侍省押班梁从吉拿着手诏去找文彦博了。此时，文彦博已退休，在洛阳闲居。此前，高太后就边境防务征询过文彦博的建议，文彦博也洋洋洒洒写了数千言，陈述自己对军制、外交、战争等的看法。尽管当时朝廷没有立即采取其意见，但高太后记下了文彦博的建议。现在她派侍从找文彦博，是希望文彦博出山，继续为国家效力。召文彦博回朝的诏书措辞显得格外温馨。③ 文老您是三朝元老，德高望重，名扬四海，朝廷想让您继续来效力，等诏书传达之日，您可以让孩子陪着坐使者车舆进京，行李让河南地方官收拾好了送到京

---

①《续资治通鉴长编·卷三百七十三》。
②《续资治通鉴长编·卷三百七十四》。
③《续资治通鉴长编·卷三百七十四》："卿践更二府，弼亮三朝，名闻四夷，功在天下。注想元老，渴见仪形，宜疾其驱，副我虚仁。诏书到日，卿可肩舆赴阙，并男贻庆居中随侍。令河南津置行李。"

城即可。

当然，以上召回文彦博的理由是放在明面上的话，实际上另有内情。当初蔡确罢相，朝廷让司马光出任首相，司马光不接受，建议召回文彦博。高太后拒绝了司马光的提议，坚持让司马光担任首相。现在韩缜被赶出朝廷，次相位置空缺，这时候召回文彦博其实就是为了接替韩缜。高太后在与司马光书信来往时，也表达了这个意思："卿前者所奏文彦博为相，今韩缜乞罢，欲如卿前奏，除彦博太师、兼侍中、行右仆射事，与卿协力赞善。其合行恩礼次弟，卿相度条奏，亲书实封进入。"但司马光觉得文彦博资历、威望都在自己之上，建议让文彦博出任首相，他担任次相。高太后对此持有不同意见："卿忧国远虑，不为身谋，其亦可知。今若一旦使彦博居卿之上，于予所以待卿之意，深未允当，卿更思之。"司马光再次推辞，高太后还是不同意。

文彦博成为次相似乎已成定局。此时，朝廷内外流传着各种关于文彦博回朝的消息。大家都觉得，这次召回文彦博，一定会让其进驻两府。这个消息很快被御史中丞刘挚捕捉，在刘挚看来，文彦博身体垂垂老矣，恐怕力不从心。于是，他给朝廷建议："召彦博以本官朝朔望，遇有军国大事，特赐宣召，询以筹策，不须官政婴之。夫以三师之尊，独承天子清问，献纳以决大议，而不劳以事，此陛下之所以尊礼旧德者至矣。不亲于权，以进强君道，不疲于职，以休养老境，而无累于出处之际，此亦臣子之可以处而安也。恩协义称，无以易此。伏望决自圣心，使天下无异辞。"这完全是为文彦博着想，很有道理。但朝廷没有做出回应，一切的变更，还得等文彦博到京城后再研究。

在文彦博没有抵京这段时间里，朝廷各处废除新法活动如火如荼开展着。譬如，下令全国诸路灾伤赈济并贼盗公事由转运司兼管，地方治理的贼盗赏钱可由青苗息钱里支出等。这就是对原来新法的一种修改，再次加大了转运使的权力。三省、枢密院、六部等重要部门也各有不同事务性的建议、请示提交朝廷，请求朝廷最后的批示。朝廷对这些事务一律许可。

台谏官也没有闲着。分管河北事务的刘挚发现地方官李南公、范子奇借着实施水利工程项目的名义，向朝廷索要资金，被发现后竟然谎话连篇，拒不承认罪行。建议对这种不忠于朝廷之人予以严惩。殿中侍御史吕陶也请求有司核治范子奇、李南公之罪，以戒欺慢。此后，这二人被各罚铜十斤。①

若说刘挚、吕陶的建议只是事务性弹劾的话，右司谏王岩叟的奏疏就不亚于炸雷。这次，王岩叟将目光对准了三舍法。这是神宗、王安石一起推行的法令，最早见于王安石《乞改科条制奏疏》。所谓三舍法，就是用学校教育选拔取代科举选拔人才的新法令。当时，朝廷把太学分为外舍、内舍、上舍三舍，每一舍学子人数不同。学子可通过参加入学考试选拔进入外舍（官员子弟可以免试即时入学），在外舍学习期满考试合格进入内舍，再由内舍到上舍，经过层层考试，最终在上舍学业合格者可以直接授予官职，不再进行考试。当初朝廷设立三舍法的初衷是为了解决科举考试"一考定终身"的问题。正如王安石所说："宜先除去声病对偶之文，使学者得以专意经义，以俟朝廷兴建学校，然后讲求三代所以教育选举之法，施于天下，庶几可复古矣。"这项法令其实非王安石独创，在仁宗朝时，欧阳修、范仲淹等人就建议兴建学校培养人才，"伏以古之取士，皆本于学校，故道德一于上，而习俗成于下，其人材皆足以有为于世。自先王之泽竭，教养之法无所本，士虽有美材而无学校师友以成就之，议者之所患也"。但当时由于多种因素影响，朝廷没有落实这项政策。等到了王安石变法时，这项由学校培养人才的计划才得以实施。王安石的实施步骤是："所对明经科欲行废罢，并诸科元额内解明经人数添解进士，及更俟一次科场，不许新应诸科人投下文字，渐令改习进士，仍于京东、陕西、河东、河北、京西五路先置学官，使之教导，于南省所添进士奏名，仍具别作一项，止取上件京东等五路应举人并府监诸路曾应诸科，改应进士人数，所贵合格者多，可以诱进诸科向习进士科业。"②这个建议得到了神宗认可，于是三舍法推行了。其间，并未有很多官员反对，因为不管是科举考试还是三舍法，对于朝廷官员的子弟影响不大，科考有恩荫，即便是三舍法，官员的子侄也可以免试入学。后来，司马光就废除明经科发表过意见反对三舍法，但没有起到作用。

现在，王岩叟再次盯上了三舍法，可以预想三舍法的命运。此时王岩叟弹劾的并非三舍法本身，而是三舍法的性质，三舍法是新法，这才是问题的根本。王岩叟提出废除三舍法，恢复科举考试选拔人才。

① 《续资治通鉴长编·卷三百七十四》。
② 《临川先生文集·卷四十二·奏疏》。

应当说，三舍法和科考两者各有利弊，如何推行，在于落实层面，而不是非得比出孰优孰劣。苏辙也就此提出了自己的意见。苏辙永远都是一副很理智的样子。他每次的奏疏，都摆事实、讲道理，让人无可反驳。这次，苏辙就废除王安石《三经新义》提出了自己的建议。其一，司马光早先提出恢复诗赋考试，朝廷议而未决，请求朝廷落实司马光的建议。其二，明年要举行秋试，朝廷若要更改考试科目，请抓紧时间制定修改方案，若迟迟不能修改，必然导致惶惑懑乱，天下的士子无法复习。其三，在明年科举考试时，考生对"经义兼取注疏及诸家议论，或出己见，不专用王氏之学"。其四，制定科举考试相关范式，等到下一次（元祐五年）时，一切流程就能进入正规化运转。

苏辙的建议有理有据，也是对未来科考做出了规划。朝廷立马就同意了。接下来，就是如何落实诗赋考试了。

紧接着，朝廷就颁布了一道诏书，"应合试选人年五十以上历两任，六十以上一任，无赃罪及私罪情重，并今任非停替者，并与免试"。五十岁以上参加过两次科举考试和六十岁以上参加过一次科举考试没有考中的，只要没有违法犯罪记录，就可以免试授予官职。这对于那些屡试不中的老士子而言，无疑是一种照顾，但这明显破坏了公平取士的方略，许多一辈子都考不上的人能有多少真才实学？

就在苏辙谈论废除《三经新义》取士问题时，边境上也出现问题了。一大股敌人入侵宋朝西面边境。范纯粹虽指令各地拦截狙杀，但宋军也损失不小。范纯粹在奏疏中用了很多笔墨陈述了此次战争的经过，表示边境将士完全按照朝廷此前旨意落实预防西夏入侵，但依然未能阻挡偷袭。此次失利后，范纯粹提出了新的应对办法。朝廷之前的圣旨要求，一旦有敌人入侵，各路之间须相互援助。这条策略看起来没有错，但重点在防范。范纯粹的意见是各路负责各路，对资源进行整合，做到军队战斗力最大化。如此一来，即便防范敌人入侵，也能自顾自，不必要相互援助，浪费人力物力。①

与此同时，枢密院给朝廷上奏疏，表示西夏遣使者鼎利、罔豫章等人祝贺哲宗

---

① 《续资治通鉴长编·卷三百七十四》："若本路兵力可以御捍，枉有拖拽邻路军马，及被关路分妄托事故不为应付，自依朝廷约束施行。如此，则不惟事机之际可以应猝，兼令策应军兵于平日闻听习熟，人自为备，缓急遣发，不至纷扰。臣愚所见如此，更乞朝廷详酌。如其可采，即乞删润立法，速降诸路，早令施行，庶将来防秋，便可遵守。"

即位，请求朝廷遣官员出使西夏。朝廷就派了西京左藏库副使王克询带着赏赐物去西夏了。

在与西夏的和平邦交问题上，司马光也发声了。一场大病让司马光感受到死亡距离自己越来越近，他要用余生有限的时光，为朝廷多做些实事。这时候的司马光，恨不能一天当两天用。司马光在奏疏中指出："臣先于二月中曾上言，乞因新天子继统，下诏悉赦西人之罪，与之更始。虽未还其侵疆，且给岁赐，待之如故。此道大体正，万全无失。既而执政所见，各有异同，沮难迁延，遂屏弃不行。"他二月份请求朝廷在新皇帝登基之际，赦免西夏的罪责。当时朝廷虽未归还其堡寨，却继续给他们赏赐岁币，以示优容，促使宋夏关系有所缓和。后来，因执政大臣意见不统一，他提出的这个办法也就不曾实施。

接下来，司马光提出了处置办法。如今西夏已遣使者前来祝贺哲宗登基，不如乘此机会下诏同意其所请，施以羁縻。这样做对两方都好。如若不然，惹恼了他们，他们就会泄愤，或者进攻边境，或者在相互来往的书信中出言不逊，等到那时，朝廷威严扫地，还无法再招纳他们，得不偿失。

最后，司马光表示，他为了国家"消患于未萌"，夙夜忧叹，废寝忘食。司马光的重点是："谋佥同然后施行，则执政人人各有所见，臣言必又屏弃。凡边境安则中国安，此乃国家安危之机，伏望陛下察臣所言甚易行而无后害，可使华夷两安，为利甚大，断自圣志，勿复有疑。"强调这件事不能与其他官员商量，否则，他的提议一定通不过，而他的提议一旦通不过，造成的结果必然是边境不得安宁，边境不安则国家不安，请陛下再三考虑后，作出决定。

司马光甚至连朝廷给西夏的诏书都草拟好了，只需要皇帝和太皇太后点头即可。

> 朕闻王者奄有四极，至仁无私，靡间华、夷，视之如一。……自今申敕将吏，严戢兵民，毋得辄规小利，扰彼疆场。凡岁时颁赉，命有司率由旧章，必使桴鼓不鸣，烽燧无警。彼此之民，早眠晏起，同底泰宁，不亦休哉！可布告中外，咸使知闻。①

---

① 《续资治通鉴长编·卷三百七十四》。

司马光此举是否手伸得太长了呢？即便他是首相，也没有草拟诏书的权力吧，不然要两制官有何用？但只要高太后主政，司马光这样做就可以。显然，高太后认同了司马光的意见，这也意味着朝廷要以安抚态度对待西夏，给他们归还土地，再给他们岁币，这样西夏就消停了。

朝中无人反对。

司马光又将目光聚焦在民生方面。他关注民生的理由是，他看了很多朝廷奏疏，发现了各处汇报流民多的问题，请求朝廷予以救济，稳定社会。①应当说司马光的建议很中肯，因为这一年到处都是灾情，天下并不平静。三省给朝廷的汇报奏疏里也说："府界诸路久旱，夏苗灾伤人户披诉，访闻州、县多不为收接，使被灾之民重困。"要求地方官开展救济。右谏议大夫孙觉也给朝廷上疏，指责地方官员不报灾情："淮、浙灾伤，米谷踊贵，虑盗贼因缘而起，乞差官体量，广行赈济。遍下诸路转运提刑司，灾伤各以实言，不实者坐之。灾伤虽小，而言涉过当者不问。如此则诸路不敢不言，朝廷随灾伤之大小，赈济而防虞之，则四海之内无仓卒之忧矣。"

当大家都在关注灾情时，王岩叟转向其他方面的调查，他发现尽管朝廷已颁布废除保马法的相关法令，但地方在落实时，依然没有尽心尽力，保马法还在有些地方施行，给当地百姓带来了巨大灾难，希望朝廷予以调查，彻底废除保马法。这其实就是政策执行力的问题，很多时候，中央制定的政策在底层执行时，往往就会出现各种问题。

总体来说，废除新法运动已深入各个阶层。朝廷连免役法都开始废除了，还有什么是不能废除的呢？

这段时间是以司马光为首的旧党最为风光的日子，他们施行的每一项法令都没有人阻拦。很多地方官想着办法向中央表忠心，掀起轰轰烈烈的废除新法运动。王

---

① 《续资治通鉴长编·卷三百七十四》："伏睹近降朝旨，令户部指挥府界诸路提点刑狱司体量州、县人户，如委是阙食，据见在义仓及常平米谷速行赈济。仍丁宁指挥州、县多方存恤，无致流移失所，此诚安民之要道。然所以能使流民不移者，全在本县令、佐得人。欲乞更令提点刑狱司指挥逐县令、佐，专切体量乡村人户，有阙食者，一面申知上司及本州，更不候回报，即将本县义仓及常平仓米谷直行赈济。"

安石当年费尽心血推行的一项项法令，在众目睽睽之下化为乌有，这对王安石的打击非常大。王安石亲眼所见自己毕生的事业被这些人毁灭，他的人生也走到了终点。

## 王安石去世

王安石病逝于元祐元年（1086）四月初六，"癸巳，观文殿大学士、守司空、集禧观使、荆国公王安石卒"。

王安石的一生，充满了争议，一直到近千年以后的今天，人们对王安石的看法依然不尽相同。有人认为他功业千秋，为北宋振兴立下了汗马功劳。也有人认为王安石变法是导致北宋灭亡的主要原因。

先来看看各个时代人对王安石的看法。宋代旧党之一的韩琦说："安石为翰林学士则有余，处辅弼之地则不可。"意为王安石出任翰林学士，能做到游刃有余，但他不能担任宰辅。但是神宗不听，让王安石出任宰相，掀起变法，导致变法失败。这既是宋室的不幸，也是王安石的不幸。①

宋代理学大师朱熹评价王安石："以文章节行高一世，而尤以道德经济为己任。被遇神宗，致位宰相，世方仰其有为，庶几复见二帝三王之盛。而安石乃汲汲以财利兵革为先务，引用凶邪，排摈忠直，躁迫强戾，使天下之人，嚣然丧其乐生之心。卒之群奸嗣虐，流毒四海，至于崇宁、宣和之际，而祸乱极矣。"②和朱熹同时期的理学大家陆九渊也评价王安石："……新法之议，举朝喧哗，行之未几，天下忧忧，公方秉执周礼，精白言之，自信所学，确乎不疑。君子力争，继之以去，小人投机，密替其决。忠朴屏伏，佥狨得志，曾不为悟，公之蔽也。熙宁排公者，大抵极诋訾之言，而不折之以至理，平者未一二，而激者居八九，上不足以取信于裕陵，下不足以解公之蔽，反以固其意成其事，新法之罪，诸君子固分之矣……"③朱熹、陆九渊基本对王安石的学术造诣持肯定态度，但对于变法并不

---

① 《宋史·卷三百二十七·列传第八十六》。
② 《宋史·卷三百二十七·列传第八十六》。
③ 梁启超：《王安石传·绪论一》，海南出版社，2001年版。

认可。

宋代大儒罗大经在其著作《鹤林玉露》中说："其裂而不复合者，秦桧之罪也。渡江以前，王安石之说，浸渍士大夫之肺腑，不可得而洗涤。渡江之后，秦桧之说，沦浃士大夫之骨髓，不可得而针砭。"①

明末清初思想家、教育家，颜李学派创始人颜元评价说："荆公廉洁高尚，浩然有古人正己以正天下之意。……用薛向、张商英等治国用，用王韶、熊本等治兵，西灭吐蕃，南平洞蛮，夺夏人五十二寨，高丽来朝，宋几振矣。"②

清代学者蔡上翔在《王荆公年谱考略》中说："荆公之时，国家全盛，熙河之捷，扩地数千里，开国百年以来所未有者。南渡以后，元祐诸贤之子孙，及苏、程之门人故吏，发愤于党禁之祸，以攻蔡京为未足，乃以败乱之由，推原于荆公，皆妄说也。其实徽、钦之祸，由于蔡京。蔡京之用，由于温公。而龟山之用，又由于蔡京，波澜相推，全与荆公无涉。"③这个评价基本中肯，反对将北宋灭亡的责任推在王安石身上。

近代变法派梁启超先生在其《王安石传》绪论部分，引用各种前人评价来肯定王安石。梁启超自己也说："以不世出之杰，而蒙天下之诟，易世而未之湔者，在泰西则有克林威尔，而在吾国则荆公。"④

近代史学家吕思勉在他的著作《中国通史》中评价王安石及其变法："王安石的变法，旧史痛加诋毁，近来的史家，又有曲为辩护的，其实都未免有偏。王安石所行的政事，都是不错的。但行政有一要义，即所行之事，必须达到目的，因此所引起的弊窦，必须减至极少。若弊窦在所不免，而目的仍不能达，就不免徒滋纷扰了。安石所行的政事，不能说他全无功效，然因此而引起的弊端极大，则亦不容为讳。"⑤

黄仁宇先生在他《赫逊河畔谈中国历史》中也指出，王安石能在今日引起中外学者的兴趣，端在他的经济思想和我们的眼光接近。他的所谓"新法"，要旨不外

---

① 《鹤林玉露》。
② 梁启超：《王安石传·绪论一》，海南出版社，2001年版。
③ 《王荆公年谱考略》。
④ 梁启超：《王安石传·绪论一》，海南出版社，2001年版。
⑤ 吕思勉：《中国通史》第三十四章《北宋的积弱》，中国社会科学出版社，2013年版。

将财政税收大规模地商业化。他与司马光争论时，提出"不加赋而国用足"的理论，其方针乃是先用官僚资本刺激商品的生产与流通。若经济的额量扩大，则税率不变，国库的总收入仍可以增加。这也是现代国家理财者所共信的原则，只是执行于十一世纪的北宋，则不合实际。①

以上列举的只是极少数几例，王安石历来都是争议性较大的人物，相信每个读宋史的人心中都有一个王安石。不过历代以来，对王安石的评价可以总结为以下几点：一是南宋以来对王安石的评价是否定的，以宋高宗赵构为主的一批人为了重塑父兄形象，命人重修《神宗实录》，对王安石极尽诋毁。在他们眼中，若朝廷延续祖宗之法，而不实行变法，北宋可能不会灭亡。正是因为王安石变法，引起了一连串的问题，直接导致了北宋灭亡。也就是说，在南宋主流意识层面，王安石是北宋灭亡的罪魁祸首。当然，这也不是说所有人都持此论点，比如前面列举的朱熹、陆九渊等人并不认为王安石应对北宋覆灭承担主要责任。二是元明清以来，对王安石的评价有褒有贬。但主流意识形态，还是延续了南宋以来对王安石的看法。三是近现代以来，对王安石的评价有肯定说、否定说和不完全肯定说。在这些评价里面，梁启超先生的评价无疑影响巨大，他对王安石的贡献是肯定的。四是外国汉学家对王安石给予了高度评价，认为王安石在北宋国力提升、制度改良等方面有重大贡献。

那么，司马光又是如何看待自己的这位"政治宿敌"的呢？这里必须得将视角再次拉回元丰八年（1085）到元祐元年（1086）之间，对那段时间王安石的处境进行分析，来反映司马光对王安石的打击。

王安石第二次罢相后，神宗继续推行了变法。元丰改制只是对朝廷机构的改革，新法基本没有触及。直到元丰八年神宗去世，新法才在旧党的攻击下，开始被提上废除日程。神宗去世后，朝廷没有召王安石进京，他只能在江宁府祭奠神宗。同时，他也对新法推行充满担忧。司马光复出后，批判新法为"毒瘤"，痛斥新法祸国殃民，强烈建议废除新法。此时，虽然家里人对王安石刻意隐瞒朝局动荡，但王安石从当地的各项政策中，隐隐感觉到来自朝廷高层的决策。不过他已经罢相，无权过问朝政，只能任由司马光一派打击新党，排斥异己，废除新法。王安石似乎

---

①黄仁宇：《赫逊河畔谈中国历史（增补本）》，九州出版社，2015年版。

已预感到新法的命运,有了心理准备,但当免役法被废除时,他还是难以抑制巨大的悲痛。据史料记载,当时有个从京城回到江宁府的士子,告诉王安石朝廷废除新法的一些举措后,王安石受到了严重打击,这宛如亲眼看着自己修建的国家大厦被一点点拆掉,可以料想到王安石当时的状态有多么糟糕。据野史记载,王安石得知免役法被废除后,一夜未眠,他用笔在墙上写满了司马光的名字。①此后,王安石的身体一天不如一天。终于在四月初六这一日怀着悲愤和遗憾离开了人世。

王安石去世的消息很快传到了京城,按理说,王安石作为前宰相,他的去世朝廷无论如何都应该表示慰问和哀悼。但朝廷将此事交给了司马光处理,这也能理解,司马光是首相,处置前宰相的安葬事宜,也是其一项重要工作。不过谁都清楚,因为熙宁变法,王安石与司马光几乎势同水火。朝廷却将此事交给司马光,看司马光如何处置。

一个"拗相公",一个"司马牛"。亦敌亦友,君子之争。似乎冥冥之中,这两个人之间永远有牵扯不清的纠葛。

司马光与吕公著商量处置王安石丧礼问题。司马光给吕公著写了封信。

> 介甫文章节义过人处甚多,但性不晓事而喜遂非,致忠直疏远,谗佞辐辏,败坏百度,以至于此。今方矫其失,革其弊,不幸介甫谢世,反覆之徒必诋毁百端。光意以谓朝廷特宜优加厚礼,以振起浮薄之风,苟有所得,转以上闻,不识晦叔以为如何?更不烦答以笔札,扆前力主张,则全仗晦叔也。②

这实际上就是对王安石生平的一种总结评价,也是朝廷最后给王安石写神道碑制书的指导意见。细细分析这封信就能发现,司马光在开头除了肯定了王安石文章过人外,对其推行的变法全盘否定。不过,司马光预料王安石去世后,很多人可能

---

① 《高斋漫录》:"元祐初,温公拜相,更易熙、丰政事。荆公在钟山,亲旧恐伤其意,不敢告语。有举子自京师归,公问:'有何新事?'对曰:'近有指挥,不得看《字说》。'公曰:'法度可改,文字亦不得作乎?'是夜,闻公绕床行至达旦,于屏上书'司马光'三字,凡数百。其胸次不平之气概可见也。"

② 《续资治通鉴长编·卷三百七十四》。

会落井下石攻击他，便提议用朝廷之礼厚葬王安石，足见襟怀坦荡，令人钦佩。尽管他们的治国理念有那么多不同，但司马光还是善意地给了王安石较为合理的安葬规格。

最后，为王安石撰敕的任务落在了苏轼身上。苏轼与王安石之间，也有着千丝万缕的联系。王安石实施变法时，苏轼就是最先站出来反对的几个人之一。王安石对苏轼并没有施加打击，只是外调而已。此后，李定、舒亶等人炮制"乌台诗案"，苏轼被卷入文字狱风波中。李定等人构陷苏轼"愚弄朝廷、妄自尊大、衔怨怀怒、指斥乘舆、包藏祸心、讽刺政府、莽撞无礼、对皇帝不忠……"，以上这些并非一连串的词语（成语）叠加，而是一项项罪名罗织。看这些罪名，足以将苏轼杀头了。当时受牵连的人很多，许多官员也不敢向皇帝求情。苏轼被关在京城大狱里几个月。除苏辙苦苦乞纳舍弃自己的官职"以赎兄轼"外，也有一些官员冒着危险，通过不同方式解救苏轼。但神宗没有轻易放过苏轼的意思，直到已罢相的王安石派人送信向神宗求情，加之神宗因祖母太皇太后曹氏病重而大赦天下，这才免了苏轼的死罪。此后，苏轼就以黄州团练副使的身份，在黄州居住数年不得回朝。直到神宗去世，在司马光、吕公著等人的建议下，苏轼这才回到了京城。相传，苏轼在回京之前，曾到金陵去看望王安石，两人有过一次促膝长谈，苏轼也表示并不介意此前的恩怨。想不到苏轼进京几个月后，王安石就病逝了。

接到任务后，苏轼沉思良久，回首往事，然后提笔写下了《王安石赠太傅》。

> 敕。朕式观古初，灼见天意，将以非常之大事，必生希世之异人，使其名高一时，学贯千载，智足以达其道，辩足以行其言，瑰玮之文，足以藻饰万物，卓绝之行，足以风动四方，用能于期岁之间，靡然变天下之俗。
>
> 具官王安石，少学孔、孟，晚师瞿、聃，罔罗六艺之遗文，断以己意；糠秕百家之陈迹，作新斯人。属熙宁之有为，冠群贤而首用，信任之笃，古今所无。方需功业之成，遽起山林之兴，浮云何有，脱屣如遗。屡争席于渔樵，不乱群于麋鹿，进退之美，雍容可观。
>
> 朕方临御之初，哀疚罔极，乃眷三朝之老，邈在大江之南，究观规摹，想见风采，岂谓告终之问，在予谅暗之中，胡不百年，为之一涕。於

戏！死生用舍之际，孰能违天；赠赙哀荣之文，岂不在我！宠以师臣之位，蔚为儒者之光。庶几有知，服我休命。可。①

王安石去世了，朝廷下诏："再辍视朝，赠太傅，推遗表恩七人，命所在应副葬事。"算是对王安石家人的一种格外恩赏。但王安石因为被旧党诋毁，他的葬礼显得冷清而暗淡，没有朝廷御赐的神道碑，也没有多少人参加。一代名相的传奇一生就此永久谢幕。

在"元祐更化"的大背景下，已经被时代抛弃的王安石的去世不过是一段小小的插曲。不久之后，朝廷将右谏议大夫孙觉调整到给事中职位上，并让他依旧兼侍讲。这是因为韩缜被罢黜，孙觉作为韩缜密友，不能继续在台谏任职。

与孙觉一样，中书舍人苏轼的工作也变了。朝廷让他加入详定役法小组，参与役法废除工作。早在二月份朝廷商议废除免役法时，苏轼就表示反对全盘否定新法，还提出了修订新法的十二条建议。为此，苏轼与司马光展开了长时间的讨论，但司马光根本不听苏轼的建议反而对他心生芥蒂。苏轼气得回到家后，大声喊叫："司马牛！司马牛！"言外之意是司马光倔强如牛一般，即便口若悬河的苏轼，也无法撼动司马光的决心。此后，苏轼对于朝廷废除新法的举动基本持冷眼旁观的态度。

不久，朝廷下诏："已降指挥，守太师致仕文彦博赴阙，独班起居，减拜，令阁门取旨，兴国寺戒坛院安下班迎。朝见日，就兴国寺戒坛院赐御筵。宰相执政官起肩舆，至下马处，子弟一人扶掖。出入仪制依见任宰臣。签赐令客省依例赐十日人从，大程官二十人，从人二十人，散从官一十人，权差宣武兵三十人。"说明文彦博即将入朝，这些都是为文彦博准备的，对待文彦博要像对待宰相一样。若单纯从文彦博的威望来看，他的确有资格享受这些待遇。然而，朝廷这次调回他的目的并不单纯。司马光一党尽管赶走了朝廷里的绝大多数新党，但在废除新法时，他们依然感受到了阻力。他们要用四朝元老文彦博来做后盾或者不如说挡箭牌。文彦博本人也意识到召他回朝是为废除新法保驾护航。但他还是来了。

四月初七，朝廷调整了一批官员岗位。如，将朝散大夫马默调整为司农少卿，

---

① 《东坡全集·卷一百六》之《外制制敕六十七首》。

原朝请大夫、司农少卿范子渊知兖州。就此事，还引得苏轼不乐意，上疏为范子渊辩解。再如，朝廷将朝奉郎、左司员外郎高遵惠调整为直龙图阁、太仆寺少卿。吏部郎中梁焘为太常少卿，吏部郎中顾临为秘书少监，太仆寺少卿韩宗道为左司郎中，司勋郎中赵君锡为右司郎中。①这些人中，梁焘会在以后大放异彩。

此后，各个部门都投入国家法令更张之中，台谏官也不再以弹劾官员为主，而是紧盯着新法废除工作。这些部门里面，最忙的要数户部。因为要想顺利废除免役法，户部要发挥重要作用。新任命的吏部侍郎李常等人夜以继日为朝廷效力。

在此期间，户部左司郎中张汝贤上了一道奏疏，很有针对性。

> 窃闻熙宁初庙堂之议，始以国用不足，大讲理财之法，其后利入浸广，费用随增，非复囊时之比也。今既有所改为，则自兹以往，课入当复有限，调度之费，不可无节。欲乞诸路转运司，会计自熙宁以前岁入几何？岁用几何？朝廷常供之外，非泛所须者，岁亦几何？熙宁以后岁入几何？岁用几何？朝廷非泛所须者，岁亦几何？仍具出某事之费，因某法而有，今某法既改，则某费可罢。要以省不急之用，量入为出，则无异时不足之患。②

他提出了很多问题，其实这些问题不需要答案，朝中官员人人都清楚。张汝贤最后的结论是：朝廷要恢复到熙宁以前，国家的钱财要"以省不急之用，量入为出，则无异时不足之患"。这就要求全部官员勒紧裤腰带过日子，勤俭节约，废弃王安石那一套不择手段的理财之法。

相信熟悉这段历史的人都非常清楚，王安石与司马光最大的争议在于对天下财富的理解。司马光认为，天下财富有一个定数，不在官就在民，若朝廷过度搜刮，民间财富必然减少。而王安石的理念恰巧相反，他可以不增加赋税，就让国库充盈。此后，两个人的尖锐冲突基本也围绕这一点。现在张汝贤再次提出要节俭过日子，自然是回应司马光，将局面拉回熙宁之前。但司马光理都没理张汝贤。

---

① 《续资治通鉴长编·卷三百七十四》。
② 《续资治通鉴长编·卷三百七十四》。

此时，监察御史上官均就国家财政收支问题向朝廷建言："臣闻财用出于一司，则有无多少得以相通，差缪攘盗得以稽察，故财无妄出之费，而国无不足之忧。然后可以裕民之财力，而仁泽被于天下。"新法推行以来，导致"不过关报宝货之所入为数若干，其不足若干，为之拘催岁入之数而已。至于支用多少，不得以会计，文籍舛谬，不得以稽察，岁久朽腐，不得以转贸"。如此，国家到底有多少钱，就没有定数。最后，他建议"宜因官制之意，令户部、太府寺于内藏诸库得加检察，而转贸其岁久之货币，则帑藏有盈衍之实，而无弃败之患，国用足而民财裕矣"。朝廷的态度很积极，同意了上官均所请。

如此，争论不休的新法废除运动掀起一浪又一浪高潮。

## 第五章 在斗争中更张法令

> 马、吕两公非无忧国之诚也,而刚大之气,一泄而无余。一时蠖屈求伸之放臣,拂拭于蛮烟瘴雨之中,悁悁自得。上不知有志未定之冲人,内不知有不可恃之女主,朝不知有不修明之法守,野不知有难仰诉之疾苦,外不知有睥睨不逞之强敌,一举而委之梦想不至之域。群起以奉二公为宗主,而日进改图之说。二公且目眩耳荧,以为唯罢此政,黜此党,召还此人,复行此法,则社稷生民巩固无疆之术不越乎此。呜呼!是岂足以酬天子心膂之托,对皇天,质先祖,慰四海之孤茕,折西北之狡寇,而允称大臣之职者哉?
>
> ——王夫之《宋论》卷七

## 在乱局中治理国家

整个四月是从废除更张新法开始的。右司谏苏辙进言,继续建议将保甲充任军队,减少不稳定因素。苏辙表示,目前很多地方已落实这项政策,京畿诸县也应该效仿河北经验。朝廷没有回应。四月十二日,朝廷调整范纯礼为吏部郎中,职方郎中李周为太仆少卿,承议郎、右司郎中张汝贤为直龙图阁、江淮等路发运副使,勾当皇城司、内侍押班刘有方令再任。范纯礼是范纯仁的弟弟,张汝贤不久前刚刚上疏建议整顿理财机构。朝廷这次人事调整似乎暗含此用意。

有意思的是,朝廷刚刚给一批官员迁官,随即又颁布了一道诏书,强调人才举荐时的纪律问题。

> 内外待制、大中大夫以上,举第二任通判资序,曾历亲民差遣,堪充转运判官者各二员,余依今年二月二日举监司指挥。到官之后,才识昏愚,职业堕废,荐才按罪,喜怒任情,即各依本罪大小,并举主并加惩

责施行。①

这是说，朝廷原本要求内外待制、中大夫级别以上官员可以给朝廷举荐人才，但这些官员举荐的所谓人才多碌碌无为，难堪大任。究其原因，主要是举荐官没有认真考察被举荐人的品行、能力、才会出现这种情况。现在，朝廷颁布诏书，对那些没有作为的官员和举荐人一起惩罚，以儆效尤。御史中丞刘挚乘机弹劾狄谘、刘定两人，指出他们"与外处宫观差遣，反以清局优俸养之，伏请别行黜责"。朝廷同意了刘挚所请。

国家的一切，似乎都在按既定计划完善和更张中。与之前不同的是，这次三省也参与进来了。比如，三省给朝廷建议："中书省诸房承受到尚书省取旨文字，如有进呈讫，留俟呈后并不行文字，并限三日内报知尚书省。其勘会未圆、须合再行取会者，亦限半月一次，具见取会未绝事目报尚书省。诸房各置送中书省文字簿，候报到勾销。"这是中书省、尚书省之间相关业务制度的完善，解决了原来在相互传阅文书时拖延时间的问题。又如，"应系因给纳常平、免役事添置丞、簿，并行省罢。内县丞如委是事务繁剧，难以省罢处，令转运司存留，保明以闻。"这是对免役法中增设岗位的官员的裁减。若这些地方官手头尚有未结束的工作，就交给转运司处理，各地要立即落实行动。

最忙的部门要数户部了。千头万绪困扰着这个部门，每一项工作都需要他们制定出可行性方案，再征求朝廷的意见。比如，户部建议对"每三年重定乡村坊郭等第人户隐落家业，乞展限十日，许人告论。看详欲依元丰令日限，将嘉祐编敕内一月改为六十日"。也就是说，此前朝廷制定新法更张时限定时日，完全没有考虑到实施层面因素。因此，很多政策在推行时，时间远远不够。类似重新确定乡村坊郭户等级问题，一个月很难实现，只能请求朝廷将时间延展到六十天之内。联想之前新法更张的诏命，不难发现，所谓的废除新法运动，其实充满了旧党个人的小恩怨。

对军制的改革也在同步进行。众所周知，熙宁变法成果的最终体现是开疆拓土，且为了达到这一目的，朝廷实施了保甲、保马等法令。即便是用免役、青苗等

---

① 《续资治通鉴长编·卷三百七十五》。

法聚敛来的钱财，也要用在开疆拓土上。变法是因，开边是果。因既消弭，果必不复存在。因此，此时对于军制的更张也是废除新法的一项重要内容。

有人给朝廷上奏疏，指出西北军队里存在的问题："窃见泾原路蕃兵人马分隶诸将，每遇点集，缓急应敌，并与正兵错杂部队，一处使唤。窃缘蕃兵本外夷之族，素性反覆，存在阵队之间，有似未便。兼又自来不经训练，或临寇敌，多是不明号令。又虑纷乱行伍，因致误事。"西北军团特殊的军制是神宗时期为了提升战斗力而制定的。尤其是对蕃兵和汉兵分开管理，要求各路分管各路，遇到敌军时相互配合。这种举措是为了加强作战纪律。现在在某些人眼中，蕃汉分开管制的军制就成了"特例"。建言之人认为要改变这种特例，"欲乞今后凡遇点集、驱使之事，委是将、副临时分那一员，专切总领，别作头项"。设立官员要求"专切总领"，将蕃汉兵马进行整合，完全打乱原来的军队配置。幸好高层很清醒，没有立即采纳这一建议，只是让泾原、环庆、鄜延、秦凤路经略都总管司就此事发表意见。

环庆路的范纯粹接到朝廷的要求后，马上写了一份奏疏："相度得蕃、汉兵马，委是不可杂用，须合别行更制。虽然，若依臣僚所奏，须遇点集驱使，临时分那将、副，选差使臣管押，即恐人情素不相谙，缓急遇敌之际，不相为用。"范纯粹对臣僚提出设置"专员"问题并不认可，理由也很简单，贸然选派将帅，与军士不熟悉，很难指挥军队作战。应当说，在对西北军队改制问题上，范纯粹最有发言权。范纯粹也提出了应对朝中改制军队的办法："宜于逐将下选择廉勇、有心胆、晓蕃情使臣一二员，专充蕃兵部将，使于平日钤束训练。凡有出入，便令部领，外仍轮那将、副一员，统领使唤。其遇敌之际，或令居先，或令在后，难以预立条约，并系统领将帅临机处画。"[①]范纯粹还展开了系统论述，并提出朝廷实在要选拔专员，也请优先考虑"廉勇、有心胆、晓蕃情使臣"之人。

可能是范纯粹的建议起了作用，西北军制改革问题暂时被搁置。不过，军费问题又成了争论的焦点。熙宁变法时，由于推行各种法令，朝廷国库充盈，应对战事也有底气。自从更张新法运动以来，军费不足就成了重大问题之一，朝廷冗兵、冗费现象再次凸显。为此，苏辙专门上了一道奏疏，列举了一系列数据来证明自己所言非虚。他还强调，当前百姓被青苗法所累，贫困状态比熙宁以前更甚。朝廷把青

---

① 《续资治通鉴长编·卷三百七十五》。

苗役钱的结余部分用在了军队建设上，这也是神宗储备钱财的初衷。不过，朝廷在商讨边境具体问题时，建议将兰州等地归还给西夏，"以安中国"。这大概是司马光的建议。苏辙不同意割让兰州等地，建议继续用军费养着驻守在兰州等地的军民。苏辙还建议："坊场、河渡钱等，除雇募衙前等外，量将剩数添助边费。所贵养民备边，两不失所。"

若站在今天的角度看苏辙的建议，其实非常有道理。神宗和王安石花了那么大代价，从西夏手中夺回兰州等地，不该轻易将这些地方还给西夏。只要在这些地方驻军，便可遏制西夏与吐蕃串通一气，为北宋边境安宁争取更大空间。不过，苏辙的建议在高层看来，纯属浪费人力物力，不如舍弃这些来得实惠。苏辙无奈，也只能静待时机。

此后，王岩叟就人才培养问题，发表了见解。他认为："今秘书之官限员太狭，不足尽天下英豪之选。"建议朝廷依照"治平故事，诏执政各举可充馆职者五人，既以收群才之美，且以观大臣之能"。王岩叟还表示神宗曾经要求官员按照英宗朝方针来选拔人才，但"因王安石专权任己，不欲荐举出于他人，故此旧章废而不用，至今公论以为叹息"。也就是说，神宗尊崇祖宗家法，而王安石专权任用自己的人，排斥其他人才。分析王岩叟的这些言论就能发现，他说的都是片面之词。神宗若追慕祖宗之法，大可不必变法，只需要谨遵祖制施政即可。正是因为神宗看到祖宗之法的弊端，才不惜与王安石更张祖制，掀起变法。

王岩叟进言后，朝廷马上重用了三个人，"少府少监韩宗古为职方郎中，朝奉郎、太常丞张商英为开封府推官，朝奉郎贾易为太常丞"。这三个人在以后还将掀起风波。不久，朝廷又提拔了一批人才，"诏吏部尚书孙永充端明殿学士，兵部尚书王存充枢密直学士，吏部侍郎陆佃充天章阁待制，兵部侍郎赵彦若充龙图阁待制，中书舍人钱勰充天章阁待制"。这些人事调整，并未引起台谏官弹劾。

接下来的一段时间，制度、机构、军队、太学改革改制等方方面面遍地开花，从中央到地方各部门官员都忙得不亦乐乎。这期间，有两件事值得注意，第一件事是文彦博回朝了。第二件是司马光向朝廷递交了辞呈，还是因为身体原因。但高太后不许，并特意降下诏书，许司马光在家养病，俸禄不变，朝廷有政务，随时向他请示。高太后不想失去这么重要的帮手，目前更张新法已初见成效，但需要一个过程，若朝廷意志不够坚定，便可能前功尽弃。而只要司马光在朝，就能稳定局面。

此时的司马光更像是一面旗帜，一根定海神针。

此后，台谏官的功能再次发挥了出来。他们赶走朝中新党还不是终极目标，还要对外放人员继续进行打压。这就是元祐年间官场的一大政治景观。

第一个被打击的对象是邓绾。

邓绾，字文约，成都府双流县（今四川省成都市双流区）人。进士科考试时，他以第一的成绩被礼部录取。之后，被朝廷授予职方员外郎。按照惯例，邓绾这种学霸，只要勤于政务，升迁之路一定不会太坎坷。但邓绾是个有野心的人，按照官员正常次序晋升，对他来说太漫长了，他的目标是做京官。然而，想要进京谈何容易，没有靠山的邓绾想要打破宋朝文官晋级制度，跻身坚不可摧的官僚网络就得另寻他路。邓绾苦苦寻找着机会。最终，他将目光停在了当时正在推行的新法上。当时朝廷正在全力推行青苗、免役、保甲等法令，但对新法的批评也层出不穷。邓绾为了上位，以宁州通判的身份给王安石写了一封信，大力称颂新法。王安石当时正深陷批评新法的旋涡里，他见好不容易有个支持新法的人，就将邓绾推荐给了神宗。神宗召见了邓绾，又当着邓绾的面夸赞了王安石和吕惠卿。邓绾由此得知了神宗对王安石、吕惠卿的重视。出了宫就马上拜访王安石，并与王安石相谈甚欢。此后，朝廷打算授予邓绾知州级别的官职，邓绾知道后很不高兴，扬言自己这次回京是奔着京官来的，再不济也得让他进馆阁。于是，邓绾的这些言论就在官场传播得沸沸扬扬。不过大家都觉得邓绾此举不过是一笑料耳，难道谁想到哪里去任职就能去哪里吗？只是谁也没料到，当邓绾的任命书宣布时，他果然被安置在了馆阁。此事也成为朝臣戏谑邓绾的由头。邓绾却满不在乎："任凭你们咒骂嘲讽，只要我能当上大官，我的目标就实现了。"此后，邓绾就成了王安石的得力助手，不遗余力帮助王安石推行新法。当然，在推行新法时，邓绾还时不时会加入自己的一些思想，使得他推行的新法与顶层设计常有出入，这也让各种阶层对邓绾恨之入骨。此后，王安石罢相，邓绾又附依吕惠卿。吕惠卿被罢后，他又转向附和旧党，弹劾章惇，终于成为过街老鼠被赶出了朝廷。自此之后，邓绾就成了投机钻营分子的代表，新法推行者无法接纳他，反对新法的旧党更是视他为妖孽般的存在。[①]通过以上背景介绍，也就能理解此时的台谏官为何要对邓绾进行打击了。因为朝廷似乎有

---

① 《宋史·卷三百二十九·列传第八十八》。

起用邓绾的预兆。或许是邓绾利用资源想翻身,重新回到热闹非凡的中枢。不过,这个苗头刚冒了来,台谏官就风闻而动了。

林旦是第一个反对重用邓绾的台谏官。他说,前御史中丞邓绾人品卑劣,天性奸邪谄媚。先帝很圣明,发现了邓绾的这些恶劣品性,将他罢黜。臣听闻今邓绾即将复出,到龙图阁任职,非常担心。这段时间以来,朝廷将邓绾从邓州擢升至扬州,但邓绾愚钝无知,实在不应该再迁,希望朝廷做出圣断,对其进行诛杀。台谏官在进言时,总会将弹劾对象的违规违纪行为陈述得严重一些,这样才能引起朝廷重视。这几乎是元祐时期台谏官进言的一种惯例。有意思的是朝廷也听从了林旦的建议,将邓绾调往滁州(今安徽省滁州市)任职。

然而,朝廷改任邓绾知滁州,林旦依然不满。邓绾是十恶不赦的奸邪,即便朝廷"尽削官职,远投荒裔,固未能压塞众议",可是朝廷不但不诛杀邓绾,反而授予他官职。于是,林旦语气非常不友好地再次进言。在林旦看来,台谏官为天下主持公道责无旁贷。他最后的建议是:"尽削官职,置之散地,终身不齿,以谢天下。"平心而论林旦的弹劾似乎过于狠辣,由此也让士大夫群体对林旦有了更深刻的认识。

林旦攻击邓绾之后,同知枢密院范纯仁站了出来,他反对再次对邓绾进行贬黜。范纯仁只做自己认为对的事情,他觉得朝廷并未重用邓绾,不过是按照正常晋升制度,在逐级提升邓绾官职。现在台谏官猛烈攻击邓绾,实在不该。范纯仁还说:"陛下临御以来,先朝旧臣虽有往咎,皆蒙天恩含贷,岂独绾可深罪?徒使人心反侧,不能安职,无益清净之化。"总之,不能对已罢黜官员过去的行为揪住不放,否则会让天下不安。范纯仁还表示,在邓绾的问题上他绝没有私心,实在是为朝廷大局着想,若朝廷觉得是他有意维护邓绾,可以将他罢黜。

高太后看了范纯仁的奏疏后,不得不降旨安抚他。此后,朝廷延续之前的政策,调邓绾到滁州任职。只是让林旦没有想到的是,听闻自己的弹劾后,邓绾悲愤交加,一病不起,很快病故了。

然而,邓绾的事情刚刚结束,刘挚又对王中正、李宪、宋用臣、石得一等几位宦官发起了弹劾。刘挚认为哲宗即位以来,做到了"分别邪正,斥远奸佞,锄去强梗"。不过眼下的现实是,"天下之元恶犹有稽诛,天下之大奸犹有漏网,而国法犹有未正"。在刘挚眼中,目前朝廷最大的奸邪就是他列举的这几个宦官。刘挚围绕这几人的种种罪行展开论述，最后得出的结论是："是四人者，权势烽焰，震灼中外，毒流于民，怨归于国。"他还指出，由于这四个人都身处要职，导致"宰相、执政知而不以告于上，谏官、御史惧而不敢论其非"，他们才为所欲为。刘挚建议将此四人罪责公布于天下。林旦也随声附和刘挚。

高太后非常信任这一批台谏官，将他们视为"老师"。①因此也听进去了刘挚、林旦的建议。下诏："李宪特降节度观察留后一官，提举明道宫，王中正特降遥郡团练刺史两官，提举太极观，并本处居住。石得一降为左藏库使，管勾崇福宫，宋用臣降为皇城使，差遣如故。"②

## 旧党台谏对政局的影响

也是从这时候起，高太后对台谏官变得越来越依赖。很多时候，她都会单独召两位台谏官进宫奏对。对于台谏官提出的意见也都综合考量，予以落实。比如这时候，文彦博已经回到汴京。根据司马光的建议，应该授予文彦博首相。但高太后不同意，甚至不同意让文彦博当次相。朝臣议论纷纷，右正言王觌上奏疏："伏睹召文彦博，外议皆谓虚右相之位，将以中书长官处之，臣窃不以为然。……伏望采前世故事，使彦博以太师任职，数日一赴讲筵，访以经术，朔、望以对便殿，问以大政。"王觌认为可以授予文彦博帝师，却不能授予次相，因为他资历太老，出任次相不但起不到作用，反而会影响其他宰执的决策。王觌的意见与高太后的看法不谋而合。的确，资历太老会给别人造成包袱。最终，朝廷对文彦博给予了很高礼遇，下诏："守太师文彦博特许用宰臣、使相出使到阙例书判。"③

不过，高太后也并非完全听从台谏官的意思。对于一些台谏官提出的难以实施的建议，高太后往往置之不理，但会对台谏官做安抚。比如这时候，苏辙就发现国家军队日常训练强度大、时间长，但真正遇到战争时，战斗力往往又不高。而这种日复一日的习练让士兵和将帅苦不堪言。为此，苏辙建议减少练习次数，让将士训

---

① 赵冬梅：《大宋之变》，广西师范大学出版社，2020年版。
② 《宋史·卷三百二十九·列传第八十八》。
③ 《续资治通鉴长编·卷三百七十五》。

练和休养并行，养精蓄锐，等到真正上战场时，方能发挥作用。值得一提的是，在苏辙谈论军政问题时，吕大防给朝廷举荐了权成都府路转运副使章楶。这是位文臣，也具有指挥作战的才能。他将在以后的岁月中，为朝廷立下赫赫战功，成为与杨业、潘美、狄青一样享誉两宋的大将。

不久以后，朝请郎任公裕也上奏疏，就苏辙之前提出军事训练的问题，再次向朝廷进言："军中习艺，诵念新法，有愚而懵者，尤所苦之。臣以为弓弩之斗力，量其士卒之可胜，其能必中而入深。枪刀格斗，大约从便。取于必胜，不必如法。如此则人便其习，乐其教，而无训练之苛。"连续两人谈论同一件事，朝廷就重视起来。于是，朝廷让管理军政的枢密院考核军中教阅新法，改变军队疲于训练、效率低下的现状。

此时，枢密院忙于解决保甲人员问题，抽不出时间精力来制定新的军队训练方法。保甲法虽已废除，但遗存的那些地方保甲都脱离土地而存在，枢密院要将这些人消化在军队里。但是保甲人数实在太多，最后，负责这件事的官员提出："今欲乞应坊郭、草市、镇市义勇及旧系义勇之家，改排充保甲见教阅者，每户只差一丁。"枢密院只能同意这个办法。处理完这些棘手事，枢密院才忙命人制定新的训练方法，应对朝廷的诏命。

与军队训练更张同时进行的还有科举制度。朝廷颁布了一道更张科考的诏书。

> 每遇科举诏下，令文官升朝以上、无赃罪及无私罪者，于应进士举人，不拘路分，不系有服亲，各奏举经明行修一名。候将来解发及南省奏名内，每人名下注"经明行修"字，至殿试唱名日，各升一甲姓名。如历官后犯正入己赃及违犯名教，断讫收坐，举主并依举选人转京官减一等。①

这道诏书的颁布，将科举制度重新变回到从前。诏书中特别提出了举荐制度，这是司马光不断重申的东西。在他看来，"美教化，厚风俗"要比"经义取士"迫切得多。不过，此时朝廷重新颁布调整科考诏书，对这一批即将参加科举的士子来

---

① 《续资治通鉴长编·卷三百七十六》。

说很不公平。因为科考近在眼前，士子们也基本都是按熙宁时期科目来复习的。这种临时更换教材和制度的做法，让士子们无所适从，又显得朝廷刻薄。可是面对一言九鼎的诏命，士子们也只能无条件服从。

高太后对台谏官的器重与日俱增。司马光、吕公著等人太忙了，常常抽不出更多时间和精力来与高太后讨论人事调动、政令改革。更多时候，他们投身于更张新法当中，只在需要朝廷拿主意时，才会敬呈批示奏疏。而高太后也尽量不去打扰他们。"台谏官在奏疏中所表达的忠心也让太皇太后感动，于是，她选择了这群新的政治教练，开始与他们频密接触，主动寻求辅导。当然是积极配合，献言献策。"①

殿中侍御史林旦给高太后进言，指出元丰年间一些案件的审理如冤案上诉问题没有得到解决，以致冤假错案时有发生。再比如，主管刑狱的官员往往不参与案件审理，只是交给胥吏处置，而这些胥吏又收受贿赂，徇私枉法甚至造成屈打成招。林旦还建议朝廷："戒敕狱官，务在遵守。若尚敢违敕，令统辖官司觉察按劾，并许被苦之家申诉，立为受理。不奉法者，并以违制论，知而不按者，准此。所贵积年之弊，自此顿革，辇毂之下，无有冤人。"朝廷马上回应林旦，并下诏让刑部制定相关法令，对林旦指出的各种问题予以解决。

监察御史韩川也给朝廷上疏，"乞除官局依旧不许接宾客，外内禁谒，并行废罢。"监察御史上官均也附和韩川，"乞除开封、大理官局依旧禁谒外，其余一切简罢"。他们认为只有如此，才能解决官员"挟私背公、慢职玩令"的痼弊。朝廷下令让有司调查，形成报告，及时给朝廷汇报调查情况。

苏辙则弹劾调查推行茶盐法的黄廉不履职尽责，对调查发现的问题不据实以报，与地方官一起隐瞒朝廷，造成朝廷对江南茶盐之法的利害不能完全掌权。苏辙还建议朝廷"选差清强官一人，与黄廉同共体量，候了日赴阙面奏利害"。

刘挚首提六曹二十四司冗员问题："检勘尚书二十四司之事职简少者，及寺监之闲慢无益者，皆祖宗以来存其名、阙其人者，而今所置官吏，皆一切减罢，以其事付诸司，及事之所隶使领之。"刘挚的建议，是奔着元丰改制去的，朝廷觉得于国有益，就让三省做调研。三省马上形成了书面报告："尚书六曹职事闲剧不等，

---

① 赵冬梅：《大宋之变》，广西师范大学出版社，2020年版。

今欲减定员数,事至简者以比司兼领。司封、司勋、仓部、祠部、驾部、比部、水部各减一员,以主客兼膳部,职方兼库部,都官兼司门,屯田兼水部,定为三十五员。"朝廷同意了三省所请,另有司按照三省建议颁布施行。

此后,台谏官为了回应高太后对他们的重视以表忠心,不断发现各种新问题,接连提交建议。比如,殿中侍御史林旦上奏疏,指出京城附近米价上涨,请求户部出面收购,再按照平价出售给百姓。左司谏王岩叟弹劾军队混乱不堪,很多人落草为寇,建议枢密院加强军队管理。右司谏苏辙就茶盐法推行问题再次进言,请求有关部门对落实工作不到位的前宰相蔡确之兄蔡硕等人予以惩治。①

对台谏官弹劾的问题进行梳理总结,就能发现多数台谏官进言都参与了新法更张。不过,也不是所有的台谏官都盯着更张新法之事。监察御史孙升就没有盯着新法,而是与王安礼进行了争论。原来,王安礼指责中书省处事不公,袒护台谏官。矛头指向司马光。为了维护司马光的形象,孙升等人与王安礼据理力争。孙升认为台谏官尽职尽责,司马光公正廉明,王安礼纯属信口开河。

王岩叟弹劾观察使、知潞州张诚一和龙图阁直学士、新知江宁府李定不守孝道,心术不正。原来张诚一发现有人侵盗他父亲徐国公张耆的墓,便借着修缮墓穴的理由,贸然打开其父墓地,拿出一块真宗皇帝赐予的黑犀排方带,挂在自己腰间。李定的问题是,明知父亲之妾仇氏为其生母,却坚决不认。王岩叟认为这两人"大不孝,丧坏礼法,伤败风俗,非他罪比",建议对这两人进行严厉处置。于是,朝廷让开封府与京西提刑司在十日内调查清楚这件事,对张、李二人所触犯刑律,依法定罪。

四月二十六日,高太后再次召见王岩叟、朱光庭进宫面奏。具体说了什么,史料中并无记载。不过可以猜测还是关于新法更张事宜。这段时间以来,高太后频频召见台谏官,谈论政务,委以重任。而这些台谏官则乘机不断煽动高太后对新法推行者的仇视。

二十八日,右司谏苏辙上奏疏,指出淮南遭受旱灾,百姓食不果腹,建议调拨三十万石粮食用于赈济灾民。苏辙还建议各地发运司将粮食平价出售给当地受灾百姓,帮百姓度过灾年。但王岩叟认为这样做不妥,他觉得朝廷若按照苏辙的建议

---

① 《续资治通鉴长编·卷三百七十六》。

办，无异于再次恢复青苗法，天下的百姓一定会认为朝廷以此牟利。王岩叟还列举了青苗法的种种弊端，请求朝廷彻底废除此法，"民病将除而复作，人心已定而又摇，必有奸言欺惑睿听，望断自宸衷，速令寝罢"①。

朝廷没有回应王岩叟与苏辙的争论，而是让吕陶到成都府路与转运司商定更张役法。原因是吕陶曾多次上疏谈论"差役利害及坊场、坊郭等事"，这次吕陶要回四川老家，因此朝廷就让吕陶在四川期间公私一起处置。

回到四川后不久，吕陶上了奏疏，说经过自己的实地观察，朝廷推行差役法，免除了百姓的赋税，的确是一项伟大创举。不过他又强调，由于"天下郡县所受版籍，随其风俗，各有不同"，推行差役法时，因为县级层面官员素质不一，"或暗懦不晓，或临事灭裂，或刻薄繁扰，或贪冒营私，深恐当此差役之际，未便均平，及有侵刻"，可能会导致"民间虽无今日纳钱之劳，反有昔时偏颇陪费之害，无以称朝廷安养元元之意"。为此，吕陶提出了六条应对办法，又建议朝廷将"堆垛、市易、义仓、抵当、免役之类，凡为聚敛者，一切废罢"。朝廷命人将吕陶的建议书拿到了详定役法所，供工作人员参详。

在这帮台谏官的"指导"之下，更张新法得以顺利进行。这也让高太后能够腾出更多时间处置其他事情。恰巧此时，有一件亟须解决的事摆在了高太后面前。这就是对文彦博的安置问题。在此之前，司马光连续上奏疏，请求朝廷授予文彦博首相，类似办法可对照宋真宗时期的王旦，让文彦博五天上朝一次，处理国家大事。但高太后依然没有允准。同时，司马光就朱光庭举荐范纯仁、吕公著、韩维为宰执的建议予以否决。司马光认为："范纯仁、韩维各有才德，而进用日近，履历未深，恐升迁太骤，众情未服。惟吕公著旧历两府，今位次最高，若用为右相，韩维为门下侍郎，范纯仁依旧，最为允当，克厌众心。"②

显然高太后更倚重司马光。为了安抚各方情绪，朝廷在五月初一颁布了一道高层人员任命书："金紫光禄大夫、门下侍郎吕公著依前官守尚书右仆射兼中书侍郎。河东节度使、守太师、开府仪同三司致仕、潞国公文彦博特授太师、平章军国重事。资政殿大学士、正议大夫兼侍讲韩维守门下侍郎。"③朝廷还下诏，允许文

---

① 《续资治通鉴长编·卷三百七十六》。
② 《续资治通鉴长编·卷三百七十七》。
③ 《续资治通鉴长编·卷三百七十七》。

彦博"可一月两赴经筵,六日一入朝,因至都堂与执政商量事,如遇军国机要事,即不限时日,并令入预参决"。当然,朝廷给司马光的恩宠无以复加:"诏尚书左仆射司马光所患已安,惟足疮有妨拜跪,不候参假,特放正谢,仍权免赴前后殿起居,许乘轿子三日一至都堂聚议,或门下尚书省治事。"但司马光表示,他愧不敢当,只求为国家鞠躬尽瘁。

## 高太后与台谏官共治

五月初四,朝廷重新任命了一批官员,如,起居舍人林希为起居郎,右司郎中兼著作佐郎曾肇为起居舍人,承议郎、直龙图阁文及为右司员外郎,朝奉大夫、提举崇福宫韩宗师直秘阁。都是些中层岗位调整,但这也引起了王岩叟的注意。王岩叟盯着的人是韩绛的儿子韩宗师。在王岩叟等人眼中,韩宗师这次被重用,是因为张璪的举荐。若单纯是知人善任,倒也不必介怀。关键问题是张璪此举意在与韩氏家族结成利益联盟,这就是以公谋私的行为。王岩叟自然不愿意放过这个机会。既然高太后给了他们专属权力,他们岂能辜负太皇太后的信任?

王岩叟表示,韩宗师任直秘阁未经公议,程序上不合制度,恐招人非议,"此议若出于公著,则公著为改节,若出于璪,则璪为纵奸。清臣柔而无执,固不足望"。表示此提议若出自吕公著,那就没有问题;若出自张璪,那定是张璪结交攀附韩氏家族的罪证。随即,王岩叟就将攻击目标再次对准了张璪:"蔡确、章惇之次莫如张璪。奸邪之在国朝,犹若盗贼兵火之在其家,而未出其人,不得安枕而卧。"[1]

殿中侍御史吕陶也借着韩宗师的擢升,攻击张璪:"韩宗师虽生显家,素乏雅望,以提刑资序,日奉亲庭,不领官事,恩禄之重,无所亏薄,况未尝在文馆,何必更以直阁宠之?若此除果出于璪之意,则私曲附会不复忌惮,借陛下官爵交大臣之父子,甚可骇也。"[2]

---

[1]《续资治通鉴长编·卷三百七十七》。
[2]《续资治通鉴长编·卷三百七十七》。

转眼到了端午节这天，司马光以疾病为由再次向朝廷提出辞职，高太后除了不允之外，再次对司马光开恩，赋予他很多福利。她命人每次都将轿子抬到崇政殿门外，让司马光在延和殿垂帘日引对，以前司马光享受的任何待遇，都保持不变。司马光真正实现了宋真宗时期名相王旦的至高规格待遇，而这起初是司马光建议朝廷给予文彦博的。

接下来，朝廷借着明堂大礼契机，给宰执人员嘉冠"头衔"，算是锦上添花，"壬戌，尚书左仆射兼门下侍郎司马光为明堂大礼使，尚书右仆射兼中书侍郎吕公著为礼仪使，门下侍郎、韩维为仪仗使，中书侍郎张璪为卤簿使，同知枢密院事安焘为桥道顿递使"。另外，对文彦博是，"诏太师、平章军国重事文彦博，令赴大朝会庆贺，其筵宴临时有司取旨，国忌、六参、行香、奉慰、宣德音麻制、从驾并免"。

台谏官没有反对朝廷给宰执授予这些"使"。此时，他们转而攻向宦官王中正及李宪、宋用臣、石得一等人，以及这几个宦官的亲随如翟勍、郭勍等人。建议朝廷剥夺这些人的一切权力，收回朝廷对他们的赏赐，对其进行编配。最终，朝廷处理了翟勍、郭勍等人，对王中正等四位身居高位的宦官没有处置。

这算是朝廷对台谏官建议的回复。这样既能安抚他们的情绪，又能实现贬黜个别官员的目的。但是台谏官是一帮乐于斗争的人，只要朝廷有风吹草动，他们都能觉察到。比如，朝廷刚刚将梓州路转运副使李琮擢升知吉州，监察御史孙升就弹劾李琮是奸邪，在新法推行时，他到处盘剥百姓，以至于"膏腴之家，往往幸免，瘠薄下户，率增常税，力有不足，欠负在身，鞭箠肌肤，室家愁怨"，反对给李琮迁官。吕陶也弹劾李琮"材短虑暗，不知治体，好营小利，苟图近功"，并就此展开了长篇大论。朝廷没有回应孙升和吕陶。

接下来，朝廷的重心又落在更张新法上。五月初八，户部侍郎赵瞻也加入详定役法小组。如此一来，元祐年间更张新法的队伍再添强将。而在这些人员中，台谏官大多参与其中，当然也有苏轼这样的中立派。他们或者给朝廷提供更张新法的意见，或者给朝廷举荐更张新法的人才。五月初九，从荆湖北路传来好消息，当地转运司上疏："沅、诚二州今既罢免役法，若遽依内地差徭，恐新附蛮人难从一律，请沅、诚州募役仍旧，俟新附之人日久驯习，即视辰州例差徭。"这个请示立马得到了朝廷的重视。

然而，就在此时，苏辙却一反常态，给朝廷上了一道奏疏，反映民生疾苦，"自熙宁以来，民间出钱免役，又出常平息钱，官库之钱贯朽而不可较，民间官钱搜索殆尽。市井所用，多私铸小钱，有无不交，田夫蚕妇力作而无所售，常平役钱山积而无救饥馑，盖自十余年间积成此弊，于今极矣"。尽管目前国家已经废除相关法令，但更张新法需要时间，目前朝廷依然得面对"钱积于官，无宣泄之道，民无见钱，百物益贱，譬如饥人，虽已得食，而无所取饮，久渴不治，亦能致死"等问题，苏辙建议户部抓紧时间调查研究，制定出可行的钱财流通办法，解决百姓的困难，实现"钱币通行，足以鼓舞四民，流转百货；仓廪充实，足以赡养诸军，备御水旱"。几天后，苏辙见自己的建议没有得到朝廷的回复，转而攻击知开封府蔡京和成都府路转运判官蔡朦。苏辙认为这两人都"奉行役法，用意刻薄，欲以骚扰百姓，败坏良法"。尤其是蔡京，结交权贵，建立党派，蔡朦虽没有结党营私，但依然祸害百姓，建议对他们"同罪异罚，公议不厌"。苏辙又指出，他在翻阅大理寺卷宗时，发现大理寺审理案子存在调查情况不明就定人罪责的情况，又列举了四件具体案例，说明蔡京、蔡朦的犯罪事实，建议朝廷对此二人处以惩戒。

同一天，御史中丞刘挚也给朝廷上奏疏，指出目前各地学校盗窃案件时有发生。刘挚认为学校是培养人才的地方，如今发生这样的事情，实在有失体统。刘挚还认为学校管理存在漏洞，都是因为推行新法的缘故，让学生们不顾及脸面，这样培养出来的人都是偷鸡摸狗的小人。刘挚建议："罢博士、诸生不许相见之禁，教诲请益，听其在学往还，即私有干求馈受，自依敕律。"刘挚这种指责毫无理由，甚至有些混淆视听。不过，把任何问题归咎于新法，是朝臣的一种共识，只要朝政出现问题，那就是新法引发的。随即，朝廷便让给事中兼侍讲孙觉、秘书少监顾临、通直郎充崇政殿说书程颐，会同国子监副长官详细审阅修订国子监太学生条制。①

此后，各种政事齐头并进。

高太后也没闲着，她先召见了司马光，随后又召见了吕大防等人，谈论相关问题。朝廷让司马光坐着轿子每三日与三省、枢密院长官商议一次政事。文彦博也正式参与其中，开始给朝廷提一些建设性意见，如"复旧差役法，议臣之中少有熟亲

---

① 《续资治通鉴长编·卷三百七十八》。

民政者，故议论不同。刺史、县令最为亲民之官，且专委守令差定役人编成籍，条列自来体例条贯上转运司，如各得允当，即具申奏，仍稍宽期限，使尽利害，其详定役法所止据逐路申陈看详定夺"等。

中书舍人苏轼、范百禄也积极发挥作用，拒绝为朝廷此前调整岗位的张诚一等人写任命书，还列举了一系列"封还词头"的理由，朝廷只能作罢。不过因为苏轼还只是负责起草诏令的中书舍人，注定了他无法参与到中枢议政中来。

苏辙则瞅准了机会，向吕惠卿发起了攻击。这是继林旦攻击邓绾之后，台谏官再次对落职新党进行的二次打击。吕惠卿在熙宁新法推行时，曾经出过大力，成为王安石的得力助手，王安石对他很信任。王安石第一次罢相后，他为了阻止王安石回京，竟向新法发起了猛烈攻击甚至不惜诬告陷害王安石，品行令人不齿，搞得自己里外不是人，新党视其为叛徒，旧党视其为祸害。由此，吕惠卿便被贬黜，在地方为官。现在苏辙开始对付他，是否代表新旧两党要集体打压吕惠卿呢？

且分析苏辙的奏疏。他先从汉武帝时期的御史大夫张汤说起，"迎合上意，变乱货币，崇长犴狱，天下重足而立，几至于乱"。接着，类比论证，笔锋就落在吕惠卿身上。其实，还是翻旧账的做法，从吕惠卿为官开始，一直说到他被王安石器重推行变法，搞得民不聊生，怨声载道。再说到他在边境为官，"上与冯京异论，下与蔡延庆等力争"，鼓动徐禧等人发动战争，导致兵败，国家损失惨重。总之，前后千余言，都是对吕惠卿的极尽贬低和痛斥。苏辙还批评台谏官在弹劾吕惠卿时，总是蜻蜓点水，不触及问题根本，"然近日言事之官，论奏奸邪，至于邓绾、李定之徒，微细必举，而不及惠卿者，盖其凶悍猜忍，性如蝮蝎，万一复用，睚眦必报，是以言者未肯轻发"。最后，苏辙建议，对吕惠卿不能手软，应当"追削官职，投畀四裔，以御魑魅"[①]。

苏辙原本信心满满，以为奏疏一上朝廷定会罢黜吕惠卿，但接下来的诏命却是罢免鄜延、环庆、泾原、秦凤、河东五路经略安抚司、常平仓司管勾官。不过台谏官对朝廷这种顾左右而言他的行事风格已习以为常。他们能做的，就是揪住一个问题不放手，直到朝廷妥协为止。

此后，朝廷打算让直龙图阁、权发遣熙州赵济知解州。但王岩叟不同意，他弹

---

① 《续资治通鉴长编·卷三百七十八》。

劾赵济"先以赃污不法坐废于家，后以李宪一言，遂复为帅。未尝以职事为忧，而日与将士蒱博为戏，无帅臣体，请削职置之散地"。朝廷于是免去了赵济的直龙图阁职务，差管勾中岳庙。这也体现了朝廷对待旧党不同官员的态度。同样是弹劾，吕惠卿的安置就得从长计议，而赵济不过地方一小吏，对他的处置无关宏旨，台谏官怎么说就怎么来。

王岩叟满意了。他又开始寻找新的标靶。此时已被罢职的前宰相、判大名府韩绛给朝廷上了一道奏疏，希望对他的儿子韩宗师授予直秘阁之职。韩绛的这种请求简直就是自找麻烦。朝廷每次给韩宗古、韩宗师迁官总会被台谏官弹劾。在这种背景下，韩绛应该主动让儿子们远离朝廷，不要被人抓住把柄。但他倒好，反其道而行之。朝廷一看是韩绛自己求情，抹不开情面，同意了韩绛所请。随即，这件事就在台谏官中引起轩然大波。

刘挚上奏疏，请求朝廷收回成命，"今宗师既罢，则及之新命，亦望追寝，不须更俟其逊避，所贵稍申公道，以息群议"①。朝廷没有回应刘挚的弹劾。这其实也很好理解，韩宗师第一次的迁官被台谏官搅黄，这次是韩绛亲自出面请求，朝廷既然已经答应了，便不好再收回成命。

五月十八日，中书舍人苏轼给朝廷上疏，请求不再参与详定役法的工作，原因是他发现自己总是与别人的意见不一致。苏轼将这归结于自己的偏执。给事中胡宗愈不知道其中缘由，还与苏轼产生了误会。因此，苏轼觉得他不适合承担这个工作。刘挚听闻苏轼辞职，对苏轼这种"不作为"非常不满，朝廷设置详定役法部门，就是为了让朝臣各抒己见，"议有异同，正宜反覆曲折，相足相备，以趋至当"，最后形成统一意见，拿出治国理政的有效措施。刘挚建议让苏轼留任，若苏轼不作为，就督促其作为。然后，刘挚就转而继续攻击李宪等人，因为李宪请求朝廷准许他到洛阳或者郑州养老。刘挚认为李宪这种做法完全是"慢弃君命，诈疾免行，公然骄欺"。他实在气不过，建议"暴宪之恶，别行窜放"。

苏辙不附和刘挚，而是上奏疏谈论废除免役法，推行差役法的问题，"为免役之害虽去，而差役之弊亦不可不知也"。在苏辙看来，天下纳税之人没变，不管施行差役法还是免役法，百姓都要承担相应赋税。也就是说，不管是差役法还是免役

---

① 《续资治通鉴长编·卷三百七十八》。

法，对百姓而言，其实都是一样的，不存在孰优孰劣的问题，更不能矫枉过正。而免役法已推行多年，"习以成俗，恬不为怪"。现在再推行差役法，百姓似乎一时难以适应。更重要的是，那些地方官吏则会利用差役法盘剥百姓，使得"役人困苦，必有反思免役之便者，其于圣政为损不细"。最后，苏辙提出应对的办法是约束地方官，派出督查组，经常到各地明察暗访，掌握实际情况，这样才能避免不良现象的发生。①

苏辙提出的意见与苏轼对新法的看法类似，他们都认为新法和旧法各有利弊，只是当局者站在哪种角度看待罢了。那么，苏辙的这份奏疏是不是对苏轼辞去详定役法工作的一种回应呢？

六月三十日，监察御史上官均上奏疏弹劾青苗法对百姓的迫害。上官均表示，在朝廷推行青苗法时，地方官为了向上表功，图一时之利，"计民之费用，贱售谷帛，耗失常至于五六，其甚者破荡资产，终身不复自振"，造成"今天下之民，十室之中，资用匮乏者十之六七"的严重后果。上官均建议："节邦用，薄租税，省力役，清刑罚，禁盗贼，爱而不伤，安而不扰，则天下之民，耕田凿井，晏然自裕于太平之泽，不必待青苗之散，而后可以富足也。故臣愿行闰二月八日诏书，罢去青苗，复常平昔年平籴之法，兹万世之通利也。"其核心还是请求朝廷彻底废除青苗法。这也是上官均自二月份上呈废除青苗法奏疏数月后，再次重申的建议。此后的六月初五，监察御史陈次升也提出类似建议。

朝廷依然不予回应，因为详定役法部门还没有做出具体方案，也不能听任台谏官的一面之词。不过，一定程度上讲，高太后还是喜欢台谏官的奏疏的。这些人在弹劾官员、纠察政事时，给了她很多建设性意见。高太后几乎实现了与台谏官共治天下的局面。

六月初，刘挚又一次跳了起来。他这次弹劾的对象叫王存。这个王存在开封府任职年限已满，朝廷授予其兵部尚书，但现在其头衔却变成了枢密直学士，这于旧制不符。刘挚认为，王存既然擢升为兵部尚书，理应还是龙图阁直学士，为何却变作枢密直学士？朝廷未曾对此做出合理解释。当然，这都不是最重要的，王存与张璪是亲戚，这才是症结所在。难道这次王存擢升是张璪所举荐？朝廷鉴于王存迁官

---

① 《续资治通鉴长编·卷三百七十八》。

中牵扯张璪，不希望将事情扩大化，命中书省调查。中书省调查后，写了一份情况说明，才打消了刘挚的疑虑，但高太后心中的疑惑尚未解除，因为她听闻王存曾依附王安石，这是她坚决无法容忍的。因此，在一次朝会上，高太后就问几位宰执，是谁举荐了王存，吕公著表示是三省长官集体举荐。吕公著还解释了王存与王安石早已政见不合以至绝交，且王存本人恭谨谦和，是个人才，这才打消了高太后的顾虑。

刘挚也就没再揪住王存不放，转而和苏辙一道攻向吕惠卿了。

## 4 台谏官围攻吕惠卿

元祐时代，苏辙是第一个攻击吕惠卿的台谏官。不过朝廷对苏辙的意见并未采取措施，现在刘挚也来攻击吕惠卿，朝廷不得不重视起来。以刘挚的性格，可想而知他的弹劾一定火药味十足。刘挚先指责吕惠卿未经朝廷许可，"连遣部将折克行、訾虎，相次以数万人入西界讨荡，所得首级，皆是沿边老弱，虚夸以为功，而官军人骑死伤甚众"。这件事还得追溯到元祐初年，当时蔡确、章惇尚未罢官。由于司马光等人回朝，蔡确、章惇为了抵制废除新法，密令吕惠卿在边境挑起事端，分散朝廷注意力。当时此事朝廷并未过多追究责任，现在却成了吕惠卿的罪证之一。刘挚斥责吕惠卿不遵守制度驻防，惹得西夏报复，导致宋朝士卒伤亡惨重。刘挚建议向天下公布吕惠卿的罪责，"依律处分，以申大公之法，为奸雄之戒"。

左司谏王岩叟也指出，哲宗即位以来，曾降下诏书，要求各地"不得侵扰外界，务要静守疆场，勿令骚扰"。吕惠卿不顾朝廷诏命，随意与西夏发生冲突，导致边境不得安宁。建议朝廷不要再顾虑，"奋独断之威，正大奸之罪，以令四方"。苏辙也说："吕惠卿禀性凶邪，罪恶山积。自熙宁以来，所为青苗、免役、市易、保甲等法，皆出于惠卿之手。至于轻用甲兵，兴造大狱，凡害民蠹国之事，皆惠卿发其端。故近岁奸邪，惠卿称首。"

右正言王觌的奏疏大同小异，也是强烈谴责吕惠卿，建议朝廷将其罢黜。这一时期，掀起了弹劾吕惠卿的小高潮，宛如当初驱赶蔡确一样，群起而攻之。不过并非所有台谏官都投向弹劾吕惠卿的队伍中，他们对另外一些新党也进行了弹劾。比如，监察御史韩川、孙升，左正言朱光庭弹劾的官员是蒋之奇，因为朝廷提拔蒋之奇知潭州。朱光庭还弹劾张诚一"邪险害政，有亏孝行，乞重行黜责"。

以点带面，不久之后，弹劾范围就由吕惠卿扩大到所有新党。王岩叟借韩宗师、王存提拔一事，再次弹劾中书侍郎张璪，谴责张璪"舞奸权、弄威福以卖朝廷"，希望朝廷早赐罢黜，以幸天下。苏辙除了弹劾吕惠卿之外，还对吕和卿、吕温卿发起了弹劾。吕和卿是吕惠卿的弟弟，吕温卿是吕惠卿的哥哥。苏辙认为，这兄弟仨都不是好人，借着推行新法，给自身捞好处，建议全部予以罢免。朝廷没有处置吕惠卿的两位兄弟，反而对权知开封府蔡京特罚金二十斤。这算是回应之前孙升、苏辙、吕陶对蔡京的弹劾。

显然对于这个结果苏辙等并不满意，因为处罚太轻了。相较于处置蔡京，朝廷对其他新党的处置力度也远远不够，这也导致了台谏官不依不饶。时间仿佛又回到了这帮人弹劾蔡确、章惇、韩缜时，那时候，只要朝廷一天不做决断，台谏官就一天不休息轮番上阵，闹得沸反盈天。

接下来，上疏的是刘挚，他弹劾的是张璪。刘挚说张璪"天资倾邪，不知忠义，立朝行己，阿谀柔佞，明附憸人，无自立之节"，先跟着王安石，后附和吕惠卿，又诋毁蔡确、章惇，不断变换自己的立场，毫无士大夫的气节，这样的人留在朝中，迟早是祸患。高太后接到奏疏后，还是不予理会。

王岩叟则从目前人才缺失入手，提出州县举荐人才的三种办法。他的提议很快得到了朝廷的回应。另外，苏轼提出各路坊场、河渡、免役、量添酒等钱互助互借的办法，也很快得到了批复。这就让刘挚非常郁闷了。更让他愤愤的是，殿中侍御史林旦弹劾刑部侍郎崔台符"人物凡猥，资性狡佞，本以诸科挟法令而进"，建议朝廷"先次罢台符本职，且与一外任闲慢差遣，令别听指挥，更选清通忠恕之士，典领刑曹"。朝廷马上做出处置，让崔台符知潞州。但对刘挚的弹劾始终不予回应。其实，这也是在传达一种导向：弹劾中层官员朝廷可以处置，毕竟不会影响大局，但弹劾宰执，就得慎之又慎，不能被台谏官牵着鼻子走。

这时候，还有个值得注意的现象，那就是在台谏官轮番进攻新党时，苏轼成了例外，他不参与这种斗争，只埋头做好分内之事。他总是根据自己对新旧两法的对比分析，提出很有建设性的意见，建议朝廷推广真正施惠于民的好政策。朝廷对苏轼的建议都很重视，能通过的都通过，即便通不过，也对他格外恩宠。经过黄州四年的谪居生活，苏轼对底层人民有了更加深刻的理解，在朝廷层面详定役法时，他总是站在民间立场上，为百姓发声。与苏轼理念一样的，还有苏辙。苏辙在调查时发现，青苗法废除诏命下达后，很多地方进展缓慢，老百姓似乎对新法转旧法一时还不能适应。他建议暂时不要废除青苗法，给百姓以适应期。①朝廷不同意苏辙的意见，青苗法是司马光主张废除的，岂能因为苏辙的一道奏疏而放弃？

一向忙于政务的司马光也抽空询问朝廷为何对他提出废除将官法的建议不予实施。司马光认为将官法培养出的将官性情懒惰，毫无战斗力，导致各州县盗贼蜂起，建议废除各路将官，将各路禁军交由本州县长吏与总管、钤辖、都监、监押等管辖。右谏议大夫孙觉也附和司马光。这其实是再次重申将官法的问题，朝廷很快做出部署，降下诏书，命有司按照司马光的建议处置各路将官。

然而，就在朝廷废除将官法时，边境出问题了。朝廷册封的西蕃邈川首领河西军节度使阿里骨"颇峻刑杀"，搞得西北地区少数民族鸡犬不宁，其不安和不满甚至蔓延到宋朝边境。枢密院将此事上报后，朝廷就颁布了一道训诫诏书，劝谏阿里骨"仁厚为先，无恃宠荣，务安种落"。不久，阿里骨派使者进贡宋朝，但在邦交书信中，语气并不友善。

司马光听闻此事，坐立不安。思来想去，他还是给高太后写了一封奏疏。司马光与台谏官不同，除了对新法怀有深深敌意，称新法是"毒瘤"外，其他任何时候上奏疏，都显示出大宗师的沉稳品性，讲道理、论制度，从不针对任何人，包括对王安石。这次也一样。他继续重申之前处置边防事务的措施：割让土地、恢复榷场，以此换得边境安宁。司马光指出，西夏现在来索要被宋朝侵占的城寨，朝廷要抓住这次机会，权衡利弊，答应对方要求，与他们建立和平关系。若能实现这一目的，即便"宁为百姓屈己，少从所请，以纾边患。不可激令愤怒，致兴兵犯塞，以困生民"。司马光还指出，"灵夏之役，本由我起，新开数寨，皆是彼田"，现在既然西夏表示愿意归附，何不顺水推舟将这些地方还给他们？司马光还表示，他提供的意见可能会被群臣反驳，建议太皇太后向谙熟兵事的文彦博征求意见。于是，高太后就去问文彦博，文彦博自然同意司马光的建议。②

---

① 《续资治通鉴长编·卷三百八十》。
② 《续资治通鉴长编·卷三百八十》。

所幸的是，即便司马光、文彦博都主张归还土地，但朝廷对处置西夏问题还是不轻易松口，并没有立即采纳他们的意见。

在司马光谈论边境事宜时，台谏官集体沉默。对于这个问题，他们不论心里怎么想，也绝不会在言行上与司马光背道而驰，一定程度上讲，司马光是他们这批人的靠山，他们唯司马光马首是瞻。在谈论废除新法时，他们也更多站在司马光一边。只有苏辙等极少数人，对新法更张运动表示异议。

此后，台谏官回归主责主业，继续弹劾在朝的新党。刘挚振臂呼吁朝廷严惩吕惠卿。这次，朝廷不再袒护吕惠卿，"资政殿大学士、正议大夫、提举崇福宫吕惠卿落职，降为中散大夫、光禄卿、分司南京，苏州居住"。

六月十九日，王岩叟上奏疏，谴责朝廷迟迟不肯罢黜张璪。朱光庭、苏辙、王觌等人则集体上疏，他们认为朝廷给吕惠卿的惩治太轻了，应该从重从快处置。六月二十二日，刘挚、林旦、韩川联合行动，在贴黄中，大声疾呼："惠卿智谋险薄，天资嚚顽，又朋党布列中外，根芽盘固，今来制命若不明指奸恶，以告天下，必须怙终饰非，腾起怨讼。"

高太后被这帮台谏官吵烦了，把他们的奏疏交给三省处置，建议三省将吕惠卿贬逐至边远之地，堵住台谏官的嘴。三省将制辞交给范百禄草拟，但他拟就的诏书里面有"朕承先帝大烈，惧弗克胜，而法弊不可以不更张，民劳不可以不振德，稽其所自，汝为厉阶"等语句，吕公著觉得将新法过失归结到先帝身上不妥，又将草拟诏书的任务交给苏轼。因此，这份贬谪诏书制辞在苏轼的笔下，就成了一篇美文，全篇没有一句骂人的话，可字里行间几乎都是斥责吕惠卿祸国殃民的内容。二十五日，朝廷下达了贬黜吕惠卿的诏书，责授建宁军节度副使，本州安置，不得签署公事。

吕惠卿被罢黜后，斗争尚未结束。殿中侍御史林旦又盯上了一个叫贾种民的官员，弹劾其"罪犯猥恶，资性倾邪刻薄，乞罢驾部员外郎，送吏部与合入差遣，使累有过犯不经责罚之人，少知惩戒"。但吕公著却保下了这个人，还给其重新安排了官职。这件事让林旦很不高兴，他指责吕公著"屡曾营救，不欲正其罪恶，以致优假军麾，今来又移改近地"。林旦的奏疏被压了下来。不过朝廷还是将贾种民改任通利军。

## 言论自由与限制的争议

吕惠卿等人被罢免以后，留在朝中的新党已屈指可数。六月二十六日这天，朝廷给三省、枢密院降了一道诏命。

> 向者朝廷讲求法度，务以宽厚爱民，而搢绅之士，往往不原朝廷本意，速希功赏，有误使令。或议法失当，或掊敛毋节，或奸回附势，或讲事饰非，或多结权贵，或力举边事，残民蠹物，久益知弊，致使群言交攻不已。苟无澄肃，必紊纪纲。止以其罪显者乃行窜逐，自余干涉之人，夙夜怵惕，不无忧虞。予当新政，务存大体，一切示以宽恩，更不追劾，咸使改过自新，各安职业。①

朝廷要求一切从大局出发，不能只盯着某些官员曾经的污点，要给他们改过自新的机会。这是不是暗示出，朝廷有意调和新旧两党的矛盾呢？那这道诏书降到三省、枢密院之后，台谏官会不会就此放慢弹劾的脚步呢？

紧接着，六月二十八日，朝廷给全国颁布诏命。

> 朕惟先帝临御以来，讲求法度，务在宽厚，爱物仁民。而搢绅之间，有不能推原朝廷本意，希旨掊克，或妄生边事，或连起狂狱，积其源流，久乃知弊。此群言所以未息，朝廷所以惩革也。敕正风俗，修振纪纲，兹出大公，盖不得已。况罪显者已正，恶巨者已斥，则宜荡涤隐疵，阔略细故，不复究治，以累太和。夫疾之已甚，孔子不为，御众以宽，有虞所尚，为国之道，务全大体。应今日前有涉此事状者，一切不问，言者勿复弹劾，有司毋得施行，各俾自新，同归美俗。布告中外，体朕意焉。②

---

① 《续资治通鉴长编·卷三百八十》。
② 《续资治通鉴长编·卷三百八十一》。

第一次的诏书算是给三省、枢密院、台谏官打预防针，而这次的诏命是给全国官员颁布的，要求诸位臣子不要反反复复弹劾同僚，对新党也要施行宽容政策，以体现大宋一以贯之的仁术治国理念。

关于这次朝廷改变态度，吕公著家传里面说，高太后的想法当初和台谏官一样，觉得除恶务尽，不留后患。但吕公著的建议是："治道去太甚耳，文、景之世，网漏吞舟。且人才实难，宜使自新，岂尽使自弃耶！"但正史里无此记载。或许真是吕公著提供的建议，朝廷才频频有所示意，旨在终结新旧党争。这应该是一个好的信号，至少对稳定国家大局来说不无裨益。

然而，外界不知道的是，朝廷颁布的这道诏书也几经挫折。最初，朝廷有意调和新旧党矛盾时，台谏官风闻而动，刘挚第一个跳出来反对。他在呈给哲宗、高太后的奏疏里毫不客气地表示："台谏以言为职，今若明出诏令，戒使勿言，则是予之官而夺其职，为小人之所睥睨、轻诮，必不能自立，相率引去。然则言路塞绝，谁复以利害之计上闻？"刘挚连上三道奏疏，指责朝廷这明显是对言官的一种限制，让言官集体闭嘴，他们也就失去了存在的价值。

林旦的奏疏充满怨气，一开始就指出："近者风闻朝廷欲降诏书，戒约言事官不宜疾恶太甚，动摇人心。……今方逾岁，若遂厌言，有诏戒止，凡倾耳以听，企足以望者，得不解体耶？此必有造谋以误陛下者，臣度其意不过两端而已：一则务为姑息，以掠誉于小人；一则持此自献，谓能不谤于先帝。"林旦围绕他提出的两点揣测展开论述，翻来覆去的意思，就是不能阻挡言路，要让言官们充分发挥作用。

上官均则表示，朝廷颁布这样的诏书，是因台谏官弹劾邓绾、吕惠卿之流引起。他认为，台谏官的弹劾并没有错，"谏官御史以言为职，至于政事之得失、人臣之邪正，凡系天下之利病理乱者，皆得上闻，所以广朝廷之耳目，而通天下之情也"，"方今法度未为备具，生民未为富实，内有未举之政事，外有未宾之蛮夷，实朝廷庙堂孜孜夙夜讲求利害、博采众言之时，若使谏官、御史上观朝廷之旨，次窥大臣之意，中心宛结，所怀者不得论列，天下之事不得上达，恐非朝廷之福也。"不让言官说话，不是国家的正确做法。

王岩叟提出："臣恐诏书一出，则言之后时，故冒犯而先论。愿陛下纳臣愚忠，收诏勿下，使群邪自静，以养朝廷之威；使众正自安，以重国家之势。天下幸甚！"言下之意，绝不允许新党死灰复燃，对现下朝政造成威胁。第二次他又重申："此诏之出，上无益于圣德，中无益于治体，下无益于忠言，惟是挫端良之心，增奸邪之意耳。"王岩叟还在贴黄里说："进此说者，非纯诚爱君之人也，或出于全身之谋，或出于为子孙之计，或出于养誉邪正之间，欲收人情而两得，或出于怀奸计以事陛下，浸开间隙，倾陷忠良，援引邪佞，复为前日之过，深可惧也！"这当然是针对给皇帝提此建议的吕公著。王岩叟在第三次进言中，再次引用君子、小人的概念，其二元对立思想极为鲜明。

此后，右正言王觌上了洋洋两千言，综合了以上各位言官的内容，监察御史上官均、孙升的奏疏核心内容也大同小异。但是朝廷的诏命已经颁布，无法收回。在整个过程中，右司谏苏辙没有上疏，大概他也觉得，应该对这些漫无统纪的台谏官加以约束了。

但是可想而知，台谏官们怎能轻言放弃！他们转换角度用弹劾官员的办法来抵制朝廷的这道诏命。王岩叟弹劾李定不为生母仇氏服丧，是大不孝的行为，建议对其进行制裁。这位李定需要简单介绍一下，在神宗推行变法时，他是御史台长官。苏轼曾经写过一篇诗作，赞扬一位叫朱寿昌的官员，为了寻找失散的母亲，不惜辞官。朱寿昌也成为履行孝道的代表。而李定却不认生母，不为生母服丧，简直是反面教材。苏轼的诗作很快在市井流传，人们对朱寿昌有多么钦佩，就对李定多么憎恶。李定恨透了苏轼。后来，苏轼被调往湖州任职，他写了一份《湖州谢上表》，里面可能有讥讽新法的意思，李定为报复苏轼，遂借机对苏轼的各类诗词作品进行摘抉，详加注解，断章取义，诽谤诬陷，引发了"乌台诗案"，让苏轼蹲了牢狱，最后苏轼被贬为黄州团练副使，过起了自耕自足的农民生活。不过这在一定程度上也改变了苏轼，让他彻底变成了大文豪苏东坡。从这个角度说，李定陷害苏轼，反而成就了苏轼。只是李定想不到的是，旧党得势后，他也被外放了。但他的劣迹却没有被隐去。现在王岩叟弹劾他，还是借用他不为母亲服丧之事，似乎冥冥之中自有天意。①朝廷为了缓解台谏官的情绪，同意了王岩叟的建议，下诏责授李定朝请大夫、少府少监，分司南京，滁州居住。

不过，台谏官都清楚，既然朝廷不收回诏命，他们就得收敛自己的言论。台谏

---

① 《宋史·卷三百二十九·列传第八十八》。

官变得谨慎了。

此后,台谏官将主要精力放在了更张新法和盯住官员纪律作风方面。比如,孙升就发现对于六曹上报的文书,三省在批阅时履职不到位,出现审核误差,建议朝廷规范三省审核奏钞的监管力度。朝廷马上下诏,要求"六曹奏钞,左、右丞签书,仆射押检,本省代书,送门下省"。刘挚弹劾承议郎、都大提举成都府、永兴军等路榷茶、买马、监牧公事陆师闵在废除新法时,履职不作为,担心过分废除新法引起地方愤怒,导致新法更张受挫。刘挚建议将其罢黜。于是,朝廷就降其为奉议郎,主管东岳庙。①之后,朝廷就调朝奉大夫、户部郎中黄廉直秘阁,具体负责榷茶、买马、监牧事务。六月二十九日,上官均进言,再议废除青苗法事宜。上官均对朝中主张不废除青苗法的建议进行反驳,指出青苗法"有惠民之名而无惠民之实,有目前之利而为终岁之害"。看来,台谏官找到了弹劾的新方向——更张新法。

恰巧此时,司马光也给朝廷上了一道奏疏。司马光是那种不发言则已,一发言就直指问题根本的人。他指出,朝廷废除免役法的诏命下达已过数月,但各地实行的程度不尽相同。有些地方已全部落实,有些地方还在推行,有些地方则半新半旧,既有免役法,也有差役法。这都是地方官没有详细研究朝廷敕令的原因。因此,他对基层提出了具体要求:务须履职尽责,吃透精神,推动有力。朝廷立马回应了司马光,并要求具体废除免役法操作按照司马光之前提出的办法实施。②

司马光的建议被朝廷采纳后,沉默的右司谏苏辙也开腔了。不过,苏辙关心的是宋夏问题。在奏疏开头,苏辙就提出了兰州及鄜延路增置安疆、米脂等五寨的舍弃与存留依然悬而未决,成为朝臣争论的焦点,"议者讲求利害,久而不决"。苏辙认为,之所以悬而未决,主要有两个方面的原因:"其一曰,兰州、五寨所在峡远,馈运不便。若竭力固守,坐困中国,羌人得以养勇,窥伺间隙。要之久远不得不弃。危而后弃,不如方今无事,举而弃之,犹足以示国恩。其二曰,此地皆西边要害,朝廷用兵费财,仅而得之,聚兵积粟,为金汤之固。兰州下临黄河,当西戎咽喉之地,土多衍沃,略置堡障,可以招募弓箭手,为耕战之备。自开拓以来,平

---

① 《续资治通鉴长编·卷三百八十一》。
② 《续资治通鉴长编·卷三百八十一》。

治径路,皆通行大兵,若举而弃之,熙河必有昼闭之警。所谓借寇兵,资盗粮,其势必为后患。"苏辙这两个方面总结起来就三句话:"时之可否,理之曲直,算之多寡。"说白了,就是时间不合适,不建议固守;道理上说不过去,不建议固守;花费太大,不建议固守。最后,苏辙在贴黄里指出:"兰州等处,本西戎旧地,得之有费无益,先帝讨其罪而取之,陛下赦其罪而归之,理无不可。"苏辙的这道奏疏,与司马光之前提出的核心思想一样,就是要将兰州及鄜延路增置安疆、米脂等五寨归还西夏。

然而,苏辙的建议固然与司马光暗合,但他毕竟是一言官,想要得到朝廷最终的认可,还需要有发言权的人来支持论证。这个具有发言权的人就是文彦博。朝廷向他征求意见,文彦博就发表了自己的看法,"臣以所议地界不出二理,其一论义理曲直,其一计利害大小。所谓论义理曲直者,出兵取其地土,皆边臣希功赏,欺罔朝廷,为国生事,取怨外夷。今若推朝廷恩信,因秉常诉求而赐与之,有以怀服外夷之心,光大朝廷之德。所谓计利害大小者,今所得堡寨并兰、会,并荒徼沙漠之地,本无城邑人烟,惟是朝廷创筑城垒,屯兵戍守,岁费百万以上,困竭中国生民膏血,以奉无用之地,但恐不能支久,却须自弃,如向时啰兀城之比",是因为"近年以来,为新进书生,不晓蕃情边事兵政者,误朝廷多矣"。总之,文彦博同意苏辙的建议,这也是他与司马光达成的共识。

这时候,一向争强斗狠的王岩叟,不顾朝廷之前约束言论的诏命,再次弹劾中书侍郎张璪,指出蔡确、章惇、张璪本是一党,章、蔡已被罢黜,"璪乃独留庙堂,偃然自若"。相信被贬黜的吕惠卿都不会信服。王岩叟还举例张璪曾经借苏轼驳回张诚一任命书,"阴讽中书舍人苏轼",实在是阴险至极。王觌也紧跟而上,希望"陛下察臣之心,纳臣之谏,一奋威刚,正璪之罪,斥璪之恶,以信诏书于天下,臣不胜昧死纳忠之至"。王觌又在第二份弹劾奏疏的贴黄中表示,张璪最近有亲人去世,按惯例应请假服丧,但张璪以"不缘朝旨,辄自请以阙人不敢在假"为由,违背人伦纲常,也是小人的表现。

就在这一群台谏官让朝廷头痛不已之时,崇政殿说书程颐也来进言,倚老卖老地向朝廷讨论起帝师地位问题。他给高太后上疏《上太皇太后书》[①],提出了很多

---

[①]《二程文集》卷六《上太皇太后书》。

教育哲宗的主张。程颐用很大篇幅，指出培养小皇帝时，要不断给他灌输圣贤格言至论，耳濡目染，方能培养帝王的涵养气质，待培养成了这种气质，人主就不会被不当言论诱惑。就是说，要让皇帝自幼恪守圣人之道，为将来做明君打基础。程颐在奏疏后面又提出："今讲读官共五人，四人皆兼要职，独臣不领别官，近差修国子监太学条制，是亦兼也，乃无一人专职辅导者。"说除了他之外，其他帝师皆另有其工作，教导小皇帝都是兼职，不能尽心辅佐帝王，他还建议"置二三臣专职辅导"即可，没必要给皇帝派那么多老师，徒增烦恼。

即便程颐的建议非常符合实际，高太后也没有时间去搭理他，她还有很多远比给小皇帝教育教学更重要的事情要处理。高太后甚至对程颐的进言颇为反感，朝廷正为废除新法、驱赶新党忙得焦头烂额，这个古板的程老夫子却一点眼力劲没有地来讨论什么帝师人数，真是添乱。

## 宋夏纠纷进行时

七月，是从废除新科考法令开始的。朝廷下令："尚书、侍郎、左右司郎中、学士、待制、两省、御史台官、国子司业各举二员，宜罢试法。"这也是为了回应当初王岩叟建议废除三舍法一事。与罢废新科考法一致的，还有新的武举考试办法。总之，朝廷的目的就是要回到熙宁之前的状态。[①]

废除新法的姿态与做派似乎成了这个时代的缩影，每时每刻，朝廷都在出台新法令，更张旧法令。同时，一些新法令是否废除，在详定役法部门内部也形成各种分歧意见，让执行官员迟迟无法决定。

中书舍人苏轼作为新法废除领导小组核心成员之一，几乎每天都在面对难题。不久，他就给朝廷再次上疏，请求免去他详定役法成员身份。在苏轼看来，很多新法并非一无是处，恰恰相反，有些新法不仅为国家创造了财富，也让百姓减轻了徭役负担，可谓于国于民有益。可当下，朝中绝大多数人乃旧党一派，他们根本不考虑国家的利益，一门心思将新法一笔抹杀。

---

[①]《续资治通鉴长编·卷三百八十二》。

苏轼曾为此抗争过。与苏轼争论的人是司马光。根据苏辙的记载，苏轼曾多次说到差役法问题，诸如，"编户充役，不习官府，吏虐使之，多以破产，而狭乡之民有不得休息者"。苏轼指出，先帝深知这一点，于是与王安石一起掀起变法，改行免役法，让天下百姓只需要出钱就能免除服役。然而这项利国利民的新政在基层推行时，被许多利欲熏心的地方官员肆意利用篡改成为盘剥百姓的幌子，导致民间怨声载道。若能够严格按照朝廷的既定方针实施，不用伤及百姓，就能让朝廷富裕，百姓也再无怨愤。苏辙还爆出了内幕："君实为人，忠信有余而才智不足，知免役之害，而不知其利，欲一切以差役代之。方差官置局，公亦与其选，独以病在告，而君实不悦。公常见之政事堂，条陈不可，君实忿然。"这是说，司马光一叶障目，只看到免役法的缺点，未曾发现其优势，坚持用差役法来代替免役法，不尊重客观事实，实在不该。另外，既然朝廷在他的怂恿下设置了详定役法部门，他就应该挑大梁，主动参与废除新法活动，然而事实恰恰相反，司马光以生病为由不参与商议。每次苏轼提出异议，司马光都很不高兴。有一次，苏轼给司马光讲述免役法的优劣，这让司马光很没面子。苏轼引用司马光任谏官时与韩琦讨论陕西义勇事件来指责司马光的无礼，司马光尽管脸上挤出一丝难看的笑容，可他与苏轼的关系自此破裂。苏轼认为自己不再适合做京官，请求朝廷将他外调。但朝廷不允。

以上内容就是苏辙记载司马光与苏轼产生嫌隙的根源。①

苏轼一腔热血，奈何报国情怀有余，政治手腕不足。之后，他也给三省敬呈自己的请求，表示不再参与新法废除"赴详定所签书公事"。这次三省爽快同意了苏轼所请。②这也意味着得罪了司马光的苏轼开始被边缘化。由此，苏轼退出了朝廷废除新法核心部门。随着这位最有公正心的官员退出，国家废除新法将更加畅行无阻。

七月初六，一直在家养病的司马光给朝廷上了一道关于取士的奏疏，司马光开宗明义抛出问题："臣窃惟为政之要，莫如得人，百官称职，则万务咸治。然人之

---

① 《续资治通鉴长编·卷三百八十二》："轼意以为免役法弊当改，但不当于雇役实费之外多取民钱。若量出为入，无多取民钱，则亦足以利民。尝白司马光，光不然之。轼曰：'昔韩魏公刺陕西义勇，公为谏官，争之甚力，魏公不乐，公亦不顾。轼昔闻公道其详，岂今日作相，不许轼尽言耶？'光不悦而罢。"

② 《续资治通鉴长编·卷三百八十二》。

才性，各有所能，或优于德而啬于才，或长于此而短于彼，虽皋、夔、稷、契止能各守一官，况于中人，安可求备？"然后围绕此问题博古论今，引经据典，最后提出了"十科举士"的建议。这十科分别是：行义纯固可为师表科，节操方正可备献纳科，智勇过人可备将帅科，公正聪明可备监司科，经术精通可备讲读科，学问该博可备顾问科，文章典丽可备著述科，善听狱讼尽公得实科，善治财赋公私俱便科，练习法令能断请谳科。这就是元祐年间十科取士之制的来源。由此完全废止了三舍法，变成了司马光认为的"最佳"法令。没有人反对，高太后也完全支持司马光的方案。

此后，一件要事也在宰执和台谏官之间争论不休。这就是苏辙之前提出舍弃兰州及安疆、米脂等五寨的问题。朝廷首议此事时，就是担心西夏会以宋朝附属的身份来索要这些地方。后来因为朝臣意见不统一，此事也就被搁置了。然而，七月初，西夏果然派使者到了汴京。因此，商议是否归还堡寨一事也刻不容缓。

苏辙迫不及待上奏疏，陈述自己的意见。奏疏内容与上次一样，他一再强调，这是与西夏建立良好关系的大好机会，朝廷不能再左右摇摆不定，如果错失良机，到时候后悔莫及，"惟乞圣慈以此反覆深虑，早赐裁断，无使西戎别致猖狂，弃守之议皆得其便，则天下幸甚"①。

苏辙的奏疏递上去后，左司谏王岩叟也赶紧呈上了自己的奏疏。王岩叟在奏疏中说："今穷荒之地，于国家之势，不以得为强，不以失为弱，识者皆曰去大患以自全，乃所以强耳。夫得地不如养民，防人不如守己，今因其有请而与之，足以示怀柔之恩，结和平之信。若失此时，后日兵连祸结，中国厌苦，而腹心之患生，陛下虽欲举而弃之，将不能矣。"王岩叟也同意舍弃这一片地方换取宋夏和平。

刘挚也紧随其后，他从地缘战略上进行了分析："臣闻向所得地，在熙河为兰州，在鄜延为五寨，兰州本西蕃故地，而五寨本夏戎所有也。其地道理迂直，产利厚薄，所须守兵多寡，转饷劳逸，皆朝廷所熟究，臣不复道。而自夏人视之，为必争之地，彼将以誓约为请。固执不予，彼将兽困而斗，借兵北戎，以逞其忿，朝廷且有西顾之忧。使我师每战每胜，臣犹以为非国之利，又况杀伤相当，成败未可知。"核心内容还是"遽许以地，而厚礼答之，善词遣之"，边境就会自此安宁。

---

① 《续资治通鉴长编·卷三百八十二》。

七月初八，西夏使者春约讹罗聿、副使吕则田怀荣在延和殿正式拜见哲宗。满朝上下清楚西夏使者这次来是索要边境堡寨的，给与不给，直接决定着宋夏关系。西夏使者在邦交书里说了很多宋夏之间的渊源，当他们言及"神宗自知错"一句时，哲宗马上不乐意了，脸色都变了，看起来很愤怒。这位小皇帝心里对宋神宗有种天然的崇敬，他不允许任何人诋毁自己的父亲。幸亏内侍张茂则发现了端倪，马上制止了西夏使者的说辞。西夏使者事后表示，若宋朝归还兰州及安疆、米脂等五寨，西夏也会放还被俘虏的宋朝将士、百姓，以示诚意。

此前，尽管苏辙、王岩叟、刘挚等人都主张将寨子还给西夏，但台谏官的建议只能当作参考，朝廷依然有顾虑。这时候，就需要枢密院来提出应对措施。千呼万唤中，同知枢密院范纯仁也上了奏疏，范纯仁的意见与台谏官的言论有差异，他分析了眼前的局势，提出了三条参考意见。①这三条建议，还是将归还土地作为上策，其他两条作为下策。范纯仁还表示，若朝廷真要归还西夏土地，让西夏放还宋朝的战俘、百姓，那么还应该制定一条规则：西夏每归还一人，朝廷就赐西夏十匹绢。非如此，西夏肯定不会将在押人员全部放还。

不过，据吕公著家传记载，这时候的吕公著是反对归还西夏土地的，"公著以为先朝所取，皆中国旧境，而兰州乃西蕃地，非先属夏人。今天子嗣守先帝境土，岂宜轻以予人？况夏戎无厌，与之适足以启其侵侮之心。且中国严守备以待之，彼亦安能遽为吾患。"也就是说，神宗时期收复的地方都是宋朝旧地，兰州等地也并不是西夏的土地，而原属西蕃，哲宗作为神宗衣钵继承者，应时刻铭记祖宗基业，寸土不可予人。退一步讲，即便归还土地，他们就能安分守己吗？显然无法保证这一点。在这种情况下，吕公著建议不能割让土地给西夏。不过这一论述尚无更多支撑。最终，朝廷还是决定"归夏人侵地"。

然后，朝廷就下达诏书，表达了归还西夏兰州及安疆、米脂等五寨的意思。还

---

① 《续资治通鉴长编·卷三百八十二》："其一：'若以所得夏国地土，换易陷蕃人口，如此则便可罢兵息民，陛下仁惠之化得以久行，尧舜之治可以速成，此上策也。'其二：'兰州定西城闻元是西蕃境土，后来方属夏国，已有景德中誓表，更不掳掠西蕃。彼虽坚意欲之，我亦雷之有名。徐委边帅婉顺商量，虽便未可罢兵，彼应难便猖獗，此中策也。'其三：'若留塞门、吴堡、义合，而止弃远处难守二三城寨，则朝廷与之，不足以示大恩，彼虽得之，不足以副其欲。如此则兵必不解，夷夏难安，陛下仁惠之政，何由得施？胜负安危之机，邈不可料。所得之地，不及秦、汉万分之一，及妨陛下尧、舜之政，而且有后忧，此下策也。'"

采用了范纯仁的意见，只要西夏送回一个俘虏，朝廷就多给西夏十匹绢。

不久，苏辙和上官均就义勇之事再上奏疏，建议废罢保甲、义勇，还地方百姓以安康。朝廷没有回应。七月初十，朝廷刚刚与西夏签订和平盟约，西夏国主（夏惠宗）李秉常突然病逝。这时候，北宋高层明白过来，西夏为何急着要与他们建立和平关系了。不过即便李秉常死了，归还西夏土地之事既已议定，朝廷就不宜再变了。此后，苏辙和林旦还担心在土地交割过程中，西夏人使诈，建议宋军守将要加强戒备。但这种担忧显然有些多余，西夏人不费一兵一卒，只答应做宋朝的附庸，就坐收土地、百姓及其赏赐，何乐而不为呢！困扰大宋数月的西夏问题尘埃暂定。司马光、范纯仁、苏辙及其他的同僚，在这次商议事件中发挥了重要作用。只是不知神宗泉下做何感想？

七月二十一日，台谏官再次出动了。御史中丞刘挚上疏指责青苗法的问题，指出朝廷前一阶段商讨废除青苗法时，被台谏官弹劾吕惠卿之事耽搁了，现在吕惠卿之事已解决，废除青苗法也应该再次提上日程。刘挚建议朝廷应该迅速行动，"依嘉祐旧法施行"[1]。

这期间，王岩叟的一个举动值得一提。他向朝廷建议建立养老救济制度，为那些无儿无女、无亲无友的老人适当提供住宿、医疗、丧葬等保障事宜。朝廷很快同意了王岩叟的建议，并付诸行动。此后，宋朝的社会救济制度在宋徽宗时期得以最终确立。

监察御史上官均也不甘示弱，在充分肯定司马光提出"十科举士"的基础上，还建议朝廷："以材堪治人、能拨烦者，别为一科，剧郡大邑有阙，因以除授。"这段时间以来，司马光与上官均一直在唱双簧，一个进言，另一个追捧。比如，司马光上奏疏，指责朝中六曹官员为官不为，将所有工作都推给宰执，"今尚书省，事无大小，皆决于仆射，自朝至暮，省览文书，受接辞状，未尝暂息。精力疲弊于米、盐细故，其于经国之大体、安民之远猷，不暇复精思而熟虑，恐非朝廷所以责宰相之事业也"。建议朝廷给六曹制定详细的工作制度加以督导，确保六曹官员能够人尽其才。上官均随即上疏，附和司马光的奏疏，提出："事不至大者并委六曹长官专决。其非六曹所能决者，申都省委仆射、左右丞同商量，或送中书取旨，或

---

[1]《续资治通鉴长编·卷三百八十三》。

直批判指挥。其常程文字及讼牒，止付左右丞施行。若六曹事稍大及有所疑，方与仆射商量，若六曹施行不当及住滞，即委不干碍官定夺根究。庶上下称职，事务办集。"

与上官均不同的是，苏辙对司马光将天下钱财都划归户部的建议表示怀疑。在苏辙看来，司马光的这种举动，本欲使得"天下财用出纳卷舒之柄，一归户部，而户部周知其数而已"，但实际情况是"户部既已专领财用，而元丰账法，转运司常以计账申省，不为不知其数也。虽更尽收诸账，亦徒益纷纷，无补于事矣"。司马光的建议根本于事无补，只会给户部徒增业务。他建议："账法一切如旧甚便，乞下三省公议，然后下户部施行。"苏辙又对朝廷迟迟不废除青苗法提出追问，认为朝廷这样会失去民心，民间已有流言说朝廷这是要继续与民争利。朝廷还是不予回应。不过随着边境问题的解决，废除青苗法就不可避免地摆在了眼前。

## 第六章 废除新法运动

### 废除青苗法

宋朝决定归还西夏土地是为了给废除役法营造外部稳定环境。朝中旧党清楚，若是废除役法期间，西夏大规模入侵，西蕃也频频骚扰，朝廷就很难抽身出来应对役法事宜。

废役必先安外。事实也证明，当宋朝将安疆、米脂等地无条件归还西夏后，边境暂时安宁了。接下来，台谏官再次纷纷上奏疏，谈论各自对新法的意见建议。

最先站出来的人是王觌，他没有直接对新法提出意见，而是继续弹劾张璪，他认为张璪不去，朝中难安。朝廷对王觌这种不识时务不予理会。

苏辙则弹劾市易法。他建议对那些拖欠国家市易钱数额较少的商户予以免除，并就此提出了五种参考意见。还在贴黄中指出，之所以要赦免是为了彰显国家的宽容，"言放欠事，上系二圣德泽，惟当直出中旨，不宜更显言者姓名"。既然他们无法偿还役钱，朝廷与其

> 公以为："治乱之机，在于用人。邪正一分，则消长之势自定。每论事，必以人物为先。凡所进退，皆天下所谓当然者，然后朝廷清明，人主始得闻天下利害之实。"遂罢保甲团教，依义勇法，岁一阅。保马不复买，见在者还监牧给诸军。废市易法，所储物皆鬻之，不取息，而民所欠钱皆除其息。京东铸铁钱，河北、江西、福建、湖南盐及福建茶法，皆复其旧。独川、陕茶以边用，未即罢，遣使相视，去其甚者。户部左右曹钱谷，皆领之尚书。凡昔之三司使事，有散隶五曹及寺监者，皆归户部，使尚书周知其数，量入以为出。于是天下释然，曰："此先帝本意也，非吾君之子，不能行吾君之意。"时独免役、青苗、将官之法犹在，而西戎之议未决也。
> 
> ——《东坡全集·卷九十·司马温公行状》

这样任由长期拖欠，不如舍弃，也能由此赢得民心。

朝廷没有理会苏辙，而是忙于着手调整一些官员岗位，"正议大夫、天章阁待制致仕楚建中落致仕为户部侍郎"，"刑部郎中杜纮为右司郎中，奉议郎杜纯为刑部"。另外，几位宰执的"使"身份也有所变化，"左仆射司马光以足疾免明堂大礼使。诏改差右仆射吕公著为大礼使，门下侍郎韩维为礼仪使，中书侍郎张璪为仪仗使，同知枢密院事安焘为卤簿使，尚书左丞李清臣为桥道顿递使"①。

刘挚对这些人事调动关注度不高，他紧盯着免役法，对目前国家废除新法过程中出现的"肠梗阻"很不以为意。刘挚说："乃者朝廷患免役之弊，下诏改复差法，天下知之久矣……朝廷患常平之弊，并用旧制施行，曾未累月，复变为青苗之法，其后又下诏切责首议之臣，而敛散之事，至今行之如初。"刘挚对朝廷约束言官言论的做法很不理解，又对朝廷这种朝令夕改非常担忧，"法令寡信，议者窃有疑焉"。刘挚认为，朝廷要想实现恢复旧制的目标，就要坚持既定路线，不能瞻前顾后。

吕陶则从免役法的祸害入手，指出这段时间以来，废除免役法的诏令尽管已经颁布，但落实情况并不尽如人意，很多地方对朝廷的诏命置若罔闻。吕陶担心："恐日月淹久，大法未定，民间疑惑，即于治体深有所损。"他又从凤翔府散从官口中得知，由于废除各项新法不彻底，导致天下对中央的执行力表示怀疑，百姓议论汹汹，官民都处于观望中。尤其是近来朝廷"以青苗为常平条贯，有出息指挥，人皆谓依旧散青苗取利。今役法迁延未定，上下异论，人皆疑依旧敛钱募役"。天下舆论纷纭，势必对国家稳定无益。

上官均针对的也是免役法，"自陛下临御以来，讲修政事，兴利去弊，大概已举，惟差役一法，见今详定，尚未成就。窃缘当今政事，所该最广、所系最重者，莫如差役"。朝廷虽然做了很多，但对于废除免役法的力度显然不够。上官均分析了免役法难以废除的原因，提出了"制天下之法者，当因天下之心，因天下之心者，当收天下之论议，然后利害详悉，无偏蔽迁泥之患"的高论，一时博得众人认同，其他台谏官纷纷向他竖起了大拇指。②

---

① 《续资治通鉴长编·卷三百八十三》。
② 《续资治通鉴长编·卷三百八十四》。

直到八月初二，那个最重要的人终于发话了。司马光不负众望，上疏谈论此前台谏官争论不休的常平仓法。司马光先对常平仓法的渊源做了介绍，特别重申："物价常平，公私两利，此三代之良法也。"但是在实际操作中，许多地方官员违反制度初衷，随意哄抬物价，或官商勾结，或囤积居奇，"致州县常平仓斛斗有经隔多年，在市价例终不及元籴之价，出粜不行，堆积腐烂者，此乃法因人坏，非法之不善也"。天下也就自然将常平仓法看作盘剥百姓的劣法。熙宁时推行青苗法，代替常平仓法，"将籴本作青苗钱散与人户，令出息二分，置提举官以督之"，看起来解决了物价不均、压榨百姓的问题，事实上却是"丰岁则农夫粜谷十不得四五之价，凶年则屠牛卖肉，伐桑卖薪，以输钱于官。钱货愈重，谷直愈轻"。自始至终，司马光都觉得常平仓法要比青苗法更胜一筹。然后，司马光笔锋一转，指出哲宗即位以来，"廷深知其弊，故罢提举官"。司马光遂建议，除了受灾地方，其他部门的提点刑狱部门要紧盯市场粮食价格，及时发现营私罔利的行为，有效进行处置，并就此问题展开了长篇累牍的论述。高太后、哲宗完全同意司马光所说的每一句话，命有司按照司马光的建议修订常平仓法令，准备在全国推行。

司马光的奏疏呈递后不久，王岩叟也给朝廷上了奏疏，谈论的内容与司马光的建议大同小异，乏善可陈。以王岩叟刚直的性格，断然不会去巴结司马光，不过他的做法，每一次似乎都是在向司马光示好，这就有点意思了。

新常平仓法呼之欲出，户部也马上跟进。户部尚书李常建上疏："有司议于天下州县各置平籴一司，以选人领之。仿古常平籴粜之法，于夏蚕秋稼之时，就其直贱也加数分而敛之，及其价胜也裁数分而出之。"但李常建的建议被压了下来，未被上报。

此后，关于人才的举荐和任用问题，朝臣们再度各抒己见。刘挚就官员举荐人才提出，原来朝廷官员举荐人才都有定数，只有京官不受此限制，请求朝廷制定方案，对地方官员举荐人才数额加以限制。刘挚的这个建议看起来毫无根据，但事实上，这个建议与之前司马光提出官员每年给朝廷举荐三名人才有关系。朝廷下诏让吏部抓紧时间参考旧制，制定新的方案。

苏辙也弹劾新任官员李之纪、楚潜、王公仪等人"皆碌碌凡材，无善可名"，建议"今后差除须名迹著闻，公议共许，然后擢用。庶几监司稍得良吏，不至害民,此最当今之急务也"。①

韩川向朝廷进言,提出宰执应该不拘一格举荐和任用人才。司马光却认为朝廷使用人才,还是得有一套程序性的法令,这样也便于操作。司马光又提出了他之前讨论"十科取士"的标准,表示若朝廷按照他的办法来,一定会为国家选出有真才实学的栋梁。②

然而,上官均的建议让朝臣们无所适从。他说,朝廷开了举荐之风,本意是网罗人才,但实际上很多官员举荐之人都是自己熟悉的人或裙带关系,有的官员甚至根据自己的好恶荐人,而不管所举荐之人是否真有才能。这样造成的弊端就是,"背公徇己,荐举之人惟亲与旧,则公路塞而真才弃矣"。因此,上官均指出,朝臣举荐人才可以,但是举荐人和被举荐人都要在御史台备案,这样,以后只要发现被举荐人有问题,也能追溯到举荐者身上,形成这种连带责任,以保证人才举荐的公正无私。

若按照上官均的建议处置,何尝不是一种好办法呢?不过,此时台谏官虽与高太后关系密切,但他们不能左右朝政。他们的意见仅供参考。不久,朝廷授予朝请大夫、直龙图阁张颉为户部侍郎。这似乎是为了检验一下目前众人谈论的人才问题。苏辙立即上奏疏弹劾张颉,指出其有"猜、险、邪、佞、狡、慢、暗、刻八德,了无一长",并就此展开了论述,这样劣迹斑斑的人,朝廷不但没有追究其罪责,对其进行罢黜,反而进行擢升,不合常理,建议对张颉的任用进行公议。然后,朝廷就将苏辙的奏疏推给了三省。三省认为苏辙言辞过于激烈,没有理会。于是,苏辙再次上疏弹劾张颉,但其奏疏又被扣了下来。苏辙愈挫愈勇,不断上奏疏,朝廷最终才放弃了对张颉的任用。

不过,在另外一些人才的任用上,台谏官就没有这么激烈了,比如任命朝议大夫、直龙图阁、江淮等路发运使蒋之奇为集贤殿修撰、知广州,就没有一个人站出来反对。

之后,司马光就常平仓法令做了重申:"有敕令给常平钱谷,限二月或正月,只为人户欲借请者及时得用。又令半留仓库,半出给者,只为所给不得辄过此数。

---

① 《续资治通鉴长编·卷三百八十四》。
② 《续资治通鉴长编·卷三百八十四》。

至于取人户情愿，亦不得抑配，一遵先朝本意。"也就是说，进行常平仓谷物贷还，必须结合百姓自身意愿，不可强行贷款。为什么这么说？因为在熙宁变法时，朝廷推行青苗法，本意也是不摊派，百姓可按照意愿来借贷，但当新法真正推行时，地方官为了向上级表功（也有的是为了完成指标），无端开始向百姓摊派任务，原本自愿贷还的青苗钱成了无法承受的高利贷。如此一来，百姓纷纷破产，土地兼并反而比变法前更严重。这也引起了天下的怨愤。司马光深知青苗法被废除的根源，因此，他在主张恢复常平仓法时，吸取了青苗法实施过程中的教训，避免重蹈覆辙，地方各类提点刑狱、安抚司部门要密切关注政策推行的动向，有新问题立即向朝廷报告。由此，也能看出司马光对青苗法知之甚详，后人的一些论述里说他不懂新法、一味贬低新法的论断并不准确。

和之前的建议一样，司马光的奏疏敬呈高太后以后，高太后就让三省负责草拟诏书，按照司马光的思路制定相关细则。这里有一点需要说明，那就是司马光这时候给朝廷的奏疏，一般都是以个人身份上的，而非国家首相。当然，首相的身份也给司马光上奏疏提供了便利。更进一步说，司马光的奏疏，代表的只是他个人，但他的奏疏，一般会呈递哲宗、高太后。皇帝年幼不问世事，基本的处置权在高太后手中。因此司马光的奏疏既具有个人的立场，又具有首相的职权。这也给人带来了疑惑：若司马光的建议真是于国于民有利，完全可以让三省、枢密院一起商议，即便有些措施不正确，也不是他一己之责。聪明一世的司马光，是不是忽略了这一点呢？其实，细细分析就能发现，若对司马光所提建议都进行公论，不见得能通得过。而司马光清楚，要实现废除新法的目的，就得独断专行。

不过，就在此时，一个新的变化出现了。此前已经被罢黜的吕惠卿，在他的罢职告词中，提出了"首建青苗"等语录。苏轼本来按照司马光的建议，要制定推行废除青苗法的方案，可当看到吕惠卿的陈述后，便不敢轻易落笔拟诏命。于是，苏轼将自己的担忧写成了奏疏，递交给朝廷，请求定夺。他提出三点疑惑：其一，废除青苗法就像病人服药，如果药的功效不对，即便是重新确定剂量，依然难以解决"病日益增，体日益羸，饮食日益减"。其二，青苗法、常平仓法，其目的都是向民间汲取财富，若从百姓的角度来看，"二者皆非良法，相去无几"。其三，百姓承担赋税相对较多，而眼下国家承平无战事，不应该再给百姓增加赋税。正确的做法是，"青苗钱谷今后更不给散，所有已请过钱斛，候丰熟日分作五年十料随二税送纳"，"念其累岁出息已多，自第四等以下人户，并与放免，庶使农民自此息肩，亦免后世有所讥议"。苏轼还在奏疏末尾处，用点睛之笔说在吕惠卿罢黜告词中有"首建青苗，力行助役"的提法，这可能是吕惠卿特意加上去的，算是一种申诉，似乎在表达对朝廷废除新法的不满。苏轼认为吕惠卿的这个提法，必然会在朝廷掀起舆论风波。他正是因为看到了这样的语句，才不敢轻易下笔写诏书，请求朝廷理解。

苏轼的奏疏一出，便遭到了台谏官的疯狂议论。刘挚认为吕惠卿的告词不过是更加暴露出其狡黠阴险的一面，但苏轼这样拒绝草拟诏令，也是给支持青苗法的人以喘息之机。朝廷在即将废除青苗法之际，竟然出现吕惠卿"首建青苗"的乖谬言论，可能是有人故意要将水搅浑，阻断国家大计。①随即，王岩叟、苏辙、朱光庭、王觌联合上奏疏，细数青苗法种种弊端，指责某些别有用心之人打着废除青苗法的幌子，用青苗法来继续敛财。这帮台谏官还建议，朝廷应召开公议大会，让朝臣们集体决议青苗法是否应该被废除。若朝臣觉得应该保留青苗法，那就罢黜台谏官；若朝臣大多数认为应该废除青苗法，朝廷就应该采纳公议结果。之后，台谏官又制书给三省，请求三省主持公议。

这种事，三省无法自作主张，一切还得哲宗、高太后点头才行。但朝廷也一时半刻拿不定主意。为此，八月初六，司马光再次上奏疏，坚定其主张。

这里还有一件背景事件需要交代一下。几个月前，由于朝廷各种花销巨大，国库出现入不敷出现象。当时司马光正在生病，范纯仁就提议"以国用不足，建请复散青苗钱"。也就是暂时不废除青苗法。司马光事后知道这件事，拖着病体进宫进言。据说当时范纯仁还在与高太后谈论青苗法是否废除之事，司马光上来就是一句："不知道是哪个奸邪怂恿陛下您恢复青苗法？"范纯仁被司马光的这句问话吓得再也不敢吭声了。可以想见司马光对青苗法的愤恨。

司马光在奏疏中，对朝廷推行常平仓法做了解释，并表示朝廷一直都很重视废除青苗法事宜，只是在最初议定和今后实施时，出现了各种问题，以至于造成"臣民上言，前后非一"。针对这些议论，司马光综合了台谏官的建议，"今欲遍行指挥，下诸路提点刑狱司，自今后其常平钱谷，只令州县依旧法趁时籴粜。其青苗钱

---

① 《续资治通鉴长编·卷三百八十四》。

更不支俵，所有旧欠二分之息，尽皆除放，只令提点刑狱契勘逐州县元支本钱，随见欠多少分作料次，随税送纳"。朝廷马上下旨，让有司部门按照司马光的意见来做。①

议定废除青苗法事宜后，高太后兴致很高，她与宰执们有过一次非正式会面。在这次会面上，高太后表示，台谏官认为近来朝廷用人多有不当，司马光、吕公著、韩维、李清臣等人并不同意台谏官这样的论断。宰执们就此展开争论，韩维坚持用人需要先政审，司马光则主张先论资格。眼见韩维与司马光意见不同，吕公著就充当和事佬，调和起他二人的矛盾。因此，这次争论也没有形成统一意见。事后不久，因傅尧俞去世，司马光乘机向朝廷举荐了范祖禹担任帝师。不过由于范祖禹是吕公著的女婿，此时吕公著为宰相，范祖禹理应避嫌。然而，司马光却以"宰相不当以私嫌废公议"为由，坚持让范祖禹出任侍讲。韩维为此进行过反驳，但很难有人能够阻挡司马光的建议。范祖禹依然成了侍讲。

借着朝廷商议如何完善人才培养机制之机，苏辙再次以他之前反对过的杜纮为切入点，指出朝廷没有就人才选用问题制定出具体方案以致无章可循。次日，苏辙再次上奏疏，引用之前"张璪非次进用文及甫、韩宗师"之事，再议朝廷用人不当，请求罢黜张璪，还就"县尉皆用选人"问题，提出了应对办法："复令吏部，依旧只差选人。"②朝廷回应如下："诏除沿边县尉依旧外，余并差选人。"不过这都是个例，朝廷在重用人才方面依然没有统一制度。

## 王岩叟和朱光庭受宠

随着苏辙弹劾张璪，台谏官又开始关注张璪了。自从张璪任职宰执以来，台谏官对他的弹劾就一直没有中断过。这期间，朝廷还曾下旨约束台谏官的言论，不想此举激怒了台谏官，他们反而更加激烈地进言了。朝廷也只能作罢，任由台谏官畅所欲言。

---

① 《续资治通鉴长编·卷三百八十四》。
② 《续资治通鉴长编·卷三百八十五》。

王觌借用吕惠卿在陕西任职时不断向朝廷请兵事宜，弹劾张璪。王觌说："璪尚当重任，陛下若不速去璪，使得为奸党之地，则臣恐确、缜、惇、璪内外交结之患，不止如前日与惠卿废赦用兵之事而已，惟圣慈详酌。"王觌认为张璪如今是枢密院长官，掌握军政大权，虽然他的同党蔡确、章惇、韩缜等相继被逐，但他们极容易与张璪里应外合，暗中形成一股力量，给朝廷惹麻烦。防患于未然，最好的处置办法，就是罢黜张璪。①

王觌弹劾张璪的奏疏，现在看来完全站不住脚。枢密院长官不止张璪一个人，还有范纯仁，张璪能左右枢密院吗？即便有战事，最终还是要宰执们一起在御前会议商定对策，张璪没有章惇的枢密使职位，更无章惇的果断与骄横，他能做到王觌罗列的那些事吗？答案不言自明。王觌所罗列的那些罪名，幼稚得令人发笑。

同一天，朝廷下诏："尚书省速差官据宋用臣见在钱物交割，其前降点磨指挥，更不施行。"这是对宋用臣的一种从轻处理，似乎也透露出朝廷的恻隐之心。宋用臣作为宋神宗的宠臣，在高太后垂帘听政后，就不断受到各种制裁，所有的荣誉、财富几乎都被剥夺。台谏官轮番进攻，宋用臣被一贬再贬。现在朝廷希望可以终止对其的惩罚。岂料右司谏王岩叟第一个不答应，指责朝廷对宋用臣的处罚半途而止，"则天下之人将疑陛下为奸人蔽惑，曲庇用臣，自坏大法"。王觌也乘机弹劾宋用臣，提醒朝廷绝不能对此人手软。

三省、枢密院上奏疏，对台谏官提出的各种责难逐一进行了回复。枢密院还就部分军制恢复做了请示，朝廷立马同意了枢密院的提议。随即，朝廷下令，让德顺军静边寨设置市籴场，广行收籴。这实际也就是在边境重开榷场互市了。

司马光也上了奏疏，指出目前根据中书、门下后省修成的尚书六曹条贯就达三千六百九十四册之多。在司马光看来，这些法令太多，官员们很难全部掌握，建议删繁就简，"惟取纪纲大体切近事情，朝夕不可无者，方始存留作本司条贯，限两月申奏施行"。朝廷随即下诏，修订相关法令，简洁明了即可。朝廷做完这一切，司马光很欣慰。在他执政这一年多时间里，他理想中的那种治国状态正在一点点呈现。这是他与众人共同努力的结果，现在国家走上了正轨，他也可以功成身退了。谁也没想到这种心灵的放松，让司马光的身体再次出现重疾，他向高太后和哲宗上

---

① 《续资治通鉴长编·卷三百八十五》。

了告退书，表示自此之后，自己将一心养病，不再入朝。朝廷准许了司马光的请求，不过没有让他辞职。

司马光走后，苏辙再上奏疏弹劾李宪、王中正两人。苏辙认为朝廷给李宪授予宣州观察使提举明道宫、王中正授予嘉州团练使提举太极观不妥，这"二人贪墨骄横，败军失律，罪恶山积，虽死有余责。圣恩宽贷，皆置之善地，而又首乱国宪，假以使名。臣恐后世推坏法之始，归咎今日。谓宜考修制度，追还误恩，以存旧典，且使罪人知有惩艾"。

但哲宗有更重要的事要做，他破天荒地召王岩叟、朱光庭入对延和殿。王岩叟给哲宗递上了奏疏，谈论国家选才之难。哲宗看了后，说了句："只为难得全者。有材者无德，有德者无材。"意即选拔人才很难做到十全十美，有德之人往往无才，有才之人多品德不佳。很难想象，这话出自一个九岁孩童之口。这个小皇帝要比他的先辈和后人早熟且睿智得多。其间，高太后似乎只是陪衬，所有的对话，都在小皇帝与王岩叟、朱光庭三人之间进行。

之后，王岩叟、朱光庭就从选拔人才、废除新法又延伸到对边境战事、安防之策的讨论。在对待人才问题上，王岩叟的建议是："执政大臣须当用材德兼备者，其余各随合用处用之。若当局务之任，则用材可也；若当献纳论思之地，在陛下左右，则须用德方可。"明确执政大臣要选拔德才兼备者充任，推动政务要选拔有才之人，身边之人要选有德之人。在谈论到废除青苗法时，哲宗担心一旦彻底执行，国库必然空虚。王岩叟给出的建议是："青苗是困民之法，今既罢之，数年之后，民将自足。"他还规劝哲宗："陛下但自今日养民，比至归政，已成太平丰富之世矣，却不须如此过忧。"在应对边境问题时，哲宗担心外敌反复无定，难以掌控。王岩叟安抚哲宗，只要陛下不发动战乱，他们怎么敢不安静？在一问一答之间，王岩叟、朱光庭总是能将哲宗的顾虑充分打消。哲宗也对治国很上心，他对两位台谏官表示："太皇太后在帘中，何由知外事，全赖辅弼得人及台谏官公正言事。"这句话大有学问，说的是太皇太后在垂帘听政，而没有说作为皇帝的他在听政，而且表示，以后还得仰仗宰执人员和你们这些处事公正的台谏官。而这二人在感激之余，似乎没有体味出小皇帝的言外之意。

最后，几人的谈话，自然引到朝中新党张璪身上。王岩叟等人无时无刻不在想着扳倒张璪。现在有了与皇帝面对面交流的机会，当然要比上奏疏奏效很多。于是，王岩叟马上提出，他多次上奏疏，指出张璪是奸邪，这样的人不适合陪伴在君王左右，不知道他的奏疏陛下看到了没有？哲宗自然表示自己已看了奏疏，让他们不必再上了。王岩叟马上说，既然陛下您看了奏疏，就应该当机立断。哲宗没有接他的话茬，而是掉转话头提及苏轼拒绝为张诚一写任命诏书一事。哲宗问两位台谏官如何看待此事。然而，王岩叟、朱光庭因目的没有达到，就继续谈论张璪的问题，想把话题引回到张璪身上，并由此引出了蔡确、韩缜、章惇等与张璪的关系。牵扯到贬黜宰执问题，高太后也不得不参与其中。不过朝廷没有驱赶张璪、安焘等人的意思。王岩叟、朱光庭就开始赌咒发誓，表示自己进言可能冒犯了皇帝与太皇太后，但求朝廷听一听他们的逆耳忠言。哲宗、高太后依然不置可否，哲宗只是夸赞他们两人"忠直"。①

这次君臣面对面交流，哲宗充当了主角，对话内容涉及国家最迫切的人才选拔、新法废除、边境战事、新旧党争等问题。前三项，哲宗都在王岩叟那里得到了答案，唯独最后一项，朝廷没有回应。这看起来是一般的召见，里面却透露着小皇帝对国家、对政治的敏感。假以时日，谁还敢轻视这位少年天子？

几天后，王岩叟再次被召见，他还是弹劾了张璪。王岩叟还引用太宗皇帝"国家若无内患，必有外忧。外忧不过边事，皆可预防。惟奸邪无状，若为内患，深可惧"的祖宗古训。哲宗这次没有回避，答应王岩叟朝廷会罢黜张璪，并给出了一个模棱两可的时间点——"朝夕"。得到哲宗的答复后，王岩叟也不再弹劾了，既然皇帝都答应了，他还继续追着不放手，非人臣所为。朝廷也的确在寻找罢黜张璪的时机。不过与罢黜张璪相较，更张新法更显得迫在眉睫，朝廷陆续颁布了各种废除新法的法令。

八月二十一日，在朝廷紧锣密鼓废除新法时，苏辙再次进言谈论免役法问题。他说，此前朝廷废除免役法、推行差役法时虽有争议，但绝大多数人对废除免役法都没有异议，唯独在衙前役的问题上争议最大。他表示，衙前役对百姓的伤害最大，建议"宜以卖坊场钱及坊郭、官户、寺观、单丁、女户所出役钱，量行裁减雇募衙前，以免民间重役之害"。他还强调，朝廷虽不断重申废除免役法，但从没有给出具体的方案和条款，只是三令五申要按照司马光提出的建议来施行。但司马光

---

① 《续资治通鉴长编·卷三百八十五》。

的奏疏里也没有可行性措施，朝臣只是一味地把这件事推给司马光，这对司马光无益，也让朝廷为难。总之一句话，朝廷要想罢废免役法，请详定役法部门拿出具体方案来，不要一天到晚只喊口号。

由于苏辙的进言揭开了新法废除的巨大破绽，没有人敢于回应，朝廷也一时陷入尴尬。几天后，中书侍郎张璪以生病为由辞去明堂仪仗使，朝廷就让知枢密院安焘代替张璪的职务。同时，授予尚书左丞李清臣卤簿使、尚书右丞吕大防桥道顿递使。①

二十六日，病中的司马光给朝廷上疏，建议对一个任职馆阁的官员孙准进行处罚，并要求对举荐他的人也进行连坐责罚。朝廷没有批准。这件事不大，但俨然可以看作哲宗处置政事的风向标，他开始有了自己的想法。司马光也没有就此事揪住不放，而是默认。小皇帝的能力和作用日渐凸显，司马光一言九鼎的时代似乎正在成为过去式。只是令司马光疑惑的是，这一切都是怎么发生的？为什么毫无察觉？

此后，台谏官开始集体讨论官员的管理问题。苏辙表示，按照祖宗旧法，官员子弟荫补年限一般在二十五岁后出官，即便参加科考，也得按照吏部官员晋升制度来逐级提拔。但是在神宗朝时，这一制度被破坏，建议复归祖制。苏辙还与上官均进言，谈论人才选拔、官员任用、科举考试等问题，建议根据实际，对一些官职进行削减，对官员队伍进行整合。这些建议对于解决国家冗官问题很具有指导性和可行性，但放眼官场，赫然遍布着一张无形的庞大而稠密的网，每个人都在网上有自己的结点，换言之，牵一发而动全身。动官场就等于动王朝的根基，因此苏辙与上官均的建议只能作为参考而不能被采纳。

是日，苏辙又上疏，指责各地在推行废除役法时，相互之间的标准不统一，"逐路事体各别，条目各有不同，而朝廷变法，从便措置大意，所谓海行条贯者，不得不同也"。苏辙认为，这都是新法废除部门急于行法，"每遇逐路申到文字，不候类聚参酌，见得诸路体面，即便逐旋施行"。也就是说，各路之间从来不思考，只是看到哪一路废除新法有成效，就拿来别人的方案照搬照抄，完全不切合自身实际，因此造成这些问题。苏辙建议详定役法机构对各路废除新法的方案做一系统归纳，总结梳理出符合全国各地实际的方案颁布施行，才能保证具体操作时不会出现

---

① 《续资治通鉴长编·卷三百八十六》。

偏差。

其他台谏官没有就苏辙提出的问题进行争论，他们仍将焦点放在人才选拔上。王觌继续谈论朝廷用人制度。刘挚也进言，朝廷任用人才不当，弹劾刑部郎中王振"人品极下，前在大理为丞、为正，刻害险酷，著闻于人"。王振还给朝廷举荐崔台符、杨汲等人，这些人"向来冤滥之狱，振皆预其事"。建议对王振进行罢黜。上官均也弹劾王振、崔台符、杨汲、王孝先等人，反对将这些人安置在刑狱部门。

之后，刘挚转而质疑监司的职业道德。监司负责对地方官员的监察，肩负对基层官员履职、朝廷政策落实等考核重任。但在废除新法问题上，刘挚发现监司有履职不到位的问题，他们"不量可否，不校利害，一概定差，骚动一路者，朝廷察其意，固已黜之矣"。这些做法，也诱导地方官员迎合监司的喜好开展工作，这自然于国家无益。目前又缺少对监司的监管，因此刘挚建议对监司形成监督考核管理办法："执事者申立监司考绩之制，以常赋之登耗，郡县之勤惰，刑狱之当否，民俗之休戚，为之殿最。每岁终以诏诛赏，仍自今岁始焉。"这一点很有价值。

不过，朝廷对于刘挚的建议没有回应。事实上，从刘挚历次所提建议来看，他在奏疏中尽管有时存在言语过激等情况，但所提意见大多有助于推动国家改革，刘挚也因此得到朝廷认可。但是有个现象值得注意，这就是哲宗、高太后在召集台谏官入对时，刘挚很少被召见。而身为台谏官，刘挚并不在乎朝廷对他的态度，只要他认为有必要进言，就不会有过多顾虑。

八月底，一直在家养病的司马光给朝廷上了一道奏疏，却是为一位已故官员的儿子求官。司马光此时苍老虚弱，病魔已经将他折磨得不成样子。他强忍着浑身的疼痛，请求给已经故去的职方员外郎陈洙之子求官。司马光援引仁宗朝张述典故，指出张述曾多次奏请建储，朝廷尽管没有采纳，但依然认为张述很忠心。张述去世后，朝廷念及他家里无人食禄，遂授予陈述之子太庙斋郎的职务。司马光认为陈洙在世时也曾经多次向朝廷进言立储，"忘身殉国，继之以死，而天下莫知"。现恳请朝廷按照张述的旧例，给陈洙的儿子赐予官职。朝廷对司马光所提之事，想都没想就答应了。

这让司马光很欣慰，朝廷对他的恩宠超过了同时代所有官员。而这也是司马光生平最后一次向朝廷进言。之后，他就彻底不问世事，坦然面对生命的终点。

时间在不经意间就到了九月。初一日，一个震动朝野的消息传遍了天下：司马光去世了。"九月丙辰朔,正议大夫、守尚书左仆射兼门下侍郎司马光卒。"①

这是这一年北宋政坛最大的噩耗,谁都清楚司马光对国家意味着什么。有些人只要活着,对他的时代而言,就有了精神上的领袖;一旦离去,就会引发时代之大变局。

## 司马光的哀荣与旧党的危机

早在元丰五年(1082),司马光的身体其实就已经给他报了警——中风。他甚至连遗书都写好了。此后几年间,他的病虽不至要命,但身体每况愈下,从元丰八年冬月到元祐元年春月的几个月,他一直深居简出,努力调养。当然,他对政事也不敢耽搁,尤其是担任首相以来,可谓夙夜忧叹,一心想着怎么废除新法,恢复旧制,"光为政逾年而病居其半,每欲以身殉社稷,躬亲庶务,不舍昼夜"。身边的朋友曾用诸葛亮的事迹劝过司马光,"诸葛孔明二十罚以上皆亲之,以此致疾,公不可以不戒"。司马光的回答让所有人一时语塞:"生死有命。"此后,司马光对待政事愈加勤勉。

四月份以来,他的身体有所好转,并主动到三省任职。千头万绪的工作,瞬间淹没了他。这期间,有两件事一直困扰着他,那就是免役法和青苗法的废除问题。很多人都参与讨论,耗时很长,天下议论汹汹,莫衷一是。最后,还是司马光拍板,才确定废除这两项法令。但真正执行起来,还需要投入很大精力。

很可惜司马光的时间不多了,四月份之后,他明显力不从心。为此他曾向朝廷多次提出辞职,但朝廷不允。他只能强行支撑。相传司马光在梦中都念叨着国家大事。这种情况一直延续到九月。最终,这位为国鞠躬尽瘁的老者,生命终止于元祐元年(1086)九月初一,享年六十八岁。距王安石离世仅仅相差四个多月。比起王荆公身后的冷落,司马温公的葬礼可谓风光无限。

司马光去世前,亲自写了遗表。当他去世后,家人将遗表交给朝廷时,众人才发现,司马光在遗表中依然牵挂着国事,却避而不谈自己及其家人。高太后看后,

---

① 《续资治通鉴长编·卷三百八十七》。

非常悲痛,哲宗也"感涕不已"。

本来,九月一日是国家选定的良辰吉日,朝廷要在明堂举行祭祀、集会等仪式。相对于国家层面的重大礼制,司马光的去世毕竟属于私事。因此,朝廷先在明堂举行了大礼,有头有脸的国家高层几乎都参加了这个仪式,哲宗、高太后在众人的包围中,成了最为灿烂的星。整个祀典过程显得异常肃穆庄严。

明堂礼仪举行完毕,朝廷正式研究对司马光的追赠和祭祀。追赠自然少不了。朝廷要求朝臣都到司马光家里临奠致哀。司马光被追赠太师、温国公,赐予一品礼服,谥号文正。另"赠银三千两、绢四千匹,赐龙脑、水银以敛"。朝廷还专门派户部侍郎赵瞻、内侍省押班冯宗道在祭奠结束后,护送司马光的棺椁归葬山西夏县故里。司马光的亲族十人都被恩荫授官,哲宗还为司马光的神道碑亲笔题写"忠清粹德"。①相传司马光去世后,很多京城官民都去他家里吊唁,并将司马光的画像挂在自己家里,吃饭之前要对着画像祈祷。等到司马光安葬时,全国各地前来送行的人超过数万,沿途夹道哭声震彻云霄。

这或许是撰史之人故意夸大其词。不过司马光的去世,的确引起了一连串的反应,至少目前朝中那种动态平衡无法再保持了。新旧党之间,是否会再起波澜,无法预测。值得一提的是,司马光刚刚回朝时,主张废除熙丰新法,当时就有人提醒他:"旧臣如章惇、吕惠卿辈皆小人,他日有以父子之义间上,则朋党之祸作矣。"司马光没有把这种善意的规劝当回事,轻轻说了句:"天若祚宋,必无此事。"后来的事情,谁都清楚,老天没有保佑。在司马光全面废除新法的大背景下,支持变法派(新党)与反对变法派(旧党)的斗争愈演愈烈,势同水火,后来还分裂成更多的党派(如"川党""洛党""蜀党"等)。而正是这些难以遏制的朋党之争,让北宋在反复交恶、内耗中逐步走向衰落。

司马光去世后,旧党似乎感觉到了一种潜在的威胁。王岩叟在给朝廷上的一道奏疏中不由透露出担忧。王岩叟担心司马光去世后,朝廷不再沿着司马光设计的路线继续走:"吾君能不忘光之言乎?能求其类而用之,使持循其法乎?"他指出,司马光刚刚去世,一些奸邪可能会乘机复辟,建议朝廷速将其全部罢黜,引用贤才,"去奸,进贤,皆有以协天下之望",才能实现太平。王岩叟在贴黄里点出了他所说

---

① 《续资治通鉴长编·卷三百八十七》。

的奸邪就是"张璪辈二三佞邪无状之人"。

王岩叟为什么迫不及待上了这样一道奏疏？原因显而易见。司马光活着时，尽管没有明确承认自己是旧党领袖，也没有明确约束台谏官，但也没有打压台谏官。也就是说，这一年多的时间里，台谏官上了那么多奏疏，弹劾了那么多人，司马光都是默认的，而默认实际也就代表支持。现在司马光去世了，他们没有了后盾，当然担心新党复辟。以蔡确、章惇、吕惠卿之品行，若他们借用司马光废除新法来离间哲宗，谁能预料到会发生什么呢？

朝廷没有回应王岩叟，这让旧党愈发不安。此后，朝廷在明堂设宴，招待群臣，但台谏官完全心不在焉。

九月初八，忍耐了好几天的刘挚发声了。刘挚在奏疏中强调朝廷更换宰辅之臣时要慎重，"辅弼之进退，皆系国家大体，人君不可以不谨也"。原来，就在几天前明堂大宴群臣后，中书侍郎张璪、同知枢密院事安焘、尚书左丞李清臣三人都给哲宗递上了辞职报告。若这三人都辞职，加上司马光去世，三省、枢密院就无人主持大局了。果真如此，国家机器如何正常运转？在此关键时刻，朝廷不可能同意任何宰执离职。不过，刘挚并不这样认为。在他看来，既然这三人都主动提出了辞职，那还是要罢黜一些，留下一些，实现中和。因此，刘挚表示在这三人当中，"璪以倾邪柔佞，窃位最久，朋奸害政，卖恩营私，前后言者累疏其罪"，朝廷应该罢张璪，留安焘与李清臣。这样既可以体现陛下"不忘先朝受遗旧臣之意"，也能"以镇群下，考之公议"。

按照祖宗之法，宰执人员不能举荐台谏官，台谏官也不能举荐宰执人员。现在刘挚这样说，似乎超出了其权力范围。若在仁宗朝，这样的行为必然会遭到同僚弹劾。

刘挚也是个执拗之人。朝廷不回应，他就继续上疏。此时的他已新加了一个侍读身份。这次刘挚没有直接弹劾张璪，而是从继承司马光事业入手进言。他在奏疏中表示，司马光去世，"奸邪之党、丑正恶直之徒，颇已相与有窃喜之意"。刘挚说这些奸邪窃喜的原因是看到了翻身的希望，因此建议哲宗"常以辨别邪正，保邦爱民为念，坚守此指，终始如一而已。已行之令，持循无变，则治道成矣"。之后，刘挚就举荐文彦博出任宰相。王觌也上疏，说司马光刚刚去世，有些奸邪就蠢蠢欲动，请朝廷重用文彦博，并利用张璪辞职之机，将其驱逐。

哲宗、高太后看到了几位台谏官的进言，或许也体会到了他们身上的焦躁不安。但此时罢黜张璪显然不明智，任用文彦博也不合适。且文彦博表示不愿意出任宰相，而是给朝廷推荐了冯京。

朝廷尚未议定宰执人选，台谏官却在前后奔走。九月十二，朝廷开始了第一批人事调整，"中书舍人苏轼为翰林学士，范百禄为刑部侍郎，钱勰为给事中，太常少卿鲜于侁为左谏议大夫，太常少卿梁焘为右谏议大夫，右司谏苏辙为起居郎，左司谏王岩叟为侍御史，左正言朱光庭为左司谏，右正言王觌为右司谏"。这批人员中，苏轼从中书舍人擢升为翰林学士，成为两制官。另外一位中书舍人范百禄为刑部侍郎。同时，朝廷又给台谏系统安排了鲜于侁、梁焘。其他台谏官朱光庭、王岩叟、王觌继续留任。

苏辙这时弹劾朝廷给张颉授予户部侍郎、杜纮授予右司郎中不合理，请求朝廷撤回任命诏书。朝廷驳回了苏辙的弹劾。苏辙继续上疏，朝廷继续驳回。

此后，第二批人事调整也有条不紊地推进着。其中，新授起居郎、修实录院检讨官林希为中书舍人的任命，引起了苏辙的注意。苏辙认为林希"虽薄有文艺，素号憸巧。当王珪用事之际，希谄奉之无所不至，与其不肖子弟日相亲昵，及韩缜作相，希复为其鹰犬"。苏辙希望朝廷给林希外任差遣。苏辙又在贴黄中表示，他曾与林希的弟弟林旦同为台谏官，不想当着林旦的面指责林希，希望朝廷采纳他的建议。朝廷没有答应苏辙的请求。

随即，刘挚也上疏弹劾林希："伏缘希天资忮害，士大夫皆知之。从来惟是阿附执政，躁于进用，而近日尤甚，以利相市，其迹甚著。若在词掖，日参政议，朋奸陷交，相为唇齿，立私党以扰公道，自此朝廷之上必为其所欺谩，交乱政事，非小害也。"刘挚的建议与苏辙一致，认为给林希授予外官即可，中书舍人是草拟朝廷诏命的重要岗位，不能给林希这样的人。刘挚又借林希之事，弹劾张璪，说张璪结交林希的真正目的是趋附林旦，以保证在关键时候有人替他说话。因此，林旦、林希已与张璪结成朋党，刘挚建议"罢张璪执政，追寝林希中书舍人之命，则奸党不成，朝廷清矣"。

王岩叟和孙升也进言弹劾张璪。王岩叟一再强调，不能授予林希中书舍人，不然林希与张璪结党，"朝夕相亲，预闻国论"。孙升指责林希先后结交王珪、韩缜、张璪，"奸佞险恶，无端良公忠之操，难以备迩臣之选"。

朝廷为了平息这帮台谏官的情绪，最终改任林希为集贤殿修撰、知苏州。①然而，即便如此，台谏官依然不依不饶。朝廷没有处置张璪，但对王岩叟举荐的京兆府教授刘绚授予春秋博士，用来安抚王岩叟。王岩叟也就暂时见好就收了。

与此同时，吏部侍郎傅尧俞给朝廷上了一道奏疏，谈论新法废除的种种问题。他指出，目前废除新法没有一个统一标准，又造成实施程度不一样，天下对废除新法也议论纷纷，建议朝廷早点制定可行办法。同其他台谏官一样，他最后也表示，若朝廷不采纳自己的建议，可以罢免自己目前的身份。

朝廷没有罢免傅尧俞，反而是在九月二十四日罢免了张璪，"正议大夫、中书侍郎张璪为光禄大夫、资政殿学士、知郑州"。原因是张璪看到台谏官轮番进攻自己，也不想再做众矢之的，不如以退为进主动提出辞职。朝廷求之不得，没有挽留他。

总算遂了台谏官的愿，台谏官暂且偃旗息鼓。之后，苏轼也给朝廷上了奏疏《论每事降诏约束状》，谈论国家制度革新、人事调整等问题。苏轼认为，朝廷在处置天下大事时，只需要宰执对照法令来推行即可，若有法令没有触及的地方，才需要天子介入，"若天下大事，安危所系，心之精微，法令有不能尽，则天子乃言"。对于法令的效力，苏轼认为某项法令一旦确定，所有人都得遵守，包括皇帝本人，不然就会形成法令约束不了人的情况，"若每行事立法之外，必以王言随而丁宁之，则是朝廷自轻其法，以为不丁宁则未必行也"。苏轼还指出，目前国家法令已颁布实施，就应该以法令为准，只有法令没有约束的地方，朝廷才能颁布诏书，用以补充，而不是以诏书为主，法令为次。②苏轼结合"十科取士"制度来说明这个问题。他说："今后一事一诏，则亵慢王言，莫甚于此。若但取谏官之意，或降或否，则其义安在？臣愿戒敕执政，但守法度，信赏罚，重惜王言，以待大事而发，则天下耸然，敢不敬应？所有前件降诏，臣不敢撰。"若每一件事，都要下诏来落实，那还要法令干什么？若朝廷总是听从谏官的意见，那么公义又何在？苏轼的论述严丝合缝，不会给人留下把柄。但是这个奏疏让有些人看到后，就很敏感，不痛快了。因为苏轼说的以法令为主，隐约怀有对国家目前废除新法的不满。

---

① 《续资治通鉴长编·卷三百八十八》。
② 雷定美：《论苏轼的法律思想》，《中西法律传统》2021年第2期。

于是，监察御史孙升也上了一道奏疏，虽没有直接攻击苏轼，却也是含沙射影。他提出了一个再平常不过的问题——人才使用。"祖宗之用人，创业佐命如赵普，守成致理如王旦，受遗定策如韩琦，此三人者，文章学问不见于世，然观其德业器识、功烈行治，近日辅相未有其比。"先提出治理国家的贤才并不一定文学造诣就超乎常人。接着，以王安石为例，讥讽王安石虽是一代文宗，在"进居大任"后，"至言不践，旧学都捐，摈斥忠良，弃众自用，趋近利，无远识，施设之方一出于私智，以盖天下之聪明"。也就是没有把自己所学的东西都放在治国理政上，空有一身学问，反而给国家带来不可估量的损失。最后，他抛出了自己的观点："辅佐经纶之业，不在乎文章学问。"最后，孙升建议，国家"审择台辅"时，要坚持"尊用老成，遐迩怀仁，边隅向德，天下四方忠义端良之士、豪杰俊伟之材，俱收并用"。若单纯地看这些，似乎没有所指。但孙升在贴黄中又明指"苏轼文章学问，中外所服，然德业器识，有所不足，此所以不能自重，坐讥讪得罪于先朝也。今起自谪籍，曾未逾年，为翰林学士，讨论古今，润色帝业，可谓极其任矣，不可以加矣"。孙升可能担心目前高太后看好苏轼，朝廷会擢升苏轼为宰相，因此才会这么评价苏轼。不过，客观地说，这完全是对苏轼的诋毁。

或许苏轼自己都没想到，他被授予翰林学士，竟引起台谏官的敌意。将来，台谏官会不会在他身上再挑出更多的问题呢？

十月初，朝廷再次调整了一批人员岗位。其中，殿中侍御史林旦被调出朝廷，为淮南路转运副使，授予监察御史孙升殿中侍御史，朝奉郎王古为工部员外郎，校书郎黄庭坚充实录院检讨官。与此同时，苏辙也被授予权中书舍人。①这几个人都很有来头，林旦、苏辙是前台谏官中的翘楚，而黄庭坚是苏轼的门人。

苏辙刚刚到中书省任职，便全身心投入了工作。他给朝廷上了一道奏疏，反对朝廷对内侍官梁惟简的任命。梁惟简是高太后的人，为高太后鞍前马后出了很多力。现在梁惟简老了，想讨一个好点的归宿，高太后自然应允。但在给梁惟简草拟安置诏书时，就卡在了苏辙这里。最后，朝廷不得不放弃对梁惟简迁官的打算。

其后，在对几位官员的工作职责和岗位调整中，依稀能觉察出朝廷处置新党时的矛盾心理："新授资政殿学士、知郑州张璪不许辞免明堂大礼支赐。""知汝州、

---

① 《续资治通鉴长编·卷三百八十九》。

正议大夫章惇知扬州。""吏部侍郎傅尧俞罢详定役法，从所请也。""内侍押班梁惟简管勾景灵宫。"这里面既有对张璪的维护，也有对章惇的再贬。其用意着实让外界难以捉摸。

而三省的一份关于新法废止的奏疏，也引起了台谏官的注意。三省表示，朝廷下令废除免役法推行差役法，不愿意服役的人可以雇人服役，现在却要求弓手役不得顶替，必须本人服役。他们认为这么做很不方便，向朝廷求教处置办法。于是，朝廷就下诏："弓手正身不愿充役者，许雇曾募充弓手得力之人，仍不得过元募法雇钱之数。令府界提点司、逐路转运司相度施行。"朝廷的态度是弓手役可出钱免役。这种处置办法让台谏官无所适从，他们认为这样做，等于重新回到了免役法时代。刘挚上数千言奏疏阻止朝廷。但朝廷没有回应他。不过往往这时候，刘挚就会转而攻击宰执群体。同知枢密院安焘看到了其中斗争的风险，请求外调，但朝廷不允许。不久，刘挚、王觌先后上奏疏，请求朝廷允许安焘所请，放他到外地为官。朝廷忙于应对李秉常去世后宋夏外交事宜和新法废除工作，没有时间搭理刘挚。刘挚也就不得不消停下来。

接下来，台谏官又从章惇身上入手，掀起了对他的新一轮弹劾。

## 章惇再受责难

台谏官弹劾章惇，是关于朝廷将他调往扬州的任命。①扬州和汝州听起来相差不大，但事实上扬州富庶繁华，远非汝州可比。朝廷从南方采购的物资，有很大部分来自扬州。在台谏官看来，朝廷这么做，无异于给了章惇一个肥缺，这是他们坚决不允许的。王岩叟在奏疏中指出："除知汝州章惇知扬州命下，累日物论喧然，以为未允。伏读告词，又不为经明堂恩霈，直是无故宠迁，臣愚不解此意。"接着，他开始历数章惇罪责以至推导出若让他迁知扬州，会"增强臣慢上之心，长群恶欺天之意，非国家之福尔"。

为什么章惇都被外放了，王岩叟还是穷追猛打呢？原因大概有两点，一是章惇

---

① 《续资治通鉴长编·卷三百九十》。

很有行政能力，这是新旧党公认的。若朝廷不断重用他，指不定哪天他就可能被重新调回中央，到时他必会在新旧党争中掀起风浪。二是借打压章惇来抵制新党，因为章惇是新党领袖。司马光去世，旧党失去了中坚力量，而此时，尽管新党绝大多数已被外放，可他们还占据重要岗位，只要这些人在岗位上，就可能会翻身。鉴于这两点原因，王岩叟坚决反对给章惇迁官。

十月十八日，朝廷不得不撤回任命诏书，让章惇继续知汝州。这里还有一个问题，那就是章惇为何会在外放几个月后，重新被朝廷想起呢？按照司马光去世，朝廷旧党失去主心骨的现状来看，旧党是绝不会允许新党中任何人被提拔重用的。寻找这个原因，还要从吕公著身上着手。就在司马光去世不久之后，吕公著等人发现，朝廷因明堂大典已多次实行赦宥，很多之前被外放的官员，也都得到了升迁。于是，他们就以章惇的父亲年老需要人照顾为由，打算给章惇迁官。不过，经过王岩叟这么一闹腾，高太后也注意到此事。高太后质问吕公著："谁主张给章惇迁官？"吕公著表示，是宰执集体商议的结果，并上报哲宗许可了。吕公著还透露出章惇的几个儿子为父伸冤，表示朝廷不断宽宥官员，既往不咎，为何独不赦免章惇？宰执这才商议给章惇迁官以示朝廷大度。

事后，同知枢密院范纯仁也上了一道奏疏，详细陈述了这次给章惇迁官的缘由。原来章惇在汝州期间，因为担心年老的父亲无人照顾，在明堂大礼后，他主动给朝廷上疏，希望可以调回老家赡养父亲。三省、枢密院一起商量后，认为这是人之常情，可以通融。于是，他们将章惇调往扬州的请示汇报给哲宗，哲宗答应了。这才有了章惇的迁官诏书。范纯仁还表示这是宰执考虑不周，以后也不会再发生类似事件。不过范纯仁又表示，朝廷既然给了宰执权力，就应该相信宰执的决定。他还列举了仁宗时期皇帝与士大夫共治天下的先例，用了很大篇幅鼓励皇帝要宽容，施行仁政，这样国家就能迎来承平盛世。

但在高太后心中，章惇早已被牢牢贴上"奸邪"的标签，不比其他官员，因此独不能给他迁官。吕公著等人只能作罢。

最郁闷的要数章惇了，他拿着朝廷的任命诏书已从汝州出发，正在奔赴扬州的路上。就在即将到达时，又忽然收到新的诏命，让他返回汝州。可以想象章惇的心情，他一定对朝中的旧党恨透了。这是践踏尊严，实在欺人太甚！但是章惇还是忍了。他怀着满腔愤怒回到了汝州，复仇之心逐渐酝酿。

同一天，朝廷召御史中丞兼侍读刘挚、侍御史王岩叟入对。王岩叟已多次参与入对了，刘挚则是第一次。刘挚、王岩叟在向皇帝、太皇太后表示擢升的感激之情后，就开始讨论役法废除。刘挚说，在废除役法的行动中，有官员开始动摇，害怕随着司马光去世，朝廷再次改变方针，希望哲宗能够坚持路线，初心不改。王岩叟也随即附和，指出司马光请求恢复差役法，并不是司马光的新法，而是祖宗百余年来实行的便民之法，这些法令使用百余年都相安无事，都是因为王安石的破坏，才置祖宗之法于不顾。刘挚又说，自从哲宗即位以来，用司马光废除新法，目前已完成十之六七，希望朝廷继续推进，慎终如始。高太后没有正面回应两位台谏官对更张新法的建议，只是表示司马光公正无私，他的去世是国家之大不幸。

此后，刘挚、王岩叟又谈到章惇。对这次迁官风波，两位台谏官都很气愤：天下之事，全在遵守制度。若朝臣都以家人年老为由就要求迁官，那就毫无原则，法将不法了。另外，刘挚、王岩叟还说到了最近编纂的《神宗实录》，已加入了一些新的史事，请哲宗阅览。最后谈论到人才选拔、任用问题，刘挚说，目前国家官员队伍中小人多、君子少，建议多用君子。高太后当即表态，只要是你们台谏官举荐的人，朝廷一律重用。刘挚、王岩叟这才满意地离开了。只是让他们想不到的是，此次召见，朝廷不仅仅是为了听取他们对国家政事的意见，也是对他们的一次面对面考察。高太后其实在物色合适的宰执人员。因为宰执岗位长期空缺着，这让高太后很为难。

王觌接着给朝廷上疏，谈论差役法推行过程中遇到的问题，请求朝廷还是要适当调整政策，不能简单粗暴地恢复役法，"臣愚以谓欲天下乡村应役人户稍多，得以更休而不困，即须告诏天下郡县，使重定等第，令颇得其实，则力役均，而论者之所患者不足以为患矣"[①]。

十月二十一日，朝廷给已致仕的范镇降下一道诏书，请他回朝继续为国效力。范镇的孙子范祖禹坚决反对范镇再次出山，范镇也就没有到汴京报到。[②]二十三日，翰林学士苏轼给朝廷上奏疏，谈论冗官问题，建议"裁减任子及进士累举之恩、流外入官之数，已有旨下吏部、礼部与给、舍详议"。苏轼还提出了三条解决

---

① 《续资治通鉴长编·卷三百九十》。
② 《宋史·卷三百三十七·列传第九十六》。

方案：一是确定考核的年龄，比如进士科必须二十五岁以上才能为官，连续考三次未中，三十五岁以上可以为官；二是对免试人员数量要加以控制；三是加大考核力度，优胜劣汰。朝廷依旧没有回应。

随即，左司谏朱光庭也进言，指出了司马光提出十科举士的弊端："其间不能无因缘请托之弊，所举之士未必皆贤。朝廷宜加精察，庶绝滥进，仍请申敕中外臣僚尽公择贤，毋或援引小人。"于是，朝廷下诏，按照朱光庭的建议制定办法，详细考察十科取士人员，避免所进人才都是碌碌无为之辈。

此后，又发生了两件事，吸引了所有朝臣注意。第一件是西夏国主李秉常去世后，西夏对宋朝的态度和战不定。大宋朝廷的应对办法是继续加封李秉常的儿子李乾顺，向西夏送去慰问和赏赐。另外，又下诏要求边境将士约束属下，不得到西夏境内抢掠。同时要加强戒备，防止西夏入侵。这件事处置得很妥当，大臣没有多少争议。真正有争议的是另外一件事——关于科举制度改制的问题。自从王安石改革以来，新科举考试就一直受到士大夫阶层诟病。司马光废除了"三经新义取士"，又推行"十科取士"。不过很多问题悬而未决，太学、国子监还有各类学校，似乎还沿着王安石制定的教育路线发展。

这让旧党难以容忍。刘挚上疏目前"太学条制烦密，失养士之意，乞下有司别行修立"，他建议，"罢修定学制所，检会臣今年二月十五日所奏，止以其事责在学官正、录以上，将见行条制去留修定，严立近限，次第条上，取旨施行"。

有人不认可，就有人认可。殿中侍御史吕陶就对王安石的教育理念很认同，他说："安石相业虽有间然，至于经术、学谊，有天下公论所在，岂隐之所能知也？朝廷既立其书，又禁学者之习，此何理哉！"也就是说，王安石的变法虽有问题，但人家的学问是公认的，现在朝廷既然没有否定王安石的学说，又不让学子们学习，这就相互矛盾了。之后不久，吕陶再次上奏疏肯定王安石的学术思想："先儒之传注既未全是，王氏之解亦未必尽非，善学者审择而已。"太学教育不管是遵从古制还是改革新学，都只是死道理，至于如何学习并灵活运用，完全在士子自身，不能因为王安石的《三经新义》，就完全否定他的学问。

上官均也指出目前太学教育的种种问题，弹劾国子司业黄隐自官庠序即将一年，但为人"倨傲自任，倾邪无常，论其学则暗于经术，不烛义理"。人品有问题，学术又不专精，误导了学生，破坏了太学的风气。建议朝廷罢免黄隐，选拔真正有才学的人执掌国子监、太学，扭转学风。上官均也没有全盘否定王安石的学说，建议在学习作文和科考时，允许士子将《三经新义》和其他注解共同使用。但朝廷并未同意罢免黄隐。

太学大讨论尚未形成定论，在调整宰执人员问题上，次相吕公著与哲宗又产生了相左意见。

自从张璪走后，中书侍郎久未补缺，司马光的左仆射也空着。朝廷先讨论中书侍郎人选，吕公著看好的人是吕大防。因此，在一份给哲宗、高太后的奏疏中，吕公著指出目前朝廷的宰执大臣都是老人，急需配置一名年轻的中书侍郎来挑大梁。哲宗看好的大臣是刘挚，但又担忧刘挚资历太浅，人心不服。于是，哲宗就征求吕公著意见。吕公著同意让刘挚进三省，但更看重吕大防。两个人之间谁也无法说服谁。最终，还是吕公著妥协了。十一月初，名单出炉："朝请郎、试侍御史中丞刘挚为中大夫、尚书右丞。中大夫、尚书左丞吕大防守中书侍郎。吏部侍郎兼侍读傅尧俞为御史中丞，仍兼侍读。"①

需要指出的是，这也是一次没有台谏官反对的任命。吕大防是旧党，也是吕公著看好的人。刘挚本身就出身台谏官，台谏官自己人不可能弹劾自己人。傅尧俞是司马光举荐的人，在台谏官那里没有污点。

不弹劾新任宰执，并不代表台谏官沉默。王觌随即向知淮阳军吕嘉问发起了弹劾，并以吕嘉问推行市易法为依据，指出朝廷变法的初衷是为了富国强兵，但吕嘉问这些人曲解国家法令，在执行时随意改变方略，"市易之法，本以平物价，而奸吏为之，乃使民无故而破产。使民增税，使民破产，非欲以利国家，其意在于求赏而已"。建议整顿官场，把那些当年讨好王安石的人全部揪出来。朝廷这次还真听了王觌的建议，令户部抓紧时间统计市易法推行以来升迁的官员。

这是一种秋后算账的做法，吕公著没有反对。此后，朝廷有一段时期相对安定。各种政事有条不紊地推进，在给王安礼、蔡卞迁官的事情上，他们也没有发声。②枢密院、刑部、户部和各路转运使都不断给朝廷上奏疏，就其管辖事务依例请求审批，连文彦博都给朝廷提出了各种建议。看起来，没有了司马光的朝堂并未

---

① 《续资治通鉴长编·卷三百九十一》。
② 《续资治通鉴长编·卷三百九十一》："资政殿学士、知江宁府王安礼知扬州，龙图阁待制、知宣州蔡卞知江宁府。"

出现想象中的动荡。

此后,台谏官也没有闹出多大动静,殿中侍御史吕陶弹劾利州路转运副使蒲宗闵附会李稷,"以卖茶为名,兴贩诸物,贪息冒赏,累次迁官。明堂赦后,有利州衙前何宪等乞除免市易等钱,宗闵一切不为受理",希望朝廷降罪。王觌则发现马政制度不健全,建议进行整顿。不过这些都是些小争议,国家机构继续正常运转,该调整的人事,也都及时调整。

然而,十一月二十四日的人事任免,却引起了台谏官的注意。这天,朝廷下诏:"起居郎苏辙、起居舍人曾肇并为中书舍人,肇仍充实录院修撰。"①侍御史王岩叟马上进奏疏,弹劾曾肇,"天资甚陋,人望至卑",早年间,曾肇攀附王安石,"擅权用事,朝廷美爵,如取于家,故肇因缘得窃馆职"。这样无德无才的人,朝廷不仅要他担任中书舍人,还要其充实录院修撰,实在用人不当。王岩叟还将曾肇与林希做比较,认为论才能林希比曾肇高出很多,即便这样,朝廷也没有授予林希中书舍人,"中书舍人国家第一等名器,当得贤材以付之"。显然曾肇不是贤才。既而为了阻止曾肇出任中书舍人,王岩叟连续上了八道奏疏来弹劾。

有意思的是,就在这期间,朝廷打算授予权陕西转运副使、朝奉大夫叶康直直龙图阁、权知秦州(今甘肃省天水市)。可这份任命书落到曾肇手里后,曾肇缴还词头,拒绝为叶康直写任命诏书,还说出了自己的理由:叶康直没有将帅之才,不宜让他驻守边关,建议换一个人顶替叶康直。曾肇还表示朝中能力、才干在叶康直之上者大有人在,为什么朝廷非要用叶康直?朝臣们对曾肇这种仗义执言的举动很赞成,台谏官似乎也颇为认可。朝廷暂时放下了叶康直的任命。曾肇用一个封还词头的本职行为改变了台谏官对他的印象,此后,台谏官也就不再弹劾曾肇了。

至于章惇,回汝州后不久,朝廷下旨,"正议大夫、知汝州章惇提举洞霄宫,从所乞也"。他似心灰意冷,却在积蓄力量,等待东山再起。在机会没来之前,就这样窝在一个虚职上,实在是保护自己的高明之举。

朝廷又召御史中丞傅尧俞、侍御史王岩叟入对。这次入对,只是例行训话。哲宗对新上任的傅尧俞说,朝廷让你来担任御史中丞,是因为你公正不避权贵。若日后朝政阙失,你只管放心说话,自有太皇太后处分。虽是训诫,但话里话外难掩内

---

① 《续资治通鉴长编·卷三百九十二》。

心的压抑。正值叛逆之年的哲宗这是对祖母把持朝政的一种不满与抗争。傅尧俞、王岩叟不知看到这层意思否？

十一月二十五日，朝廷颁布了一道诏命，要求门下、中书两省谏官办公时从两个门出入，防止两省谏官与给事中、中书舍人互通信息。这道诏命马上在台谏官中炸了锅。台谏官认为这是朝廷不相信他们，所以给他们专门开了一个门。王岩叟唇枪舌剑："若以谓欲绝漏泄之弊，则臣以谓漏泄在人，不在门户，门户虽殊而人不密，则漏泄之弊固自若也。然漏泄之禁素已甚严，今更加申敕足矣，何必以隔异门墙为事哉？所隔异者，乃二三谏官而已。"王觌也激烈地表示，台谏官不可能泄密，朝廷另开他门是不相信他们，然后引经据典，充分论述了台谏官的重要性。朝廷最后不得不妥协，降旨一切恢复原状，"谏官直舍且令依旧，所有前降擗截指挥，更不施行"。

此事这才作罢。但台谏官的兴致似乎再次被激活。接下来，新的斗争开始了，这次的主角是苏轼。

# 第七章 考题风波与党争

> 哲宗即位，宣仁后垂帘同听政，群贤毕集于朝，专以忠厚不扰为治，和戎偃武，爱民重谷，庶几嘉祐之风矣。然虽贤者不免以类相从，故当时有洛党、川党、朔党之语。
>
> ——《邵氏闻见前录》卷十三

## 苏轼考题引发的争论

元祐元年（1086）冬月并不平静。天寒地冻之际，河北、淮南等多路发生了水灾。受灾群众很多，朝廷虽大力组织救灾，但很多工作依然没有跟上，灾情报告、物资划拨、人员安置等问题都困扰着当局。让台谏官无法忍受的是，明明地方受灾严重，但地方官还在坚持用新法救灾，这显然与国家意志背道而驰。台谏官又出动了。王岩叟上奏疏，建议按照祖宗之法来落实救灾，"祖宗赈济旧法，灾伤无分数之限，人户无等第之差，皆得贷借，但令随税纳元数而已，未尝有息也。故四方之人，霑惠者普，衔恩者深，郡县仓庾以陈易新者多"。明眼人一看就知道，王岩叟是借着赈灾问题指责新法，"乞复如旧法，不限灾伤之分数，并容借贷，不拘民户之等第，均令免息"。①此后，朝廷下诏让发运司在常州、润州收籴稻种十万石，为受灾最严重的楚、海、泗、宿、亳五州提供种子。

上官均借着王岩叟的言论，提出了治国要施行宽猛相济的办法，两者要做到相互促进、补充。当然，上官均陈述宽、猛之道的目的，还是借势讨论新旧法令的优劣。与王岩叟不同的是，上官均的奏疏很巧妙，绕开了台谏官惯用的陈词滥调，从中庸角度入手，表明要恢复旧法令。朝廷立即答应了上官均的请求。不得不说，谈论国事还需要语言技巧。执拗的王岩叟应该向上官均学习。

既然台谏官牵扯出了法令问题，他们肯定不会就此罢

---

① 《续资治通鉴长编·卷三百九十二》。

休。吕陶认为国家法令时宽时紧，让民间无所适从。熙宁变法前太松，导致"贪吏猾胥，幸农夫之在官，而锐意侵渔，害端百出，人甚苦之"；熙宁变法后，又变得太紧，百姓要出钱，导致民间没有多少钱财。现在朝廷废除新法，恢复旧法，但真正约束"条贯犹未颁下"，导致地方官员认为朝廷"务行宽大之政，既许差役，则其他细故不及检察。坐视役者，已萌贪心，委使将迎，动涉侵扰"。长此以往下去，国家必受其害，建议早订立约束法令，按额收取赋税，增加国库收入。

文彦博也上奏疏，认为尽管国家已经废除免役法，恢复差役法，但地方落实的情况不尽如人意，每个地方废除新法程度不同，造成了各种不同问题。文彦博建议有司"限两月结绝，如限满有未了事，并送户部施行。其合销要吏人，令本部于旧局人内选留"。朝廷也意识到此问题，责令有司部门抓紧时间制定出统一规范的役法更张详尽方案。

此事告一段落之后，一份人员举荐报告又引起了台谏官的注意。举荐人是翰林学士苏轼，被举荐人叫王巩。王巩是谁？他是真宗朝宰相王旦之孙，字定国，为人好学，官位不高，著述颇丰，与苏轼是很好的朋友，苏轼那首著名的《定风波·南海归赠王定国侍人寓娘》（"此心安处是吾乡"）就是赠予王巩的小妾柔奴的。"乌台诗案"前，他去看望苏轼，并请求苏轼为王氏宗祠写下了《三槐堂铭》，后因"乌台诗案"，被贬宾州（今广西壮族自治区宾阳县）监盐酒税。元祐元年得到司马光的赏识，由司马光推荐，擢宗正寺丞，也能看出他的学问不一般。苏轼由于与王巩交好，加上王巩因"乌台诗案"受牵连，苏轼总觉得欠王巩的人情，因此向朝廷举荐了王巩。苏轼举荐王巩之后，朝廷打算重用王巩。但此事很快被台谏官知悉，台谏官上疏指责王巩曾离间宗室。苏轼为王巩辩解，还指出"巩与臣世旧，幼小相知，从臣为学"，对王巩的人品做担保。不过朝廷没有起用王巩，不管王巩多么优秀，总归是个有争议的官员。加之临近年关，朝廷也不愿意被更多的弹劾事件搅扰。

然而台谏官怎能有闲着的时候？只要有风吹草动，他们就集体出动了。不久前，华州发生山崩，"华州奏郑县界小敷谷山颓，伤居民"。随即，朝廷让太常博士颜复诣西岳致祭。这虽是偶然事件，但在台谏官看来，就是上天的警示，朝廷要对此予以重视。之后，右谏议大夫梁焘、侍御史王岩叟联合上奏疏，讨论这次灾异的意义，要求皇帝务必正视，"仰思天心而内自厉"，做到清心寡欲，重用正人君子，赏罚分明，"博资贤人之谋，饬修政事，以答天戒"。尽管只是一起普通的自然灾害，但在当时人眼中，这可是大事件，是当朝者执政不力导致的天谴。当然，这里面或许还有台谏官利用这类事制约皇权，并借此打击政治对手，实现己方政治利益的诉求。①梁焘、王岩叟还在贴黄里指出："臣伏思华山西方之镇，国家倚之以安静者也。今而倾摧，必有天意。陛下深思省惧，不以为忽，天下幸甚！"怎么可能会忽然山崩呢？一定是国家政策出现了问题。最后提出的补救办法是："既以自儆，又以诏大臣，使交修政事，以应天变。"

山崩事件尚未处置，边境又不稳定了。枢密院从殿中侍御史吕陶那里得知，泸州夷人酋长乞弟去世，西南少数民族一度出现不稳定情况。朝廷下诏，命知泸州张克明与梓州路转运判官李杰对其新首领阿机等人进行招抚，以安定西南方，让朝廷能过个安稳年。②四川的几位官员只能安抚这些西南土著。不过对方实力不强，也不敢轻易向宋廷叫嚣。加之朝廷带来了许多赏赐，他们就表示归顺。

年底的最后几天里，御史中丞傅尧俞给哲宗提出了"谨厥初，惟其终""慎厥终，惟其始"的理念。这都是《尚书》里的内容，是说做任何事都要有始有终，不能半途而废。傅尧俞说，哲宗刚开始做得很好，"考古御今，修明法度，恭俭以克己，慈惠以爱人，登崇老成，开广言路，大义明着，仁声流闻，总览万几，得其纲要"。这些都值得肯定，接下来的问题，是怎么坚持下去。傅尧俞还表示，只要皇帝思想不动摇，台谏官则会全力以赴追随皇帝。不难发现，傅尧俞是在重申朝廷在司马光去世后继续原来路线的重要性。侍御史王岩叟则更直接，他继续讨论新法更张的正确性，又建议舍弃葭芦、吴堡两寨。但因关乎边境问题，朝廷没有立即答应王岩叟。

不过，尽管朝廷没有同意王岩叟所请，却召傅尧俞、王岩叟一同入对。高太后先问到了天下大事，傅尧俞还是坚持之前的观点，他担心哲宗临御日久，难免有懈怠之情，希望哲宗兢兢业业，"日谨一日，常以大公之道自守，则天下无不治"。在说到新法问题时，傅尧俞的建议是："保甲、保马须是先罢，其余闲慢者且休，嫌于更改太猛。"王岩叟的意见却恰巧相反，认为既然是害民之法，就应该从重从快废除。

---

① 刘缙：《北宋华山信仰初探》，《中原文化研究》2016年9月。
② 《续资治通鉴长编·卷三百九十三》。

哲宗、高太后并未直接表态。此后,谈论的议题集中在是否应该舍弃葭芦、吴堡两寨问题上。傅尧俞认为不仅这两座寨子要舍弃,但凡朝廷"新取者城寨皆可废"。傅尧俞还认为早一天舍弃,边境百姓就早一天摆脱赋税之苦。这件事皇帝要独自做决定,若让大臣商议,必然七嘴八舌,众口难调。王岩叟不管其他堡寨,强烈指出先舍弃这两座,他表示,若不快刀斩乱麻,可能会因此导致"百姓必怨愤,老弱转死沟壑,壮者聚而为盗贼。腹心怨愤疾生,则远人必生悔慢,万一侵陵,不知何以待之,可为寒心"的严重后果。

谈论的第三个议题是关于曾肇的任用。傅尧俞、王岩叟坚持认为曾肇是真小人,不可重用。朝廷给了两位台谏官回复:"待便降出。"也就是找个合适时机,对其进行罢黜。王岩叟坚持立即执行。朝廷对他的急躁未予回应。罢黜曾肇只是时间问题。

然而,曾肇之事未平,苏轼这边又蒙受攻讦。这次风波是元祐党争的一个标志性事件,源自一场朝廷对馆阁人员的考试——"试馆职"。

当时出题的人是邓温伯和苏轼,而没有皇帝的老师、儒学大宗师程颐。其实这也无可厚非,邓伯温本就是翰林学士承旨,职掌进士候选,而苏轼的才名在当时首屈一指,为高太后所器重。苏轼出的题目是:"学欲师仁祖之忠厚,而患百官有司不举其职,或至于偷;欲法神考之励精,而恐监司守令不识其意,流入于刻。"大意是,朝廷欲恢复仁宗时代忠厚风格,又担心官员因没有压力而不作为;朝廷也想恢复到神宗时期励精图治,又担心官员无法很好领会宗旨而在推行政策时过于严苛。另外,苏轼还引用汉文帝、汉宣帝故事做一补充说明题意。哲宗在他二人出的题目中选中了苏轼撰拟的策问题。详细分析苏轼的题目,所要表达的意思是,朝廷已经废除新法,目前处于一种岔路口上,需要定出调子来。馆阁人员作为中央高层的后备军,对他们的考试题目正好反映这一状况,朝廷也可以将馆阁人员的策论作为治国的一种建议备用参考。

但在台谏官眼中,苏轼的题目有严重的立场问题,这是拿两位先祖来让人评头论足。朱光庭借机发难,"学士院考试不识大体,以仁祖难名之盛德、神考有为之善志,反以偷刻为议论,独称汉文、宣帝之全美,以谓仁祖、神考不足以师法,不忠莫大焉"。就是说苏轼出的这道考题不识大体,意在指责仁宗、神宗治国路线,将两位开明的先帝推上舆论风口,完全是大逆不道。朱光庭建议对出题的苏轼定罪，"以戒人臣之不忠"。

如果单纯看朱光庭的弹劾，就是小题大做，断章取义。但朱光庭在接下来的内容中，才暴露了本性。他指出苏轼罪不可赦，不仅对仁宗、神宗大不敬，利用两位先皇做考题，而且对儒家学派的程颐也极尽羞辱，可见人品有问题。

朱光庭的弹劾，有意将事态进一步扩大化，因为还牵扯到苏轼与程颐的矛盾。事实上，朱光庭指责苏轼侮辱程颐确有其事，并非空穴来风。此事还得追溯到司马光去世时。当时，明堂大礼之后，朝臣还要去司马光家里吊唁。半路上，程颐拦住了所有人，程颐说，孔夫子曾说过，"子于是日哭，则不歌"。意思就是一个人当天哭过了就不能欢乐，反过来也一样。朝臣刚在明堂举行了欢乐盛典，再去祭奠司马光就要哭，这就违背了圣人理论，也是对司马光的不敬。程颐搬出了孔夫子，朝臣被唬住了。有朝臣指出，孔夫子说的是哭过了不能再欢乐，也没有说欢乐了不能再哭。但程颐还是认死理，阻止群臣祭拜司马光。这时候，苏轼站了出来，他告诉众人："程大人说的典故历史上确有其事，不过提出这个观念的人叫叔孙通。"而群臣都清楚叔孙通虽然是大儒，名声却不怎么好。大家听完苏轼的话，大笑而散，把程颐晾在了原地。程颐尽管很生气，也对苏轼无可奈何。若让苏轼、程颐进行辩论，程颐老夫子在口头上绝对占不了上风。这是苏轼第一次嘲笑程颐。第二次纠纷在伙食问题上。由于朝官中午不回家，朝廷负责他们的伙食，但总是要征求每个人的意见。有意思的是，程颐坚持吃素，而苏轼坚持吃肉，两个人又针锋相对。当时发生这些事时，苏轼可能都不会想到，这会成为他日后的罪证。现在朱光庭重提这些事，就是表明，苏轼虽有才，但不厚道，不懂得敬老尊贤。

高太后认为朱光庭的弹劾牵强附会，不但没有追究苏轼的责任，还专门下诏书，赦免苏轼无罪。

随即，苏轼也上了一道奏疏，解释他为何要出这样一道考题。在苏轼看来，目前国家正处于十字路口，新法废除，旧法在逐步恢复。因此，考虑到这批馆阁人员即将进入人才储备库，他才出了这么一道题，就是要这批人才提前思考国家治国方略和路线，毫无诋毁仁宗、神宗的意思。至于引用汉文、宣帝那些材料，只是例证，没有任何其他意思。而且苏轼表示，出题的人不仅有他，还有邓温伯也出了两道题目，最终由哲宗御笔亲点，他也没有想到。

有趣的是，苏轼为自己辩解的奏疏传到朝廷后，朝廷竟然下诏："追回放罪指挥。"也就是收回了此前赦免苏轼无罪的诏书。然而，朝廷的这个举措，立马在台谏官中炸了锅。赦免苏轼无罪是认为有罪不罚，收回诏命就是认为苏轼本身无罪。既然朝廷认为苏轼没有错，那错肯定就在朱光庭等人身上。当然，这还不是最重要的，关键是朝廷在这件事情上连下两道诏命，明显是在袒护苏轼。若苏轼从中作梗，那朱光庭可能就会被朝廷罢黜。傅尧俞、王岩叟私底下商量对策，要先下手为强。他们对苏轼早已深怀妒意，岂能放过眼下大好机会。因此，傅尧俞、王岩叟给朝廷上疏，指出苏轼在考题中论及仁宗、神宗生平事业，就是讥讽祖先，建议对苏轼进行严惩。不过，两位台谏官的奏疏被压了下来。

王岩叟继续上奏疏，指出苏轼罪大恶极，妄用仁宗、神宗作为考题，颠倒是非曲直，天底下哪有"欲以求治道，而先自短其祖宗"的做法？这不是犯上是什么？王岩叟还表示朝臣们都认为"学士深失大体，谏官言之为甚当，朝廷令免罪为太轻"。王岩叟直言，苏轼最大的问题是把祖先供出来，任由臣子评判。现在的臣子哪有资格评价仁宗、神宗二位圣君？更可气的是，苏轼自己也发现题目出错了，却将责任推给陛下，说是陛下选了这道题，"既以祖宗为有弊，又以陛下为可欺，罪在不疑，罚当无赦。或闻苏轼自辩，谓是陛下点中此题"。王岩叟要求，必须从重从快从严处罚苏轼，朝廷"若不正之，则于朝廷事体终为不顺，上下议论终为不允"。要是不处罚苏轼，天下人就会一直议论下去，直至这件事引发舆情。①

朝廷依然对王岩叟的奏疏充耳不闻。不过王岩叟是个执拗的人，又上了一道奏疏，表示朝廷处置苏轼涉及国家奖惩原则的问题。此前，朝廷对待任何人都能做到赏罚分明，现在不能因为太皇太后喜欢苏轼，就坏了规矩，"今议轼之罪，或重或轻，固在陛下，但朝廷之事不可不正耳"。若不处置苏轼，恐怕要寒了天下臣子的心，"方两宫听政帘下，尤当正是非、公赏罚，使天下无以窥其失臣之心也"。

应该说，王岩叟的话非常有分量，他明确指出是因为哲宗、高太后你们喜欢苏轼，所以才对苏轼如此偏袒。可这样做的目的，只能让大家愈发觉得朝廷处置官员时很不公平。以后，朝廷还怎么显示权威呢？

王岩叟连着弹劾苏轼后，殿中侍御史吕陶也发声了。不过吕陶不是火上浇油，

---

① 《续资治通鉴长编·卷三百九十三》。

而是劝架的，而且吕陶明显站在了苏轼一边。在吕陶看来，因为一道考题而引发了这么多连锁反应，实在不应该。吕陶还指出，台谏官是天子的耳目，主要的工作是"维持纲纪，分别邪正"，台谏官"凡所弹击，当徇至公，不可假借以事权，以报私怨"。言外之意，朱光庭弹劾苏轼，是公报私仇。原因是朱光庭与程颐有亲，朱光庭这样针对苏轼，明显是为程颐报怨。吕陶还表示他与苏轼都是蜀人，他只是站在事情本身就事论事，也不全是为了苏轼，而是为了朝廷大局着想，不然容易让人理解为他与苏轼结成了朋党。

吕陶的奏疏很有作用，朋党在宋朝是个死结，一旦分出派系，这个结就无法解开。朱光庭、王岩叟等人似乎也意识到问题的严重性，只要他们被定性为朋党，就会受到朝廷严重打击。因此，台谏官暂时不谈论苏轼的事情了。不过，这并不意味着考题风波就会过去。旷日持久的党争才刚刚开始。

朝廷的态度也很明确：都别吵了，准备好好过年吧！

## 台谏官对苏轼的弹劾

元祐二年（1087）的正月显得异常安定。群臣们贺完正旦后就回家过年了。由于腊月底京城落了几场厚厚的雪，朝廷也格外开恩，特许对京城附近放假三天，役工们欢呼雀跃地参与到相扑中去了。

正月初八，户部给朝廷上了奏疏，陈述了一个事实：中都官员的工资没钱发了。原来这部分官员的工资由市易、免役等法令赋税支付，现在朝廷废除了这些法令，自然就没有多余的钱。最后，户部建议由诸司各自承担，自行想办法。朝廷就让诸司用坊场税钱给官员发工资。诸司长官表面上无所谓，但私底下肯定在咒骂，他们还指望用这点钱来应急，不想全给官员发工资了。

同一天，台谏官再次集中火力弹劾苏轼。王岩叟重申"苏轼撰试馆职策题不当评议祖宗"。当时大家都在讨论这件事，但朝廷第一次赦免苏轼，第二次竟然收回了第一次的赦免诏书，这是"典刑不明，损国大体"的做法，王岩叟还表示，他只是一家之言，完全可以将苏轼的行为放在朝堂上，"集百官于朝堂定议"。①

初九日，王觌也上奏疏弹劾苏轼。王觌先表示考题风波"非曲直久而不决"，他不能坐视不理。然后，他就苏轼有罪或无罪展开了分析。分析之后得出的结论是：最大的争议不是在考题本身，而是就此事，两派之间各说各的，以朱光庭、程颐为代表的一方集中在河南官员中，以苏轼、吕陶为代表的一方集中在四川官员中，他们之间看起来是因考题而发生龃龉，实际上却是赤裸裸的党争，"深究嫌疑之迹，则两歧遂分，朋党之论起矣"。王觌的奏疏递上去后，朝臣立马紧张起来。不管是苏轼、吕陶，还是程颐、朱光庭，他们一旦被指定为朋党，就很难洗清嫌疑。十一日，王觌再上奏疏，分析了苏轼的考题内容，认为苏轼出题的初衷没有讥讽仁宗、神宗，只是用设问的方式，让题目更加有深度。可这样的考题还是有漏洞，尤其是借用孝文、孝宣之治作为例证，必然会使考生产生误解，台谏官也因此会错意，以至于造成了现在的局面。他再次建议哲宗"取策题而详察之，则是非可以立见"。

应当说，王觌的这个弹劾很有水平，没有直接指责苏轼，只是说考题有漏洞，也没有指责朝廷撤回赦免苏轼罪责的诏书，只是让皇帝再次好好审视考题，则是非立判。王觌的奏疏看起来很平和，但绵里藏针，杀伤力很强。一旦被定性为蜀党、洛党，朱光庭、程颐、苏轼、苏辙、吕陶等官员都可能乌纱不保。

其他台谏官此时难得一见的沉默不语，因为王觌将事情扯到了朋党上，谁都担心自己被牵扯其中。即便有台谏官进言，也避开党争话题，比如，这时候右谏议大夫鲜于侁说的是保甲义勇处置问题。这期间，朝廷下了诏书，册封李秉常的儿子李乾顺为西夏国主，继续承袭节度使、西平王爵位。朝廷有意将此事掩盖过去。

不久，朝廷下诏："傅尧俞、王岩叟、朱光庭以苏轼撰试策题不当，累有章疏，今看详得非是讥讽祖宗，只是论百官有司奉行有过。令执政召诸人面谕，更不须弹奏。"说朝廷已经详加审阅苏轼的考题，并未发现有讥讽祖宗的意思，考题的初衷是让考生讨论百官的过失。宰执要选一个合适时间，给参与争论的傅尧俞、王岩叟、朱光庭三人当面交代这件事的前后因果，平息事态。此后，其他人不得再借

---

① 《续资治通鉴长编·卷三百九十四》。

用此事弹劾苏轼。

从这道诏书内容来看，朝廷对苏轼恩宠有加。从第一次被弹劾时，赦免其无罪，到第二次收回赦免无罪诏书，再到这次安抚台谏官，息事宁人，朝廷为苏轼做了最大保护。苏轼感念朝廷的大恩，不再参与争论。

正月十三，按照朝廷此前的诏命，傅尧俞、王岩叟、朱光庭被叫到了都堂。右仆射吕公著、门下侍郎韩维、中书侍郎吕大防、尚书左丞李清臣、尚书右丞刘挚奉旨安抚三人情绪。不过傅尧俞、王岩叟、朱光庭认为宰执们明知苏轼考题有问题，却为了完成朝廷的诏命，颠倒黑白，妄图压制他们的言论，三人都拒不接受宰执的调停。①宰执无可奈何，只能让三人回去。

所有人都清楚，这三人肯定不会就此罢休。无休无止的争论可能才刚刚开始。果然，十四日，这三人再次上奏疏，弹劾苏轼有罪，指责朝廷袒护苏轼。王岩叟表示，虽理解朝廷的苦心，但作为台谏官，他不接受这种处理方式，"苟避犯颜逆鳞之诛，而阿意顺旨，不尽其心，以事陛下，则臣所不忍"。他还在贴黄里暗讽吕陶、王觌，认为他们是非不分，耍两面派，呼吁哲宗"察其出于私意，不以为惑，则事遂矣"。

正月十七，苏轼实在不堪忍受台谏官的轮番攻击，愤然拿起笔，写了一份奏疏，这就是《辩试馆职策问奏疏》。苏轼说，对于台谏官的步步紧逼，他起初不想辩论，但他作为这件事的源头，有必要对整件事进行回应。他就考题意图做了说明，并就国家目前的一些政策进行分析，表示自己毫无讥讽先帝的意思，只希望可以用这样的选题，选拔出真正德才兼备的人为国家效力。

苏轼的奏疏尽管很理性，说清楚了为什么要出那样一道试题，但很显然台谏官并不买账。为了平息事态，十八日，朝廷再召傅尧俞、王岩叟入对，核心还是苏轼考题风波。高太后好言相劝："这都是小事儿，用不着为此大动干戈。"但傅尧俞、王岩叟认为事关重大，不能就此不了了之，现在宽容饶恕了苏轼，但"七庙威灵在上，岂得容恕"！两人还警示高太后和哲宗，以后要是还有人用不严谨的言论来讥讽朝政，朝廷该怎么办？他们还引用真宗朝知制诰张秉为官员写制辞的失误来映射当下，呼吁罢黜苏轼翰林学士之职。甚至表示，这件事要是被载入史册，哲宗就

---

① 《续资治通鉴长编·卷三百九十四》。

会落个偏袒文臣的不好名声。

　　在讨论考题时，王岩叟和傅尧俞还能保持理性，但说到朱光庭是程颐一党时，他们很激动，极力为朱光庭辩解。王岩叟还拿出苏轼的考题，在帘子前面头头是道地展开分析。高太后再也无法压制内心的愤怒，厉声呵斥："这时候用得着再看考题吗？！"王岩叟战战兢兢又递上自己的奏疏，高太后还是不为所动。傅尧俞大声说："太皇太后何故主张苏轼，又不是太皇太后亲戚也！"王岩叟一听傅尧俞的话，马上反应过来，也强调高太后过于恩宠苏轼，恐难服众。听完王岩叟的论述，高太后也稍稍冷静下来，她表示，可以不用苏轼这道题目，另选其他题目。但王岩叟坚持己见，并说若司马光在，苏轼一定会被定罪。

　　此后，就是否给苏轼治罪的问题，高太后与两位台谏官进行了长时间讨论。最终还是台谏官更胜一筹，他们表示自己与苏轼无冤无仇，只是不想朝廷法度因一人而坏。高太后既然充分依赖台谏官，就不得不向两人妥协，表示"待降责苏轼"。高太后答应了傅尧俞、王岩叟所请，并向他们再三强调，朝廷依旧相信你们，以后你们若发现朝政有失，可随时进言。傅尧俞、王岩叟这才满意地离开了。十九日，朝廷将傅尧俞、王岩叟的奏疏转给三省，请求三省拿出处置办法。

　　苏轼的问题尚未定性，心虚的吕陶却上疏弹劾国子司业黄隐，"问学寡陋，操尚邪坡，行不知义，事不徇公，教化之地，非所宜处，伏请罢隐职任，未蒙施行"。朝廷没有回应。此时，吕陶正确的做法应是低调行事，等待风波过去，而不是冒头让朝臣再次注意到他的存在。

　　几天后，孙升所进的一道奏疏，却充满了挑衅和批判。他的第一层意思是朝廷要善辨忠奸，不受蒙蔽。他先从周取代商的事例说起，认为周能灭商，都是因为"循默之风长，则壅蔽之患成。壅蔽之患成，则忠言不闻"。国君忠奸不分，必然导致亡国。第二层意思是，"天下君子寡而小人众，君子常患乎在外，而小人常患乎在内，是以自古及今，治世少而乱世多也"。目前国家的态势是"君子日进而小人日退，正道日长而邪蘖日消"。这都是朝廷开言路的结果，朝廷要继续广开言路，听取忠言逆耳。第三层意思是，陛下在台谏官议论臣子罪责时，却"置党附之疑，开小人之隙"，这样必然导致"厌言则循默之风作，壅蔽之患生，忠言不复闻矣"。袒护某些官员，会导致朋党出现。孙升在贴黄中又夸赞傅尧俞、王岩叟都是正人君子，为国家不顾个人荣辱，建议朝廷"超擢进用"。

尽管孙升的奏疏从头到尾没有提到考题一事，也没有指名道姓批评苏轼，但字里行间夹枪带棒，批评朝廷对台谏官的建议充耳不闻，导致国家风气变坏。不说一句脏话，却骂遍所有人。

随即，朝廷授予承议郎、秘阁校理张舜民为监察御史。这算是对御史台的一种回应和支持，因为张舜民是御史府举荐的。同一天，三省根据傅尧俞、王岩叟的奏疏，打算对苏轼治罪，但高太后似乎有意冷却处理，对三省宰执说："那就将苏轼、傅尧俞、王岩叟、朱光庭一起外放。"这显然超出了三省预料，没人想玉石俱焚。因此，对苏轼的治罪计划也暂时被搁置。

朝廷为此又下了这样一道诏命："苏轼所撰策题，本无讥讽祖宗之意，又缘自来官司试人，亦无将祖宗治体评议者，盖学士院失于检会。奏疏与学士院共知，令苏轼、傅尧俞、王岩叟、朱光庭各疾速依旧供职。"什么意思？这里有个背景需要介绍，朝官被台谏官弹劾，就要在家等着朝廷裁决。台谏官的建议不被朝廷采纳，也会居家待罪。这样一来，苏轼、傅尧俞、王岩叟、朱光庭都暂时离岗。朝廷发这道诏命，就是要求他们就此打住，各自回到岗位上。①

同知枢密院范纯仁也上奏疏，为苏轼辩解："苏轼止是临文偶失周虑，本非有罪。"范纯仁认为，考题之事本来是件小事，如今却闹成这种局面，"恐致交相攻讦，流弊渐大，伏望圣慈深察"。考题纠纷僵持不下，只会浪费大家的时间精力，请各位官员不要再钻牛角尖，好好把心思放在工作上。

这么多人出面来平息这件事，台谏官会就此罢休吗？

当然不会这么容易就过去。站在高太后和宰执的角度，他们不想把事情闹大。在台谏官看来，这件事要是弄不明白，那台谏官的地位就受到挑战，表面上看是针对苏轼，更深一层的意思是担心无法对皇权进行遏制。所以，必须把事情闹大。正是这种矛盾，让台谏官们无法独善其身。

随即，殿中侍御史孙升写了奏疏，再谈君子小人问题。孙升先表明苏轼的考题有问题，朝廷却下诏追回赦免苏轼罪责的诏书，于礼不合。其次，孙升指出，为了保全朝廷相关制度，台谏官集体弹劾苏轼，却让高层认为他们之间相互结党，"疑以为党附谏官"，而"苏轼为无过"。这岂不让人寒心。

---

① 《续资治通鉴长编·卷三百九十四》。

## 打压蔡确的公与私

台谏官对苏轼的弹劾暂告一段落。其实大家都担心被扣上朋党的帽子,尽管此时哲宗尚无法深刻理解朋党之争意味着什么。可不管对于统治者,还是对于朝臣,朋党都是让官员坠入深渊的陷阱,人人唯恐避之不及。

正月二十四日,朝廷调整了一批官员职位。朝散大夫、知徐州杨绘复天章阁待制,兵部郎中杜常为光禄少卿,太常丞贾易为兵部员外郎,刑部尚书苏颂为吏部尚书。这几个人在日后,都会逐渐崭露头角。另外,朝廷下诏,任命右仆射兼中书侍郎吕公著为景灵宫奉安神宗皇帝御容礼仪使,入内内侍省都知张茂则都大管勾。又下命中书舍人苏辙、刘攽编次神宗皇帝御制。①

随即,一项带有政治色彩的请求摆在朝廷面前。台谏官请求朝廷给予韩琦优厚待遇。去年十月,御史中丞刘挚、侍御史王岩叟曾给朝廷上疏,陈述韩琦老相公对宋朝的巨大贡献,为韩琦请功。当时由于朝廷忙于各种政事,加上苏轼考题风波,这件事就被搁置了。此时,刘挚、王岩叟再上奏疏,还为韩琦鸣不平,这件事很奇怪,也很突兀。王岩叟、刘挚为什么突然想起韩琦?韩琦已去世多年,朝廷已经对他盖棺论定,神宗亲撰"两朝顾命定策元勋"碑,允其配享英宗庙庭。现在拿他说事,似乎显得别有用心。事实上,刘挚、王岩叟当然醉翁之意不在酒,他们在奏疏中,不断重申了一个词——"嘉祐",这是宋仁宗晚期的年号,当时被称为"嘉祐之治"。刘挚、王岩叟不断重申韩琦的功业,目的是期望朝廷能够恢复到仁宗之治。

然而,即便刘挚、王岩叟把韩琦吹上了天,依然有人不认可,这便是吏部尚书韩忠彦。按说他最有资格谈论韩琦,因为他是韩琦的长子,为父亲维护声誉是为人子的职责,但韩忠彦头脑清醒,知道刘挚、王岩叟动机不纯,是在利用他的父亲,因此他强烈反对给父亲邀功。王岩叟、刘挚利用韩琦来推行嘉祐之治的梦想由此落空。

---

① 《续资治通鉴长编·卷三百九十四》。

此后，朝政逐渐趋于平稳，更张新法继续推行，对待西夏一如既往，河北救灾成效显著。台谏官各自上岗，苏轼也不再居家待罪，回翰林院上班去了。不久，富弼的家人请求朝廷给富弼赐一面神道碑，朝廷爽快地答应了，并让苏轼为富弼的神道碑写制文。太师文彦博完全参与军政，他提出厢军的归属问题，"厢军旧隶枢密院，新制改隶兵部"。朝廷就让枢密院全权负责此事。

二月初九，王觌谈论起科举解额分配制度。这件事历来都是具有争议的。王觌认为，此前朝廷颁布的"以州县所举之人充本州解额"策略不当。若按照朝廷的处置，造成的后果是"未足以劝学行，而先有以败风俗矣"。原来朝廷颁布这道诏命，就是为了给当地举人一次机会，让他们可以获得解额资格，进而参与进士科考试。但王觌认为，中央分配给各地的解额指标本来就很少，而寒窗苦读的人很多，最起码要实现公平公正，让真正有才学的人拿到解额，而不是将这个解额直接给举人。这样不但会让读书人失望，还会败坏社会风气。最后，王觌提出的建议是让朝廷再下一道关于补充发放解额的诏命，把原来诏书里"与充本州解额"改为"于本州解额外解发"。其实也就是给各地多发几个解额。朝廷没有答复王觌。

吕陶也没闲着，他弹劾一个叫郭茂恂的官员，指出其"曾任陕西监牧日，枷禁无罪妇人阿党等，令陪钱雇女使，及在秦州永兴军，皆有不检之迹，丑声流播，道路宣闻，不可为省郎并相度监牧"。上官均关注的领域是新法更张。他认为，新法中对国家民生影响最大的"莫重于力役"。他提出了应对更张新法不力的措施："乞明谕四方诸路，各候役书已颁下半年后，推行之际，见有未尽、未便事，并画一申州，州申运司，运司类聚奏闻，委户部详度损益。如法有未便，不务申明，或申明疏略，不切事情，并令监司觉察举劾，庶几郡县守令人人儆饬，不敢匿情慢令，而四方利害，朝廷可以坐览。"如此层层把关，层层负责，才能推进新法落实。

二月十五日，梁焘、王觌弹劾军器少监蔡硕。两人指出，蔡硕"盗用官钱，乞取货赂，计赃共及万缗，论法当坐极典"。这个蔡硕可不是一般人，他是前首相蔡确的弟弟。蔡确担任宰相时，他们不敢查蔡硕，现在蔡确罢相，台谏官就放心大胆"回头看"，他们发现在蔡确任上，蔡硕仰仗兄长的权力，利用职务之便，贪污国家购置军器物料的钱财。当时由于"确方执国政，不用工部之议，而徇硕之本谋，欺罔圣聪，颁降朝旨，特依本监所请举官。硕乃得引用窦长裕、刘仲昕，付之官钱，同为侵盗，遂致赃污狼籍"。蔡确不接受工部的建议，默许弟弟的贪腐行为。这下铁证如山，台谏官拍手叫绝，他们终于找到了打压蔡确的新证据。梁焘、王觌除了请求朝廷严惩蔡硕外，还特意强调，"确不从工部之议，而使硕得引用私党，以成其奸，见于奏牍，事理已明，则确之罪，不待断硕之后而可见也"。要求不仅要严惩蔡硕，还要追究蔡确。

因为涉及前任高官，朝廷高度重视，马上下诏让刑部、大理寺立案调查这件事，务必做到不冤枉一个好人，也不放过一个坏人。很快，刑部、大理寺给朝廷递上了调查报告："奉议郎、前军器监计置材料刘仲昕，前军器少监蔡硕，并贷使官钱，论法抵死，并特贷命免真决，各追毁出身以来告敕文字，除名勒停，仲昕送昭州，硕韶州编管。"也就是说，蔡硕贪污敛财一事经查证属实。

既然证据确凿，还有什么可商议的，直接按照法令处置蔡硕即可。但台谏官认为蔡硕固然要处置，可这件事的罪魁祸首是蔡确。由此，台谏官对蔡确发起了猛烈弹劾，傅尧俞等人表示，"确位居宰相，窃弄威福，放纵其弟，养成奸赃故也"。接下来，就是按照律法来量刑定罪。朝廷下诏，观文殿大学士、正议大夫、知陈州（今河南省周口市淮阳区）蔡确落职守本官知亳州（今安徽省亳州市）。①

朝廷诏命下发后，给事中顾临封还词头，"确凶险奸贪，因缘治狱，致位宰相，与弟硕论议国事，进退人物，因纳贿赂，理无不知，落职移郡，不足示惩"。他认为罢职不足以达到惩戒蔡确的目的。王觌也指出，朝廷明知蔡确纵容其弟贪污受贿，事实清楚明白，应该对其进行严厉处置，但朝廷不但没有严厉处置，反而给了蔡确亳州知州的高位。在王觌看来，陈州与亳州一样，都是大郡，把蔡确从陈州调到亳州，换汤不换药，毫无惩戒的意义。王觌建议"与一远小郡，庶几可以稍厌公议"。此后，梁焘、王觌分别上奏疏，请求对蔡确进行从重从快从严处置。二十八日，朝廷再度降下诏命，令新除知亳州蔡确知安州（今湖北省安陆市）。

打击完蔡确，朝臣们开始新一轮政治角逐。在此期间，有两件事值得一提，一是十八日朝廷按照此前范纯粹的建议，下诏让陕西、河东逐路经略司"并行策应牵制法"。这是让西北军团相互牵制从而约束缘边安抚使军事决策权的一种策略。而范纯粹提出这个建议的时间是元丰五年（1082）十一月，现在朝廷才开始落实，不

---

① 《续资治通鉴长编·卷三百九十五》。

显得迟了吗？而西北鄜延、环庆、泾原、秦凤路一旦形成掣肘，万一西夏入侵该如何应对呢？……这些都交给时间去验证吧。

另外一件事是关于给各位太后、太妃册封事宜。三省和枢密院的长官形成了一致意见，太皇太后可参照章献明肃皇太后刘氏先例，在文德殿受册宝。但中书舍人曾肇却拒绝写册封诏书，他认为这不是高太后的意思，而是三省、枢密院为了讨好高太后故意这么做的。而高太后本人即便知道这件事，也会佯装不知，点头默许。再说，这种册封根本不合礼制，应该在崇政殿进行，而不能仿效刘太后特例。这让三省、枢密院的宰执很郁闷，又不好发作。①

三月初二，朝廷有批传到了三省："将来太皇太后受册，有司虽检用章献明肃皇后故事，当御文德殿，顾予凉薄，岂敢上比章献明肃皇后，所有将来受册，可只就崇政殿。宜令三省叙述太皇太后此意，降诏施行，仍先具诏本进入。"看来，册封仪式势在必行。既然曾肇不愿意写诏书，那么，这个任务就落在翰林学士苏轼身上。有意思的是，苏轼支持在文德殿进行册封。之后，哲宗、高太后同三省、翰林学士围绕册封事宜进行了多次磋商，才达成了共识。不过，需要指出的是，哲宗的母亲朱太妃仍居太妃位，而没有变成皇太后。

二月十三日，在册封大礼完成后，台谏官再次出动了。他们这次弹劾的对象是黄履和刘次庄。梁焘指出，黄履举荐刘次庄补任御史，而刘次庄的身份不适合担任御史。因为刘次庄原来是蔡确密友，朝廷刚刚处置了蔡确、蔡硕兄弟，现在就任用蔡确的亲信为台谏官，自然不符合官员选拔制度。在梁焘看来，这完全是黄履与蔡确的奸计，他们将刘次庄安排在台谏官位子上，代表他们发言。这个内幕爆出来后，朝臣一片哑然。十四日，朝廷降龙图阁学士、知越州黄履为天章阁待制、知舒州（今安徽省舒城县）。此后的四月八日，黄履被再次远迁。但是朝廷对黄履的贬黜，无法让梁焘满意，他随即连上两道奏疏，弹劾黄履"执法朋附大臣，称荐御史，使其人无过，履亦自当重责"。当然，梁焘还要求对刘次庄进行严惩。

朝廷没有立即做出回应。这时候，左谏议大夫鲜于侁因身体原因提出辞职，朝廷授予其集贤殿修撰、知陈州。梁焘则提出鲜于侁为人老成、为官清正，让他去陈州显得朝廷太无情，建议眷顾鲜于侁，授予其"一侍从职名"。梁焘此举看起来是

---

①《续资治通鉴长编·卷三百九十六》。

为了给同行争得更多荣誉，但其中有无为离职台谏官谋私利之心呢？

梁焘的建议没有被朝廷采纳。不过，朝廷随即根据文彦博的举荐，给太学博士吕大临、太常博士杨国宝迁了官。这件事很快在台谏官中引起骚动，他们气愤的是，自己为离职同行争取一点点优待，朝廷都不允许，而文彦博只要举荐人，朝廷就用了。于是，王岩叟上疏说，朝廷不调查文彦博举荐之人的底细就优先使用，有失察之责。王岩叟还指出，文彦博举荐的四人中，杨国宝、吕大临与当朝执政均有亲缘关系，按照制度，他们应该避嫌。此事也成了官员愤愤不平的口实。王岩叟建议，朝廷日后用人时，要"先寒素为意，以慰公议"。他还列举真宗朝宰相王旦自始至终都不举荐弟弟为官，"恐妨孤寒进路"的事例加以说明。

朝廷当然不可能听王岩叟的建议，文彦博乃四朝元老，德高望重，他举荐的人无须怀疑。这体现了朝廷对文彦博的信任。

文彦博这时候也给朝廷上了两道奏疏。第一道是建议朝廷要节俭；第二道是建议朝廷要用"六典三铨之法，以三类观其异，优者擢而升之，否则量而退之，所以正权衡，明赏罚，抑贪冒，进贤能"。文彦博的三类之法是关于人才选拔的古法，他建议朝廷令"吏部尚书、侍郎，大略依三类之法，定本选之人合入知州、通判、知县、县令，考其才德功效，为上中下三品，送中书门下覆验可否定讫，判铨官引对，一经圣鉴，物无遁形，便有去留，孰不激劝。又判铨之官亦当上体朝廷委付之重，以衡鉴自任，处之不疑。间或以人才高下绝异者，特以名闻而进退之，乃为称职"。朝廷觉得，既然是文彦博提出的，就一定是于国有益的好政策，马上下诏，命给事中、中书舍人、左右司郎官、吏部、礼部详细翻阅资料，制定可行方案。

然而文彦博的建议很快遭到台谏官的反对。右谏议大夫梁焘认为，若采用文彦博建议，"以六典故事，三类用人"，必然会导致朝廷内外不安，建议降诏书废除此办法。不久，吕陶也上奏疏，他先指出目前的人才选拔机制不够健全，州郡官员任用存在弊端："封疆千里，生聚万众，休戚所系，而不问能否，一以资格用之，为半刺两任、有荐者三人，则得之矣。侮法慢令，残民害物，十郡之中常有二三，暗塞不治，又有一二。举天下亿兆之众，十分而言，失其守者将半矣。承流宣化，又何望焉！"他的建议是，今后凡是"内外待制、太中大夫已上于通判资序人内，举堪知州者三人，朝廷更加审察，送吏部籍记名氏。凡遇有阙，先差有举主者，如资任未及，即差权知，其次方差资序合入人，庶几牧守之职有庇生民，循良之风无愧前古"。就是要针对漏洞加强官员考核审察监督管理，在层层把关后，才能授予其官职。

这些建议都被压了下来。有些制度不能改，这是高层一年多摸索的结果。即便吕陶的措施富有建设性，也难以付诸实现。朝廷把目标放在了人才正常选拔上，如，朝议大夫、直龙图阁、试司农少卿范子奇为河北路都转运使，降授朝散大夫王孝先为都水使者，右骐骥使、内侍押班、权管勾入内押班公事冯宗道为皇城使，观文殿学士、银青光禄大夫、知河阳冯京为保宁军节度使、知大名府。①

三月二十四，王觌上奏疏谈河北流民众多，造成土地无人收割，建议朝廷督促地方官员尤其是掌管水利的官员务必履职尽责，修建河道，让流徙百姓能够早日回乡务农。梁焘指责新法尚未除尽，对国家的毒害还在延续，建议朝廷加大新法更张监察力度。

此后，枢密院、刑部、三省各自敬呈奏疏，请求朝廷批示县官工作，朝廷都及时做了批复。这期间，有一件事值得记载，那就是殿中侍御史吕陶在查看蔡硕案卷时，发现考功员外郎吕和卿曾经让儿子"借军器监官钱兴贩事"，请求朝廷对吕和卿降罪。谁也没想到蔡硕案最后还牵扯到吕和卿，而吕和卿是吕惠卿的弟弟。吕惠卿失势后，他也一直活得灰头土脸，现在朝廷顺藤摸瓜揪出他违法乱纪的事实，对他的处罚已成定局。不久之后，朝廷下诏，将吕和卿降级为袁州（今江西省宜春市）通判。至此，第一阶段打压蔡确、蔡硕兄弟之事才落下帷幕。

## 斗争永远在路上

经过以上波折，年逾八旬的文彦博渐渐对此番复出意兴阑珊，萌生退意。三月二十九日，他请求致仕，与文彦博一起请辞的还有吕公著。高太后当然不允，朝廷正值用人之际，需要德高望重的老臣坐镇中枢。此后，为了安抚文彦博，朝廷特意下诏："诏太师、平章军国重事文彦博可自今后每十日一赴朝参，因至都堂议事，

---

① 《续资治通鉴长编·卷三百九十六》。

仍一月一赴经筵。"①

与此同时，同知枢密院范纯仁也向朝廷进言，请求罢"厢兵远役劳费之苦"。范纯仁说，开春以来，持续的干旱是很多原因造成的，现在军队里也有影响干旱的因素，因此他建议免去厢兵远役劳费之苦，如此一来，必然会"足以感动天心，消弥灾旱"。这种观念对不对暂且不论，但范纯仁在奏疏中指出，目前各地厢军训练和新老更替都存在各种问题，"尚有禁军常日教阅弓弩，斗力太重，比之祖宗旧法，驱率甚严。虽朝廷曾降指挥宽减，缘为将官人员各有赏罚，是致将官等惟顾己身利害，不暇体恤众人。其有招拣新到及老旧之人，或疾病初技，或筋力稍亏，必不能尽应格法，便遭鞭扑驱逼，不免告假百日，求为小分，不惟枉有退减兵卒，久远亦人情之所难堪"。范纯仁认为这种对待厢军的办法，比以前更严苛，与当前国家制度不符。请求朝廷依照祖宗故事，对训练和人员更替进行改制。②

范纯仁的建议尚未来得及商讨，朝廷就猝不及防地收到宥州（今内蒙古鄂托克前旗东南城川镇）地方官上报的西夏入侵的消息。战报中指出，宋朝边境三百多人被西夏俘虏。宋夏邦交问题又被引入了朝臣的视野。事实上，宋夏关系在朝堂上一直备受争议。此前，很多人建议舍弃边寨，其中，王岩叟反应最为激烈，他始终认为"葭芦、吴堡二寨限隔大河，深在贼境，创建以来，困弊河东，而实无益于国家，不如弃之，为休养百姓长久之计"。他先后多次上疏，建议舍弃这些寨子。但也有不同意见，有些官员认为这是神宗呕心沥血创下的事业，轻易舍弃，是对祖先的不敬。最后僵持不下，加之当时李秉常去世，朝廷也就将此事暂时搁置了。现在西夏如此寻衅骚扰，在主张割让边寨的朝臣看来，不就是索要四寨吗？朝廷此前已下诏，要归还这些寨子，都是因为边境将士抵触，才迟迟无法完成交割。随即，朝廷下诏重申了这一点，又命边境守将做好交接工作，划定边境线，以保两国和平。

至于归还四寨后，西夏是否会信守承诺放还宋朝战俘，抑或背信弃义挑起大规模战事，显然，朝廷没有考虑这么多。眼下需要的只是稳定，国内稳定，边境稳定。因为一波又一波的内政不断困扰着高层。当然，除了各种政事外，还有预料不到的事情也会给高层制造麻烦，比如崇政殿说书程颐老先生就搞出各种事件，让上

---

① 《续资治通鉴长编·卷三百九十八》。
② 《续资治通鉴长编·卷三百九十七》。

下不得安宁。

程颐自从朱光庭弹劾苏轼以来，有一段时间比较安定，似乎是为了让朋党之事平息。不过这种安定也是暂时的，以程颐的性格，不会长时间处于沉默中。这时候，程颐给朝廷连续上了两道奏疏，内容有数千言，都是讲如何给小皇帝授课的问题。程颐请求给皇帝配几位专业老师即可，没必要以帝师的名义令多人兼职。朝廷不予采纳，他自己也很不高兴。程颐还指出："近年以来，士风益衰，志趣污下，议论鄙浅，高识远见之士益少，习以成风矣。此风不革，臣以为非兴隆之象，乃凌替之势也。"程颐的两道奏疏，直指礼仪礼制。

与此同时，王岩叟与苏轼又发生了意见分歧。王岩叟反对苏轼"出内帑钱帛，补常平元数三千万贯、石，尽以买田募役事"的建议。此前，苏轼给朝廷上疏，"尽发天下所积常平宽剩钱斛三千万贯、石，买田募役"。苏轼起初提议，不过是为了解决一些新法更张中难以调和的问题，尽量减少因为更张新法给国家带来的新难题。然而，苏轼的这个建议在王岩叟看来，就是变相地恢复新法。苏轼的行为是"欲一变陛下成法，所系甚大"。因苏轼深得哲宗、高太后信任，他的奏疏一旦被施行，原来司马光和旧党所做的一切，可能要付诸东流。王岩叟非常担心这样的事情发生，因此赶紧上奏疏，表示目前国家的路线不能更改，对于苏轼提出的意见，也需要公议后才能最后确定推行与否。王岩叟还对苏轼提出的"五利""二弊"进行反驳，他用十条弊端来切断苏轼的论证。①右司谏王觌也强烈附和王岩叟，认为朝廷若按照苏轼的办法来施行，必然会引来诸多不便。

由于台谏官集体反对，苏轼不得不上奏疏解释提出此建议的原因。他先表明，买田募役是神宗时施行的一种法令，但由于很多人反对，施行几个月后就被废除。主要的原因是，当时国内环境不适宜推行买田募役，但现在的情况变了，"朝廷以免役之法不能无弊，暨变而为差役"。即便朝廷推行了差役法，天下依然议论纷纷，很多人处于观望当中，他不过是希望通过这个手段，减少国家损失，消解天下疑惑而已。

不过，苏轼的解释并未令言官信服，反而激起了他们的斗志。殿中侍御史孙升认为苏轼这是"废祖宗差役法，而买田以募役"，他指出，"买田募役，在熙宁盖尝

---

① 《续资治通鉴长编·卷三百九十七》。

行之，曾未数月而罢"。就是因为买田募役存在很大问题，才被废除，现在苏轼建议恢复，简直置国家安危于不顾，他呼吁朝廷要坚守原来的路线，"遵守祖宗成法之时，不当轻有改易，以动人心"。监察御史上官均言辞更加激烈，他上了一道两千余言的奏疏，以反问的口吻，逐条逐项来批驳苏轼。面对围攻，苏轼也不再与台谏官争论，只静静等待着朝廷最终的裁决。

时间进入四月份。边境传来消息："洮东沿边安抚司言鬼章男结呃龊遣兵入寇。"居于洮州的西蕃大将青宜结鬼章（亦作"果庄"）之子结呃龊率部侵犯。朝廷马上下诏，让熙河兰会路经略使刘舜卿根据实际情况做出应对。不过，朝廷的诏书还是要求刘舜卿慎重处置边境战乱，未经允许，不得派人入侵西蕃。① 幸而西夏在这段时间悄无声息，令朝廷不至于腹背受敌。

不久，吕公著再次提出辞职。朝廷下诏让他人对进行安抚。但吕公著态度坚决。最终，朝廷让内侍押着吕公著到了都堂，这虽看起来不合礼制，但为了留住他，朝廷也是想尽了办法。这样一来，吕公著不好意思再提出辞职。重新上岗后，各种政事也蜂拥而至。右司谏王觌弹劾崔台符、杨汲、王孝先三人"高下其手，贼害善良"，大理寺在处置刑狱案件时，却没有公平处置，让这三人逍遥法外。右谏议大夫梁焘分管救灾事宜。他看到整个春天都不见一滴雨，就建议朝廷要密切关注上天的警示，不要听信奸佞之说。他是否有所指，并没有言明。不过结合之前苏轼提出买田募役之说，这时候梁焘的言论，似乎就是特指这件事。梁焘又请求哲宗此后要"乞避正殿，减常膳，申戒中外，疏决滞狱，以答天变"。四月初十，朝廷下诏："时雨久愆，旱灾甚广，可自今月十一日后，避正殿，减常膳，仍于诏内深责予躬，庶几修省以消天变。"

四月十二日，朝廷调整了两个人的岗位："给事中顾临为天章阁待制、河北路都转运使。朝议大夫、直龙图阁、新河北路都转运使范子奇为陕西路转运使。"范子奇是因王觌弹劾落职外调，没有争议。但顾临的外调，却引起了朝臣的反对。随即，邓温伯、苏轼、李常、王存、孙觉、胡宗愈等人联合上疏，请求朝廷留下顾临。右谏议大夫梁焘也进言"留临依旧供职"，梁焘连着上了数道奏疏，朝廷"皆不报"，看来无可挽回。细细分析朝廷调离顾临的原因，可能与之前让其草拟罢免

---

① 《续资治通鉴长编·卷三百九十八》。

诏命有关。当时台谏官集体弹劾蔡确，朝廷将罢免蔡确的诏书交给顾临草拟，但顾临却封还词头。虽然顾临为此做了解释，但依然给朝廷留下了不好的印象。不久之后，朝廷还是将顾临以给事中身份召还。其后，他历任刑、兵、吏三部侍郎兼侍读，一直做到翰林学士。这些都罢了，但他参与编撰的一本军事著作值得记住，这就是《武经要略》。

朝廷在全面推进各种工作，不过新问题依然层出不穷。不久，新州（今广东省新兴县）擅长巫术的土豪岑探叛乱了。消息很快传到了朝廷，王觌结合收到的情报，给朝廷建议，岑探蛊惑民众，罪不容诛，但在平叛时，除了惩治以岑探为首的乱贼以外，对其他民众遣散即可，没必要滥杀无辜。殿中侍御史吕陶上奏疏，指出朝廷让广东经略司运判张升卿平叛，张升卿的手下童政在其过程中，不问青红皂白，"逢人即杀，约杀三四千人，多是平民，及有全家被杀者。百姓诉冤，至今不已"。请求严惩童政，"以舒冤愤"。于是，朝廷下诏，令提点江南西路刑狱邹极在虔州就地惩治童政。如此，岑探叛乱才平息下去。不过，这次叛乱也给朝廷提了醒，在对待新法更张问题上，高层也在不断想方设法，以减少对底层百姓的伤害。

十三日，吕公著因为久旱不雨，引咎辞职。朝廷不允许。范纯仁也上了一道奏疏，表示整个春天都不下雨，这是辅政出现了问题，他已经与吕公著待罪，请求朝廷罢黜。范纯仁在奏疏中，还对目前国家制度进行梳理，要求各个部门各司其职，尽心尽力，才能让上天感应到，进而降下雨来。这段时间以来，祈雨成了最重要的事情。谁都清楚，久旱不雨，夏粮就无法保证，夏粮歉收，意味着可能会有很多灾民。加上去年以来，河北之地受洪水侵袭，朝廷需要承担的钱财就会增多。为今之计，朝廷要想尽一切办法，让老天下雨。朝廷先下诏，让宰臣、执政官、吏部尚书苏颂等到景灵宫诸殿朝献祷雨。

朝臣也都在寻找久旱不雨的原因。有人认为，可能是因为六曹政务不明，"或赏罚难明，或民情有冤，废置未决，郎官怠于省览，吏人苟逃日限，非理沮难不行，使抱冤之人无所赴愬"。于是，朝廷派出台谏官进驻六曹，对"自去年正月至年终承受到文字，抽索事祖行遣次第，仔细看详"，纠正六曹工作中存在的问题，顺应天意。十七日，朝廷又下诏，要求有司衙门"项权宜指挥，付河北、河东、陕西、京东、京西、淮南路提点刑狱司，应辖下州军贼盗，并令依此施行"。从十二个方面，对各地提点刑狱工作进行指挥、纠正。高太后也传出手诏，要求将此前议定的册封太后、太妃事宜推迟。

　　台谏官在六曹督查工作的同时，也不时向朝廷提出应对办法。王觌的建议是，各司除了要自省外，还要下诏三省"以振朝纲、去民贼，诏枢密院以严边防、治军政，诏六曹、寺、监以修职事，戢吏胥，诏御史台以举不职，诏监司以察纵弛，诏郡守以戒偷惰"。之后，王觌继续上奏疏，要求朝廷及时反省，修政禳灾。侍御史王岩叟则从王者之道、人君之戒、世居不道三个方面讨论天不降雨的原因。

　　同一天，朝廷召王岩叟、傅尧俞入对延和殿，就当前久旱不雨商议对策。高太后与两位大臣谈到了朝廷施政内容、新法更张等问题。傅尧俞特别指出了宰执李清臣"非才无补，玷位日久，公议不允，合罢免"。王岩叟则弹劾知熙州赵济"险薄佞邪，卑污贪猥，为帅全无仪法，将佐僚吏皆苦其蒱博之戏，不称陛下分阃之宠。谄事李宪，为帅府，宪之床箦溷退皆亲阅视，不可不罢黜"。久旱不雨，自然是因为这些奸邪没有得到惩治。但高太后似乎没想过要惩治他们。

　　随即，中书舍人苏辙也上奏疏，在他看来，之所以出现旱灾，问题的根本在于哲宗、高太后"居帏箔之中，所与朝夕谋议者，上止执政大臣，下止谏官御史，不过数十人耳。其余侍从近臣，虽六官之长，皆不能进见，而况其远者乎？臣以谓群臣识虑深浅不同，其心好恶亦异，故须兼听广览，然后能尽物情而得事实。今陛下听既不广，则所行之事不得不偏。听狭事偏，则阴阳亢隔，和气不效，必然之理也"。苏辙表达的意思是，目前哲宗、高太后只听宰执、台谏官的言论，这样势必会阻碍真话传到耳朵里。哲宗刚刚继位时，尚能采用司马光的意见，广开言路，现在难道还不如刚刚继位时吗？苏辙还表示，宋朝前几代帝王令"百官有司皆得以职事进对，从容访问，以尽其情"，现在朝廷的情况恰恰相反，太皇太后、皇帝"谦恭退托，疏远近臣，不行人主之事，遂使百官不敢以职事求见"。希望哲宗、高太后及时纠正朝政失策，顺应天意，上天必然会降下甘霖。

　　高太后和哲宗没有正面回应苏辙和言官的建议，不过他们对自己愈加严格要求了。

　　经过众人努力，四月二十日，天气骤变，乌云密布，紧接着暴雨如注，干旱了数月的大地，再次被雨水浇透。朝廷上下悬着的心终于落下。此后，朝臣们上疏，请求哲宗、高太后"御正殿、复常膳"，但高太后没有同意。高太后和哲宗继续在偏殿听政，衣食住行也都厉行节俭。然而朝臣们却认为长此以往，有失礼仪。在连上五道奏疏后，高太后才同意了。①

自此，旱灾危机解除。不过，新的麻烦又开始困扰当局者。

## 台谏官与朝廷对抗

四月二十二日，朝廷调整了一批人员，"吏部郎中章楶知越州。朝奉郎、集贤校理、权判登闻鼓院赵挺之权发遣河东路提点刑狱。朝奉郎、集贤校理毕仲游权发遣河北路提点刑狱，寻留为开封府推官"。二十三日，下诏，"张舜民特罢监察御史，依前秘阁校理，权判登闻鼓院，仍令赴馆供职"。黜陟分明，看起来并无不妥，但事实上暗藏着危机。章楶一直是个有争议的人，此前被擢升时，台谏官就反对。不过这次引起风波的不是章楶，而是被罢职的张舜民。

张舜民的职位是监察御史。按理说，他若没有造成严重工作失误，朝廷一般不轻易罢免台谏官。张舜民主要是因为口不择言冲撞了文彦博，才有此遭遇。起初，朝廷商议西夏事宜，张舜民曾说，西夏人始终是养不熟的狼，这从历次他们对大宋反复无常的态度即知一二，朝廷对西夏不应该一味忍让，该出兵时就应该出兵。然而，由于朝中有大臣阻拦，才让朝廷对西夏一直很软弱，朝廷还听信大臣的意见，派遣封册使刘奉世等拿着钱去与西夏结好，实在是有失体统。张舜民的这道奏疏若单纯表示对西夏要强硬，其实也无可厚非。台谏官的职责，就是谈论国政。可他偏偏突出了有大臣从中作梗，这就把问题引到了文彦博身上。因为朝廷与西夏交好的建议是文彦博提的。只是张舜民作为一介言官，怎么能任意品评朝中大佬呢？三省、枢密院为文彦博出头，他们写了一道奏疏："舜民谓文彦博照管刘奉世，遂差充夏国封册使。勘会差奉世非文彦博照管。"意思是，派刘奉世出使西夏不是文彦博的意思，而是朝廷的意思，现在张舜民将罪责归结于文彦博，明显是恶意中伤。于是，罢黜张舜民的诏书也就随即降下。

张舜民虽被罢黜，但因罢黜张舜民引发的风波才刚刚开始。台谏官有话要说。他们见同僚被罢职，心中难免有些兔死狐悲的感觉。傅尧俞第一个发言，他认为张

---

① 《续资治通鉴长编·卷三百九十九》。

舜民之论虽没有深入调查，有些失实，可言官的职责就是"风闻奏事"，说白了，就是捕风捉影，张舜民不过是按照制度正常行使职权罢了。即便事后证明他的弹劾不实，也罪不至罢黜。罢黜一个张舜民不仅是个人的事情，还对国家造成影响，对文彦博来说，更有损其声誉，因此建议追还张舜民罢职诏书，让其继续在台谏系统任职。

傅尧俞的建议很中肯，陈述了事件经过，只字不提宰执袒护文彦博，又客观地批评了张舜民做事鲁莽，只是请求朝廷不要罢免他。但三省压着他的奏疏不报。随即，王岩叟也上疏了。王岩叟就没有傅尧俞那么含蓄，他在奏疏中表示张舜民指责文彦博照管刘奉世的话不是张舜民乱写的，而是根据朝臣们的议论而来，他也不是针对文彦博，收集言论本是言官的日常工作，他能有什么罪？若言官听到这种议论不及时向朝廷汇报，那才是不忠的表现。从这个角度来看，张舜民是忠臣啊！王岩叟还表示，朝廷不让言官发表言论，非社稷之福。王岩叟建议"特回圣意，还舜民言职，使忠臣义士得尽其心，以事陛下，而众庶之情不壅于上闻"。

朝廷依然不予回应，傅尧俞、王岩叟又联合上奏疏，表示朝廷选拔一个台谏官不易，难能可贵的是，张舜民本人"学行兼美，安贫守道，不汲汲于进取。熙宁、元丰间，常慷慨论时事，言辞激切，有谏臣之风，司马光嘉其端亮，荐之馆职，关西士人称为第一"。司马光生前很看重张舜民，朝廷应该鼓励张舜民此等忠君爱国的行为。希望朝廷能够"谅进忠之非易，恕其小失，而录其大节，复舜民于言路，以全朝廷之美"。二人几乎用恳求的言辞请求朝廷留下张舜民。王岩叟还在另一份奏疏中特别指出："恐舜民失言于彦博之事浅，得罪于柄臣之意深，陛下聪明，试加深察。"

与此同时，殿中侍御史孙升，监察御史上官均、韩川，右谏议大夫梁焘，左司谏朱光庭，右司谏王觌等也纷纷上奏疏，请求朝廷不要罢黜张舜民。但他们的奏疏都被压了下来。

这件事让台谏官很愤怒。他们的意见没有被朝廷采纳，也不愿意善罢甘休。他们总是要做出一些事来，制约三省、枢密院的相权及君权。台谏官先给朝廷举荐了布衣陈师道，与台谏官一起举荐陈师道的还有苏轼。大家认为陈师道此人"文词高古，度越流辈，安贫守道，若将终身，苟非其人，义不往见，过壮未仕，实为遗才"。现在朝廷采用司马光"十科取士"，陈师道的条件全部符合，朝廷没道理不用他。但是有人反对，认为章惇也举荐过陈师道。苏轼则表示，章惇的确举荐过陈师道，但陈师道没有接受，也就证明他与章惇不是一路人。最终，朝廷还是采纳了苏轼和台谏官的意见，授予布衣陈师道亳州司户参军，充徐州州学教授。这位陈师道在文学史上非常有名，一生著作颇丰，留下了很多脍炙人口的诗作。①

当然，举荐人才不是台谏官的长处，他们的本职是对官员、君主进行监察。此前，张舜民被罢职，台谏官几乎集体出动，都未让朝廷回心转意。现在，他们要搞出大动作来，让朝廷重视他们。这次，台谏官将弹劾目光放在了尚书左丞李清臣身上。之前在张舜民一事中王岩叟已经有所指：无意间冒犯了文彦博事小，得罪了某位掌权的人事大！这人就是李清臣。

傅尧俞、王岩叟联合上奏疏，弹劾李清臣："窃位日久，资材冗阘，无补事功，而性行憸邪，阴能害政。专于为己，有患失之心；苟于随人，无自立之志。素餐尸禄，人为羞之，而清臣恬然自居，不以为耻。"朝廷在更张新法、恢复旧制时，李清臣"隐默于中，亦无一言之助"，一副无所事事的样子，不了解官员的履职能力，不清楚民间的利病，"每至都堂会议，但饱食危坐，若醉若梦，旁观众人而已，省胥堂吏皆能笑之"。完全就是个废物，这样的人留在宰执队伍中，只能尸位素餐，建议罢黜。王岩叟又指出"清臣一出，可以厉贪鄙，可以戒阿谀，可以警尸素，国家之益不可深言矣"。监察御史上官均、右谏议大夫梁焘也纷纷响应。

李清臣也觉得再待在宰执位置上，只会引来台谏官更加猛烈的攻击，他如今孤立无援，不如暂避风头，于是，他主动辞职。这次，朝廷没有挽留，"通议大夫、守尚书左丞李清臣以资政殿学士知河阳"②。

二十六日，朝廷下了一道恢复"贤良方正能直言极谏科"的诏命，"令尚书、侍郎、两省谏议大夫以上、御史中丞、学士、待制各举一人，不拘已仕未仕，以学行俱优，堪备策问者充，仍各略具辞业缴进"。这等于是为扩充台谏队伍开设了绿色通道。

时间进入五月。台谏官没有忘记张舜民，他们要全力以赴挽回张舜民。初一日，王岩叟上疏，一再强调，朝廷不能失去张舜民这样的忠谏之臣，否则会是朝廷

---

① 《宋史·卷四百四十四·列传第二百三》。
② 《续资治通鉴长编·卷三百九十九》。

的损失。继而,傅尧俞联合其他台谏官一起进言,"舜民既无朋附中伤之迹,又非犯颜逆鳞之过,不当以一言风闻之失,遂罢御史,以快柄臣之意,违祖宗曲全过当之诏,损仁圣至诚听纳之德,非所以示天下、贻后世、励臣节、正纪纲也"①。

就在此时,朝廷调整了几个官员岗位:"观文殿大学士、知颍昌府韩缜知永兴军,龙图阁直学士、新知秦州吕公孺为秘书监,资政殿学士、中散大夫、知永兴军曾孝宽特迁中大夫、知秦州。"诏书刚刚颁布,殿中侍御史孙升就上疏弹劾吕公孺才疏学浅,不建议授予其职。朝廷没有理会孙升,而是下诏,命御史中丞傅尧俞、侍御史王岩叟举荐监察御史二人。可想而知,傅尧俞、王岩叟举荐的官员自然还是张舜民,但被朝廷断然否决。这时在高层眼中,台谏官为了张舜民的事情,一直在与朝廷抗衡,因此更不应该调张舜民回台谏系统。

恰巧此时,西蕃首领阿里骨联合西夏,进犯宋朝边境,扰乱了两位台谏官的举荐。朝廷让枢密院密切关注,时刻收集情报。枢密院开始忙碌起来了。各种情报从边境传到中央,枢密院不断做出决策,命边境将士严阵以待。不过由于李秉常去世,梁氏集团被消灭,西夏暂时不会对宋朝发动大规模战争。而西蕃助力西夏也只是试探性浑水摸鱼,因为熙河之地还在宋朝手中,他们不敢轻举妄动,眼下入侵宋朝边境,无外乎是催促宋朝尽快交割边寨。更重要的是,西夏与西蕃关系并不稳定,联手或交恶往往一线之间,且他们与北宋构成了极为微妙的三角关系,其政权相互制衡、利用,轻易不会彻底撕破脸。朝廷也清楚这一点,故而在边境问题上缺乏深谋远虑。

然而,即便有小插曲,也无法影响台谏官的决心。傅尧俞、梁焘、王岩叟、朱光庭、王觌、孙升、韩川等人联合上奏疏,"论张舜民不当罢御史"。高太后被他们吵烦了,命三省、枢密院将台谏官召集在都堂,明示了朝廷不复张舜民言官的缘由:不是因为他弹劾文彦博,也跟李清臣无关,而是因其鼓动朝廷对西夏用兵,这样会给国家生事。高太后还命人将张舜民的弹劾奏疏交给众人详看。

傅尧俞、王岩叟等人认为张舜民只是建议用兵西夏,具体是否施行还得看朝廷和宰执的意见,岂能因为提一个建议就将其罢黜?并围绕着"张舜民无罪"这一核心问题,不断给朝廷上奏疏。高太后只好再次妥协,打算给张舜民复职。

---

① 《续资治通鉴长编·卷四百》。

然而，值此关键时刻，殿中侍御史吕陶的一道奏疏，再次搅乱了政局。吕陶在奏疏中有这样的结论："臣伏见近日以来，欲言一事，本台上下往往预先商议，定为一说，以至谏官结为一党，不顾事理是非，务以众力求胜公议，取必朝廷。"吕陶说，台谏官这样上下串通一气，集体逼迫朝廷让步，有结党之嫌，尤其让自己难堪的是，王岩叟竟然派孙升给他递纸条，责令他也出面进言，请求朝廷恢复张舜民言官职务。在吕陶看来，台谏官的这些行为，实在有失公允，令人无法忍受，他自己耻于参与到这种纠纷中来。上官均也持有类似观点。

吕陶的奏疏敬呈后，在官场中立马引起了震动。于是朝廷下诏，让王岩叟再次提出见解。王岩叟和傅尧俞就发表了意见，王岩叟还是坚持朝廷应该给张舜民复官。傅尧俞回应吕陶、上官均的指责，认为在给朝廷举荐张舜民问题上，他作为御史台长官的确负有不可推卸的责任，请求朝廷罢黜他的御史中丞职务。[1]事态发展到这一步，与最初的起因相去甚远，局面一时难以控制。宰执们不得不出面调解。门下侍郎韩维、同知枢密院范纯仁纷纷进言，谈论台谏官与朝廷的关系，协调其因此产生的矛盾。

最后做和事佬的人是右仆射吕公著。在吕公著看来，当前各位台谏官都在台谏系统任职过久，这样必然会带来不少沉疴积弊。比如，台谏官进言太多，朝廷一时很难全部落实。最后，吕公著建议："乞稍与优迁，令解言职，更择有名望学识臣僚，使备谏诤。"不如给现今的台谏官们换一换位置，再给台谏系统调入一批新人，改变一下旧面貌，焕发一下新气象，这样就能缓解目前台谏系统的诸多问题。朝廷本还有些犹豫，这时候，梁焘与给事中张问却因封驳之事吵了起来，孙升也弹劾张问。这件事让朝廷对调整当前台谏官员岗位下定了决心。朝廷采纳了吕公著的建议，让吕公著制定方案。

五月十六、十七日两天，朝廷正式下诏，"中大夫、守尚书右丞刘挚为尚书左丞，朝散大夫、守兵部尚书王存为中大夫、守尚书右丞。朝奉郎、起居舍人孔文仲为左谏议大夫，承议郎、大理少卿杜纯为侍御史，朝请郎、殿中侍御史吕陶为左司谏，朝奉郎、兵部员外郎贾易为右司谏，监察御史韩川、上官均并为殿中侍御史，承议郎、侍御史王岩叟为起居舍人，朝奉郎、左司谏朱光庭为左司员外郎，奉议

---

[1]《续资治通鉴长编·卷四百》。

郎、右司谏王觌为右司员外郎,殿中侍御史孙升差知济州,右谏议大夫梁焘为集贤殿修撰、知潞州"。刘挚、王岩叟、朱光庭、王觌等人被调出台谏系统,孔文仲、杜纯、贾易等人成为谏官。

二十日,朝廷下诏,左司郎中范纯礼为太常少卿,右司郎中杜纮为大理卿。两天后,又下诏,调整御史中丞兼侍读傅尧俞为吏部侍郎,傅尧俞不接受。六月八日,傅尧俞被外调,待制陈州。接替傅尧俞职位的是吏部侍郎胡宗愈。至此,这场"张舜民事件"终于鸣金收兵,一群当事人各安其位。可能张舜民自己都不曾想到,他的罢职竟会掀起这么大风浪。①此后,承议郎、秘阁校理张舜民通判虢州(今河南省灵宝市)。②

## 边境战争永无休止

朝廷以为全面废除新法,台谏系统大换血之后,天下就会太平,但边患问题如同一枚定时炸弹,时时刻刻威胁国家安全。

朝中短暂的平静,再次被枢密院的奏疏打破。边报来自熙河地区,此前,就有消息称,西夏联合西蕃入侵边境。朝廷给守将的指示是,守住边境,如果敌人入侵,可以予以回击,但不可深入敌境作战。然而战争说来就来了。熙河兰会路经略司等处给枢密院的消息称:"夏国与西蕃约和连结,尝犯定西城,本城监押吴猛斗死;又犯泾原路蔺家堡,及于汉界掳掠人畜,焚毁舍屋等事。"然而,枢密院对这样的消息有自己的看法,西夏与西蕃之所以联合入侵,必然有内幕,"夏国自去年再乞纳款,颇见恭顺,虑是边臣生事。请令赵卨广募自来信实之人,厚与金帛,令深入夏国,直至兴、灵以来,密访敢侵犯因依,审实急递以闻"。枢密院首先想到的是宋朝边境守将惹是生非,才导致西夏不满,建议让鄜延路经略使赵卨派遣一批敢死队,进入西夏打探消息,同时做好划分边境线的准备。朝廷同意了枢密院的请求。

---

① 《续资治通鉴长编·卷四百一》。
② 《续资治通鉴长编·卷四百二》。

接到朝廷的诏书后，摆在赵卨面前的是一个棘手问题。因为宋朝虽答应将兰州等地归还给西夏，但兰州西关城是宋军刚刚修建的堡寨，给西夏太可惜了。于是，赵卨向朝廷进言："兰州西关城，请候分画界至了日进筑。"请求抓紧时间确定边线，然后他们就要修筑城堡了。枢密院的应对办法是："熙河兰会路新复城寨，其不系给还处，系敕书该载。今来西关止是修葺旧堡，即非创有进筑。昨夏国文移，止辨论朱梁川曾有开耕地土，即不及西关。况刘舜卿奏已毕工，及已诚约诸路，务令静守。"就是说，枢密院也认可刚刚修葺完善的兰州西关城是宋朝的疆域，宋将要严防死守。枢密院还认为，由于西夏和西蕃入侵，边境将士急于建功，可能会主动出击，在边境生事，造成不稳定因素。因此枢密院结合元丰年间的经验，要求陕西、河东逐路经略司管好自己的属下，"若西贼对境屯聚，不得先有举动，俟其犯边，即随宜御敌"。若不听话，即便立功了，朝廷也不予承认，还会追究其主要人员的罪责。

枢密院这一系列部署的原则，还是以和为贵，不主动挑起战事。这是宋朝开国以来一以贯之的外交策略。

这期间，朝廷为了显示对枢密院的重视，还下诏让"同知枢密院事范纯仁与尚书左、右丞理先除授者立班在上"。也就是让范纯仁的班位列居三省副宰相之前。其实，从级别上讲，尚书左丞、右丞是三省副宰相，同知枢密院是枢密院副长官，依惯例是三省副长官在枢密院副长官之前。但范纯仁此时实际上已经掌管枢密院，他也就可以站在三省副宰相前面了。

十五日，文彦博等人上奏疏，请求高太后根据太史局选定的八月初四良辰吉日，"举行仪范，崇上徽号"。高太后起初不同意。此后，文彦博等人就连续三次上奏疏，终于说服高太后。这似乎成了一种默契，每次到了有争议时，只要朝臣们锲而不舍，高太后一般都会从善如流。

紧接着，战报再次传至枢密院："洮西缘边安抚司言，西贼围闭南川寨八日。"朝廷马上下诏，令知熙州刘舜卿"多设方略救援"，由当地负责给军队提供粮草。同时，皇城使、鄜延路钤辖兼第一将吕真权发遣泾原路副总管，其余空缺将领职位，本路长官可以在军中选拔人才担任。

这时候，河州各地驻守的既有宋军，也有归降宋朝的蕃兵。朝廷担心这些人会变节，决定对他们加以抚恤。于是，朝廷给刘舜卿下诏，让他"问士卒劳苦、粮食多寡,从宜抚恤,仍依仿旧例,随事资助,使无愁苦,乐于赴敌,以称朝廷抚士之意"。这无疑是正确的做法。归降宋朝的吐蕃人一旦反水,造成的后果不堪设想。

另一件事也很棘手,这便是前去给河州南川寨解围的宋军已在南川寨与蕃兵对峙多日,依然没有成功解围,大将王光祖、王赡、姚兕、种谊等将领无人能速战速决。这对朝廷来说,是一个沉重的负担。因为只要宋军在南川寨驻扎一天,就得消耗一天粮草。但朝廷给这些将帅的粮草有限,若再拖延下去,必然"势力危困"。枢密院的应对办法是,"务要应援分解贼围,不得以伺便为名,任贼攻围,玩寇损威,误国大事,以至师老粮匮,坐取困乏"。枢密院还要求援助河州的宋军要"召募死士,许以重赏,令取闲道前去南川寨投下文字,使知救兵已到,安心守御,俟贼退,其守城、出战人等自当优赏"。先招募一批死士,伺机冲击蕃兵,另外可以给南川寨里面射箭投入通告,告诉里面的宋军守将,朝廷援军已到,让他们安心守城,等待时机两面夹击。

此时,朝廷不可能将精力全部放在西北战场上,还有很多政事需要去解决。西北战事全部交给枢密院去处置,范纯仁肩上担子不轻。

眼下朝中一个重要的事情就是台谏官人手不够,需要补充一批有德才、威望的官员进入台谏系统,为国家出谋划策。于是,朝廷下了诏命,"令学士院举官二员,两省谏议大夫以上同举四员,御史中丞同举二员以闻"。这时,对王岩叟的安排也令人头疼。此前,在台谏官调整时,王岩叟被授予起居舍人,但他本人坚决拒绝。这让朝廷很为难,本来是想着擢升王岩叟,把他留在皇帝身边,但王岩叟完全不考虑朝廷的深意,认为他举荐的张舜民没有被朝廷复官,他自己也闹脾气不愿意被朝廷重用。于是,高太后就让吕公著先与宰执们商议,吕公著的建议是,让王岩叟"除直龙图阁、知藩郡"。但高太后认为,王岩叟资历不够。最后,朝廷经过综合考量,让王岩叟知齐州(今山东省济南市),让承议郎彭汝砺为起居舍人。①与此同时,朝廷还任命刑部侍郎范百禄为吏部侍郎,鸿胪卿孔宗翰为刑部侍郎。

王岩叟的事情处置完毕,战报传来,围困河州南川寨的蕃兵已撤退了。于是,朝廷马上下诏:"河州南川寨围闭贼马并已退散,所有因今来事宜曾经抽差牵制应援汉蕃军兵等,并令刘舜卿以劳佚轻重等第特支。其南川寨守城汉蕃军兵、妇女

---

① 《续资治通鉴长编·卷四百二》。

等,如昼夜捍御,委有劳效,亦依则例轻重支给,并就委走马承受喝赐,令转运司应副。其经战立功及守捍有劳、矢石伤中应论赏人,并等第保明以闻。"安抚军民,不得进攻西夏、西蕃,保持边境安定,赏赐那些在战争中立功的将士。①

然而,危机并未解除。河州之地的蕃兵只是暂退而已,谁能保证他们不会卷土重来?六月初,赵卨向朝廷进言:"闻兰州进筑西关城,又闻欲增展康古寨,此皆西夏必争之地,请降约束诸路各守旧疆,不宜更有侵占。"也就是说,边境将士除了修建兰州西关城之外,还打算在西关不远处的康古寨继续营筑堡寨。但这就进入西夏疆域了。赵卨担心越界会引起强烈反应,他自己也无法约束底下守将,只能向朝廷请求处置办法。枢密院接到赵卨的奏报后,马上下诏命"游师雄与刘舜卿相度可与未可修移,如何措置不致生事,可以趣办"。枢密院的态度也很暧昧,具体是否修建康古城,请边境将士们根据实际情况决定。

赵卨的担心不无道理。主要的原因是:"元祐初,专务安静,罢制置府,减戍卒,削冗官,握兵将帅相继以罪罢去。"由于很多原来驻守在边境上的将领都获罪离去,这让西蕃、西夏看到了机会,他们才不断挑衅,"由是鬼章有窥觊故土之心,与夏国阴相结连,约分其地,自引兵攻南川寨,城洮州,使其子结呃龊诣宗哥请益兵,为入寇计"。针对目前的边界隐患,知岷州(今甘肃省岷县)种谊得知了内幕,西蕃和西夏这是趁火作乱,企图坐地分赃。为今之计,上上策就是除掉西蕃首领鬼章,边患问题自然也就解决了。种谊还列举了十余条鬼章的奸状"申经略司",但种谊的奏疏被经略司压着不报。种谊一气之下就将此事直接汇报给了朝廷。

应该说,种谊的这种处置办法不妥,至少看得出来,他与经略司相处不是很融洽。朝廷也看出了这层意思。于是,朝廷将种谊的这个建议交给了经略司,让他们考察是否可行。朝廷的处置办法自然也不妥,若经略司同意种谊的办法,种谊完全用不着越级上书,现在朝廷将种谊的奏疏又批给经略司是何道理?事实上,经略司看到种谊的建议后,非常气愤,坚决不予实施。事情到了这一步,问题出在哪里,朝廷也心知肚明,这是沿边守将与其所属军政权力机构之间的矛盾导致的。朝廷没办法,计划派出"使者与边臣共议",就派了游师雄去处置这件事。为了让自己不

---

① 《续资治通鉴长编·卷四百一》。

受地方官与经略司的掣肘，游师雄请示朝廷，授予他专权。朝廷应允，让其到熙河兰会勾当公事。

游师雄到了边境后，发现一些"首领如包顺、赵醇忠（即巴毡角）、李奇尔华等最为效力"，按照惯例，他要对他们加以安抚。就此事，游师雄向朝廷征求意见，朝廷就给他授权，让其对边境西蕃首领进行赏赐。

不久，熙河兰会路经略司给朝廷上奏疏，指出安抚司暗访时发现温溪沁、兀征齐延等部落首领"皆有向汉之意"。是否派人去实地调查，请求朝廷指示。于是，朝廷就下诏，令刘舜卿详加审察。若其确有归附宋朝的意思，经略司可根据实际情况妥善处置他们，许诺给其官职。但若是诈降，"更须审度事机措置，无失中国大信，自贻边患。仍具利害以闻"。

做完这些后，边境上西夏、西蕃没有再出现不轨之举，朝廷上下这才松了一口气。朝廷对定西权监押吴猛等战死将领进行了表彰，下诏对那些牺牲将士"第推恩加赐"。此后，朝廷的重心再次放在了内政方面。三位台谏官都被外调，新任职的台谏官也没有举荐合适的人选，台谏系统力量尚未得到补充。六月二十一日，朝廷悄悄调整同知枢密院事安焘知枢密院事。也就是说，从这时候开始，安焘成为枢密院的长官。这段时间以来，枢密院很忙，但很少见到安焘的奏疏，很多时候，都是范纯仁在陈述军政要事。可谁也没想到，此前被台谏官强烈反对出任枢密院长官的安焘，竟轻而易举就得到了这个职务。有意思的是，这次朝廷对安焘的任命，台谏官竟然没有人弹劾，或许是王岩叟、傅尧俞等人外调的原因。①

二十六日，邈川（今青海省乐都县城南）首领结药携妻子及其部众前来投奔，朝廷授予其三班奉职。这对宋廷来说，是个好消息。此时，朝请大夫、权陕西转运判官孙路也上了奏疏，表示熙河路修筑兰州西关堡已经竣工。于是，朝廷就对修筑堡寨的官员进行了赏赐。

七月中旬，平静又被打破。秦凤路经略司上奏西蕃再次入侵。原来，根据秦州甘谷城（今甘肃省通渭县西南）驻扎本路第三将姚雄的消息："有西贼人马侵犯隆诺特堡地。"姚雄立马派出人予以回击。这部分西蕃不敢与宋军正面较量，已经被姚雄的人赶出边境，并获得战马六匹。朝廷的态度依然很谨慎，命秦凤、熙河兰会

---

① 《续资治通鉴长编·卷四百二》。

路经略司抓紧时间调查其侵犯原因，并约束属下无故不得进攻西夏、西蕃。

然而，宋朝的一味宽容，并没有让西蕃、西夏安定下来。七月初二，战争再次降临。西夏的军队向镇戎军（今宁夏固原一带）诸堡发起了进攻。镇戎军是宋朝驻守在西夏边境的一支重要力量。宋仁宗时代宋夏之战，就是在镇戎军附近发起的。这次，他们依然将目光投向了镇戎军，可见来者不善。朝廷马上下诏，令陕西转运使范子奇"体访诣实，及具兵将官姓名以闻"。①

八月初四，西蕃也向洮、河两州发起进攻。很多人在西蕃入侵战争中丧命。朝廷下诏："被焚屋舍、土棚计间给钱；发窖藏粮斛之家，计口给食，至夏熟日止；死事者人给绢七匹。"②八月十九日，种谊率部向西蕃发起了总攻，很快西蕃不敌，首领鬼章被擒获，种谊顺势收复洮州。二十一日，西夏军进攻三川诸寨，宋军早有防备，一举击败了西夏的进攻。

经过一系列艰苦的战斗，宋朝与西夏、西蕃的这一阶段性战争以宋朝的小胜宣告结束。宋朝上下，则因为种谊收复了洮州而举国欢庆。殊不知，西夏又在密谋下一次行动。

需要声明的是，元祐年间朝廷对待西蕃、西夏问题上，显得保守很多，远不如打击旧党的力度，甚至在西夏进攻大宋边境时，还派出使者出使西夏，用拉拢的方式诱西夏妥协。不过由于李乾顺的登基，宋夏关系也逐渐紧张起来。所幸的是，这时候折可适、种谊、姚雄等一批新成长起来的将领出类拔萃，他们出身于将门世家，常年驻守边疆，磨炼出较强的军事指挥能力，即便局部地区有敌军入侵，他们也能迅速做出反应，将敌军驱赶出境。由此，给大宋营造了安定的国内环境，可以让朝廷集中精力继续更张法令，推行新政。

## 朋党形成

有人的地方，时刻都有斗争。朝廷尽管对台谏官进行了大换血，但这一时期的

---

① 《续资治通鉴长编·卷四百三》。
② 《续资治通鉴长编·卷四百四》。

台谏似乎就是为了争议而存在。新换的这一批官员也并非善茬儿，他们等待着露头的机会。而此时，困扰朝廷的问题是国库日渐空虚。新法更张之后，很多理财富国的法令被废除，朝廷吃了一年多老本，眼看入不敷出，户部官员坐立不安。不久之后，户部给朝廷上奏，请求想办法充盈国库。高太后召集宰执商议此事。高太后终于醒悟，"近年减放赋敛甚众，然用度未尝有所损"。吕公著则认为朝廷用度中"宗室费广"。此后，朝廷让有司制定应对措施。于是，一系列应对措施纷纷实施，用来增加收入。比如，朝廷随即就"复课利场务亏额科罚不以去官赦降原减法"。不久，户部又请求恢复编纂《会计录》，从景德年间起，真宗、仁宗、英宗、神宗朝均有关于国家财政收支情况汇编的《会计录》存世，现在户部提出为哲宗元祐朝编纂《会计录》，是否意味着朝廷要保留部分新法呢？

七月六日，朝廷任命朝奉郎、权知开封县罗适为开封推官，朝奉郎、权开封府推官张商英为提点河东路刑狱。这是将张商英调出了朝廷。原因是张商英考核期满，曾给苏轼写过信，希望苏轼举荐他出任台谏官。苏轼将信转交给了吕公著，吕公著看到张商英的书信后，非常不高兴。于是，张商英就被调到了外地。

不久，太师文彦博和中书舍人曾肇纷纷进言，请求高太后按照此前的册封方案，接受朝廷的册封。高太后同意了，但要求有司按照"天圣八年以前章献明肃皇后御崇政殿上寿礼"①。

这些都是些稀松平常之事。然而，在这一时期，有两件事又掀起了斗争的热潮。第一件是韩维弹劾范百禄。第二件是台谏官内斗。

七月十三日，从皇宫里传出了一份御札，要求中书省马上解决御批中提到的事。事情的起因是门下侍郎韩维给皇帝上奏疏，谈论范百禄在担任刑部侍郎期间的种种不端作为，韩维在奏疏中列举了有根有据的实例弹劾范百禄。朝廷起初将韩维的奏疏压了下来，准备相机处置。但韩维见朝廷压着奏疏，就连续上奏疏。此举改变了哲宗、高太后对韩维的看法，他们将此事批给中书省处置。不过朝廷也有态度，"夫辅臣奏劾臣僚，当形章疏，明论曲直，岂但口陈，意无迹。既无明文，何异奸说？维为辅臣，不正如此，朕何赖焉！可罢门下侍郎，守本官分司南京，仍放谢辞"。宰辅弹劾官员，不能像台谏官一样可"风闻言事"，而应该把所弹劾事

---

① 《续资治通鉴长编·卷四百三》。

情的来龙去脉说清楚。不然，就成了排斥异己的行为。最后，朝廷的建议是罢韩维门下侍郎。这是哲宗、高太后执政以来，第一次以朝廷的名义提出罢免宰执。此前，即便台谏官轮番进攻蔡确、章惇、韩缜等宰执，朝廷都没有主动出手，而是等着这些人自己辞职。现在，因韩维弹劾范百禄，朝廷却要罢其宰执之位，也能看出此时朝廷处置政事的手段与之前大不相同了。

消息传到中书省后，吕公著大为诧异，"五六十年来，执政大臣未曾有此降黜，恐中外闻之，无不惊骇，自此人情不敢自安"。他表示："陛下自临政以来，慈仁宽大，判别忠邪，于辅弼之臣每加优礼，故得上下安乐，人情悦服。"他极力为韩维辩解："维昨与范百禄争论刑名等事，若以为性强好胜则有之，亦未见奸邪事迹。"因此，韩维没有罪，现在朝廷罢韩维门下侍郎，于制度不符。即便是要罢黜，也得列举罪行。另外，吕公著也担心，忽然罢黜韩维，会让朝廷声誉受损，"兼维素有人望，久以直言废弃，陛下初政清明，方蒙收用。忽然峻责，罪状未明，虑必有雠嫌之人飞语中伤，以惑圣听"。吕公著还表示，这件事可以交给他处置。然而，这一次高太后没有回应吕公著，对他的意见无动于衷。这就让吕公著愈发不安了。于是，吕公著再次上奏疏，希望朝廷宽宥韩维的过失。朝廷给吕公著的御批没有退让的意思："览卿所奏，为罪韩维事。维不惟性强好胜，今日观维族人、知识布在津要，与卿孰多？以此人多不平。维之强横，若俟其有请而后罢，则今后朝廷何敢行事？纪纲自此不复振也。卿更详度，作文字进入。"韩维争强好胜，在朝廷中以骄横著称，他家族的人更是多居要职，如今朝廷罢黜他，也是为了打压其气焰。若这次朝廷妥协，以后谁还敢得罪韩维而为朝廷尽忠了？这个不容分说的质问，让吕公著不敢再进言了。

中书侍郎吕大防却站了出来，他上奏疏先指出韩维弹劾范百禄确实有失体统，但韩维"忠谠有素，士望甚高"，希望朝廷对韩维格外开恩，同时接纳吕公著的意见。吕大防提出了自己的担心："若此命一出，则人人有不自安之意，系今日治体之根本。伏望深思而熟察之，少息雷霆震耀之威，使全臣子进退之分。"朝廷批复："卿所奏韩维于兄弟中最贤，以兄弟推之，则粗有虚名，若考实则未闻。维之欺罔，宜在不赦，然以卿累言，更不欲重责，止以其罪罢门下侍郎，与一知州差遣。卿宜先定一州郡，实封进入，续降出文字施行。"虽然态度还很强硬，但看得出来，朝廷还是考虑到吕公著、吕大防的身份，只是提议罢黜韩维门下侍郎的职务，对其进行外调，没有更深一步的处置。

既然哲宗、高太后都让步了，吕公著、吕大防等人也就顺着台阶下。不过，吕公著提出，对韩维外调时，可以选择"邓、襄两郡及令带资政殿大学士"。他还列举了"神宗以其留韩琦、排王陶，自礼部侍郎、参知政事除户部侍郎、资政殿大学士、知青州；臣兄公弼，为与王安石、韩绛争事，亦是不因陈请，自枢密使、刑部侍郎除观文殿学士、吏部侍郎、知太原府"等实例来证明自己的建议。事情发展到这一步，高太后也妥协了，至少无人再阻挠罢黜韩维。至于给韩维一个资政殿大学士，不过是个虚衔罢了。吕公著的争取得到了朝廷认可。

七月十五日，朝廷下诏，罢韩维门下侍郎，贬为资政殿大学士、知邓州（今河南邓州市）。不过在对韩维的罢黜诏书中，朝廷依然不改责备的口吻。这让吕公著心烦意乱，他对吕大防说："这么大的事情，我们左右不了朝廷的意见，公可去征求文彦博的意见。"此后，罢黜韩维的诏书落在中书舍人曾肇头上。曾肇选择了和宰执站在一起，他封还词头，拒绝行文。曾肇为此进言解释，他的意见和吕公著等人类似，宰执罢黜是大事，"上系国体，下动人听，苟有未安，所害不细"，朝廷在没有真凭实据的情况下，就罢黜韩维，于制度不符。曾肇还建议"指陈百禄不正及非理事迹，然后陛下质以公议，则是非自见。所有诰词，臣未敢修撰"，至少给一个可以服众的理由，将韩维弹劾范百禄为官不正的证据拿出来，这样他才信服。随即，高太后就给曾肇下了一个御批："辅臣奏劾臣僚，岂有案牍不具，徒口奏而已者？盖是出于容易，谓予听览可欺也。以此罢其职，岂谓与范百禄较证是非，然后为有罪耶！宜依前降指挥，作文字施行。"朝廷怒怼他，宰辅弹劾官员的奏疏怎么能够外传？你只需要按照要求写好诏书就行了，其他事情，你没必要刨根问底！

众所周知，曾肇也不是个唯命是从的性子。他表示自己深受皇恩，自问一直对国家尽心尽力，绝不是因为韩维举荐了自己而袒护韩维，实在是为国家损失一位优秀的宰执而痛惜，希望朝廷能够慎重处置这个问题。不过曾肇的奏疏还是被压了下来。朝臣很清楚高太后的态度很难更改了，即便曾肇抗命，还有其他两制官会去草拟。不过，这里一直有一个疑惑无法解除：朝廷这次为何对韩维如此薄情决绝？从现存的史料来看，最早弹劾韩维的是吕陶。相传吕陶连续上了多道奏疏，说："怙势任情，阴窃威柄。方陛下垂帘听政，不宜使大臣如此专恣。若不早赐罢免，邪计必行,邪党必胜,非朝廷之福也。"但这其实也不是朝廷罢黜韩维的主要原因。那么,细细琢磨一下高太后的心态。一方面,她排斥韩维,可以理解为长期以来对整个韩氏家族抱有的成见;另一方面,韩维曾将"蜀党"之名强加于苏轼,高太后既然喜欢苏轼,对韩维自然没有多少好感。因此,借机发难就属人之常情了。

在朝廷罢黜韩维后,吕陶再次上疏谈论韩维与曾肇的关系:"伏闻有旨差韩维知邓州,此陛下深得制御大臣之术,耸动四海,慑伏万官,自古圣君英主无以过此,宗社幸甚! 天下幸甚! 然曾肇敢封还词头者,盖肇向忝中书舍人,累有臣僚弹奏,维素喜肇,力主张之,今日肇以此报德耳。臣又风闻肇与韩族议为婚姻,若果如此,圣明更赐审察。"吕陶对朝廷罢黜韩维的英明决策很拥护,又强调曾肇与韩维有姻亲关系,两人互相维护。

这些内幕,曾肇已经在封还词头的奏疏中陈述过了,现在吕陶添油加醋,是否包藏私心呢? 这自然就引起朝廷的警惕了。此后,台谏官之间起内讧,吕陶首当其冲被点名。不久前在台谏官集体拯救张舜民时,吕陶、上官均两个人冷眼旁观。此时,侍御史杜纯、右司谏贾易等人就弹劾吕陶。吕陶很气愤,想不到自己成了众矢之的,请求外调。他在奏疏中表示:"今韩维之上客、程颐之死党,犹指舜民之事以攻臣,是朋党之势复作,而朝廷可欺,乃天下之深忧也。"吕陶又结合韩维之事,再次臧否朝中官员,表示自己"虽以蝼蚁之命,立于虎豹之群,凭赖天地之力,未赐斧钺之诛,以安其余生而不忧"。

又是要命的朋党。

在吕陶看来,满朝皆权贵,都是朋党人。吕陶还指出,台谏官贾易是程颐的弟子,曾想联合孔文仲弹劾他,但孔文仲拒绝,贾易就弹劾孔文仲,贾易这完全是公报私仇,结党营私。此后,贾易与吕陶之间正式开撕。贾易连上五道奏疏弹劾吕陶,称吕陶是诡谲奸人,"习尚卑凡,猥同市井,包藏深阻,险于山川,托朋附以自安,怀机穽而难保"。另外,"窃闻吕陶之党与已众,根柢已深,有不可动摇之势。诚恐群邪迷国,为天下大患,欲为陛下拔其源而塞之,无使滋蔓而不救也。今陶之死党遍自执政大臣、侍从要官,相与驰驱往来,昼夜合谋,欲尽去正直中立之人,然后肆意逞欲,以居美权要选。忠义之士,无不扼腕疾首"。贾易的这些言论,似有特指,"陶之死党遍自执政大臣、侍从要官"。也就是说,吕陶一党的人,现在很多还在宰执、侍从高位。而吕陶是四川人,四川籍官员在两制官任上的有苏轼、苏辙等。贾易虽没有明说，但自然是暗讽吕陶与这些人结党营私。①再联想之前苏轼考题风波，吕陶曾为苏轼辩解过，贾易的暗示就再明显不过了。

随着贾易的攻击不断升级，吕陶也无法在朝中待下去了，他作茧自缚，因自己引出的朋党争论，几乎把苏轼、苏辙等四川籍同僚一起牵连进来。于是，吕陶上疏请求朝廷将他外调。朝廷没有挽留他，直接将他外调，"左司谏吕陶为京西转运副使，殿中侍御史上官均为比部员外郎"。

在罢黜韩维的事件中，吕陶与贾易的争论只是一个插曲。不过，这次争论让高太后对"朋党"这个概念有了深入理解，难免对朝臣心生疑虑，甚至吕公著也不例外。她曾不留情面地直接问吕公著："卿适奏改韩维词头，欲作何意？"你不断要求朝廷放过韩维，到底是什么意思？言外之意是难道你和韩维之间也形成朋党？结结实实将了吕公著一军。吕公著从此也不敢再上奏疏为韩维求情。之后，朝廷将给韩维写罢职诏书的任务交给了苏辙。这是否也多少可以证明高太后之所以厌恶韩维与苏轼确有关系呢？

七月二十二日，朝廷下诏："正议大夫、守门下侍郎韩维为资政殿大学士、知邓州。"与此同时，朝廷还调整了台谏官的岗位："左司员外郎王觌为侍御史，侍御史杜纯为右司郎中。"然而，朝廷的诏命刚刚下达，御史中丞胡宗愈就上疏弹劾杜纯"僻深刻无学术，进不由科第，用法徇私，乞罢其侍御史"。宰执们为杜纯辩解，但胡宗愈不依不饶，说"纯谄附韩绛"。朝廷下诏将杜纯外调，出知相州（今河南省安阳市）。

此时，边境也风云变幻，西夏、西蕃似乎又在蠢蠢欲动。朝廷让边境守将密切关注动态，及时向朝廷奏报边境战事。高太后给吕公著下手诏，令吕公著在文辞中选择三五个"才行风力"的官员，"兼知边事"。吕公著给朝廷举荐了观文殿学士孙固、吏部尚书苏颂、户部尚书李常、吏部侍郎孙觉、户部侍郎赵瞻和、御史中丞胡宗愈。但朝廷没有立即使用这些人，因为党争又开始了。

交恶的双方就是蜀、洛两党。此次斗争起源于吕陶与贾易。此时尽管吕陶已外调，可贾易依然在朝中。遭受牵连的还有苏轼。事实上，在贾易与吕陶争论朋党时，苏轼已经成了靶心。现在，贾易自然不肯放过弹劾苏轼的机会。贾易自称为程

---

① 《续资治通鉴长编·卷四百三》。

颐的弟子,而朝臣都清楚苏轼与程颐素来不和。此前,两人多次产生龃龉。程颐不愿意与苏轼争论,也就显得矮人半截。程颐的弟子们不甘老师受辱,想方设法打击苏轼,为程颐赢回面子。现在,正逮住好时机,贾易给朝廷上奏疏,弹劾苏轼与吕陶是一党,还暗讽文彦博也是苏轼一党,"吕陶党助轼兄弟,而文彦博实主之"。贾易的这种举动,激怒了高太后。他这种胡乱咬人的行为,着实让人愤怒。她打算责罚贾易。吕公著则认为,贾易只是性格太直,不应与他一般见识。就这样,高太后与吕公著为了贾易的事情僵持住了。高太后很生气:"不责易,此亦难作。公等自与皇帝议之。"让他与皇帝商量处置办法去。但吕公著极力坚持,"不先责臣,易责命亦不可行"。高太后暂且隐忍不发。事后,宰执们都夸赞吕公著勇敢,吕公著正色道:"谏官所论得失未足言,顾主上方富于春秋,异时将有进导谀之说,以惑上心者。当今之时,正赖左右力争,不可预使人主轻厌言者也。"不过贾易这种拨弄是非以至搅乱时局的做法,高太后始终耿耿于怀。八月初二,贾易还是被调出朝廷,知怀州(今河南省焦作市)。①

随着贾易的外调,另外一个人的安置也成了问题。这个人就是程颐。其实祸患的根源都在于程颐与苏轼的争论。当然,若单纯只是他们两人斗嘴,自然不会出现朋党。但围绕他们的矛盾,朱光庭、吕陶、贾易、上官均等人都卷入其中,不可能不引起朝廷的警觉。

风起于青蘋之末,谁也没有料到因为这场冲突,很多官员会被罢职。对于苏轼和程颐,朝廷自然也不看好。而程颐在朝中的表现,更让高太后反感。相传有一次,程颐进宫给小皇帝讲课,因为天热,哲宗身上起了疮疹,就没有到日常听课地方来听讲。程颐发现只有高太后在独自处置政事,心里不悦,就钻进都堂,看宰执们在干什么。他发现宰执们都很忙,没人专门来招呼他。程颐一脸严肃地问宰执:"皇上没有上殿,你知道吗?"宰执一脸疑惑地说:"我们不可能天天跟在陛下身后,当然不知道陛下没有临朝!"想不到,这句"不知道"却引来了程颐一通劈头盖脸的批评,程颐说:"一直以来,都是二圣同时临朝,如今因陛下患疮疹不御殿,而太皇太后独自垂帘处置政事,不合礼制。你等作为宰执,皇上患病都不知道,真是令人寒心。"这一番指责,让包括吕公著在内的所有宰执面面相觑。

---

① 《续资治通鉴长编·卷四百四》。

次日，吕公著等宰执就将程颐的话汇报给了哲宗。哲宗听后非常不高兴。程颐贵为帝师，竟然这般刁难宰执。联想到他此前种种苛刻要求，哲宗愈加不待见程颐了。这件事过去不久，左谏议大夫孔文仲上奏疏弹劾程颐。孔文仲开篇就指责程颐"人品纤污，天资憸巧，贪黩请求，元无乡曲之行。奔走交结，常在公卿之门，不独交口褒美，又至连章论奏，一见而除朝籍，再见而升经筵"。他又表示，程颐与朱光庭、杜纯、贾易之流私交甚密，有朋党之嫌。而朱光庭、贾易、杜纯等人不反思自己，反而指责吕陶援引朋党，最终导致吕陶被罢官。在孔文仲看来，程颐才是朝廷中那根搅屎棍，"清明安静为治于上，而颐乃鼓腾利口，间谍群臣，使之相争斗于下。纷纷扰扰，无有定日，如是者弥年矣"。

此时，按照惯例，应该是台谏集体进言，要求罢黜程颐，而程颐则要给朝廷递交辞职报告。朝廷会先劝程颐不要辞职，程颐再次提出辞职。如此往复几次，朝廷才会降下罢黜诏书。事实上，孔文仲弹劾程颐后，程颐还是比较识趣的，连续上了三道辞呈，请求回到洛阳老家继续当一介布衣。但程颐的奏疏被压了下来。此后，程颐又提出致仕，但奏疏依然不报。或许干涉的人正是吕公著，不过吕公著也清楚，以程颐的性格他的确不适合继续留在朝中了，老夫子喜欢什么事都推己及人，这种做法在朝中是无法立足的。因此，在孔文仲弹劾程颐之后，朝廷就直接下诏："通直郎、崇政殿说书程颐罢经筵，权同管勾西京国子监。"鉴于程颐是司马光、吕公著等人举荐的，朝廷还是给了程颐一份公差，让他在西京负责国子监事务。

程颐刚刚被罢黜，朝廷就让礼部员外郎颜复充崇政殿说书兼判登闻鼓院，接替了程颐原来的职务。这也看得出朝廷没有打算留给程颐重任帝师的二次机会。

至此，这场轩然大波才宣告止息。而党争从此愈演愈烈，为北宋的衰亡埋下了深深的伏笔。

# 第八章 延续的党争

> 臣闻之《易》曰：「君子安其身而后动。」又曰：「君不密，则失臣，臣不密，则失身。」以此知事君之义，虽以报国为先，而报国之道，当以安身为本。若上下相忌，身自不安，则危亡是忧，国何由报。
> ——《东坡全集·卷五十五·奏议十二首》之《乞郡奏疏》

## 暧昧的边防态度

随着贾易、吕陶斗争风波平息，朝廷似乎也消除了各种不和谐因子，处于一种平和状态。各种新的人事调整也极具规格。"中书侍郎吕大防为西京会圣宫应天禅院奉安神宗皇帝御容礼仪使。""朝奉郎、殿中侍御史韩川为左司谏。""奉议郎、直龙图阁、权发遣润州朱服权发遣福州。""知镇戎军张之谏兼泾原路钤辖。权泾原路钤辖王光祖权发遣本路副总管。""司农少卿宋彭年权知棣州。""太常博士吕希纯为宗正寺丞。""朝请郎杨完男特推恩。""知邓州、资政殿大学士韩维知汝州。""承议郎、殿中侍御史上官均为礼部员外郎。""朝奉郎、集贤校理孔平仲为太常博士。""鸿胪少卿黄隐知泉州，以右正言丁骘论其党附程颐，避韩绛易名，因不才罢司业，迁少卿非是，故有是命。寻改泗州。"

看起来人数不少，但这只是朝中部分官员或擢升或贬黜的人事调整。从这批人员迁降可以看出，当初台谏官极力弹劾的黄隐、韩维等人，先后再次被贬黜。在这批人事调整中，吕陶的岗位调整一波三折。起初，朝廷授予吕陶京西路转运副使，也能看出朝廷对吕陶的重用。然而，吕陶却不愿意接受这个职务，他在给朝廷的奏疏中表示，西京所属之地，有程颐、韩维、杜纯等人，也有王安礼、卢秉、苗时中、李南公、路昌衡等人，这些人与自己有嫌隙。为了避嫌，他不愿意到西京任职。朝廷感念吕陶被罢职言官，依然为国家着想，于是，重新授予吕陶梓州路转运副使。

之后，人事调整继续进行。"翰林学士承旨邓温伯以母丧去位。""供备库使、内侍押班梁惟简为西京左藏库使。""朝请大夫、秘阁校理许懋为右司郎中。"

这期间，朝廷还对吕公著、文彦博给予恩宠，连续下诏，让文彦博、吕公著在非正式场合可以不用参拜。苏轼建议朝廷不要对文彦博、吕公著过多恩宠，以免引起朝臣议论。此后不久，吕公著因行走不便，再次向朝廷提出辞职，不过朝廷依然不接受吕公著辞职，"吕公著乞外任，已降指挥不允，令诸处无得收接文字"。

这期间，有一件事一直困扰着高层，这就是种谊收复岷州，俘获贼首领鬼章，朝廷应不应该搞庆贺仪式。宰执们极力支持朝廷举行盛大庆贺仪式。苏轼不同意宰执的建议，在苏轼看来，宋朝只是小胜，"偏师独克"。值此关键时刻，朝廷实不该举行盛大庆贺仪式，否则会让边境将士心生骄傲。苏轼建议，先将此次功绩记下，等到宋军全军大捷，直捣阿里骨巢穴后，再进行庆贺也不迟。高太后表面上看起来不同意搞庆贺仪式，但依然态度暧昧。宰执们捕捉到了这个讯息，便附和着建议举行盛大庆贺仪式。高太后半推半就，同意了朝臣所请。于是，宰臣率百官表贺于延和殿。①

月底时，中书舍人苏辙上《论西事状》奏疏，分析宋朝与西夏、吐蕃的关系。苏辙在奏疏中陈述宋朝西北边境问题：一是西夏反复无常，不顾朝廷的君臣之礼和册命之恩，从去年春夏之交开始频频入侵宋朝，骚扰边境，以后对待西夏要慎重，不可轻信；二是吐蕃与西夏之间本来是世仇，朝廷可以借此挑拨吐蕃与西夏之间的争端，让他们相互斗争，宋朝坐收渔翁之利，也能顺便解决边患问题；三是向天下宣布西夏的"罪行"，打舆论战；四是打贸易战，关闭榷场，让西夏与西蕃没钱赚；五是拉拢阿里骨，破坏西夏与阿里骨联盟。应当说，苏辙的建议很有操作性。比如破解西蕃与西夏联盟，以及打贸易战都可以缓解宋朝边患问题。但喜欢安稳的朝廷，会听苏辙的建议吗？

苏辙数千言的奏疏递上去之后，朝廷果然没有回应。此时朝廷没有更多精力关注西夏问题，因为吕公著不断向朝廷递交辞职报告。尽管朝廷命三省不许接受吕公著的辞职报告，可也阻挡不了吕公著辞职的决心。朝廷为了安抚吕公著，下诏："吕公著今后入朝，凡有失仪，无得弹奏。"即便吕公著有失礼仪的地方，官员也不

---

① 《续资治通鉴长编·卷四百四》。

得弹劾。朝廷这显然是搞内卷,想尽办法阻止吕公著辞职。

与此同时,朝廷又结合御史中丞胡宗愈、侍御史王觌的举荐,授予工部员外郎丰稷殿中侍御史。[1]壮大了台谏官队伍。

有意思的是,就在朝廷准备庆贺之际,苏轼再上《论擒获鬼章称贺太速奏疏》,反对朝廷举行庆贺仪式。苏轼认为目前种谊只是收复了洮州,很多熙河之地尚未从吐蕃手中夺回,阿里骨尚未向宋朝臣服。这时候,朝廷举办庆贺仪式,弊大于利,外界会认为这是宋朝鼓吹自己的做法,这样不但做不到威慑四夷,还可能降低神威。显然,苏轼的这种意见显得不合时宜,朝廷也不会采纳。正如苏轼所说,不给朝廷进言,不足以显示他对朝廷的忠贞,至于朝廷是否采用他的建议,他无权过问。其实,朝廷不采用苏轼的建议也在情理之中。当初为了与西夏保持和平,朝廷不惜将神宗时代夺取的数座堡寨无条件还给了西夏,就能看出朝廷对待边患问题的态度。苏轼应该想到了这一层,但作为臣子,他认识到朝廷此举不过是掩耳盗铃,粉饰太平,他必须进言。这就是苏东坡。他只忠于他所认为的那种忠诚,他只忠于自己的内心。

此后,苏轼就此事多次向朝廷进言,但朝廷的态度依然很暧昧。

然而,就在朝廷还未决定到底是否搞庆典仪式时,九月初十,从泾原路传来消息:夏人十数万人犯镇戎军。战争打破了朝廷的美梦,所谓庆典简直成了笑话。朝廷命边境守将做好布防,应对西夏入侵。不过朝廷的态度也仅仅是要求守将预防,不允许他们越境作战,还要求边境守将每天都要将前线战事奏报给朝廷。同知枢密院安焘的建议是:"为国者既不可好用兵,又不可畏用兵。"安焘还提出了攻守两条意见,命令边境守将按照两条意见准备应对。

此时,多数朝臣密切关注边境战事。这对朝廷来说是大事,谁也不愿意再起争端。然而,外患没有解决,内忧又出现了。台谏官再次掀起了斗争。这次斗争的主要方向,还是苏轼与程颐的话题。其实,自从程颐被罢黜后,苏轼也清楚,这场由他与程颐而起的斗争还会延续,因为牵扯这场斗争的人都已被外调,只有他还在翰林院任职,台谏官一定会借机来弹劾他。于是,苏轼递交了辞职报告,请求外调,但朝廷不许。

---

[1]《续资治通鉴长编·卷四百五》。

九月十一日，侍御史王觌旧事重提："苏轼、程颐向缘小恶，浸结仇怨，于是颐、轼素相亲善之人，亦为之更相诋讦以求胜，势若决不两立者。乃至台谏官一年之内，章疏纷纭，多缘颐、轼之故也。"王觌认为，这一年多时间里，台谏官主要围绕程颐、苏轼两个人转，对其他官员的监察力度不够。这都是苏轼、程颐及其党羽之间不断掀起的斗争所致。王觌指出，苏轼与程颐不和众人皆知，每次吵架都是苏轼胜利。后来程颐被罢黜，有官员提到苏轼与程颐之间的斗争，苏轼因此请求外调，但朝廷不允许。现在宰执岗位空缺，士大夫都很担忧朝廷会授予苏轼宰执岗位。王觌还指出："轼自立朝以来，咎愆不少，臣不复言，但庙堂之上，若使量狭识暗、喜怒任情如轼者预闻政事，则岂不为圣政之累耶？然轼之文采，后进少及，陛下若欲保全轼，则且勿大用之，庶几使轼不遽及于大悔吝。"总之，就是建议朝廷不能让苏轼担任宰执官。王觌还在贴黄中表示，苏轼既然已经向朝廷递交了辞职报告，为什么朝廷不予回应？既然苏轼为人清正廉洁，为什么会引来那么多争议？

此后，王觌再次进奏疏，规劝朝廷要进君子、退小人。王觌还听说京城流传着"五鬼、十物、十八奸"的流言，暗讽苏轼是小人。对于台谏官弹劾苏轼的奏疏，三省一般都会压着不报。但这次他们上报了，哲宗、高太后却没有回应。对苏轼的弹劾，其实可以体现出当时朝廷中一批人的愿望。这就是程颐一派北方朔党。他们攻击苏轼，阻止苏轼升迁宰执，担心苏轼一旦进入三省，朔党必然会遭到打压。他们要想尽一切办法攻击苏轼，阻止苏轼进入三省，最好能将苏轼赶出朝廷。

此后，看到朝廷没有罢黜苏轼的意思，台谏官转而弹劾其他官员。不过台谏官弹劾的对象并不一样。左正言丁骘为韩存宝申辩，认为韩存宝是受冤枉的，请求"蠲除存宝罪名，还其在身官爵"，并要求对诬陷韩存宝的官员进行惩治。

御史中丞胡宗愈、左谏议大夫孔文仲、侍御史王觌、左司谏韩川联合上奏疏，弹劾吕惠卿。众台谏官在奏疏中表示："建宁军节度副使、建州居住吕惠卿许于泰州居住。窃听朝论，人心汹汹，为之不安。"指责吕惠卿窥测朝廷动向，行为奸诈狡黠。在台谏官看来，吕惠卿作为被监视的官员，应该低调做人，感念朝廷没有将其进行驱逐。可吕惠卿不但不思悔改，还探听朝政内幕，"兼惠卿凶残忍诟，贪冒无厌，既得近地，必须日夜呼召党与，力肆营求，造作讹言，谋害朝政。凶人渐长，其势可忧"。这是奸邪才会做出的举动，台谏官建议朝廷下令，让吕惠卿到建州居住。朝廷没有听取台谏官的建议，只是命吕惠卿到泰州居住。日常的生活起居,要受到当地官员的监视。

此时,宋夏战争也进入白热化状态。在此之前,为了阻挡西夏入侵,环庆路经略使范纯粹派副总管曲珍营救,但范纯粹担心曲珍会深入敌境,主动进攻。于是范纯粹当面向曲珍交代:"本路首建牵制应援之策,勿谓邻路致寇,非我之职,当忘躯报国,解朝廷深忧。"你的任务是牵制敌人,不是主动与敌人作战,一定要明白自己的职责,管理好手下将士,禁止入侵西夏。需要指出的是,曲珍是一位镇守边境多年的将领,熟悉西夏风土人情。这次西夏入侵镇戎军,曲珍就打算主动迎击,痛打西夏。因此,曲珍并未听从范纯粹的指挥,他到达镇戎军以后,便带领将士主动进攻西夏军,白天黑夜连续出战,让西夏防不胜防。围困镇戎军的西夏军受不了曲珍白天黑夜地偷袭,只能撤退。就在西夏军撤退之际,曲珍派出手下追击西夏大军,深入敌境三百余里,"赴曲六律掌讨荡贼帐,斩一千二百余级,俘其老弱妇女六百余人以还"。西夏军急速撤退了。

宋军这次胜利,也给了当局信心。在全官躲避兵事的大背景下,每一次小小的胜利,都是给朝臣们重拾信心。哲宗、高太后自然也很高兴。不久之后,按照范纯粹的奏报,朝廷就授予曲珍果州团练使。①

范纯粹上疏,请求朝廷安置曲珍俘获的西夏百姓。朝廷的应对办法是将"俘获老幼妇女,令范纯粹选留,仍揭榜谕其亲故,以旧掠汉人对易。其引导者赏以绢三匹,十岁以下二匹"。范纯粹对这些俘虏安置有异议,进言指出如此安置这些俘虏存在隐患,一旦他们反水,必然造成混乱。不过朝廷并未听从范纯粹的意见。需要指出的是,范纯粹的安置办法,要比枢密院的更加周密。但朝廷似乎只认枢密院的建议,而不接受范纯粹的建议。

不管怎样,曲珍在战场上取得的胜利,暂时消除了宋夏边境隐患,阿里骨自然也不敢轻易入侵了。

然而,外患虽已解除,内忧问题却再次摆在了朝廷面前。这个内忧来自已被罢免言官职务的贾易。他再次向苏轼发起了猛烈攻击。

---

① 《续资治通鉴长编·卷四百五》。

## 贾易对苏轼的轮番进攻

其实，苏轼面临的危机远比想象中的多，那些他曾以为的臣僚间的戏说，都可能成为他"得罪人"的把柄。尤其是他戏谑程颐的往事，被认为是他欺负程颐的罪证。那些与程颐有着千丝万缕关系的人，怎能忍受程颐罢职而苏轼在官场风生水起？另外，那些不喜欢苏轼的人，也不愿意苏轼被朝廷授予高位。不久前，王觌的弹劾已经证明了这一点。王觌的那份奏疏中，只肯定了苏轼的文学才能，对苏轼的人品、能力全盘否定。王觌甚至把苏轼想象成十恶不赦之人，先是凭借伶牙俐齿，与程颐交恶，后又引起蜀、洛党争。王觌认为，苏轼虽因被弹劾而向朝廷提交了辞职报告，但苏轼的辞职报告并不真诚，可能是在故意试探朝廷，也有让朝廷挽留的意思。所以，他坚决反对让苏轼擢升宰辅，最好是将苏轼外调出朝。这份弹劾奏疏言辞凿凿，只是朝廷没有回应，王觌也没有揪住此事不放。

真正揪住苏轼不放的是被罢职言官的贾易。贾易是个很有特色的官员。谁也不清楚，苏轼到底与他有何过节，以至于他被贬到地方后，依然不放过苏轼。实在要找原因，也只能说贾易曾在程颐那里求学，因此贾易弹劾苏轼很大程度上是因为苏轼与程颐交恶。贾易不仅弹劾苏轼，他还把苏轼、苏辙、吕陶等人归结于一党。为此，苏辙专门写了一份报告为自己辩解，请求朝廷对贾易弹劾他的罪证进行取证。苏轼则不愿意回应。应当说这是一种高明的应对办法。但是对于苏轼本人而言，却是万般无奈的举动。他是公认的文坛领袖，面对贾易的弹劾，他却无法拿起笔来正当防卫。苏轼清楚，这时候贾易巴不得他拿起笔来反驳。如此一来，贾易一定会不断与他进行辩论。到那时，他们之间的争论也许会演变成一种舆论风波，甚至牵扯出更多人。可是不回复，又显得自己理亏，即承认贾易的指责。苏轼能做的只有两害相权取其轻，不理会贾易的弹劾。

苏辙没有苏轼这样的豁达和耐力，他上疏指责贾易不是言官，却不断攻击朝廷高层官员，有僭越之嫌。苏辙的指责巧妙地将朝臣的注意力引到贾易身上。朝廷的台谏官开始罗列贾易此前的种种罪状。台谏官集体认为贾易"人才庸下，猥蒙朝廷不次拔擢，以为谏官，当推公正之心，夙夜以思补报，而易惟谄事程颐，默受教戒，颐指气使，若驱家奴。颐于人物小有爱憎，易乃抗章为之毁誉，附下罔上，背公死党。据其罪状，合赐严诛。朝廷尚以易在言路，为之优容，爱惜事体，资序极浅，与之怀州。易不能内愧于心，易志改行，公肆无根之谤，上累朝廷，意欲盗敢言之名，以欺中外。奸险之迹，欲盖弥彰。伏望早赐指挥降黜，以惩朋党之风"。台谏官对贾易的指责，突出了贾易是程颐一党，建议对其进行惩治，以刹住朝臣们以朋党相互攻击的风潮。这是台谏官的意见。以高太后为首的朝廷高层，乐得台谏官这样弹劾贾易。如此一来，就不是苏轼、苏辙兄弟弹劾贾易，而是台谏官弹劾的结果。朝廷的意思是：你看连你昔日的同僚都这么不待见你，你还有何话说？随即，朝廷降下诏书："贾易已罢言职，不合更于谢上表内指名论事。"贾易你都不是言官了，还不断弹劾臣子，这就是越职言事。朝廷下诏，将贾易从知怀州降职知广德军。①

贾易被降职，台谏官没有人主动站出来为贾易求情，大家似乎都觉得贾易是咎由自取。

苏轼也松了口气，不用再为了贾易的弹劾焦头烂额。相信经过此次降职，贾易不会再弹劾他了。苏轼也投身到自己的工作中，全身心为国家效力。不久，苏轼就听闻朝廷打算削去宋朝给西蕃首领阿里骨的官爵。原来阿里骨一直暗中与西夏有交往，妄图联合西夏脱离宋朝。朝臣主张严惩阿里骨，以儆效尤。因此，到处传播着朝廷要削去给阿里骨的头衔和福利的消息。阿里骨得知这件事后，立即给朝廷上了请罪书，请求宋朝给他一次改过自新的机会。有意思的是，接到阿里骨的忏悔书后，朝廷高层前一秒对阿里骨还恨之入骨，下一秒就变得很仁慈，同意给阿里骨一次机会。苏轼对此并不认同，觉得阿里骨这是缓兵之计，在麻痹朝廷。他反对给阿里骨机会。苏轼上了一道奏疏，分析了眼前的局势，认为眼下阿里骨"部族新破，众叛亲离"，朝廷应该联合西蕃首领温溪沁、心牟钦毡等人攻击阿里骨。若朝廷这次给了阿里骨喘息之机，等他缓过元气，必然再次骚扰大宋边境。

苏轼的奏疏尚未得到朝廷的回应，就有人给朝廷进言，指出朝廷"自开边以来，罚罪不明，赏功太滥，不求其实，只信其言，故上下得以相蒙，远近习为欺诳"。也就是说，自从开边以来，边境将士为了获得朝廷奖赏，谎报军功，虚报冒

---

① 《续资治通鉴长编·卷四百六》。

领,"以虚为实,以少为多,以罪为功,致朝廷推恩太滥,并及无功,却致有功将吏无所激劝,有罪之人无所畏惧"。朝廷立即作出回应,要求西北边境将官在报军功时,详细审核,不得瞒报,对虚报冒领的将领要进行惩治。

这道奏疏尽管不是对苏轼的直接回应,但也能看出朝廷对边境将领并不信任。在朝中官员看来,武将每次报军功,都是为了讨得朝廷的奖赏。朝廷只能制定严密的制度,对边境将士报军功进行审核。在这种背景下,苏轼建议联合西蕃首领夹击阿里骨的建议自然不会被朝廷采纳。

十月初,宋神宗的画像完成,这对于朝廷来说是一件大事。为此,朝廷举行了一系列祭祀、庆祝活动。"戊子,恭谢于景灵宫天兴等诸殿;己丑,于熙文诸殿;庚寅,于凝祥池、中太一宫、集禧、醴泉观。"随即,朝廷又下诏:"降西京管内死罪囚,杖以下释之;耆老年八十以上者,人给酒食、茶绢,常加存恤。"

十月二十二日,朝廷又调整了一大批人员岗位。在这批人员中,"庄宅使种谊为西上阁门使,领康州刺史"。其他人也很多,不过都是阁门使一类的官职,这里不再一一列举。

一切看起来很平和,但新问题也不断出现。由于废除了青苗法,市场上的米价不断上涨。尤其到了冬天,从南方向汴京运送米也有诸多不便,这就导致很多人买不起米,百姓饿肚子的情况时有发生。起初朝廷没有重视这件事,但越来越多的奏疏都指出了这一问题。朝廷不得不重视起市场米价过高问题。于是,朝廷下诏,在京师置场籴官仓米,以平市价,解决百姓吃饭问题。①

几天后,尚书左丞刘挚上了一道奏疏,再次将朝臣视角从治理朝政拉回到君子小人、朋党等争论的焦点中来。刘挚给朝廷举荐了一批人才,这些人都是之前被罢黜的台谏官,他们当中有"知陈州傅尧俞、知齐州王岩叟、知潞州梁焘、通判虢州张舜民、知广德军贾易"。刘挚认为这些官员"皆忠直之臣,守正不挠,在职未久,知无不言,此固陛下素所奖爱,必未弃捐"。他们是国家难得的人才,"不幸志业未伸,谤嫉横作,罢职补外,各已数月"。他们为国效力的理想尚未实现,就被罢黜了。如今几个月过去了,也没见朝廷有召回他们的意思。刘挚担心这些人才被朝廷忘记,故而向朝廷举荐他们。

① 《续资治通鉴长编·卷四百六》。

刘挚还认为，目前朝中"公忠朴直，不避仇怨，不附朋党，一节自守"的人太少了，本来朝廷有傅尧俞等人，可因为某些事，让他们"流落外郡，为奸邪所使，臣实痛惜"。刘挚还表示，由于这些直臣外调，导致目前的台谏系统死气沉沉，台谏官与以往的也都不一样，"虽章奏交上，论议不少，然而所推荐者非豪强则亲旧，所排击者非孤寒则怨隙，朋比之心，公无忌惮"。与之前王岩叟、傅尧俞时代的台谏官比较一下，就能发现差距不是一星半点儿。

这些议论都无可厚非，无非是要突出表达王岩叟、傅尧俞这批台谏官要比如今任职台谏官的人有能力。刘挚此举不合乎制度，台谏官的举荐有着严格制度，宰执不能直接给朝廷举荐台谏官。刘挚自己破坏了制度。同时，刘挚在举荐这些人时，又陈述了很多关于君子小人、朋党等观点，似乎有所指。刘挚在奏疏中表示："今圣明在上，方修缮政，而群小不快，争进于下，布列朋党，造作谤议，欲以倾陷良善，动摇政令，纷纷籍籍，甚可惧也！"这里面的群小指的谁？朋党又指的是谁？是不是苏轼、苏辙等人呢？刘挚在斥责朝廷群小干政，朋党乱政后，建议朝廷"召此数忠正之臣入备任使，以慰公议，以消奸党，天下幸甚"！此数人就是他之前举荐的傅尧俞、王岩叟、梁焘、张舜民、贾易等人。

谁都知道这些人是为什么被朝廷罢黜的，现在作为尚书左丞的刘挚却不断呼吁朝廷召回这些人，难道朝臣不会将刘挚与他举荐的这些人归为一党？所幸的是，朝中的台谏官没有接刘挚的话茬，朝廷也没有回应刘挚提出的建议。不过刘挚在高太后心中开始掉价。之后，朝廷继续调整官员："宝文阁侍制李之纯为宝文阁直学士、知成都府。左司员外郎朱光庭为太常少卿。资政殿学士王安礼提举崇福宫。太常少卿范纯礼为江、淮等路发运使。"刘挚举荐的人，朝廷一个都没有用。

十月二十六日，有一件事需要记载下来，这就是朝廷在泉州设置市舶司。这是宋朝海上丝绸之路兴起的标志。此后，朝廷还会采纳朝请郎、金部员外郎范锷的建议，改板桥镇为胶西县，在胶西县置市舶司。①

处置完这些事，朝廷继续关注西北边境问题。朝廷对熙河兰会的部分帅臣加官晋爵："宣德郎、军器监丞游师雄为奉议郎，充陕西转运判官，赐绯章服；龙神卫四厢都指挥使、高州刺史、知熙州刘舜卿为团练使，充马军都虞候。"加封了陕西

---

① 《续资治通鉴长编·卷四百九》。

边境将帅后,朝廷对西蕃首领鬼章的处置也提上日程。因为鬼章在西蕃影响力大,种谊擒住鬼章后,就派人将鬼章押送到汴京,请朝廷处置。范纯仁主张杀掉鬼章,但朝廷的态度很优柔,即便鬼章对宋朝造成巨大伤害,朝廷还是打算将鬼章留在汴京,用来牵制鬼章旧部。于是下诏:"鬼章易槛车,护送大理寺劾治以闻,引见准辟囚例押入殿。"只是要求将鬼章拘押在大理寺,没有表明是否诛杀鬼章。

此事三省长官意见不统一,有人认为:"鬼章宜优命以官,置之秦凤。"也有人认为:"遂放归,以责其来效。"还有人说:"熙河克捷、泾原守御之功,皆不足赏。"吕公著的意见是:"鬼章为边患二十年,先帝欲生致之而不可得,今二圣待以不死,其恩固已厚矣,尚何官之有?况可放乎?疆场之功虽不可过赏,然有劳不报,何以使人?"这份记载,来自吕公著家传,不一定是真实的。或许当初建议将鬼章留在京城的人就是吕公著,因为只有吕公著具有改变朝廷态度的能力。家传里,只是美化了吕公著的形象而已。而范纯仁提出诛杀鬼章的建议应该是真实的。

朝廷并不想杀鬼章,至于如何安置鬼章,朝廷尚未作出部署。数日后,鬼章被押解到了崇政殿,有官员当着高太后、皇帝、朝臣的面,斥责鬼章十多年以来不断侵犯宋朝边境,以鬼章之罪,理应被处死。但朝廷感念上天好生之德,下诏命鬼章的儿子及所部向宋朝臣服以自赎。鬼章表示拥护宋朝的旨意,坚决服从宋朝的安排。不久,听闻鬼章归附,"西蕃齐暖城首领兀征声延父母妻子内附"。[①]

十一月初,宰执大臣商议孔文仲弹劾朱光庭任职太常少卿之事,因为朱光庭的岗位调整是宰执们集体商议的结果,现在孔文仲对此结果持怀疑态度,宰执们自然无法置身事外。于是,右仆射吕公著、中书侍郎吕大防、尚书左丞刘挚、右丞王存联合上奏疏:"臣等窃以朝廷设谏诤之官,固欲开广视听,以尽下情。然言事之臣,所言无由尽当,须系朝廷审择其言,或不可用,自当置而不行,若复挟情用意,则尤不可不察。"然后,宰执们梳理了五条孔文仲弹劾朱光庭的内容,请求哲宗、高太后拿主意。宰执们虽将最终判决权交给了朝廷,但他们在奏疏中表示,对朱光庭官职调整是公议的结果,都是为朝廷着想,没有夹带个人私心,若朝廷将"朱光庭除命寝罢,则恐从此浮言浸盛,正人难立,朝廷之势,日就陵迟"。宰执们还表示,想赶走朱光庭的不止孔文仲一人,还有其他官员也"党助文仲论奏",

---

[①]《续资治通鉴长编·卷四百七》。

希望哲宗能够明察。这显然又是暗讽苏轼、孔文仲等人。不过朝廷可能不想继续搞党争运动,便同意了宰执们对朱光庭的举荐,也没有处置孔文仲,只是督促朱光庭尽快就职。

孔文仲弹劾朱光庭事件结束后,也到了年终。朝廷各部门工作开始进入总结阶段。各部门都按照各自工作实际,总结过去,谋划未来。吏部侍郎孙觉建议惩治贪赃枉法的官吏。三省建议更张科考制度。朝廷采纳了三省意见,从今之后,科考也将按照新制度推行。户部尚书李常转对,对处置政事提出七个方面建议:崇廉耻、存乡举、别守宰、废贪赃、审疑狱、择儒师、修役法。有意思的是,户部尚书李常"自乞捍边",不愿意在户部为官了。因为李常发现,随着新法被废除,朝廷的收入急剧减少,他无法改变这种状态,于是请求外调。但朝廷不同意。①还有官员给朝廷建议恢复熙、丰年间所废州县,朝廷同意了这一建议。

十一月十八日,天降大雪。这是来年丰收的预兆,举国上下都异常振奋。朝廷还下诏:"停在京工役三日,遣官疏决在京及府界系囚。"十九日是冬至,朝廷下诏,在吕公著家里举行御筵。

然而,朝臣们似乎高兴过度了,因为大雪没有停的意思,连着下了好多天。原来对雪的期待变成了对雪的恐慌,很多地方反而雪灾严重。朝廷不得不下诏:"雪寒异于常岁,民多死者,宜加存恤,给以钱谷;若无亲属收瘗,则官为葬之。"朝廷还令地方密切关注雪情,发现天气异常立即汇报朝廷。后来,雪虽然停了,但造成的损失尚无法准确统计。

腊月初,朝廷给台谏系统补充了力量,"承议郎、殿中侍御史丰稷为右司谏,朝奉郎杨康国为监察御史"。二十四日,朝廷召左司谏韩川、右正言丁骘进对,这是台谏官换血后,第一次入对。高太后对两位台谏官说:"大雪,民闲不易,已令散钱,还均济否?"韩川等人回复说:"圣恩周悉,细民幸甚!"虽只是简短的对话,也能看出高太后对这批台谏官的信赖。同一天,朝廷下诏,颁布元祐详定编敕令式,全国刊行。也就是说,从今之后,很多政事都要参考元祐格式执行。

整个腊月都很平静,朝臣们想着可以过一个安稳的新年了。然而,月底时,馆阁考试问题再起风波。令官场震惊的是,引发这次风波的主角还是苏轼。

---

① 《续资治通鉴长编·卷四百六》。

## 苏轼自证清白

去年的这个时候,苏轼在馆阁人员考试中所出的题目被哲宗选中,进而引发了一场考题风波。谁也想不到,这一次的馆阁人员考试,朝廷又命苏轼出题。不知朝廷又让苏轼出题的真正意图是什么,两制官也不是只有苏轼一人,可偏偏出题之人还是苏轼。最合理的解释就是朝廷对苏轼一直都寄予厚望,尤其是馆阁人员考试,只能由苏轼出题,才能考出真正有能力有才学的人才。然而,苏轼尽管文名远播,可江山易改本性难移,他出的题一定会充满争议。

苏轼不愿意迎合某些人的口味,只要他认准的事情就会去做。这一次,苏轼在考题中,有这样的论述:"终不学曹孟德、司马仲达狐媚以取天下。"这是石勒评价曹操和司马懿的话。监察御史杨康国立马弹劾苏轼,在他看来,石勒是"一僭伪之主",他的话怎么能够引用到考题里面呢?这与礼制不符。宋朝是泱泱大国,是礼仪之邦,与石勒完全不在一个级别。他指责苏轼考题引用不当。

当然,让杨康国不解的是,大家明知苏轼的考题有问题,却鉴于去年考题风波而没有人敢出声,台谏官也集体沉默。杨康国认为,台谏官素来都是朝廷的耳目,现在却假装不知道这件事。他自己作为言官,不敢"畏避缄默,偷安窃禄,有孤陛下任使之意哉"!

朝廷没有认真对待杨康国的弹劾。随即,监察御史赵挺之再议苏轼考题。赵挺之先指责苏轼给国家举荐无用之人:"苏轼专务引纳轻薄虚诞,有如市井俳优之人以在门下,取其浮薄之甚者,力加论荐。前日十科,乃荐王巩;其举自代,乃荐黄庭坚。二人轻薄无行,少有其比。王巩虽已斥逐补外,庭坚罪恶尤大,尚列史局。"然后,赵挺之指责苏轼考题出自"《战国策》苏秦、张仪纵横揣摩之说",不是正宗的儒家学说。堂堂宋朝馆阁人员考试,当以儒家经典为依据。苏轼贯通古今,竟然以王莽、袁绍、董卓、曹操篡汉之术为题。王莽"元后临朝时,阴移汉祚;曹操欺孤寡,谋取天下;二袁、董卓凶焰爇天。自生民以来,奸臣毒虐未有过于此数人者,忠臣烈士之所切齿而不忍言,学士大夫之所讳忌而未尝道"。如今二圣在上,国家承平,馆阁人员考试,考题更应该呈现四方和平稳定的观念。苏轼却

"引莽、卓、袁、曹之事，及求所以篡国迟速之术"，真不知苏轼这道考题到底意欲何为？他这是公然"欺罔二圣之聪明，而无所畏惮，考其设心，罪不可赦。轼设心不忠不正，辜负圣恩，使轼得志，将无所不为矣"。赵挺之指责苏轼对国家不忠不正。这又是人身攻击了，一旦这个罪名成立，苏轼可能要遭受比"乌台诗案"更严厉的打击。

不过哲宗、高太后并未回应赵挺之。朝廷的意思似乎很明确：年终了，台谏官就不要再弹劾官员了，大家好好过个安稳年吧！新的一年即将开始，过去的种种暂且放下吧。①弹劾苏轼的两位台谏官果然没有再上奏疏。正月初一贺正旦之后，朝臣们排好了值班表，其他人员都回家过年了。

在元祐三年（1088）最初的半个月里，朝廷正常运转，各部门的工作也按部就班。正月十五上元节游幸活动，因为雪灾而取消。②到了正月十七，朝廷一切回归正常，朝臣们也都开始到岗上班。同一天，朝廷下诏，"命翰林学士苏轼权知礼部贡举，吏部侍郎孙觉、中书舍人孔文仲同知贡举"。

这又是让苏轼主持科举考试。台谏官对朝廷这种无原则宠幸苏轼很嫉妒。几天后，台谏官就对苏轼发起了新一轮弹劾。侍御史王觌借着去年冬天的考试题目，弹劾苏轼，指责苏轼出这道考题，"自谓借汉以喻今"。王觌指责苏轼"习为轻浮，贪好权利，不通先王性命道德之意，专慕战国纵横捭阖之术。是故见于行事者，多非理义之中，发为文章者，多出法度之外"。王觌还指出，上一次苏轼出的题目，引起了轩然大波，朝廷出面为苏轼辩解。大家以为苏轼本意并非要让臣子评论仁宗、神宗两位祖先。但苏轼这次的考题借古喻今，显然是讥讽眼下朝政。王觌斥责苏轼"匿中颇僻，学术不正，长于辞华而暗于义理。若使久在朝廷，则必立异妄作，以为进取之资；巧谋害物，以快喜怒之气"。这都是由于上一次朝廷没有罢黜苏轼，竟然让苏轼"轻浮躁竞"到如此地步，建议对苏轼进行惩戒。

朝廷不予回应，任由台谏官弹劾苏轼。几天后，朝廷召御史中丞胡宗愈、侍御史王觌进对，竟然没有谈论苏轼考题的事情。二月初二，右司谏丰稷、右正言丁骘进对，谈论的也是天气问题，没有触及苏轼考题之事。似乎朝廷有意避而不谈这

---

① 《续资治通鉴长编·卷四百七》。
② 《续资治通鉴长编·卷四百八》。

件事。

然而，朝廷不愿意谈，并不代表台谏官也不谈。监察御史赵挺之继续上奏疏弹劾苏轼。不过这次赵挺之弹劾的不是考题，而是朝廷让苏轼知贡举的事情。赵挺之表示，朝廷用《三经新义》取士近二十年，已成为一种定式。现在朝廷让苏轼任主考官，他"意在矫革"，若考生引用《三经新义》，一定会被黜落。最后，赵挺之请求"礼部贡院将举人引用新经与注疏文理通行考校"。朝廷做了回应，让贡院参照赵挺之的奏疏，完善考试制度。赵挺之的这份奏疏，明显是诬陷。苏轼从未表现过对王安石《三经新义》取士的反对。一定程度上讲，苏轼认可熙丰新法。赵挺之指出苏轼矫正革新科考，完全是胡说八道。反对《三经新义》取士的人是司马光，他曾不止一次提出要废除《三经新义》。司马光还给朝廷建议用十科取士法，朝廷也都实施了。现在赵挺之将反对用《三经新义》注解的责任推到了苏轼头上，完全是恶意栽赃。

对此，苏轼没有进行辩驳。有时候不说话，反而可以平息事态。若拿起笔，必然又会引起一场大辩论。

苏轼忙着准备科举考试事宜，也没有更多精力与赵挺之纠缠。

这期间，最忙碌的部门当属枢密院。因为西夏、西蕃问题尚未从根本上解决，枢密院担心西夏联合西蕃再次入侵宋朝，于是不断向朝廷进言，请求加强西北地区的巡视巡逻。朝廷对于枢密院提出的建议全部采纳，还专门下诏，允许鄜延、环庆、泾原、熙河兰会用重金"募能钩索敌情"之人。果然不久，边境上就有敌军出没，河东路经略司向朝廷报告了这件事，请求再派出官员迎击。但朝廷的诏命是命"曾布严戒并边将官及城寨使臣过为堤备"。只需要戒严就可以，若敌军不入侵，宋军也不得主动出击。为了安抚河东军的情绪，朝廷还"诏以阴雪苦寒，令河东路经略司于例外量度存恤发差戍兵"。不久，西夏军入侵德靖寨，被宋军将官张诚等人击败。西夏暂时又处于一种龟缩状态。①

除了应对边境战事，此时的朝廷还被雪灾困扰着。去年冬天连续下了数场大雪，导致各地受灾严重。如今春天到了，雪依然不消融，给春耕带来不便。吕公著认为天降暴雪，是上天对执政班子的警示，他给朝廷上奏疏，请求罢免他宰执职

---

① 《续资治通鉴长编·卷四百九》。

位。朝廷没有罢免吕公著，而是下了一道罪己诏。

> 朕获承大统，惧德不类，以干阴阳之和。乃自去冬距于今春，久阴常寒，霰雪不止，罹此灾罚，斯民何辜？朕方仄席祗畏，图维厥咎，而卿等乃引责祈免，是彰朕之不德，而重无以上承天心。古之明王遇灾而惧，则克己修省，以正厥德，不闻归罪大臣，以塞责文过。卿其一德同心，夙夜咨沃，以辅朕不逮，庶几消复，称朕意焉。姑体眷怀，少安厥位，所请宜不允。①

此后，围绕受灾问题，朝廷放弃了很多原计划实施的工作。比如原来修建金明池桥殿工程的计划也被取消了。朝廷还赦免了一些罪犯，"降死罪囚，徒以下释之"。朝廷做这些，都是希望上天能够尽快恢复正常，保佑大宋朝。另外一些德音也颁布全国。

一切都是为了向上天表示诚意。

这时候，苏轼上了一道奏疏，谈论朝廷放弃这些工作的做法并不理智。在苏轼看来，朝廷为了解决当下"大雪过常，燠气不敷，农夫失业，商旅不行，引咎责躬，涣汗之泽，覃及方外"等问题，不惜"发德音，下明诏"，上天应该能够感应到朝廷的诚意。结合哲宗即位以来施行仁政，"当获丰年、刑措之报，凤凰、景星之瑞"。但上天似乎没有感受到朝廷的诚意。苏轼思索再三，认为问题出在朝廷废除免役法、恢复差役法上。苏轼表示："差役之法，天下以为未便，独台谏官数人者主其议，以为不可改，磨厉四顾，以待言者，故人畏之而不敢发耳。"天下人都认为差役法有问题，只是朝中台谏官坚持推行。尤其是台谏官韩川，以司马光的名义不断重申差役法的好处。苏轼还表示，吕公著、安焘、吕大防、范纯仁等人"皆言差役不便"。现在朝廷之所以没有终止差役法，是因为恢复差役法的法令已颁布，"不欲轻变，兼恐台谏纷争，卒难调和"。然后苏轼就指出差役法的种种问题，及其对百姓的剥削和毒害。苏轼还表示，他曾经参与详定役法，为更张新法之事与台谏官吵过架，本不愿意再讨论新法更张之事，但作为臣子，又不得不尽职尽责。

---

① 《续资治通鉴长编·卷四百八》。

若朝廷觉得他的建议可以采用，那就采用，若朝廷认为他的建议不可采用，那就不要用。①

朝廷没有回应苏轼的建议。恰巧此时，有个叫张行的官员给朝廷上奏疏，指责差役法对百姓的毒害远大于免役法，并陈述免役法优于差役法。起初朝廷并未回应，但张行见朝廷不回应自己，连续上了十道奏疏，建议推行免役法，废除差役法。这就触碰到朝廷的底线了。于是，朝廷下诏，命监司严加管教这个不知深浅的小官。监司见张行惹了麻烦，对张行也进行了严厉批评，禁止张行再上疏谈论免役、差役法优劣。张行这才管住了自己的嘴。此后不久，中书舍人曾肇出使契丹，在路过河北时，也发现当地百姓对差役法多有不满，回来之后，就给朝廷上疏，陈述自己的所见所闻，希望朝廷派人去调查。但朝廷没有做出任何举动。

随即，户部侍郎苏辙也上奏疏，谈论目前朝政阙失问题。苏辙认为目前国家出现的"阴雪继作，罢民冻馁，困毙道路"等问题，都是因为"朝廷之政，专以容悦为先务，上下观望，化而为一。监司之臣，以不执有罪为贤；郡县之官，以宽弛陼赋、纵释酒税为优，至于省、台、寺、监，亦未闻有正身治事，以办集闻者也"。也就是说，朝官从中央到地方，都是为了迎合上级，没有真正为国为民。而引起各级官员极尽一切"为上"服务的原因，是"朝廷方兼容是非，以不事事为安静，以不别白黑为宽大"。在这种大背景下，奸佞之人就钻空子，媚上欺下，"弊不可胜数，名虽近宽，而其实则虐"。苏辙认为，为今之计，朝廷先要做好相关政策调控，"宜训敕大臣，使之守法度，立纲纪，信赏必罚，使群下凛然知有所畏"。若不按照这个思路来解决当前的问题，即便是"空府库，竭仓廪，以赈贫穷，破囹圄，焚鞭朴，以纵罪戾"，也难以让上天回心转意。

二月十一日，吕公著等人因雪灾再次向朝廷递交辞职报告，朝廷除了不同意之外，还专门下诏安抚他们，表示天气异常、暴雪致灾的主要责任在朝廷，与宰执无关。

就此，以这场雪灾为中心的朝政阙失大讨论告一阶段。朝廷继续广施仁政，希望可以令上天满意。不久之后，天气逐渐暖和起来，积雪开始融化。朝廷工作重心也转向了其他方面。二月十二日，朝廷罢承议郎、左司谏丰稷为国子司业。原因是

① 《续资治通鉴长编·卷四百八》。

丰稷弹劾扬王赵颢、荆王赵頵不顾国家制度，经常让成都府路走马承受为他们官造锦地衣。这就违反了国家制度，丰稷发现这件事后，就对两位王爷发起弹劾。在弹劾两位王爷之前，丰稷曾与其他台谏官商议此事，建议大家集体发起弹劾，但其他台谏官对此闪烁其词，丰稷只能自己弹劾。这件事并不是棘手问题，台谏官只是尽职责，但高太后不允许台谏官弹劾自己的爱子。于是，丰稷就被调出了台谏系统。

随着丰稷外调，台谏官再也不能独善其身了。监察御史赵屼给朝廷上奏疏，指出朝廷这半年多以来，连着对一批台谏官进行外调。建议朝廷召回傅尧俞、王岩叟、安焘、孙升等人。赵屼的建议与之前刘挚提出的建议如出一辙。或许是赵屼觉得，这批台谏官不如傅尧俞、王岩叟辈有能力有担当，才向朝廷提出了这样的建议。朝廷依旧没有回应。

十六日，按照朝廷人事管理制度，此前被罢黜的宰执蔡确、章惇已迁外官期满，应该对他们进行重新安置。台谏官也注意到这件事，他们纷纷进言，阻止朝廷给两位前宰执复官。但这次，朝廷似乎垂怜两位宰执，没有受台谏官言论影响，让正议大夫、知安州蔡确复观文殿学士、知邓州，正议大夫、提举洞霄宫章惇充资政殿学士。然而，给事中赵君锡反对朝廷这么做，他给朝廷递交了一份奏疏，弹劾蔡确、章惇。朝廷只能授予蔡确知邓州，章惇知越州。①

这件事让蔡确、章惇非常郁闷，已经一年多了，有什么仇恨还放不下，让他们在地方任职时，还要不断被打压？可是有什么办法呢？现在还是旧党得势，他们尚无法与旧党较量，只能对朝廷的远迁逆来顺受。只是有种恨会埋在心中生根发芽，随着旧党对他们的不断打压，这种恨逐渐成长壮大，直至变成一棵可以摧毁人性的大树。

## 考题风波后续

蔡确、章惇被打压后，朝廷基本恢复如常。奇怪的是，对章惇的几次打压，苏轼都没有出手搭救。而苏轼被诬陷时，章惇曾站出来搭救过他。这两个人的举动总

---

① 《续资治通鉴长编·卷四百八》。

是充满了各种让人无法猜透的谜。

不久之后，礼部按照朝奉郎、监察御史、充集贤校理赵挺之的建议，给朝廷上了一道关于科举考试的奏疏。在这道奏疏中，赵挺之分析了眼前科考的新问题，提出了修订科考的建议。礼部又根据实际，提出了恢复旧制科考的建议。朝廷同意礼部所请，让礼部制定措施，颁布施行。朝廷还根据赵挺之的建议，下诏"殿试经义、辞赋举人，并试策一道"。苏轼对这个建议持有异议，不过他并未马上做出回应，他还有更重要的事情去做。

紧接着，朝廷调整了一批官员岗位。如："东上阁门使、果州团练使、环庆路副总管曲珍迁领忠州防御使。""朝散郎、右正言丁骘为左正言，宣德郎、正字刘安世为右正言。""朝散大夫王子韶为卫尉少卿。朝奉郎、司封郎中韩宗古知曹州。奉议郎、秘阁校理、权判登闻鼓院刘唐老为太常博士。"同时，朝廷还下诏，给"光禄大夫、吏部尚书苏颂，朝散郎、试大理卿杜纮，奉议郎、试侍御史王觌，朝散郎王彭年，朝奉郎宋湜、祝康，奉议郎王叔宪，宣德郎石谔、李世南，承务郎钱盖，各迁一官"。

值得一提的是，朝廷对更张新法已有了新的态度，一些新法似乎有重新恢复的迹象。如："己亥，诏罢变卖市易司元丰库物。""诏衙前差乡户处，速募人抵替，如见役人愿不妨户役投充者。"尽管这些都是细微的调整，尚无法改变朝廷推行旧法的根基。对于之前苏轼提出的差役法问题，朝廷似乎有意回避。

不久，权知贡举苏轼，同知孙觉、孔文仲再谈冗官问题。苏轼等人直截了当地指出冗官问题"流弊之极，至于今日，一官之阙，率四五人守之，争夺纷纭，廉耻道尽。中材小官，阙远食贫，到官之后，求取渔利，靡所不为，而民病矣"。一个岗位几个人都挂名领取俸禄，边远的小官，到了地方之后，会极尽一切贪污腐败。几位主考官的意思很明确：目前国家冗官严重，不能再给官员队伍增添人了。苏轼等人还列举了刚刚举行的科考，正常录取的数百人，加上特奏名者四百五十多人，朝廷还专门下诏，让再增加数百人，这自然会造成"吏部以有限之官，待无穷之吏，户部以有限之财，禄无用之人，而所至州县，举罹其害"。这些人录取上来之后，没有岗位安排。另外这些通过特奏名录用的士子没有真才实学，若安排到地方，必然也会贪污腐败、盘剥百姓。苏轼等人的建议是："仍诏殿试考官，精加考校，量取一二十人，委有学问，词理优长者，即许出官，其余皆补文学长史之类，不理选限，免积弊之极，增重不已。"

几位主考官的建议切中时弊，可朝廷不这样想。恩科是祖宗之法，即便冗官，也是祖宗留下的法度，他们不能轻易改动。况且这牵扯到全国士大夫的追求与理想问题，一旦减少取士人数，会让多少寒窗苦读十多年的士大夫名落孙山！因此，主考官们提出的意见，没有得到朝廷认可。

随即，右正言刘安世也就目前国家存在的冗官问题，上奏疏讨论。刘安世的意见与苏轼等人类似，不过刘安世在奏疏中强调了朝廷要重用台谏官，这是朝廷的耳目，不可轻易罢黜。①

三月初二，朝廷举行殿试。这次三省的建议是按照天圣年间的先例来殿试举人。朝廷同意三省所请。这场考试便在集英殿举行，哲宗、高太后在延和殿亲自参与殿试。考试现场没有出现任何意外，所有参加殿试的士子答完了考卷，等宰执将考卷选出之后，提交给了哲宗、高太后。之后，就由哲宗主持唱名、发榜，对考中的人赐公服、靴笏。这本无可厚非，但三月初六，朝廷下诏："经明行修人如省试不应格，听依特奏名进士例，就殿试。"②这也就意味着，此前主考官们的建议没有引起朝廷重视。嘉祐之后，殿试不再刷人，只是对各位举人进行重新排名。这让冗官问题日益突出。朝廷根本不管冗官问题，继续大量录用进士。

三月初十，朝廷在御集英殿试进士。次日，又殿试特奏名及武举进士。十三日，又殿试诸科及特奏名人。十六日，殿试武举进士射艺于崇政殿，推恩补官者十有五人。与此同时，朝廷还下诏废除王安石推行的"别考校祖宗袒免亲试法"。需要记住的是，这次科考的状元叫李常宁，他中魁首时，已经五十二岁，大半生的精力都花在了考进士上，锲而不舍的精神固然可贵，但为了科举如此蹉跎生命，也挺悲凉。

不过由于主考官是苏轼等人，李常宁的状元应该实至名归。他以五十二岁高龄进入官场，注定难有建树。而榜眼也是如此。只有探花龚彦和会在以后有所作为。

然而，科考刚刚结束，左正言丁骘就开始弹劾苏轼。当然，这次弹劾，他没有点名，只是隐晦地指出："正臣怙权冒宠，不一二年，措身侍从之地，简忽骄怠，

---

① 《续资治通鉴长编·卷四百八》。
② 《续资治通鉴长编·卷四百九》。

出入士大夫间，自以为得计。罪恶至此，鬼神所不容，典法所不赦，而偃然游于江湖之上，日与蔡卞等登高赋诗，饮酒啸歌，乐以卒岁。臣不识正臣者何缘而幸免也。"又批评"彼正臣者舞文巧诋，过于罗织，持法刻深，甚于党锢。方是时，御史、谏官不指其非，执政大臣同恶相济，任其横逆如此"。这份弹劾奏疏，朝廷继续冷处理。

遗憾的是，三月十一日，与苏轼一起并肩作战的朝奉郎、中书舍人孔文仲去世。随即，朝廷正式为通过科考的人员颁布诏命。三月二十二日，朝廷下诏："赐进士李常宁等二十有四人及第，二百九十有六人出身，一百八十有八人同出身，内宗室子湜为承务郎，令龢为承奉郎。诸科明经七十有三人，各赐本科及第、出身、同出身有差。"二十三日，朝廷又下诏："赐特奏名进士、武举诸科举人进士、经明行修王邻臣等同五经三礼学究出身、假承务郎、京府助教、诸州文学助教；右班殿直、三班奉职借职差使，凡五百三十有三人。"之所以将正式通过进士科录取的士子与特奏名录取的士子放在两份诏命上，就是为了区别他们，以后在加官进爵上，这两者之间也有着本质区别。二十七日，朝廷"增赐新释褐进士钱百万、酒五百壶，为期集费"。

月底时，苏轼给朝廷上《放榜后论贡举合行事件》奏疏，陈述当前国家科考录取人数过多问题。苏轼在奏疏中从四个方面对目前取士问题提出了自己的看法。一是要遵循祖制，在殿试时也要罢黜士子，优中选优，"除放合格人外，其余并皆黜落，或乞以分数立额取人，所贵上无姑息，下绝侥幸之心"。二是要遏制南方士子，"今后殿试唱名，除南省逐场第一人临时取旨外，其余更不升甲，所贵进退之权专在人主"。并要对经明行修一科"早行废罢"。三是要采取他之前提出的建议，对录取士子总数进行适量裁减，并确定法令，"应特奏名人授文学、长史之类，今后南郊赦书，更不许召保出官"。四是礼部制定今后科考"差试官三人者，一人诗赋，二人经义；差两人者，诗赋、经义各一人"。这些措施很有操作性，但朝廷就是不打算更改科举制度。

上完这道奏疏，苏轼向朝廷递交了辞职报告。其实这一年多以来，很多官员弹劾他，苏轼都没有回应。苏轼早就想离开京城这个旋涡中心了，之所以没有动身，一是此前他提出辞职，朝廷不允许；二是他想着把这次科考主持完毕再离开。临走之前，他就给朝廷上了关于解决冗官问题的建议书。

面对苏轼的辞职报告，朝廷降下圣旨，询问苏轼："为什么总是上奏疏请求外调？"另外，朝廷安抚了苏轼："岂以台谏有言故耶？兄弟孤立，自来进用皆是皇帝与太皇太后主张，不因他人，今来但安心，勿恤人言，不用更入文字求去。"是因为台谏官弹劾而辞职吗？朝廷重用你，是因为陛下与太皇太后偏爱，不是因为其他人，切勿被几个人的言论影响，就不断向朝廷提出辞职。这道圣旨，可以看得出朝廷对苏轼的偏爱。

对于朝廷的这种挽留，苏轼感到很惭愧。苏轼不愿意因为自己而令高太后与哲宗为难。此前两次考题风波，已有人指责高太后偏爱苏轼。现在他已经完成了科考工作，是时候外调了。于是，苏轼又对辞职的原因作了说明：承蒙陛下厚爱，我从登州被召还，在任职中书舍人之前，从未被人弹劾，只参与详定役法工作。在被授予翰林学士后，便被朱光庭、王岩叟、贾易、韩川、赵挺之等攻击，他们对我"罗织语言，巧加酝酿，谓之诽谤"。朝廷不受台谏官挑唆，又让我主持科考，但还未入试院，就被人弹劾说我"任意取人"。虽然圣主知晓我无罪，但由于我"赋性刚拙，议论不随，而宠禄过分，地势亲迫"，还是被台谏官弹劾。这种情况我也能够理解。为此，我请求外调一郡任职，尽管会"孤负圣智，上违恩旨"，但我若不外调，就是与台谏官为敌，我若"不避其锋，势必不安"。我本想着朝廷念在我"多艰早衰，无心进取"的分儿上，会将我外调邱壑，"以养余年，其甘如荠"，但我多次请辞，朝廷都不许。现在我就希望朝廷能够理解我的处境，罢免我的翰林学士，随便在京师附近给我一个闲差，这样就会让我安心。

朝廷对于苏轼的陈情表没有回应。这其实也就表明了朝廷的态度：不会罢黜朝廷的翰林学士。

时间进入四月，另一件困扰哲宗、高太后的事情摆在了眼前：次相吕公著再次提出辞职。此前吕公著已多次提出辞职，朝廷都不允。初二日，朝廷下诏，不接受尚书右仆射兼中书侍郎吕公著告老章奏。同时，朝廷授予龙图阁直学士许将翰林学士。

四月初五，朝廷下诏，给宰执人员加挂各种荣誉头衔，用来安抚他们："金紫光禄大夫、守尚书右仆射兼中书门下侍郎吕公著为司空、同平章军国事，仍一月三赴经筵，二日一朝，因至都堂议事。中大夫、守中书侍郎吕大防为太中大夫，守尚书左仆射兼门下侍郎，中大夫、同知枢密院事范纯仁为太中大夫、守尚书右仆射兼中书侍郎。"这是高太后与吕大防商量的结果。如此一来，就是对宰执群体的集体关照，吕公著也不好意思再提出辞职了。①

当天晚上，高太后、宋哲宗单独召见苏轼。这算是对苏轼之前提出辞职的答复。高太后对苏轼说："官家在此吗？"苏轼说："官家尚未休息。"这个问题是什么意思呢？其实高太后就是表明是她和哲宗召见苏轼，是正式的入对。高太后接着问："老身就是想问问翰林入宫之前居何职？"苏轼回答说："汝州团练副使。"高太后再问："如今居何职？"苏轼回答说："臣备员翰林，充学士。"高太后又隔着帘子问苏轼："翰林可知道为什么你升迁如此之快？"苏轼说："陛下的厚爱。"高太后摇摇头，苏轼又说："是太皇太后的垂怜。"高太后说："朝廷之所以这么重视你，不断给你升官，既不是官家的意思，也不是老身的主意。"苏轼这才大惊失色地说："臣虽没有本事，但也不敢结交权贵举荐我。"高太后苦笑一下才说："这一切都是神宗皇帝的意思。神宗皇帝在世时，每次吃饭看文章入神，身边的人就知道，那肯定是在读你的文字。神宗经常对人夸赞你是奇才，可是他尚未来得及擢升你为翰林学士就去世了。"高太后此话一出，苏轼放声痛哭。往事历历在目，只是他与神宗已经阴阳相隔。高太后与哲宗也掩面哭泣。之后，高太后就命人端上了茶，对苏轼说："翰林要为国家尽心尽力，以报先帝知遇之恩。"苏轼还能说什么，这是太皇太后与哲宗在挽留自己。苏轼知道了朝廷的意思，拜别了哲宗、高太后。高太后还派人用金莲烛送苏轼回家。

话都说到这份儿上了，苏轼自然不敢轻易再提辞职之事，只能继续为国效力。有意思的是，四月初六，朝廷再度调整部分宰执和台谏官职务："观文殿学士、正议大夫兼侍读孙固守门下侍郎，中大夫、守尚书左丞刘挚守中书侍郎，中大夫、尚书右丞王存守尚书左丞，正议大夫、知枢密院事安焘为右光禄大夫、依前知枢密院事，试御史中丞胡宗愈为中大夫、守尚书右丞，试户部侍郎赵瞻为枢密直学士、签书枢密院事。吏部侍郎兼侍讲孙觉为御史中丞，龙图阁直学士、知延州赵禼为枢密直学士。"需要指出的是，孙觉再次进入台谏系统，而胡宗愈则被调出台谏系统。

这不过是正常的人事调整，但台谏官却认为朝廷这次人事调整多有误判。

刘安世先上奏疏，反对朝廷授予知延州赵禼枢密直学士。刘安世先表示赵禼

---

① 《续资治通鉴长编·卷四百九》。

"治郦延未满三岁，考其治行，无以过人，伏读告辞，又非再任"。且赵卨在边境为官时，"尝遣使与西夏约和，反为羌人执而戮之。审如传者之言，则挫国家之威灵，沮塞垣之士气，守边无状"。这样的官员都被授予要职，岂不是置祖宗之法于不顾？但刘世安的奏疏被压了下来。

几天后，朝廷召左司谏韩川、右司谏刘安世进对。这次讨论的主要事情还是不久前执政人员的调整，奇怪的是，这次韩川、刘安世不再弹劾赵卨，反而认为"胡宗愈公议以为未允耳"。两位台谏官认为，胡宗愈"性本奸回，才识暗陋，自居风宪，尤务迎合，既不闻有所启沃，进贤退奸，亦未尝有所建明，兴利除害，朋邪罔上，中外侧目"，反对给胡宗愈执政之位。但太皇太后没有回应。

随即，朝廷又调整了一批人员岗位："朝散大夫、太府卿韩宗道为权户部侍郎。朝散大夫、起居郎、权枢密都承旨公事刘奉世为天章阁待制、枢密都承旨，起居舍人彭汝砺为中书舍人，右司郎中王陟臣为起居郎，著作郎兼侍讲范祖禹为起居舍人。"这期间，知枢密院事安焘因为苏轼弹劾，拒绝接受右光禄大夫的荣誉头衔，朝廷准许了安焘的请求。

在这批人事调整中，范纯仁提出韩宗道、孙固都与文彦博有亲，应该避嫌。但刘挚却认为，祖宗之法里没有避嫌的先例。高太后也站在刘挚的角度，为他们辩白："执政亲戚，无回避之理，如用人合公义，虽亲何害？若或徇私，虽非亲戚，必致人言，惟尽公灭私则善矣。"范纯仁不再纠缠这件事。他很清楚，一旦朝廷决定的事情，就很难改变。这时候，范纯仁关注的是另外一件事，这就是朝廷对章惇的安置。此前，朝廷已经下诏，让章惇除知越州。章惇本不想接受这一职务，只想要一个提举洞霄宫的闲职。但范纯仁认为，章惇的父亲垂垂老矣，朝廷既然以孝治天下，就应该垂怜章惇的父亲。这次朝廷采纳了范纯仁的建议，让章惇除知苏州。章惇还是不接受这个安排。不久之后，章惇父亲去世，章惇要回家守制，也就再无争议了。①

随即，朝廷又因台谏官与执政官避嫌的原因，调整了两个台谏官职务，左正言丁骘为礼部员外郎，监察御史赵屼为都官员外郎。不久，朝廷重新补充了台谏官队伍："龙图阁待制傅尧俞为吏部侍郎，承议郎、侍御史王觌为右谏议大夫，朝奉大

---

① 《续资治通鉴长编·卷四百九》。

夫、右司郎中盛陶为侍御史。"

至此,台谏官基本进行了一次大调整。不过他们的时代还未到来,接下来的一段时间,他们需要熟悉业务,然后发挥言官职能。在此期间,西蕃再度进攻塞门寨。边将米赟、西头供奉官郝普、右班殿直吕惟正等人率部与西蕃对战,被敌军包围,战死疆场。鄜延路经略使赵卨派刘安、李仪等人奇袭洪州,"斩掳五百余,焚荡族帐万二千,获孳畜、铠仗万三千"。偷袭了敌军大后方。然而,此时尽管宋军胜利,但因为米赟等人战死,边境士气低落,大家对西蕃入侵忧心忡忡。只有赵卨一点也不担心,他命人"堙城门、伐壕木以备寇",很多将领不解其意,赵卨笑而不答。等到西蕃军靠近堡寨后,发现了赵卨的部署,不敢贸然进攻。两军对峙一番,西蕃就撤退了。

西夏、西蕃就像一对喜欢惹是生非的兄弟,隔不几天就会骚扰宋朝边境,结果每次都会被宋朝边境守将迎头痛击。关键是,这对难兄难弟还不长记性,总是想着入侵宋朝。这便有了一种非常可笑的局面,他们打不过宋朝,但就是不想让宋朝边境安宁,因此经常偷袭宋朝边境堡寨,被教训后乖几天,然后继续骚扰宋朝,如此往复。这种情况要一直持续到哲宗亲政,朝廷重启开边政策,西夏、西蕃被重创,他们才会远离宋朝。而到那时宋朝也会在河西设立陇右都护府长期驻军防守,阻断敌人入侵。

## 台谏官的治国方略

五月初一,朝廷召翰林学士兼侍读苏轼、户部侍郎苏辙两兄弟一起入朝转对。所谓转对,就是臣僚每隔数日,轮流上殿指陈时政得失。苏轼说了三件事:一是"方今天下多事,饥馑、盗贼、四夷之变,民劳、官冗、将骄、卒惰、财用匮乏之弊,不可胜数。而政出帷箔,决之庙堂大臣,尤宜开兼听广览之路,而避专断壅塞之嫌"。也就是朝廷要广开言路,听取天下的声音。二是国家"当爱惜名器,慎重刑罚"。三是"官冗之病,有增而无损,财用之乏,有损而无增。数年之后,当有不胜其弊者"。裁员是当务之急。①

苏辙也提了三条意见：一是国家新增赋税沉重，百姓无法承担。二是冗官问题很突出。三是目前国库呈现空虚状态，希望恢复旧制，以达到充盈国库的目的。

两位官员的转对建议书，只是对朝廷施政的一种建议，具体能否落实到位，最后还得看朝廷的态度。

与此同时，新的人事调整也在不断进行。这必然也会引起台谏官的注意。朝廷刚任命考功员外郎欧阳棐为著作郎、实录院检讨，台谏官就出动了。右正言刘安世弹劾欧阳棐"凭借阀阅，素无声闻，才既暗陋，性复回邪，造请权门，不惮寒暑，与程颐、毕仲游、孙朴、杨国宝辈交结执政子弟，参预密论，号为死党，缙绅之所共疾，清论之所不齿，岂可更叨误恩，列职太史"？刘安世先指出欧阳棐人品不佳，又是程颐一党，不能进入馆阁修书，建议朝廷重新选人。朝廷没有回应，只是将奏疏批给了吏部。

这让监察御史赵挺之很不满意，他给朝廷上奏疏，指出："御史所言，多系省曹之失，却降本部，自属妨碍。请以台官所言事付三省看详，若合立法及冲改旧法，即乞下本部取会，如可行，从朝廷指挥。"台谏官监察朝政，每次进言都批给了被监察部门，如此一来，很难起到监督六曹的作用。建议朝廷今后将台谏奏疏批给三省，由三省仔细察看，对能实施的建议予以实施。朝廷这次答应了赵挺之的请求。

五月初六，人事调整再起风波，先是给事中赵君锡驳回了朝廷计划给官员卢秉龙图阁直学士、充宝文阁待制的任命书。赵君锡认为以卢秉的罪状，朝廷应该"尽夺旧职，犹为轻典"，现在给他保留原职已经是朝廷的大恩了，再迁就说不过去了，所以他拒绝审核任命诏书。

赵君锡封还词头，此事又引起了刘安世的注意，他连续上了三道奏疏，请求处置卢秉。刘安世指责卢秉"榷卖盐货，峻刑虐民，无辜流死，以数万计，老稚转徙，号呼盈路，比屋愤怨，思食其肉"。这样的人不严厉处置，还保留原职，简直是置天下公议于不顾。刘安世又强调，卢秉曾是吴居厚的跟班，熙宁年间，"在两浙专主盐事，设法苛虐，流毒一方，而朝廷责命太轻，未厌公议，臣已两具论列，

---

① 《续资治通鉴长编·卷四百十》。

未闻指挥施行"。朝廷似乎对于弹劾熙宁时期官员很谨慎，没有回应刘安世。不过朝廷也清楚，不能授予卢秉龙图阁直学士、充宝文阁待制了，一旦坚持给卢秉任命，必然引起台谏官轮番攻击，到时候又会让朝廷不得安宁。

初八日，朝廷继续调整人员："朝请大夫、秘书少监李周为直龙图阁、陕西路转运使，朝奉郎、秘书校理、权判登闻鼓院韩治为秘书丞。太常博士常安民为太常丞，国子监丞龚厚为太常博士。"不过其中出现了一个小插曲，范祖禹不愿意出任起居舍人，上了三道奏疏拒绝，朝廷都没有同意。范祖禹无奈，又以身为吕公著的亲属应该避嫌为由，不愿意出任起居舍人。这时候，就有很多人来规劝范祖禹，让他出任。范祖禹这才接受了新任命。①

几天后，经过酝酿，朝廷改授欧阳棐为集贤校理、权判登闻鼓院。这是朝廷的妥协，也是安抚以刘世安为代表的台谏官。此前，朝廷打算给欧阳棐迁官著作郎、实录院检讨，遭到了刘安世的反对。现在给欧阳棐改任他职，台谏官总不能继续揪住不放吧。②可谁也想不到，刘安世与前台谏官王岩叟一样执拗。他不认可的人，朝廷就别想着调整岗位。只要朝廷给这样的人迁官，刘安世必然反对。这一次，刘安世连续上了五道奏疏，弹劾欧阳棐是"朋党邪佞"，坚决反对朝廷让欧阳棐到馆阁任职。

这样的弹劾力度，朝廷自然不能回复，但也不能再给欧阳棐任职馆阁的机会，否则刘安世可能会掀起更大风波。也许有人不理解，刘安世不过是个台谏官，难道他的上级领导对其不约束吗？这其实就是宋代的台谏官制度，每一个台谏官都有单独奏对的权利，而他的上级领导不得干预。当然，台谏官也可以提前沟通意见，形成一种统一意见后，以集体的名义上奏疏。

朝廷压下了刘安世的奏疏，也放下了欧阳棐的任命。需要冷却一段时间，等时局发生新的变化后，再对欧阳棐迁官也不迟。

此后，朝廷调整了几个没有争议的官员职位："朝奉大夫、集贤校理、管勾鸿庆宫刘定知临江军。""朝奉郎李察知淮阳军。"但台谏官对朝廷人事调整的监察，一直是他们工作的核心。在台谏官眼中，朝廷选拔或者擢升官员，要在台谏官监察

---

① 《续资治通鉴长编·卷四百十》。
② 《续资治通鉴长编·卷四百十一》。

下，才能选出真正的人才。比如刚刚调整的李察，朝廷起初计划让李察除知济州，但刘安世认为李察是吴居厚的亲信，对于这样的奸邪之人，不能授予要职。最终，朝廷就让李察改知淮阳军。

另外，在黄庭坚的迁官问题上，台谏官也集体弹劾，坚决反对给黄庭坚迁官。御史赵挺之认为黄庭坚"质性奸回，操行邪秽，罪恶尤大"。刘安世也弹劾黄庭坚"在德州外邑，恣行淫秽，无所顾惮"。于是，朝廷就让刚被擢升为著作郎的黄庭坚再次出任未提拔前的著作佐郎。

不过在军队官员调整时，这批台谏官就没有那么大的反应了。朝廷在不久之后，授"新知荆南、承议郎唐义问除集贤校理，东上阁门使、鄜延路副总管张守约领康州刺史、充秦凤路副总管"。又任命"朝议大夫、权河北路转运使范子奇权河东路转运使，朝请大夫、权河东路转运使马默知兖州"。另外，朝廷颁布的一些法令，台谏官也没有发表意见，似乎台谏官专门盯着朝廷官员调整一事。

此时，另外一件棘手的事，也摆在朝廷面前。这就是王觌弹劾胡宗愈之事。不久前，朝廷调整胡宗愈为尚书右丞，王觌上疏弹劾："宗愈自为御史中丞，论事建言多出私意，与苏轼、孔文仲各以亲旧相为比周，力排不附己者，而深结同于己者。操心颇僻如此，岂可以执政？"王觌的意思是胡宗愈在任职台谏时，进言多出于个人私心，不为国家着想。他与苏轼、孔文仲等人交好，排斥异己，培养党羽，这样的人怎么能够担任执政官呢？其实，王觌最初是弹劾苏轼的，现在又改而弹劾胡宗愈。由此也能看出台谏官弹劾官员时，也有自己的私心。朝廷给三省内批："王觌论列不当，落谏议大夫，与外任差遣，仍不得带职。"

既然朝廷将处置王觌的意见批给了三省，次相吕公著自然要做出回应。吕公著表示，他与王觌旧不相识，也没有给朝廷举荐过王觌。只是看到王觌担任言官以来，"凡所言事，最为稳审"。在王觌弹劾胡宗愈的事情上，朝廷直接对其进行责降，可能会招人非议。吕公著还表示他曾与吕大防、范纯仁等商量，觉得朝廷对王觌处置太重，建议朝廷"特与包容"。

既然以吕公著为首的宰执都不主张罢黜王觌，只能召开御前会议，大家集体讨论是罢黜王觌，还是罢黜胡宗愈。高太后自然站在胡宗愈一面，但吕公著的建议却直中要害："宗愈在先朝诚有直声，然自任中执法，颇为浮议所惑，所言事多不协众望。"胡宗愈在任职言官时，很多做法让人疑惑，工作上也多有失误，不是众望所归。刘挚也同意吕公著的意见，甚至还指责胡宗愈有很多工作失误。这下就激怒了高太后，她对着刘挚厉声大喊："若有以门下侍郎为奸邪，甘受之否？"高太后吼叫一嗓子后，刘挚吓得赶紧跪下来说："陛下审察毁誉每如此，天下幸甚。然朝廷当顾大体，胡宗愈进用自有公议，必致陛下贬谏官而后进用，恐胡宗愈亦非所愿。"胡宗愈的进退，自然要有公议。若因为朝廷提拔胡宗愈而罢黜言官，这恐怕也不是胡宗愈所愿看到的。这时候，沉默的文彦博也说："刘挚说得对，希望太皇太后采纳忠言。"太皇太后还是坚持己见，要用胡宗愈而罢王觌。①

这件事也就没有议定。当天，吕公著与文彦博、吕大防、范纯仁等人再议这件事，范纯仁觉得自己应该出面，于是他给朝廷上了一道奏疏，建议"宽王觌之罪"。范纯仁还论及朋党，指出有人说朝中有很多朋党，但范纯仁坚持认为，朝廷没有朋党，只有忠良、奸佞之臣。朝廷对范纯仁的奏疏没有回应。或许高太后还是坚持要罢黜王觌。联想此前王觌弹劾苏轼、胡宗愈种种言论，高太后可能就想单纯地赶走王觌，却不承想遭到了这么多人反对。

更让高太后不悦的是，当朝廷将罢黜王觌的旨意交给中书舍人曾肇后，曾肇竟然驳回词头，拒绝为王觌写罢黜诏命。曾肇为此上了一篇解释的奏疏。在奏疏中，曾肇表示他之所以拒绝为王觌写罢职诏命，是因为朝廷此举不当，会让言官们不敢言事，这显然与祖宗之法不符，建议朝廷收回成命。

高太后尚未责问曾肇，范纯仁又上奏疏，解释了他不签罢黜王觌诏命的原因，指出朝廷要对台谏官宽容，即便他们言论不当，也不应该打压。

按说，事情到了这份儿上，高太后应该妥协。朝廷的宰执没有人同意罢王觌的职务。可是高太后坚持己见，对宰执的意见不予采纳。或许在外界看来，高太后完全成了老固执，听不得不同声音。不过站在高太后的角度来分析，就会发现高太后对台谏官这种掣肘很不满意，她就是要利用罢黜王觌之事，来回击台谏官的任性。当然高太后也有自己的私心：罢了王觌，他就不会再弹劾苏轼了。

这也意味着朝廷罢黜王觌已成定局。果然，五月二十五日，朝廷下诏："承议郎、右谏议大夫王觌直龙图阁、知润州。"事实上，罢黜王觌这件事就是一把双刃剑，因为还牵扯胡宗愈。争论本身由胡宗愈和王觌引发，现在王觌罢职，也让胡宗

---

① 《续资治通鉴长编·卷四百十一》。

愈本人陷入一种尴尬境地。随即，胡宗愈也上疏，请求朝廷罢黜他，给他一个闲差。朝廷给胡宗愈的回复是："朕开奖言路，通来下情，虽许风闻，犹当核实，岂以无根之语，轻摇辅政之臣？朕方驭众以宽，退人以礼，加之美职，付以大邦。朕既无负于听言，卿亦何嫌而避位？祗服乃事，毋自为疑。"不同意胡宗愈辞职。有意思的是，这道回复胡宗愈的内批，出自苏轼之手。翰林学士固然是给皇帝写诏命的，但细细品味苏轼撰写的这个回复，似乎也有个人私心。再联想之前王觌不断弹劾苏轼的事情，就能发现苏轼在褒扬胡宗愈，贬低王觌。

然而，朝廷罢黜王觌的诏命下达后，台谏官坐不住了。监察御史赵挺之马上上疏，请求朝廷撤回对王觌的罢黜诏命。赵挺之还表示，既然王觌是因为弹劾胡宗愈工作失误被罢职，那也不应该只有王觌被罢职，至少这件事的另一主角胡宗愈也应该受到责罚，不然天下都会怀疑朝廷袒护胡宗愈。监察御史杨康国也上奏疏，指责朝廷袒护宰执，只要台谏官弹劾宰执，就会遭到罢黜，建议撤销对王觌的罢职诏命。但赵挺之、杨康国的奏疏被压了下来。

朝廷并不退让，台谏官的弹劾也暂时停歇了。

不过这种安定也是暂时的，因为最执着的右正言刘安世还没有发言。不久之后，他就上了数道奏疏，谈论王觌已罢职，胡宗愈却还在任职宰执，请求朝廷罢黜胡宗愈。刘安世指责胡宗愈"才识浅近，趋向反覆，贪得患失，背公徇私，不敢悉数其详，以渎天听，犹可粗陈其略，冀寤宸衷。一言涉欺，不敢逃死"。另外，刘安世根据自己对胡宗愈的调查，列举了胡宗愈的四条大罪。得出的结论是，胡宗愈在任职言官时，"尝存心朝廷治道，凡进对论事，必潜伏奸意，含其事情，傍为邪说，以私托公"。刘安世将胡宗愈说成奸邪之徒，强烈建议罢黜胡宗愈。

相信高太后看到刘安世的奏疏，一定会很愤怒。但她不能再罢黜刘安世。眼下因为朝廷罢黜王觌，已经引起如此风波。最好的办法，就是对台谏官的奏疏压着不予回应，冷却他们的热情后再处置。

六月二十八日，右正言刘安世再次弹劾胡宗愈，指责朝廷对于他三次论奏胡宗愈的奏疏不予回应。刘安世继续在奏疏中斥责胡宗愈"操行污下，毁灭廉耻，贪得患失，背公徇私，诚不足以辅佐人主，参预国论"。朝廷还是不予回应。这让刘安世备受打击。他需要重新思考，重新换角度再给朝廷上疏。

朝廷获得了短暂的平静。

## 无休无止的斗争

从五月底到六月初这段时间，朝廷很平静。哲宗、高太后及三省、枢密院处置的也都是一些日常工作。被废除的新法，也都有恢复反弹的迹象。比如，六月初一这天，朝廷就下了这样一道诏令："乡户衙前役满未有人替者，依募法支顾钱。如愿投募者听，仍免本户身役；不愿投募者，速召人替。"这在司马光时代是坚决不被允许的，朝廷废除免役法，就要彻底废除。但现在，对于衙前役制度，依然可以让不愿意承担徭役的人出资免役。这不是变相地恢复免役法吗？当然，当时的朝中，肯定没有人敢说朝廷恢复免役法，但朝廷的举动说明了一切。再比如，朝廷还下诏："除在京通用法不以赦降原减条。"这似乎也是对新法的一种维持。①

此后，朝廷继续在平稳的环境中，实施法令、调整人事、慰劳边境将士、设置或取消一些部门机构。总之，这一时期难得的相对安稳。在此期间，有几件事需要特别记载。第一件事就是朝廷专门下诏，对台谏官任职资格进行重申："左右司谏、正言、殿中侍御史、监察御史，以升朝官通判资序实历一年以上人充。"为什么要有这样一道诏命？这是因为高太后对这批台谏官不满意，这在她与吕公著的对话中，能找到根据。高太后曾对吕公著说："近时台谏官多是新进，未甚更事，所论不知朝廷大体，近于求名。可依祖宗故事，选用历第二任通判人充。"不久以后，朝廷就给台谏官补充了人员。先是朝请郎林旦被授予右司郎中，后是承议郎、祠部员外郎翟思被授予殿中侍御史。林旦被谁举荐不得而知。但翟思则是被翰林学士苏轼、许将，给事中顾临、赵君锡，中书舍人曾肇、刘攽、彭汝砺等多人举荐。第二件事，还是关于一些法令调整的，比如保甲法一直饱受争议，这次朝廷调整了保甲法一些法令，使得法令更符合实际，而不单纯以废除为主。另外，朝廷还废除了元祐初年时设立的五条增加税收的计划，重新让京都商税院"以天圣年所收岁课为额"。第三件事是西夏再次骚扰边境，入侵寇塞门寨。朝廷的态度一如既往，令"陕西、河东经略司严戒城寨当职官增完守备，如夏贼攻犯，非逼近城下，决可取

---

① 《续资治通鉴长编·卷四百十三》。

中，勿多施行，自致阙误"。

接下来的七月份，对朝廷来说是个悲痛月，多位官员相继离世。"殿前都指挥使、武信军节度使燕达卒。""定州观察使、赠开府仪同三司、追封尹国公、谥恭孝克柔卒。""温州团练副使沈起卒。"①就连高太后疼爱的儿子荆王赵頵也去世了。朝廷对于他的优待要远超其他官员，"上为辍朝成服，再幸其第，赐钱三百万，赠太师、尚书令，荆、徐二州牧，追封魏王，谥端献"。高太后本人自然悲痛不已，这个小儿子备受她喜爱。从小到大，他一直生活在宫中。宋神宗推行变法时，高太后建议外调王安石，赵頵就帮着高太后说话。气得神宗说："要不你来当这个皇帝！"现在白发人送黑发人，高太后在悲痛之余，还迁怒于太医馆和赵頵的侍从。于是，朝廷下令："贬权易副使兼翰林医官副使熊日严而下六人，坐医治荆王不效。入内东头供奉官朱遘、梁和各追两官，坐荆王疾奏闻不以时，致太皇太后临问不及故也。"

不过生死不由人，高太后不能总沉浸在儿子去世的悲伤中，她要时时刻刻保持理智，朝廷的各种政事千头万绪，需要她来处置。这时候，外交和边患成了最大的问题。朝廷先颁布了一道诏命，赏赐西蕃首领阿里骨，也是对他此前提出归附宋朝的回应。在这道诏命里，朝廷用恩威并施的言辞，敕令阿里骨严守臣子之道，管理好手底下的人，禁止骚扰宋朝边境。与此同时，朝廷给在边境有功业的官员加官晋爵，还对一些没有尽职尽责的官员进行降级处置。

即便朝廷做了这些，但根据枢密院奏报，西夏依然不安定："夏贼见点集军马，虽声言欲寇泾原、熙河路，虑贼计先俱屯集在两路对境侧近，一旦移兵窃寇秦凤城寨，或因而妄动，以图深入。缘秦凤久不被寇，近裹城寨户口稍多，若遇缓急，贼众侵犯，须藉邻路兵力应援，可保无虞。当先事处置，以待奸谋。"西夏可能入侵，边境将士已做好了应对准备。朝廷也给边境官员叶康直下诏，命其"先事为备，决保万全"，关注西夏动向，及时调拨人员，应对西夏入侵。不久之后，熙河兰会路经略给朝廷奏报，西夏果然入侵康固寨，导致"本寨及东关堡巡检使臣等以斗死伤者百九十有五人，不曾掠人口、孳畜"。朝廷马上下诏，命刘顺卿"仔细体量逐地分元透露因依、见贼斗敌次第及夏贼军马的数开析以闻"。此后，范纯粹

---

① 《续资治通鉴长编·卷四百十二》。

根据探子传回的消息,认为西夏之所以入侵,是因为遭受干旱之灾,"恐今岁之中,决无边事"。这次失败后,他们一定不会再入侵,但朝廷还是命边境守将密切关注边患。

有意思的是,范纯粹和范纯仁兄弟两人完全是两种性格。范纯仁始终认为,不应该太信任西蕃、西夏,要时刻保持警惕。但朝廷对范纯仁防患于未然的主张并不认可。

朝廷等待着前方的消息。这时候,右正言刘安世又给朝廷上了奏疏,谈论馆阁人员任命的问题。随即,处置西夏与西蕃的问题也摆在了朝廷面前。为了安抚西夏,朝廷下诏诫勉李乾顺,让李乾顺管好自己的人。西夏方面没有回应。同时,朝廷授予西蕃大首领鬼章陪戎校尉。范纯仁认为鬼章反复无常,不应该对其进行过多奖赏,反对给鬼章新的任命,但朝廷不听范纯仁的建议。刘安世在奏疏中指出,馆阁是朝廷培养人才的重要之地,授予馆阁职务的人,要么有才名,要么有德名,非一般人能够进入。但"自近岁以来,寖轻其选,或缘世赏,或以军功,或酬聚敛之能,或徇权贵之荐,未尝较试,遂贴职名,渐开侥幸之门,恐非祖宗之意"。在刘安世看来,最近朝廷选拔馆阁人员时,并未遵守制度,选出了一些没有才学的人,这是对朝廷馆阁人员选拔制度的破坏。刘安世建议恢复旧制,每次进入馆阁的人,都要经过考试,合格之后,才能授予馆阁职位。朝廷这次采纳了刘安世的建议,下诏:"应大臣奏举馆职,并依条召试除授。其朝廷特除,不用此令。"①

这件事,给了刘安世信心。或许在刘安世心里,朝廷还是很重用他的。于是,在八月份,朝廷调整朝奉郎、集贤校理、权判登闻鼓院欧阳棐为职方员外郎后,刘安世再次向欧阳棐发起了弹劾。②刘安世表示,他已经上过多道奏疏,弹劾欧阳棐除馆职不当,但朝廷从未听取过他的意见,欧阳棐"入馆未及一月,复授郎官",到底是为了什么?然后,刘安世继续指责欧阳棐"险邪庸琐之才,凭借执政亲昵之势,百日之内,三被恩荣"。刘安世又提出了"五鬼"之说,但没有提及苏轼的名字。然而,他在弹劾奏疏中指出欧阳棐结党营私,是不是有所指呢?对于刘安世的弹劾,朝廷的态度依然如旧。不过,朝廷乘机又给台谏官队伍增加了一个人:"朝

---

① 《续资治通鉴长编·卷四百十二》。
② 《续资治通鉴长编·卷四百十三》。

请郎、充详定重修敕令等所删定官王彭年为监察御史。"

不久之后，就到了朝廷举行秋宴的日子。按照往常惯例，朝廷要举行盛大的秋宴，这不仅仅是一次宴会，更是体现朝廷礼仪的外在形式。但翰林学士苏轼认为："魏王之葬，既以阴阳拘忌，别择年月，则当准礼以诸侯五月为葬之期，自今年十一月以前，皆为未葬之月，不当宴乐，不可以权宜郊殡，便同已葬也。"于是，八月二十二日，朝廷以魏王在殡为由，下诏罢秋宴。

不久，朝廷又调整了一批人事。"承议郎、直集贤院、知齐州王岩叟为起居舍人，朝请郎、大理卿杜纮直秘阁、知齐州。"另外，原定授李常翰林学士，傅尧俞御史中丞，但由于翰林学士承旨邓温伯"非久服阕赴阙"，三省建议将李常改除兵部尚书，傅尧俞兼侍读。朝廷的御批是："李常如罢侍读，即差傅尧俞兼侍读；如李常不罢侍读，且以即今三人侍读为额，候将来如三人中有阙，即差傅尧俞。"从这些人事调整中，能够发现此前被罢黜的傅尧俞又回到了台谏系统。不过朝廷没有给王岩叟授予台谏官。或许是因为刘安世已经够烦人了，若再将王岩叟调入台谏系统，朝廷的每一项人事任命，估计都很难施行。

此时的刘安世也没有闲着，他给朝廷上了一道奏疏，弹劾朝中部分官员"贪权好利，多为子孙之谋，援引亲属，并据高势，根连蒂固，更相朋比，绝孤寒之进路，增膏粱之骄气，寖成大弊，有不胜言"。他们的子弟也因父兄原因，被擢升要职。刘安世列举了"太师文彦博之子及为光禄少卿、保雍将作监丞，孙永世少府监丞，妻族陈安民迁都水监丞，女婿任元卿堂差监商税院，孙婿李慎由堂差监左藏库"。又列出了"司空吕公著之子希勣今年知颍州，才及成资，召还为少府少监；希纯去年自太常博士又迁宗正寺丞；女婿范祖禹与其妇翁共事于实录院，前此盖未尝有"。还有其他官员，如吕大防、范纯仁、孙固、王存、胡宗愈等宰执人员的各位亲属，都因为他们一人得道鸡犬升天。刘安世只肯定了刘挚未给朝廷引私亲。不过尽管刘挚没有让家里人因其任宰执而获高位，但他们也"依违其间，不能纠正，雷同循默。"明知其他宰执近亲属子弟在谋私利，却装作不知道此事，也是有罪的。刘安世等于把现今的宰执悉数批驳了一番，强烈呼吁朝廷仔细调查，提出对策。①

---

① 《续资治通鉴长编·卷四百十三》。

刘安世这样指责宰执，无异于捅了一个巨大的马蜂窝，可能这些宰执人员自己都不知道，他们的近亲属会在他们任职宰执后，不断被迁官。这里面或许有其他官员的格外照顾，总之，文彦博、吕公著、范纯仁等人是不会主动向朝廷为其近亲属谋福利的。当然，他们也可能知道近亲属已在他们任职宰执后不断晋升的事实，只是他们没有及时向朝廷提出不要给近亲属迁官的建议。这自然就给了刘安世口实。

这种情况下，宰执本应该出面澄清事实。但以文彦博、吕公著为首的宰执集体沉默了。或许他们认为此事不出面解释为佳，否则会越描越黑。可他们不出面，或者不将他们的近亲属罢职，刘安世能甘心吗？

刘安世尚未做出下一步弹劾，中书舍人曾肇又惹怒了高太后。此前，高太后曾下过内批，给内殿崇班刘言求官，"特添差勾当翰林司"。这种事在宋朝前几位皇后听政时常有，一些内侍官员年纪大了，想要个荣誉头衔，或荣归故里或安然退休，皇帝、太后往往碍于情面，会给翰林学士、中书舍人或者给事中内降诏书，希望草拟诏命的官员给内侍一个合理的官职。不过，这种事往往会遭到草拟诏命的官员封还词头。这次曾肇还是封还词头，拒绝为内侍刘言草拟新任命诏书。曾肇还列举了很多先例，指出朝廷不应该如此。

高太后只能作罢。

九月初五，翰林学士兼侍读苏轼给朝廷上《述灾沴论赏罚及修河事缴进欧阳修议状奏疏》①，谈论朝廷赏罚、边境、修河等事宜，指出了目前这几个方面存在的问题，请求朝廷及时纠错。但朝廷没有回应，因为苏轼的建议虽切中时弊，但若要动起来，牵一发而动全身，因此，不能轻易更改。②

之后，朝廷再次进行了一批人事调整。原权知开封府钱勰因谎报开封府大狱空置而被弹劾，罢黜权知开封府职务，调任越州（今浙江省绍兴市）。龙图阁直学士、刑部侍郎吕公孺权知开封府，朝奉郎、监察御史杨康国权发遣开封府推官。这也就意味着杨康国离开了台谏系统。随即朝廷下诏，命御史中丞孙觉、户部侍郎苏辙、中书舍人彭汝砺、秘书省正字张绩等人，组织了一次台谏官选拔考试，希望可以通过考试选出"贤良方正能直言极谏科举人"。在事后主持的直言极谏科考试

---

① 《苏轼集·卷五十五》。
② 《续资治通鉴长编·卷四百十四》。

中，朝廷只录用了一名叫谢惊的官员，此事还引起了刘安世的弹劾。不久，朝廷又下诏，以"户部尚书李常为御史中丞，御史中丞孙觉为龙图阁直学士、提举醴泉观兼侍讲"。

这期间，朝廷还顺便处置了边境事宜。此前，范纯粹表示，西夏受灾，这一年不会入侵宋朝。同时，鬼章、阿里骨等西蕃首领也接受了宋朝的敕封，派人到京城上表进贡。九月十四日，熙河兰会路经略使刘舜卿又给朝廷上奏报，指出西夏派人送来了议和书，他们不敢贸然接受，请示朝廷的意见。于是，朝廷下诏，允许与西夏议和。十月份，西夏使者希望进京谢恩，朝廷命赵禼挑选可靠人员，引伴西夏使者赴阙。这也就意味着这两年以来，西蕃、西夏带来的边患暂时得到了缓解。朝廷可以抽出更多精力来治理内政了。

也是这时候，朝廷调整了前宰执岗位，并将韩忠彦、叶均等人调回中央任职，"知河南府、资政殿大学士张璪知定州，知河阳、资政殿学士李清臣知河南府，知定州、枢密直学士韩忠彦为户部尚书，知襄州、朝奉郎、直龙图阁邢恕知河阳，朝奉大夫、直龙图阁、太府卿叶均为秘书监"，"承议郎、校书郎孔武仲充集贤校理"。

月底时，右正言刘安世继续上奏疏，弹劾尚书右丞胡宗愈"不偿房缗，及开封官吏受周知哲之诉，而挟情违法，不治其事"。刘安世指责朝廷对他弹劾的奏疏不闻不问，置台谏官于不顾，这是包庇宰执、打压台谏官的做法。刘安世强调："国家设御史六察，本以弹劾有罪，今御史举事而不得行，臣等论列而不蒙听纳，如此则谏官、御史遂可废矣。"国家设立台谏官，就是为了纠察官员履职、发现皇帝执政失误的。现在朝廷破坏台谏制度，袒护胡宗愈等无耻奸佞，朋邪罔上，可能导致"忠贤解体，天下失望"。强烈呼吁罢黜胡宗愈。

这也是台谏官惯用的做法，朝廷若不予回应，就不断上疏，直到达到目的为止。朝廷还是对刘安世的弹劾奏疏不回应，任由刘安世叫嚣。不过这一幕似乎也很滑稽，以往弹劾某位官员，台谏官会集体出动，但这次坚持弹劾胡宗愈的只有刘安世本人。①

十月十二日，朝廷罢免礼部员外郎丁骘礼部官职，将其调出朝廷，任处州知州。这件事又引起了刘安世的注意。当初丁骘任职台谏，因避嫌胡宗愈擢升宰执而

---

① 《续资治通鉴长编·卷四百十四》。

被调出朝廷，现在朝廷再次给丁骘任职，不就是要刺激刘安世吗？刘安世再度上疏，指责胡宗愈"自为中丞已后，风誉顿减，一向奸佞，以希大用，忽闻除目，众皆惊愕"。刘安世又列出了胡宗愈的各种社会关系，指出胡宗愈上位，是因为吕公著的原因。又批评胡宗愈向朝廷举荐妻族丁骘，"挟诈欺君，无所畏惮"等十二条罪名，强烈建议罢黜胡宗愈。

朝廷的态度依然很暧昧，不予回应。这让刘安世抓狂，也让胡宗愈坐立不安。①十月十六日，朝廷擢升通判河南府韩玠为利州路转运判官。这本来是正常的人事调整，但刘安世却对韩玠发起了弹劾。他在弹劾奏疏中表示，韩玠在四川为官时，"推行市易之法，过为苛急，以希进用，至使县官躬执升斗，求免陵（凌）辱"。在刘安世眼中，韩玠完全是个为了自己前途不顾地方百姓死活的官员，这是酷吏行径。但当时韩缜是宰相，很多官员鉴于韩缜与韩玠的关系，不敢弹劾韩玠，以致韩玠被重用。如今，韩缜已被罢官，韩玠也在河南任职。这已经算是"一路之害"，若朝廷重用韩玠，必然会祸害更多人。建议朝廷收回成命。刘安世这是项庄舞剑意在沛公，他就是要让朝廷不断重视自己的意见。朝廷还是不予理会。这让刘安世的自信心大受打击，他开始沉默了。

## 黄河复（改）道大讨论

十月中旬，刘安世停止了吼叫。可翰林学士兼侍读苏轼却再次上奏疏表示自己要辞职。十七日，苏轼在奏疏中表示："臣近以左臂不仁，两目昏暗，有失仪旷职之忧，坚乞一郡。"左胳膊疼，视力严重下降，请求朝廷向他外放，不至于耽搁国家大事。这当然是苏轼的推托之词，这时候他正值中年，文彦博、吕公著那样的老人尚在朝中效力，他这么优秀的人，怎么能因为旧疾而辞职呢？

一定有更深层次的原因。

苏轼在接下来的奏疏内容中，表达了自己的想法。苏轼从他被调回之事说起，表示他与司马光相交甚厚，司马光被重用后，他也被调回授予两制官。但是他对司

---

① 《续资治通鉴长编·卷四百十五》。

马光提出的废除免役法、恢复差役法并不看好,不想因此遭到了台谏官强烈弹劾。司马光去世后,朝廷继续沿着司马光的路线走,很多台谏官也对他"结党横身,以排异论,有言不便,约共攻之"。苏轼还指出,这中间有人指责他是朋党,若仅仅指责他倒也罢了,但又有吕陶弹劾韩维,再次引起风波。维护韩维的人指责他也是川党首领。此后,在两次考题风波中,他又与台谏官发生意见分歧。苏轼表示,他回到京城两年多时间里,"四遭口语,发策草麻,皆谓之诽谤,未出省牓,先言其失士,以至臣所荐士,例皆诬蔑,所言利害,不许相度"。不断被人弹劾,这让他如坐针毡。

尤其是赵挺之借先帝之名,弹劾他侮辱先帝,这让苏轼怕了。经历过"乌台诗案"后,苏轼对赵挺之的弹劾充满忌惮,他认为"挺之险毒甚于李定、舒亶、何正臣,而臣之被谗,甚于盖宽饶、刘洎也"①。与这样的人一起共事,迟早有一天会被诬陷,倒查清算,可能再次遭受人生的严厉打击。与其这样,还不如远离京城,到外地为官。苏轼最后还表示,他曾经给朝廷举荐的王巩、黄庭坚等人,也相继遭到台谏官弹劾。他对这批台谏官怀有深深忌惮。

然而,朝廷对于苏轼这道《乞郡奏疏》一样没有回应,却对另外几人进行了岗位调整,"资政殿学士、提举崇福宫王安礼知青州","知徐州杜纯为陕西路转运使。朝请大夫、陕西路转运副使孙路为考功郎中"。

十月二十六日,朝廷下诏:"复置南北院宣徽使,仪品恩数如旧制,在京人从视签书枢密院事例。"南北院宣徽使曾是军队中至高无上的荣誉职位,太祖时期的潘美等人,相继都荣登这些高位。此后,南北院宣徽使不常设,如今朝廷重设这些官职,这是要恢复祖制吗?同时,朝廷又调整了一批人:"秘书少监王汾为太常少卿,太仆少卿王钦臣为秘书少监,前太仆少卿、直龙图阁高遵惠复为太仆少卿。太仆寺丞高士英为开封府推官,寻改工部员外郎。"

这些事很快在台谏官中引起轰动,御史翟思等人联合上奏疏,谈论朝廷冗官问题,他们毫不避讳地指出目前国家官员人数多,一个岗位多个人分别挂名的事情屡见不鲜,如此一来,必然会让政务无法正常运转,白白增加朝廷的俸禄支出,建议朝廷裁免一些职位,精减人数,提高办事效率。

---

① 《苏轼集·卷五十五·奏议十二首》。

这份奏疏初看没有任何问题，但结合此前朝廷给王汾、王钦臣等人调整岗位，就显得台谏官有点不是纯粹为国家着想了。

朝廷的态度依然如故，压着不予回应。

随即，朝廷又颁布了一道修复黄河的诏命："黄河未复故道，终为河北之患。王孝先等所议，已尝兴役，不可中罢，宜接续工料，向去决要回复故道，三省、枢密院速与商议施行。"给黄河复道的工程已在推行中，不可因为朝廷受灾等因素停工。此前王孝先等水务官已建议给黄河复道，请三省、枢密院抓紧时间商量可行的方案，组织人员继续推行黄河复道的工程。

这本来是一件基本政事，朝廷隔几年都要对黄河进行疏通、修复。但对于三省、枢密院长官来说，朝廷此举直接影响国家的未来。宰执们纷纷进言，陈述自己的观点。已升任次相的范纯仁表示，给黄河复道之事，牵扯很多，不能仓促行事，建议"所有黄河利害，乞付之群臣有司，子（仔）细商议，以求必当"。他还列举了神宗时期，有人建议消灭西夏，结果引发多次宋夏战争，宋神宗也在悲愤中去世，而战争带来的隐患，至今都未能消除。范纯仁还表示，朝廷给黄河复道就与当初宋夏战争一样，会将国家拖入泥沼中。他建议不可操之过急，一定要群臣商议、诸司调研后，制定可行方案，才能实施。

尚书左丞王存等人也上疏，指出不能因为几个臣子的建议，朝廷就草率地要给黄河复道。首先是给黄河复道的资金数目巨大，朝廷必然要向民间增加赋税。其次，河北遭受灾害，不能再增加赋税。综上两点，他们的意见是："望朝廷先令所遣臣僚与建议者指定孙村决然可与不可回复大河，所贵慎重其事，无有虚费，以取后悔。"总之暂时不适合给黄河复道，若将来朝廷有钱了，又有合适时机，或许可以给黄河复道。

之后，有一次哲宗、高太后监朝听政，三省、枢密院长官在延和殿讨论给黄河复道之事。朝中宰执司空平章军国事吕公著、左仆射吕大防、知枢密安焘、中书侍郎刘挚、退太师平章军国重事文彦博、右仆射范纯仁、尚书左丞王存、右丞胡宗愈集体的意见是：暂时不给黄河复道。鉴于朝臣集体反对，高太后收回了此前颁布的给黄河复道的诏命，等待日后有合适时机再行商议。

此后，范纯仁、王存担心朝廷还有给黄河复道的打算，再次上奏疏，分别从不同角度分析了当前不适宜给黄河复道的理由，右正言刘安世也建议："特罢修城之役,非惟为国家惜费便民。"刘安世借着谈论黄河复道之事,再次向胡宗愈发起了弹劾,请求朝廷罢黜胡宗愈。高太后依然不予理会。

十一月初,三省、枢密院态度转变,建议可以就黄河复道进行小范围试验,若证明可以实施复道工程,朝廷就能投入巨大人力物力实施了。得到三省、枢密院的支持,朝廷马上下诏:"差吏部侍郎范百禄、给事中赵君锡躬亲往彼相度,并具的确利害,画图连衔保明闻奏。如孙村口不可开河,即别于不近界河踏逐一处,亦具保明奏闻。"朝廷派出两位官员前去实地调查是否可以给黄河复道。这也从另外一个方面反映出,即便高太后收回了此前的诏书,但对黄河复道之事,她依然挂念着。而三省、枢密院则迎合了高太后这一心理。他们没有继续就黄河复道之事与朝廷对峙下去。

此后,签书枢密院事赵瞻给朝廷上奏疏,列举了朝廷给黄河复道的五条预言。范纯仁、中书舍人彭汝砺、户部侍郎苏辙等人也上疏,讨论给黄河复道之事。作为户部的官员,苏辙的奏疏很有代表性,他从实际出发,指出了目前若给黄河复道,朝廷需要支出的钱财恐难以计算,所以他强烈反对给黄河复道。

朝廷没有表态。范百禄、赵君锡到实地调查尚未返回,给黄河复道之事也就一直悬而未决。①十一月十六日,中书舍人曾肇再谈黄河复道事宜,反对朝廷立即实施项目工程,建议等朝廷缓过一二年之后,再相机实施,"审思博访,速下诏书,罢买梢草,戒饬行河之官,务要利害得实,俟其还报,果有可为,亦须一二年后,以渐兴役,如此则民力无伤,事功易就"。②

几天后,到了朝廷的考核月,一些人事调整也提上了日程。朝廷先按照三省的建议,对朝官隶属中书省、礼部管理考核问题做了界定,并下诏"诏左、右中散大夫以二十员,左、右朝议大夫以五十员为额"③。另外,朝廷调整前奉议郎、校书郎司马康为著作佐郎兼侍讲。司马康是司马光的儿子,如今他守制三年期满,回朝后被朝廷授予侍讲。大家不由得感慨光阴荏苒,司马光已去世三年了。

与此同时,朝廷还下诏,对宰执官员、皇亲"荫庇补官"做了界定,也就是说,宰执、皇亲的子侄可以享受荫庇补官政策,不过人数有限定,各位高层官员可

---

① 《续资治通鉴长编·卷四百十五》。
② 《续资治通鉴长编·卷四百十六》。
③ 《续资治通鉴长编·卷四百十六》。

以给朝廷举荐一人，朝廷会根据实际给这些不用参加科考的"官二代"授予职务。此诏一出，御史中丞李常马上进言，指出目前朝廷冗官严重，建议精减人员。很难说李常的奏疏一心出于公义。这里面也有台谏官对皇权的限制。不过台谏官限制皇权也只能通过不断进言来实现，很难直接左右天子的决定。

月底时，刘安世再上奏疏弹劾胡宗愈，但朝廷不管刘安世怎样弹劾胡宗愈，总是不予回应。这让刘安世很生气，此后，他的弹劾奏疏内容和言辞一次激烈过一次。即便如此，朝廷依然不予回应。①

时间进入十二月，一切又到了总结的阶段。但国家依然不承平，湖北路又起来闹事了，他们"劫掠财物，焚烧屋宇"，枢密院的建议是先安抚，若南蛮不听从安抚，则派出大军镇压。朝廷同意了枢密院的建议。朝廷诏令唐义问、程节于"渠阳寨协力措置蛮事"。不久之后，朝廷又接到奏报，消息称"渝州江津县獠人犯小溪寨"。朝廷随即下诏，命"梓夔路钤辖司体究作过因依，若不因省地人户侵犯，无故侵扰，即戒约遣回，仍理索掳掠人口，尚不听从，乃以兵捕杀"。②

这期间，还有件事搅乱了正在总结一年工作的朝臣，这就是对王安石身份的界定，因为这牵扯到王安石神位配享神宗庙廷的问题。这个问题最早由江宁府司理参军、郓州州学教授周穜提出。他给朝廷上奏疏，请求将王安石的神位配享神宗庙廷。让已故宰执入先帝庙廷是宋朝的礼制，很多官员都曾入皇帝庙廷，与皇帝神位一起享受优厚待遇。比如真宗朝的王旦、仁宗朝的韩琦等人。但王安石是有争议的宰相，他生前就让朝臣们褒贬不一，去世后，他推行的变法继续在朝臣中争论不休。

最先跳出来反对的是刘安世，这个台谏官在什么时候都不会放过发言的机会。刘安世指责周穜："今穜以疏远微贱之臣，怀奸邪观望之志，陵（凌）蔑公议，妄论典礼。使安石功德茂著，实可从享，在穜之分犹不当言，而况辅政累年，曾无善状，残民蠹国，流弊至今，安可侑食清庙，传之万世？如穜狂僭，岂宜轻贷？伏望陛下以春秋之法，诛其始意，重行窜殛，以明好恶。"给不给王安石配享宗庙不是周穜能决定的，他一个小小官员，竟然不顾朝廷的礼制，越级进言，简直无法无

---

① 《续资治通鉴长编·卷四百十七》。
② 《续资治通鉴长编·卷四百十八》。

天。刘安世建议惩治周穜。

最终给周穜定性的是苏轼的奏疏。苏轼从礼仪的角度出发,指出"本朝自祖宗以来,推择元勋重望、始终全德之臣,以配食列圣,盖自天子所不敢专,必命都省集议,其人非天下公议所属,不在此选"。王安石作为有争议的宰相,"平生所为,是非邪正,中外具知,难逃圣鉴",自然不在配享宗庙的人选之列,周穜越级上疏,是"罔上党奸,其罪愈大"。苏轼又指出:"以所举学官周穜擅议先帝配享,欲以尝试朝廷,渐进邪说,阴倡群小,乞下有司议臣妄举之罪,重行责降,以警在位。"朝廷要时刻提防小人钻空子,让朝廷声誉受损。苏轼在奏疏中,对王安石极尽诋毁:"王安石在仁宗、英宗朝,矫诈百端,妄窃大名,咸以为可用,惟韩琦独识其奸,终不肯进。"斥责"今周穜草芥之微,而敢建此议,盖有以启之矣"。最终,周穜罢归吏部。①

王安石配享神宗庙廷之事,也就此作罢。不过从苏轼的弹劾奏疏中,可以看见一个人最真实的感情:苏轼在王安石去世三年后,依然对王安石怀有不太友好的情感。这或许是"乌台诗案"的缘故,或许是他对熙宁新法的人从不认可。总之,苏轼对王安石的成见没有减少。或许苏轼忘记了,当年他身陷"乌台诗案",那么多人拯救他都无济于事,还是王安石的一句话,才让神宗放过了他。站在历史的高度去审视,苏轼也不过是一介凡夫俗子,我们可以允许他有爱憎有私心,只是他那些旷达的诗词,可能仅仅表达了当时的处境和感情而已。

元祐三年(1088)有个闰十二月。初二日,端明殿学士、银青光禄大夫致仕范镇去世,朝廷对范镇给予了很高礼遇。初三日,苏轼再次向朝廷递交辞呈。他在奏疏中指出如今国家赏罚不明,他引用之前西夏入侵镇戎军之事,指责朝廷不重视边境事务,让边境将士很不安。苏轼又借用前朝故事,隐晦提出"若忠贤疏远,谄佞在傍,则民之疾苦,无由上达"。这是苏轼与台谏官产生嫌隙的证明,他在奏疏中也表示自己"性刚褊,黑白太明,难以处众"。虽没有明确指出与谁不和,但可以发现苏轼对台谏官的弹劾很不满,他不想继续成为众矢之的了。朝廷对于苏轼的辞职报告不予批准。②

---

① 《苏轼集·卷五十五·奏议十二首》之《论周穜擅议配享自劾奏疏二首(之一)》。
② 《苏轼集·卷五十五·奏议十二首》之《论边将隐匿败亡宪司体量不实奏疏》。

苏轼的奏疏递交上去后，御史中丞兼侍读李常认为苏轼借用西夏入侵镇戎军之事指责朝廷赏罚不明，这不仅仅是朝廷的问题，也是台谏官的失职，他也上奏疏，建议朝廷让他去调查这件事。朝廷可能担心李常会与苏轼因此结怨，没有回应李常的请求。①

此后，朝廷正式开始一年收尾工作。三省六部、枢密院等部门都非常忙碌，一些需要在年终或年初推行的诏命先后颁布，政治、军事、经济等领域都在收集信息，准备着年报。这些职能部门里面，户部是最重要的部门，因为涉及财务统计、人口管理等重要任务，国家一年的收支都要从户部的数据中来反映。其他部门的工作，最终也要从户部体现，比如三省上疏："职事官俸禄，比官制以前虽减，而公使增添颇多，治平岁支一十六万余缗，今支七十五万余缗。"俸禄数量降低了，但官员数量增加了，朝廷仅职事官俸禄一项就比治平年间多出近六十万缗。

朝廷的花费有多种分支，因此，花费数额也是巨大的。户部尚书韩忠彦，侍郎苏辙、韩宗道等人就先后给朝廷上奏疏，指出目前朝廷入不敷出的问题，建议朝廷"乞检会宝元、庆历、嘉祐故事，于本部置司，选择近臣，共议其事，严立近限，责以实效。法度一成，数岁之后，费用有节，府库渐充，传之无穷，久而不弊，则其于圣德实非小补也"。

御史中丞李常也指出，目前国家冗官问题严重，建议裁减官员。高太后这次直接给门下、中书下令，让这两个部门立即制定裁减官员的法令。高太后与吕公著商议此事，最终决定除了精减官员之外，还对用度进行缩减，从上到下全部实行裁减原则，整个国家用度要比同期缩减四分之一。与此同时，新的人事调整也在稳步进行，一些官员被调整到新岗位上，一些官员则拒绝接受新岗位。

有意思的是，即便是年底总结时间，台谏官依然没有闲着，御史中丞李常、侍御史盛陶、殿中侍御史翟思、监察御史赵挺之、王彭年等人联合上疏，对朝廷之前的科举制度革新提出异议，建议朝廷保留部分科举旧制，不应该全部舍弃。②

右正言刘安世则继续发挥他弹劾官员的优势，对朝廷新任命的谢景温、王安礼提出弹劾。随即，刘安世进言，再弹劾胡宗愈。刘安世似乎不达目的誓不罢休，他

---

① 《续资治通鉴长编·卷四百十九》。
② 《续资治通鉴长编·卷四百二十》。

指责朝廷对他十三次的弹劾都不予回应,并强烈请求罢黜胡宗愈的宰执身份。另外,刘安世又利用苏州昆山百姓朱迎、徐宗、唐遂、朱育四人案件,弹劾知苏州章惇。建议对章惇按照"矫诈乱政之罪,明正典刑,以戒天下"。不过,对于以上台谏官反映强烈的问题,朝廷都没有做出具体回应。台谏官也就息声了。

月底时,范百禄、赵君锡从河北回到了京城,他们将自己调查的情况写成了报告,递交给了朝廷。调查报告证实了让黄河复道是个不可能完成的巨大任务,建议给黄河复道"显是卤莽,独任偏见,误国大事",若朝廷执意要给黄河复道,只能徒增国家负担。

正是这份报告才为讨论了几个月的黄河复道之事做了收束。朝廷也正式进入新年模式。历史也翻开了新的一页。

## 第九章 元祐新拐点

> 吾诚养君德于正，则邪自不得而窥；吾诚修政事以实，则妄自无从而进；吾诚慎简干城之将以固吾圉，则黩武生事之说自息；吾诚厘剔中饱之弊以裕吾用，则掊克毒民之计自消；吾诚育士以醇静之风，拔贤于难进之侣，为国家储才百年，则奸佞之觊觎自戢，而善类之濯磨自弘。
>
> ——王夫之《宋论》卷七

### 刘安世其人其事

元祐四年（1089）春月，朝廷内外都沉浸在新年节日氛围之中。直到正月初九，朝臣朝献景灵宫，一切才逐步恢复正常。正月十二，高太后召范百禄、赵君锡进对，向他们询问黄河复道事宜。虽没有谈论过多内容，也算是为新一年开局了。

随即，右正言刘安世给朝廷上奏疏，再次弹劾谢景温，认为朝廷授予其权刑部尚书职位不当。刘安世继续翻旧账，从熙宁时期谢景温的履历翻起，一直翻到了元祐四年。谢景温生平几乎所有重大事情，都被刘安世翻了出来，比如，谢景温攀附王安石打击苏轼，章惇开疆拓土又巴结章惇，后来与王安石弟弟王安礼结亲，巴结韩缜袒护其子弟……总之，在刘安世眼中，谢景温"天资奸佞，素多朋附"，心术不正，不适合担任刑部尚书的职务，否则只能给国家带来灾难。

这一次，朝廷对刘安世的弹劾做出了回应："诏谢景温别与差遣。"这显然是朝廷做出了让步。即便如此，刘安世依然不满意，他认为朝廷虽撤回了谢景温刑部尚书职位，但可能授予其六部其他领导职位，这是他不能容忍的。于是，刘安世继续上奏疏弹劾谢景温。他在奏疏中曝出了更多猛料："谢景温与范纯仁、韩缜素来相结，号为死党，而景温奸邪附会，罪状极多……"也就是说，他如此弹劾谢景温，朝廷都没有罢黜谢景温，完全是因为范纯仁的关系。在刘安世看来，范纯仁作为现任宰执，"弃其素能，背公向私"，完全背离了执政大臣为国为民的职业道德，将与自己关系要好的官员安排在重要岗位。

刘安世没有直接弹劾范纯仁，却用谢景温的事情讥讽范纯仁，这让范纯仁很不安。不过高太后的态度依然是不予回应。有意思的是，朝廷没有回应刘安世，却将台谏官韩川调离了台谏系统，让其充任集贤校理，权发遣颍州。韩川曾与刘安世一起弹劾胡宗愈，刘安世的弹劾力度很大，韩川只能算配角。韩川的外调，是不是给以刘安世为代表的新台谏官敲警钟呢？此后，刘安世息声了一段时间，似乎在观望朝廷的下一步动静，又似乎在等待着新的弹劾机遇。

正月二十，关于应不应该给黄河复道，又一次引发了朝臣大讨论。尚书左丞王存等宰执联合上奏疏，表示既然朝廷派出调查的人实地考察后，认为不能给黄河复道，那就说明这项工程无法实施。王存还结合两位调查人员的报告，指出朝廷应该将原计划给黄河复道的物资人力用在"缮筑西堤，以护南宫决口"上，解决当前最重要的隐患。而此前"所开减水河，本欲以试回大河，今既不可回河，不知安用减水"的计划应该放弃。

危病中的司空、平章军国事吕公著也上奏疏，不建议给黄河复道，并强调只要不开工，"可以省朝廷百万之费，休息得数路民力，即合天时地利，下慰舆情"。吕公著的建议虽很有分量，但朝廷依然没有立即作出决定，高太后似乎在考量着整件事对国家的影响。

与此同时，范百禄、赵君锡等人又写了一份更为详细的调查报告。在报告中，他们对之前调查的黄河复道事宜进行再阐述，认为水务官利用减水给黄河复道不过是想要出政绩，对国家毫无益处。但范百禄等人的报告石沉大海，迟迟不见朝廷回应。于是，他们再次给朝廷上奏疏，请求朝廷罢此政绩工程。二十八日，朝廷终于做出回应，"诏罢回河及修减水河"。不过即便如此，台谏官依然认为朝廷会适时重启修河工程。此后，刘安世、梁焘再上奏疏，反对朝廷回河及修减水河。高太后这才下了决心，不再盯着黄河之事了。①

应当说，朝廷给黄河复道之事是一项大工程，也是高太后主抓的一项工程。但谁也没有想到，这个工程会在议定阶段遭受如此大的阻力。高太后也感受到祖宗之法的厉害，这些以天下为己任的士大夫们，只要自己认为对的事，就会坚持下去。

---

① 《续资治通鉴长编·卷四百二十一》。

高太后妥协了。

时间进入二月，又一项棘手的工作，继续困扰着高太后。这就是对谢景温的安置问题。很显然，只要朝廷不罢黜谢景温，刘安世就不会停下弹劾的脚步。在黄河复道之事平息后，刘安世马上给朝廷上奏疏，继续弹劾谢景温。更棘手的是，刘安世在奏疏中指责这一切都是范纯仁在作祟。朝廷自然不能让范纯仁的声誉和岗位受到影响，此时最好的办法就是弃车保帅。于是，朝廷下诏："宝文阁直学士、新除刑部尚书谢景温知郓州。"这等于是将谢景温调离朝廷。这下刘安世该满意了吧？但事实上，刘安世并不满意朝廷此次对谢景温的外调。在刘安世看来，朝廷这么做，是"遽用刑部新衔，搢（缙）绅之间，固有疑论，今乃以不当给之告妄授景温，虽欲阴借称呼，暗累资序，而颠倒错乱，殊失旧章"。朝廷给谢景温的新任命，不过是换汤不换药，不但没有罢黜谢景温，还为他丰富了履历，建议对谢景温"追还景温告命，依例毁抹，所贵名实稍正，纪纲不紊"。这让高太后很恼火：一切都按照你的意思来了，你还揪住不放手为哪般？①

高太后怒斥了刘安世，按说以刘安世的秉性，他不可能轻易妥协，他应该会继续上奏疏弹劾谢景温。只是谁也没想，在接下来的几天时间里，刘安世息声了。原来，刘安世不再弹劾谢景温的原因是吕公著病故了。作为和司马光一起被调回，在司马光去世后又主政两年多的宰相，吕公著对元祐年间的贡献有目共睹。刘安世能在这时候继续进言弹劾谢景温吗？朝廷马上下诏"辍视朝三日"，哲宗、高太后乘坐车舆，到吕公著家中祭奠，朝廷敕有司治葬，并追赠吕公著太师、申国公，赐谥号为正献。

朝廷给吕公著盖棺论定："公著自少讲学，以治心养性为本，识虑深敏，量闳而学粹，苟便于国，不以私利害动其心。与人至诚，不事表暴。其好士乐善，出于天性，士大夫有以人物为意者，必问其所知，与其所闻相参核，以待上求。神宗尝谓执政曰：'吕公著之于人材，其言不欺，如权衡之称物。'上前议政事，尽诚去饰，博取众人之善以为善，至其所当守，毅然不可回夺也。"这个评价应该说相当中肯了，吕公著一生最光辉的岁月，应该就是他在元祐年间任职宰执的时光。他在这短短几年中，没有司马光那样雷厉风行，也不如苏轼那般保持秉性，但他做到了

---

① 《续资治通鉴长编·卷四百二十二》。

左右协调，为稳定国家政权做出了一定贡献。在司马光去世后，高太后对他的倚重也能看出他对国家来说至关重要。从这个角度上讲，给吕公著任何头衔其实都不为过。

当然，朝臣们关注的不是朝廷给吕公著怎样的恩赐，而是随着吕公著的去世，朝廷会不会更张路线。吕公著是司马光路线的最后坚持者，现在吕公著去世，朝廷的平衡会不会再次被打破？范纯仁等人本就对司马光一味否定变法持有不同意见，接下来的日子里，朝廷会不会重新恢复新法？

因此这段时间，官场中人心惶惶，谁都清楚随着吕公著的去世，朝中必然会有一次新的人事大变动。不过，朝廷并未立即进行人事大调整，而是先对人事制度进行革新，之后才调整了一批人员岗位。如："朝散郎、直龙图阁、权发遣庆州范纯粹为宝文阁待制、知庆州再任。""朝奉大夫、集贤殿修撰、知潞州梁焘为左谏议大夫。"其中，最大的人事调整，就是让"尚书左仆射兼门下侍郎吕大防提举修神宗皇帝实录"。其实，在吕公著活着时，吕大防就已经是首相，这时候朝廷让他修神宗实录，就是进一步证实他首相的位置。范纯仁的次相，似乎也是一如既往，朝廷没有因为吕公著的去世，就有人员大换血的打算。

此后，朝廷对其他官员的岗位调整继续推进，不过官员岗位调整总是会引起风波，因为台谏官总是紧盯着这一块。比如，朝廷刚刚给朝散大夫、卫尉少卿王子韶授予太常少卿，右正言刘安世就不乐意了，他给朝廷上疏指出："子韶资性憸佞，行己无耻，熙宁初，士大夫有'十钻'之谚，目子韶为'衙内钻'，盖以其造请公卿之门，不惮寒暑，交结权要子弟，巧于自媒，如刀锥之铦锐也。"这是个为了目的不择手段之人，他结交吕公著、王安石，不断得到晋升。刘安世建议朝廷"斥远佞邪，收还子韶误恩，别择贤者，庶无虚授，舆论厌服"。刘安世连着上了三道奏疏弹劾王子韶，但朝廷始终不予回应。

紧接着，御史中丞李常也上奏疏，弹劾王孝先等人，指责他们"以举大役，耗国财，困未苏之民，事无成之功，使朝廷之上，久疑而不决，妄置官局，枉兴工役，不赀之费已数百万，理水之官，罪在不赦，今置而不问，恐非所以惩有过、戒后来"。王孝先等人为了私欲，鼓动朝廷修河，损耗国家财力，又引起朝中争议。建议朝廷"重行黜降，用示公朝有罪必罚，杜绝他时妄诞希合之弊"。应当及时处置王孝先等人，以正风气。朝廷对此做出了回应，打算下诏让王孝先知曹州。但当这份罢黜王孝先的诏词落到中书舍人曾肇头上时，曾肇却封还词头，拒绝为王孝先写罢黜诏命。在曾肇看来，如果王孝先有罪，就"当明正典刑，重行黜逐"，而不能"置之近辅，不失节镇，使臣于训词褒贬之际，未有以处"。朝廷这样安置王孝先等人，不过是让他们暂避风头，难道修河风波过去之后，朝廷还要重用王孝先等人？曾肇不打算给王孝先等人这样的机会，他驳回了朝廷的旨意。①

既然曾肇不愿意草拟罢黜王孝先的诏命，朝廷遂将此事交给另一位中书舍人彭汝砺，但谁也没想到，彭汝砺也封还词头。高太后震怒之余，只能下诏，让王孝先改知濮州。此后，在对黄履、王觌、傅燮、韩宗古等人的岗位进行调整时，都遭到中书舍人或台谏官的阻拦，让朝廷不得不改变最初的任命计划。

若说台谏官监察朝廷人事调整是主责主业，那么他们弹劾其他官员，就充满了政治斗争的意味。而这时候，台谏官就掀起了一场斗争，参与的人是监察御史王彭年和翰林学士苏轼。准确地说，苏轼是被卷入这场弹劾风波中的。此前，苏轼已向朝廷进言，请求外调，但哲宗、高太后珍惜苏轼才学，没有同意。想不到苏轼等来的不是安身立命，而是对他更加猛烈的弹劾。

二月十五日，王彭年给朝廷上奏疏，指出侍读之人，应该是"端亮忠信之臣，务以道德辅成圣性"，若让"邪伪险薄之人，妄进奸言，以惑天听，臣恐为害不细"。若单纯看这个建议，自然没有错误，皇帝的老师，就要选拔一些品行端正、学富五车的人充当。但王彭年接下来的内容，矛头直指苏轼："翰林学士兼侍读苏轼每当进读，未尝平易开释，必因所读文字，密藏意旨，以进奸说。闻轼言者，无不震悚。所进汉、唐事迹，多以人君杀戮臣下，及大臣不禀诏令，欲以擅行诛斩小臣等事为献。若此言者，殊非道德仁厚之术，岂可以上渎圣聪！轼之性识险薄，以至如是，轼之奸谋，则有所在。窃恐欲渐进邪说，大则离间陛下骨肉，小则疑贰陛下君臣，奸人在朝，为国大患，不即远逐，悔无及矣。原轼之心，自以素来诋谤先朝语言文字至多，今日乃欲谋为自完之谋，是以百端奸谲，欲惑天听。若此人者，岂宜久在朝廷！伏愿二圣深垂鉴照，特行诛窜，以谢天下。"他将苏轼形容成了十恶不赦之人，用自己的歪曲理论误导年少的哲宗。王彭年指责苏轼鼓动哲宗"杀戮臣下"，将苏轼这样的人留在朝中，贻害无穷。

---

① 《续资治通鉴长编·卷四百二十二》。

苏轼尚未做出回应，王彭年再次上奏疏，指出苏轼趁"讲筵读史书之际，怀挟私意，妄论政事，以渎圣聪，欲乞朝廷罢斥施行，至今未闻德意"。王彭年还表示朝廷若不信任自己，可让三省取出讲筵编录，若苏轼给皇帝的讲稿中确有汉、唐"杀戮诛斩等事"，就将苏轼罢黜，若没有就将自己罢黜。王彭年言之凿凿，难道苏轼真在蛊惑哲宗？据《续资治通鉴长编》的记载，苏轼给哲宗的确讲述过汉成帝诛杀官员张禹和唐太宗斩张蕴古的历史。不过这是老师给学生讲述治国理政的故事，怎么看待这种讲解是别人的事情。而给皇帝讲不讲这件事，又是苏轼的事。或许是苏轼认为，这两件事都涉及帝王对臣子的惩处，应该讲给皇帝听。但这偏偏就成了王彭年弹劾苏轼的理由。苏轼对此无可辩驳。

不过哲宗、高太后还是一如既往地对苏轼信任有加，他们不认为苏轼怀有某种恶毒心肠，故意给哲宗灌输一些杀伐决断的负面信息。尽管如此，王彭年的弹劾还是让苏轼很慌乱，经历过"乌台诗案"后，他对士大夫解读各种诗文的本领有了深刻体会。难道还要引发讲课案？有意思的是，不久之后，哲宗到了迩英阁，命讲读官讲《尚书》、读宝训。这次讲课的人是司马光的儿子司马康，他给哲宗讲述的内容是"乂用三德"。而这次，台谏官却没有弹劾司马康。若按照王彭年的观点，司马康的讲授内容也有问题。①

## 台谏官得势

不久，户部侍郎苏辙就给朝廷上了一道奏疏，谈论目前国家机构相互扯皮、重叠的弊端，"体制既殊，利害相远，恐合随事措置，以塞弊源"。苏辙列举了"分河渠案以为都水监、分甲胄案以为军器监、分修造案以为将作监"，三监部门工作重叠、扯皮现象，并分析了朝廷机构多、人员分散、资源得不到有效利用等弊端，建议对目前的一些机构、人员进行整合，实现各种资源的有效利用。户部也上疏，支持苏辙的建议。

这些建议，都源于官员在推行国家政策时遇到的问题，他们在极力矫正着一些

---

① 《续资治通鉴长编·卷四百二十二》。

不合时宜的法令。朝廷要求户部仔细调研，认真制定方案，谨慎做好这件事。

台谏官也注意到朝廷法令的问题，御史中丞李常上奏疏，请求朝廷"命有司检会臣前后所论役法、科场奏疏，详行考按，而诏士民许言二者之利病"。刘安世就目前国家的持续旱情，请求朝廷"彻乐损膳，精诚祈祷，明敕大臣，讲求阙政，申命中外，审决留狱，诸路监司，谨视所部凶荒州县，广为赈济之备"。但他的奏疏被压了下来。

月底时，朝廷颁布市易欠户法。与市易法一样，这依然是对市易进行限制的法令，也可以将其看作市易法的延续。"甲字项，万贯以上五户，千贯以上十一户……丁字项，百贯以上百一十户，余有营运剀纳外，限三年。"①司马光废除市易法时，朝臣都表示市易法对商业打击严重，现在朝廷颁布市易欠户法，是不是意味着朝廷将赋税的目标再次放在了商业上呢？完全可能，自从朝廷更张新法后，冗费的问题日渐突出，青苗钱、免役钱基本被挥霍完了。具体负责花销的部门，不得不思考如何增加国库收入问题。恢复部分法令也在所难免。

三月初七，沉寂了一月有余的右正言刘安世再次向胡宗愈发起了弹劾，刘安世指出胡宗愈"欺君乱法，毁灭廉耻，其罪恶显著，为中外共知者十有二事，臣固已极言之矣"。刘安世表示，他连着上了这么多奏疏，不见朝廷对胡宗愈进行罢黜，这让他"夙夕惭悸，如负芒刺"。惶惶不安中，刘安世指责"陛下即政之初，首开言路，擢用忠良，使在台谏，如刘挚、王岩叟等论蔡确、章惇之罪，则陛下为之罢蔡确宰相，罢章惇知枢密院；又论张璪奸邪，则璪罢中书侍郎；孙觉等论韩缜不协人望，陛下用缜为右仆射才数月，遽令外补；傅尧俞等论李清臣无状，则清臣罢尚书左丞"。这些人被罢黜，都是台谏官监察的缘故。而朝廷罢黜奸邪的这些事，也让四海之内歌颂信服，国内外都认为"陛下用人纳谏，有仁宗之风"。然而三四年过去，朝廷为什么不再坚持原来的做法了呢？②

刘安世还表示，朝廷若不罢黜胡宗愈，那他就辞职。刘安世又指责三省失职渎职，认为朝廷之所以不罢黜胡宗愈，是三省压下了他弹劾胡宗愈的奏疏，请求三省将积压下来的奏疏全部公布出来。紧接着，刘安世以更加坚决的态度，再次请求罢

---

① 《续资治通鉴长编·卷四百二十二》。
② 《续资治通鉴长编·卷四百二十三》。

黜胡宗愈，并请有关部门对胡宗愈的罪责进行审理，若事实证明胡宗愈有罪，就将其罢黜，若证明胡宗愈无罪，则将他自己罢黜。

刘安世拿自己的前途与胡宗愈的仕途做赌注，朝廷不能再充耳不闻了。至少，要在胡宗愈和刘安世之间做出选择。根据惯例，往往这时候，都是宰执主动辞职，朝廷顺势罢黜宰执。不过这次与惯例不一样的是，胡宗愈早就提出辞职，朝廷却没有同意。直到胡宗愈被刘安世不断攻击后，朝廷才艰难地做出罢黜胡宗愈尚书右丞的决定。最终，朝廷调整胡宗愈为资政殿学士、知陈州。

这期间，有件事值得记住，这就是宋代制造的浑天仪完工。最终，经过朝臣们的商议，浑天仪被命名为"元祐浑天仪象"。

三月十三日，中书侍郎刘挚给朝廷上了一道长奏疏，有近四千言，陈述当前国家存在的问题，表达对国家的忠贞之心。当然，也暗含着他个人在中书任职时的无奈。刘挚在任职台谏官时，一直冲在最前面，对待蔡确、章惇、韩缜这些宰执毫不留情，逮着谁咬谁。可自从他进入宰执队伍后，一直无所建树。不过中书侍郎的身份，也注定了他无法做出巨大功业。刘挚在奏疏中陈述了几个方面内容：

一是国家经过几年拨乱反正，"略有成法"，现在能做的，就是"以久远守之为念"。但是朝臣们担心日后高太后还政给哲宗，朝廷会任用奸邪，改变路线。因此，皇帝要"深加省领"。

二是朝廷尽管用了一批新人，推行法令，推动国家发展，但朝中依然有朋党，"在职之吏，不予王安石、吕惠卿，则与蔡确、章惇者，率十有五六"。这就如除草一样，"枝叶虽除，根株尚在"。希望陛下在治理国家的同时，要"常加防察"，不能让这些朋党"造眩惑之谋，文饰奸言，以感激圣意，动摇政事"。

三是朝廷此前开言路、更张新法等举措，都是很正确的，要在接下来的施政中"继体之君，于先朝之政皆不可改"。眼下有人议论，朝廷此前更张新法，是子改父志，这完全是谗言。希望陛下继续沿着当前的路线走，让时间来证明一切。

四是自从司马光死后，朝中"身任其责者少矣"，这不是陛下的问题，实在是小人作祟。希望陛下能够亲贤臣远小人，"体汉昭帝之明，以辨忠邪，使它日奸言异论，不可得而人"。继续"承祖宗之业"，国家必然安宁。刘挚这部分内容似乎有所指。

最后，刘挚在几个贴黄中，指出了他上这道奏疏的原因："外异议之人，日欲摇动陛下之政，不可不察者。"他还表示："法摇动改变者，十之六七矣，近日又将科场一事，摇动荧惑。"

从刘挚的奏疏可知，刘挚发现了朝中风向有所改变，有些人对司马光主政期间的一些做法提出了异议。结合吕公著去世后发生的事，就能发现刘挚的担心绝非空穴来风。他们这批人对新党的打压可谓不择手段，现在吕公著也离世了，如果朝廷风向一旦改变，迎接他们的必然是更大的打压和排斥。因此，刘挚的奏疏代表了旧党集体的担忧。朝廷对刘挚的奏疏没有回应。或者朝廷觉得刘挚是庸人自扰。①

三月十四日，朝廷调整知广州、宝文阁待制蒋之奇为江、淮、荆、浙等路制置发运使，朝散郎、江、淮、荆、浙等路发运副使路昌衡为直秘阁、权知广州。这很快引起刘安世的注意，刘安世表示："南海之地，控制蛮獠，风俗轻悍，易动难安。祖宗以来，择帅尤重，必有绥怀之德，济以肃服之威，使之统临，乃能镇静。"但是路昌衡"人品鄙下，资性残刻，清议不齿，为日已久"，此人还曾为蔡确鹰犬，与蹇周辅辈被人称作"酷吏"，这样的人不适合调任汴京任职。朝廷继续不予回应。②之后，刘安世又上奏疏，指出"夏苗将槁，秋种未布，虽陛下至诚恻怛，祈祷备尽，霈然之泽，终未告足"。而眼下即将到春宴时间，建议朝廷罢春宴。御史中丞李常，中书舍人彭汝砺、曾肇也上疏，请求罢春宴。十六日，朝廷下诏，罢春宴。

也是在这一天，朝廷正式罢免苏轼翰林学士职位，授予其龙图阁学士、知杭州。这是苏轼多次请辞的结果。此前，王彭年弹劾苏轼，已让苏轼无法安然待在京城。于是，苏轼给朝廷再次上了奏疏，指出他多次请辞，朝廷不许，他以为是朝廷"哀怜衰疾，许从私便"。但后来，他从同僚口中得知，"近日台官论奏臣罪状甚多，而陛下曲庇小臣，不肯降出"。结合此前种种，苏轼才明白，他之所以能够继续任职翰林，都是因为哲宗、高太后的厚爱（可能更多是高太后的厚爱，因为哲宗亲政后，对苏轼并未重用）。苏轼认为，台谏官不断弹劾他，而朝廷又不愿意罢黜他，这样只能让朝廷为难。他主动辞职，这样朝廷调整他的职位就合理了。苏轼还表示："今陛下不肯降出台官章疏，不过为爱惜臣子，恐其万一实有此事，不免降

① 《续资治通鉴长编·卷四百二十三》。
② 《续资治通鉴长编·卷四百二十四》。

黜；而不念臣元无一事，空受诬蔑，圣明在上，喑呜无告，重坏臣爵位而轻坏名节，臣窃痛之。"苏轼在贴黄中表示，他本来可以回应台谏官的弹劾，但为了维护朝廷的权威故意不辩论，只请求朝廷将他罢黜即可。只要他离开朝廷，台谏官就不会再利用他做文章了。

话都说到这份儿上了，朝廷也无法再挽留苏轼。外调苏轼的诏书传到给事中赵君锡手中，赵君锡却不同意苏轼离开朝廷。他给朝廷上了奏疏，将苏轼比作"国家雄俊之宝臣"，指出苏轼一旦离开朝廷，憸邪之党"必谓朝廷稍厌直臣，奸臣且将乘隙，侵寻复进，实系消长之机"。赵君锡认为，苏轼到杭州任职，就不能给朝廷效力了。他建议"使之在朝，用其善言，则天下蒙福；听其说论，则圣心开益；行其诏令，则四方风动，奸邪寝谋，善类益进？伏望收还轼所除新命，复留禁林，仍侍经幄，以成就太平之基"。①苏轼也清楚赵君锡的好意，但他决然要离开了。朝廷此时也为难，既然苏轼调任已议定，就不能再变，否则可能会引起刘安世、王彭年等人再次向苏轼发难。为今之计，只能将苏轼外调到杭州了。不过高太后清楚，苏杭地区即便远离汴京，也是人间仙境，苏轼到了杭州一定不会吃亏。

苏轼走了，接替苏轼的人是承议郎、著作郎范祖禹。论学问，尽管他没有苏轼那么博学多才，但也是朝中学问顶流人物。让他出任翰林学士，没有人会反对。事实也证明确实如此，范祖禹有范镇这样的先辈和家族名望，又有司马光的举荐，还有他精通唐史的博学，让他自身就带着无限光芒。

二十四日，朝廷给宰执们分别加了各种"使"的头衔。这是临时头衔，往往是在朝廷举行盛大仪式时加给宰执。这次也一样，朝廷要在秋天举行祭祀仪式，才给宰执授予这些头衔。"左仆射吕大防为明堂大礼使，右仆射范纯仁为礼仪使，知枢密院事安焘为仪仗使，门下侍郎孙固为卤簿使，中书侍郎刘挚为桥道顿递使。"不过由于久旱未雨，三省、枢密院各位长官给朝廷上疏，请求去掉他们头上的各种"使"。与此同时，原定在琼林苑、金明池举办的春宴取消。

此后，朝廷又调整了一批官员职务："朝请郎、礼部员外郎吴安诗为右司谏。朝散郎、权发遣江南东路提点刑狱贾易为礼部员外郎。""龙图阁直学士、知太原府曾布知成德军，龙图阁直学士、知成德军滕元发知太原府，朝散大夫、太常少卿

---

① 《续资治通鉴长编·卷四百二十五》。

王子韶为卫尉卿。""朝奉郎、直龙图阁、知河阳邢恕为集英殿修撰、知沧州。""朝议大夫、直秘阁、知潭州谢麟为直龙图阁、知广州，新除知广州、朝散郎、直秘阁路昌衡知潭州。"这一批人当中，王子韶、路昌衡两人一直受刘安世监督。此前朝廷给他们迁官时，刘安世就反对过，如今朝廷再次给他们迁官，刘安世自然不会善罢甘休。他马上上奏疏，反对朝廷授予王子韶卫尉卿，反对路昌衡除知广州。

在刘安世监察朝廷调任官员时，御史中丞李常则把目光放在了差役法上。李常根据多年的为官经验，发现差役法并非如朝臣们描绘的那般好，差役法对百姓的盘剥远甚于免役法。因建议改差役为雇役。李常请求朝廷派出人员去调查这两条法令优劣，调整目前国家的相关法令。

这个建议本无可厚非。司马光废除免役法，推行差役法，但自从差役法推行以来，对差役法的批评就没有断过，很多有德才的老臣，都发现差役法有问题。只是朝廷的路线是元祐，要恢复嘉祐、治平时期的治国路线，没有人能够抗衡。于是，差役法、雇役法得以参半推行。现在，有人发现差役令有问题，建议让朝廷调查，却引起了刘安世的反对。

刘安世则认为李常这简直是胡言乱语。他将弹劾的矛头对准了李常。刘安世先批评他在弹劾胡宗愈时，李常作为御史中丞没有站在他的一边，与他一起弹劾胡宗愈。又批评御史中丞李常、侍御史盛陶"得性柔邪，秉心不一，昔蔡确用事之日，阴相交结，故常自太常少卿擢为礼部侍郎，旋迁天官，遂拜户部尚书；陶自瀛州通判得替，用为太常博士，寻擢考功郎中，皆由闲冗之中，置诸要剧之任，才能政事，无足称者。为确主张，人不敢论，以至今日，并居丞杂，而又相与连亲，不使回避，阿谀朋党，殊无公道"。① 刘安世再次引出了朋党，这两个字在宋朝有魔一般的力量，很多人都死在了这两个字上。

刘安世还将李常攀附的朋党都罗列了出来，这里涉及七件事，相关人员有蔡确、章惇、谢景温、王安石等。刘安世通过这七件事，来证明李常、盛陶等人是小人，他们在皇帝身边"听纳之间，不辨枉直，任用之际，不察忠邪，黑白混淆，是非杂糅，日复一日，浸生乱阶"。刘安世对同系统的人都不放过，对其他官员的弹劾力度更可想而知。

---

① 《续资治通鉴长编·卷四百二十五》。

刘安世的这种做法看起来不可思议，他没有就新法问题进行辩解，而是攻击提出差役法有问题的官员。这显然是转移注意力，甚至有些混淆视听，不让更多人关注差役法。可能刘安世自己都清楚，差役法的确有问题。不过差役法是旧党赖以生存的根本，一旦废弃，他们在朝廷还有立锥之地吗？因此，刘安世强烈反对废除差役法。这时候，就出现了非常壮观的一幕：台谏官相互咬了起来，这让其他官员很兴奋。不过朝廷对于刘安世的做法并不见怪，他是个固执的台谏官，只要谁得罪了他，就会遭到他的弹劾。只是朝廷没有回应他。

　　到了四月，台谏官之间的争吵暂时停歇了下来。此时朝廷的关注点在干旱问题上。整个春月都处于干旱中。朝廷想尽办法，祈求上天垂怜，能够降下雨来，可四月了，天上依然不见一丝丝雨。持续的干旱，会让夏粮受影响。执政官们很惶恐，宰臣吕大防等人"以旱求罢政"，朝廷自然不允许他们辞职。

　　这时候，朝廷就要想出应对措施。有意思的是，高太后在宰执提出辞职后，没有第一时间与宰执商议对策，而是诏左谏议大夫梁焘入对延和殿。这似乎成了一种惯例，每次朝廷遇到重大事情，高太后都会召见台谏官，与他们商议对策。只是以前两名台谏官入对的制度似乎有所松动，高太后此次单独召见了梁焘。

　　梁焘在奏对时，提了两点建议：其一是重视人才，这是老生常谈的话题；二是"减官俸、罢吏禄，君子嗟悯，小人愁怨，公利所得不多，人心所失已甚"。现在看来，梁焘的第二条理由很可笑，他认为朝廷减俸禄、罢吏禄让天下议论纷纷，这是上天干旱的根本原因。但在一千年以前的宋朝，这就是朝廷失政的例证。高太后自然听进去了。废除减俸禄、罢吏禄的政策只是时间问题罢了。

　　四月初八，中书舍人曾肇上奏疏，建议罢黜与王孝先一起主张给黄河复道的官员张景先。曾肇还指出，王孝先"自都水使者罢知濮州，俞瑾自监丞罢为莫州通判"，张景先却没有受到朝廷罢黜，他呼吁如果"罪同罚异，恐无以示天下"。

　　此后，台谏官相互指责的事情暂时停歇下来。李常、刘安世继续盯着朝中官员，寻找他们在工作中的失误。不久之后，一名官员讥讽朝政的诗传到台谏官耳中，又引起了一场新的斗争，这也直接将元祐党争引向了高潮。

## "车盖亭诗案"始末

这场斗争的主角是前宰相蔡确。自从被罢相后,尽管蔡确偶然会被台谏官弹劾,但他已经远离朝廷,即便他是台谏官眼中的奸邪,已然翻不起多大浪花了。若蔡确一直在地方为官,他的后半生应该平安顺利,再遇到朝廷大赦,他还可能回到中央。

然而,因为强势的性格使然,蔡确到哪里都不愿意放下身段,因此又得罪了一个人,让他在地方任职时也不得安宁。蔡确得罪的人叫吴处厚。

吴处厚,福建邵武人,仁宗朝登进士第,算得上正牌出身的官僚。①然而,即便是进士出身,朝廷授予的官职一般也都是知县之类。此后,会根据他们的业绩,对其进行擢升或平调。吴处厚即便碌碌无为,混吃等死无政绩,也可能会被迁官,因为宋朝有一套完善的官僚升迁系统,熬年限也会熬上去。不过若按照这个路数来,吴处厚的升迁之路就会异常漫长,他自然不愿意熬功名,立志要快速升迁,正如《三国演义》中吕布所说:"大丈夫生居天地间,岂能郁郁久居人下!"可在当时,若无名臣举荐,或者直接得到皇帝的赏识,很难快速升迁。

吴处厚很快就发现了一个快速升迁的机会。当时,因几个皇嗣都相继去世,让仁宗很悲凉。吴处厚觉得自己的机会来了。于是,他就悄悄给仁宗进言:"臣尝读《史记》,考赵氏废兴本末,当屠岸贾之难,程婴、公孙杵臼尽死以全赵孤。宋有天下,二人忠义未见褒表,宜访其墓域,建为其祠。"什么意思呢?其实就是向仁宗说了赵氏孤儿的典故。春秋时期晋景公三年(前597),大夫屠岸贾利用手中权力诛杀晋卿赵盾、赵朔一族。赵氏门客公孙杵臼与程婴密谋,打算保护赵氏一门遗孤。但当时屠岸贾知道赵氏有遗孤,穷追不舍,欲赶尽杀绝。为了保护赵氏遗孤,程婴与公孙杵臼定下苦肉计,决定用自己的儿子代替赵氏孤儿。于是,程婴状告公孙杵臼藏匿了赵氏孤儿。屠岸贾找到公孙杵臼,杀害了公孙杵臼和赵氏孤儿(实际是程婴的儿子)。此后,程婴含辛茹苦,将赵氏孤儿抚养成人。后来,晋景公重寻

---

① 《宋史·卷四百七十一·列传第二百三十》。

赵氏孤儿，程婴才将其身世公布。赵氏孤儿得势后，诛杀了屠岸贾，并打算厚待程婴，不承想程婴认为他的使命已经完成，遂自杀以报公孙杵臼。程婴、公孙杵臼成了正义、忠臣的化身，这个故事也成为各种文艺作品的原素材。

吴处厚给仁宗提及这个典故，目的是迎合仁宗，希望仁宗能够为这两位忠义之士立祠堂，到时候仁宗必然会有子嗣。病急乱投医的仁宗果然相信了吴处厚的话，将其擢升为将作丞，让他寻访两位忠贞之士的墓，为他们立庙。

可做了这一切后，仁宗仍然没有子嗣。吴处厚此前的进言就成了谎话满篇。他的命运可想而知，往大了说，他是欺君罔上。不过朝廷没有处置吴处厚，只是他的晋升之路自此断绝，只能继续在地方任职。不过吴处厚也没有闲着，他一面研究学问，一面窥探时机。后来，蔡确听说了吴处厚的才学，曾经向吴处厚求教作赋。吴处厚与蔡确就有了交集。不过他们都很清楚，这不过是文人之间的交流而已，不会为他们带来真正意义上的政治联盟。政治联盟的前提是彼此之间有利可图。后来，蔡确竟然冲在了吴处厚之前，担任宰相。吴处厚又动了心思，自认为自己与蔡确有"师徒"名分，毕竟蔡确当年还向他请教作赋。于是，吴处厚就给蔡确写了封信，希望蔡确能给他一个高官做做。但蔡确似乎早就忘了吴处厚这个人，没有向朝廷举荐吴处厚。这让吴处厚对蔡确心生怨愤。

说巧不巧，这时候首相王珪发现了吴处厚，推荐他出任大理寺丞。一下子从地方官成为京官，这让吴处厚对王珪感恩戴德。吴处厚起初以为大理寺丞是个掌握人生死命脉的肥差，可真正上岗后，他才发现大理寺丞是个左右为难的官。当时，朝官王安礼、舒亶相互攻击对方，案子判给了大理寺处置。吴处厚知道王安礼与王珪相交甚厚，打算站在王安礼一边，以报王珪对他的举荐之恩。可这时候，次相蔡确让吴处厚放过舒亶。吴处厚本来就对蔡确有成见，没有将蔡确的话当回事儿，于是严厉处置了舒亶。这件事让蔡确很恼火，打算驱逐吴处厚。但由于王珪的举荐，蔡确驱赶吴处厚的计划未能实施。此后不久，王珪举荐吴处厚出任馆职，却遭到次相蔡确的反对，朝廷没有让吴处厚进入馆阁。蔡确第一次打压吴处厚，让吴处厚感受到了得罪蔡确的后果。神宗去世后，蔡确成为首相，第一个打击的对象还是吴处厚。蔡确清楚记得谁对他有恩，谁跟他有仇。随即，吴处厚被调出朝廷，先是被贬知通利军，又徙知汉阳。吴处厚与蔡确之间的嫌隙更加深了一层。

谁能想到，蔡确在升任首相不久，就遭到台谏官轮番进攻，随之被罢相，出知安州。吴处厚任职的汉阳在今天湖北武汉西南，蔡确任职的安州在今湖北安陆，两地相距不远。这样的距离，必然会有公事的来往。但蔡确依然对吴处厚持有一种居高临下的姿态，或许在蔡确眼中，他即便罢相了也是带着宰相光环的知州，与吴处厚完全不在一个级别层次。有一次，按照惯例蔡确管辖的静江厢军要移防吴处厚管辖地汉阳。可到了换防日期，蔡确就是不派手底下人去换防。这就让吴处厚愤怒不已，蔡确对他个人轻慢倒也罢了，对国家的公事也这般儿戏。于是，吴处厚找到蔡确，对蔡确说："当年你在朝中多次打压我，我忍了。现在你也是地方官了，难道还想打压我？"两个人闹得很不愉快。这件事后，吴处厚也想着法儿弹劾蔡确。①

很快机会就来了。有一次，蔡确心里郁闷，便去游览治所附近一座叫车盖亭的山。登山后，心情愉快了很多。为了抒发心中愤懑，蔡确一口气连着写了十首诗。这件事很快被隔壁的吴处厚得知，他派人搞到了蔡确的诗作，看了这十首诗后，吴处厚脸上露出了得意的笑容。他觉得报复蔡确的机会来了。于是，吴处厚提笔给朝廷写了一份奏疏，陈述蔡确的所作所为。吴处厚在奏疏中开宗明义指出："确昨谪安州，不自循省，包蓄怨心，实有负于朝廷，而朝廷不知也。故在安州时，作《夏中登车盖亭》绝句十篇，内五篇皆涉讥讪，而二篇讥讪尤甚，上及君亲，非所宜言，实大不恭。"蔡确对朝廷调其到安州任职有抱怨，写诗讥讽朝政。②

然后，吴处厚就像解剖麻雀一样，逐字逐句对蔡确的诗进行分析，比如，他指出蔡确的诗"静中自足胜炎蒸，入眼兼无俗物憎。何处机心惊白鸟，谁人怒剑逐青蝇"是讥讽执政大臣；再比如，"矫矫名臣郝甑山，忠言直节上元间。钓台芜没知何处？叹息思公俯碧湾"是讥讽朝廷，指责高太后……吴处厚的解剖还有很多，这里不再逐一解读。只是这十首诗夹杂着吴处厚的解剖传到中央后，马上引起了朝臣的重视。尤其是台谏官，他们已经很久没有打压蔡确了，想不到这家伙自己送上门了。

右司谏吴安诗先上疏弹劾蔡确，紧接着，左谏议大夫梁焘、右正言刘安世也纷纷上疏弹劾。梁焘在奏疏中表示："吴处厚缴进蔡确诗十首，其间怨望之语，臣子

---

① 《宋史·卷四百七十一·列传第二百三十》。
② 《续资治通鉴长编·卷四百二十五》。

所不忍闻者。"又在贴黄里表示："士民愤疾，清议沸腾，一日之间，传满都下，不敬不道，自有典刑。"此后，梁焘再上奏疏，指责蔡确："包藏祸心，合党诞妄，上欲离间两宫，下欲破灭忠义，清议沸腾，中外骇惧，以为确不道不敬，罪状明白，朝廷不当有疑而犹豫未断。缘确党与之人牵连中外，恐有专以私匿为心，出力救解，阴启邪说，眩惑聪明。"蔡确是想通过诗作来离间两宫关系，实在是大不敬，建议严惩。梁焘还担心朝中蔡确一党会解救蔡确，建议对蔡确从重从快从严处置。

此后，梁焘再上两道奏疏，指责蔡确在诗中讥讽高太后"不当临朝听政，作为流言，惑乱群听，阴怀奸宄，动摇人心，以为异日诬诞之基。其为悖逆，无甚于此"。在梁焘看来，蔡确"奸贪便辟，险谲阻深，因缘朋党，盗据相位，挟宠用事，公肆矫诬，辜负先帝，人人痛心。若数其罪，诛殛有余"。以蔡确的罪责，杀了他都是轻的。

不过，在梁焘的奏疏中，只是陈述了蔡确、蔡硕两兄弟是奸邪。而在刘安世的奏疏中，弹劾的官员就多了。刘安世先指责蔡确"得性阴险，立朝奸邪"，接着痛斥蔡确利用诗歌"辄怀怨望，借唐为谕，谤讪君亲"。尤其是其诗中"沧海扬尘"之语包藏祸心，违逆之至。刘安世在第二道弹劾奏疏中，指出蔡确的朋党"大半在朝，造播巧言，多方救解，且谓处厚事非干己，辄尔弹奏，近于刻薄，此风寖长，恐开告讦之路"。

至此，蔡确写诗讥讽朝政之事演化为朋党之争，牵扯出一批要职官员。高太后也没想到蔡确的几首诗会引发如此巨大的波动。若真如朝臣所言，蔡确的确应该被严惩，可台谏官弹劾官员时，往往都夸大事实，这她已经看惯了。现实情况是，台谏官因为吴处厚的一份奏疏就吵作一团，可至今她都没有看到原诗。这样不好给蔡确定性，只有看到蔡确诗作，确定他确实讥讽朝廷，才能惩治。于是，高太后令知安州钱景阳收集蔡确的诗作原稿，火速送到朝中。

就在这时候，已经在杭州任职的苏轼听闻了此事，也坐不住了。或许是曾经历过"乌台诗案"的缘故，他对官员诗作被台谏官轮番进攻有恻隐之心——当年他的诗作也是这样被舒亶、李定等人解剖。于是，苏轼给朝廷上了一道奏疏，也不算是为蔡确求情，只是请求朝廷慎重对待这件事，并指出这些诗作可能不是蔡确所作，也许是别有用心之人诬陷蔡确。不过苏轼的奏疏被压了下来。

中书舍人彭汝砺也上奏疏，不是为蔡确辩白，而是请求朝廷仔细审查这件事，不能因为吴居厚的一道奏疏，就给前宰相定罪。若这件事中间有包藏祸心之人别有用心，朝廷不调查清楚就处置蔡确，只会让朝廷陷于不义。

可能朝廷听进去了这些阻止严惩蔡确的建议，没有立即惩处蔡确。

然而台谏官却不管这些，他们继续向蔡确发动攻击。有意思的是，这时候，台谏系统里的官员，对蔡确车盖亭诗作之事也持有不同意见，左谏议大夫梁焘再上奏疏，请求朝廷不用调查蔡确诗作，就可以直接将蔡确下狱。而御史中丞李常、侍御史盛陶也上奏疏，"意乃佑确，实欲罪处厚，而不敢正言之"。他们打算保护蔡确，但又不好明说，只能打压吴处厚。不过，刘安世发现了李常、盛陶奏疏的"端倪"，他上疏弹劾李常、盛陶"目睹蔡确无礼于君亲，而依违观望，曾不纠劾；及朝廷已有行遣，方始备礼一言，而又是非交错，皆无定论"。刘安世固执地认为，这些人已经结成了朋党，想着拯救蔡确。

左谏议大夫梁焘也指出，一些朝臣"有阴进邪说，营救蔡确，及有请罪吴处厚者"。这种言论在朝官中传播，"以谓忠于确者多于忠朝廷之士，敢为奸言者多于敢为正论之人，以此见确之气焰凶赫，贼化害政，为患滋大"。这是蔡确的朋党在混淆视听，干扰朝政。这也是蔡确"敢肆胸臆，极口谤诅，略无忌惮"的原因，建议对这些人都进行打压。

"车盖亭诗案"似乎愈演愈烈，逐渐演变成一种党同伐异的行为。不过朝廷的态度依然很谨慎，对台谏官轮番弹劾蔡确的事暂时不予回应，因为蔡确的诗作尚未传到高太后手中。这时候，朝廷继续处置其他事务，希望以此来转移朝臣的视线。①

五月初，朝廷先召中书舍人彭汝砺转对，彭汝砺给朝廷上了两道奏疏，谈论治国方略。其后，朝廷授予著作郎范祖禹右谏议大夫，依前兼侍讲、充实录院修撰，赐三品服。②或许是朝廷看到了范祖禹的人品，才让他到谏官系统就职。

然而，不久之后，一份从安州传来的奏报，再次将朝臣的视线拉回到蔡确身上。安州奏报称："蔡确所作诗，初题于牌，及移邓州，行一驿，复使人取牌去，尽洗其诗，以牌还公使库。"也就是说，蔡确起初写在牌子上的诗作已被洗没了。

---

① 《续资治通鉴长编·卷四百二十五》。
② 《续资治通鉴长编·卷四百二十六》。

这也就意味着"车盖亭诗案"没有了直接证据，无法给蔡确定罪了。

这让拯救蔡确的朝官松了口气。但蔡确的这种举动也让恨蔡确的人更加愤怒了，蔡确这是销毁罪证，性质更加恶劣。高太后对此也很恼怒。她召见执政，谈论蔡确之事。高太后先问执政大臣："朝中有没有蔡确的同党？"有意思的是，宰执意见不统一。范纯仁认为朝中没有蔡确的同党，吕大防却认为朝中有蔡确同党。刘挚也支持吕大防，认为朝中确有蔡确同党。范纯仁孤立无援。这让高太后很不满意，宰执意见不统一，也就无法给蔡确车盖亭案定性。高太后失望地对宰执说："蔡确事都无人管，若司马光在，必不至此。"现在，宰执更加不敢再议了，只能将各自的奏疏留在了高太后面前。

朝廷没有给蔡确定罪，但给牵扯蔡确案的几个官员调整了岗位。"癸酉，龙图阁直学士、御史中丞李常为兵部尚书，龙图阁待制、吏部侍郎傅尧俞为御史中丞，朝奉大夫、侍御史盛陶为太常少卿，朝散郎、太常少卿朱光庭为侍御史，中书舍人曾肇为给事中。"李常、盛陶确有为蔡确辩护、解救蔡确的嫌疑，他们被罢职言官不为过。这里面最冤枉的人要数曾肇，因为中书舍人彭汝砺为蔡确辩护，曾肇也因此受牵连，被罢中书舍人。

至此，蔡确案本应告一段落了。但五月初九日，已任知邓州的蔡确没有继续沉默，而是主动上了一道奏疏，从六个方面为自己的诗作引发的争议做解释。因原文太长，不再引用。总之，蔡确言之凿凿地表示自己毫无讥讽朝廷之意，只是抒发一点个人情绪而已。

谁都清楚，朝廷在调整了牵涉此案的几个重要人员后，蔡确应该满足，至少朝廷没有处置他。他只需装作什么事都不曾发生即可，既能保住自己不受贬黜，也会避免曾经拯救他的人受灾祸。也就是说，这种事不解释最好，否则会越描越黑，当年苏轼馆阁考题风波就是例证。等耗光了这些台谏官的热情，他们就再也提不起攻击蔡确的兴趣了。

可蔡确不是一般人，他怎能容忍自己被无辜非议呢？他要解释清楚，为自己辩护。然而，这种解释的结果是招致台谏官更加激烈的弹劾。或许在台谏官心中，蔡确本就有罪，他的诗也一定是讥讽朝廷的。他现在上奏疏解释，就是狡辩，就是不认罪，这比沉默不语更可憎。沉默是表示认罪，狡辩就是不认罪。

于是，台谏官再次对蔡确发起了攻击。刘安世斥责蔡确的回奏"虽文过饰非，妄意幸免，而情状明著，可以无疑"。刘安世还表示，他为了证明蔡确有罪，专门去了一趟南阳，并派人将蔡确之前写诗的牌子找到，经过认真分辨，发现了残留在牌子上的内容，的确有谤讪朝廷的意思。由此可以得出结论：蔡确的确用诗作讥讽朝廷，他洗了牌子上的诗作，无非是担心事发。蔡确的这种行为是"惧或流播，故令毁撤，欲以灭口"。建议对蔡确进行罢黜。

此后，左谏议大夫梁焘、右司谏吴安诗、右正言刘安世联合上奏疏，斥责蔡确奸邪，建议重罚蔡确。朝廷似乎想息事宁人，并未回应台谏官的弹劾。

有意思的是，就在台谏官轮番进攻蔡确时，此前为蔡确辩护的彭汝砺也给朝廷上奏疏，请求朝廷详细审查，不可草率下决定。彭汝砺还在贴黄中解释了他不是蔡确的朋党，只是不愿意看见文字狱引发的冤假错案。但他这种为朝廷着想的言论，在台谏官眼中却成了罪证。彭汝砺表示，在台谏官看来若不弹劾蔡确，就是蔡确一党，为蔡确辩白的人，也被划归蔡确一党。这完全是混淆事实，恶意栽赃。应该说彭汝砺的话没有错，台谏官这种做法是人身攻击、道德绑架，只要不与他们意见一致，就被划归为蔡确一党，简直闻所未闻、见所未见。

彭汝砺可能是出于公义，不过他进言的时间不恰当。水会被越搅越浑。彭汝砺的奏疏内容很快被台谏官听闻，刘安世弹劾彭汝砺与曾肇"公然结党"，而范纯仁作为宰相，却不管不顾。争论再次被引发，范纯仁也成了众矢之的。这时候，朝廷必然要做出决策，用来安抚包括刘安世在内的台谏官。①五月十二日，朝廷下诏"蔡确责授左中散大夫、守光禄卿、分司南京"，这是对蔡确进行降级处置了。但彭汝砺也是个执拗的人，朝廷对蔡确的责降诏命颁布后，他封还词头，拒绝为蔡确写责降诏书，还建议"正朝廷纪纲，敦厚风俗，爱惜人才为念，亦赐宽贷，以成盛德"。②

台谏官也没有想到彭汝砺竟公然对抗朝廷，为蔡确辩白。台谏官浑身都如打了鸡血一般充满力量，积极投入战斗。以前是针对蔡确一人，现在至少要攻击蔡确、彭汝砺两人。左谏议大夫梁焘、右司谏吴安诗、右正言刘安世上疏，弹劾彭汝砺是蔡确朋党，指责他是在想尽办法保护蔡确，建议对彭汝砺"诛其奸意，重行贬黜，

---

① 《续资治通鉴长编·卷四百二十六》。
② 《续资治通鉴长编·卷四百二十七》。

庶分邪正，以肃中外"。

朝廷没有处置彭汝砺，却将责降蔡确的诏命草拟工作交给起居舍人、权中书舍人王岩叟，朝廷还专门给王岩叟下了诏命，指示王岩叟要认真对待这件事。朝廷本不打算处置蔡确，但法理难容。希望王岩叟在草拟诏命时，不可怀有私人感情，只需要表达出朝廷的意思即可。王岩叟只能接过这份诏命草拟工作。

与此同时，朝廷对几个台谏官岗位做了调整，让他们出任外官，原因是这些人在刘安世等人弹劾蔡确时保持缄默。"又诏侍御史、新除太常少卿盛陶知汝州，殿中侍御史翟思通判宣州，监察御史赵挺之通判徐州，王彭年通判庐州。"但当这几个人的外调诏书草拟工作落在彭汝砺身上时，他的做法是："不肯草词，亦不封还，但别具奏，并申中书，称疾谒告归第。"

这件事只能再次交给王岩叟。此时的王岩叟已没有了往日担任台谏官时的尖锐，在朝廷的要求下，他只能为这几个人草拟外调诏命。然而，就在罢黜台谏官时，尚书左丞王存又为盛陶等人辩解，并直接指出问题所在："今以不言责御史，恐后来者不择而言，益纷纷可厌。"王存的建议遭到了高太后斥责。朝廷本不想让事态继续发酵，但台谏官梁焘、吴安诗、刘安世、傅尧俞、朱光庭等人觉得朝廷对蔡确责降太轻，继续请求朝廷重责蔡确。右谏议大夫范祖禹也弹劾蔡确："确之罪恶，天下不容，尚以列卿分务留都，未厌众议。伏乞处以典刑，更赐重行窜谪。"

台谏官的呼声很高，宰执中刘挚和吕大防也力挺台谏官。但这并不意味着所有人都同意重责蔡确，至少范纯仁、王存两位宰执不同意，他们也给朝廷上疏，请求朝廷宽恕蔡确。范纯仁继承了范仲淹的秉性，凡事都为朝廷考虑。可这并不代表高太后也同意他们的意见，相反，高太后更倾向于重责蔡确，只是鉴于蔡确是前首相，重责他可能会带来非议，这才让台谏官、三省、枢密院官员讨论处置蔡确的办法。现在，多数人主张重责蔡确，高太后自然也不会留情。

五月十八日，朝廷下诏："蔡确责授英州别驾、新州安置，给递马发遣。沿路州军，差承务郎以上官，及量差人伴送前去，逐州交割；如无承务郎以上，即差本州职官。"英州即今广东省英德市，新州即今广东省新兴县。这两个地方在宋朝时，属于岭南地区，而岭南自古多瘴气，是荒蛮之地。白居易在《送客春游岭南二十韵》中写道："瘴地难为老，蛮陬不易驯。……不冻贪泉暖，无霜毒草春。云烟蟒蛇气，刀剑鳄鱼鳞。路足羁栖客，官多谪逐臣。天黄生飓母，雨黑长枫人。"宋朝的士大夫清楚岭南地理环境恶劣，被贬黜岭南无异于被朝廷抛弃。吕大防等人虽痛恨蔡确，但当他们得知朝廷决定将蔡确贬到岭南地区时，也动了恻隐之心，以蔡确母亲老弱多病无人照顾为由，建议将蔡确贬近一点。这一次，高太后却坚持要将蔡确贬到岭南，还对宰执说："山可移，此州不可移。"吕大防等人不敢再进言。事后，范纯仁不顾个人安危，再次规劝高太后不要对蔡确痛下杀手，高太后不听。范纯仁只能作罢。范纯仁对此很担心，他对吕大防说："此路荆棘七八十年矣，奈何开之？吾侪正恐亦不免耳。"朝廷已经有七八十年没有将官员贬往岭南了，如今这样对待蔡确，日后政治斗争转到新党手里，你我都可能被贬到岭南。①吕大防自然也明白范纯仁的担忧，可事情发展到这一步，已经超出了他们的预料。谁能阻挡高太后的决定呢？

朝廷还特事特办，命人第一时间到安州与蔡确交割，催促蔡确上路。对此，蔡确只能服从。有意思的是，同一天，高太后召见左谏议大夫梁焘、右司谏吴安诗，夸赞他们在蔡确责降问题上立场坚定："卿等于此事极有功，言事每如此，天必祐之。"史料中没有两位台谏官的回应，但他们似乎对蔡确怀有深深成见，不见蔡确死，他们不甘心。

## 旧党驱逐朝中新党

处置完蔡确后，哲宗、高太后在延和殿召见宰执，谈论蔡确责降后朝廷内外的反应。宰执的回答是："确积恶已久，今来罪状尤不堪，须合如此施行，唯是确之朋党，心有不乐者。"朝廷处置蔡确，只有他的朋党不开心。在接下来的谈话中，吕大防、安焘、赵瞻等三省、枢密院长官继续斥责蔡确"奸邪谤讪，罪不容诛"，认为朝廷对蔡确的处置一点也不过分。在这次谈论中，范纯仁、王存没有表态。他们已经被界定为蔡确一党，再为蔡确辩解，可能会落个与蔡确一样的下场。果然，在接下来的谈话中，安焘、赵瞻等人还指出，经过此事可以验证，朝中必然有蔡确同党，请求朝廷对其进行处置。安焘、赵瞻口中的蔡确同党似乎就是指范纯仁、

---

① 《续资治通鉴长编·卷四百二十七》。

王存。

此时，朝廷应该谨慎对待朋党争议。如若不然，最终受损失的必然是朝廷。但高太后似乎对朋党之争充满了好奇，她也认为朝廷确有蔡确同党。随即，在旧党操作下，朝廷对"车盖亭诗案"中牵扯的蔡确一党进行打压："龙图阁直学士李常罢新除兵部尚书，出知邓州，坐不言蔡确，为谏官所攻也。""中书舍人彭汝砺依前朝奉郎、知徐州，坐营救蔡确，并不草确与盛陶等责词，故黜之。""中书舍人曾肇为宝文阁待制、知颍州。""朝散郎、集贤校理、权发遣颍州韩川为太常少卿。"……几乎是对朝廷新党进行了大清洗，朝中官员人人自危，害怕哪天因为说错话，或者干错事而被朝廷罢职。

台谏官似乎不愿意歇着，唯有不断弹劾，才是为国家履职尽责。刘安世继续弹劾路昌衡与王子韶，指责这两人是奸邪，不建议重用他们。随即，朝廷下诏命朝散大夫、卫尉卿王子韶权知沧州。高太后对台谏官的依赖再次显示出来。似乎随着司马光、吕公著的去世，她对眼下这批宰执很不满意。这在高太后召见左谏议大夫梁焘时的一些对话中，可见端倪。高太后对梁焘说："近日行遣蔡确，只为官家及社稷，不为自家。卿等言事尽忠，太皇太后与官家总知，今后常如此方好。"你们台谏官尽管上疏，不要有所顾虑。①这是给梁焘等人交心。

得到高太后的首肯后，梁焘等台谏官又对朝中仅存的一些新党下手了，因为这些人被指为蔡确一党。事态发展到这一步，他们也停不下来了。他们要将朝中的元丰新党全部赶出朝廷，实现清场目的。梁焘在给朝廷的一道奏疏中指出："蔡确辈贪天之功，以为己力，扬言籍籍，自号有社稷大功，当时清议已不能容。太皇保护圣躬，今逾五年，而奸党又阴相造作语言，反覆诞妄，自以为功，以动摇国家顺理安常之势。故忠臣义士不胜其愤，建言乞深治其事，明正其罪，以昭太皇陛下之功德，臣谓可以立辨，不待究治而后见也。"这里面提到了一个重要的词"蔡确辈"，也就是蔡确的朋党。在安焘看来，蔡确一党总是为自己争功绩，这才是奸邪的特征。②

之后，台谏官将目标对准了蔡确另一位党羽邢恕。梁焘这次弹劾邢恕是因为册

---

① 《续资治通鉴长编·卷四百二十七》。
② 《续资治通鉴长编·卷四百二十八》。

立太子之事。当年蔡确操纵邢恕，拉拢高太后的侄子，欲拥立赵颢为皇储，遭到高太后两位侄子的拒绝。最后，蔡确又诬陷赵颢谋逆，还打算杀掉首相王珪，以显示自己的拥立之功。此事前文已有所陈述。梁焘在奏疏中指出，他曾问邢恕当年册立太子之事，邢恕没有直言相告，只是表示他对哲宗有册立之功。梁焘认为册立哲宗的人是高太后，蔡确、邢恕却要抢功，建议将邢恕"乞加诘责，重置严宪，上以明皇帝孝德，昭明太皇大公至正策立之功，下以绝群凶诬诞之奸"。梁焘还弹劾邢恕与司马康相交甚密，当初司马康在修史时，邢恕还建议一定要将蔡确的功绩写进史书。因为与邢恕是同年，司马康信了邢恕的话，在修史时也写了一些蔡确的功绩，这就引来了梁焘的弹劾。这件事让司马康非常懊悔。

刘安世也弹劾邢恕，指出"蔡确、章惇、黄履、邢恕四人者，在元丰之末，相为交结，号为死党"。他们用册立哲宗为太子之事指责邢恕奸佞。刘安世尤其重点说了司马康在赴阙之前，曾与邢恕在河阳有过一次聚会，两人"燕语之次，称赞确等不已，窥其微意，类皆捭阖，盖欲康来京师传达在位，阴与确等谋为复用之计"。在刘安世看来，甚至都不用怀疑，司马康与邢恕一定是朋党。刘安世表示，蔡确已被罢黜，建议对"章惇、黄履、邢恕欲乞并行废斥，屏之远方，终身不齿，所贵奸豪弭息，他日无患"。不过，不管是梁焘还是刘安世，都没有要求罢司马康，这大概与司马光有关。

随即，朝廷下诏，责降"丁忧人前朝奉郎、直龙图阁邢恕候服阕日，落直龙图阁，降授承议郎，添差监永州在城盐仓兼酒税务"。中书舍人郑雍在邢恕的贬黜词中这样描绘邢恕："不师孔、孟之言，专鼓仪、秦之舌，假善类如市道，结大奸为死交，倡为邪谋，眩惑群听。曩从迁贬，未即悛回，肆兴捭阖之言，阴图冀幸之福。凶人既窜，余焰未消，盍正典刑，以清丑驱。"这等于是将邢恕批驳得一无是处。邢恕不敢辩解，表示坚决服从朝廷安排。

看到朝臣尤其是台谏官如此打击新党，排斥异己，范祖禹还保持着清醒，他给朝廷上奏疏，指出朝廷处置蔡确没有错，像蔡确这样的人"叨窃相位，作威作福，欺罔先帝，屡起大狱，排陷善良，故闻确名者，无不震畏"。他受到今天的处分，是他罪有应得。但问题的关键是，眼下朝中有人打算利用打压蔡确，实现排除异己的目的，这就有点过了。那些在车盖亭事件中"偏见异论者"不见得都是蔡确的同党，"若皆以为党确而逐之，臣恐刑罚之失中，人情之不安也"。

朝廷对于范祖禹不合时宜的言辞，当然不予回应。范祖禹因此转而弹劾知枢密院事安焘，还列举了安焘不能为相的三条原因，指出"焘虽无营救蔡确之迹，其实确、惇之党也"。朝廷依然没有回应范祖禹。其实这也是有原因的。此前，安焘被朝廷授予知枢密院事时，曾掀起过风波，很多台谏官认为安焘没有才学，不适宜出任枢密院长官。但当朝廷换了一批台谏官后，安焘就顺利被授予枢密院长官。此后，安焘不断参与到各种朝政中来。尤其是在打压蔡确事件中，让高太后看到了安焘的个人能力。此时，在范祖禹弹劾安焘时，朝廷自然要保护安焘。

与安焘一样，另一位宰相范纯仁也陷入了被台谏官攻击的旋涡。此前，在蔡确问题上，范纯仁明确表示不应过重处置蔡确，因此得罪了台谏官。梁焘开始弹劾范纯仁"阴狠回邪，强愎矫诞，本缘家世，薄有虚名，及在相位，大失士望"。尤其是在蔡确罢职事宜中，范纯仁"最为不忠，无爱君报国之诚，有挟邪朋奸之迹，按状原心，首当退斥"。梁焘认为范纯仁被朝廷不断擢升，授予宰执，应该报效国家，赶走奸邪。但范纯仁在蔡确的问题上立场不明，"自附奸人之党，出力济恶，坐视悖逆，了如无事，及有行遣，更加救解，不顾君臣之义，其不知恩分如此！"。这明显是忘恩负义，故建议罢黜范纯仁。梁焘还指责范纯仁妄图营救蔡确，更加坐实了范纯仁是蔡确一党。①

刘安世也指责范纯仁"备位宰相，固宜以君亲为念，而显助奸慝，极力救解。每对宾客，语及确事，则恻怛颦蹙，悯其非辜；论至处厚，则攘臂切齿，谓长告讦。教导汝砺，使之上疏；及见不肯草制，则与王存再三嗟赏，以为天下乃有此人。又闻进对之际，屡有宽贷之请"。范纯仁是蔡确一党，为了营救蔡确，想尽一切办法，因此他呼吁朝廷"考详典宪，早行罢黜，使邪正辨别"。

此后，刘安世连续上疏，弹劾范纯仁、王存"阴持两端，营救蔡确，乞行罢免"。右谏议大夫范祖禹也弹劾范纯仁"为相一年，日失人望，异口同辞，皆以为政事乖方，除授失当，公道不立，私意多行"。吴安诗弹劾范纯仁、彭汝砺、王存三位宰执，并在贴黄中表示，范纯仁曾经向朝廷举荐过他，按理说他应该报答范纯仁，但为了朝廷大义，他舍小情顾大情，建议罢黜范纯仁等人。

有意思的是，朝廷竟然将台谏官弹劾范纯仁、王存等人的奏疏交给了门下省，

---

① 《续资治通鉴长编·卷四百二十八》。

看门下省的态度。吕大防似乎感觉到一种山雨欲来的恐惧，命人将这些弹劾奏疏存了下来，等待着范纯仁、王存"思省引罪"。①

六月初一，范纯仁、王存"上章乞罢"，但他们的辞职报告皆被留中不出，朝廷既不予答复，也不予驳回，亦不遣使宣押。这就显得朝廷的态度很暧昧。显然朝廷打算罢黜范纯仁、王存，但又不好意思下诏命。于是，高太后召文彦博同执政入对，商议对范纯仁、王存的处置办法。宰执都同意罢黜范纯仁、王存，认为他们营救蔡确，就是蔡确一党。朝廷这才下了决定，当晚，朝廷锁院，让两制官草拟罢黜范纯仁、王存的诏命。事实上，朝廷作出决定后，就有人指出，范纯仁和王存虽是好朋友，但两个人的执政理念并不相同，他们怎么会是朋党呢？但朝廷不听这种不同意见。

六月初五一大早，朝廷宣布："以大中大夫、守尚书右仆射范纯仁依前官为观文殿学士、知颍昌府，中大夫、守尚书左丞王存为端明殿学士、知蔡州。"原资政殿学士、知颍昌府曾孝宽知郑州。②范纯仁、王存罢相后，高太后与宰执就此次罢相有过一次谈话，算是对罢免王存、驱赶范纯仁的一次总结会。在这次会上，高太后一改往日对范纯仁的信任，对宰执说："纯仁差错久矣，初以其有大名，又司马光所甚重，遂用之，不意如此也。盖止得虚名耳。"文彦博更可笑，他附和高太后说："纯仁父仲淹亦得虚名，然比纯仁则有材略。"这不仅仅是批评了范纯仁，连范仲淹也没放过，究其原因，是文彦博不认同范仲淹在仁宗朝实施的新政，由此对范仲淹产生了深深成见。其他宰执在这次谈话中，对范纯仁的评价也可想而知。所幸的是，高太后不相信范纯仁是蔡确一党，只是觉得范纯仁徒有虚名而已。

不管怎样，在赶走范纯仁这件事上，宰执与高太后意见一致：朝廷没有错，错在范纯仁。只是他们都忽略了，范纯仁之所以冒天下大不韪，就是不想让朝廷陷入混乱，任由一种声音摆布。任何时候，若治理国家只有一种声音，必然要出问题。健全的社会，应该是多种声音共存，相互约束，为国家正常发展提供舆论牵制力。然而，在打击蔡确这件事情上，朝廷需要的就是一种声音。范纯仁的反对，反而成了杂音。范纯仁或许是看透了这一层，但他与父亲范仲淹一样，只做自己认为对的

---

① 《续资治通鉴长编·卷四百二十八》。
② 《续资治通鉴长编·卷四百二十九》。

事，而不管结果如何。然而这样带来的后果只能是被罢黜。而一旦高太后对他有了成见，朝廷就很难再调回他了。

这里需要指出的是，范纯仁、王存等一批官员被罢黜，显然是梁焘等人主导的一次倒查清算运动，他们利用手中的权力，借蔡确朋党说辞，驱赶这些官员，排斥异己。因此，打击的面相当宽，很多官员都被卷入风波中。另一些与蔡确、范纯仁等有关系的人，也惶惶不可终日，生怕说错了话、做错了事被朝廷惩治。

此时朝廷高层处于一党独大的危机中，但当局者浑然不觉。

随着范纯仁、王存等官员被罢职，很多要职空缺了出来。朝廷要第一时间给这些要职补充人，来实现两府正常运转。六月初七，朝廷火速调整了部分高层人员岗位。"翰林学士、左朝议大夫许将为中大夫、守尚书右丞。枢密直学士、朝奉大夫、户部尚书韩忠彦为中大夫、尚书左丞，枢密直学士、中散大夫、签书枢密院事赵瞻为中大夫、同知枢密院事。"有意思的是，韩忠彦被授予宰执，台谏官里与他有亲的右谏议大夫范祖禹、右司谏吴安诗、右正言刘安世"皆乞回避"，朝廷竟然下诏"特不回避"，这是破坏台谏制度。范祖禹再次上疏请求辞去台谏官职务，朝廷依然不许。此后，殿中侍御史孙升批评三位台谏官与宰执韩忠彦有亲，应当避嫌辞去台谏职务，但孙升的奏疏被压了下来。

朝廷有意不让范祖禹、吴安诗、刘安世辞职，而不顾及是否破坏台谏制度，这样的事在高太后垂帘听政之初就发生过。因此，除了孙升，其他台谏官对此见怪不怪。梁焘不管台谏官是否要避嫌，他紧盯着新任命的宰执，认为"新除左、右丞，才薄望轻，士论不服"。既然朝廷已颁布任职诏命，已无可转圜，建议"陛下面加戒饬，使尽忠当事，试之岁月，徐观其效，若便仰成，恐误圣意"。对新任命的宰执要多加训导，督促他们尽忠报国。

有趣的是，范祖禹前脚刚表示自己与韩忠彦有亲，后脚就弹劾韩忠彦作为"韩琦之子，琦之所长，一无所有，惟能随时俯仰，观望朝廷，附会权势，以取富贵而已"。被范祖禹一同弹劾的还有许将："二人者，皆风节不立，人望素轻，置之庙堂，无以重国，不惟无所裨益，未必不为回邪，陛下久当自知之耳。"范祖禹弹劾韩忠彦可能是无奈之举，因为此时台谏官都在弹劾韩忠彦，他本身就与韩忠彦有亲，若不站在台谏官一边，就会被认为是韩忠彦一党。这虽看起来有些内卷，但这就是当时韩忠彦、范祖禹的处境。台谏官的弹劾也让接替范纯仁、王存的两位新宰执饱受争议。

好在台谏官弹劾新任宰执的事情，被西夏使者的到来打破了。西夏遣使者入宋，以进贡为名，打算"以还四寨易兰州及塞门寨"。也就是向宋朝索要边境堡寨。或许是西夏高层觉得宋朝刚调整完宰执，需要营造一种安稳环境，他们就故伎重施，妄图索要边境镇寨。若这批宰执能与司马光一样，那些边境上的寨子可能就会交给他们。因此，西夏使者从宋朝接伴使口中探听口风，但被宋朝接伴使回绝。此事很快就传到梁焘耳中。梁焘上奏疏，强调祖宗之地寸土不可割让。又指出此前吕大防还不是宰执时，就曾因为割让边境镇寨问题与范纯仁发生过争执，吕大防主张割让边境镇寨给西夏。现在吕大防独任宰相，朝廷要提防吕大防继续主张将边境市镇割让给西夏。

梁焘在给朝廷打预防针，自然也是反对给西夏割让土地。然而，几天后，枢密院上奏疏，请求将"葭芦、米脂、浮图、安疆四寨"赐给西夏，还建议将那些在永乐城之战中的俘虏交还给西夏，不过兰州、塞门两处不能交给西夏。由此也能看出，朝廷答应给西夏的堡寨，在过了这么久之后，依然没有顺利交割，这些堡寨依然在宋朝手中。这也是西夏不断派使者以进贡之名索要堡寨的原因。

朝廷对此没有回应，因为宋夏关系还未到剑拔弩张的地步，西夏使者只是来探口风而已。朝廷还有重要事情要做，就是给那些空缺出来的岗位补充人员。首先，苏辙由户部侍郎改为吏部侍郎。后三日，改翰林学士。不久之后，苏辙再迁官翰林学士兼吏部尚书。承议郎、直集贤院、起居舍人王岩叟权吏部侍郎。朝奉郎、直龙图阁、光禄卿范育兼权户部侍郎。起居郎兼侍讲颜复兼权中书舍人。①

与此同时，对蔡确一党的打击依然在进行着，刘安世紧盯章惇，用章惇在苏州"贱价买百姓抵当产业"一事弹劾章惇，指责章惇"闲居里闬，而气焰凶暴，官司严惮，宁屈陛下之法，不敢逆惇之意"。建议治章惇之罪。梁焘也弹劾章惇"与民争利，犹以为非"。这次，朝廷对章惇的处置没有蔡确那么麻烦，朝廷只是下诏："章惇违法买田，罚铜十斤，田产改正，差遣候服阕日取旨。"此后，朝廷调整刘安世为起居舍人兼左司谏，这是将刘安世从御史台调到了谏院，还兼任起居舍人职务。刘安世感谢朝廷厚恩，表示要为国家鞠躬尽瘁。

---

① 《续资治通鉴长编·卷四百二十九》。

紧接着，梁焘、范祖禹等人向安焘发起了攻击，他们认为安焘是蔡确、章惇一党，应当予以罢黜，并以安焘母亲年高久病为由，希望朝廷"特给宽假，使之侍疾"。这自然是变相地赶走安焘。对于这些弹劾与建议，朝廷没有回应，因为这些人事牵扯太多。而安焘得知自己被弹劾，便主动提出辞职，但朝廷不允许，还命三省禁止接受安焘的辞职报告。①与此同时，范祖禹又上奏疏，指出范纯仁罢相，右相空缺，建议朝廷不要急着安排人，一定要谨慎选择宰相人选。

此后，安焘给朝廷上奏疏陈情："近为母患病，乞罢明堂礼仪使及知枢密院事，除一在京宫观差遣。"朝廷依然不允许安焘所请，只是给他放了假，让他回家照顾母亲，也暂时远离目前的旋涡中心。范祖禹得知此事后，马上给朝廷上奏疏，请求朝廷接受安焘的辞职。朝廷不再纠结，同意安焘辞职。当然，这只是暂时的。②

至此，元祐四年的大清洗行动告一段落，很多与蔡确有牵连的人都被罢黜。这场政治斗争由"车盖亭诗案"引发，加深了新党对旧党的憎恨，他们开始谋划着反击。而这在将来新党得势时，会引发更大的政治斗争。

## 台谏官与宰执的斗争

赶走了安焘，台谏官的视线放在了朝廷人事调整和施政上。他们按照工作职责，尽心竭力，本着"不放过一个坏人，也不冤枉一个好人"的原则，对朝廷各种任命发表看法。当然，更多时候，是不放过他们认为的"坏人"。不过，有件事很有趣，七月初八，朝廷以天章阁待制、枢密都承旨刘奉世为户部侍郎，光禄卿、直龙图阁范育为枢密都承旨。梁焘支持这两项任命，但谏官刘安世对范育有看法，指责范育"嬖人用事，干挠政刑，子弟失教，闺行不肃，丑声流闻道路"。朝廷站在了刘安世一边，不久就下诏，范育权发遣熙州（今甘肃省临洮县）。

当然，台谏官在紧盯朝廷人事调整的同时，也会给朝廷举荐人才。比如这时

---

① 《续资治通鉴长编·卷四百二十九》。
② 《续资治通鉴长编·卷四百三十》。

候，梁焘就给朝廷举荐了亳州司户参军、徐州教授陈师道，此人在文学史上大名鼎鼎。这次因为梁焘举荐，朝廷就给陈师道迁官了。

之后，朝廷对一批边境帅臣做了岗位调整，这批人当中有刘舜卿等将领。对于帅臣的任命，台谏官没有更深入地参与，因为多数台谏官并不懂军政。不过，只要涉及朝廷官员岗位调整，他们依然有监察权。因此，在这次朝廷调整武将岗位后，台谏官依然有不同意见。梁焘认为刘舜卿多年在熙州为官，抵御西人经验丰富，朝廷不应该轻易换人，让他到远离边境的渭州任职。殿中侍御史孙升对殿前副都指挥使苗授不认可，指出其"久艰步履，屡废朝参，乃即家居，以治军政。且侍卫禁严，岂宜安坐燕私而统率士旅"，希望朝廷慎重使用苗授。随机，朝廷就授苗授为保康军节度使、知潞州，接替苗授的是步军副都指挥使、冀州观察使刘昌祚。

此后，台谏官收回注意力，继续对韩忠彦发起弹劾。范祖禹进奏疏，指出韩忠彦的兄弟韩嘉彦早年间由神宗指婚，与神宗第三女齐国公主订下婚约，韩氏一门已经成为准皇亲国戚，按照制度韩忠彦应该辞职避嫌。范祖禹还指出，他与韩忠彦有亲，"素无嫌隙，但不忍上负陛下任使，不欲陛下有所不知耳"。他之所以建议朝廷罢黜韩忠彦，都是为了朝廷着想，毫无针对韩忠彦的意思。御史中丞傅尧俞也进言，谈论内容与范祖禹类似，认为外界对韩忠彦的任职议论纷纷，建议朝廷慎重处置，以安人心，"伏见近除韩忠彦为尚书左丞，继又以其弟嘉彦尚主，物议藉藉，以为未当"。但高太后依然是不表态。

令台谏官没想到的是，几天后朝廷又给宰执加了各种"使"的头衔："门下侍郎孙固为明堂礼仪使，中书侍郎刘挚为仪仗使，同知枢密院事赵瞻为卤簿使，尚书左丞韩忠彦为桥道顿递使。"这是朝廷要在明堂举行盛大活动时特有的称呼，也是个临时性头衔。对宰执加"使"，也表明了朝廷对韩忠彦等人的认可，即便台谏官弹劾，朝廷依旧会重用他们。

这种盛大仪式准备工作，朝廷也没忘记安焘，此时安焘的母亲已经去世，他在家丁忧守孝。但朝廷依然给安焘加授礼仪使。十天后，朝廷"诏安焘候卒哭起复，特给宣借兵士十二人"。朝廷的诏命颁布后，又引起了刘安世的注意。刘安世认为，安焘丁忧，枢密院就只有赵瞻一人。刘安世引用韩琦任宰相时兼枢密使的旧例，建议朝廷选择合适人选，兼领宰相、枢密使。刘安世这道奏疏有两层用意：其一，如果朝廷按照他的意思来操作，就可以彻底赶走安焘。刘安世清楚，朝廷还想用安焘。若不加以排挤,朝廷会相机调回安焘。现在能做的就是不给安焘机会,只要有人掌管枢密院,安焘也就无法再回到朝廷。其二,他举荐宰相兼领枢密使,意在支持吕大防。尽管刘安世在奏疏中没有明说,但此时能兼任枢密使的人,也只有吕大防一人。

梁焘还建议"特出中旨,委一执政兼权。事干大计,愿留宸念"。不过梁焘在贴黄中表示,宰相兼领枢密使未尝不是一种办法,不过兼领的人员应该有所界定:"宰相以下至右丞,同是执政,皆可兼枢,只在圣意所命,不须全用故事。"右谏议大夫范祖禹则直接给朝廷举荐冯京、赵卨两人任职枢密院。范祖禹在奏疏中指出:"吕大防未为执政以前,人望不及纯仁,自居大位,纯仁顿失人望,是以大防比之差少过失。"吕大防还不如范纯仁有威望,自然不能兼任枢密使。又分析刘挚、陈升之等宰执,最后得出的结论,还是冯京、赵卨两人任职枢密更合适。

这种举荐,自然犯忌。高太后一律不予回应,难道朝廷选一个枢密使需要台谏官来定人选吗?台谏官似乎也感应到朝廷的态度,不再轮番给朝廷举荐枢密使人选了。此后,左谏议大夫梁焘、左司谏刘安世、右司谏吴安诗调转枪头,再次弹劾章惇。他们指责章惇"尝备执政,固宜奉法循理,尊君爱民,而气焰凶悖,劫持州县,贪利无厌,使人失职,原其不畏国法之意,盖有陵(凌)蔑朝廷之心,而所责太轻,未厌公议"。几位台谏官还指出,章惇与蔡确、黄履、邢恕"素相交结,自谓社稷之臣,天下之人指为四凶。若不因其自致人言,遂正典刑,异日却欲窜逐,深恐无名"。请求朝廷公议章惇罪责。台谏官这番操作,是提示人们对新党的打压又要开始了吗?如果朝廷继续打压章惇,必然会导致新的斗争。蔡确被打压的事情尚未过去,现在难道要对章惇继续打压吗?所幸的是,三省吕大防等人还算清醒,他们压下台谏官的联合奏疏不报。①但是八月十四日,朝廷下诏"刘淑特罢祠部郎中;莫君陈罢两浙提刑,与知州差遣"。原因是这些官员没有审理章惇的案子。②

此后,朝廷继续调整人事,一大批官员被调离岗位,比如林旦就被调离台谏系统。在这批调整的人员中还有吴居厚,权给事中梁焘反对朝廷授予吴居厚京东都转运使,朝廷只能改吴居厚"权发遣开封府推官"。另外,朝廷改新除国子监丞王谠

---

① 《续资治通鉴长编·卷四百三十》。
② 《续资治通鉴长编·卷四百三十一》。

为少府监丞。因为王说是吕大防的女婿,台谏官反对授予其国子监丞,吕大防也认为不妥,主动调整了王说的岗位。

不久,朝廷还调整了几位有争议官员的岗位,比如:授予修实录院检讨官、朝奉郎、行著作郎黄庭坚集贤校理。龙图阁待制、知扬州蔡卞知广州。新江、淮、荆、浙等路制置发运使、龙图阁待制蔡京知扬州。刘安世则继续弹劾王子韶、路昌衡差除不当,朝廷不得不改授路昌衡依旧江、淮、荆、浙等路发运使,其新除直秘阁、知潭州的诏命被撤回。

就在台谏官盯住朝廷人事调整时,都水监也给朝廷上奏疏,指出雨季到来,黄河有决堤危险。为此,他们已经开了两道泄洪口子,希望朝廷加派人力,修缮这两道口子。朝廷命河北路安抚司、监司、外使等抓紧时间调查,"限十日具析保明以闻"。

刘安世没有对增加役夫之事发表评论,却建议朝廷"取今日已前应干常平敕令。严责近限,专委户部删为一书,付之有司,悉俾遵守",也就是要朝廷恢复一些已被废除的制度,加大赋税,以此来积攒财富和粮食。一旦朝廷发生灾荒,就可以及时应对。刘安世的建议对不对暂且不说,但恢复一些制度,不免就会对新法予以恢复。难道刘安世同意朝廷恢复部分新法吗?

右谏议大夫范祖禹也表示,今年的收成不错,应该趁着秋收之际,责令有关方面制定方案,"尽以所有之钱,增价收籴,使不至于甚贱伤农,来春谷贵,则减价出粜,使不至于甚贵伤民"。朝廷要及早回收农民手中多余的粮食,储备下来,等到开春时节再出售给百姓,避免到时候商人哄抬物价,让百姓吃亏。这其实就是推行常平仓法。朝廷随机下诏:"户部指挥诸路提刑司下丰熟州县,依条量添钱,广行收籴,仍觉察违慢。"①

如此一来,朝廷囤积了大量的粮食,朝政也处于一种短暂平稳中。八月初一,沉寂了多日的尚书左丞韩忠彦"以弟嘉彦授驸马都尉",向朝廷请辞。但朝廷不可能让韩忠彦辞职,就下诏"引唐王珪故事谕忠彦"。韩忠彦不再主动辞职。

随即,朝廷改熙河兰会路为熙河兰岷路。初六日,朝廷授予权知开封府、龙图阁直学士吕公孺户部尚书;刑部侍郎、天章阁待制顾临权知开封府;给事中赵君锡

---

① 《续资治通鉴长编·卷四百三十》。

为刑部侍郎。①

梁焘再议朝廷冗官问题，指出目前冗官最严重的部门，在三省、六曹、二十四司。他建议精简岗位，整合人员力量，提高办事效率。梁焘的这个建议与司马康回朝时所带父亲的遗稿暗合，司马光在遗稿中请求朝廷"合中书、门下两省为一"。此时梁焘如此建议，旧事重提，不过朝廷并未听取梁焘的建议。若按照司马光的建议，等于恢复到元丰改制之前，这是对神宗元丰改制的破坏，这届宰执班子不敢做此等事，高太后也不愿意这么做。御史中丞傅尧俞也上奏疏指出冗官问题，但傅尧俞并未附和司马光的遗稿，而是主张按照此前孙升提出的办法解决冗官问题。

朝廷依旧不予回应。

八月初十，翰林学士苏辙给朝廷上奏疏，谈论目前黄河泛滥问题。苏辙不主张动用人力物力引黄河复道，但他建议对黄河"故道堤防坏决之处，略加修葺，免其决溢而已"。不过，对于黄河复道事宜，朝廷暂时没有具体指示。但朝廷临时给苏辙安排了一件事，让刑部侍郎赵君锡与苏辙为贺辽国生辰使，少府监韩正彦、光禄卿范纯礼为贺正旦使。尽管是作为宋辽之间的常规邦交使者，但还是令第一次出使辽国的苏辙大开眼界，回来之后，他写了很多出使辽国的文字。

与此同时，按照翰林学士承旨苏颂、中书舍人郑雍的举荐，朝廷调整了徐王府侍讲黄景的岗位，让他担任秘阁校理。一同调整的，还有司勋员外郎何洵直，朝廷让其担任秘阁校理、秘书郎。这次人事调整后，台谏官再次出动了。梁焘上奏疏，指出朝廷授予何洵直秘书郎、秘阁校理，"士论籍籍"，一片哗然。左司谏刘安世、右司谏吴安诗也进言，谈论朝廷不应该授予何洵直馆阁职位。朝廷不得不罢去何洵直秘书郎、秘阁校理，仍旧与郎官差遣。②

有意思的是，有时候朝廷也会因为台谏官的弹劾而进行制度的改革。比如当初谢景温被授予刑部尚书，台谏官反对，朝廷命其改知郓州。按照往常，既然朝廷任职诏命已下达，官员再迁官，就保留原来的头衔，但刘安世坚决反对谢景温带刑部尚书头衔出任外职。十八日，朝廷下诏，"谢景温除权刑部尚书告令缴纳"。也就是说，朝廷下诏收回了此前给谢景温的刑部尚书的任命书。这种做法，在北宋一百多

---

① 《续资治通鉴长编·卷四百三十一》。
② 《续资治通鉴长编·卷四百三十一》。

年的历史中都不多见。①

这是台谏官的胜利，也是政策的偏向。当然，这都不是最严重的。台谏官又盯上了章惇。此前刘安世已经多次弹劾章惇，但朝廷处置了没有审理章惇案件的官员，却没有对章惇进行严厉处置。这在台谏官看来，自然是朝廷有意偏袒章惇，他们不允许朝廷做出这样的举动。台谏官不仅要监察官员，还要监察皇帝。

因此，梁焘、刘安世再次弹劾章惇，指责朝廷对章惇强用贱价夺民之产的罪责"止断罚铜十斤，罚不当罪"。在两位台谏官看来，章惇"悖慢帷幄之前，殊无人臣之礼，交结蔡确，造播奸言，贪天之功，侥幸异日。为臣事君，而处心如此，不忠莫甚焉"。若按照法令，章惇的这些罪责，必然会被施以重罚，或者诛心，或者"投之四荒，始能塞责"，现在朝廷对其"罚金轻典，众谓失刑"，实在不该。

此后，这两人又连续上奏疏弹劾章惇，请求朝廷对章惇进行惩治。尤其是梁焘，连续上五道奏疏，对章惇进行攻击。朝廷最终做出了让步，下诏命章惇"候服阕与宫观差遣"，也就是授予章惇宫观闲职。即便如此，刘安世还是不依不饶，再次上奏疏，认为朝廷对章惇"以宫观授之，是中惇之意，恐不足以当今来所犯之典刑也"。刘安世如此说有根有据，此前章惇就给朝廷上疏请求朝廷授予其宫观之职，逃离斗争的旋涡。但考虑到章惇是枢密使外调，直接授予宫观会显得朝廷对其打压过甚。而现在授予其宫观闲职，就被刘安世认为是中了章惇下怀。刘安世希望朝廷结合他的弹劾奏疏，对章惇"或令降官，或俾分务，但能不失其罪，足以稍正国体"。

刘安世这是不让章惇活了，但朝廷还是有怜悯之心，没有进一步处置章惇。

八月二十四日，朝廷授予宝文阁待制何正臣知饶州（今江西省鄱阳县）。这件事很快吸引了梁焘、刘安世的注意力，他们也将关注的目光从章惇身上移开，开始进攻何正臣。在梁焘、刘安世看来，何正臣品性不正，就像之前的舒亶等人，不务正业，专门蛊惑人心。起初朝廷罢免了何正臣知洪州的职务，他们以为朝廷不会再重用何正臣。想不到短短数月，朝廷就给何正臣复官知饶州。对于何正臣这样的奸佞之人，授予宫观之职就已是开天恩了，现在却要授予其实职，难道要让他祸害地方吗？

---

① 《续资治通鉴长编·卷四百三十二》。

朝廷继续妥协，下诏命何正臣提举洞霄宫。

此后台谏官停歇了下来，他们虽未让章惇再受惩罚，但总能左右朝局，这是他们的胜利。朝廷的工作重心也落在其他事情上。比如三省就给朝廷建议，不久以后的明堂大礼应该按照天圣五年南郊故事施行。再比如，朝廷还远程指挥平息邵州蛮人作乱之事。总之这段时间以来，台谏官屡次进言都完胜，他们在得意之余，也不愿意监察一些小芝麻一类的事情。[1]

值得一提的是，已经在杭州任职的苏轼，也给朝廷上了奏疏，谈论两浙地区有些百姓为了逃避绢税，制造假冒伪劣产品抵税。尤其提到了颜氏兄弟躲在暗处遥控民众同官府作对。苏轼还表示，他及时发现了颜氏兄弟的动机，使用离间法破坏了颜氏兄弟操纵民众、破坏市场秩序的做法。不过苏轼提出，这种事情在地方时有发生，有地方豪强和地方官联手逃税的事情，建议地方官加大监察力度。[2]这对朝廷而言并不是大事，但对苏轼而言，这就是破坏朝廷制度的行为，而且全国各地类似的事情普遍存在，他请求朝廷要注意，制定方案，敦促地方安管履职。

九月初一，右谏议大夫范祖禹沉寂多日后，收集到最新的证据，再次弹劾安焘。范祖禹指责安焘将以前的圣语藏匿起来，不给朝廷上报，导致修史官员无处查询资料。安焘"备位枢密，新承德音，乃敢隐匿，不肯书载，此必包藏奸愿，别有所在。伏望圣慈深察，早赐降付实录院，并三省所闻圣语，亦乞指挥备录付院，一处相照实录编修"。请安焘将私藏的资料交给三省，以作史官编书之用。范祖禹还表示，听闻朝廷要起复安焘，他不支持朝廷这么做，建议"乞罢焘起复，明降指挥，俟服阕日重行黜责"。[3]九月十八日，范祖禹再度上疏，指责安焘私藏圣语八十余日，请求朝廷罢黜安焘。但朝廷似乎没有罢黜安焘的意思。

此后，朝廷要在明堂举行庆典、祭祀等仪式，朝官们暂时放下了彼此的成见，都参与到明堂大礼中来。

---

[1]《续资治通鉴长编·卷四百三十二》。
[2] 谷更有、尹子平：《宋代豪民与官吏勾结对国家的内耗性分析》，《河北师范大学学报（哲学社会科学版）》，2004年7月（第27卷第4期）。
[3]《续资治通鉴长编·卷四百三十三》。

## 明堂大礼风波

明堂大礼中，最忙的是几位宰执。他们前后指点着，生怕出了纰漏。去年时，朝廷就打算举行明堂大礼，结果被极端天气阻断。今年，朝廷要在明堂举行盛大典礼，彰显国威。

其他朝臣也参与到明堂事宜中，官场呈现出一片和谐。

九月十一日，哲宗、高太后及群臣斋于垂拱殿。这是在明堂举行大典前的准备程序。十二日，又在景灵宫举行盛大祭祀仪式。十三日，继续斋于垂拱殿。十四日，朝廷大飨明堂，随即颁布诏命，大赦天下。这是哲宗亲政四年后，再一次举行的盛大仪式，朝廷的恩露遍布全国各地。比如朝廷专门下诏，给已罢职的韩缜、范纯仁、张方平等人"合赐物外，加赐器币"。

同一天，范祖禹进宫奏对。范祖禹的奏疏体现了几层意思：其一，治理国家的方略是坚守祖宗家法。祖宗法度是"因众人之智，稽日累月，讲磨而成，非独出一人之意，取一时之便而已"。这些年来，国家坚持了这些法度，所以才能够长治久安一百三十余年。其二，熙宁变法是王安石没有理解先帝励精求治的本意，变易祖宗旧政，"用意过当，独任私智，悉排众论"的结果。其三，元丰改制"遵用唐之六典"，结果是"自三省以下，无不烦冗、重复、迂滞，不如昔之简便"。范祖禹提出了应对办法，"既以王安石之法为非，惟当修复祖宗旧政，则天下无事"。该恢复的恢复，该罢废的罢废。只有这样，才能"上可以存祖宗经久之法，成先帝制作之意，下亦便于当今之宜，庶使法度不至数变，纪纲不寖隳坏"。

范祖禹为什么在明堂大礼后，上了这样一道奏疏呢？其实原因很简单，他似乎觉察到了，有些朝臣又有恢复新法的打算。他作为司马光的学生与密友，立场与司马光一致，认为新法一无是处。他不允许恢复新法的事情发生，因此在大赦天下的背景下，范祖禹要求，一切要尊崇祖宗之法。朝廷没有搭理范祖禹。

此后，一切逐渐恢复正常。九月二十二日，朝廷调任翰林学士承旨邓温伯为吏部尚书。梁焘立即发起弹劾，指责邓温伯"操履回邪，初依王安石，以橡属为之肘腋；后结吕惠卿，以谏官为之鹰犬。迎合惠卿报怨之意，力挤安石亲党；畏安石复用之势，还攻惠卿过恶。吴充秉政而方用事，故自媚于充而苟合；蔡确擅权而贪天功，故阴济其恶而忘君。盖其性柔佞不力，贪竞无耻，但知附托，巧于进取，忍欺二圣之聪明，甘为强臣之役使，出入朋党，自怀反覆，责之臣节，无忠信可观。乃以宅权衡之地，窃为陛下惜之"。这等于说邓温伯是反复无常的小人，谁有权势他就依靠谁。梁焘还指责邓温伯曾在蔡确被罢黜时，妄图营救蔡确，实在罪不可赦。朝廷只能下诏让邓温伯"别与差遣"。

该赦免的人被赦免，该降级的官员也被降级。朝廷下诏"责授秀州团练副使、黄州安置沈括叙朝散郎、光禄少卿，责授成州团练副使、黄州安置吴居厚叙朝奉郎、少府少监，并分司南京；朝散大夫、监常州茶税贾青管勾洞霄宫，朝奉大夫、监秦州酒税吕孝廉管勾仙源县景灵宫太极观，朝请郎、监海州酒税王子京管勾鸿庆宫，仍并许于外州军任便居住"。这些人原本可以借着明堂赦免而迁官，不承想有人举报他们，因此朝廷不但没有给他们迁官，还对他们进行了罢黜。这些人绝大多数都是支持变法的人，从这次责降也能看出旧党对新党的打压。

但仅仅责降以上几人还不足以打压新党。台谏官继续弹劾他们，权给事中、左谏议大夫梁焘、左司谏刘安世"封驳前诏"，他们认为沈括、吴居厚这些人"附会以见己功，欺罔以乱主听，是为害政，怀奸失忠，幸不加诛，而决可废矣"。尤其吴居厚性格奸邪，一心为私，"虽终身废之，不足以少谢平民"。

刘安世专攻沈括"资禀奸邪，贪冒宠荣，因缘朋党，致位从官"。刘安世指出，元丰年间，沈括邀功生事，带领人进攻西夏，激起战争，最终酿成永乐城之祸，先帝也是在永乐城兵败后加重了病情。像沈括这样的奸邪之人，应该严厉打击，怎么能给他复官呢？希望朝廷收回成命，不要再宽宥沈括。

紧接着，梁焘与刘安世再次联合上奏疏，弹劾沈括、吴居厚、贾青、吕孝廉、王子京等人，认为即便朝廷明堂有大赦之礼，但对于这几个奸邪，不能让他们享受朝廷恩惠，否则，一旦他们重新掌权，一定会对国家造成损害。高太后和宰执们似乎也认为，这一次若朝廷坚持给沈括、吴居厚、贾青、吕孝廉、王子京等人复官，必然会激起台谏官的反弹，只能暂时收回对他们的恩赦，让他们继续被朝廷挂起来。

二十四日，明堂大典正式结束，朝廷下诏，会在不久后到景灵宫天兴殿等行恭谢礼，再到万寿观谢礼。二十五日，朝廷又下诏，要到凝祥池、中太一宫、集禧观行恭谢礼，再去诣醴泉观、大相国寺。

到了这时候，这场历时十多天的明堂大礼才告一段落。文彦博向朝廷进言，请求朝廷推行真宗时期的"文五七条"，用来约束官员品德，朝廷采纳了文彦博的建议，下诏各地要遵守文五七条的规章制度。范祖禹则再上奏疏，谈论国家收支、黄河改道等问题。刘安世也对官员升迁提出了自己的建议。不过朝廷并没有回应他们。①

十月初二，苏辙完成了神宗御制集的整理工作，并将此书敬呈给了哲宗、高太后。吕大防等宰执在高太后面前读了数篇内容。在吕大防的诵读声中，高太后忽然悲痛不已，泪洒当场。吕大防等人安抚高太后："神宗文章自万世不朽，愿少抑圣情。"也就是希望太皇太后不要过度悲伤。②

初三日，朝廷再度调整了一批人员岗位。"己亥，翰林学士承旨邓温伯为龙图阁学士、知亳州。国子祭酒、直集贤院兼徐王府翊善郑穆为给事中。侍御史朱光庭为右谏议大夫，仍并赐金紫。左司郎中、直秘阁黄廉为起居郎。"这次，台谏官没有人弹劾邓温伯，只有刘安世弹劾黄廉。刘安世建议给黄廉"除一修撰之职，处以使者之任，姑俾宣力于外，以杜奸邪幸进之渐"。但朝廷的态度是"不听"。

这自然打击了刘安世，他只好躲到一角去了。

初四日，朝廷又调整了台谏官岗位。"御史中丞兼侍讲傅尧俞为吏部尚书兼侍读。左谏议大夫梁焘为御史中丞。右谏议大夫兼侍讲范祖禹为给事中。起居舍人兼左司谏、宣德郎刘安世迁通直郎，为左谏议大夫，仍赐绯。太常少卿、集贤校理韩川为侍御史。著作佐郎司马康为右正言兼侍讲。左司谏吴安诗为直集贤院兼侍读。"从这份人员调整名单中可知，傅尧俞、范祖禹、吴安诗被调出台谏系统，司马康则被调入台谏系统。

此调任书一下，范祖禹有些不安，此前他已经向朝廷多次上疏，请求朝廷处置一些棘手问题，尤其是最近又有人鼓动朝廷兴大役，修复黄河故道，这是他最放心不下的问题，一旦修复黄河大役启动，必然会带来各种问题。在台谏系统任职时，他可以上奏疏反对，现在朝廷将他调离台谏系统，再进言多有不便。因此，范祖禹

---

① 《续资治通鉴长编·卷四百三十三》。
② 《续资治通鉴长编·卷四百三十四》。

认为，在他还未卸任台谏官前，要将没有表达的意思说出来。于是，范祖禹马上给朝廷上奏疏，阻止朝廷兴大役修复黄河。朝廷依然不予回应。此后，中书侍郎傅尧俞也进言，以役工数额大、国家负担沉重为由，建议"直罢回河司，留孙村口准备分减涨水，便令检计北流紧急堤岸，疾速修完，不致疏虞。候三五年，更看河势，然后别议，则两边俱无所失，上下安乐，可以存全河北生灵，变祸为福，其利无穷，在陛下神断一言而已"。但朝廷依然不予回应。①

如此，范祖禹带着遗憾离开了台谏系统。不过，牵扯黄河之役的事情并未结束，朝臣与台谏官继续就此问题展开争论。他们争论的内容有很多方面。梁焘等人不反对修复黄河，他们担心的是修河所需物料太多，给百姓带来巨大负担。事实上，他们早就发现地方官在征调时，又多盘剥百姓，给百姓造成很大骚扰。建议朝廷约束"逐路监司及都水官吏"，若真有需要修河所需物料，应该报给朝廷调拨；需要向地方征集的，也得出资购买，不得无故给百姓强加赋税。殿中侍御史孙升也就征调物料问题发表意见，认为朝廷兴大役修复黄河故道，需要很多物料，有些人就看到了赚钱的机会，他们会利用朝廷采购、征集物料之机，骚扰民间，横征暴敛。因此他建议"遣使人密行体访，人户有无非理骚扰之患"。

朝廷依然不予回应。

台谏官也就不再就修复黄河物料征集、购买发表意见了，他们转而表达自己的忠心与委曲。刘安世进言，指出"人臣所以献于天子前者，莫非精思熟虑，而自以为不易之言也。虽人之才智大小远近之不齐，而其所论未必皆至于尽善，要在君、相推至公之心，择所长而行，则天下几无遗策矣"。我们台谏官每次进言，都是经过深思熟虑的，不会贸然进言，如今"二圣临御"，要做到"开广言路，以防壅塞"。刘安世指责朝廷把台谏官的奏疏压着不报，让一些核心内容传不到太后、皇帝跟前，建议三省将台谏官的建言分门别类，做好登记，一些有用的建议应当敬呈。但刘安世的奏疏再次被压了下来。

十月十八日，明堂大礼的恩惠政策继续推行，这次针对的是皇亲国戚，后宫里的太后、皇后、妃子等都得到了封赏，连同她们一起封赏的还有她们的父母、兄弟。对于这种事，朝臣们没有任何意见，这等同于皇家私事，他们也不能过多

---

① 《续资治通鉴长编·卷四百三十五》。

干预。

　　同一天，朝廷收到了已在杭州任职的苏轼的进言，谈论的内容是取士改革问题。苏轼认为，以前朝廷都以经义取士，现在改成"诗赋、经义各五分取人"。苏轼觉得，这样做会给朝廷带来新的问题。若按照目前的政策取士，那么取上来的人并不一定会有真才实学。另外，在给各地划分解额时，苏轼也认为多有不公。他建议朝廷在调查各地实际情况后，再做出解额分配。朝廷没有回应苏轼的建议。

　　十九日，朝廷下诏，命前正议大夫、知枢密院事安焘起复正议大夫、知枢密院事。安焘似乎清楚，他的每一次任命都会掀起波澜，于是主动请辞，朝廷选择同意安焘的辞职。不过给安焘的新岗位尚未确定，安焘也就暂时没有具体工作。

　　由于安焘自己态度好，台谏官也没有继续弹劾安焘。

　　此时，另一件棘手的事情摆在了朝廷面前，这就是给西夏割让西北四寨的问题。按照之前朝廷的计划，要将西北四寨还给西夏，以此换取两国之间的和平。但如何割让却难住了边境守将。环庆路经略使范纯粹向朝廷进言，指出若割让四寨，就要将四寨及其周边的百姓内迁。但内迁的途中，西夏必然会派出士兵来抢夺人口、生产物资，造成混乱，"虽朝旨戒约，如四寨迁移未绝，不得辄有侵犯，窃恐至时未肯遵依。其本路废寨城内，官私物色及人兵、百姓，固未能便至伤夺，所有弃地内住坐汉蕃弓箭手约九百余户，散在郊野，逐家当此丰年，皆有窖藏斛食，又各有土棚屋室，彼既以人马相临，利在抄夺，岂容皆尽迁移？"且西夏已派人对接，要求他在十一月十日前交付人口、城寨。而现在已经是十月后期，到十一月初十，很难将四寨所有人迁至内地。因此请朝廷制定具体应对措施。

　　这种情况下，朝廷只能下诏："安疆寨外汉蕃人户，并依所乞先次迁移，即不得匆遽，却致人户惊扰。其葭芦、米脂、浮屠寨外，如有住坐人户，亦令依此施行。"①应当说朝廷的这道诏命虽有指导性，但具体操作方面依然有很多不明确的地方，这等于还是将迁移人口、物资的皮球踢给了范纯粹。他只能相机行事，等遇到问题再向朝廷请示。

　　不久，已在三省任职的给事中范祖禹继续给朝廷上疏，陈述不应该修复黄河。这是他调离台谏系统后，一直心心念念的事情，若朝廷没有定论，他会一直关注这

---

①《续资治通鉴长编·卷四百三十四》。

件事。范祖禹在奏疏中表示:"今河役不息,功费渐大,恐修河司须索不止于此,朝廷若不罢河役,则无不应副之理,门下亦无由不行下。"他希望"早罢河役,以幸天下,以福生民。其修河司兵夫、物料,可就用修塞诸处决口,委外都水使者渐理北流隄防。如此,则数路人心必安,此乃管仲相齐威公转祸为福之计也"。①

范祖禹的奏疏继续被压了下来。

十一日是冬至日,哲宗、高太后没有上朝。但冬至日应有的礼仪没有少。也是在这天,龙图阁学士、知杭州苏轼给朝廷上了《论役法差雇利害起请画一状》。看题目就知道这道奏疏论述的是雇役、差役两条法令的利害。苏轼的奏疏很长,指出了差役、雇役两法,以及衙前招募和役钱征收的弊病缺陷。又结合差役、雇役两法,指出地方官在推行法令时,与各种利益集团相勾结,共同盘剥百姓。按说苏轼已经被罢去朝官,不应该管朝廷法令设计,只需负责法令的推行。但苏轼作为以天下为己任的士大夫,当看到朝廷法令有问题时,不会沉默不语。即便可能会因此招来弹劾,他依然有话要说。需要指出的是,苏轼的论述往往都结合地方实际,用实际例子来陈述事实,这样就使得奏疏有根有据,不容反驳。由于这道奏疏事关重大,台谏官也不敢就此发表议论。

遗憾的是,尽管苏轼写得如此缜密中肯,朝廷却反应冷淡。

十四日,苏轼再上《乞赈济浙西七州状》。上一道奏疏是请求朝廷注意差役、雇役的弊端,这道奏疏则是向朝廷报灾的。苏轼在奏疏中指出,江南发生严重自然灾害,两浙受灾最为严重。苏轼表示,他已经组织百姓开展自救,但由于江南受灾严重,米价飞涨,百姓买不起粮食,饥饿困扰着江南大地。苏轼希望朝廷多拨付钱财,用来帮助百姓渡过难关。苏轼还在奏疏中表示,江浙地区存在钱荒与群党集结贩卖私盐的问题,他已就此问题进行了处置。②这件事也被写入苏轼的传记中,成为他在地方为官时的重要政绩之一。应当说,苏轼是一位有担当的官员,不管在中央还是地方,他都能尽职尽责。"乌台诗案"后,他对普通百姓有了深刻理解,这也成为他人生蜕变的重要标志。朝廷按照苏轼的要求,拨付了钱粮,用来支持苏轼的救灾工作。

---

① 《续资治通鉴长编·卷四百三十五》。
② 《东坡全集》卷五六《乞赈济浙西七州状》。

江南灾害处置完毕后，朝廷打算调整宰执人员。自从安焘罢职，范纯仁、王存外调，宰执岗位已经空缺日久，需要选几个有资历、有威望的官员进入三省、枢密院。于是，高太后召御史中丞梁焘、左谏议大夫刘安世进对延和殿，商议宰执人选。这显然不合礼制，国家选宰执，高太后理应先听取首相吕大防的意见，若不听取吕大防的意见，也可以征求文彦博的意见。但高太后没有召见这两人，而是召见现任的台谏官，让他们给朝廷举荐人才。两位台谏官举荐的人才是吏部尚书傅尧俞、翰林学士承旨苏颂。

高太后也认可两位台谏官举荐的傅尧俞。十七日，朝廷下诏，授予正议大夫、守门下侍郎孙固为光禄大夫、知枢密院事，中大夫、守中书侍郎刘挚为守门下侍郎，朝请大夫、试吏部尚书傅尧俞为中大夫、守中书侍郎。臣僚对朝廷这次人事调整没有反对，不过在官员队伍中依然有杂音，因为比这三个人优秀的官员大有人在，朝廷偏偏听取两位台谏官的建议，选用了这样三个人出任宰执。不过这种呼声总是微弱的。

此后，朝廷进入一年的总结阶段，很多部门开始总结这一年的工作成效，梳理存在的问题。同时，新的工作也在稳步推进中。枢密院给朝廷进言，兰州临近黄河，如今进入冬季后，黄河冰冻，西夏可能会骚扰宋朝边境，建议加强戒备。于是朝廷下诏，命范育根据以往黄河结冰后的先例，派将士到兰州、定西城等处守御防备。不久之后，四寨交还给西夏，西夏也归还了宋朝在永乐城之战中被俘虏的一百多号人，朝廷下诏，命"赵高将夏国送还永乐城陷没人口一百五十五人，各支与盘缠及衣装，分作三番，差使臣管押发来赴阙，仍沿路许于驿舍安下"。至此，困扰朝臣多年的西夏四寨的问题终于落下帷幕。宋朝将熙宁年间拓边行动中，用数十万人性命换来的四寨交还给了西夏，而作为条件，西夏只是将一百多名俘虏交还了回来。这是在讥讽王安石，还是在羞辱宋神宗？！

紧接着，朝廷又调整了一批人事。"枢密都承旨王岩叟除中书舍人。""朝奉郎、试太常少卿韩川为左朝散郎、直龙图阁、枢密都承旨。左朝请郎、秘书少监林旦为直秘阁、太仆卿，知明州、左中散大夫、直龙图阁王汾为秘书少监。权京西路转运使、朝请郎王子渊知明州。权发遣淮南路转运使、朝请郎彭次云徙京西路。权梓州路转运副使、朝奉大夫吕陶徙淮南路。寻改成都府路。"

这批人履历丰富，林旦、吕陶、韩川是前台谏官，他们的迁官没有引起台谏官反对。只有时孝孙遭到了刘安世的弹劾。刘安世指出，"孝孙资禀倾邪，巧于仕进"，他结交王安石、曾布、邓绾、蔡确、何正臣等人，为官不为，建议"追还新命"。朝廷采纳了刘安世的言论，改孝孙改差权知鄂州（今湖北省武昌区）。①

## "奶娘事件"引发的争议

十二月初一，朝廷对原枢密使章惇进行降级处置。这是因为刘安世等人再次弹劾章惇在苏州期间强买民田。章惇被降授通议大夫、提举杭州洞霄宫，还是宫观闲职。章惇尽管很愤怒，但只能接受这个结果。比起蔡确来，他还是幸运的。②

朝廷处置完章惇，台谏官又开始盯着其他方面的问题。比如右谏议大夫范祖禹得知高阳关路兵马钤辖兼河北第六将杨永节请求回家守制，被边关将领拒绝了，他认为这是不人道的举动，"夺服之礼，本非古法"，不管文臣武将，父母去世，都应该回乡丁忧守孝。范祖禹建议："今后大使臣以上丁忧者，虽系沿边任使，并解官行服；如遇有边事，即许本路奏留，系自朝廷指挥，庶使武臣皆知礼法，有益风教，而缓急藉才，亦不失金革从权之制。"如今四海承平，不让武将回家守制，就违背了人伦。范祖禹的建议有没有道理呢？当然很符合人伦，也是国家推行孝道的表现。不过宋朝自立国开始，边境低官阶将领父母去世后，不得回家丁忧守制是祖制，难道范祖禹要违背祖制不成？

朝廷依旧对范祖禹的建议不予回复。

梁焘也没有闲着。他紧盯着国家各个方面的问题，不断向朝廷进言。不久，三省、枢密院给高太后上奏疏，指出朝廷修复黄河时，动用人力数十万，造成国家开支巨大。朝廷马上下诏："令修河司且开减水河，其差夫八万人，于数内减作四万人，充修河工役；于李君贶等裁定差夫内，共减作一十万人，令修河司通那分擘役使，余依前降指挥。"也就是说，朝廷对修复黄河故道之事一直很支持，只是不建议投入如此多人力。梁焘反对朝廷这么做，建议"罢修减水河，以存朝廷将来之

---

① 《续资治通鉴长编·卷四百三十五》。
② 《续资治通鉴长编·卷四百三十六》。

利，不重朔方今日之患"。随即，梁焘又向朝廷进言，请求朝廷恢复祖宗之法，通商广财。原因是"方今商旅不行，国家财用匮乏"。经过这几年的折腾，神宗时代积攒的财富基本被挥霍完了，如今国库空虚，需要朝廷重开商路了。

此后，梁焘又进言，指出监察御史阙员已久，请求朝廷补充谏官队伍。朝廷这次立即回应梁焘的请求，随即下诏，让"御史中丞举官二员，两省谏议大夫以上未曾举监察御史，同举二员以闻"。

此时，也是朝廷各种政事收尾之时，但依然有很多新问题需要立即解决。人事调整成为重中之重。一些官员需要晋升，也有些官员被朝廷格外青睐，迁官现象也多发生在此时。比如，朝廷调整龙图阁直学士、中散大夫、知河阳陈安石为左中散大夫，依前职知邓州。殿中侍御史孙升认为陈安石年纪太大，应该致仕，但陈安石迟迟不辞职，这是"贪冒无耻，坐尸厚禄"的表现，建议罢免其官职，授予一闲职，让其养老。朝廷就让其提举崇福宫。之后，朝廷又调整右朝请大夫、仓部郎中张安上权知齐州，朝散大夫、提点开封府界诸县镇事范子谅为右朝散大夫、仓部郎中。

宰执除了做好本职工作外，也在给朝廷举荐人才。知枢密院事孙固、门下侍郎刘挚、尚书左丞韩忠彦等人向朝廷举荐仁宗朝石介子孙，"赐以一命，使获薄禄，不坠厥世，以副圣朝崇奖善人之意，而为天下守忠义者之劝"。元祐五年（1090）正月，朝廷"录石介子师中为郊社斋郎"。①

刑部、礼部等部门也都有各种政事上奏，请求朝廷做出批示。高太后又陷入一种忙碌局面中，不过经过这几年的历练，她已然习惯了这种忙碌。很多政事也都处理得井井有条。

十二月二十八日，朝廷授予宝文阁待制、知颍州曾肇知邓州。此事很快传至刘安世耳中，他立即给朝廷上疏，指责曾肇"资禀奸回，趋向颇僻。昨来蔡确谤讪君亲，天下臣民所共疾怒，而肇倡为邪说，惑乱众听，以至捭阖执政，欺罔同列，苟有可以救确者，靡所不为"。曾肇在地方任职才半年时间，朝廷就调整他的岗位，如此做只会让曾肇之流"气焰凶愿，小人浸长"。此后，禁不住台谏官的弹劾，曾肇主动辞职。朝廷不得不改命曾肇知齐州（今山东省济南市）。

---

① 《续资治通鉴长编·卷四百三十七》。

当然，以上这些不过是年底的一些"零碎"政事，尽管有台谏官的各种弹劾，依然只是鸡毛蒜皮。接下来发生的这件事，才是吸引所有朝臣眼球的大事。

这件事来自民间。元祐四年（1089）冬，刘安世的兄长夫妇生下了孩子，但由于刘安世嫂嫂没有母乳，刘安世的兄长便让牙婆在汴京给小儿找乳母。然而，一个月过去了，牙婆依然找不到合适的乳母。焦急中的兄长将此事告诉了刘安世。这就让刘安世很气愤，牙婆这完全是拿人命不当回事儿。因此，刘安世作为家里的主事人，严厉批评了牙婆。他责问牙婆为何这般拖延，牙婆的回答让刘安世简直惊掉了下巴："不是我故意拖延，实在是朝廷也在找乳母，每天有十多个人被选入宫中，所以汴京城里找不到合适的乳母。"刘安世说："你简直胡说八道，陛下尚未册封皇后，也就是说不会有皇子出生，朝廷怎么会贸然找奶娘？"但牙婆表示，整个汴京城的角角落落都在传这件事。刘安世看到牙婆一副理直气壮的样子，心里也发虚。于是，刘安世就询问了有司人员，发现皇宫确有找奶娘之事。

刘安世清楚，有司衙门不敢欺骗他。既然朝廷找奶娘事情是真的，就说明宫中可能将有小孩儿诞生。刘安世一脑门子疑窦：后宫里的男人只有少年天子，他已十三四岁了，渐通人事，谁又能保证不是他临幸了某位侍女，导致其生下了孩子呢？外界对此传得沸沸扬扬。

不管真相如何，仅凭朝廷找乳娘就可以确定宫中将有婴儿降生。作为监察官，刘安世怎么能允许这样的事发生呢？于是，刘安世给朝廷上了一道奏疏，指出："乃者民间喧传禁中见求乳母，臣窃谓陛下富于春秋，尚未纳后，纷华盛丽之好，必不能动荡渊衷，虽闻私议，未尝辄信。近日传者益众，考之颇有实状。臣忝备言职，当谏其渐。"这是外界的传言，臣作为言官，捕捉到了信息，询问朝廷找奶娘做什么。若只是单纯询问，倒也无不妥之处。可刘安世在奏疏里又指出，外界传言，婴儿是哲宗与某位侍女所生。刘安世还表示，若真如外界所言，太皇太后您要重视，严加管教哲宗，"无溺于所爱，而忘其所戒，则天下幸甚"！

刘安世的奏疏递进去后，高太后没有回应。这也能理解，这种事好说不好听。刘安世也没有继续追着不放，他似乎在给朝廷时间，让朝廷对他进行回复。

这时候，范祖禹也听说了此事。此时范祖禹已是给事中，主业不是论述政务得失。但宋代士大夫以天下为己任，他们认为该上奏的内容，绝对不会含糊。更重要的是，范祖禹曾经是哲宗的老师，他认为自己有资格也有责任给朝廷进言。

于是，范祖禹直接给哲宗写了一道奏疏，先指出了哲宗继位以来"端拱渊默，专意学问"，少有差失，这是国家的福气。同时，范祖禹又提出，在哲宗继位这几年里，高太后对国家的贡献最大，她"勤济艰难，斥退凶邪，登进忠良，诏令所至，百姓欢呼鼓舞。数年以来，中外晏然，北狄西戎，无不顺从"。他强调哲宗应该报答高太后。当然，这些都是为接下来的内容做铺垫。范祖禹认为哲宗报答高太后最好的方式，就是"进德爱身"。紧接着范祖禹表示他听闻"后宫已有所近幸，臣初闻之，不以为信，数月以来，传者益多，或云已有怀娠将育者"。这种谣言让人很不安，范祖禹指出："陛下未建中宫，而先近幸左右，好色伐性，伤于太早，有损圣德，无益圣体，此臣之所甚忧也。"过早宠幸女色，这会有伤龙体。范祖禹还列举了汉成帝、唐太宗的事例来佐证自己的观点。范祖禹最后很隐晦地指出，他近来观察哲宗的气色，发现皇帝气怯，这明显是纵欲过度所致。范祖禹希望哲宗能够好好爱惜自己，好好学习治国之道，做一个明君。

范祖禹给哲宗上的这道奏疏，内容很隐晦，大量的篇幅都是在劝导，指出君王好色会影响国家兴衰。因为是给皇帝上的奏疏，内容多点到为止，没有做更多的利害讲解，希望皇帝洁身自爱。

然而，范祖禹在接下来给高太后的奏疏中，语气就没有那么友好了。范祖禹在奏疏中指责高太后对哲宗关心不够，让皇宫找乳母事件流传出去，如今外界传言沸沸扬扬，"皆谓皇帝已近女色，后宫将有就馆者，有识闻之，无不寒心"。范祖禹重提章献明肃皇后刘娥保护仁宗的办法："自即位以来，未纳皇后以前，仁宗居处不离章献卧内，所以圣体充实，在位最为长久。"仁宗小时候，刘娥就在她的卧室旁边设床，让仁宗睡在自己身边，对仁宗的饮食起居悉数过问，这才有了仁宗皇帝健康的体魄。反观太皇太后您的做法，对哲宗简直不管不顾，才会有哲宗与宫女做出此等丑事，败坏朝廷的名声。坊间传闻绘声绘色、添枝加叶，让哲宗声誉受损，主要的责任人是高太后。范祖禹希望太皇太后与太妃一起商量，借鉴刘太后的做法，预防皇帝与侍女们走得太近，如若不予制止，"女色争进，数年之后，败德乱政，无所不有，陛下虽欲悔之，岂可及乎！"①。

两位大臣挑明了这件事，此事关涉皇家名誉，朝廷若继续充耳不闻，任由官员

---

① 《续资治通鉴长编·卷四百三十六》。

纠弹，可能还会引发连锁反应。为了及时止住此事的传播，高太后在某天退朝后，留下了首相吕大防，对吕大防解释道："刘安世有文字言禁中求乳母事，本是善意的提醒，但刘安世并不知道朝廷为何要找奶娘。皇宫确实在找奶娘，但并不是因为哲宗宠幸侍女产下了婴儿，而是为神宗最小的公主找奶娘。哲宗就睡在我身边，他怎么能宠幸侍女呢？卿回去之后，可以将事情原委告知刘安世，不要让他再上疏谈论此事了。"

这件事却让吕大防为难了，因为按照制度，宰相和谏官不能串通谈论政事，否则可能会被人指责宰相结交台谏，形成朋党。不过高太后不管这些，她问吕大防："如若不给刘安世解释清楚，他继续进言怎么办？"这其实也是吕大防最担心的，刘安世虽说是出于公心，但他是一根筋，认准了的事，一定会不断进言，直到朝廷妥协为止。必须在此事尚未形成更大舆论风波前，及时制止传播，消除影响方为上策。因此，吕大防说："臣知道范祖禹在修撰神宗实录，臣几乎每天都要路过实录院。一会儿臣就将朝廷找奶娘的原委告知范祖禹，让他给刘安世解释。"高太后依然不放心，因为范祖禹也上奏疏谈论后宫找奶娘事件，她担心范祖禹不听吕大防解释。不过这也是目前最好的处置办法了。当天吕大防便将原委告知了范祖禹。范祖禹听从了吕大防的建议，通过朱光庭给刘安世解释，可刘安世不但不领情，还责问范祖禹："我作为言官，难道任由这样的事情发生而缄默不语吗？万一宰相吕大防的说辞不是真实情况，导致朝廷声誉受损，到时候后悔也晚了。"

刘安世的质问让范祖禹无言以对。此后，刘安世继续上疏谈论此事。也就是说，刘安世对高太后的解释并不满意。事实上，高太后的解释，也的确存在漏洞。宋神宗去世四年多了，即便他去世后有某位嫔妃生产，孩子也该有三岁了。三岁的孩子多已不吃母乳。这也就推翻了朝廷给神宗女儿找奶娘一说。因此，刘安世继续指出，作为台谏官，他知道了这件事，就要对皇帝负责，对国家负责，请求皇帝远离女色，"爱身进德，留意学问，清心寡欲，增厚福基"。

有趣的是，此前指责皇帝好色之事的范祖禹态度发生一百八十度转变，他不但不再谈论此事，还帮助朝廷打圆场。他给朝廷上奏疏，指出之前听闻皇宫找奶娘之事尽是虚传。他很感激朝廷没有因此治罪于他。但范祖禹又指出，这虽是谣传，但也是警示，希望哲宗以此为戒，认真学习治国理政方略，保护好龙体，为大宋江山社稷做出更多努力。

其后，刘安世果然也不再指责皇帝近女色了。不过这件事的确给高太后敲响了警钟，她换掉了哲宗身边所有年轻侍女，一律用老妈子代替。高太后这种做法，也让哲宗对刘安世、范祖禹产生了强烈的恨意。一切都因这两人而起，他们完全不顾及皇帝的个人感受。哲宗将对刘安世、范祖禹的恨意，一直埋在心底。他对祖母高太后的成见也埋在心底，等待着爆发的机会。

很多年后，哲宗亲政，他召回新党人员章惇，对章惇说过这样一番话："元祐初，太皇太后遣宫嫔在朕左右者，凡二十人，皆年长。一日，觉十人者非素使令，顷之，十人至，十人还，复易十人去，其去而还者，皆色惨沮，若尝泣涕者。朕甚骇，不敢问，后乃知因刘安世上疏，太皇太后诘之。"也就是说，元祐年间出了"奶娘事件"后，高太后曾经折磨过哲宗的侍从。高太后此举，让哲宗迁怒于刘安世、范祖禹。

有意思的是，在这次"奶娘事件"中，其他台谏官没有发言，只有刘安世在咆哮。"奶娘事件"结束后，御史中丞梁焘还就黄河复道、疏通事宜进言，请求朝廷予以处置。不过朝廷疏通黄河的行动并未中止，数万人依然在黄河故道中施工。①

---

① 《续资治通鉴长编·卷四百三十六》。

## 第十章 后元祐时代

> 然则使元祐诸公处仁、英之世,遂将一无所言,一无所行,优游而聊以卒岁乎?未见其有所谓理也,气而已矣。气一动而不可止,于是吕、范不协于黄扉,洛、蜀、朔党不协于群署,一人萦立于上,百尹类从于下,尚恶得谓元祐之犹有君,宋之犹有国也!而绍圣诸奸,是故通哲宗在位十四年中,无一日而不为乱媒,无一日而不为危亡地,不徒绍圣为然矣。
>
> ——王夫之《宋论》卷七

### 文彦博请辞

元祐五年(1090)正月显得异常平静。直到正月初十,一切才逐步恢复正常。初十日,御史中丞梁焘进言,请求朝廷令户部"罢裁减浮费所官局",也就是取消负责裁减朝廷用度的机构。为什么要取消这个机构呢?此前因为有官员指出朝廷冗官问题突出,请求裁减官员、撤销部分机构、消减部分经费,朝廷未直接下诏实施,而是让群臣讨论。讨论的结果是有人认可,有人不支持,最终也未形成定论。不过反对裁减官员、减少开支的官员占大多数。梁焘也不支持裁减浮费。在梁焘看来,朝廷裁减浮费的做法,本来是为了解决"浮冗之费",但很多官员依然钻政策空子,不断借各种名头赚取国家钱财,朝廷的裁减浮费政策不但没有起到作用,反而滋生了更多人的"贪冒之私"。建议户部"一切寝罢,或已施行,并乞追改,庶全公道,不招物议",撤销机构,不再设置裁减浮费所官局。户部立即做出了回应,提出了整治方案。朝廷同意了户部所请。① 至此,裁减官员、削减花销的计划彻底作罢。北宋中后期,冗官问题一直困扰着统治阶层。

正月十九,给事中范祖禹给朝廷上奏疏,提出臣子报效国家就应当举荐贤才。范祖禹为了印证自

---

① 《续资治通鉴长编·卷四百三十七》。

己的观点，用四道奏疏给朝廷举荐人才：其一，"臣伏见经筵阙官，宜得老成之人，以重其选"。主要举荐了韩维，请朝廷复召韩维，"天下必皆服陛下之至公，此深为圣德之美"。其二，"臣伏闻翰林学士承旨苏颂近乞致仕，陛下已降诏不允"。希望朝廷继续将苏颂留在经筵。其三，知杭州苏轼"文章为时所宗，名重海内"，请求朝廷予以重用。其四，刑部侍郎赵君锡孝行书于英宗皇帝实录，有才学，若朝廷经筵阙官，希望朝廷选拔赵君锡。

朝廷并未采纳范祖禹的意见。不过范祖禹举荐的这几个人是公认的人才。尤其是苏轼，文才第一。然而，几天后，已重新被调回朝的贾易又闹出了幺蛾子。当然贾易不是针对苏轼，而是针对文彦博。贾易在给朝廷的奏疏里再次论述韩琦定策之功。这在之前朝臣们曾议论过，当时王岩叟、刘挚先后上疏，推崇韩琦的功劳。朝廷当时已做出嘉奖。此后三年，没有人再说这件事。现在贾易再谈论韩琦定策之功，意在攻击文彦博，支持韩忠彦。这在贾易奏疏后面的贴黄中，可以发现蛛丝马迹："盖天下公议为之标的，若谓忠彦形迹可避，孰与文彦博位势极人臣之贵乎？夫天下以为忠义之事，人有盗而挤之者，忠义之人所当痛心疾首，如救焚溺，惟恐白之不早。"

贾易因为弹劾苏轼、吕陶被罢官，现在重新回到朝廷担任言官，自然还是以往的性格。只要他看不惯的事情，一定会弹劾下去。当年朝廷将其罢黜外放，没有言官职责，他都要不断弹劾苏轼，如今他再次成为台谏官，更不会放过任何一个机会。当然，这里面还有重要的原因，那就是党争，原来是蜀、洛两党争端，最后让朔党（泛指北方官僚）占了便宜，现在蜀党人员都在外地为官，已经回朝的贾易，为洛党争回原来的地位也是他的重要工作。

高太后将贾易的奏疏交给三省，并宣布口谕："贾易对韩琦定策之功讲述很详细。谁都知道在仁宗朝，没有人敢说真话，只有韩琦一人而已。"高太后这是肯定韩琦的功劳。韩忠彦跪谢高太后对其父亲的肯定。但只要细细分析，就会发现高太后这话别有用心。仁宗朝名臣辈出，一度有皇帝与士大夫共治天下之美誉，要说敢直言的人，不仅有韩琦，范仲淹、欧阳修、包拯等人在仁宗朝都很有名。韩琦在这些名臣面前，其实有些黯然失色。高太后之所以这么说，就是要重塑韩琦的形象，以此来稳定韩忠彦的地位。原因是朝廷在授予韩忠彦宰执时，很多台谏官都反对，认为韩忠彦没有工作实绩，朝廷对其恩宠过度。现在重塑韩琦形象，自然有利于稳固韩忠彦的位置。有意思的是，刘挚似乎也看出了朝廷的用意，便将他和王岩叟在元祐初年谈论韩琦功绩的奏疏找了出来，交给了实录院。

这时候，官场中有些明眼人看到了贾易奏疏的言外之意："易等为此，盖傅会忠彦，攻彦博也。彦博由是不安于位，寻罢去云。"

不过贾易对此毫不在意。他此前被卷入党争，丢失了言官要职，现在回朝，就要与宰相建立良好的关系。可他攻击文彦博，就显得太不厚道了。他用贬低文彦博来褒扬韩琦，显得心术不正。①文彦博对此也充耳不闻。不久，文彦博给朝廷上奏疏，希望对新故中大夫程抟之子进行加官体恤。知河南府韩缜、翰林学士承旨苏颂也相继奏请，朝廷就赏赐了钱物，厚葬程抟。看起来，贾易讥讽文彦博并未奏效。事实上，这些年来文彦博每年都会辞职，朝廷始终不许。文彦博每次辞职后，朝廷都会对其更加恩宠。这让垂垂老矣的文彦博闲不住，只要身体允许，他就参与到国家大事中来，为哲宗、高太后提供治国建议。

此后，朝廷打算任命御史中丞梁焘兼侍读。因为梁焘不断给朝廷上奏疏，请求朝廷重开经筵，"愿择吉日，诏开经筵，优接观讲进读之臣，使从容熟复治乱之事，究先王之蕴，辨历代之迹；无惜圣问，再三询考，使圣心晓然无疑，日新一日，可底大成，愿加圣意无忽"。其后，在给高太后的奏疏中，梁焘再次强调了重视小皇帝教育的重要性："面勉圣德，早开经筵，召见儒臣，谈经论史，从容赐对，熟复古今；宫中遴选茂俊之人，以诱掖诵说，审择谨厚之人，以辅视兴寝；服勤道义，为聪明睿智之助，疏远纷华，为康宁寿考之资。"高太后觉得，既然梁焘主张开经筵，讲古训，何不让梁焘担任侍读，给皇帝教授治国方略呢？梁焘没想到，他的建议反而给自己带来了工作负担。谁都清楚，侍读也就是小皇帝的老师。这样近距离与皇帝接触，是很多朝官梦寐以求的工作。但梁焘认为，是他主动请求朝廷开经筵、讲古训，若由他出任侍读，显得他是为了得到这种侍读身份，才不断给朝廷上疏。因此，梁焘拒绝接受朝廷安排的兼职。朝廷也没有过多挽留梁焘，让他继续在台谏系统任职。

与此同时，另外一项工作也随即实施。这就是宋夏勘界之事。此前，边境帅臣已根据朝廷意见，将四寨无条件还给西夏，西夏也将在永乐城中俘虏的宋朝军民交

---

① 《续资治通鉴长编·卷四百三十七》。

还给宋朝。不过边境划定问题一直有争议。尤其是绥德城处于两国边境中心，地理位置特殊，由此交割争议相持不下。于是，鄜延路经略使赵卨给朝廷上奏疏，向朝廷征求意见："累行指挥分画地界官，遵依朝旨，坚执商量。如西人要依绥德城体例修置堡铺，未审许与不许本司方圆商议。"其他地方的边界划分还容易，绥德城的划分有争议，请朝廷给出具体意见。

枢密院长官与三省长官商量后，将此事报告给了哲宗、高太后。枢密院也提出了自己的意见："昨绥德城分界日，御前处分：须打量足二十里如约，不可令就地形任意出缩，三二里地不计……"这是沿用之前边界划分的处置办法。宋辽两国边境不是直接接壤的，两国都会在边境留置二十里的荒地，作为缓冲区域，不耕种，任由土地荒芜。这样可以避免两国直接接壤，继而因生产物资发生冲突。

朝廷听取了枢密院的建议，下诏命赵卨"于二十里相照接连取直为界，卓立封堠；其堡铺，或相度于界堠内三五里，择稳便有水泉去处占据地利修建，即不得分立两不耕地"。那就继续在二十里外的地方设置界碑，边境驻防的地方尽量修建在水源边上，不得随意耕种边界的荒地。边境帅臣只能按照朝廷的旨意来执行。与此同时，二月初四，西夏交还的俘虏也回到宋朝境内。朝廷对这些人做了安抚，也赏赐了海东路官员。朝廷还给了这些人选择，若还想当兵的，可以继续留在军中；若不想当兵，可以领取钱财后回家务农。自此，边境安定下来。

然而，西北边境刚刚恢复安宁，河东路又出现了问题。一位叫宋整的将军病了，理应得到休养。但河东路经略使、龙图阁学士、朝请大夫曾布等人没有顾及宋整身体状况，依然召他到大帐议事。结果宋整从台阶上跌落，撞在石头上而死。这件事在军队中造成了极坏影响，军队里不断有人指责曾布等领导层。这件事也传到了朝廷。于是，朝廷下诏："河东路经略使、龙图阁学士、朝请大夫曾布特降一官，管勾麟府军马赵宗本特追两官勒停，知麟州王景仁、通判魏缙罚金有差并冲替，同签军马司事折克行赎金。"①

然而，中书舍人王岩叟却认为朝廷对曾布惩罚太轻，王岩叟指责曾布"骄简自居，喜怒随意，蔽于逸谄，不究下情。将官宋整实有病状，而不加恤，偏信赵宗本挟怨之言，按整以罪"。王岩叟还揭示了曾布对待宋整的内幕：曾布曾打压宋整，

---

① 《宋会要辑稿·职官·六七》。

令宋整蒙受屈辱,"整既下不得伸于本州,上不得伸于本帅",悲愤之余,宋整遂触阶而死。而宋整上有老下有小,就这样含冤而死,军心动摇,若不严厉处置曾布,则无法安定军心。朝廷于是将曾布贬黜知河阳。

御史中丞梁焘认为,朝廷将曾布贬黜知河阳还是处分太轻,大家都不服。梁焘指出:"布徇私挟怒,妄起大狱,赵宗本、王景仁劫于帅臣威令,事非出己。今宗本、景仁已被重责,而布独优游如此,是帅臣得以喜怒高下其心,坏乱国法,轻残人命,苟为快意而无所忌惮,非所以制罚之平,而为天下之公也,臣实为陛下惜之。"和曾布一起任职的河东路其他官员都被重责,只有曾布是轻责,有失公允,希望朝廷削去曾布近职,"与远小一郡,使之循省,以示惩劝"。

朝廷没有回应梁焘。

不久之后,文彦博再次向朝廷递交了辞职报告,表示自己年老体弱,已很难再为朝廷服务,希望朝廷准许他辞职回乡养老。这次朝廷同意了文彦博的请求。这里有个疑问,此前文彦博年年辞职朝廷均不许,这次为什么同意了呢?结合贾易的奏疏内容,能发现其中似有斗争。朝廷可能也顾念文彦博,不希望他再次卷入斗争中,才同意了他的辞职。

然而,给事中兼侍读范祖禹坚决反对文彦博辞职,他给朝廷上奏疏,指出"京师及四方军民,久服彦博之名,以为在朝廷必重。向若陛下不复召之,则亦已矣,今既起之,则不可使轻去朝廷。彦博虽老,精力尚强,卧置京师,足以为重,外则西北二方必怀畏惮。夫以四海之大,若常无事,则人人皆可为大臣矣,岂无万一非常之虑哉?彦博在朝,非谓日日有用,盖备缓急,或有时而用之耳。当先帝之时,足以容彦博闲退,今二圣垂拱,委政大臣,犹宜得老成之人,以服天下之心"。文彦博留在京城,可以作为一种稳定政局的形象而存在,不一定非得给他安排具体事务,但不应该同意他辞职。范祖禹还强调:"今旧老惟彦博一人,若去,则其余在朝者,皆是后进,无前辈矣。老者任用之日不久,国家所宜重惜。臣自闻陛下许彦博之去,朝夕思虑,窃谓陛下若欲彦博更得优逸,但听其解军国重事,以太师就第,留之京师,以备访问,不必再除致仕。"[①]

朝廷在处置文彦博的事情上是谨慎的,没有同意范祖禹的建议。不过朝廷尽管

---

① 《续资治通鉴长编·卷四百三十七》。

同意了文彦博辞职，但具体辞职日期尚未确定。文彦博继续拖着老迈的身体为国效力。他举荐前通判同州赵亢治理地方有创举，建议朝廷将其提拔重用。朝廷立即下诏，擢升赵亢权知陇州。

二月初四，朝廷下了这样一道诏命："都水使者吴安持提举开修减水河。"此前，就黄河复道事宜，朝臣纷纷进言，多数人不赞成动大役。朝廷也左右摇摆不定。年初时，梁焘进奏疏，请求动工修复黄河故道，"严责水官修治北流埽岸，不得更致疏虞。其人兵、物料，非受朝旨，并不得那移应副。庶使二方之民，均被恻隐之恩"。当时朝廷态度暧昧。现在忽然开修减水河道，必然会引起台谏官的反对。朝廷颁布修河诏命后，梁焘、朱光庭上疏，反对修建减水河道。梁焘反对的理由是："观如此旱灾，不得不为忧也，思省今来河事，最是摇动众心，当此灾旱，又夺农时，深为不便，可且权罢。"朱光庭反对修河的理由与梁焘差不多，都是因为天旱，不能动大役。不过朱光庭还揭露了一个事实，那就是鼓动朝廷修建黄河故道的官员李伟是个小人，他不过是为自己谋私利罢了。朱光庭建议："罢李伟小人职事，悉减修河司官，放罢见役开减水河兵夫，只委都水使者与本路监司并州县官吏将见修护急切埽岸，合役人夫，一面循理施行。如此，则兴事不妄，人情妥安，上天之应，必降膏泽。伏望圣慈特赐睿断施行。"①

已经罢职宰相、知颍昌的范纯仁也上奏疏，反对朝廷修建黄河故道，认为那些给朝廷进言复兴回河之役的人别有用心，请朝廷慎重处置修河大役，否则造成的损失恐无法计量。

翰林学士苏辙也上奏疏，反对修河事宜。在苏辙看来，修河必然要动大役，而动大役就得花钱，这几年来，各种自然灾害严重，国库不充盈。若开工修建黄河故道，即便不花国库的钱，由封桩库支出，也要花一大笔钱财。于国于民都不利，所以他建议罢修河道。

既然这么多人都反对修河，朝廷也不愿意强行实施。于是，朝廷下诏给三省、枢密院："去冬愆雪，今未得雨，外路旱暵阔远，宜权罢修黄河。"二十三日，朝廷又诏"南外丞司修河人夫及开濬京城壕雇夫并权罢"。

干旱还在持续，朝廷很头疼，最近这几年春天总是在干旱中度过。一年又一

---

① 《续资治通鉴长编·卷四百三十八》。

年，也不知道哪里出了纰漏，让上天这样惩罚宋朝。梁焘则认为问题出在各地官员身上："窃恐京邑之间，下及四方郡县，留狱滞讼，感伤和气。伏望圣慈特赐指挥，差官点检结绝，其罪有可疑，情非巨蠹者，并听从轻决遣。在京，京畿差台省官，诸路委监司分行，庶恩泽下究，群情感悦，和气上通，以致嘉雨。"应派出督查组，查访地方官员是否有失政行为，尤其应重点关注民生领域。如此，上天可能会降下雨露。

随即，朝廷召梁焘到延和殿奏事。梁焘进宫后，提出了"广德施惠，以召和气"的主张。梁焘还引用庆历、熙宁故事，指出天旱是因为宰相失政，建议："以旱罢免宰相，修德应天，进贤退不肖，省刑宥罪，无间疏远，宽赋薄敛，以惠细民，用销灾异。"这就超出了奏对的范围。高太后表示，旱涝自有定数，不是因为宰相的缘故。梁焘却坚持认为是人主不畏天威的结果，只要人主"畏天之威，顺天之道，从民心，召和气，诚意如此，何忧不雨也？"，建议"陛下愍物忧岁，惧灾省己，刻意至诚，必有时雨之应"。高太后同意梁焘的建议。其实说白了，就是要敬畏上天的警示。不下雨就是天子对上天不敬畏。作为天子要时刻关注天象，反省自己，这样上天必然会感应得到。

二月十五日，朝廷终于同意了文彦博的辞职申请，"太师、平章军国重事、潞国公文彦博为守太师、开府仪同三司、护国军山南西道节度使致仕"。这一连串的头衔，足以碾压当时所有朝臣。正如范祖禹所说，文彦博是这时候最有资历的人。朝廷对文彦博的辞职也相当重视，准备给他更加优厚的封号。但文彦博上疏"乞免册礼"，坚持原来朝廷对他的册封。朝廷综合考量后，同意了文彦博所请。二月二十七日，文彦博上疏"乞免两镇节度使，只带河东一镇致仕"。这也能看出他的风骨胸怀，他不想在晚年还被那么多身外虚名所累，他只想简简单单回归家乡。与那些致仕后向朝廷索要封赏的大臣相比，文彦博的淡泊超脱，足以让后辈敬仰。朝廷也同意了文彦博所请。二十九日，朝廷下诏，在玉津园设宴给太师文彦博饯行。主持宴会的是宰相吕大防，三省、枢密院的一应官员都参与了这次宴会。

在朝廷的极度恩宠中，历仕四朝的文彦博功成身退，善始善终。

不过随着文彦博的辞职，朝廷的格局也正在悄然发生着变化。这一批以吕大防为首的宰执人员都是北方的官员，后世称其为朔党。他们是在蜀党、洛党争斗两败俱伤后，再次站在朝堂中央的一批人。可不论资历、威望，还是治国的手段，他们都不及司马光、吕公著等人。在新的台谏官监督下，他们能够做到公平公正吗？

这一切都有待时间去验证。眼下，随着文彦博离朝，新一轮的争斗也徐徐拉开了帷幕。

## 台谏官对邓温伯的弹劾

文彦博致仕后，朝廷对商业管理问题进行了调整。第一件调整的事情是承买常务之事，由尚书省牵头制定具体考核方案，对各处进行考核。第二件是六路茶法通商税收问题，由户部牵头，制定方案，对每年的税收进行考核，逐级上报。若地方官落实不到位，发运司、户部可以弹劾。

与此同时，朝廷对一些官员的岗位调整也依次展开，朝廷希望通过这样的办法，将一些有能力的人员安置到重要岗位上来。比如，朝廷擢升知陈州、资政殿学士胡宗愈知成都府。胡宗愈此前被台谏官弹劾，调出朝廷，此时升他的官，是否意味着不久之后，朝廷就会将其调回呢？①

三月初一，中大夫、同知枢密院事赵瞻去世。哲宗、高太后辍朝临奠。后赠赵瞻右银青光禄大夫，谥号为懿简，对其子侄进行授官。②这也意味着枢密院长官的位置空了下来。枢密院是二府之一，朝廷要职，所以要马上物色人员接任赵瞻的工作，应对强邻环伺的边患问题。③

然而，就在朝廷物色宰执人选时，都水使者吴安持又给朝廷奏报了一则消息："大河信水向生，请鸠工豫治所急。"黄河又泛滥了，请求朝廷抓紧时间派人来治理。这个消息再次将朝廷视线拉回黄河事宜处置上。于是，朝廷下诏，命人从元丰封桩库钱里面拿出二十万来应对黄河决堤之事。

这件事很快引起了台谏官的注意，他们纷纷进言，各抒己见。侍御史孙升在给朝廷的一封密疏里弹劾李伟、吴安持。孙升说："二人相与诬罔朝廷，而安持诡谲多奸，既已诳惑大臣，不肯同任其责，万一侥幸其成，则欲享其利，败事则将归之

---

① 《续资治通鉴长编·卷四百三十八》。
② 《宋史·卷三百四十一·列传第一百》。
③ 《续资治通鉴长编·卷四百三十九》。

建议者。"这两位管理水务的官员不断给朝廷建议修河，其实是怀着私心。若朝廷修河成功，他们就是功臣；若朝廷修河失败，他们就会将责任推给建议修河的大臣。这明显是奸邪的做法。之后，孙升就此展开论述，指责安持、李伟"利口轻儇，欺罔奏陈，传播中外，奸言显露，罪恶难掩"。孙升还在贴黄中，揭秘了二人的种种恶行，建议朝廷"早赐指挥罢黜，以协天下公议"，并呼吁朝廷罢修河司。

接到孙升的密奏后，朝廷似乎对修河事宜有所妥协。但朝臣依然不放心朝廷的举动，担心朝廷会重启修河工程。为此给事中范祖禹上疏，指出"以久旱欲息民劳，北流兴役，盖不得已，而修河权罢未一月，东流工役复兴，窃恐枉费国财，重为无益，河北百姓见此次第，依前惶惶"。听闻朝廷重启黄河修复之役，天下人心惶惶。范祖禹还指出，朝廷既然此前已经罢修河，如今打算再起修河，都是因为某些官员的蛊惑。建议将水务官李伟等人罢职，恢复朝廷往日的宽容、平稳、博爱风气。

御史中丞梁焘的言辞更激烈，他表示对朝廷动用封桩库钱修河之事甚为震惊，日前国家遭受干旱，朝廷停了修河大役，天下"欢呼之声，道路相闻，中外感悦，人人庆快，必然已达睿听"。可不到一个月，朝廷竟然重启修河事宜，这完全是水务官员的奸计，他们建议朝廷重启修河之役，"雇夫只是名为和雇"。况且此时朝廷最重要的事情是抗旱救灾，不是修河。如今谷雨已过，即将进入春种关键期，"正是农忙，岂复得暇从役"？希望朝廷约束官员，管理好修河事务，若真有"合兴工役"需要，请朝廷"只令划刷近处厢军，优支盘缠钱发遣，不唯免却民间骚扰，又不致妨废农务，又得兵士十分工料，又省国家分外支费，大有所益，并无所损。伏惟仁圣深留宸念"。梁焘还表示封桩库里的钱不能轻易动，那都是关键时期的救命钱。

朝廷暂时没有回应。在修河这件事上，朝臣总是强烈反对，但朝廷有意修复黄河故道。因此，会发现元祐年间非常奇特的一幕：朝廷不断下令修复黄河故道，朝臣不断反对。

初七日，朝廷确定让韩忠彦接替赵瞻同知枢密院事。然而，孙固也在枢密院任职，而孙固的女儿嫁给了韩忠彦的弟弟韩纯彦。论辈分韩忠彦得称呼孙固为叔伯，但现实情况是，韩忠彦是孙固的长官。朝廷调整韩忠彦时，可能忘记了韩忠彦与孙固的关系。这样一来，韩忠彦、孙固的身份非常尴尬，两人不适宜在一个部门任职。韩忠彦提出了辞职，但朝廷不允。韩忠彦不能离开枢密院，那就只能让孙固离开。但朝廷暂时也没有调整孙固的意思。

事实上，高太后在赵瞻去世后，就不断在考量朝中宰执，物色接替赵瞻的人选，一旦确定由韩忠彦去接任，就不会随意改变。为了让韩忠彦在枢密院任职，朝廷马上调整翰林学士承旨、光禄大夫、知制诰兼侍读苏颂接替了韩忠彦原来的职位。

韩忠彦、苏颂两个宰执人员的岗位调整没有引起台谏官弹劾，似乎大家都认为他们实至名归。但是在班位（上朝时站立的次序）问题上，梁焘又递上了奏疏。原来，韩忠彦成为枢密院长官后，向朝廷请示，以苏颂年长、资历威望重，建议让苏颂的班位在自己之上，朝廷同意了韩忠彦所请。但在梁焘看来，这样虽是尊老的行为，但此举"既不依官制，又不循近例"，与制度不符。造成的后果是："今升颂在忠彦之上，于颂则为荣宠，于忠彦与将则皆为愧惧，是得一官之心，而失二臣之意也，恐非责大臣尽节图报之理。"建议遵循制度，让韩忠彦的班位在苏颂前面。

尽管梁焘的建议很符合礼仪制度，但朝廷依然没有回应梁焘，似乎高太后觉得，苏颂、韩忠彦本人都没有这样的想法，是梁焘想多了。

此后几次人员岗位调整，中书舍人王岩叟迎来了自己的高光时刻。自从离开台谏系统，王岩叟也逐渐消失在大众视野中。他不再以言官那样的言辞进言了。尽管现在他是中书舍人，负责诏书草拟、审核工作，但王岩叟的秉性并未改变，他认为对的事，依然会坚持下去。初八日，朝廷下诏，"命知颍昌府范纯仁与知太原府滕元发两易其任"。诏书传到王岩叟手中时，王岩叟认为朝廷此举意在优待范纯仁，且存在随意调动边帅的弊端，所以封还词头。于是，朝廷调换范纯仁与滕元发的决定不得不作罢。

十四日，朝廷又调整知亳州、龙图学士邓温伯为翰林学士承旨。诏书送到王岩叟手中后，他还是封还词头。王岩叟在拒绝签字的诏书后附上了自己的辩解奏疏，指出邓温伯"赋性憸柔，巧于傅会"。然后，王岩叟就从邓温伯结交蔡确、巴结王珪的往事入手，分析邓温伯的品行、能力、才学等。王岩叟表示邓温伯在王珪去世、蔡确罢相后，又对这两人极尽诋毁与报复，这是不忠不义的行为。这样的人就不应该给他迁官，建议朝廷"收还除命，别择贤才，庶远奸人，以隆圣德"。①这次朝廷没有听取王岩叟的建议。不过既然王岩叟不想写诏命，朝廷就将此事交给另一位中书舍人郑雍。郑雍草拟完任命邓温伯的诏命后，将诏命交由朝廷审核。然而，在审核阶段，又被给事中郑穆封还告命。但朝廷依然不听。随即，御史中丞梁焘等相继论列，朝廷也不听，就是要授予邓温伯翰林学士承旨。

高太后何以如此固执地坚持自己的想法？难道是邓温伯通过特殊的方式，赢得了高太后的认可？事实上，高太后的确欠邓温伯一个承诺。刚刚垂帘听政时，高太后就让邓温伯知南京，邓温伯临走时，高太后曾对他说："且记取，便与迁。"你先去南京任职，朝廷会相机擢升你。邓温伯就到南京任职去了。四年后，朝廷想起了邓温伯，高太后也践行了此前的承诺，给邓温伯迁官了。可邓温伯的迁官先遭到王岩叟封还词头，又引发其他台谏官对邓温伯的弹劾。不过高太后还是打算践行诺言，对邓温伯迁官，而不管台谏官如何反对。

那么，台谏官会让高太后如愿以偿吗？答案也很明显。左谏议大夫刘安世得知此事后，连续上五道奏疏，指责邓温伯是奸佞，左右摇摆，立场不坚定，谁对他有利他就攀附谁。刘安世还指责吕大防举荐邓温伯，"以明知温伯之罪，公然提拔，意谓言者必须力争，则欲假此为名，以逐臣等。皆是宰相之阴谋，愿陛下圣明深赐省察"。朝廷依然不予回应，似乎对于刘安世这种大吼大叫已经习以为常。

随即，中书舍人王岩叟递上了辞呈，请求朝廷将自己罢职。王岩叟认为朝廷将他驳回的词头交给其他臣僚撰写，就证明朝廷对他的处置不认可，因此建议罢去他中书舍人职位。朝廷下诏不允。王岩叟就是这样，他不管自己的身份是不是台谏官，只要他认为不对的事情，就得帮助朝廷纠错。既然朝廷不批准他辞职，他还是有话要说。他继续给朝廷上奏疏，指出朝廷用人有一整套的制度，任命诏书之所以要审核，就是为了防止人主按照自己的好恶用人。如今朝廷坚持用邓温伯，是"邪乱正，有害治体"。

朝廷既不听王岩叟的建议，也不同意王岩叟辞职。此事也就僵住了。这也能理解，朝廷在这件事情上，不让步是因为邓温伯得到过高太后的承诺，因此朝廷才会这样坚持。不罢黜王岩叟是担心若王岩叟因此罢职，会引发台谏官更激烈的言论

---

① 《续资治通鉴长编·卷四百四十》。

风波。

邓温伯任职后，朝廷又下诏，命吏部侍郎范百禄兼侍读。任职诏命下达后，范百禄立即向哲宗上了一道奏疏，教授皇帝辨别正邪之人："为分别邪正，自古所难，唯察言观行，考其事实。所谓正直之人，或天资亮直，或家世忠义，或有志报国，或自立名节；所谓奸邪之人，或逢迎上意，或希合权贵，或性识颇僻，或冀望宠利。"并从十正十反二十个方面，对以上论点进行了论证。最后，范百禄建议皇帝按照自己提出的辨别正邪的方法识别朝臣。与此同时，朝廷对六部侍郎、起居舍人等岗位进行了人员补充，"兵部侍郎赵彦若为礼部侍郎，礼部侍郎陆佃加龙图阁待制、吏部侍郎，光禄卿范纯礼权兵部侍郎。国子司业丰稷为起居舍人"。

十六日，朝廷迁殿中侍御史孙升为侍御史。孙升随即进言，陈述奸邪之人的特征："未必显为大恶，以暴露其迹，但阴为朋附，蔽匿奸谋，依违俯仰，一旦得志，则害及天下矣。"孙升这样说，自然有所指。与王岩叟一样，他对朝廷授予邓温伯翰林学士承旨的做法不认可。孙升认为邓温伯攀附蔡确，是蔡确的同党无疑，如今蔡确"罪恶暴于天下"，邓温伯却受到朝廷重用，明显是朝廷邪正不分，贤佞不明。希望朝廷特加省察，追还邓温伯的新除命，以明邪正之原。

朝廷依然不予回应，朝廷的态度似乎是：给你迁官是为了让你听话，不是让你跳出来反对朝廷。孙升也就不再进言。

此后，朝廷继续对官员岗位进行调整，如新知齐州曾肇知陈州。户部尚书吕公孺提举醴泉观。大理少卿刘衮知齐州。左中散大夫吕希道为少府监。著作佐郎、集贤校理孔武仲为国子司业。新永兴军路提点刑狱杨畏为监察御史。

这批人员调整后，只有杨畏迁为监察御史的任命引起了台谏官的反对。左谏议大夫刘安世、右谏议大夫朱光庭联合上疏，指出台谏系统阙员，他们给朝廷举荐的陈古、张微朝廷没有任用，反而授予杨畏监察御史，未经公论，人心不服。希望朝廷能够追还杨畏的任命，重新在两制官举荐的人才中选拔，"庶使祖宗之法，不至废坏"。

未等朝廷回应，这两人又联合上了奏疏，陈述杨畏不宜出任监察御史的缘由。两位谏官认为杨畏"趣向乖僻，附丽奸邪，搢（缙）绅之间，多所鄙薄"，不适合担任台谏官。杨畏看到自己的新任命遭到如此多的人反对，也以要侍奉双亲为由提出辞职。御史中丞梁焘乘机上奏疏，指出杨畏的辞职报告言辞恳切，希望朝廷能够成全杨畏所请，让其到家乡附近任职，以尽孝道。

梁焘的建议虽有些落井下石，但何尝不是让杨畏远离斗争旋涡呢？朝廷的做法更奇怪，既不同意杨畏辞职，也不回应台谏官的弹劾。不过朝廷也做出了让步，调回了旧党眼中的直臣张舜民，让陕西路转运判官游师雄接替张舜民的职位。一个多月后的五月二十二日，张舜民被授予殿中侍御史。①

同一天，朝廷命都省吏时忱、任永寿出职，也就是转入正式编制。这虽是小官员之间的任命，但在台谏官中依然引起了争论。事实上，早在二月，都省吏苏安静、时恽就已出职，不过未引起台谏官重视，现在时忱出职、任永寿归吏部，就让台谏官注意到了，联想之前苏安静、时恽出职时的种种问题，梁焘认为这些人要么出职，要么归吏部，其中一定有不可告人的目的。这其实牵扯到宋朝胥吏的选拔、转任问题。这几个人都是在吏部出过力的人，吏部认为他们在工作上做出了成绩，打算将他们"转正"。这就让那些通过科举考试正式进入仕途的士大夫非常不满，若胥吏都能转正，那还要科举考试干什么？况且目前朝廷冗官严重，六曹各司还在想办法给朝廷里面塞人，这不仅仅是增加朝廷工资负担，更重要的是破坏了法令。

梁焘等上奏疏，直接指出："尚书省人吏时忱等四人用酬奖推恩，其已拟定，多是违法。"此后，梁焘连续再上六道奏疏，弹劾四人。侍御史孙升、殿中侍御史贾易也进言，弹劾吏部"瞒欺大臣，聋瞽中外，各徇私意，侥幸恩典，内苏安静乞先补正都事，任永寿乞换本等班行，时恽乞先次补守当官，皆不候圣旨，便行拟熟"。吏部明显有优亲厚友之嫌，他们徇私舞弊，置国家制度、法令于不顾。建议朝廷派出调查组查清此事，对违法乱纪的官员予以惩治，以儆效尤。

右谏议大夫刘安世认为"天下之事，既有定法，循常进熟，即可奉行"，但都司"冒昧公议，欺罔执政，违法乱纪，渐不可长"，建议对时忱、苏安静、任永寿、时恽四人悉令外补，"庶几稍破党与，不致乱政"。此后，刘安世又连续上了八道奏疏，用数千言来陈述朝廷选拔和考核胥吏的制度，坚决反对给这四个人转正，并弹劾吏部"包容奸慝，废格条诏"。②

---

① 《续资治通鉴长编·卷四百四十》。
② 《续资治通鉴长编·卷四百四十》。

这种关于胥吏选拔、考核的大讨论，也直接导致了胥吏裁减的失败。

四月初二，朝廷下诏，授予龙图阁直学士邓温伯兼侍读、提举醴泉观。这算是对此前台谏官反对授予邓温伯翰林学士承旨的让步。但对邓温伯的新任命下达后，又遭到王岩叟封还词头。王岩叟的反对理由与之前相似，即认为邓温伯是奸邪，又是蔡确党羽，这样的人不能担任帝师，不然会造成"惑乱聪明，上累君德"的后果，到时朝廷后悔都来不及。朝廷这次顺从了王岩叟的意思，下诏命邓温伯出知南京。

朝廷罢了邓温伯的职位，对王岩叟也有了成见。在邓温伯的事情上，若非王岩叟轮番封还词头，也不至于引起那么大风波。现在，王岩叟彻底得罪了高太后。外调王岩叟也只是时间问题了。不过在刚刚处理完邓温伯后，还不能外补王岩叟，这是很敏感的问题。此前张舜民的事情就是先例。随即，朝廷下诏让给事中郑穆、中书舍人王岩叟及左右谏议刘安世、朱光庭同举监察御史二员。王岩叟没有举荐具体人选，却提出朝廷选拔台谏官不能遵循旧制，要大胆在全国物色人选，参用四方之士。一个月后，朝廷还是罢免了王岩叟中书舍人职务。

四月初九，干旱还在继续。由于久旱未雨，宰臣吕大防等人请求罢职。朝廷下诏不允。同一天，右光禄大夫、知枢密院事孙固卒。朝廷下诏辍朝，哲宗、高太后临奠，朝廷追赠孙固开府仪同三司，赐神道碑额曰"纯亮"，又恩荫其子侄。连已在家乡养老的文彦博也向朝廷进言："蒙圣恩候臣出门日，于琼林苑赐饯送御筵。缘前日孙固薨，昔臣与固在三省供职，义均休戚，乞罢。"朝廷下诏，禁止举乐。

此后，各部门都在尽心竭力工作，因为长时间未下雨，朝廷很焦急。春种虽播种完毕，但谁能保证好收成呢？久旱不雨是朝政阙失的象征，官员都对自身工作进行了反思，担忧因自己不能尽责，造成天不下雨。

翰林学士苏辙上密奏，指出"春夏时雨绝少，二麦不收，秋种未入，旱势阔远，岁事可虑"。现在朝廷能做的，就是要"举行祖宗故事，明诏有司，罢朔会，避正殿，损常膳，令百官吏民皆得上封事，指陈时政阙失"。苏辙又指出，宰执请辞，朝廷没有准允也是引起干旱的原因。因为神灵可以感受到朝廷任何举动。

二十二日，朝廷颁布了由苏辙草拟的罪己诏，要求天下人都可以谈论国政。即便如此，依然不见一丝丝雨。这让朝廷愈加不安。朝臣都在寻找上天不下雨的原因。①

二十六日，朝廷改授保宁军节度使、知大名府冯京为彰德军节度使、知大名府。这次人事调整未引起台谏官注意，因为以梁焘等人为主的台谏官，正盯着吕大防出纰漏，以便再弹劾吕大防。

但是吕大防很谨慎，不可能在工作上出纰漏。梁焘终于按捺不住，向吕大防发起了攻击："吕大防暗谬偏滞，庸懦忮忌，幸同列之私，忘事君之志，无经国之远虑，乏济物之通才，骤蒙拔擢之恩，上误仰成之意，摺（缙）绅君子、闾里小人指议鄙笑，以为口实。"吕大防毫无才能，让他担任宰相，只能让天下笑话。围绕这一中心，梁焘列举了吕大防各种低能行为，建议哲宗以"宗社为计，以天下为念，伏乞罢免大防相位，以慰中外之望"。此后，梁焘连续上多道奏疏，继续指责吕大防"窃禄偷安"，不主动辞职，又结交朋党，损害朝廷利益，给吕大防安上了"朋党起而国政倾、蒙蔽作而主听壅、强悍容而君道失"三大罪状。②

梁焘的弹劾，让吕大防诚惶诚恐，三条罪状的任何一条如果坐实，他都要被治罪。好在朝廷没有搭理梁焘，认为他这是乱咬人。不过联想后来刘挚专横，这次台谏官弹劾吕大防极有可能是刘挚在背后操纵。

## 3

## 台谏官起内讧

五月初二，朝廷下诏调整了两个官员岗位："陕西、河东地界近已定议，以知颍昌府、观文殿学士范纯仁知延安府，知延安府、枢密直学士、中大夫赵卨为端明殿学士，仍迁太中大夫、知太原府，特赐银绢各一千匹两。"这本无可厚非，一个是前宰相，为国家服务多年，一个是驻守边疆多年的将领，朝廷有意恩宠提拔而已。③但台谏官不这么看，梁焘也不同意。梁焘上奏疏指出：朝廷从未有过让前宰相到延安府任职的先例。这会让西羌生疑和不安，他们觉得朝廷有意让范纯仁经营边境，或生事端。建议朝廷给范纯仁重新任命。梁焘再引用真宗朝张齐贤驻守延州

---

① 《续资治通鉴长编·卷四百四十一》。
② 《续资治通鉴长编·卷四百四十一》。
③ 《续资治通鉴长编·卷四百四十二》。

不妥，最后由向敏中代替的先例来证明自己的论断，建议"改命纯仁知太原，赵卨知延安如故"。

梁焘的建言显得目的不纯，因为范纯仁此前就在边境为官。司马光回朝，他被调回，后来担任宰执。现在他再到边境为官，非常适宜驻扎在边境。难道范纯仁驻守延安，西夏、西蕃就会不安，进而骚扰宋朝边境吗？这完全是胡说八道，这时候的梁焘怎么越来越糊涂了？

朝廷对梁焘的建议采取了折中办法，诏命知太原府、龙图阁直学士滕元发为龙图阁学士、知扬州，知扬州、龙图阁待制蔡京知颍昌府。二十四日，朝廷下诏新知延安府、观文殿学士范纯仁为观文殿大学士、知太原府。此后，各种人员调整继续进行，如，朝廷授予中书舍人颜复天章阁待制、国子祭酒。又下诏，陕西路转运副使章楶为右司郎中，晁端彦为江、淮、荆、浙等路发运使，江、淮、荆、浙等路发运使路昌衡知荆南。

随着这些人员调整，天终于落下雨点了。或许上天下雨与这些人任命无关，但在他们岗位调整后天下雨了，这也是朝廷施政方略得到上天认可的表现。上至中央，下到黎民百姓终于松了口气。十一日，由于天降甘露，解决了困扰朝廷数月的干旱问题，群臣随即上表，请求哲宗、高太后御正殿、复常膳。高太后起初不同意，但群臣连上四道奏表后，高太后同意了朝臣所请。

干旱的问题和官员调整的问题解决得差不多了，新问题再次出现。这个新问题是关于差役法推行的。

其实，自从司马光废除免役法推行差役法后，朝臣对差役法的指责就没有间断过。但朝廷还是一如既往推行差役法，至今已四年有余。不过，正如刘安世所说，朝廷在更张役法时，也没有全部接纳嘉祐役法，更没有全部废除新法，"谓嘉祐差役之制已便矣，然当时常见其害者，今则损而去之；元丰约束之制，民以为利者，今则取而益之"。而是取其最有利于国家、人们的法令。但事实证明，免役法解决了很多差役法无法解决的问题，既增加了朝廷收入，又开了金钱驱动人服役的先例。很多人就是不愿意服役，而愿意出钱。当然，免役法由于赋税较重，对地主豪绅、大家族而言，无非多交点钱而已，但对于底层百姓而言就是巨大的灾难，这些赋税夺取了他们每年的所有收入。这也是新法更张后，朝臣不断指责差役法问题的原因之一。刘安世认为差役法很好，不容怀疑，他指责"奸邪之人，内怀顾望，造播横议,已欲沮毁,遂致一二小臣敢执偏见,妄进邪说,欲罢差役,依旧雇募"。

刘安世在给朝廷的奏疏中指出,差役法推行百年有余,难道还不如王安石推行数年的免役法吗?他列举数据分析差役法的优势,得出的结论是差役法于国于民都有益,应当长期坚持下去。那些建议朝廷更改差役法的人都是奸邪,都不怀好意,希望朝廷仔细辨别这些人,识别他们的歹毒心理,对这样的人要给予严厉打击,非如此不能遏制批评差役法的问题。

对待差役法坚持与废除问题,朝廷也很谨慎。随即,朝廷下诏,"差役法内有未备事,令中书舍人王岩叟、枢密都丞旨韩川与谏议大夫、点检户曹文字刘安世同看详,具利害以闻"。既然役法有问题,那你们就去调查。几天后,朝廷调整直龙图阁、枢密都承旨韩川为中书舍人。中书舍人王岩叟为龙图阁待制、枢密都承旨。

与此同时,侍御史孙升再次进言,弹劾蔡确弟弟蔡硕。孙升先翻旧账,指出蔡硕在其兄蔡确为宰相时,"表里相应,挟权纳贿,骄奢淫佚,无所不为,前后奸赃,莫知其数。昨缘军器监计置物料,止一事尔,侵盗欺隐官钱至数万,烧焚帐历,伪作簿书,国朝以来,奸赃盈满,未有其比"。蔡确罢职宰相后,蔡硕也被外放韶州,但他在韶州结交地方官员,贪污腐败,"赢落官钱千余贯"。另外,蔡硕在"虔州用钱打造大船,乘载姬妾,鼓噪顺流浮江西下,自以为王法所不能制也"。这完全是不顾朝廷法令,认为朝廷将他贬黜边远地就管不到他了。孙升建议对蔡硕"重行黜责,以戒附下罔上、惠奸贼民之党"。有意思的是,朝廷这次竟然同意了。这种同意的背后,除了要打压蔡硕外,或许还有打压蔡确的意思。与弟弟不同,蔡确到了岭南之后,就非常低调,深居简出。外界根本抓不住他任何把柄,而他这个弟弟却愈加张狂,注定要被朝廷重责。

其实蔡确也没办法挽救弟弟,他现在也是泥菩萨过河,他只能将这一切的仇恨,都归结于旧党的打击报复。

二十二日,朝廷对台谏官进行了调整,一大批原台谏官在转了一圈后,再次被调入台谏系统。如"秘阁校理张舜民为殿中侍御史。工部员外郎杨康国为监察御史"。张舜民是呼声很高的台谏官,当初因他罢职而掀起了巨大风波。二十六日,朝廷又迁御史中丞梁焘权户部尚书,左谏议大夫刘安世为中书舍人。梁焘和刘安世同时被调离台谏系统,也能看出朝廷的力度。此前他们两人多次上疏弹劾邓温伯,朝廷没有听从他们的意见,两人就上奏疏请求辞职。现在朝廷将他们从台谏系统调离，岂料这两人认为朝廷这是避重就轻，不到调任的部门就职。高太后很生气，派出中使督促刘安世、梁焘，他们才到新岗位任职去了。

朝廷这次对台谏系统的大调整，也让很多新任命、未任命及被调离的台谏官员都一头雾水。自古部门换人都是徐徐推进，新老接替，但这次的力度超过了元祐年间任何一次台谏系统人员调整的力度。

朱光庭是迷茫之人，他也请求罢职，但朝廷没有回应。因此，朱光庭在朝廷调整其他言官时再次上疏，弹劾新任命的太学博士秦观"素号薄徒，恶行非一，岂可以为人之师？伏望特罢新命"。朝廷就下诏，命有司给秦观调整合适差遣。①几天后，朝廷授予朱光庭给事中，接替王岩叟之前的职位。但朱光庭也不愿意赴任，高太后不得不再次遣中使督促朱光庭就职。

二十八日，朝廷授予翰林学士苏辙龙图阁直学士、御史中丞，接替苏辙的是吏部侍郎兼侍读范百禄。刚刚调任，苏辙就向朝廷敬呈一道奏疏，在奏疏里对御史职责、人员调配、进言被采纳等演进过程进行了说明。最后说了一段很有意味的话："人物衰少，莫甚于今，而独于言事者重为艰阻，实未允当。臣顷在内外制，见每有诏下，同列相视，患无合格可行之人；所举既上，又多不用，却于前任台官中推择任使，虽云旧人，不免出自执政所可，殊失钅宗博举之意。"目前台谏系统人员配备不足，给朝廷提意见也困难重重。现在朝廷又将原来任过言官的人调进台谏系统，有执政官举荐言官的嫌疑。最后，苏辙提出了处置办法："今欲乞并诏本台及两制，举升朝官初任通判以上，或第三任知县，通判以上及知县人所举各半，从圣意选择，补足见阙，仍依元置监察里行。所贵祖宗选任台官旧法不致隳坏，而纲纪之地易于得人，亦免遗旷。"从知县以上官员中，多选一批人才，作为台谏官的候补，只要台谏官有空位置，就可以调任这些人到台谏任职。苏辙的建议有没有道理呢？很有道理，但朝廷就是不采纳。

有意思的是，这时候知杭州的苏轼也给朝廷上奏疏，请求朝廷允许他修复西湖河堤，让西湖的水惠及周边。朝廷允许了苏轼所请，并给他"赐度僧牒五十，令杭州开西湖"。该项工程完工后，一条长约五里的河堤横亘在西湖边上，甚为壮观。后有好事者在这条河堤上广植芙蓉、杨柳，远远望去，好似在画中一般，杭州人因

---

① 《续资治通鉴长编·卷四百四十二》。

此将其称为"苏公堤"。

此后,台谏官开始盯着国家目前的一切施政方略,侍御史孙升连续上四道奏疏,谈论朝廷修河事宜,指出朝廷"兴减水之役。盖名为减水,实作回河"。他认为朝廷这是"遽兴大役,以扰民耗国,既不佥谐人谋,而乃假托天意",于国于民无益,建议罢回河之役。朝廷不予回应。①

相较于老臣孙升,新任命的台谏官并未立即出手,他们在等待时机。

在此期间,朝廷继续调整高官岗位。六月初四、初八两天,朝廷给空着的岗位补充了一批人才。"著作佐郎兼侍讲司马康为左司谏。知洪州、天章阁待制黄履知苏州,司农少卿何宗旦知洪州。""礼部侍郎陆佃权礼部尚书,兵部侍郎赵彦若权兵部尚书。检校太保、知溪峒顺州兼都巡检使田忠俊为检校太傅。"②这些人员调整中,只有陆佃的任命有争议。中书舍人郑雍认为陆佃"附会穿凿,苟容偷合,其始进已为清议不容。伏望更择贤才,处之高位"。朝廷调陆佃为龙图阁待制、知颍州,接替了范纯仁原来的岗位。

六月初,侍御史孙升、殿中侍御史贾易旧事重提,继续弹劾邓温伯。两位御史新的攻击点是邓温伯曾经攻击文彦博,他们建议对邓温伯再次责降处置。

朝廷对他们的弹劾也不予回应。

苏辙也向朝廷进言,指出此前在修河与给邓温伯迁官问题上,朝廷拒不采纳台谏官言论。按照旧制,台谏官言论不被朝廷采纳,就要将台谏官罢职。可如今却对上一批台谏官都进行擢升,与制度不符。建议朝廷在以后管理台谏官时,尽量遵循旧制。

苏辙的奏疏是否有所指尚不明确,但足以让另一位台谏官如坐针毡。这个人就是贾易。谁都清楚,贾易第一次任台谏官时,将苏轼、苏辙、吕陶等人归为蜀党,向他们发起了猛烈攻击。苏轼被罢翰林学士,贾易出了很大力。现在,苏辙成了贾易的长官,贾易自然不能以正常心态对待。即便御史们有单独进言的职权,但依然要接受御史中丞的领导。此时的贾易,身份相当尴尬。

贾易思考再三,给朝廷上疏,指出:"臣昨在谏垣,尝论吕陶奸罔,因及苏辙

---

① 《续资治通鉴长编·卷四百四十二》。
② 《续资治通鉴长编·卷四百四十三》。

朋邪害正之迹。今辙除御史中丞，臣为属官，理合避嫌。"我曾经那样弹劾蜀党，现在让我接受苏辙领导，这不是让官员之间产生龃龉吗？若朝廷垂怜我，就请将我调离台谏系统避嫌，既可以让苏辙放手大干，也能让我做事不畏首畏尾。朝廷这次毫不犹豫，直接将贾易调整为度支员外郎，原度支员外郎田子谅为殿中侍御史。不过这个调整依然有问题，田子谅给朝廷上奏，陈述他与宰执刘挚有亲，也应该避嫌，朝廷就没有动田子谅。随即，朝廷调整贾易为礼部员外郎，又命上官均为殿中侍御史。

上官均也是原台谏官员，现在朝廷将其重新调回，等于对苏辙此前提出的充实台谏队伍的建议不予采纳。当然，朝廷不采纳苏辙的建议也无关紧要。重要的是，贾易被调离后，侍御史孙升接受不了这个现实。他马上进言，指出贾易"公忠亮直，正色敢言，向为司谏日，以直言被责，名闻天下。昨自礼部员外郎除殿中侍御史，如辨明韩琦之功，击弹时忧辈不法，权强切齿，号为称职，中外所服，此陛下所知也"。贾易以直谏著称，是朝廷难得的人才。现在竟然因"孤立一身，朝无党援，既为权强所恶，幸其有请，即欲排斥"。孙升说的"强权"指的是谁？不用看都知道是指苏辙。在接下来的内容中，孙升不再暗讽，而是直接指控：贾易近与梁焘、刘安世、朱光庭等台谏官论列邓温伯奸邪尚未定论，就将他调离为哪般？梁焘调离后权户部尚书，职级在御史中丞之上；刘安世、朱光庭也都从谏议大夫迁官给事中、中书舍人，职级也在左、右谏议大夫之上。贾易到底有什么罪责，唯独他只授予诸司员外郎？若朝廷认为贾易言事失职，罢黜他就是了，何必要采用这样的办法侮辱人？难道仅仅是因为贾易是孤臣，没有人援助就这样打压他吗？朝廷若对贾易任职不慎重处置，谁还为陛下您尽心尽力？

这一通指责，针针见血，字字句句都冲着苏辙而去。由此，也拉开了这批台谏官之间的内卷行动。朝廷当然不能回应孙升，尽管他资历老、威望高，但苏辙刚刚被授予御史台长官，他手底下的人就这样弹劾讥讽他，这还了得？朝廷的处置办法依然是置之不理，任由孙升叫嚣。

事实上，孙升也没有继续上奏疏，或许是孙升也觉得，不能与苏辙把关系搞得太坏。

此后，台谏官集体出动了。都是老人员，对如何纠错、弹劾轻车熟路。殿中侍御史上官均最为典型，他在奏疏中谈论宋夏外交、边患问题。上官均认为，自从哲宗即位以来，约束边境将士，禁止其徒生事端，但对西夏姑息太过，反而助长了西夏的气焰，让其对宋朝轻视。上官均还表示，如今西夏贪得无厌，继续向朝廷索要熙河故地。朝廷在给与不给之间摇摆不定。上官均认为，既然"今以塞地与之，不知果能使西夏怀惠"，不如"治兵、积谷、选将、厚赏，画地而守，勿与尺寸，使戎人晓然知朝廷之意、中国之强，不敢轻犯"。①应当说，上官均的建议很中肯，也很重要，宋朝只要一改往日以稳定为前提的软弱，西夏就不敢贸然骚扰。

此后，上官均继续进言，谈论边事。朝廷也召上官均入对，上官均的意见一直都是："夷狄不知恩义，中国不可示弱，边地不可轻弃。"朝廷虽没有做出明确战略调整，但朝中终于有人主张不能再向西夏服软了。

六月二十二日，朝廷下诏命御史中丞苏辙、侍御史孙升同举监察御史二员。因为朝廷刚刚将张舜民调离台谏官，台谏系统人员再次缺员。苏辙由此写了一封内容很长的奏疏，核心议题是君子、小人。苏辙的学识虽不及兄长苏轼，但也文采斐然。他引经据典，旁征博引，谈论君子、小人对国家的利与弊。高太后也命人在宰相面前宣读了苏辙的奏疏，并对大臣说："苏辙怀疑朝廷兼用邪正，但他的奏疏很有说服力。"

还未等朝廷做出回应，苏辙再次上奏疏，再次谈论君子、小人问题，并由此引申出国家存在的问题：减水回河使得民生凋敝、熙河二堡让边境不安、差役之法令天下沉痛。苏辙建议，对这些不适合国家的施政方略要坚持改制，让天下安心，"苟民心既得，则异议自消，陛下端拱以享承平，大臣逡巡以安富贵，海内蒙福，上下所同。"朝廷依旧不予回应。苏辙谈论的这些事，每一件都涉及国家根本，一动则牵动全国。

朝廷继续处置日常事务，尤其在人事调整上加大力度。比如这次朝廷先调整了一批"高官"，要么是前宰执，要么是曾经担任要职的官员。"资政殿大学士、提举崇福宫韩维知颍昌府，端明殿学士、知蔡州王存为资政殿学士，宝文阁直学士、知郑州谢景温知真定府，新知颍昌府、龙图阁待制蔡京知郓州，集贤殿修撰、知润州林希为天章阁待制，左朝奉郎、知徐州彭汝砺为集贤殿修撰。"②

---

① 《续资治通鉴长编·卷四百四十三》。
② 《续资治通鉴长编·卷四百四十三》。

同时，对一些地方官也进行了调整。"权户部侍郎韩宗道为刑部侍郎，直龙图阁、知熙州范育为户部侍郎，直龙图阁、知秦州叶康直为宝文阁待制、知熙州，知陕州吕大忠为直龙图阁、知秦州；殿中侍御史贾易为国子司业，其新除礼部员外郎命勿行。江、淮等路发运使苗时中为陕西都转运使。"①

朝廷如此给之前罢职的官员迁官为哪般？

## 边境问题新讨论

在调整的这批地方官中，范育需要介绍一下。因为他的调整，引起了朝臣争议。范育，字巽之，陕西邠州三水（今陕西旬邑县）人。他考中进士后，被授予泾阳县令。后来"以养亲谒归，从张载学"②。他对西北边境事宜非常熟悉，经常被朝廷调派，参与西北边境事宜。

半年前，范育还在西北任职。他在边境上时，不断派出斥候打探吐蕃、西夏情报，发现了两件事：一是被朝廷重用的阿里骨，打算吞并西域诸藩，一支独大。证据是阿里骨"多遣质户来邈川换易旧住人户，去其腹心，翦其羽翼"。二是西夏人秘密在边境囤积粮草，集结军队，修复堡寨，有入侵宋朝的征兆。当然，这两件事并不是独立的，阿里骨不断派使者到西夏联络，妄图攻取邈川。这邈川虽是吐蕃城堡，但对宋朝意义非凡。如今阿里骨虽在联络西夏，但不敢明目张胆反叛宋朝。吐蕃各族也都效仿，向宋朝称臣。足以说明，阿里骨尚未在西域独大。在范育看来，趁着阿里骨还不能控制西域诸藩，分化他们是最好的办法。

范育认为"谓邈川存，则有西蕃为夏贼障蔽；邈川亡，则西蕃必为夏贼所并。西蕃并，则其旁诸蕃夷皆为所役属，西南接巴蜀，东北至河东，地界几及万里，其强盛正如唐之吐蕃，必为中国大患"。若让西夏夺取邈川，西夏会统一整个青唐，对宋朝形成合围。等到了那时，朝廷再出兵，恐怕就迟了。因此，范育表示，他已经做了预防工作：安抚邈川附近最大一支势力温溪沁父子，给阿里骨树立一个对

---

① 《续资治通鉴长编·卷四百四十四》。
② 《宋史·卷三百三·列传第六十二》。

手,让他们监督阿里骨,一旦发现阿里骨有反心,立即派人报告,范育会做出相应措施。应对西夏入侵的问题,范育也做了具体部署。总之,范育在给朝廷的一道长奏疏中,分析了眼前西北边境的局势,并提出了应对措施。

按说范育的这道奏疏非常切中时弊,这是范育在西北边境为官时调查的结果,可依然没有引起朝廷的重视。由此,西北边境隐患也一直存在。范育提意见的时候是半年前,现在半年时间过去了,朝廷依旧不予处理。可西夏人、吐蕃人不等宋朝。这时候,他们向宋朝质孤、胜如二堡发起了进攻。而此时范育已被调离西北。

战报很快被传至朝廷,御史中丞苏辙上奏疏谈论此事。苏辙表示,"熙河近日创修质孤、胜如二堡,侵夺夏人御庄良田,又于兰州以北过河二十里,议筑堡寨,以广斥侯。夏人因此猜贰,不受约束,其怨毒边吏,不信朝廷,不言可见矣"。也就是说,苏辙得到的消息是宋朝边境将士修复边寨,引起西夏惶恐,他们才攻击这两座刚刚修复的堡寨。在苏辙看来,这是边境将士贪图小利,"不以夏人逆服利害为心,而妄图兰州小利,以失国家大计"。建议对边境将士"明赐戒敕,若因界至生事,别至夏人失和,劳民蠹国,罪在不赦"。

苏辙的建议与范育的应对措施正好相反。紧接着,苏辙再次上奏疏,直接弹劾边境将士:"熙河帅臣范育与其将吏种谊、种朴等妄兴边事,东侵夏国,西挑青唐,二难并起,衅故莫测……"苏辙的弹劾,与之前提出边境将士贪图小利相承接,他特别指出,宋夏关系恶化,都是因为范育、种朴等人的原因,"熙河边衅本由谊、朴狂妄,觊幸功赏,今育虽已去,而谊、朴犹在,新除帅臣叶康直又复人才凡下,以臣度之,必不免观望朝廷,为谊、朴所使"。建议对这些人进行罢黜。为此,苏辙还用很大篇幅分析了眼前的局势,认为朝廷应该以息战安民为先。

翰林学士范百禄也向朝廷进言,指责范育提出让赵醇忠遥领青唐节度,取代阿里骨的建议不切实际。如果朝廷那样做,反而会激起阿里骨的反心,"徒启夏国唇齿疑叛之隙,狼子不服之心,为国生事,虽悔无及"。

朝廷暂时没有处置边境事宜,似乎也在观望局势。或许在朝廷看来,西夏人进攻的两个小堡寨并不重要。

苏辙也没有继续就边境事宜进行论述,反而指向了台谏官队伍,他认为目前人手不足,司马康又有病在身,请求调回前左司谏吕陶、右司谏吴安诗。苏辙认为这两位台谏官"昔任言责,知无不言,虽各曾罢去,竝不缘过恶。同时台谏已斥复用者，迨今已遍，惟陶以言韩维不公，韩氏党与强盛，为众所疾；安诗以言王说进用不当，说连姻权势，无由复进"。当时朝廷罢黜这两位台谏官时，"质之公议，皆为不平，若蒙圣恩还付旧职，俾得尽心图报，必有可观"。①

苏辙的建议看似为国家着想，但他又犯了一个致命的错误：吴安诗权且不说，吕陶可是被贾易指责为蜀党的人，而苏轼与苏辙一直被朝官视为蜀党领袖，现在苏辙建议调回吕陶，难道一点儿顾忌都没有了吗？苏辙可能想过这个问题，可他还是建议朝廷调回吕陶。而这件事一旦被人利用，他一定又会被卷入朋党之争的旋涡。不过宋朝的士大夫有一个特征：以天下为己任，明知不可为而为之。这两个行为准则看起来矛盾，但在很多士大夫身上都能找到痕迹。

此后，苏辙再上奏疏，谈论朝廷回河之事。不过苏辙在奏疏中态度一百八十度大转变，他不再反对回河，反而支持回河，认为这不是劳民伤财的项目，"今河上雇夫，日破二百而已，虽欲稍增数目，为移用、陪补等费，亦不当过有掊敛，以伤民财也"。在苏辙看来，很多官员反对回河，夸大回河夫役支出问题，都是因为朝廷雇役不统一，各地标准不一。建议"应民闲出雇夫钱，不论远近，一例只出二百三十文省，所贵易为出备，不至艰苦"。

朝廷还未回应苏辙的建议，他再次上奏疏，谈论朝廷六曹、寺、监吏人数巨大，朝廷负担重。此事前一批台谏官已论述多次，但朝廷没有下定论。苏辙认为自己作为御史台长官，有职权和责任谈论此事。苏辙在奏疏中，提出了两方面的问题：一是"自官制以来，六曹、寺、监吏额，累经增添，人溢于事，实为深弊"。二是"六曹、寺、监吏人多系官制以前诸司名额，其请受多少，及迁转出职迟速高下各不同。及官制后来，分隶逐司，一司之中，兼有旧日诸司之吏"。看起来很复杂，但核心内容，还是胥吏人数太多。不过也隐隐对元丰改制表示不认同。②对于苏辙最近提出的这些问题，朝廷似乎都在思考，但没有做出更进一步整治的行动。苏辙也就不再进言。他提出的意见每一件实施起来都有难度，朝廷一时半刻也很难施行。

这之后苏辙将重点放在了监察朝廷人事调整方面。

---

① 《续资治通鉴长编·卷四百四十四》。
② 《续资治通鉴长编·卷四百四十四》。

七月初二，朝廷调整直龙图阁、知苏州王觌为礼部侍郎。王觌曾经也是台谏官，因为在惩治蔡确事件中有不同意见，被其他台谏官指责暗助蔡确而罢职。这次调整，算是再次调回朝廷。然而，此事很快遭到苏辙、上官均的反对，苏辙认为王觌阴助蔡确，是蔡确一党，不同意他出任礼部侍郎。朝廷不得不改王觌为江、淮、荆、浙等路发运使。①有意思的是，已经被调离台谏系统、出任给事中的朱光庭，似乎还在进行角色转变。朝廷新任命下达后，他还在弹劾官员。有两个人遭到朱光庭的弹劾，一个是刚刚被任命知密州的李察。朱光庭认为李察岗位调整不协公议。另一个是新任命权判登闻鼓院的王巩。朱光庭认为王巩"资禀憸邪，行迹污下，顷为扬州通判，以私用刑得罪而去，合送吏部。新除未协公议"。朝廷下诏，给李察和王巩重新定岗。事情如果仅仅到这里倒也无关紧要，但问题的关键是朝廷每一次对王巩进行任免，都能牵扯到苏轼身上。不久之后，这件事还会引发争议。

七月初八，朝廷下诏，任命权兵部尚书赵彦若权礼部尚书，兼刑部侍郎范纯礼权兵部侍郎。这两个人的调整，台谏官没有反对。这与台谏官人数不够有关，也与这两位高官的德行有关。至少，他们在任职期间，没有出现大失误。而往往这种失误只是站队问题。

随即，在台谏官人员补充问题上，三省与苏辙、孙升产生了意见分歧。三省认为不应该按照苏辙之前提出的制度扩充台谏官人员和候补人员，"足见此法难以久行"。请求按照"近用谏官体例，于臣等前来所举人中选择除用，免致言事之官久阙不补，于体不便"。这就有意思了，朝廷让苏辙、孙升举荐台谏人才，但两人举荐的人才三省没有通过。三省因此提出在宰执举荐的人才中选拔台谏官。这完全与礼制不符。台谏官是监察相权的，因此宋朝的台谏官选拔，往往都是君主亲自任命，如今却要接受宰相的举荐。另外，以吕大防为主的三省高层，还提出了一个选拔台谏官的标尺："资历"。苏辙就此表示质疑，他认为自己举荐的人都是按照制度层层考核的结果，没有夹杂个人私情，一切都是为了朝廷。但三省宰执根本不听苏辙的建议。

原来，这里面也有内幕。苏辙给朝廷举荐的人当中有一个叫常安民的官员。而首相吕大防不喜欢这个常安民，所以才反对苏辙的举荐。高太后也吃不准到底是苏

---

① 《续资治通鉴长编·卷四百四十五》。

辙对还是吕大防对，就征求吕大防的意见。吕大防说："谏官属朝廷，朝廷主道揆，不必用法；御史，有司也，有司正当守法。况中丞又谓之中执法，岂得不用资格？"什么意思？朝廷选官员是为了治理国家，可以不拘一格选拔人才。而台谏官作为朝廷的耳目、喉舌，选官时一定要尊崇制度法令。这种言论简直匪夷所思，朝廷选拔其他官员时可以随意任命，只有台谏要接受资历、威望、工作成绩的考察？

将这些内幕连接起来，就会发现首相吕大防在给朝廷举荐人才时，依然夹杂着个人好恶情感，与苏辙形成了强烈对比，至少在给朝廷选拔言官时，苏辙尚能秉持公心，而吕大防则是以自己的喜好行事，这本身就不符合一个宰相的职责。有意思的是，高太后却更倾向于吕大防的建议。

七月十二日，西夏派使者到宋朝贺坤成节。这个坤成节是以宋神宗皇后向氏生日而定的节日，向氏因为有婆婆高太后在，一直居于幕后。因此，这个节令其实无足轻重。不过，西夏这时候派人庆贺坤成节，似乎也是为了麻痹宋朝，拖延时间。此前他们已经派人进攻宋朝边境堡寨，宋朝的态度是不惹事、坚守自己的地盘。这个命令让边境将士狂抓，因为战争是瞬间的事情，出击与固守都得按照实际情况来施行，不能只听命于朝廷。不过，朝廷的态度就是这样，不听就是欺君，听则可能被动挨打。

与此同时，朝廷还调整了部分边境官员，"陕西都转运使、宝文阁待制苗时中为户部侍郎，权户部侍郎范育仍旧知熙州。直龙图阁、知秦州叶康直为宝文阁待制、陕西都转运使"。所幸的是，这些官员多年在边境为官，熟悉边境事宜，也了解对手西夏。因此，即便在朝廷不允主动出击的被动命令下，有他们的加入，西夏入侵也就不会顺利。

不幸的是，几天后，西夏攻毁质孤、胜如两堡。消息很快传到了汴京，朝廷下诏，命宥州地方官诘问原因。其实，不用询问都能知道是朝廷拖延和摇摆不定导致。只是朝廷永远也想不到，失败的原因来自朝廷高层，而非边境将士。

苏辙借机弹劾范育、种朴，请求朝廷更换熙河边境官员、守将。苏辙认为二寨"虽昔尝兴置，至元丰五年，并已废罢，与啰兀城、永乐等城无异"，这两座堡毫无用处，修复只能让西夏不安，"今欲复行修筑，生事致寇，理在不疑"。另外，他还听闻"熙河诸将意欲侵夺良田，收耕获之利，以守兰州，而不顾夏国争占之害，计其所得，不补所亡，不待臣言，事已可验"。西夏入侵，都是边境将士为了蝇头小利惹的祸，建议约束边境守将。①此后，苏辙再次上疏，指出"胜如、质孤二寨必难议再修，定西、通西、通渭三寨二十里以上界至，亦无以取必于夏国"。希望朝廷能够以"李德裕"先例，处置边患事务。

有意思的是，不久之后西夏国主李乾顺给宋朝传来一份信件，列举了西夏如何尊崇宋朝的种种举动，还指出宋朝边境将士不听指挥，不愿意在边境设置二十里作为边境线。西夏派人交涉过，但宋朝将领态度坚决，他们也就没有再争论。李乾顺希望宋朝边境守将能够按照原计划，在边境附近留出二十里地的缓冲区，作为边境线。李乾顺的书信态度恳切，让宋朝高层也感动了。随即，宋朝也给西夏李乾顺回了一封信，不过这封回信也充满了宋朝智慧，表示宋朝原则上同意用二十里作为边境线，其中十里作为农耕缓冲区，双方可以种地，靠近边境的十里，只能让其荒芜，不许耕种，可以设立界碑。朝廷还表示，一切边境事宜，都交给鄜延路经略司，"夏国如欲议事，许差人赴延州计议"。

此后，环庆路经略使范纯粹也上奏疏，指出西夏敦促朝廷快速划定宋夏边境线是西夏的阴谋。范纯粹表示，朝廷没有考虑划定边境的意义，这种事不能快，祖宗之地寸土寸金，每一寸的划定都要慎重，速度太快必然会导致工作失误，另外，范纯粹对朝廷"专委鄜延"路处置边境事宜，"他路边臣无得干预"的决定很不理解。边境线划定，素来都是大家商讨决定，怎么能单独让鄜延路决定呢？②

七月二十四日，苏辙再次上疏，指出"范育、种谊等不可留在熙河"。苏辙认为这几个人留在宋夏边境，一定会徒生事端，"以兴边事，使夏人由此失和，兵难不解"。最好的办法，就是将他们调离。朝廷还是不予回应。不过谁都清楚，苏辙不会就此罢休，只要有机会，他还会进言谈论此事。

与此同时，侍御史孙升谈到了朝中官员邪正问题，也就是君子小人之别。他继续援引邓温伯"所谓蔡确麻制之词"问题，指责邓温伯暗附蔡确，是蔡确一党。他就此事谈论多次，朝廷没有给邓温伯定性，因此他再次上奏疏，请求朝廷给邓温伯定性是正是邪，"庶他日奸臣无以借口"。然后，孙升就从尧舜时代讲起，一直延伸到宋朝，陈述邓温伯在朝臣都弹劾蔡确时，"独称蔡确有定议功"，其所作所为是

---

① 《续资治通鉴长编·卷四百四十五》。
② 《续资治通鉴长编·卷四百四十六》。

奸邪无疑。①

朝廷继续不予回应。因为此时中书侍郎刘挚提出了辞职。挽留宰执远比讨论君子小人重要得多。

## 刘挚引起的新党争

七月二十七日，刘挚首次提出辞职。这件事很快在朝中引起了巨大震动。在不知道内幕的臣僚看来，刘挚这种操作，简直要引起官场地震。他没有遭到台谏官弹劾，又没有造成工作失误，为什么要辞职呢？

答案其实也不难寻找，这又是党派之争的结果。刘挚等人在蜀、洛两党两败俱伤后，成为国家核心机关的人。后世将这一批人称为朔党，宋朝意义上的朔党，泛指除蜀、洛两党外的所有北方官员。这些北方官员中，又以刘挚为朔党首领。当然，这只是朝臣们私底下议论的话题，这帮北方的官员，谁也不承认他们结党。但刘挚在北方官员中的威望很高，多数官员也以刘挚为领袖。这其实就是结党了。

结党就结党，只要他们没有做出损害朝廷的事情，谁也拿他们没有办法。这不能成为刘挚辞职的原因。根据刘挚自己的陈述，他辞职的原因有三点：一是"吾之求去也，岂苟然耶？吾出于寒远，被擢四年矣，实过其分，于国既无显劳，而妨贤路，宜知止，此一可去也"。刘挚的意思，他成为宰执已经多年，并未建立过巨大的功业，又阻碍贤才进入国家之路。二是"元祐政事，更首尾者零落无几，独吾与微仲在，余者后至，远者才一年尔。虽不见其大异，然不得谓之趣向同也。或漠然两可，或深藏其意，为不可测，或以异意阴入其害，公肆诋諆……此二可去也"。自元祐以来，能够一直担任宰执的人不多，这些人相互之间志趣不同，处置国家事务的立场不一，"故政论不一，阴相向背为朋"，吕大防也对他有疑心，认为他有朋党嫌疑。三是"去年六月范尧夫罢后，至此阙右揆，自安厚卿丁忧，近又孙和父薨，吾位遂在众人上，议者或以次递见及，势岂得安？此三可去也"。自从范纯仁等人离职，刘挚成为宰执，班位又在众人之上，这引来了很多议论。既然外界对他

---

① 《续资治通鉴长编·卷四百四十五》。

就任宰执议论纷纷，他不得不辞职，以安非议。

刘挚的这个辞职说辞，完全站不住脚。他是一步步晋升到宰执的。不存在他说的那些问题，况且即便有他陈述的这种原因，但宋朝的宰执辞职，往往都因为台谏官弹劾，或者因病无法胜任，鲜有他这种主动辞职的做法。

刘挚这个辞职原因说明书，在当时并未公开，后世也是根据他的私人记载整理出来的。也就是说，当时，刘挚根本就没有被弹劾、被议论的事件。他的主动辞职，让朝廷惊愕，但朝廷没有同意。朝廷的态度是："门下侍郎刘挚累奏乞外任，已降诏不允。可令合属去处，如再有文字，无得收接投进。"不许刘挚辞职，也不允许三省部门接收刘挚的辞职报告。

紧接着，拥护刘挚的人登场了。

八月四日，殿中侍御史杨康国进奏疏，谈论刘挚辞职原因。可能杨康国知道了刘挚辞职的"内幕"，他对刘挚辞职的原因很清楚："刘挚避宠辞荣，恳求外郡，传播京都，人情上下，莫不惊骇。"然后就是夸赞刘挚执政期间的作为："盖挚高材远识，公正不倚，有以大过人者，此不独天下所共知，亦为陛下所知久矣，故自侍御史再迁为执政，三四年闲，遍历三省，公望益隆。"刘挚为人公正，威望重、资历老。现在他要求辞职，"勇于求退，虽于挚为美，于人为难，其在朝廷事体甚重，岂可轻听其去"？辞职对刘挚而言是美事，对朝廷却是损失，建议朝廷收了刘挚的辞职报告，"押挚依旧入省，使与二三执政协谋同辅，共致太平"。杨康国最后还表示，这不是为刘挚辩解，而是为朝廷着想。言外之意是说他与刘挚没有任何关系，避免被人指为朋党。

八月六日，朝廷下诏，督促门下侍郎刘挚复位，一切如旧。事情到了这时候，刘挚也不好意思坚持辞职了。也是在这时候，传出了导致刘挚辞职的直接原因。原来，刘挚与吕大防发生了龃龉。事情还得从刘挚任中书侍郎说起。刘挚刚到三省任职时，并未与吕大防有多少交集，后因"吏额房事"与左仆射吕大防产生了意见分歧。这件事早在朝中引发争论，一些官员认为朝廷冗官严重，建议削减官员，刘挚也是这一观点的支持者。而以吕大防为首的一批官员认为，过度削减官员额度，会引发官场震动，建议朝廷慎重处置这件事。因此两位宰执产生了意见分歧，不过这种事在宋朝很常见，宰执各有各的立场，有争议大家讨论，最后形成定论即可。朝廷几乎每件事都不可能让宰执们意见相统一，讨论是至关重要的一个环节。不过，这次两人产生龃龉后，刘挚一直心事重重，毕竟这是与首相叫板。此后，一个奇怪的现象发生了：台谏官轮番进攻首相吕大防。①

这些台谏官攻击吕大防，是否授意于刘挚不得而知。但被台谏官攻击后，吕大防依例只能在家待罪。三省只有刘挚在岗，逐渐长大的哲宗也就经常与刘挚谈论"吏额本末"，刘挚的意见是："此皆被减者鼓怨，言路风闻过实，不足深罪。"总之，这段时间刘挚不断给皇帝灌输削减官员的好处。这显然是与吕大防唱反调。吕大防虽未直接进言，却对身边的人说："使上意晓然不疑，刘门下之力居多。"朝廷能够下决心削减官员，刘挚的功劳不小。这自然是讥讽刘挚趁着他不在，给皇帝灌输了乱七八糟的理念。

诚然，若仅仅是刘挚与吕大防之间这种讥讽，倒也不是什么大事。可作为宰执，他们的任何言论都可能被人利用。吕大防讥讽刘挚的话经过众人之口加工后，就已经变了质。很多士大夫"趋利者交斗其间"，对外宣扬吕大防与刘挚之间有矛盾。

刘挚也听到了外界很多传言，核心话题都是他与吕大防之间如何如何。这让刘挚很不安。他不过是与吕大防治国方略不同，为什么会被牵扯到朋党上面？有一次，刘挚找了个机会，对吕大防说："我对国家的忠心一直不曾改变，可现在，外界议论沸沸扬扬，我打算辞职以明心迹。"吕大防回应刘挚："你这样做很对，等你辞职了我也辞职。"不知道刘挚听到吕大防的话之后作何感想？

有一天，群臣奏事毕都退下了，只有刘挚留了下来。哲宗、高太后看得出来刘挚有话要说。刘挚对两位国家直接负责人说："臣久处近列，器满必覆，愿赐骸骨，避贤者路。"当时，哲宗、高太后以为刘挚乃是戏说，并未给出回应。这时候刘挚再次提出辞职，让朝廷一时半刻不知如何处置。此后，刘挚就居家等待着朝廷的发落。可朝廷没有回应刘挚。于是，刘挚继续上奏疏请求辞职。

高太后见刘挚一副去意已决的样子，便派出身边的侍从召刘挚入对。高太后对刘挚说："刘侍郎暂时还不能辞职，即便你想要辞职，也得等到官家亲政后，才能离开朝廷。"于是刘挚只能继续到三省任职。为了安抚刘挚，朝廷就将刘挚晋升为右仆射，与吕大防同列。可事情并未结束，不久之后，吕大防又提出了辞职。朝廷

---

① 《续资治通鉴长编·卷四百四十六》。

连刘挚都不愿意放走,怎么能允许吕大防离开朝廷呢?朝廷的态度依然很坚决:不许辞职。吕大防便不再递交辞职报告了。

至此,这场由两位宰相引发的争论终于落下帷幕,朝廷也希望吕大防、刘挚放下成见,一同为国效力。此后,吕大防、刘挚继续在三省任职。朝廷的一切也回归正常。不过,尽管刘挚、吕大防之间不再争论,但因两人引发的党争并未结束。

八月十一日,冷静下来的刘挚给朝廷进言,指出:"邓温伯除翰林承旨,人言交兴,以至罢三四台谏,虽略加迁进,皆不敢安职,至今未得宁帖。"刘挚详细分析了朝廷因给邓温伯授翰林承旨,致多位言官罢职的始末,希望引起朝廷重视。刘挚没有批评任何人,只是陈述整个过程,能看出他再次回归朝廷的决心。

台谏官也都不再纠缠两位宰执的斗争,继续紧盯朝廷政事阙失。在此期间,御史中丞苏辙给朝廷上过两道奏疏,都是谈论人才选拔、任用方面的问题。

有意思的是,提举东流故道李伟在朝臣们的讨伐声中,依然不断给朝廷进言,指出黄河各处又发生了决堤、冲毁河道等问题:"大河自五月后,日益添涨,始由北京南沙堤第七铺决口,水出于第三、第四铺,并清丰口一并东流。故道河槽深三丈至一丈以上,比去年尤为深快,颇减北流横溢之患。然今已秋深,水当减落,若不稍加措置,虑致断绝,即东流遂成淤淀。"指出问题后,他当然希望朝廷马上下诏,对此事做出决策。朝廷也立即下诏,命都水使者吴安持与本路监司、北外丞司及李伟抓紧时间调查,将调查报告火速报给朝廷。①

八月十八日,户部尚书梁焘、给事中朱光庭连续上奏疏,请求外调。左谏议大夫刘安世也请求授予他宫观闲差。朝廷虽被这几个前台谏官的奏疏搅得焦头烂额,但对他们依然给予了优厚待遇。朝廷下诏,授予梁焘龙图阁待制、知郑州,朱光庭为集贤殿修撰、知同州,刘安世为集贤殿修撰、提举崇福宫。不过,关于刘安世、梁焘、朱光庭等人外调内幕,刘挚在他的私人笔记中另有记载,但与实际有所不符,这里不再引用。②

此后,御史中丞苏辙进言,谈论"渠阳蛮事"。渠阳是西南蛮族与宋朝接壤之地,历来被朝廷重视。因此每次派官员前往渠阳等地任职,也是朝廷重点关注的事

---

① 《续资治通鉴长编·卷四百四十六》。
② 《续资治通鉴长编·卷四百四十七》。

情。这次就因朝廷选派的人有争议，苏辙才上疏反对。朝廷命一个叫唐义问的官员全权处置渠阳寨夷人事。苏辙则建议要选拔有才能、懂边境事宜的人，否则只能让边境更加不安。但朝廷不予回应，由此苏辙再次上疏，谈论此事："边臣处事乖方，军民性命所系，差之顷刻，所害不小。今义问谬妄有迹，败衄已见，而朝廷重难易置，久而不决，边民何辜，坐受涂炭。"朝廷还是不予回应。苏辙就再次上奏疏，弹劾范育、种谊等人，请求朝廷将他们调离或罢职。高太后本打算采取苏辙的建议，却遭到群臣的反对。朝廷对边境帅臣调整也就此作罢。

与此同时，给事中兼侍讲范祖禹经过多年苦心孤诣修改完善，编撰了《帝学》八篇，呈交给皇帝，作为培养皇帝的必备科目。高太后对此非常满意，认为范祖禹最合适的位置就是帝师，而不是台谏官。[1]

九月初六，朝廷又调整了一批人员岗位："权知开封府、天章阁待制顾临为兵部侍郎兼侍读，兵部侍郎范纯礼为给事中。""枢密都承旨、龙图阁待制王岩叟权知开封府，殿中侍御史杨康国为左司谏。""考功郎中岑象求为殿中侍御史。"除了王岩叟、范纯礼、顾临等人，朝廷算是对台谏系统人员重新配备。[2]即便如此，在苏辙、孙升看来，朝廷依然对台谏系统不够重视，配备的人员远远无法完成工作，现有的几位台谏官经常超负荷工作，建议朝廷继续在有能力有威望的县官中选拔人才，补充台谏官队伍。"今陛下深处帷幄，耳目至少，惟有台谏数人，若又听执政得自选择，不公选正人而用之，臣恐天下安危之计，无由得达于前，而朝廷之势殆矣。"此后，朝廷在选拔官员时，就格外留心台谏官的选拔。九月十六日，朝廷复置集贤院学士的同时，授予左奉议郎、直集贤院、管勾崇福宫司马康右谏议大夫。司马康此前因有病在身，主动辞去言官职务，病好之后，朝廷将其调回，也算是应苏辙所请。二十二日，朝廷又授予左朝散郎裴纶监察御史。但是裴纶以资历不够为由，拒不接受朝廷调他到台谏系统的诏命，朝廷便将其改屯田员外郎。此后朝廷继续寻找合适人选，补充台谏系统。

九月二十四，朝廷又调整了一批人。"吏部侍郎赵君锡为天章阁待制、枢密都承旨，兵部侍郎顾临为吏部侍郎，集贤殿修撰、知徐州彭汝砺权兵部侍郎，新知潍

---

[1]《续资治通鉴长编·卷四百四十七》。
[2]《续资治通鉴长编·卷四百四十八》。

州周孝恭为刑部员外郎。""知秀州章衡、知庐州杨汲并为集贤殿修撰,衡知襄州,汲知徐州。"左司谏杨康国注意到这些人事调整存在争议,他向朝廷进言,弹劾章衡。杨康国认为给章衡除集贤殿修撰、知襄州,"士论喧然,皆为不当",章衡为人"污行丑名,著闻天下。语其恶秽之迹,君父之前不敢缕陈。岂可以岁月叙迁,进兼清职?况郡守之寄,师表千里,民所取法"。章衡在地方任职时,就有人指责朝廷用人不明,败坏朝廷形象,有辱政体。对于这样的人"直可屏之远方,与众不齿,陛下必欲包荒,未即遐弃,但可止令散官庙,与禄赡家,窃年终身,不可复与民政"。朝廷不予回应。

二十六日,一个从西北传来的消息,再次引起了朝廷重视。秦凤等路提点刑狱游师雄奏报,此前被西夏不断骚扰的质孤、胜如两座堡寨,在西夏军队不断进攻下,终于被毁掉了。西夏派出五千人来拆毁这两座堡寨,"其日烟雾,不见烽火,胜如堡有横空地道,因此保全,守据人只有三人伤中,又缘巡检计守义执西贼四人,所有质孤堡四人为西人所杀"。另外,枢密院还透露出一个消息:西夏人入侵时,守将王亨不主动迎敌,反而下达撤退的命令,导致宋军被西夏击败,两座堡寨也被毁。得知这个消息后,哲宗、高太后及宰执自然很气愤。随即,朝廷下诏:"王亨特降一官,展一期叙。白遇、刘文珪各特展二年磨勘。胜如堡使臣执到西贼四人,特免责罚。熙河兰岷路经略使范育、知兰州种谊,并特放罪。"

同一天,朝廷还对水务部门官员进行岗位调整,"河北转运判官陈佑之罢兼权北外都水丞。提举河北籴便粮草郑佑罢提举照管深州并焦家山公堤道。右宣德郎孙迥知北外都水丞,提举北流,右宣德郎李伟权发遣北外都水丞,提举东流,同共提举北京黄河地分,仍那移两河人兵物料"。这个调整,应该是为了应对此前李伟提出黄河水毁严重的问题。但既然修河事宜一直遭到朝臣反对,朝廷给李伟迁官的原因是什么呢?①

也正是由于台谏官不清楚朝廷给李伟迁官的原因,这道人事任命才遭到苏辙的反对。苏辙一如既往反对动用大量人力、财力给黄河复道。苏辙一直认为李伟给朝廷建议"闭塞北流,回复大河",都是为了个人私欲。现在朝廷不但不罢修河司,反而擢升李伟,这是李伟奸计的再次体现,他还是不死心,想出这样的计谋,"观

---

① 《续资治通鉴长编·卷四百四十八》。

望朝廷，欲徐为兴动大役之计，以固权利"。苏辙指出："修河司若不罢，伟若不去，河水终不得顺流，河朔生灵终不得安居。"请求朝廷"速罢修河司，及检举前敕，流窜李伟，以正国法"。

十月初二，朝廷下诏"罢都提举修河司"。此后，对李伟的弹劾一直没有终止，苏辙、孙升轮番上奏疏，弹劾李伟"狂妄怀邪，欺罔误国"，是个彻头彻尾的利己主义者，建议从重从快对其进行惩治。①但是朝廷并未对李伟做更进一步的处置，而李伟之所以如此不惧，主要原因可能是朝廷打算修河道。李伟只是代替朝廷出面，所以朝廷一直都在保他。

## 新一轮斗争形成

罢修河司后，苏辙等台谏官开始关注其他方面。此时，朝廷各部门也都在高速运转着，一些新的法令不断出台，一些不合时宜的法令被废除。如，朝廷下诏"应举制科日限，且依旧制限十月终"。再如，权知开封府王岩叟上疏："每年赃铜钱内支钱一千缗充捕盗支用，缘递年所支多寡不一，若有余数，乞依次年额外支使。"朝廷同意王岩叟所请。

朝廷也给秀州团练副使沈括迁官左朝散郎、守光禄少卿、分司南京，任便居住。令人怀疑的是，沈括作为新党，历来受到台谏官的打压，但这次调整却未曾引起台谏官的注意，反而是王安礼的"事迹"让台谏官欣喜不已。最近一年多来，台谏官已很少再盯着某一个人了。现在是王安礼自己撞到枪口上了。

怎么回事呢？殿中侍御史岑象求说了一个现象："青州、资政殿学士王安礼疏纵不检事迹，上渎圣聪。"也就是说，王安礼在奏疏中，说了一些不该说的话，思想放达，不加约束，这是对圣上的亵渎。然后，岑象求又发现了王安礼在青州违法乱纪的行为："在任买丝，勒机户织造花隔织等匹物，妄作名目，差役兵般担，偷谩一路商税，上京货卖，赢掠厚利，不止一次。"岑象求还列举了参与这件事的具体人员名单，建议朝廷将这些人缉捕归案，严加审讯，"惩大吏贪饕恣意不法之

---

① 《续资治通鉴长编·卷四百四十九》。

罪"。岑象求只是道听途说，没有证据，所以才要求朝廷审理参与此事的人。

事情一旦起了头，就很难控制传播力度，右正言刘唐老也进言，指出"知青州王安礼，在任污秽不法，人有仇之者，作赋以纪其事，诡用名氏，在京雕印，因兹流行，众议甚汹"。王安礼在青州时，不守法度，违法乱纪，还得罪了人，他做过的一些特别的事被仇人记载了下来。仇人篡改姓名，到处张贴王安礼违法乱纪之事，搞得沸沸扬扬。建议对王安礼进行责问，也重点打击王安礼的仇家。

王安礼是谁？是王安石的弟弟。不过在治国方向，他与王安石完全不一样，他是站在旧党一方的。因此，这次台谏官尽管弹劾王安礼，但旧党也没有过度打压王安礼，朝廷也就顺势轻责了王安礼。十月初八，朝廷下诏，命资政殿学士、知蔡州王存与知青州王安礼易任，并要求王存调查王安礼在青州的政务。

与此同时，对其他官员的任命也在有条不紊进行中。如，朝廷授予龙图阁待制、知广州蔡卞知越州，与原知荆南、朝奉大夫路昌衡互换岗位。原来朝廷本来打算授予路昌衡直秘阁，但中书舍人韩川则表示路昌衡鄙恶，"若以直阁领帅，二三年闲例为侍从，缴词不草"。于是，朝廷就罢其馆职，特转知广州。台谏系统也添加了新成员，知大宗正丞事徐君平、荆湖南路转运判官虞策并除为监察御史。这是御史中丞苏辙、翰林学士承旨邓温伯举荐的缘故。

几天后，岑象求连续上奏疏弹劾王安礼，并指责朝廷袒护王安礼："今大臣有罪，于法当付有司按劾，而朝廷止降守次等藩郡，又不褫其职名，不惟在朝廷之士未之信服，仍使被弹之人以为暧昧不平，归过言者，足以藏庇奸迹，文饰秽行也。"建议对王安礼"速行按治，显赐黜责，以符天下公议"。岑象求还指出，朝廷将王安礼调离青州，让王存任知青州显得动机不纯，众所周知，而王存与王安礼有亲，能够公平公正地调查王安礼贪腐之事吗？

右司谏杨康国也上奏疏，弹劾王安礼"昔作先帝辅臣，已坐逾违罢去，今为陛下东帅，又以赃污着闻，自谓奸雄，不改故态，显见凌蔑公法，侮慢朝廷，大臣若斯，可不深治"。朝廷没有继续追责问责，只是调新知青州王存改知扬州。如此，就能安抚台谏官的情绪了。

接替王存的是刑部侍郎韩宗道。不过在韩宗道接替王存这件事上，刘挚与吕大防又各执一词。根据刘挚私人笔记记载，让韩宗道除宝文阁待制是吕大防一手促成的。然后，刘挚就此事询问了另外一位宰执傅尧俞，才知道了其中内幕。刘挚认为韩宗道刚刚被提拔，又授予新官职，与官员管理制度不符。苏颂也与韩家有姻亲，明知吕大防此举不妥，却装作不知道。刘挚认为此事不可，因此，他质问吕大防："韩宗道在新调整的岗位上也不过百日，就给他授予权侍郎，这与制度不符。"吕大防似乎对此事并不担心，他对刘挚说："韩宗道总归要担任待制，只是提拔的时间不够而已。"刘挚用路佃、梁焘等人坚守制度，直到任职期满才调任的事例反驳吕大防。吕大防无言以对。一个月之后，韩宗道重新回到了刑部侍郎岗位上。不过，也因韩宗道之事，让两位宰相之间嫌隙愈加深了。

这时候，新的问题又出现了。新问题是科考制度的争议。右正言刘唐老认为目前科举考试"以四场工拙定去留高下"并不全面，他列举了治平年间以辞赋取士的弊端，也列举了熙宁年间以经义取士的弊端，认为不管朝廷用哪种方式取士，都是为了选拔人才，而选拔人才不能仅凭辞赋和经义。他指出："今既经术、词赋别成两科，须理各有所主，治经者必以义对为先，作赋者当以章句为重。"因此，最好的处置办法就是"将治经者以大义定去留，诗赋而兼经义者，以诗赋主取舍，策论止于定高下，不豫去留之例，依旧更不分经考校"。以经义、辞赋等综合考察，达到某种中和。这样选拔出来的官员，才可能既有才学又有治理国家的能力。朝廷这次同意了刘唐老的建议。

殿中侍御史上官均反对刘唐老的建议。他通过两道奏疏，陈述刘唐老的建议也有弊端，建议用元祐二年（1087）的制度取士。朝廷没有回应上官均，而是在东宫设宴，招待给哲宗编纂治国理政书籍的宰臣、执政、讲读、条注官员。①

不久，朝廷先调整了一批人员。"开封府推官王诏与知真州孙贲两易其任。""四方馆使、随州防御使张利一为雄州团练使、知沧州。""延福宫使、宁国军留后、入内副都知、勾当皇城司张茂则再任。"尽管看起来都不是要职，但也体现着朝廷的意志。比如张茂则，在宋仁宗时期，就曾得到曹皇后的重用，现在又得到高太后的重用。而张利一是宰执认可的边境守将苗子。此前吕大防等人就讨论过张利一等人的才能。这次对他的调任，也在情理之中。不过这些人员调整，并不都令台谏官满意。②苏辙就认为，最近朝廷对军政官员任用未经公议，只是由宰执集体商

---

① 《续资治通鉴长编·卷四百四十九》。
② 《续资治通鉴长编·卷四百五十》。

第十章 / 后元祐时代

议。苏辙尤其指出朝廷"用张守约、张利一，此二人者，才品俱下，其实不允公议"。苏辙还将矛头对准宰执许将，认为这两人的破格提拔，都是许将暗箱操作的结果，"右丞许将即于帘前自破本议，诸人退而进拟，虽涉专恣，而将阴入奏疏，意怀倾夺，外议沸腾，以为大臣相倾，顷所未有"。朝廷商议这两人岗位调整时，初议大家都以为不可，但事后许将却推翻处议，拟定这两人迁官。这样的事情发生在宰执身上，简直闻所未闻。与此同时，苏辙还指责韩忠彦、傅尧俞等人明知许将此举不妥，还默认许将重用张守约、张利一两人，因此韩忠彦、傅尧俞也有失职渎职问题。

尽管两位帅臣迁官受争议，但两人迁官诏命已下达，也不好再收回，因此朝廷对于苏辙的建议不予回应。不过，尽管朝廷没有追究许将的责任，但因台谏官弹劾许将，按照制度他也应该居家待罪，等待着朝廷的圣裁。有意思的是，许将上了奏疏，对自己的行为作了辩解："臣初与众议不合，进呈日亦言不可，退而进拟，亦不敢签书，即非变本议。今既招人言，乞行罢黜。"哲宗与吕大防就许将的自辩进行了讨论。此时哲宗已经长大，能够明辨是非。讨论中，哲宗发现吕大防有意无意间总是指责许将，哲宗则不希望宰执之间起矛盾，还为许将辩解。吕大防、刘挚捕捉到了皇帝的变化，不再揪住许将的问题不放。也就是说，在对待许将的问题上，皇帝与宰执已经达成一致，不会追究许将的责任。可谁也没想到，许将这道为自己辩解的奏疏，成为台谏官弹劾他的"罪证"。在台谏官看来，许将这种前后不一的做法，最招人痛恨。士大夫言行最高境界是知行合一，而言行不一就是奸邪。

台谏官因此又找到了新的弹劾点，苏辙再次上奏疏，这次他弹劾的面就宽了。苏辙在弹劾奏疏中，开宗明义，指责"枢密副使韩忠彦改易祖宗旧法，取官员犯公案事干边军政者，枢密院取旨。诸执政各已签书，被旨行下。而中书侍郎傅尧俞徐自言初不预议，为众所欺，求付有司究治，与忠彦更相论列"。这时候，已不仅是提拔张利一的问题，而是宰执破坏祖宗之法。尤其是韩忠彦、傅尧俞暗自操作，推翻前议，鼓动其他执政都签了任命书，简直匪夷所思。苏辙指责"大臣倾夺忿争，无复礼义，非朝廷之福"，"乞明辨曲直，使知所畏"。紧接着，苏辙就围绕宰执不作为这件事展开论述，弹劾韩忠彦、傅尧俞。不过苏辙的弹劾依旧没有得到朝廷的回应。

既然朝廷不回应，那就继续弹劾吧。于是，苏辙继续上奏疏。这次弹劾许将的言辞要比之前的严厉很多。在苏辙看来，韩忠彦、傅尧俞或许有私心，但许将这种言行不一的人最可恨。他直接引用君子、小人理论，指责许将"阴狡好利，出于天性，自居要近，此态不衰，久留在朝，所害必众"，建议罢黜许将宰执职务。苏辙的弹劾，传到了许将耳朵里。许将向朝廷提出了辞职。因此，朝廷专门下诏，命三省"勿受傅尧俞、韩忠彦、许将乞解机务章奏"，即不许接收许将的辞职报告。

苏辙深得元祐年间台谏官真传，朝廷不妥协，他就继续上奏疏弹劾。苏辙在接下来的奏疏中，就毫不客气指责所有宰执："臣近奏论傅尧俞、韩忠彦、许将三人事，内尧俞、忠彦以职事忿争，至相论列，失大臣之体，臣备位执法，理当诘问。"事情发生后，其他宰执都在家待罪，只有许将急吼吼地为自己辩解，这种行为足以证明他是奸佞之人，建议朝廷罢黜他的职务。苏辙还借用前宰相吕端管理军士的先例来证明自己的论点。苏辙的弹劾奏疏，依旧被压了下来。

眼见苏辙的弹劾未奏效，侍御史孙升也出动了。孙升在弹劾奏疏中指出："尚书右丞许将预议庙堂，明见可否，既知除命未允，固当执义不回，而乃阳则听从，阴有窥伺，迎合上意，变异前言，自谓独持至公，欲使过归同列，反覆二心，何异市井？"孙升认为，许将这种言行不一致，是在迎合皇帝的旨意。这样心怀奸计之人留在朝中，非社稷之福，建议尽早罢免。

朝廷依旧不予回应。几天之后，御史中丞苏辙、侍御史孙升联合上奏，弹劾许将："近因进拟管军臣僚，前后议论反覆，希合圣意，倾害同列，盖其为人见利忘义，难以久任执政，乞行降黜。"朝廷继续冷处理，同时进行其他人事任命，希望转移两位台谏官的注意力。

但是苏辙是个执着的人，朝廷若不罢免许将，他就一直弹劾，直到朝廷妥协为止。十一月十九日，苏辙再上奏疏，弹劾许将"赋性奸回，重利轻义"。苏辙查阅了许将的履历后，对他此前的为官经历做了梳理总结，指责许将在地方为官时，就"贪恣不法，西南之人，所共嗤笑"。他被擢升为宰执完全是人才流失严重，才能让他"叨窃重位"。尤其最近军官任职之事，他一味地迎合上意，而不坚持自己的原则，这是"市井小人贩卖之道"，这样毫无才能之人居于庙堂之上，如何能让国政清明呢？朝廷还是不予理会，任由苏辙叫嚣。

不过事情发展到这一步，可能还会引起更大反弹，因为台谏官不仅仅有苏辙、孙升，其他台谏官员还没有进言呢！果然，几天后，御史中丞苏辙、侍御史孙升、殿中侍御岑象求、监察御史徐君平同时出动了，他们联合上疏弹劾许将。奏疏陈述了许将的罪责，又指责朝廷有意偏袒许将，"而天听未回，中外倾望，疑陛下有欲保全之意"。最后，台谏官放出了撒手锏：若朝廷不给许将定罪，那就是台谏官弹劾错了，请朝廷罢免台谏官。①

朝廷依然不予回应。这倒不是朝廷故意躲避，而是朝廷还有一件重要事情需要议定，这就是给哲宗选皇后的事情。相比之下，许将之事显得不太重要。

给事中兼侍讲范祖禹给高太后上了一道奏疏，陈述选皇后的一些注意事项。范祖禹先提出，选皇后不是一般礼仪之事，"福祚所系，风化所先，自古圣王重之"，需要翰林学士、御史中丞、两省、给舍与礼部、太常寺官同共详议。范祖禹还表示，他近期翻阅典籍，找到了需要注意的四方面事项："一曰族姓，二曰女德，三曰隆礼，四曰博议。"并对这四个注意事项，列出了具体解释。②

朝廷准许范祖禹的建议，让他提前着手准备礼仪之事。

时间进入十二月，这时候，朝廷的一切都进入总结阶段。十二月初一，保信军节度使、开府仪同三司、安康郡王赵宗隐去世。朝廷辍视朝三日，哲宗、高太后车驾临奠，成服苑中。之后，朝廷调整了一批官员岗位，如："彰德军节度使、知大名府冯京知河阳。""资政殿学士、知定州张璪知大名府。"这两人都是前宰执。备受弹劾的许将则被安置在了定州，"中大夫、守尚书右丞许将为太中大夫、资政殿学士、知定州"。许将罢职与苏辙有很大关系，"御史中丞苏辙等屡言将过失，而将亦累表陈乞外任"。哲宗对许将依然怀有怜悯之情，特批"可特除资政殿学士，转一官知定州，所命词作自请均劳逸之意"。③如此，也能看出哲宗对许将的赏识。既然如此，为什么还要罢黜许将呢？这是君权被台谏限制了吗？

事实上，关于许将罢职原因，还有很多内幕。有意思的是，台谏官之间对许将的评价也各执一词。十二月十六日，殿中侍御史上官均、监察御史徐君平入对时，也曾谈论许将罢职事宜，为许将鸣不平。事后，刘挚对韩忠彦说："我听说上官均

---

① 《续资治通鉴长编·卷四百五十》。
② 《续资治通鉴长编·卷四百五十一》。
③ 《续资治通鉴长编·卷四百五十二》。

与徐君平都为许将喊冤，认为不应该如此进攻宰执大臣。"韩忠彦却表示，这是上官均的说法，徐君平没有为许将喊冤。刘挚指出杨康国、刘唐老两位台谏官也为傅尧俞辩诉。这些议论代表了宰执的态度，他们似乎也希望此事就此作罢。可台谏官不依不饶，许将只能上表请求外调。朝廷这时候也觉得应该外调许将，以平息这场争论。于是朝廷给三省的建议是："许将近累上表乞除外任，可资政殿，转官知定州。"许将连续上了辞职报告，那就将他安置在定州吧。

许将罢职后，有一天范纯礼路过都堂，碰见了刘挚，他便对刘挚说："许将的接任者当用邓温伯。八座当用范百禄，补鳌当用范祖禹，补掖当用彭汝砺。"这里的八座泛指中央高官，补鳌意为翰林学士。这只是官员之间私底下的闲谈，因为范纯礼与刘挚关系好，他才这样戏说，毕竟朝中这个级别的高官，最后都需要皇帝点头才算。如果他们私底下谈论朝廷官员任命事宜被泄露，会给自己带来麻烦，朝廷起用谁任宰相岂能是官员私底下定的？

## 苏辙与台谏系统的争端

许将罢职后，朝廷又调整了两个官员的岗位："龙图阁学士、知河阳曾布知青州。右千牛卫上将军、分司南京李宪为延福宫使、宣州观察使、提举明道宫。"这两位都是新党，朝廷如此调整他们到底意欲何为？不过可以确定的是，他们的岗位调整，没有引起台谏官的注意。

不久之后，枢密院给朝廷上了一道奏疏，陈述调查西夏十月进犯胜如、质孤堡，纵火烧城事宜。根据枢密院的调查，西夏不是无缘无故进攻犯胜如、质孤两堡。引发这件事的原因是宋夏划地界时，宋军先不遵守制度，挑起事端，激怒西夏，导致两堡被摧毁。

朝廷的态度很坚决，既然是大宋在边境跳起事端，那就请本路经略司移鄜州问故。这当然明摆着要知熙州范育到鄜州去解释，说清楚为什么要纵容手底下人去招惹西夏。范育无奈，只能前往鄜州。不过范育认为，他们没有招惹西夏，自始至终，都是西夏在窥伺宋朝。接着，范育就将整件事的始末做了阐述。范育的核心观点是：他手底下的人完全按照朝廷的要求，对边境进行划分。只是当时朝廷的方案是，先划定边界，再给西夏四座城寨。整个划界的过程，西夏不断做出各种幺蛾子事情，"臣窃以夏人纳款之初，幸朝廷之从请，其欲休兵讲和之意，非不诚且至也。及与之分画，则顿兵境上，逾年未决"。边境上质孤、胜如、努扎等堡寨本是宋朝的边寨，可西夏坚持索要，划界因此起了争议。西夏觉得宋朝不给他们这些堡寨，还不如摧毁了的好。于是就派人烧了堡寨。范育指出，既然宋夏边境线至今没有确定，还是要坚持原来宋夏商定的结果，以二十里为边境线，坚持不让步，否则西夏可能会得寸进尺。

朝廷对范育的进言并不满意，不过也没有追究他的责任。

有意思的是，即便西夏摧毁了宋朝两座堡寨，但他们依然不想与宋朝的关系进一步恶化。因此，西夏不断派出使者到宋朝来或进贡，或贺某个重要的节令。比如，不久之后，西夏就派使者到宋朝贺兴龙节。高丽国、三佛齐国也遣使入贡。

这里面还有个很隐晦的事情，那就是高丽与宋朝的关系。澶渊之盟后，宋辽为兄弟之国。高丽与宋朝并不毗邻，因为高丽已成为辽国的附庸。但近些年来，辽道宗继位，辽国政治不清明，国力下滑，国威下降，不稳定因素频频出现。即便如此，他们依然对附属的女真、高丽等小国极尽盘剥。据说在女真境内有一种叫海东青的神鸟，可以捕捉天鹅，辽国高官者以拥有海东青为荣，不断勒索女真进贡。因此，这次高丽使者除了来贺兴龙节之外，还打算与宋朝建立良好的外交关系，用刘挚的话说就是："高丽旧通朝贡，真宗初尝遣使来，自言苦于北寇诛求，愿臣属天朝，绝辽好，请王师援助。"不过这时候的宋朝，并不想与辽国对着干，自然也没重视高丽的使者，只是按照邻邦的规格招待了高丽使者。宋朝与高丽这样若即若离的关系，一直要延续到宋徽宗时期。

十二月十四日，殿中侍御史上官均第二次被调离台谏。朝廷下诏，命其出知广德军。为什么毫无征兆地调离了上官均呢？究其原因，是上官均遭到了御史中丞苏辙的弹劾。十多天前苏辙上奏疏指责上官均"昔任监察御史，与王岩叟等相约论事，既而背之。岩叟劾其反覆，均即缴奏岩叟私书，一时鄙其倾险，亟罢言职"。苏辙认为上官均人品有问题，是个两面人，每次进言都是为自己利益考虑，这样的人不适合担任言官。苏辙还表示，他清楚上官均的为人，起初朝廷调任其为言官时，他以为上官均会痛改前非，想不到他不但没改，反而变本加厉。苏辙还列举三件事来说明：一是他上疏弹劾"熙河帅臣妄占二堡"，上官均装聋作哑；二是刘挚请求辞职，其他官员都不知道缘由，未曾贸然上疏，可上官均为了讨好刘挚，给朝廷上疏，请求朝廷安抚刘挚；三是许将当初进拟差除管军，前后态度不一，上官均作为许将的同乡，也暗附许将"希合圣旨，以陷同列"。后来许将遭到台谏官弹劾，上官均不站在朝廷角度，反而"阴为表里，上疏救将，谓将小过，不当斥逐"。由此可以得出结论：上官均身为言官，职责是攻击奸邪，但他见到奸邪，不但不攻击，反而私底下想办法帮忙，背弃公义暗附死党，忘记本职，其害尤深。尤其是他攀附宰执的事，可见其本心，建议对上官均罢职处理。

十二月初六，苏辙再次上疏，指出许将罢职后，"中外正人无不相贺"，唯独上官均闷闷不乐，"诪张失措，度其猖狂解说，无所不至"。苏辙指出，"御——人主耳目之官，不宜久留邪党，污浊其间，浼渎圣听"，再次请求朝廷"早赐降黜外任，庶几奸慝之人，小加惩戒"。①

同一天，苏辙与另一名殿中侍御史岑象求同时上奏疏，就许将罢职之事弹劾上官均。在苏辙与岑象求看来，在许将罢职问题上，台谏官集体攻击许将，唯有上官均"独言不当罢将执政"，上官均还指责台谏官"所言为非，曲加诬谤，无所不至"。天日昭昭，谁是奸邪谁是忠良一眼便知。苏辙、岑象求还表示，上官均明知他解救许将之事会暴露，因此不顾一切营救许将，"均自知必去，无所顾藉，诬污臣等，冀以荧惑圣聪，若不明加责降，但罢其台职，使均得计而去，何以惩艾奸慝？"。上官均的所作所为，无疑是许将的死党。

此后，傅尧俞、韩忠彦、许将等人均遭到台谏官弹劾。上官均上奏疏指出："大臣之任，同国休戚，政令赏罚，所系甚重，同异相济，要归至当。庙堂之上，当务协谐以治天下，使中外之人泯然不知有异同之迹。若悻悻辨论，不顾事体，何以观视百僚？尧俞等虽有辨论之失，然事皆缘公，无显恶大过，望令就职，务为协和，归于至当。"上官均为三位宰执辩解，认为他们虽有言语失误，但不是大过，不能因此罢职。

朝廷也借机下诏，督促傅尧俞等人到三省就职。苏辙一看朝廷不但没有罢免宰执，还督促他们就职，就联合其他台谏官继续上疏弹劾傅尧俞等人。有意思的是，此时的上官均认为自己即将被罢免言官职务，也上疏弹劾苏辙等"阴承宰相吕大

---

① 《续资治通鉴长编·卷四百五十二》。

防"。上官均在奏疏中指责台谏官形成朋党，轮番进攻宰执人员，又指责苏辙是奸臣。

这就非常有趣了，台谏官之间相互指责对方为奸邪，开始了互撕模式。朝廷对这种做法很不看好。但也没有过度加以干涉，任由台谏官互撕。不过苏辙很谨慎，对于上官均乱咬人的这种行为采取了忍让方式，因为朝廷外调许将已成定局，没必要因为上官均而大吵。

在台谏官借用许将弹劾上官均时，许将一直沉默不言，他默默交接了三省的工作，等待着外放诏命。不久之后，许将出知定州。此时，上官均又进言，指责朝廷罢黜许将，是因为"特迫持于二三大臣之言，牵于台谏之论，则是陛下特出于不得已"。上官均、似乎不在乎任何后果，就是要陈述心中的愤懑。他在奏疏中指责吕大防"坚强自任，不顾是非，每有差除，同列不敢为异，唯许将时有异同，大防每怀私憾。今陛下又以将言为是，罢利一管军，大防犹深愤疾。辙素与大防相善，希合其意，率同列尽力排许将，期于必胜。既得异论罢去执政，台谏皆务依随，是威福皆归于大防，纲纪法令自此败坏矣"。在上官均看来，许将的罢职就是吕大防与苏辙联合搞的一次阴谋。

上官均还指出，在弹劾许将问题上，作为御史中丞的苏辙本该"公是公非，别白善恶"，但是苏辙却"爱憎任情，毁誉违众，立党怙势，取必朝廷，强险偏邪，上惑圣听"。这样的做法，完全与台谏官职责背道而驰。苏辙与宰相吕大防互为朋党，为了排斥异己，他们"动移圣意，以疑似不明细事，合谋并力逐一执政，自此人不得安位矣"。强烈呼吁朝廷将苏辙弹劾许将的奏疏公之于众，让天下来讨论，若天下人都认为许将有罪，那就对他进行罢职，若是苏辙诬陷许将，那就以"以破奸邪朋党之弊，收还威权，肃正纲纪"。

这种指责让台谏官不再论辩。宋朝士大夫有一个软肋，那就是朋党。一旦被指责为朋党，就会有口难辩。那么，苏辙是否联合台谏官，暗附吕大防，进而形成朋党呢？这个问题，刘挚在他的私人笔记中有记载，刘挚认为就是这帮人结成了朋党，孤立上官均。当然，此时的刘挚为次相，他的记载也不见得全部符合事实。①

---

① 《续资治通鉴长编·卷四百五十二》。

有意思的是，在这场朋党大争论中，三省其他官员缄默不语，哲宗、高太后也不表态，任由台谏官相互指责。最终，只有上官均被调离台谏系统。其他言官依旧如故，吕大防依旧如故。不过，站在今天的角度来分析，苏辙及吕大防之间应该存在着某种约定。至少在赶走许将这件事上，他们目标一致。上官均作为这次斗争中一个被人孤立的言官，他可能有暗附许将的嫌疑，但更多时候，他只是被一群人围攻罢了。狮子虽是草原之王，但在狼群中依然讨不到任何便宜。

上官均被调离后，台谏系统再次恢复了正常。十二月十七日，朝廷下诏："龙图阁直学士、朝散郎、御史中丞苏辙加龙图阁学士。"也就是说，苏辙从龙图阁直学士晋升到龙图阁学士了。这是对苏辙的肯定，也是破除上官均指责苏辙援引朋党言论的明证。

十八日，朝廷又调整了一批人员。"吏部侍郎刘奉世权户部尚书，户部侍郎李之纯为吏部侍郎，权工部侍郎马默权户部侍郎，权兵部侍郎彭汝砺权礼部侍郎，秘书监王汾为兵部侍郎，太常少卿李周权工部侍郎，秘书少监王钦臣为秘书监。知沧州王子韶为秘书少监，左司郎中杜常为太常少卿，奉议郎杨国宝为秘书郎，判登闻鼓院时彦为正字，校书郎晁补之通判扬州。"①按照刘挚的记载，这份人事调整名单是宰执商议的结果，当然，更多地体现了吕大防的意见。

人员调整诏命颁布后，御史中丞苏辙上奏疏反对，他认为朝廷近来用人颇轻。他列举了刚刚调整岗位的杜常，指出杜常"人材猥下，不学无术，而加以邪谄好利，顽弊无耻者也"。苏辙又列举了杜常在地方为官时的两件事，证明杜常媚上欺下，为了不断往上爬不择手段，建议将其罢黜。

当然，苏辙对杜常的弹劾只是就事论事，但对王子韶的弹劾就带有浓烈的个人情绪在里面。苏辙在奏疏中提出王子韶是个饱受争议的官员，他每次岗位调整，都会引起言官的弹劾。这不是言官的问题，而是王子韶的问题。苏辙指责王子韶："今子韶资性便僻，柔佞无耻，奉上媚下，众为指笑，依势行私，贼害良善，皆有实状。只缘邪谄，善事贵权，故大臣不察，拔擢至此。"这等奸邪之人，就应该罢职不用。而朝廷不知受了何种蛊惑，对王子韶一次又一次重用。苏辙还指责王子韶岳父沈扶闲居杭州，"方谋造宅舍，每于本州干借捍行役兵，知州祖无择守法不

---

① 《续资治通鉴长编·卷四百五十三》。

予,子韶挟此私恨,诬谤百端,遂起大狱,然卒无事实"。作为官员,对家人不加约束,致使其多次违规违纪,简直令人不能容忍。还是请朝廷将其罢免吧。

侍御史孙升盯着的人是杜常。孙升首先指责杜常知识庸下,不能出任太常要职。其次,孙升又指出杜常是吕惠卿的追随者,"附会惠卿,希求进用,笺注手实,谓其法五常皆备,有识之士至今鄙之"。杜常在都司时,曾与狡吏时忱、任永寿相为党羽,"过于交游,欺罔朝廷,违条冒赏,紊乱纪纲,常为首恶"。杜常的这种种罪行,都足以让他一辈子得不到朝廷重用。现在朝廷继续重用杜常,到底为哪般?

二十二日,苏辙再次上奏疏。这次苏辙放了个大招,他笔锋直指韩氏家族。苏辙在奏疏中指出,目前朝中高氏、向氏子孙也才几百人,这两大家族中担任高官的人并不多。这不是朝廷不爱亲戚,实在是朝廷制度所约束,皇亲国戚不得授予高官。然而,目前朝廷有一个家族很旺盛,"子弟姻娅,布满中外,朝之要官多其亲党者"。苏辙列举了韩维为宰执时,大肆培养本族势力。范纯仁为宰相时,也暗附韩氏家族。现宰执傅尧俞也与韩缜通婚。范纯仁的弟弟范纯礼与傅尧俞相交深厚,相互扶持,暗附韩氏家族。比如他们暗自调任韩宗道权户部侍郎迁试刑部,搞得外界议论沸沸扬扬。苏辙还指出,范纯礼与傅尧俞勾结,重用韩氏姻亲谢景温、杜纯、杜纮三人。这些内幕其实朝官都知道,只是被苏辙这样曝光后,朝廷和韩氏家族都很被动,他们被推到了风口浪尖上。

与此同时,侍御史孙升也上奏疏,弹劾范纯礼、范祖禹。孙升指责范纯礼"本由荫补,不学无术,外示恬静,内怀进取",指责范祖禹"见以实录,不预给事之职,乃独令不学无术之人当之,恐非所以尊朝廷也"。①

朝廷对于这些指责统统不予回应,因为牵扯人员太多。此后,有官员指出大理寺案件审理有差失。于是,朝廷就下诏,命"刑部点检大理寺差失,每件以三省点检得一件比较施行"。也就是让刑部适时对大理寺的案卷进行审理,避免冤假错案的形成。这件事也引起了苏辙的注意。于是,苏辙便给朝廷进言,讨论刑罚问题。苏辙在给朝廷的两道奏疏中,将目前的刑罚与嘉祐时期的刑罚进行了对比,列举了目前刑罚中存在的问题,请求朝廷让有司进行改定,制定出适合于当前的刑罚制

---

① 《续资治通鉴长编·卷四百五十三》。

度。朝廷依然对苏辙提出的建议不予回应。

当然，没有回应苏辙可能也是因为此时已近年关，朝廷已放下了很多政事。苏辙也不再进言，等待着新年的到来。

## 第十一章 朔党离朝

> 洛党，程颐为领袖，朱光庭、贾易等为羽翼；蜀党，苏轼为领袖，吕陶等为羽翼；朔党，刘挚为领袖。
>
> ——《小学绀珠·名臣·元祐三党》

### 苏辙离开台谏系统

元祐六年（1091）的新年显得很平静。正月初一，朝廷下诏不受朝。哲宗、高太后打算歇息一下。去年腊月时，本想着能够稍作歇息，结果因台谏官之间起内讧，搞得所有人都紧绷着神经。现在是新年，还不允许好好歇歇？①如此，百官也能安心在家中过个新年。

正月初七，新年假期结束，朝廷一切如旧。新年伊始，朝廷的第一件政务是给一批官员调整了岗位。由于这些人官阶并不高，台谏官也没有异议。同一天，苏辙也给朝廷上了一道奏疏，陈述目前国政最大的阙失是刑审不明、用人不明。苏辙指出，礼部侍郎陆佃无视国法，纵容手下人曲解法令，有七个人本应治罪，却至今逍遥法外。苏辙又强调，户部用人不经公议，如今所用杜常、王子韶等人被外界议论纷纷。苏辙通过这些事例来论证自己的观点，并将整个冬天不下雪的原因归结于"刑政不修，纪纲败坏"。

朝廷没有回应苏辙。

正月初九，朝廷议定的第一件大事是关于科举考试的。这一年是科考年，一切要尽早做计划。上一次科考还是三年前，苏轼还在朝中。如今苏轼外调，不然权知贡举这种事一定会落在苏轼头上。宰执商议权知贡举人员，决定由现任翰林学士兼侍郎范百禄担任主考官。但他一个人无法完成此项工作，至少应该给他配备两个助手。起初宰

---

① 《续资治通鉴长编·卷四百五十四》。

执的意见是让孙升同知贡举，可次相刘挚不同意，认为没有侍御史担任主考官的先例，朝廷只能作罢。事实上刘挚反对孙升出任主考官，另有隐情。原来刘挚希望邓温伯能够接任许将，与他共同治理国家。又担心孙升会弹劾，才阻止孙升出任主考官。朝廷就让天章阁待制、吏部侍郎兼侍读顾临和国子司业兼侍讲孔武仲同权知贡举。

随即，朝廷下诏："五路进士及诸科明法人就试终场，零分不满十人许解一人，仍取文理优长者。以尚书省言通利军等处将终场，十人以下零数添解一人，不应元祐贡举敕，故有是诏。"这是对录用进士的限定。三位主考官忙碌起来了。

十一日，彰德军节度使、知河阳冯京因病请求辞官养老。朝廷同意了冯京的请求，让他知陈州。但此时冯京病情很严重，已很难到陈州任职，朝廷改任冯京为左银青光禄大夫、观文殿学士兼侍读、充中太一宫使。

以上几件事先后部署完毕，朝廷新一年的工作也拉开了帷幕。此后一个多月里，朝廷不断在调整着官员岗位。比如，朝廷刚刚给知真州孙贲迁官开封府推官，监察御史徐君平就对孙贲发起弹劾，他指责孙贲"傲虐不检，秽迹甚著"。朝廷只好罢了孙贲新除职务。

十八日，朝廷继续调整人员。"右朝议大夫、鸿胪卿韩正彦为河东路转运使，右朝奉郎杜纯为鸿胪卿，左朝请大夫、梓州路转运副使井亮采为度支员外郎，左朝请大夫、两浙路转运副使叶温叟为主客郎中，左朝请郎、直秘阁、太仆卿林旦为河东路转运使，左朝散郎、度支员外郎郭茂恂为河北东路提点刑狱，左朝奉大夫、集贤校理、知和州刘定为提点京西南路刑狱。右承议郎王巩用苏辙、谢景温荐，除知宿州。""资政殿学士、知蔡州王安礼知舒州。"①这批人员中，只有王安礼是因为贪污腐败被贬谪，其他官员都是迁官。

二十二日，岗位调整工作继续进行。"左朝奉大夫、集贤校理、太常少卿杜常为太仆卿，左朝奉大夫、秘阁校理、徐王府记室参军盛桥为太常少卿，左朝议大夫、直龙图阁、河东路都转运使范子奇为集贤殿修撰、知河阳，侍御史孙升为起居郎。""左中散大夫、主客郎中晏知止知蔡州。左朝奉郎、集贤校理、荆湖北路转运使唐义问为直龙图阁、知荆南，左朝议大夫、直龙图阁、知潭州谢麟知江宁府。"

---

① 《续资治通鉴长编·卷四百五十四》。

这批人员岗位调整，没引起台谏官注意，值得一提的是，这批人员中唯有孙升的岗位调整暗含内幕。内幕来自次相刘挚的一次阴谋：欲让邓温伯接替许将，必须赶走孙升。其实一直以来，刘挚都希望邓温伯能够接替许将，但他也知道孙升与许将之间有嫌隙，只要朝廷擢升许将，孙升必然上疏弹劾。上次朝廷商定科考主考官时，刘挚就反对孙升担任，也是这个原因。邓温伯安全上位的前提就是将孙升赶出言官系统。

恰巧此时，孙升给朝廷上疏，弹劾都水使者吴安持、李伟，认为"安持、李伟协比为奸，自元祐四年建议回河，经今三年，欺罔蔽惑，枉费财用民力，不可胜计，困弊一方，无毫发之效"。这是个时机，刘挚动用了资源。因此孙升就被授予起居郎。看起来被重用了，不过孙升自此也就丧失了弹劾官员的职责。

这才是高手对决，借力打力。

二十四日，吕大防病了，向朝廷告假。高太后很挂念他的病情，同时也对目前政局很担忧。一旦吕大防病倒，三省严重缺人，必然会给国家带来不便。因此，高太后派陈衍至尚书省向次相刘挚询问可以起用的人才。刘挚举荐了六七个人，重点举荐了苏辙、王岩叟。陈衍又到了吕大防家里，也向吕大防咨询人才。但吕大防举荐的人才没有被记录下来。

高太后对刘挚举荐的苏辙、王岩叟也很认可。相信用不了多久，这两个人就会被重用。不过眼下，第一个被重用的人必须是苏轼。苏轼因蜀、洛党争被外调后，高太后一直心心念念着远在杭州的苏轼。去年时，朝廷就有意调回苏轼，让他担任翰林学士，这么大名气的人才，放在杭州当知州太可惜了。但是当高太后表达了自己的想法后，宰执们却不同意。大家一致认为苏辙刚刚被授予御史中丞，又调苏轼回朝，恐招人非议。朝廷也就暂时放下了苏轼回调之事。现在，朝廷人才缺失，调回苏轼迫在眉睫。于是，二十六日，朝廷下诏，授予龙图阁学士、知杭州苏轼吏部尚书，即刻赴任。苏轼对此隐隐担心，他没有立即回京，而是观望朝廷给他迁官后台谏官们的态度。

与此同时，范纯礼的任用也提上日程。此前，苏辙等台谏官轮番向范纯礼发起攻击，范纯礼曾上了两道奏疏，请求外调。但三省对于范纯礼的奏疏押着不报。苏辙就此专门进行过讨论，批评三省这种做法不合制度。但三省根本不愿意搭理苏辙，加之那时台谏官的重心在弹劾许将身上，因此也就暂时忘记了范纯礼。现在，朝廷升迁给事中范纯礼权刑部侍郎，又成了一个疑问。其实若详细分析，就能发现这次朝廷对范纯礼的重用，源头应该在吕大防那里。几天前，首相吕大防生病，高太后曾派陈衍到吕大防家里问候，并向吕大防咨询可以重用的人才。尽管当时吕大防的举荐没有被记录下来，但从范纯礼被重用的情况来看，吕大防应是向朝廷举荐了范纯礼。

范纯礼被迁官，苏辙除了震惊还是震惊，他怎么也没想到，一直被他弹劾的人不但没有外调，反而到六部任职了。当然，更让苏辙震惊的，还是对朱光庭的重新调回。朝廷任命左朝散郎、集贤殿修撰、知亳州朱光庭为给事中。这简直让苏辙无法忍受，朱光庭外调才几个月，就被调了回来。朝中肯定有人在为朱光庭说好话。那么是谁呢？

不管举荐朱光庭的人是谁，苏辙都要阻止朝廷这么做。因此，苏辙马上给朝廷上奏疏，弹劾朱光庭："智昏才短，心很（狠）胆薄，不学无术，妒贤害能。本事程颐，听颐驱使，方为谏官，颐之所恶，光庭明为击之。颐既以狂妄得罪，光庭本合随罢，而因缘侥幸，会河朔灾伤，遣之按视。"这些罪名其实就是上一次台谏官弹劾朱光庭的罪名。苏辙的这封奏疏里，当然对朱光庭、程颐一党非常痛恨，不将他们罢职决不罢休。苏辙还指出："给事中专掌封驳，国论所寄，今朝廷以私光庭，上则污辱国体，下则伤害善类。伏乞追寝成命，别付闲局，以厌公议。"给事中这个岗位很特殊，负责审理诏命。若是朱光庭这样的人担任给事中，必然会滥用职权，损污国体。

朝廷不予回应，转而继续对一些人委以重任。这次是对刘安世、丰稷、郑雍三人的任命。"左通直郎、集贤殿修撰、提举崇福宫刘安世为中书舍人。后七日，改宝文阁待制、枢密都承旨，仍赐三品服。""起居舍人丰稷为太常少卿。郑雍之使辽，稷权中书舍人，于是将以次补。"刘安世先被授予中书舍人，后改任。由丰稷接任中书舍人。①

显然，苏辙对这些调整也不认可。不过他反对的人不是刘安世，而是丰稷。苏辙认为中书舍人岗位重要，负责朝廷诏命草拟工作。苏辙还列举了丰稷此前为范纯仁、赵卨写的任命文书漏洞百出，毫无文采，不宜让其担任中书舍人。苏辙又指出

---

① 《续资治通鉴长编·卷四百五十四》。

丰稷在给许将的罢免诏书上，也用了一些不合时宜的赞美之词，简直是"渎乱朝廷黜陟之经，动摇中外观听之实"。丰稷"才既鄙下，心复怀奸，久权外制，实恐害政"，建议授予他一个闲差即可。这次朝廷同意了苏辙所请。

有意思的是，随着丰稷罢职，台谏官再次掀起了对范纯礼的弹劾。右正言刘唐老指责范纯礼在青州时贪秽不法，本应受到处罚，却意外被朝廷重用了，"众议喧然，亦以为笑"。也不知朝廷擢升范纯礼的理由是什么。刘唐老还指出，范纯礼作为大臣，应当时时刻刻注意自身形象，可他一点也不顾及身份，"与使令厮役规利营财，主俸禄之遗余，昧商途之税入，纵非己物，猥屑益彰"。这种违法乱纪行为，纵是小官也罪责不轻，范纯礼是高官就更应该严惩，以整肃官场。

左司谏杨康国的弹劾，与刘唐老的类似，不过杨康国的语气更加严厉了一些。刘唐老只是建议朝廷即便重用范纯礼，也应该调查清楚他的罪行，而不是不明不白就重用他。杨康国则直接指出，范纯礼是有罪的，应该严惩，"正安礼之罪，褫夺职名，使自循省，以诫天下不法之吏，则陛下之法行矣"。

正月二十七，朝廷下诏，王安礼落资政殿学士，仍知舒州。哪儿来继续回哪儿去。王安礼被罢职后，苏辙没有再上疏弹劾，他把目光放在了修河事宜上。这是苏辙一直反对的事情。从朝廷决定修河、给黄河复道起，苏辙就不断上奏疏反对，现在还是一样。月底时，苏辙再上奏疏，陈述修河利弊，建议"罢分水指挥，废东流一行官吏、役兵、拆去马头、锯牙……"①。朝廷不予回应。二月初，殿中侍御史岑象求再次弹劾王安礼。朝廷也是无法忍受了，下诏"王安礼特展一期检举取旨，京东路转运使王同老知齐州，副使范锷知蔡州，提点刑狱刘赛罚金十斤"。②

二月初二，朝廷开始调整宰执人员，"中大夫、守门下侍郎刘挚为太中大夫、守尚书右仆射兼中书侍郎，龙图阁学士、御史中丞苏辙为中大夫、守尚书右丞，龙图阁待制、权知开封府王岩叟充枢密直学士、签书枢密院事"③。监察御史徐君平上疏弹劾王岩叟，建议不对王岩叟迁官。三天后，此奏疏会内降三省。

二月初四，朝廷又发了一道补充诏命，内容是对苏辙、苏轼、邓温伯的任命。"癸巳，龙图阁学士、御史中丞苏辙为中大夫、守尚书右丞，龙图阁学士、吏部尚

---

① 《续资治通鉴长编·卷四百五十四》。
② 《续资治通鉴长编·卷四百五十五》。
③ 《续资治通鉴长编·卷四百五十五》。

书苏轼为翰林学士承旨，翰林学士承旨邓温伯为端明殿学士、礼部尚书。"这道诏命让苏辙很不安，他随即给朝廷上了一道奏疏，指出自己与兄长苏轼都是受业先臣，"薄祐早孤，凡臣之宦学，皆兄所成就"。兄长不论文学、政事都在他之上，现在朝廷授予苏轼翰林承旨，他理应避嫌，请求朝廷给他一个闲职。但朝廷不允许。御史中丞被罢职，自然要晋级宰执，怎么能要闲职？需要说明的是，苏轼观望了一阵风向后，发现并没有人弹劾他，这才北上回京。临走时，苏轼还给朝廷上了一道奏疏，请求朝廷多加照顾受灾严重的江浙地区，多拨钱粮，帮助江浙地区度过苦难时期。

与此同时，翰林学士、御史中丞的人选也定了下来，"翰林学士范百禄为龙图阁学士、权知开封府，龙图阁待制、权礼部尚书赵彦若为翰林学士，天章阁待制、枢密承旨赵君锡为御史中丞"。以上苏轼、苏辙、范百禄等高层人员的任命，看似都是正常过渡，但这里面有无有意调离苏辙的原因呢？他和苏轼一样，太轴了。有苏辙在御史台，朝廷的很多政策无法推行，尤其是人事任免方面。

然而，谁都没想到，苏辙刚刚被授予尚书右丞，台谏官就提出了反对意见。反对苏辙任宰执的是他昔日同僚、左司谏兼权给事中杨康国。杨康国指出，陛下要想安静治国，就不要用苏辙为宰执，因为苏辙的治国方向与当前执政相背离。"必欲安静，则不宜用辙，盖与今执政相睽矣。"杨康国又指出，治国方略不同的人不适合共事，睚眦必报之人不适合同室。杨康国还列举苏辙为御史中丞时，殿中侍御史贾易主动请求外调的故事来论述。另外，杨康国很担忧苏辙的处境，因为此前苏辙曾弹劾中书侍郎傅尧俞、同知枢密院事韩忠彦，现在苏辙也成为宰执，以后与韩忠彦、傅尧俞在一起讨论国事，必然会产生龃龉。而宰执大臣之间一旦意见不合，就会让朝廷不得安宁。杨康国还在贴黄中指责苏辙"天资很（狠）戾，更事不久，自长宪台，前后言事多不中理，若使同参大政，必致乖戾，紊烦圣听"。[1]苏辙马上做出了回应，指出杨康国"尝申救傅尧俞、韩忠彦，是结私恩，不可不治其奸邪"。苏辙与杨康国之间似乎又要开启互撕模式。

那么，杨康国的建议有无道理？很有道理。尽管苏辙弹劾韩忠彦、傅尧俞是尽言官职责，可傅尧俞、韩忠彦会这么想吗？另外，苏辙进入三省后，会收敛自己的

---

[1]《续资治通鉴长编·卷四百五十五》。

脾性，与其他宰执和平相处吗？这一切都有待时间的验证。

朝廷没有罢黜苏辙，继续进行朝臣岗位大调整。范祖禹被授予侍读。

二月初五，哲宗、高太后受朝于垂拱殿，重新确立宰执人员班位。随后，高太后将监察御史徐君平论王岩叟、苏辙论杨康国二章交给三省，由三省给出回复。三省的意见是，徐君平的可以不予回应，苏辙的奏疏也可以置之不理，可任由事态平息下来。朝廷同意三省请求。应当说，三省的做法是正确的，若回应苏辙，必然引起他与杨康国之间相互指责，对国家不利。二月十八日，杨康国再议苏辙不能任宰执事宜，朝廷依然置之不理。

此后，各级官员回归本职，各自为朝廷效力。河北的盐税、边境的军政、高丽和于阗的进贡、集英殿罢春宴等政务都很快得到了解决。朝廷新的人事调整尚未结束，一些人被朝廷重新做了调整，比如："宝文阁待制、知庆州范纯粹为户部侍郎，左司郎中章楶为直龙图阁、权知庆州。"这两个人似乎没有争议。在此期间，还有一件事值得记载，这就是朱光庭不接受朝廷新的任命，苏辙乘机建议朝廷罢黜朱光庭给事中职位，但签枢密院事王岩叟却说："用忠实所得多。又垂帘之初，光庭排邪助正甚有力，岂可弃？"朝廷也就下诏，命朱光庭不许辞职。

有趣的是，二十二日，端明殿学士、礼部尚书邓温伯在家装病，拒绝接受新的任命，并连续上了五道奏疏请辞。朝廷也不许邓温伯辞职。也是在同一天，右仆射刘挚与哲宗有过一次小会面，讨论了一些学习心得体会，这让刘挚感激涕零，他已经很长时间没有与皇帝单独说话了。由此也能看出哲宗对刘挚的重视。不过，刘挚走了之后，朝廷又让签书枢密院事王岩叟入奏。王岩叟与高太后有过一次谈话，讨论关于人才举荐、正邪辨别、君子小人的话题。这次谈话气氛很融洽，这也是王岩叟罢职言官几年后，高太后再次召见王岩叟。

这两件事虽不起眼，但能看出此时朝廷开始重视与新任宰执的交流。而此前，高太后都是向台谏官取经。

## 宰执重新得势

王岩叟、苏辙等一批才俊进入中央，为三省、枢密院注入了一股活力。这些人在未任宰执前,就已在官场声名鹊起。现在他们进入三省、枢密院,自然要做出一番事业。二月二十八日,宰执大臣在延和殿奏对。这是新班子第一次亮相,他们一同向两宫问安。

宰执们就各自分管的工作,向哲宗和高太后做了汇报。之后枢密院的宰执就退下了。这时候,苏辙才当着三省的面对哲宗、高太后说:"听闻台谏官对臣出任宰执弹劾不止,又听闻昨天朝廷将台谏官弹劾臣的奏状转给三省处置。臣望轻德薄,不可以任执政,请朝廷将我外调。"高太后说:"言官的话别当回事儿,你也当过言官,切不可对他们的弹劾文字较真。"有意思的是,这时候徐君平的奏疏也被传了进来,大意也是请求外调。高太后则表示,若徐君平外调,杨康国也一起外调。高太后的处置让苏辙很惶恐,他当即表示:"臣不敢贪恋权,取辱天下,我回家戴罪,不到三省去了。"

苏辙为何这般惶恐?因为杨康国又上奏疏,列举了苏辙六件失政之事,请求朝廷罢免苏辙。吕大防曾为苏辙做过辩解。其后,杨康国再上多道奏疏,列举了苏辙为报答张方平恩情,不顾国家法度举荐王巩;与王觌、朱光庭等人意见相左;不主张舍弃质孤、胜如两座堡寨,意在与赵卨结盟……总之,杨康国在奏疏中不断重申一个观点:不能让苏辙出任宰执,否则祸患无穷。

尽管杨康国未用恶毒语言攻击苏辙,但这样的指责依然让苏辙惶恐。因此,苏辙再次给高太后上奏疏,请求辞官。高太后自然不允许,还表示朝廷会将弹劾苏辙的杨康国外调。苏辙不同意外调杨康国,认为他也是为国尽忠,只需要将他调离台谏系统即可。高太后似乎心领神会,表示朝廷会借机处置。①不过,有一点朝廷应该搞清楚,这就是将杨康国等人调出台谏系统不能操之过急。若让台谏官觉察到朝廷罢免言官是因为他们弹劾苏辙,反而会引起言官反击。朝廷需要做的就是静静等待时机,让杨康国等人出错,然后乘机将其罢职。如此,也就不会给苏辙引来麻烦。

然而事与愿违,朝廷迫不及待要罢免这两位台谏官。三月初二,"辛酉,中书舍人郑雍为左谏议大夫,右朝奉大夫张修为光禄少卿,度支员外郎田子谅为右司员外郎,左司谏杨康国为吏部员外郎,秘阁校理、右正言刘唐老为兵部员外郎。徐王

---

① 《续资治通鉴长编·卷四百五十五》。

府翊善陈轩、侍讲乔执中并为秘阁校理，王以例请故也"①。苏辙看到朝廷的任职诏命后，心中有一丝担忧。朝廷这种操作目的性太明确了，两位台谏官前脚弹劾了苏辙，几天后他们就被调离了台谏系统。这不是排斥异己吗？若两位台谏官不接受调任，直接弹劾他，到时候怕很难收场。

好在朝廷给杨康国等人的新任命书下达后，他们暂时处于平静状态，没有立即上疏。

台谏系统没有人发言，给事中朱光庭却给朝廷上奏疏，指责朝廷新任命的京西南路提刑刘定"天资刻薄，罪恶不一"，指出刘定任职河北路提举保甲时，就祸害一方，众所共知。现在朝廷竟然不顾民意，擢升其为监司，到底是何道理？朝廷马上下诏，调整刘定为江、淮、荆、浙、福建、广南路提点坑冶铸钱事。

但是由苏辙引起的罢免台谏风波并未过去。不久，宰执奏完事后，刘挚就对身边的人表达他对罢免两位言官的看法，认为朝廷不应该如此草率地将他们罢职。另外，负责为杨康国等人写调任书的中书舍人郑雍也很犯难，不知如何草拟诏命。他请示吕大防，首相的批示是按照往常的任命范式写，郑雍就去草拟诏命了。次日，郑雍进言，表示朝廷授予杨康国为吏部员外郎是明升暗降，朝廷于是改任杨康国为礼部郎中。同时，也改任监察御史徐君平为度支员外郎，这是徐君平弹劾王岩叟的结果。

三月初四，《神宗实录》编撰工作完成。满朝文武都先向东方祭拜神宗，然后才开始讨论。这项工作由首相吕大防负责，自然由他汇报。吕大防汇报了《神宗实录》编纂的过程、内容、篇幅等。之后，吕大防又拿起神宗实录，站在帘前披读。朝臣、哲宗、高太后都在静静听着。不久之后，就从帘子里传来抽泣声。原来是高太后与哲宗的哭声，毕竟这本书记载的是先帝的生平。吕大防也就不再读了。高太后命人将实录呈上，她要好好翻阅。整理好情绪后，高太后表示，此书高质量完成，吕大防功不可没，要授予吕大防正议大夫，但吕大防坚辞不受。高太后也只能作罢。

以后几天，国家举行科考：三月初十，哲宗御集英殿，策试礼部奏名进士。十二日，策试特奏名进士及武举。十三日，试明经诸科、经律科，并诸科特奏名人。

---

① 《续资治通鉴长编·卷四百五十六》。

需要记住的是这次考试的前三甲,分别是马涓、朱谔、张庭坚。三月二十三日,宋哲宗、高太后在集英殿召见新科进士,"赐进士诸科马涓以下及第、出身、同出身,假承务郎、文学总六百有二人。"二十四日,朝廷赐"特奏名进士诸科刘必以下同出身,假承务郎、京府助教、文学三百二十三人,武举进士贾君文等二十三人"。至此,这场科考进入尾声。不过这次的三甲在以后没有多少大的功业,只有朱谔在蔡京主政时,受到蔡京赏识,官至尚书右丞而已。

不久,朝廷给中央高官邓温伯、赵彦若、范祖禹、曾肇、林希等各迁一官,并擢升龙图阁待制、知颍州陆佃为龙图阁直学士,著作佐郎黄庭坚为起居舍人。还对大内侍从张茂则、梁惟简、陈衍也都升了官。这批人员中,陆佃等人一直都是台谏官紧盯的目标。但调任诏命下达后,台谏官竟然无动于衷。难道台谏官打算放过这些有争议的人?当然不是,原因是此时台谏系统人手严重不足,也没有更多精力关注朝廷对官员的调整与调任。此时,除了杨康国、刘唐老、徐君平被调离以外,殿中侍御岑象求也被调离了台谏系统,任金部郎中。岑象求是主动要求调离的,因为大家都清楚当初苏辙在台谏系统时,他与苏辙关系最好,现在苏辙升任宰执,他自然要避嫌。

岑象求在离开台谏岗位前,给朝廷上了最后一道弹劾奏疏,指责王安礼在青州"纵恣不法"。青州的地方官们也攀附王安礼,"节度推官倪直侯者,助其为恶,掌公使出纳不明,及发露,遂匿其籍,阳为寻访,终不获。秽滥不悛,吏民具知"。岑象求请求对此进行调查,若情况属实,那就对王安礼予以惩治。朝廷也随即下令,让本路转运司调查,并将调查报告递交给朝廷。

岑象求的离开,显得异常悲壮。此时,朝廷也觉察到台谏系统人员不足,下诏让"御史中丞举堪充殿中侍御史二员,翰林学士至谏议大夫同举堪充监察御史二员以闻"。抓紧举荐人才吧,不能让台谏官一直这样下去,否则官员纪律如何抓呢?

有意思的是,此前那批人事调整后,已升任中书舍人的原台谏官韩川无法忍受目前台谏集体失声的情况,上疏弹劾新除龙图阁直学士陆佃。韩川指责陆佃"为人污下,无以慰天下之望"。韩川同时弹劾了黄庭坚,指责"新除黄庭坚为起居舍人,伏以左右史职清地峻,次补侍从,而黄庭坚所为轻翾浮艳,素无士行,邪秽之迹，狼藉道路"。①黄庭坚不注意自身形象，为人敷衍潦草，怎么能任中书舍人？但是吕大防坚持重用黄庭坚，朝廷也偏向吕大防。不过朝廷担心若坚持授予黄庭坚中书舍人，会引起台谏官进攻，于是授予黄庭坚著作佐郎。此后，刘挚、吕大防、傅尧俞等人还就黄庭坚任职问题进行过讨论。朝廷不愿意就此事再做过多计较，命有司按照原来的诏命安置黄庭坚。与此同时，给事中范祖禹也认为因为编纂神宗实录就给陆佃迁官，于制度不符，没有这样的先例。于是，朝廷又给陆佃另迁一官。

几天后，杨康国、刘唐老、徐君平三位台谏官上疏，拒绝接受新的升迁任命，请求将他们外调。这件事让朝廷很恼火，本来都给三位台谏官迁官了，他们却不识抬举。杨康国盯着苏辙的事情不放，徐君平盯着王岩叟不放。朝廷不可能因为他们而罢苏辙、王岩叟的宰执，因此命左司谏杨康国知卫州，右正言刘唐老知绛州，监察御史徐君平权知郓州。

平息了这场风波后，朝廷调任"起居郎孙升权中书舍人，提点淮南东路刑狱贾易为侍御史。直龙图阁文及为集贤殿修撰、管勾西京留守司御史台，右朝奉郎文贻庆为兵部员外郎"。这算是给台谏官补充了力量。贾易此前因苏辙为御史中丞而被外调，这次是三进台谏系统了。同时，朝廷下诏，命知大宗正丞事安鼎为监察御史，秘书丞姚勔为右正言。台谏系统的力量得到很大加强，一场弹劾风波正在形成。

月底时，因回河事宜，几位宰执产生了意见分歧，吕大防、刘挚都坚持"分水为便"，苏辙却不认可这个建议。但毕竟首相、次相的话更有分量，朝廷按照吕大防、刘挚的建议，让都水监制定方案，计划实施分水工程。苏辙却未经两位宰相同意，私自处置这件事，"候涨水过，别行相度"。什么意思？等黄河水涨了再说。苏辙的做法让刘挚很愤怒，明明已经议定了，怎么在苏辙这里又变了呢？吕大防似乎无所谓，既不指责苏辙，也不支持刘挚。②

时间进入四月。

朝廷下诏取消今年由皇帝、高太后、群臣临幸金明池、琼花苑的计划。这件事也有内幕。去年皇帝临幸金明池的计划就因为干旱作罢，吕大防认为今年无论如何

---

① 《续资治通鉴长编·卷四百五十六》。
② 《续资治通鉴长编·卷四百五十六》。

也要举行,这也是彰显国威、与民同乐的礼仪大事。朝廷也同意吕大防的意见。可到了三月份以来,几乎天天下雨,花也不盛开,朝廷就将临幸金明池之事推迟到四月。可到了四月份,倒春寒天气来袭,依然无法实施这一行动。朱光庭上奏疏,请求朝廷取消幸金明池、琼花苑。吕大防却坚持要搞这次大型娱乐活动。高太后暂时没了主意,这时候,王岩叟也进言,请求取消临幸金明池、琼花苑。高太后这才下了决心。①

这看起来虽是一件小事,但里面却暗含着宰执之间的争斗。吕大防虽为首相,但很多时候无法改变高太后的决定,与司马光、吕公著、文彦博等人不可同日而语。相较而言,高太后更相信以刘挚、王岩叟等为主的北方朔党官员。

四月十二日,御史中丞赵君锡给朝廷上了一道奏疏,请求朝廷在给台谏官系统选拔官员时,一定要选那些有才有德的人,甚至可以遍访各地,寻求那些"疏远怀材,不求名誉之人"担任台谏官。这是什么意思?难道朝廷给台谏系统补充的人员不合赵君锡的口味?还是这些人不尽职尽责?暂时无法揣摩赵君锡的意图。不过在以后台谏官选拔事宜中,可以窥探赵君锡奏疏的言外之意。

朝廷只能按照赵君锡的要求,慢慢给台谏官物色言官人选。十天后的二十二日,朝廷将户部郎中叶伸调整为左司郎中。此前,朝廷就有意将叶伸迁为台谏官,但叶伸坚辞不受。这时候再授予其言官,能看出朝廷对叶伸人品的认可。然而,正因朝廷此前给叶伸授予言官他不接受,这一次,左谏议大夫郑雍、右正言姚勔就借此事弹劾叶伸,反对叶伸到台谏系统任职。朝廷只能给叶伸重新调整岗位。

除了上面这些困扰人的政务,眼下还有一件重要的事情要做,这就是给哲宗选皇后。此前,范祖禹已在着手准备相关礼仪制度。这次是高太后与宰执商讨海选皇后事宜。高太后表示,经过大半年的海选,已挑选了百余户人家,依然没有满意的女孩可以作为皇后的人选。王岩叟则表示,哲宗对待选皇后事宜很慎重,这是很好的事情。王岩叟的话只说对了一半,不是皇帝太谨慎,而是高太后太谨慎。看似为哲宗选皇后,具体的操作者却是高太后。哲宗可能都没有自己的意见,一切都得听祖母的安排。

既然没有合适的人选,那就得重新选。朝臣们都清楚,这是给皇帝选皇后,不

---

① 《续资治通鉴长编·卷四百五十七》。

第十一章 朔党离朝 / 405

能有任何疏漏。这次讨论的人选是狄青家族的女儿，由首相吕大防提出。为什么要从武将家族中选皇后？这是个谜。或许与高太后就出身武将世家有关。所以宰执迎合了高太后这一心理。宰执力挺狄氏家族，高太后也颇看好，但对狄家的女儿不满意：尽管狄青的二儿子狄咏家有一未嫁女儿，然此女不是嫡出，且在这个女孩子三岁时，狄咏正室就将她和母亲赶出了家门。现在这个女孩儿到底算是狄咏的女儿，还是现任养父的女儿？吕大防认为既然是狄咏之女，只要让狄咏的哥哥狄谘主持婚事即可迎娶。王岩叟则认为此女身份背景复杂，尤其她是庶出，身份就显得低人一等，难当中宫之位。此后，宰执们与高太后之间就此问题展开讨论。大家各持己见，韩忠彦偏向王岩叟，主张"纳后必以嫡女"，不建议娶狄家女儿，吕大防却力挺此女。

宰执们意见不统一，给哲宗选狄家之女为皇后之事也就暂时被搁置了。令人疑惑的是，苏辙、傅尧俞未参加这次讨论活动。

二十四日，朝廷授予杨畏殿中侍御史，这是御史中丞赵君锡举荐的结果。杨畏此前为监察御史，有人指责杨畏曾经附会吕惠卿、舒亶等人，同为奸邪。于是朝廷罢免了杨畏的言官职务。此后，杨畏被提拔，有人又认为是刘挚在帮助杨畏，王岩叟曾就此事进言，阻止杨畏为台谏官。但朝廷不听王岩叟的建议。此后，吕大防、刘挚都力挺杨畏，加上赵君锡的举荐，杨畏就成了殿中侍御史。很难想象，一个小小言官的任命，里面却藏着这么多内幕。刘挚力挺杨畏出任殿中侍御史，难道不怕被人指责宰相与言官走得太近吗？况且按照祖制，台谏官的选拔，都是皇帝亲自考察的，宰相不得参与。现在尽管哲宗年幼，但高太后清楚这些制度，她怎么还能允许这样的事发生呢？①

元祐时代，有很多事情看不清楚，也无法用祖制去理解。这是个特殊的时代，是个让士大夫痛恨又深爱的时代。

杨畏出任殿中侍御史后，宰执们暂时处于一种平和状态。他们在皇后人选事宜中的争论有些伤元气。

此后的几天，朝廷关注着天文大事。根据天文部门监测，四月底和五月初会同时发生月食和日食。很多人觉得不可思议，但必须承认，天文观测在宋朝已有了长

---

① 《续资治通鉴长编·卷四百五十七》。

足发展，国家专门设有机构，监测天文。这看起来是一大进步，是人类掌握自然规律的做法。但宋朝对天文的监测不是为了掌握自然规律，而是应对上天的警示。在宋朝人眼中，不管是月食还是日食，都是上天对统治者发出的警示。天文监测部门要提前监测，还要预测发生日食和月食的面积。

根据监测部门的预测，四月底会发生月食，但是由于天色阴沉，未能发现月食。在朝廷看来，这是因为朝廷政治清明，上天才故意变阴，遮住了月食。五月初一，按照监测，"日当食六分"。但实际发生的日食是两分，也就是比原来预测的日食面积要小很多。朝臣们认为这一切都是天意。五月初二，吕大防等宰执向哲宗祝贺。朝廷也乘机赏赐了宰执，借机调和宰执之间的关系。

然而，宰执关系刚有所缓解，新的问题又摆在了执政者眼前，这就是西夏骚扰边境的事情。

## 赵彦若父子引发的党争

五月初，根据枢密院的消息，西夏在入侵宋朝时，被边境将领击溃。三省、枢密院长官在议事时，这件事就成了重点。苏辙、韩忠彦认为，应该将质孤、胜如两堡送还给西夏。吕大防、王岩叟、刘挚认为不可。① 最终，此事也没有形成定论。

不久，西夏再度入侵，"杀掳人畜，攻毁烽火台"。熙河兰岷、鄜延路派人抵挡，西夏军不敌，被宋军重创，宋军"生擒首领，斩获首级"。当枢密院将此消息上报给朝廷后，朝廷的诏命却依旧是："诸路诫约沿边城寨兵将，益严斥侯，过为御备。如夏贼再来侵犯，即审度事势，出奇设伏，乘便掩击，勿轻易贪功，为贼诱致；亦不得妄称犯塞，引生边患；兼虑奸诈，声东出西，却别路乘隙作过。其环庆、泾原、秦凤、河东路亦当依此指挥。"

这可能是西夏军的一次试探，没想到遭到了宋军的强烈抵制。西夏军暂时不敢再进军。不过边境将士很清楚，宋夏边境线一日不划定，西夏就一定会再次入侵，他们能做的，也就是时时刻刻提高警惕，密切关注西夏的动向而已。

---

① 《续资治通鉴长编·卷四百五十八》。

此时，朝廷还被另外一件事困扰着，这就是对蔡确的调任问题。此前，蔡确的母亲明氏给蔡确写了一份申诉状，指出朝廷对吕惠卿都可以网开一面，对其迁官，蔡确到底犯了什么法，朝廷何以这样一直打压？请求三省审核。由于涉及前宰相，现任宰执不敢私自做主，只能将明氏的诉状递给高太后。高太后的态度一如既往，认为吕惠卿的罪责可以赦免，但蔡确不能赦免。宰执也就此展开了讨论，宰执们讨论的结果依然是不能赦免蔡确，吕惠卿则可在任职期满后迁官调任。

枢密都承旨刘安世也听闻了这件事，他给朝廷上奏疏，反对给吕惠卿迁官。刘安世认为，若朝廷起用吕惠卿，后面必然会起用蔡确、章惇。如此，这些奸邪再次回朝，必然让天下不得安宁。刘安世还是坚持原来的态度，主张将章惇、吕惠卿、蔡确等人贬黜远地，永不调回。他希望哲宗能够"善继善述，不愆不忘，保守初政，坚如金石，万机之暇，屡省先训，异日或有大臣尚持姑息之论，巧为道地，假借大奸，伏望陛下以太宗之至言，面折其妄，使中外群小不能窥伺朝廷之间隙，摇动正道，天下幸甚"！也就是继续坚持原来的处置态度，不轻易改动对奸邪的惩治。

朝廷看到给吕惠卿迁官受朝臣阻止，也不再讨论此事。

五月初六，朝臣在延和奏事后，其他宰执退下，只有首相吕大防留了下来。高太后清楚，吕大防一定有事要奏。果然，吕大防缓缓从袖筒里掏出了自己的辞职报告，他引用姚崇、宋璟为相不超过三年的典故来解释，又引用仁宗时宰相吕夷简虽三次入相，但每次都不超过三年的先例，向朝廷再次提出辞职。朝廷当然不会同意吕大防辞职。

朝廷安抚了吕大防，让他两日上一次朝。吕大防也不肯罢休，继续上疏请辞。朝廷不允，还给三省下诏："左仆射吕大防累奏乞外任，已答诏不允，其收接文字去处，无得收接。"不许接收首相的辞职报告，谁接收谁负责。

几天后，宰执又被一件刑狱案件困扰了。这件事发生在去年，一个叫任永寿的官员因为贪腐被下狱。不过任永寿精通法令，办事精明，想要钻律法的空子，力图实现被从轻发落的目的。于是，这件事就引起了宰执们的注意，刘挚、苏辙等宰执就处置任永寿之事各自发表了意见。最后，决定权依然交给了高太后。高太后对这种影响国家法令的事情很看重，他与宰执们交换了意见，最后决定轻罚任永寿："永寿改作徒刑，依律赦折杖法，小杖决余罪十下。"然而，这件事很快引起御史中丞赵君锡等人的注意，他们认为朝廷对任永寿"决臀杖二十，千里编管"处罚太轻了，这样处罚贪官，必然会让国家的法令流于形式，建议朝廷"收还已行之命，改从合用之法，仍用刑部所上重例刺配，以警戒贪狡之人，亦使四方晓然知朝廷无姑息奸吏之意"。

朝廷没有回应赵君锡。因为此时朝廷又被苏轼的事情难住了。朝廷此前给苏轼授予翰林承旨，希望苏轼能够为国效力。但苏轼回到汴京后，又被纷杂的局面警醒了。苏轼很清楚，以他的脾性到京城任职，靠近舆论中心，极易引起风波。因此，苏轼给朝廷上了不愿意出任翰林承旨的陈情表，希望将扬、越、陈随便一个州郡给他，让他去地方任职。苏轼的文笔很好，整个陈情内容，充满了情感与智慧的力量。但高太后坚持要苏轼回朝，到翰林院就职。二十日，朝廷下旨授予"翰林学士承旨苏轼兼侍读，左朝请郎、左司郎中叶伸为河北路转运副使"。苏轼无奈，只能到翰林院报到。

而这段时间，似乎是朝臣辞职高峰期。中太一宫使、观文殿学士、左银青光禄大夫兼侍读冯京也上奏疏，请求辞去宣徽南院使、判陈州的差遣，允许他回老家养老。但朝廷依然不允。另外，国子祭酒、宝文阁待制郑穆也连续上了三道奏疏，请求辞职。朝廷决定授予其提举洞霄宫之职。但给事中范祖禹却认为郑穆"虽年过七十，精力尚强"，可以继续予以重用。范祖禹的奏疏被压了下来。此后，太学生千余人联合上奏，希望郑穆继续留任国子监，奏疏依旧被压了下来。

这一段时间也是朝廷上下最忙碌的时期。各种政事千头万绪，刑部、户部、三省、枢密院、台谏系统都有各种各样的事情上奏，请求朝廷批示、处置。这让高太后感觉到吃力。比如，西北边境又发生了战乱，根据鄜延、熙河兰岷路经略司的奏报，"西人侵入汉界作过，遣兵邀截，各擒首领一名"。这虽不是什么大事，但足以让朝廷不得安宁。于是，朝廷下诏，"令逐路经略司只作本司意，将逐人放归本国"。与此同时，朝廷还给边境将士下了一道诏命："疆界虽少有未毕，夏国安得辄发兵众侵我边境？今既生擒，即合斩首界上，盖为朝廷意在好生，又夏国见输常贡，且放汝回本国，候到，明谕梁乙逋并近上首领，今后不得纵放人马，乱有侵犯。"这件事让边境将士很郁闷。不过更令他们郁闷的是，一直深受将士爱戴的将领赵卨也在这时候去世了。朝廷虽赠其右光禄大夫，但边境将士清楚，以后很难再遇到这样的好官了。①

六月初四,朝廷调整龙图阁待制梁焘权礼部尚书。这是对前台谏官的调回重用。此前,梁焘、朱光庭、刘安世都因弹劾邓温伯被外调。如今,刘安世、朱光庭都被调回,担任要职,梁焘自然也不能长期搁置不用。只是与朱光庭、刘安世不同,宰执们在讨论调回梁焘时,大家意见不统一。刘挚力主授予梁焘要职,但其他宰执对梁焘并不看好,因此对梁焘的迁官也就迟迟没有定论。直到此时,朝廷才力排众议,听取了刘挚的意见,授予梁焘礼部尚书职务。②

此后,朝廷下了一道减免罪犯罪责的法令,死刑犯都可以减免成死缓。然而,就是这样的德音,却牵扯出一桩案件,并导致翰林学士赵彦若被罢免。案件由颍昌府阳翟县令赵仁恕引起。赵仁恕此时虽只是一介县令,但他的父亲却是朝廷的翰林学士兼帝师赵彦若。赵仁恕在地方为官时,仗着这些背景,干一些贪赃枉法、滥用刑罚、欺辱妇女等事。这事被京西路提刑官锺浚发现后,锺浚深入实地走访调查,发现赵仁恕的问题远不止传入他耳朵中那些,简直到了为所欲为祸害一方的地步。锺浚就将调查结果上报给了朝廷。朝廷的态度是让锺浚复查一遍,以免出现纰漏。但这件事却遭到了赵彦若的反对。赵彦若向朝廷进言,指出他儿子赵仁恕被锺浚诬陷。因为当初他任谏官时,曾弹劾过王安礼,而锺浚是王安礼的党羽,现在他离开台谏,锺浚找到了机会进行报复,就用他儿子做文章。赵彦若还请求对其子赵仁恕异地审理。朝廷没有同意赵彦若的建议,不过撤换了调查人员,不再让锺浚参与调查。朝廷派出去重新调查的人叫孟易,此人善于察言观色,认为赵彦若是翰林学士兼侍读,不敢轻易得罪。因此,他在调查此案时故意向着赵仁恕,最后形成的调查报告也不痛不痒。他的调查报告上交给三省后,三省据此给出了处置办法:"颍昌府推勘阳翟县令赵仁恕赃状非一,盛夏株连,系逮甚众,乞免重勘。"也就是说,此前锺浚对赵仁恕的调查,有很多不实之处,又牵扯很多人,建议对赵仁恕从轻发落。这或许也有朝廷照顾赵彦若的意思。最终,朝廷的处置是:"追两官,罚铜十斤,除名勒停。"

朝廷这种特殊照顾,引起了台谏官的关注。这批新选任的台谏官还没有弹劾过

---

① 《续资治通鉴长编·卷四百五十八》。
② 《续资治通鉴长编·卷四百五十九》。

官员，他们可以借赵仁恕的案件，试探一下朝廷。于是，台谏官对赵仁恕案进行了深入了解，发现孟易徇私舞弊，维护赵彦若。他们马上向赵仁恕发起了攻击。

左谏议大夫郑雍认为，朝廷的法令是用来约束所有人的，如今对赵仁恕法外开恩，就破坏了法令，让更多人不愿意遵守制度。"岂独仁恕一狱可约法断放之乎？"此风一开，恐怕朝廷很难有清净之日了。他建议重新派官员调查此案，形成定论。

右正言姚勔也进奏疏，指出"颍昌府元勘赵仁恕赃污不法共十余事，并不曾招伏。今来大理寺止取一事约情，便行勘罪，未协至公。若朝廷开此事以为弊端，则将来势家犯法得以希例，甚伤公议"。赵仁恕所犯罪责不止十件，大理寺却只对某一方面进行调查，这样调查出来的结果肯定不公。姚勔还弹劾赵彦若，认为调查案件的官员因赵彦若的身份，"今约情定罪，不更根勘，臣恐远近观听，人心不服"。姚勔还指出，赵仁恕案件本来事实清楚，却因为赵彦若的干预，使朝廷有意从轻处罚赵仁恕。赵彦若作为翰林学士兼侍读，不思为国家着想，"素乖义训，以负陛下厚恩，自合引咎杜门，惶怖待罪"，显然有失大臣身份，"专欲以私意苟免其子，无忠正之心，为国家动摇吏议，罔冒上聪，使监司沮发摘之劾，勘官起观望之意，稽留狱禁，冀逭典刑"。姚勔建议严惩赵仁恕，罢黜赵彦若。

监察御史安鼎也上奏疏，弹劾赵彦若，指责赵仁恕滥用刑法："创造狱具木蒸饼、木驴、木挟、木架子、石匣、铁裹长枷，及暗添杖数决人，杀伤人命不少，又自盗官钱等罪，虽投窜遐荒，未足塞其责。"朝廷虽有赦免罪犯的法令，但对于赵赵仁恕这样的黑恶势力，决不能手软。另外，赵彦若为人"覆恶饰非，助为不善，以至共抵宪网，皆自取之也。宜付吏议，以肃朝纲"。此后，安鼎再次上疏，弹劾赵彦若"护犊子"。

监察御史虞策也进言，指责赵彦若"身居侍从，其子凭借，恣横犯法，而彦若乃更缘饰奸言，公肆欺罔，郤指论锺浚为王安礼报怨，欲以感听乱法。今朝廷以干连人众，适当大暑，更不重勘，约法断遣，而仁恕犹得除名"。建议严惩赵仁恕，罢黜赵彦若。

台谏官集体出动了，朝廷的态度却不明朗，似乎既不想严惩赵仁恕，也不想罢黜赵彦若。令台谏官大跌眼镜的是，朝廷在台谏官不断进言的情况下，又调整了一批人员岗位。比如，授予"户部侍郎、宝文阁待制范纯粹知延安府"，"著作佐郎、集贤校理张耒为秘书丞"。不过，朝廷也对监察御史安鼎弹劾的右朝奉郎王巩进行罢职处理,让他管勾太平观。

此后,朝廷继续处置政务、军政、法令等事宜,闭口不谈赵彦若父子之事。这时候赵彦若自己反而坐不住了,他请求朝廷罢免其翰林学士兼侍读,授予其京东宫观差遣。但是朝廷不许。

而只要朝廷不罢赵彦若父子,台谏官就会继续上疏弹劾。姚勔第四次进言,指责"赵仁恕虐毒赃污,无罪杀人,众恶发闻,狱已情得,只因彦若诬罔奏论,而牢禁一移,奸弊百出,直至半年有余,而仁恕之罪十脱其九"。赵彦若袒护独子,已经造成"紊朝廷公法,罪当重黜"。安鼎则从法令执行与社会公平入手,弹劾赵仁恕不顾法令,违法乱纪,造成恶劣影响,建议对其进行严惩,对不顾国家法令,一心袒护儿子的赵彦若进行罢职处置。监察御史虞策也指责赵彦若"身居贵仕,当知理义,当畏法禁,乃敢公然无所愧耻,倚势快忿,巧言上疏,欺罔朝廷,动摇大狱",呼吁朝廷对赵彦若进行罢职处理。

当然,这些台谏官似乎对弹劾业务尚不精熟,很多内容都是就事论事。侍御史贾易的奏疏,就没有那么简单了。他当初能将苏轼赶出朝廷,现在对此事的弹劾力度自然不会小。贾易在奏疏中没有用各种攻击语言,他从执行法令对国家的意义出发,阐述赵仁恕包庇儿子罪不容诛。又从赵彦若的身份出发,指出两制大臣应该以国家大局为重,指责赵彦若损公肥私,不配担任两制官。

贾易的奏疏一出来,这些新任台谏官才发现了自己与贾易之间的差距。什么叫一击必中?他们起初的那种弹劾,朝廷早就见识过了,怎么能够撼动赵彦若的地位呢?还是要贾易这样的老资格台谏官出手。①当然,贾易的弹劾奏疏虽有力度,但朝廷依旧充耳不闻。这就让台谏官信心受挫了。赵彦若护犊子他们可以理解,但朝廷袒护赵彦若到底为哪般呢?

台谏官在寻找着新的弹劾角度,也希望朝廷能够重视他们的弹劾。台谏官很清楚,有一些言论过激的奏疏,三省可能会压着不报。这也就意味着他们的弹劾传不到皇帝与太后耳朵里。因此,他们要保持观望,看事态进一步发展。

就在台谏官揪住赵彦若父子不放时,知熙州范育的一道奏疏,打破了朝廷与台谏官纠缠不清的局势。范育在奏疏中重提修筑边寨的提议,陈述修建边寨的利害,

---

① 《续资治通鉴长编·卷四百五十九》。

请朝廷定夺。但奏疏上交后，就石沉大海了，朝廷对这样的事向来不太支持。原因是朝廷不想与西夏起争端，也不想动用人力物力修筑堡寨，劳民伤财。①

此后，朝廷才下诏："除名人赵仁恕特送陈州编管，以言者论其刑名未当罪也。"这是对赵仁恕进行罢职处置，不过对赵彦若并未罢职。这又引起了台谏官的强烈不满。有意思的是，在赵彦若父子被弹劾的节骨眼上，朝廷还授予田思和银青光禄大夫、检校国子祭酒兼监察御史，优化了台谏官队伍。

二十八日，朝廷再次迎来了一波台谏官弹劾赵彦若的高潮。御史中丞赵君锡、监察御史安鼎、监察御史虞策、殿中侍御史杨畏、侍御史贾易分别上奏疏弹劾赵彦若。看情形朝廷若不将赵彦若罢官，台谏官不会善罢甘休。朝廷这次妥协了，下诏罢赵彦若翰林学士兼侍读。赵彦若刚刚罢职，朝廷又下诏，任命刑部侍郎韩宗道为户部侍郎，礼部侍郎彭汝砺为刑部侍郎。这两个人也都是有争议的官员，不过这批台谏官暂时没有弹劾他们。

此时，最尴尬的要数赵彦若，他被罢职后给朝廷上奏疏，请求外调地方。朝廷似乎也认为此时应该让赵彦若先避一避风头，于是下诏："翰林学士赵彦若为宝文阁学士、提举万寿观。"②但是即便这样安置赵彦若，台谏官依然认为对其处罚太轻，继续弹劾赵彦若。朝廷又下诏降"赵彦若为枢密直学士、提举万寿观"。这等于是给了赵彦若一个只有工资没有差遣的职务。不过赵彦若对此欣然接受，因为只有这样才能躲避台谏官的弹劾。

## 苏轼与贾易的再斗争

进入元祐六年（1091）之后，有这样一个奇怪的变化：宰执参与工作事项多了起来，至少史料中记载多了。此前的五年多时间里，台谏官都充当着国家治理的主角。尽管有时候罢免台谏官只需要宰执的一次集体讨论，但宰执一直游离于边缘地带，即便是司马光、吕公著时期亦是如此。这与当时朝廷政治有关系。

---

① 《续资治通鉴长编·卷四百六十》。
② 《续资治通鉴长编·卷四百六十一》。

也许是朝廷不再重视政治斗争的缘故。

台谏官弹劾官员的力度，也没有之前激烈了。六月之后，随着赵彦若的罢职，台谏官将更多精力放在治国理政方面。比如贾易在给朝廷上的一道奏疏里，就列举了几个方面的治国方略，指出朝廷若按照他所列举的方法治国，必然会出现"太平极治之功"。

有意思的是，在贾易进言谈治国理政之事时，翰林学士承旨、兼侍读苏轼也给朝廷上了一道奏疏。苏轼奏疏的重点内容不是治国理政，而是请求外调。这已是苏轼第四次辞职了。苏轼在奏疏中强调："朝廷以安静为福，人臣以和睦为忠。若喜怒爱憎，互相攻击，其初为朋党之患，而其末乃治乱之机，甚可惧也。"朝廷治国应当以安静为主，朝臣之间要和谐相处。一旦相互攻击，看似朋党之争，利益受损的却是国家。然后苏轼才突出了主要内容，指出他当初因与程颐有嫌隙，程颐的学生贾易为了替程颐出气，不断弹劾他。即便他外调杭州，贾易还继续攻击他，"臣多难早衰，无心进取，岂复有意记忆小怨，而易志在必报，未尝一日忘臣。其后召为台官，又论臣不合刺配杭州凶人颜章等。以此见易于臣，不报不已"。

苏轼陈述完自身遭遇，提出了自己的担忧："观其意趣，不久必须言臣并及弟辙。辙既备位执政，进退之间，事关国体，则易必须扇结党与，再三论奏，烦渎圣听。……伏乞检会前奏，速除一郡，此疏即乞留中，庶以保全臣子。"如今贾易再次回朝，加之苏辙已位列宰执，贾易一定会纠结同党，对他们兄弟二人进行弹劾。在苏轼看来，即便贾易弹劾他们兄弟二人也无妨，但因自己被弹劾让朝廷不得安宁，他会内心不安。因此，苏轼请求朝廷调他到外地为官，随便一个州郡都可以。朝廷没有批复苏轼的奏疏，不过还是听从苏轼所请，将奏疏压着没有外传，以免引起贾易再次弹劾。

此后，三省、枢密院等部门官员全身心投入工作，为国家效力，人事、军政、法令、贸易等工作有序推进。高太后不再充当凡事都要决断的角色。很多时候，三省、枢密院就会将处置政事的办法拟定，只需要朝廷同意即可。比如，按照三省的建议，高太后同意让张方平依前太子太保，充宣徽南院使致仕。

不过此时，还有一件事困扰着朝廷，这就是西北边境西夏、吐蕃的隐患再次加深。宋朝与西夏的边境迟迟不能划定，双方冲突时有发生，阿里骨也在积极重组熙河地区的吐蕃势力，准备脱离宋朝。朝廷对待边境的态度一如既往，不许无端生事。只要敌人不入侵，边境将士不得入侵西夏、吐蕃境内。这固然是为了和平着想，但西夏、吐蕃一直都不愿意保持这种和平。尤其是西夏，一直有进攻兰州、定西等地的打算，进而实现与吐蕃阿里骨的联合。边境将士对此非常担忧，但他们毫无办法。范育作为熙河兰岷路经略安抚使，也只能不断将收集到的情报上报给朝廷，请求朝廷做出决断。比如最近一次，范育就给朝廷上了这样一份情报："心牟温鸡等四人昨同鬼章捕获，巴朗古卓斡病死，有心牟温鸡二人见留熙州。今阿里骨既通和恭顺，欲遣还，以示恩信。"边境吐蕃首领入侵宋境，结果被宋军抓住。范育鉴于宋朝曾册封阿里骨，不愿意与吐蕃结怨，打算将抓住的吐蕃首领送回，请求朝廷的旨意。朝廷当然支持范育送回俘虏，还再次重申不许入侵敌境。①

此后，宰执们商议边境划界事宜。不过因边界未划定，西夏"以五万寇定西之东、通远之北，坏七崖巉，杀敌而去；又寇泾、原，众至十万，大掠开远堡、兰家堡、得胜、隆德寨"，给宋朝边境造成了极大损失，范育力主修复被损毁的堡寨，继续与西夏对抗。但朝廷的宰执对此意见不一，苏辙、韩忠彦等人认为西夏对"七巉经毁之地"志在必得，质孤、胜如两座堡寨也被西夏摧毁，他们主张将这些无用的边寨送给西夏，以确保边境安宁。但王岩叟等宰执则认为祖宗之地，寸土不可与人。因此，这场大讨论持续了很久，最终也没有讨论出结果。②

由此，西夏继续在边境上骚扰。这便是当时宋朝边境将士面临的处境。尽管他们有各种御敌之策，但都得不到朝廷的认可。在这样的大背景下，宋朝西北边境必然面对着很多被动局面。这也为哲宗亲政后，西夏入侵埋下了隐患。不过眼下西夏还很安定，朝廷就没有过多关注。这时候，困扰高太后的是为哲宗选皇后的事。

七月初八，宰执与高太后再次商讨哲宗册封皇后之事，这件事成了这一段时间内最大的事情。不过由于高太后没有相中狄青家族的女孩儿，宰执也不敢再轻易进言，只能继续敦促高太后尽快为哲宗选出皇后，以安天下。事实上这件事也困扰着高太后，因为朝臣举荐上来的人选，虽不乏漂亮的女子，也不乏身世背景优渥的女子，但高太后根据自己的人生经验，认为给哲宗选的皇后不能太媚，否则会误导年轻的皇帝。朝廷要选一个身份背景匹配、长相不太出众、又很有才华的女孩子为皇

---

① 《续资治通鉴长编·卷四百六十一》。
② 《续资治通鉴长编·卷四百六十二》。

后。这与当初宋仁宗选皇后有几分相似。不同之处在于为宋仁宗选皇后做决断的人是大臣，而为哲宗选皇后做决断的人是高太后。

既然一时半刻选不出合适人选，只能继续撒网了。

这一时期，还有个特殊的现象，就是次相刘挚活跃于宋朝政坛各个阶层。这也与吕大防身体欠佳有关，他已多次上疏请辞，朝廷就是不允，他只能尽力而为，但已力不从心。反观刘挚，精力就充沛得多，他频频染指人事调整，让其他宰执很不高兴。比如在曾肇的问题上，刘挚力主曾肇任中书舍人，王岩叟意见与刘挚恰恰相反。两个人曾为此发生争执，最终还是以刘挚完胜告终。

不过在曾肇被授予中书舍人后，依然有人对曾肇的任命不认可。给事中范祖禹弹劾"曾肇兄布在熙宁中与吕惠卿皆为王安石腹心，造起新法，变更祖宗旧政，扫地而尽，权势熏灼，其门如市。肇因缘附会，扬历清要"。曾肇之兄曾布依附王安石，推行变法，变更祖宗旧制。曾肇依附曾布为所欲为，这样的人重用不得。范祖禹作为司马光的忠实信徒，时刻关注着新旧法令更张。当然，这样的弹劾在时过境迁后，说服力似乎已经锐减。不过左谏议大夫郑雍的弹劾就直击要害。他指出："当蔡确怨诅之时，忠良共愤，而肇阴赞大臣，力为营救，欺卖同列，内藏邪谋。寻为谏官交攻，肇自知其迹，不安，遂坚求引去。当时虽不露其显状，而谏章具存，今复使还旧职，必将有力于确党。"还是拿蔡确说事，有些人一旦被贴上标签，这一辈子似乎都无法翻身。曾肇就是这样的人，他被朝臣视为蔡确同党，不能重用。曾肇被范祖禹和郑雍弹劾后，朝廷废除了先前给曾肇中书舍人的诏命。眼看曾布罢职已成定局，但又出现了新变故，权刑部侍郎彭汝砺和次相刘挚进言劝朝廷不能罢曾肇，意在营救曾肇。彭汝砺的奏疏被压下不报，刘挚的奏疏虽有分量，但朝廷也没有听从他的建议。这种情况要是放在几年前，台谏官会对刘挚和彭汝砺发起攻击。他们这种营救曾肇的做法，就是与朝廷当前意识形态唱反调。但是这批台谏官似乎已对此见怪不怪。

不久，朝廷任命太常少卿丰稷为国子祭酒，左朝奉大夫、知晋州盛陶为光禄少卿。刘挚认为朝廷这样安排盛陶，简直是浪费人才，建议对盛陶重用。其实，刘挚已不止一次举荐盛陶了。他与盛陶是同年，经常在人前说盛陶在熙宁末担任御史，"每事必言之，而志不坚果，应数而已"。很难说刘挚就是一心为公的。或许是任职次相后，他感受到了权力的甜头，身上那些士大夫的美好品性也在一点点丧失。他给朝廷举荐盛陶，有宰相与台谏官结盟的嫌疑。

这时候，朝廷的一些制度也开始逐渐得到拨乱反正，由当初司马光、吕公著等人主政时的路线，逐渐回归中正。比如，朝廷复置解盐使。给事中范祖禹很快得到这个消息，认为这是重回原来路线，提出反对。但朝廷没有听从范祖禹的建议。另外，在其他法令上，朝廷也在尽量做到不偏不倚，若此前更张的法令不符合国家发展，朝廷也会及时予以调整。对此，朝臣们没有做出过多激烈的反对。这也意味着朝廷风气逐渐好转。

然而，朝廷风气好转并不意味着斗争减少。七月十二日，迟迟等不来朝廷回复的苏轼，再次上呈奏疏。这次进言，不是提交辞职报告，而是他收到了江南旧僚、杭州监税苏坚的书信，陈述江浙地区受灾严重，市场上大米严重不足导致米价上涨，请求朝廷拨付款项和大米，帮助江浙地区百姓度过艰难时期。①苏轼的这道奏疏给了贾易口实，侍御史贾易、殿中侍御史杨畏等台谏官先后上疏，谈论江浙地区水灾问题。不过贾易、杨畏的奏疏似乎在怀疑地方官有虚报情况，建议派出官员调查实情，若真如地方官奏报，朝廷应当及时救援江浙地区，减免赋税、拨付钱粮；若是地方官虚报，还请朝廷治罪地方官。贾易和杨畏的奏疏，明显针对苏轼提出救灾江南的奏疏。不过朝廷没有回应两位台谏官的进言。②

二十二日，朝廷任命左宣德郎吕大临、秘书省校对黄本书籍秦观并为正字。吕大临是吕大防的弟弟。此前，吕大防曾对刘挚、傅尧俞、苏颂、苏辙等宰执念叨过，大概意思就是让各位宰执照顾一下他的弟弟。这帮宰执都表示一定在官家面前说好话。但当众人散了之后，王岩叟与刘挚却私底下议论，认为朝廷一旦给吕大临授予"正字差遣"，必然会引发朝臣的议论。这样的事情，于公于私都不为美事。刘挚也持此观点。这也能看出宰执之间并不都是一条心，各自都有各自的心思。

此后，苏轼再次上奏疏，提出辞职。他在奏疏中指出："臣闻贾易欲求臣罪，未有所获，只有法外刺配颜章、颜益一事，必欲收拾砌累，以成臣罪。"我听说贾易又要对我动手了，他在搜集我的罪证。苏轼还列举了贾易、杨畏讨论江南水灾问题，明显是针对他此前提出的建议。苏轼表示："若非给事中范祖禹、谏官郑雍、

---

① 《续资治通鉴长编·卷四百六十一》。
② 《续资治通鉴长编·卷四百六十二》。

姚勔偶非其党，犹肯为陛下腹心耳目，依公论奏，则行下其言，浙中官吏承望风旨，更不敢以实状奏灾伤，则亿万性命流亡寇贼，意外之患何所不至！"幸亏朝中这些官员不是贾易一党，不然肯定会网罗罪证，让自己不得善终。苏轼表示，他不想继续待在京城了："臣是何人，敢不回避，若不早去，不过数日，必为易等所倾。一身不足顾惜，但恐倾臣之后，朋党益众，羽翼成就，非细故也。不如今日令臣以亲嫌善去，中外观望，于朝廷事体未有所害。"这样一直被贾易等人盯着，如芒在背，不如授予他一州郡，让他可以安然为官。①

面对苏轼的多次请辞，高太后依然觉得是苏轼过度敏感了。贾易没有做出任何弹劾苏轼的举动，他怎么就这样害怕呢？其实，苏轼的担心并非空穴来风。贾易与他们兄弟两人已成水火之势，很难协调。现在贾易等人的确没有上奏疏弹劾他们。但谁能保证以后他们工作有失误时，这些人不会将问题放大，进而不断弹劾，让朝廷不得安宁？朝廷不同意苏轼请辞。

八月初一，朝廷让知开封府范百禄奏对，范百禄提出了重典礼、慎转对等三件事。同一天，前知枢密院事梁焘守制期满，应当被调回。但御史中丞赵君锡、侍御史贾易上奏疏，认为安焘不可复用。安焘的任命便暂时被搁置下来。②

也是这一天，苏轼担心的事情终于发生了。赵君锡上奏疏弹劾秦观，向朝廷陈述秦观品行不端，悔恨他识人不准。赵君锡还在奏疏中表示，秦观是苏轼的亲随，与苏轼关系不一般，苏轼也多次举荐过秦观。赵君锡虽没有指责苏轼，但也能从他的奏疏中发现对苏轼的不满。这让苏轼惶惶不可终日。他没有结党，可这不代表别人就认为他不结党。这是个无法躲避的话题。只要有人提出结党这一话题，贾易等人就不会放手。不过朝廷并未回应赵君锡，因为此时朝廷高层正在商议哲宗"纳后六礼仪制"。但苏轼清楚，真正的风暴即将到来。现在朝廷不让他辞职，又让苏辙出任宰执，必然会引起贾易一党的弹劾。

果然，宰执们还在讨论选皇后事宜时，便传来了贾易的弹劾奏疏。贾易的奏疏很长，先弹劾苏辙，指责苏辙是奸邪，"阴结权幸，以求宰相"。又指责苏辙结交蜀党赵禼，力主重用张利一，又"阴使秦观、王巩往来奔走，道达音旨，出力以逐许

---

① 《续资治通鉴长编·卷四百六十二》。
② 《续资治通鉴长编·卷四百六十三》。

将，既而遂窃其位"。对苏轼的指责几近诛心："趋向狭促，以沮议为出众，以自异为不群。趋近利，昧远图，效小信，伤大道。其学本于战国纵横之术，真倾危之士也。"苏轼这一生最为骄傲的就是他的文学事业，但这些成就在贾易眼中一文不值，甚至认为苏轼这是用小技来谋名位。贾易最后得出总结："轼、辙不仁，善谋奸利，交结左右，百巧多门。臣区区贱愚，激于忠义，列其邪恶，必有出力营救之者，臣独仰恃天日照临，无所回曲，庶几公义可申尔。"将苏轼、苏辙兄弟批了个体无完肤。贾易的这道奏疏，由吕大防交给哲宗、高太后。

苏轼也上疏自劾，对因自己给朝廷带来的困扰表示歉意。苏辙独自进宫去解释，表示苏轼已居家待罪，也请求朝廷罢免他的宰执，调他到外地为官。高太后没有答应。事后，高太后召见吕大防、刘挚两位宰相，谈论贾易弹劾苏轼、苏辙兄弟之事。高太后认为贾易这种做法，是排斥异己，打击同僚，应该予以责降。吕大防却认为贾易的言论虽过于激烈，但忠心可鉴。若对贾易进行责降，必然会引起言官的阻拦，到时候恐怕会引发更大风波，不如应苏轼所请，调他到外地为官，同时一并罢免贾易。这样两位涉事官员都被外调，就能堵住其他人的嘴了。高太后也认为吕大防的建议可以采纳，不过对贾易也不再信任了，她认为宰执对贾易"太优"。刘挚也认为，不能太惯着贾易，否则贾易的气焰会更嚣张。次日，朝廷就下诏，命"翰林学士承旨兼侍读苏轼为龙图阁学士、知颍州，侍御史贾易本官知庐州"。

随着贾易的罢职，涉及他的一些内幕也被曝光出来。郑雍指责贾易"刚狷酷烈，挟私肆忿，在台惟务劫持上下，要合己意"。郑雍列举了贾易弹劾王巩是为了诋毁苏轼，营救曾肇是为了报答韩氏之恩。他的所作所为，都是为了个人恩怨，毫不顾及国家的利益。贾易对郑雍的弹劾没有解释，而是上了一道奏疏，指出庐州与其父名讳相冲，请求改任他州。宰执就此事展开了讨论，御史杨畏、虞策等人也都认为贾易不当知庐州。于是朝廷改任贾易知宣州。

然而，由贾易弹劾苏轼引起的风波并未平息。赵君锡连上两章，为贾易辩解，同时也弹劾苏轼，请求朝廷治罪苏轼。赵君锡还请求三省将贾易弹劾苏轼的奏疏予以公布，以证贾易为国之公心。赵君锡此举，又引起了台谏官对他的弹劾。此后谏议大夫郑雍、右正言姚勔弹劾赵君锡"倾邪柔佞，风节不立"，被称为"赶客中丞"。又指责贾易品行不正，挟持赵君锡弹劾苏轼。①

台谏系统内部出现分裂，这是朝廷不愿意看到的。这时候，就得调整这些台谏官，让他们闭嘴了。朝廷召集宰执商议应对之策。大家一致认为，贾易的确有打击报复苏轼的行为，赵君锡不过是受了贾易的蛊惑而已。计划让赵君锡继续回礼部任职。刘挚却认为苏轼、赵君锡、贾易、郑雍辈"皆是善人端士，忠于朝廷"，应当重用，不宜轻易贬黜。但高太后清楚，这是贾易泄私愤，不能让他继续回朝任言官。②

至此，这场风波暂时告一段落。

## 疑惑的旧党

随着苏轼和贾易相继罢职，朝廷内斗也暂时平息了。此后，朝廷先调整了一批人员岗位。"新差提点河东路刑狱陈次升仍旧为刑部员外郎。""权知开封府、龙图阁学士范百禄为翰林学士兼侍读，吏部侍郎、宝文阁直学士李之纯权知开封府，御史中丞赵君锡为天章阁待制、吏部侍郎。"③

这些人事调整没有引起多大风波。只有韩忠彦认为朝廷对赵君锡、贾易的罢职有些可惜。不过朝廷从此也对台谏官的选拔更加慎重了。应当说，贾易这次弹劾苏轼，可以当作元祐年间台谏官选拔的一个转折点，从这个方面来说，苏轼看起来是被罢职了，但他为国家制度的推行做出了贡献。

此后，三省、枢密院长官忙于哲宗纳后各种事宜，有很多事情需要不断完善。枢密院对纳后六礼做了全面考证后，形成了一个报告，递交哲宗、高太后审定。朝廷同意了枢密院的奏疏。范祖禹就纳后需要注意的事项做了补充。翰林学士范百禄则从礼仪角度出发，列举了纳后前后需要注意的事项。

朝廷对这些建议全部采纳，一切纳后事宜正在准备着。

八月十二日，给事中范祖禹给朝廷上疏，弹劾新任成都府路转运使刘瑾与蔡确

---

① 《续资治通鉴长编·卷四百六十三》。
② 《续资治通鉴长编·卷四百六十三》。
③ 《续资治通鉴长编·卷四百六十四》。

交结的丑迹，指出刘珵这样的人品行不正，让他担任一路监司，很难做到正身率下。建议罢黜其转运使职务。朝廷改任其为荆湖南路转运使。范祖禹再次封还词头，认为荆湖南转运使也是一路监司，朝廷这样的任命是换汤不换药。最终，朝廷授予刘珵知邠州。

此时，还有个重要岗位空缺，就是御史中丞。赵君锡虽未到吏部任职，但也不能再到台谏来任职了。御史台面临着群龙无首的局面，须在最短的时间内，选一个有德才兼备的人出任御史中丞。然后宰执们就此事展开了讨论，经过慎重商讨，众人一致认为左谏议大夫郑雍在官员中口碑较好。数日后，朝廷调整郑雍为御史中丞。又调整右正言姚勔为左正言，监察御史虞策为右正言。

随着御史中丞到位，十八日，苏辙向朝廷递交了辞职报告，朝廷不允。此后，苏辙进宫面呈奏疏，请求外调。朝廷还是不允。

与此同时，朝廷还打算调任文昌龄为侍御史。但这个决定很快遭到了首相吕大防、次相刘挚的反对。因为文昌龄是四川人。若朝廷让文昌龄担任言官，必然会招致其他官员非议，很难预料是否会演变成一场政治风波。所以希望朝廷不要授予文昌龄言官职务。然而，文昌龄没有成功进驻台谏系统，赵君锡却出问题了。他拒绝到吏部任职，请求外调。赵君锡的举动出乎朝廷的预料。在朝臣们眼中，赵君锡为人谦和，是个可以委以重任的官员，不料他竟然不接受朝廷的迁官。朝廷也没有犹豫，直接调任赵君锡为天章阁待制、知郑州，彻底实现了赵君锡外调的愿望。

不久，朝廷下诏，恢复章惇的左正议大夫。此前，章惇因在苏州购买田产被台谏官弹劾，朝廷给章惇降一官。到如今降级期满，朝廷决定给章惇复官左正议大夫。然而，当朝廷将给章惇复官的诏命传到给事中朱光庭手中时，朱光庭却封还词头。朱光庭指出章惇"凶悖很（狠）戾，慢上不恭，交结奸臣，强市民田，奸邪贪污不法之人不当用常法叙复"。对别人尚可在处罚期满后恢复原来头衔，但对章惇这种奸邪，就不能用常例处置。朝廷不得不下诏，"章惇更候一期取旨"。而此时的章惇，已很少出现在朝臣视野里了。谁能想到他的转任，也遭到了给事中的反驳。

此后，朝廷谁也没有考虑章惇的感受，继续投入各项工作中。朝廷也忘却了章惇。章惇将这些都默默记在了心里，仇恨的火焰在胸膛燃烧，直到一点点吞噬原有的良知与责任。

章惇继续被打压后的八月二十四日，对另一位新党蔡确的打压也吸引了朝臣的目光。

事情缘于三省的一份报告。按照三省的说法："责授英州别驾、新州安置蔡确母明氏状，乞元祐四年明堂赦文及吕惠卿移宣州安置二年例，与量移确一内地。按条，前任执政官罢执政官后，因事责降散官者，令刑部检举。又刑部令应检兵人理期数，准法，散官及安置之类，以三期诏开封府告示。"蔡确母亲请求朝廷按照元祐四年（1089）大赦天下的法令，对蔡确从轻处罚，将他从岭南调回，安置在内地。三省不敢压蔡确的母亲的奏状，只能据实以奏。

蔡确母亲明氏的奏状放到了高太后眼前。这让高太后想起曾与明氏有过一次会面。当时她带领两宫到已故官员李端愿家里祭奠，返回的路上，明氏拦住了她的车舆大喊："太皇太后万岁，臣妾有表。"高太后派人从明氏手中取回奏状，便回宫了，并随手将明氏的奏状批给了三省。三省似乎也忘却了这道奏状。

直到如今，三省再次收到明氏的请求奏状，高太后才想起之前明氏拦车之事。此时，距离明氏拦车已经过去了好几年。不过高太后对蔡确一直有成见，对蔡确的处置她也毫不后悔。因此，当三省将明氏第二次的请求奏状递交给高太后时，高太后这才说了实话："蔡确不为渠吟诗谤讟，只为此人于社稷不利。若社稷之福，确当便死。此事公辈亦须与留意。"朝廷处罚蔡确，并非因为他在车盖亭上写了讥讽朝政的诗，而是因为蔡确对社稷不利。刘挚马上附和高太后："明氏之所以这样进言，都是与吕惠卿相比较。"高太后解释清楚朝廷为何不赦免蔡确后，宰执官就是否给蔡确迁官进行了深入讨论。吕大防建议迁官，但苏辙等人反对。最后，朝廷依然没有赦免蔡确。这件事打击了蔡确，也让章惇看到了旧党的面目，他继续蛰伏，静待时机。

二十五日，就在蔡确之事告一段落时，赵君锡的负面新闻传了出来。这个新闻来自右正言姚勔的奏疏。按照姚勔的论述，当年王巩在扬州任职，与本州胥吏马守珍关系密切。马守珍经常为王巩做一些私密的事情，被王巩视为心腹。后来，王巩违法乱纪的行为被人发现，朝廷也对王巩进行了处罚。按理马守珍作为王巩的亲随，也该受到处罚。但朝廷并没有处罚马守珍。后来，御史中丞赵君锡则想办法将马守珍调进台谏系统，成为一名台谏系统的胥吏。最近姚勔翻阅王巩的卷宗时，才发现这是赵君锡与王巩密谋的结果。于是姚勔上了这道奏疏，弹劾赵君锡身为言官，"不思正心奉上，而敢与王巩交结，通为奸弊，潜结内外，以欺负朝廷"，希望派人重新调查王巩违法乱纪的事实。①姚勔还表示，马守珍是一个小小胥吏，怎么在帮助王巩做违法乱纪之事后，还能安然无恙进入台谏系统？这都是赵君锡、王巩私欺公朝、损害纪纲的结果。

朝廷对此很慎重，因为赵君锡已被调离台谏系统，王巩也因被言官弹劾而调离扬州。现在重新调查，必然会牵扯出更多的人。直到姚勔弹劾赵君锡一个月后，朝廷才下诏，命淮南路转运司"根治马守珍交通赵君锡、王巩事状以闻"。

赵君锡的问题解决后，边患又发生了。这是一直困扰朝廷的问题，每隔一段时间，边患就摆在朝廷眼前。据熙河兰岷路经略司给朝廷的报告："兰州沿边安抚司申，有西界水贼数十人浮渡过河，射伤伏路人，寻斗敌，生擒九人。"西夏人越过黄河，伏击宋朝军民，结果被宋军俘获九人，请求朝廷的处置意见。朝廷先下诏，命人将这些俘虏押赴鄜延路经略司，再令保安军移牒宥州，把这些俘虏送还西夏。

这就是当时朝廷应对西夏入侵的态度，这种做法只能让边境将士更加寒心。同一天，三省、枢密院进宫奏事，又谈论起此事。苏辙认为，这肯定是"边臣贪功生事，不足示威，徒败乃事耳。乞行诘问，或戒约"。王岩叟却认为可能是敌人入侵。此后，宰执吕大防、韩忠彦、苏辙、王岩叟就此事展开了讨论。吕大防也建议要约束边境守将，少惹是非。于是，一道关于约束边将的诏命传到了边境。

王岩叟作为知枢密院事也孤掌难鸣，只能支持朝廷这一决策。有一个现象需要说明，那就是王岩叟自从担任枢密院长官后，其实一直力挺边境将士。他对范育提出的很多建议都表示认可。但朝廷的态度一直是息战止戈，因此，主动防御政策无法施行。②王岩叟似乎也在等待着朝廷转变态度。不久之后，根据边境斥候探知，夏国首领梁乙逋扬言将统河南河北人马，进攻宋朝边境。即便对待这样的紧急战报，朝廷的态度依然不紧不慢，下诏命"陕西、河东诸路经略司严饬边备，仍不得先自张皇，希功赏，引惹生事"③。

此后，朝廷继续处置各种政事，这些政事有民生领域，也有税务领域；有官员纪律作风整顿，也有人事调整。总之，这时候的朝廷，比几年前斗争时代显得平和许多，朝臣们也能尽心尽力，尽管他们有时候处置政务夹杂着私情，但很明显，政

---

① 《续资治通鉴长编·卷四百六十四》。
② 《续资治通鉴长编·卷四百六十四》。
③ 《续资治通鉴长编·卷四百六十五》。

治运动在逐渐减少。

闰八月初七，朝廷下诏："正议大夫、前知枢密院事安焘为右正议大夫、观文殿学士、知郓州。"其实，对于安焘的调整早就应该落实下去了。他守丧期满，回到朝廷后，吕大防坚持让安焘继续到枢密院任职。但当时赵君锡、贾易上奏疏弹劾，令高太后很为难。王岩叟也不支持安焘回枢密院。最后，吕大防采取了折中办法，请朝廷将安焘安置在郓州。而按照计划，安焘知郓州，原郓州知州蔡京就得调离。朝臣商议之后，将蔡京调离郓州，到永兴军中任职。不过，当朝廷诏命下达后，安焘却以父亲无人奉养为由，拒绝到郓州任职。朝廷就下诏改任安焘知郑州。

次日，宰执在都堂开会，商讨李清臣的岗位调整。吕大防、刘挚两位宰相打算让李清臣出任吏部尚书。王岩叟则表示，李清臣备受争议，现在授予他吏部尚书，会引发舆论关注。吕大防、刘挚也有此担心，不过他们还是将擢升李清臣的意思转给给事中范祖禹。范祖禹不出预料地封还词头，并在给朝廷的奏疏中表示"李清臣素行回邪，士大夫之所共知"。另外范祖禹还指出，李清臣是韩氏姻亲，这样的身份不能任吏部尚书。此后，范祖禹再上奏疏，弹劾李清臣"专为奸邪，未尝有益于公家，惟利是视"，强烈反对将李清臣这样的佞人调回朝廷。与此同时，左正言姚勔也进奏疏弹劾李清臣。因此，朝廷给李清臣授予吏部尚书的诏命也只能作罢。闰八月十六，朝廷下诏，"资政殿学士、知永兴军李清臣知成德军。宝文阁直学士、知成德军谢景温知扬州。左朝议大夫、权工部侍郎李周为集贤院学士、知郓州"。

姚勔并未就此发表言论，似乎只要李清臣不回朝，他就不弹劾李清臣。

这一时期，还有个很明显的情况，那就是朝廷对原新党人员放松了打压力度。当然这些新党中要除去蔡确、章惇、邢恕等人。这应该是一个好现象，不过并不意味着朝廷忘记了新党。打压时刻会降临在那些曾在王安石变法时大显身手的官员身上。这一时期，邢恕最受煎熬，他没有蔡确那般权倾朝野，也不如章惇曾经雷厉风行，但旧党对他的打压一直没停。

很多年了，他一直关注着时局变化，似乎看不到出头之日。二十一日，又一道责降书落在他头上，"降授承议郎、监永州盐邢恕展一期叙"。这让邢恕很郁闷，但又不敢表现出任何不满的情绪，只能收拾情绪，准备到永州任职。唐代柳宗元曾在那里写下《永州八记》，邢恕会向往那个地方吗？

与此同时，朝廷打算照顾一下原神宗亲信宋用臣，拟将他从降授的皇城使、管勾舒州灵仙观擢升为忠州刺史。然而，范祖禹作为司马光的接任者，决不允许宋用臣这样的人被复用，他马上封还词头，指责宋用臣为"国贼"，建议永不叙用。

得知范祖禹对宋用臣的弹劾，邢恕暗自庆幸范祖禹没有弹劾他。

不过朝廷没有回应范祖禹的弹劾，因为此时战争开始了。此前，西夏派少量人马入侵宋朝边境，似乎都是在试探宋朝的底线。可试探了几次后发现，他们派人入侵，即便宋朝守将捉住了他们的将士，宋朝高层也会派人将这些俘虏送还给他们，这也就隐晦地说明了宋朝一直希望宋夏处于和平状态。尤其在边境界限划定上，宋朝高层一直处于一种妥协和游离不定的状态，这对于西夏来说是天赐良机。已外调太原知府的范纯仁曾向朝廷进言，建议朝廷抓紧时间与西夏划定界限。两国边境界线长期悬而未决，必然会引发战争。范纯仁还坚持多划出二十里边境线，如此可以换回朝廷的安宁。但范纯仁的奏疏被枢密院压着不报，这也能看出王岩叟并不愿意向西夏妥协。

综上种种原因，西夏终于在边境线无法划定的情况下，向宋朝发起了进攻。这是哲宗即位、高太后垂帘听政后，再次面对西夏大军入侵。根据边境将士的汇报，这次西夏出动大军十五万，围攻麟州及神木等寨。由于朝廷的不主动出击政策，边境守将手脚被约束，加之西夏兵力远胜于宋朝，因此"诸将不敢与战，蕃、汉居民为所杀掠，焚荡庐舍，驱虏畜产甚众"。①

九月初二，枢密院将西夏大军入侵的消息上报给朝廷，朝廷的诏命充满了对战争的无知："本司丁宁诫敕麟府路军马司宜谨重精审，仍张大声势，集兵应援，务令敌兵早退，城寨无虞。仍令范纯粹审择便利，如可出兵，即依前诏牵制策应。"②不过这样的诏命也能给边境将士主动权，让他们可以根据战争形势，想出应敌办法。初三日，鄜延路经略使范纯粹的汇报奏疏传到了朝廷，范纯粹在奏疏中提出了一个观点：怀柔政策对西夏不起作用，朝廷还是要重新考虑处置宋夏关系的策略。

此后，范纯粹都将每时每刻的战报第一时间派人送到枢密院。九月初五，枢密院根据前线的奏报再次进言："西夏入寇麟、府州未退。诏河东路经略司诫谕张若

---

① 《续资治通鉴长编·卷四百六十五》。
② 《续资治通鉴长编·卷四百六十六》。

讧张大军声，占据地利，审度敌势，选募骁勇敢死之士，出奇逼逐，或乘师老惰归之际，择利邀击。"朝廷对待战争之事一直很谨慎，没有回应枢密院的建议。初六日，西夏军在横阳堡被宋军守将孙贵以奇兵两面夹击，受到重创。随即，孙贵又玩了一出空城计：他命人打开横阳堡大门，让西夏产生了怀疑，不敢贸然进军。不久之后，西夏军退去了。①很难想象，西夏这次进攻出动如此庞大的军队，竟然只打了几天。

其实这也很好理解，宋朝畏惧战争，西夏一样畏惧。任何一场战争，只要进入战场，都不可能全身而退。杀敌一千自损八百是常有之事。宋夏多年来的战争，西夏都以人力占绝对优势险胜，仁宗、英宗、神宗等时期都是如此。因此，西夏在向宋朝发动的每一次战争，如果没有十足的把握，他们是不会倾其所有的。

初七日，西夏撤军的消息传到京城。枢密院第一时间将消息奏报给朝廷："夏人犯麟、府州，虽已遁去，今据陕西沿边奏报，见各于并边啸聚，窃恐复寇别路。"枢密院认为，西夏虽撤军，但很难保证他们不会从别的地方偷袭。朝廷也认为枢密院的担心不无道理，因此，朝廷马上给陕西、河东逐路经略司下诏，命他们密切关注西北边境，若西夏入侵而宋军本路人马不足以抵抗，即可随意调动其他地方人马相互策应。具体应对方法请边境守将根据实际情况而定，不过得将应对措施及时上报朝廷。另外，对于此次西夏入侵造成的损失，请经略司做好安抚和安置工作，"其麟、府州界人，常为敌所杀掠、烧荡屋舍者，令经略司人以老幼、屋以多寡，等第给赐钱绢。或被焚毁粮斛，蹂践田苗，亦随宜赈济"。

朝廷处置完这一切之后，秦凤路经略使吕大忠给朝廷进言，陈述三条应对西夏的策略。比如，在熙河路附近的定西城北石峡子外、秦凤路相近浅井、泾原路相近没烟峡口各置一大寨，西能阻隔吐蕃，北可以牵制西夏。再比如，可参考庆历年间政策，在"汉蕃人户住两界中间为定分画"。不过这三条策略中，吕大忠最支持的是在要害处修建堡寨，以应对西夏、吐蕃入侵。此后，他围绕这一主题展开讨论。但朝廷对此并未回应。修堡寨这件事，在宋朝可谓死穴，永乐城之败，让宋朝上下心有余悸，现在吕大忠还建议修堡寨，这不是信口开河吗？

朝廷关心的是，此时西夏已撤军，西北隐患解除了，宋军将士会不会惹是生

---

① 《西夏书事·卷二十九》。

非。朝廷的态度是，以后边境帅臣要做的是勒令边境将士安心戍边，修堡寨只会让西夏更加不安。几天之后，鄜延路经略使范纯粹也进奏疏，指出"夏国既失恭顺，又复已绝恩赐，必须轻慢，日以扰边为计。更须别图方略，务使西贼不能近边屯聚，着业住坐，庶使疲曳厌惮，早期休息"。范纯粹围绕应对边患问题展开论述，提出了应对办法。但朝廷的态度依旧不明确，范纯粹的奏疏石沉大海。西夏入侵之事告一段落后，朝廷处置了知麟州孙咸宁，理由是他派出去的斥候没有打探到真实消息，"致西贼攻扰，令先次冲替"。

朝廷的一切又归于平静。九月十四日，御史中丞郑雍给朝廷上疏，说了这样一番话："元祐复差役法，于兹六七年，户部未尝一日无申请更改。乞朝廷先自一路详择监司、知州各一二人，召诣三省，令亲受朝旨，先从一二州召诸县令长各采民间役法利害，与监司长吏参议，各为一州一县之法。"这看起来很平常的一个建议，但里面似乎隐隐透露着对差役法的不满。

朝廷依旧不予回应，因为牵扯差役法，这是国家的施政方针，不可轻易变更。即便差役法有问题，朝廷也不能改，若改了就证明此前推行差役法的做法是错的。朝廷才不能做这种前后不一之事，即便错了也得一错到底。

十八日，朝廷继续调整人事。"龙图阁待制、权礼部尚书梁焘为翰林学士，中书舍人韩川为吏部侍郎，给事中兼侍讲范祖禹为礼部侍郎。秘书监、直秘阁王钦臣为工部侍郎。宝文阁待制、河北路都转运使蒋之奇为刑部侍郎，后改任知瀛州。""直龙图阁、江淮荆浙等路发运使王觌为刑部侍郎，龙图阁待制、知瀛州钱勰为江淮荆浙等路发运使。"这批人事调整，台谏官集体失声。或许是这批人皆出身于台谏系统，因此现任台谏官员也不愿意对他们进行弹劾。有趣的是，同一天，都水监给朝廷汇报称，明年（元祐七年）春天，朝廷要调集修河的役夫超过八万人。对此，台谏官也没有做出回应，即便一向反对修河的苏辙也没有发表看法。朝廷也乐得如此清静。

此后，朝廷开始关注国家收入问题了。

## 无法根绝的党争

九月的最后几天，吏部、刑部、兵部及各路转运司纷纷就分管工作进行汇报，向朝廷征求意见。朝廷都在可控范围内给出了处置办法。二十九日，刑部侍郎王觌给朝廷上奏疏，谈论财用问题，提出由转运司管理封装钱物。这是对之前财政制度的更张，朝廷不同意。一个刑部的侍郎，不管刑部的事情，却管起钱粮问题了。①

十月初，户部给朝廷上奏疏，还是强调财用问题："应承买场务，元系官监及败阙者，课利钱并不得支移、折变；若届满一年无人承买，已经差官体量减定净利钱，即自减定后月分，课利亦与依减放净利分数与免支移、折变。"其实，从哲宗即位后，国家的财政就不断出现各种问题。最初时，范纯仁建议恢复青苗法，以增加国库收入，被司马光否决了。后来，熙丰新法汲取的青苗钱、免疫钱等财富，在朝廷更张新法后，逐渐被用完。几乎每年，朝廷都有财政问题。只是户部的官员不断尽己所能，为国家拆东墙补西墙。当然，尽管对神宗时期财富挥霍不少，但国库中依然还有一部分钱财，用来支付各种必要支出。只是朝廷的财务部门很慎重，对花费的每一笔钱都精打细算。比如，十月三日，户部又给朝廷上奏疏："召人入中解盐，乞并以熙河路州钞面价从省部审量，随事增减支折；及澶怀滑州、阳武等处所卖盐未有定价，许客人于河阳都盐场务入中，其价钱每席定八贯二百。"对于这些具体税收问题，朝廷的态度一向都很开明："从之。"这也说明了另一个问题：高层不懂理财，遇到问题只能同意。

初四日，按照翰林学士范百禄所荐，朝廷授予左朝奉大夫、提点两浙刑狱吴立礼殿中侍御史。几天后，朝廷还调整了一批人事。"右朝请大夫王宗望为司农少卿。左朝散郎、集贤校理赵挺之为国子司业。左中散大夫、祠部郎中王说知相州。左朝散郎、知相州杨康国为祠部郎中、知蕲州，徐君平为京东路转运判官，康国寻改京东路转运副使。"这些官员中的杨康国、徐君平也出身台谏系统。因此他们的调任，没有遭到现任台谏官弹劾。

---

① 《续资治通鉴长编·卷四百六十六》。

这是台谏官第二次在朝廷人事调整中没有发声了。那么，台谏官为什么不对最敏感的人事调整感兴趣呢？原因是台谏官盯上了宰执刘挚和苏辙，"御史中丞郑雍、殿中侍御史杨畏对甚久，论右仆射刘挚及右丞苏辙也"。两位台谏官弹劾宰执的原因是，他们听闻朝廷打算给王巩迁官。此前，王巩被苏辙、谢景温举荐除知宿州。不久之后，就遭到台谏官弹劾，王巩被罢职。此后，台谏官继续盯着王巩岗位调整，只要朝廷有意要给王巩迁官，就会遭到台谏官弹劾。这次也一样，他们听闻朝廷欲给王巩迁官，就发起了弹劾。与以往不同的是，他们这次不仅弹劾王巩，还弹劾刘挚、苏辙两位宰执。因为王巩在半年多时间里，已被朝廷连降多级，弹劾王巩意义不大，要弹劾在背后支持王巩的人，才能遏制给王巩迁官。

他们对苏辙的弹劾尚轻，只指出苏辙因私举荐王巩。但郑雍对刘挚的弹劾就毫不留情，他指责刘挚"久据要路，遍历三省，始因言事得进，即与其意合者共进退人"。刘挚按照自己的意愿给朝廷举荐人才，也打压排斥异己："挚为执政，其下多引在要任，或为两省属官，或在言路。挚所不悦，则舍人、给事缴驳，言路弹奏。"刘挚担任宰执期间，他的追随者不顾朝廷制度，全依刘挚的心情处置政事，"挚引赵君锡为中丞，挚厌宾客，君锡申明谒禁，朝行中言君锡为执政止客。又荐叶伸为台官，以合挚意。阴与贾易相结，挚所不悦，则奋力排击"。刘挚给朝廷举荐的赵君锡，与刘挚暗自合作。此后他又举荐叶伸为谏官，为自己服务。刘挚与贾易私交深厚，只要刘挚不满意的官员，贾易都极力弹劾……郑雍列举的这些罪责，几乎每一条都可以让刘挚被罢职。更要命的是，郑雍弹劾刘挚的远不止这些。最后，他得出的结论是次相刘挚与朝官形成了一个强大的党派："朔党"。郑雍还将这些人的姓名都列举了出来：王岩叟、刘安世、韩川、朱光庭、赵君锡、梁焘、孙升、王觌、曾肇、贾易、杨康国、安鼎、张舜民、田子谅、叶伸、赵挺之、盛陶、龚原、刘概、杨国宝、杜纯、杜纮、詹适、孙谔、朱京、马传庆、钱世雄、孙路、王子韶、吴立礼，凡三十人。

看看郑雍的这份名单，其中哪一个不是曾经的风云人物？这让朝廷官场大为震动，此前朝廷牵扯党争，很少有这样逐一列举人名的。即便是蜀、洛党争时，弹劾力度最严重的贾易也没有把蜀党的名字列出来公之于众。如今，郑雍孤注一掷，完全没打算给朔党留活路了。

这让名单中的人员惶惶不可终日，一旦朋党身份被确定，他们这一生都将被扣上"朔党"的帽子。后世很多人谈及宋徽宗时期的"元祐党人"名单，都觉得是蔡京的首创。现在看来，郑雍才是始作俑者，蔡京只是重走郑雍的路罢了。

随即，左正言姚勔入奏，弹劾刘挚及其朋党，并指责刘挚处事不公。右正言虞策连上四奏，也对刘挚发起了弹劾：其一，刘挚身为宰相，对亲戚赵仁恕、王巩犯法庇护，左右朝廷意见，使得朝廷对赵仁恕、王巩处置不符合制度；其二，刘挚"操心不公，居官挠法，阴结党与，潜图其私"，对愿意依附自己的官员迁官居要职，对不依附自己的官员多加打击压迫；其三，刘挚包庇亲戚，对其犯法事实不予追究，导致国家法令破坏，外界议论纷纷；其四，刘挚居宰相之位，徇私枉法，公然结党营私。

遭到这么多猛烈的攻击，刘挚、苏辙都有些担心。他们也不再到三省就职，只能居家待罪。尽管台谏官只弹劾王巩的重用与苏辙有关，但这足以让苏辙不安，因为王巩与刘挚有姻亲关系，而苏辙又向朝廷举荐了王巩。因此，他们两个人都无法躲避嫌疑。此后，刘挚、苏辙分别给朝廷上辞职报告，不过朝廷的态度是不允。①

朝廷不允辞职，苏辙只需到三省就职即可，但苏辙不这样想，他要为自己辩解。有意思的是，苏辙将台谏官弹劾他的奏疏进行对比后，发现郑雍、杨畏、虞策等人弹劾都是就事论事，只有谏官安鼎的弹劾是指责他"欺罔诈谬，机械深巧，不速谴责，恐臣挟朋诞谩，日滋月横"。苏辙表示，若安鼎的指责属实，那么他理应被朝廷处置。但事实是，此前安鼎曾与赵君锡、贾易等人诬陷兄长苏轼"恶逆之罪"，幸亏当时朝廷圣明，没有处置苏轼。现在安鼎出任台谏官，自然会以往日恩怨为前提，想尽一切办法弹劾他。若朝廷不将他罢职，安鼎一定不会善罢甘休。到时候他将处于孤立无援的境地，为了避免这一现象发生，请求朝廷立即下诏罢黜他。

朝廷对苏辙的建议依然不予理会。不过苏辙的这道辩解奏疏里，似乎显得很无辜，自己是被安鼎公报私仇了。但有一个事实必须承认，那就是苏辙举荐王巩，也不见得都是出于公心。恰恰可能是因为王巩与苏轼关系好，才被苏辙举荐的。总之，在北宋的士大夫阶层里，很多时候凡事并不黑白分明，灰色地带无处不在，很多不清不楚的事务，都是在灰色地带完成的。

①《续资治通鉴长编·卷四百六十七》。

此后，朝廷对苏辙"宣押入对"。朝廷此举当然是希望在家待罪的苏辙能够到三省任职，因为朝廷没有罢黜他的宰执。但苏辙还是坚持辞职，朝廷依然不允。

几天之后，签书枢密院事王岩叟给朝廷上奏疏，为刘挚、苏辙辩白："挚自陛下垂帘之初，首当言路，条陈政事，排斥奸邪，无所顾避。陛下知其忠荩，有功于时，故不次登用。天下之人，莫不以为当。"王岩叟认为刘挚被人弹劾，主要是因为刘挚任台谏官时，得罪了部分奸邪之人，他们现在反击污蔑。若朝廷罢黜刘挚，则正好"快群奸之意，而失众正之心"。王岩叟又指出，苏辙"素有时名，元祐以来，排邪助正，竭力亦多，今若止因一举官失当，便行罢逐，恐于陛下进退大臣之体，有所未允"。这还不是重点，重点是这些人弹劾苏辙不是出于公心，而是"别有所怀，未易可测"。希望朝廷能够调查清楚事情的来龙去脉，不要让两位宰执蒙受不白之冤。王岩叟的奏疏传到三省后，没有被送至哲宗、高太后眼前。有意思的是，不久之后，高太后遣侍从单独到苏辙家里传诏，责令苏辙"早入省供职"。但苏辙依旧没有到三省任职。

这就让人有点看不懂朝廷的态度了，只派侍从给苏辙宣旨，难道朝廷对刘挚不认可了吗？此事是否传至刘挚耳朵不得而知，但从刘挚此后的做法来看，他一定听说了高太后单独派侍从督促苏辙到三省就职之事。因此，刘挚连续上了三道奏疏，请求辞职。朝廷不同意刘挚辞职，也不督促刘挚到三省任职。因此，这件事就一直悬而不决，外议纷纷。

直到十月二十六日，哲宗、高太后召首相吕大防进宫议事，才向吕大防透露了内幕：朝臣以为朝廷偏爱苏辙而有意打压刘挚，而事实上，台谏官弹劾刘挚的奏疏已上十八章，朝廷依然不许刘挚辞职，已是对刘挚额外恩宠了。刘挚的罪业并非识人不明向朝廷举荐了王巩，而是他与邢恕私交深厚，又曾为章惇的儿子指点学业。这就有点说不过去了。高太后特别指出，苏辙只是举荐王巩失误，而刘挚显然怀有异心。这件事传到刘挚耳朵中后，让刘挚不敢再为自己辩白。因为哲宗、高太后所言确有其事。

原来，当初朝廷贬黜邢恕后，邢恕路过京城时曾给刘挚写过一封信，请求刘挚照顾他，在哲宗、高太后面前替他美言几句，让朝廷不要将他贬黜太远。刘挚作为次相，深知肩上责任，没有直接为邢恕说好话。但鉴于自己曾与邢恕关系匪浅，因此动了恻隐之心，给邢恕回了一封信。刘挚规劝邢恕到永州认真工作，等待将来干出成绩后，朝廷会再次将他调回。在这封信件的末尾，有"为国自爱，以俟休复"的言论。也不知何故，不久之后，这封信件被一个叫茹东济的官员发现，并将它送给台谏官郑雍、杨畏。恰巧此时，郑雍、杨畏正因弹劾刘挚举荐王巩不当未被朝廷重视而恼火着，这封信正好可以让他们继续弹劾刘挚。于是，两位台谏官就将刘挚信件末尾的"休复"解释为"父子明辟"。这样一来，整封信的内容也就变了。两位台谏官对该书信新的注解是：刘挚劝解邢恕到永州蛰伏，等待高太后还政。这个新注解让高太后很恼火，很显然，刘挚希望她能尽早撤帘还政。

惶惶不可终日的刘挚，终于还是忍不住了。他给朝廷上了一道奏疏，解释他与邢恕的书信内容，以及为章惇儿子指点迷津的来龙去脉。刘挚在奏疏中表示，对于台谏官弹劾他与邢恕私交深厚，书信来往等待高太后还政之事，完全是无稽之谈，这是台谏官曲解他与邢恕的书信内容。至于指点章惇儿子学业问题，是官员之间正常的交往。刘挚还指出，章惇就是他赶出朝廷的，若他与章惇有私交，他完全可以不用带头攻击章惇。刘挚还在贴黄中表示，他给朝廷进这道奏疏并非为自己开脱，只是不愿意背负不白之冤就被罢职。刘挚最后继续提出了辞职。但三省没有将刘挚的奏疏交给哲宗、高太后。似乎吕大防等宰执认为，刘挚的辩解固然重要，但是这种事越描越黑，不宜在高太后尚未消气前呈递刘挚的奏疏。

二十八日，朝廷下诏："编修神宗皇帝御制御集官、中大夫、御史中丞郑雍，与升一官。大中大夫、礼部侍郎彭汝砺，支赐绢、银各五十匹、两。"虽只是小小一点晋升，但反映出朝廷对郑雍很认可。那么，这是否意味着朝廷对刘挚已失望了呢？

是日，枢密院长官进宫奏事，再次谈论刘挚被弹劾之事。王岩叟向哲宗询问是否看到自己的奏疏，并申明他为刘挚、苏辙辩白，只是不希望朝廷失去两位重臣。哲宗的回答却值得玩味，他对王岩叟说："刘挚在朕登基之初排斥奸邪有功，但他与邢恕私交深厚，又曾给章惇儿子辅导学业，这显然是阳奉阴违。另外，刘挚为被朝廷打压、罢职的官员通风报信，完全丧失立场，违背职业道德，不适合再担任宰执。"然后，王岩叟与哲宗就刘挚是否尽职尽责进行讨论，王岩叟还是一如既往支持刘挚："刘挚能从一个小官做到宰执，一定会感念陛下知遇之恩，不会负陛下。"哲宗也表示，刘挚对朝廷的忠心天下人人皆知，可刘挚私交邢恕、章惇，这是朝廷不能容忍的，刘挚是典型的两面人。王岩叟对此进行辩白，在王岩叟看来，刘挚对朝廷忠心耿耿，不过是有一帮小人在揪住刘挚的一些缺点不放罢了。不得不说王岩叟的善辩非常人能及。这时候若有人站在王岩叟这边，必然会改变朝廷对刘挚的看法。但这时候韩忠彦却表示，若论功绩刘挚也只有拥立之功而已，反而是哲宗显得很大度，表示他清楚刘挚的为人，不会重责他。这时候，躲在幕后的高太后笑了：你们都争吵什么？朝廷若不念及刘挚的贡献，还会与众位商议他的去留吗？高太后还表示最近又收到两份弹劾刘挚的奏疏，只是朝廷压着不批而已。

王岩叟还想为刘挚辩白，但显然哲宗、高太后并不想听。王岩叟、韩忠彦遂退下了。次日，王岩叟没有等来朝廷对刘挚具体的处置措施，就继续上疏，陈述不能轻易罢免刘挚、苏辙。有意思的是，这次王岩叟表现出了原来台谏官的特性，他除了指出朝廷不能罢免刘挚、苏辙之外，还弹劾杨畏、虞策等人，指出杨畏是"吕惠卿门人，及受张璪知遇最深"，又列举了杨畏的生平劣迹。王岩叟还指责另一位谏官虞策"亦是张璪面上相知之人，尝受璪特力论荐"。这两位言官的来路不正，都是因为奸邪张璪的举荐，才得到朝廷重用，这样的人能有一颗为国为民的公心吗？

朝廷本来对刘挚就不满，王岩叟的这些话简直是火上浇油。刘挚是多么了不起的官员，要被王岩叟这样袒护？这给朝廷提了个醒：刘挚与王岩叟关系绝非一般。联想此前郑雍指出王岩叟与刘挚为一党的言论，于公于私，朝廷都应罢免刘挚，杀一杀这股朋党歪风。因此，当王岩叟的奏疏敬呈后，朝廷也加快了对刘挚的罢黜。朝廷已经让翰林院草拟罢免刘挚的诏命了。

月底时，熙河兰岷路经略使范育又给朝廷上疏，提出防御西夏问题策略。不过朝廷依旧不予回应。刘挚、苏辙的事情，已让高层焦头烂额了，这时候还谈什么防御西夏呢？①

十一月初一，朝廷下诏，太中大夫、守尚书右仆射兼中书侍郎刘挚为观文殿学士、知郓州。②十一月四日，翰林学士范百禄进言，指出朝廷罢职刘挚的诏命不当。范百禄认为，刘挚在被言官弹劾之前，一直都被视为"贤哲、公忠"的化身，朝廷对刘挚也非常相信。现因台谏官弹劾，刘挚提出辞职，朝廷就顺水推舟，同意刘挚所请，并不符合国家制度。范百禄表示自古圣明之君，进退大臣时往往对大臣

---

① 《续资治通鉴长编·卷四百六十七》。
② 《续资治通鉴长编·卷四百六十八》。

相当优待。这次对刘挚却有失公允，让外界议论纷纷。若朝廷要罢免刘挚，则请给予刘挚公平合理的待遇。

但朝廷对范百禄的建议置若罔闻。看来这次朝廷对刘挚罢相势在必行，任谁来为刘挚说好话也不行。《续资治通鉴》里评价刘挚"性峭直，有气节，不为利怵威诱。自初辅政至为相，修严宪法，辨白邪正，孤立一意，不受请谒。然勇于去恶，竟为朋谗奇中，天下惜之"①。这种评价有一定真实性，但从刘挚执政后期的所作所为来看，他并非一心一意为国家，很多时候他也在为自己谋私利。

随着刘挚被罢相，与刘挚有利害关系的几个要职官员也被罢职。初八日，朱光庭罢职给事中，知亳州。原因是当初朝廷让朱光庭审核刘挚的罢职诏命，朱光庭封还词头，还为刘挚辩解："挚忠义自奋，力辨邪正，有功朝廷，擢之大位，一旦以疑而罢，天下不见其过，言者若指臣为朋党，愿被斥逐不辞。"朝廷因此就将朱光庭罢职。对待朋党这件事，朝廷虽没有仁宗时期敏感，但从朱光庭为刘挚辩解的角度来分析，朱光庭与刘挚关系非比寻常。朱光庭的罢职，似乎也在释放信号：谁若胆敢为刘挚求情，或者打算营救刘挚，朱光庭就是下场。另外一个处置的对象是宝文阁直学士、知扬州谢景温，原因是谢景温也曾举荐过王巩，现在因王巩之事牵扯到刘挚、苏辙，谢景温能逃脱荐人不明的罪责吗？因此，朝廷调整谢景温知寿州（今安徽省凤台县）。

随着刘挚罢相，朝廷又及时给两位前宰相调整了岗位，"癸巳，观文殿大学士、右光禄大夫、知河南府韩缜为武安军节度使、知太原府。观文殿大学士、太中大夫、知太原府范纯仁知河南府"。

十六日，朝廷罢左朝请郎、监察御史安鼎，调他到绛州担任知州。这不是朝廷打压台谏官，而是安鼎主动上奏疏请求朝廷罢免他的言官职务，因为他多次上奏疏弹劾苏辙，但朝廷没有将苏辙罢职的意思，因此安鼎请求外调。朝廷立即答应了安鼎的请求。十七日，中大夫、守中书侍郎傅尧俞去世。消息传到皇宫后，高太后对宰执说："傅尧俞是个清直之人，只可惜未能官拜宰相就去世了。"吕大防也说："尧俞自仁宗时至今，始终一节，有德望，真可为朝廷惜。"哲宗下诏辍朝临奠，后赠傅尧俞右银青光禄大夫，谥献简。

---

① 《续资治通鉴·卷八十二》。

这时候，朝廷面临的重大问题是三省宰执人手不足。苏辙还在居家待罪，傅尧俞去世，刘挚外调。吕大防身体不佳，无法支撑三省运转。这种情况下，就需要培养一批骨干人员，充实三省。另外，还得抓紧时间物色次相、副宰相人选，及时让三省有主事之人。

十八日，朝廷立即调整了一批中层官员。"左朝请郎、秘阁校理、守起居舍人陈轩，左承议郎、集贤校理、守起居郎孔武仲，并为中书舍人。左朝议大夫、集贤殿修撰范子奇为权户部侍郎。左朝散大夫、集贤殿修撰黄廉为给事中。左朝请大夫、权户部侍郎马默为宝文阁待制、知蔡州。龙图阁待制、江淮荆浙等路发运使钱勰为工部侍郎。工部侍郎王钦臣为给事中。左朝奉郎、直龙图阁、权管勾西京留守司御史台文及为集贤殿修撰、知河阳。左朝奉大夫、成都府路转运副使吕陶为左司郎中。朝散大夫、集贤殿修撰、知徐州杨汲为江淮荆浙等路发运使。"这批人员中，只有王钦臣的任命，遭到了权给事中孔武仲的反对，他指出："王钦臣除给事中，按钦臣天资浅薄，溺于荣利，强忌好胜，反覆任情。给事中乃东台献替之职，钦臣岂可居此？"朝廷遂收回成命，让王钦臣继续任工部郎中。

此后，朝廷继续调整中层官员。"乙巳，吏部侍郎韩川为礼部侍郎。礼部侍郎彭汝砺为吏部侍郎。左奉议郎、秘书丞、集贤校理、国史院检讨张耒为著作郎。""戊申，朝奉郎、国子祭酒丰稷兼侍讲。""己酉，左朝请郎、梓州路转运判官董敦逸，左朝请郎黄庆基并为监察御史。"

经过这一番人事调整后，朝廷逐渐恢复了正常运转。不过三省依旧缺员，吕大防这段时间太忙了，他的身体也严重透支，不过他没有时间顾及自身，而是全身心投入国家政务中。

十二月初一，礼部侍郎兼侍讲范祖禹转对，讲了四件事：其一，选拔十八路监司时要深入考察，选出有才干有能力品德好的人监管地方，只有监司德才兼备，才能认真监察各级官员，保持政令畅通。其二，言官的选拔要灵活运用各种制度，尽量在历任两年县官或者一年通判以上政绩突出、口碑较好的官员中选拔。其三，边境帅才选拔历来都是困扰朝廷的突出问题，朝廷在选拔帅才时，要突出其工作经验，选拔熟悉边境的将才，如此才能驻守边境，另外建议恢复祖宗旧制，让提点刑狱、转运判官多担任帅才职务，培养人才。其四，地方管理中要尽量避免使用重法，多改变策略，"改峻法为平法，庶可变恶俗为善俗，止用常典，足以禁奸"，朝廷对县官考核也不能将重法作为一项指标，如此才能持续改善社会风气。

应当说范祖禹的这四条建议，每一条都切中时弊，可以解决很多困扰朝廷的问题。但这四条建议实施起来并不容易，很多原来的制度、法令、官员选拔与考核已成定局，无法轻易改动。另外，范祖禹的这四条建议，意在维护目前国家的政局，也就是维持当前路线不动摇。而此时朝廷的风向已经有所转变，因此范祖禹的建议也只能作为一种建议而存在，除非到了非改不可时，这些建议或许才能有用。

几天后，太子太保致仕张方平去世。朝廷下诏，辍视朝二日，成服苑中，赠司空。相传张方平去世时，禁止子孙向朝廷给他索要谥号，但苏辙却认为朝廷应该赐张方平一个谥号。朝廷同意苏辙的建议，最后议定的谥号是"文定"。从苏辙的这份建议，也能看出他已正式在三省任职，台谏官对他也没有更加激烈的弹劾。

十二月初四，右正言姚勔上奏疏，弹劾礼部郎中叶祖洽"贪鄙无状，不持廉节"。姚勔还列举了一些事实佐证他的弹劾有凭有据。朝廷下诏命户部尚书刘奉世调查此事。此后，进入一年的末尾，朝廷各部门忙着工作总结。但新的问题也不断出现。比如十二月十四日晚，开封府忽然着火了，府廨被大火烧尽，知府李之纯仅以身免。朝廷的消防队连夜出动，依然没有阻止火势蔓延。好在天亮时，火被扑灭了。次日，朝廷就此事组织三省、枢密院的长官讨论，宰执们分别陈述观点，分析此次开封府着火的原因。很多解释不清楚的原因，只能归结于天意。朝廷下诏对损失进行评估，也对开封府长官李之纯的不作为表示惩戒，"户部侍郎韩宗道为宝文阁待制、权知开封府。宝文阁直学士、权开封李之纯为兵部侍郎"。

不久，御史中丞郑雍给朝廷上奏疏，指出近来"雨雪愆少，农事不举，伏望申饬内外，督促刑狱，以导和气"。整个冬天都很少见雨雪，这种情况往往与朝廷的刑狱有关，可能是某地造成冤假错案，上天才对国家发出了警示。联想之前十一月时发生了"有客星初出，在参宿度"的天文异象，朝廷也有一丝警觉。因此，朝廷下诏让刑部、御史台组成联合工作组，翻阅今年以来国家的案件卷宗，调查是否存在冤假错案。

十二月十六日，朝廷下诏，给了吕惠卿一个差遣。此事传到了权给事中姚勔手中，姚勔封还词头。朝廷对吕惠卿的迁官也就作罢。

二十七日，鄜延路经略使范纯粹给朝廷上报了一个消息："西界于诸沿边对境百里之外，各作头项，排布人马，东西相属。"蕃人又不安宁了，他们在调集人马，布兵排阵，妄图入侵宋朝边境。范纯粹还表示，他已责令各处要塞密切关注动向，一旦发现敌人入侵，要第一时间汇报，并组织人员进行反击。范纯粹还将自己的应敌办法一并上报给了朝廷，请求朝廷的指示。但朝廷没有给范纯粹具体指示。因为春节即将到来，谁也不希望在新年发生战事。

此后，翰林学士梁焘连着给朝廷上了多道奏疏，陈述朝政得失。梁焘在奏疏中先肯定了哲宗继位七年来的成绩："进贤去佞，协天下之公，兴利除害，同百姓之欲，刑罚清平，赋敛均节，奸宄已销，兵革略戢，岁物丰穰，民力宽暇，可谓有治之渐矣。"当然，这种肯定成绩的做法，往往都是先扬后抑。果然，梁焘在夸赞完哲宗、高太后以后，在贴黄中，抛出了君子小人的观点，虽没有明确点出朝中君子、小人的名字，但指出朝中君子小人混在一起，会让朝廷受损，建议哲宗仔细辨别，赶走小人，留下君子。

这样的奏疏往往不咸不淡，无法为朝廷提供根本的解决办法。因此，梁焘再上奏疏，引用唐代李德裕辅佐唐武宗的事例，提出了奸邪和中正官员的问题。比如他指出奸邪之人的特点"缓公急私，复仇报怨，外阳为忠直，内阴怀奸曲"。看起来并无所指，但细细分析梁焘的意见，就能发现其实有所指。尤其是梁焘指出："陛下既辨其为邪，即当速去之，如未能即去之耶，多用正人，正人既用，则邪人知难而或自退。"这是不是在暗指苏辙呢？

此后，梁焘又上奏疏，继续以邪正为论点，指出"今朝廷正人少，邪人多，诚意不一，公道亏损。圣意欲削朋党，而朋党愈结；圣意欲绝私邪，而私邪愈行"，他们"乘隙而进，惑乱聪明"，隐藏很深，他们的奸言"最是难辨，盖其巧美似忠，害善似直，狠愎似敢，诬罔似公，人主听之一误，则德业俱损，若不早辨，则终致忧患"。还是请求朝廷识别忠奸，赶走奸邪，重用正直之人，持续改善官场风气。

面对梁焘这种有所指又不指名道姓加以弹劾的建议，朝廷的态度依然是不予回应。或许是梁焘鉴于自己翰林学士的身份，没有指出奸邪、中正人员姓名。但从他的几道奏疏里，哲宗、高太后估计能看得出来所指人员。不过，朝廷对于苏辙很认可，不可能将其罢职。至于台谏官的那些人，也没有继续揪住苏辙不放。因此，梁焘的建议也只能当作一种建议存在。①

此后,举国上下投入新年节日中,一切不顺遂都暂时抛诸脑后。

---

① 《续资治通鉴长编·卷四百六十八》。

## 第十二章 最后的辉煌

> 自垂帘以来，召用名臣，罢废新法苛政，临政九年，朝廷清明，华夏绥安。绝内降侥幸，裁抑外家私恩，文思院奉上之物，无问世细，终身不取其一。人以为女中尧、舜。
>
> ——《续资治通鉴·宋纪八十三》

### 章楶的御边策略

元祐七年（1092）的春节很快就过去了，这不过是以往春节的重复，唯一不同的就是人人都徒增马齿。

正月初八，一道反对开封府迁址重建的奏疏拉开了这一年的工作。上奏疏之人是范祖禹。因年前开封府着火，府库被大火吞噬，事后，有官员提议将开封府迁址重建。朝廷没有表态，而是令礼部、工部先调查此建议是否可行。就在几个部门着手调查时，范祖禹上了奏疏，反对迁址重建。范祖禹从历史渊源和现实条件着手，分析了不能迁址重建的原因，请求朝廷在原址修复即可。朝廷并未立即表态，因为礼部、工部的调查报告尚未提交。①

十二日，朝廷命尚书左丞苏颂撰皇后册文并书。也就是说，皇后人选基本确定。现在就是要根据礼仪制度，提前准备册封文书。但不久之后，苏颂就向朝廷递交了辞职报告，以自己年老为由，请求致仕。朝廷自然不允，苏颂就连续上辞职报告。高太后被苏颂的辞职报告扰乱了心神，下诏给三省，禁止接收苏颂的辞职文书。苏颂也只能拖着疲惫的身躯，继续任职。此后，朝廷开始了新一轮人事调整，"丁未，知郓州、观文殿学士刘挚知大名府。知大名府、资政殿学士张璪知扬州。知颍州、龙图阁学士苏轼知郓州"。这三个人都是有争议，但又极具名望的人。既然他们有争议，朝廷一旦对其进行迁官，必然会引发台谏官的密切关注。就说刘挚刚刚因为台谏官弹劾被罢相，

---

① 《续资治通鉴长编·卷四百六十九》。

还没几个月又被迁官，现在台谏官能让他顺利到大名府任职吗？

台谏官显然不想放过刘挚。御史中丞郑雍反对这份人事调整诏命，他指出："挚以不公擅权，公议不予，陛下圣明，照见迹状，罢其相位，虽不明言其罪，而天下共知。才经两月，遽迁重镇，使中外闻之，何以示信？"让前宰相任职大名府重地未尝不可，但刘挚刚刚罢职两月，且他为官时有重大失误，不公擅权，这样的人任职大名府，朝廷上下肯定不服，建议追回对刘挚的任命。

殿中侍御史杨畏也弹劾刘挚"备位宰执，不能尽节一心，以图报效，背公死党，敢擅威福，反覆怀邪，罪状非一"。指出刘挚自从罢相后，天下拍手称快，都认为将奸邪赶出了朝廷。然而，刘挚罢相不足两月，就被授予大名府大郡，必会让天下产生疑惑，认为朝廷处置不明，刘挚的党羽也会相互鼓舞，必然导致"奸言眩众，不为无害，而流俗观望，亦必有妄意朝廷之心，恐非所以示天下"。希望朝廷能够收回成命。

殿中侍御史吴立礼分析了刘挚罢职的原因，指出朝廷对刘挚恩宠有加，"今到任曾未两月，而遽易重镇，不惟留守陪京，复兼一路绥抚之寄。牵复太速，物论未平，伏乞圣慈断自宸衷，追寝新命，庶几赏罚昭明，下厌公议"。

台谏官轮番进攻，似乎又要爆发一场舆论风波。朝廷也不愿意让此事继续恶化，进而演变成一种言官集体出动弹劾刘挚的舆论的事件。因此，朝廷重新下诏，命刘挚、张璪继续在原来州郡任职，苏轼也因此改知扬州。台谏官这才罢休。

正月二十九，朝廷下诏，改灵璧镇为县，这从区域划分上直接将灵璧提升了一个档次。此后，这里还会成为主战场，发挥巨大的军事作用。同一天，环庆路经略使章楶给朝廷上了一道奏疏，陈述自己对西北御敌的建议。其实，此前章楶就已多次向朝廷进言，提出了应对西北边境的一些实用性措施，但朝廷一直以安稳、息战为宗旨，章楶的建议也就被扔进了垃圾桶。不过有一点还是值得肯定，这便是朝廷对章楶的重用。元祐初年时，朝廷提拔章楶，很多人反对，认为章楶治军太严厉，以至于被称为"屠夫"。因此，章楶的升迁之路一路坎坷。不过到了元祐七年时，章楶已成为西北边境的一方大员。现在章楶作为环庆路经略使，当然有资格给朝廷进言。

章楶根据自己多年在西北与西夏、吐蕃交往的经验，基本摸清了这些外族的本性，也对宋朝边境防御的优劣态势非常清楚。这样的情况下，他的建议就具有可操作性。章楶在札子中明确指出："夏贼狂悖，不知天地亭育之德，还其土地而寇掠愈甚，给以岁赐而侮慢益深，然则豺狼之性，贪婪之心，恩果不足以抚其众，信果不足以使之孚。"这是一帮不知天高地厚的家伙，怀有豺狼之心，不懂感恩，不畏信果。然后，章楶就列举了外族这些年来对宋朝的骚扰，并列出了破贼伐谋六策：一是陕西、河东六路属于他章楶率领，环庆路就靠近西夏老巢。进攻西夏，环庆路条件便利，"勒兵出塞，掩袭不备，可以戕其腹心"。因此，各路已经约定，若朝廷有意进攻西夏，环庆路当仁不让。二是西夏、西蕃也清楚环庆、河东六路兵马情况，认为这六路兵马分兵驻守，不敢轻易离开驻地相互配合进攻西夏。若朝廷有进攻西夏的诏命，这六路人马兵合一处，必然会大获全胜。三是西夏内部不安定，梁氏集团与嵬名氏之间有矛盾，导致国家内部不安定，很多西蕃人脱离西夏，投奔宋朝。若国家下诏招抚西蕃人，允许他们成为宋朝子民，并给他们划分土地，必然吸引大量西夏人投奔宋朝。四是西夏立国的根本是横山，那里地势险要，易守难攻。若乘着西夏内部不安定，逐次修建堡寨，将那些投奔宋朝的西夏人、吐蕃人安置在这些堡寨中，让他们耕种横山以南的土地，既解决了粮草问题，又壮大了边寨。进可攻退可守，到时西夏必然会臣服。五是"合用邻路将官，欲乞于将副内指名抽差一员"。六是选拔合适的官员充任环庆、河东等路，尤其是"总管李浩，久经战阵，在熙河兰岷屡尝出塞，动有成功，其人果敢有谋，不妄举动，汉、蕃之人，素所信服"。若将来"我"进攻西夏，就让李浩统治环庆、河东两路兵马。

这六条抵御西夏的策略，用章楶自己的话说，这是他"广采众人之议"的结果，若朝廷按照这些措施来应对，必然会让西夏臣服。章楶还指出目前西北边境驻防的问题，比如，各守将之间没有形成合力，一旦战争发生，很难合力御敌。再比如物资不够，兵力换代跟不上等，都是困扰西北防御的问题。这些问题一时半刻也无法解决，不过现在乘着西夏内乱，可以搞一次突然袭击，一定会重创西夏。①

朝廷依然没有回应。哪怕章楶认为此时出兵进攻西夏是最佳时机，朝廷也不愿意出兵，因为就是要保持一种平和、稳定的状态。入侵西夏，恐招人非议，还会给国家带来巨大经济压力。然而，数天后，朝廷的态度就发生了转变，这是后话。

二月初四，宋朝又遇到了一个天赐良机，当时占城、交趾有旧怨，两国之间发

---

①《续资治通鉴长编·卷四百六十九》。

生了武力冲突。占城国与宋朝交好,希望宋朝出兵,帮助他们打击交趾。但宋朝只是派出了一个调查官员,没有立即出兵援助占城国,导致错失良机。①如果朝廷此时能联合占城攻打交趾,极可能收复交趾。但朝廷似乎已经承认了交趾摆脱宋朝的事实。

此后,台谏官盯住了一个叫魏广的官员,此前他是左朝议大夫,近期被授予徐王府侍讲。殿中侍御史杨畏弹劾魏广"齿发虽高,行治不著,碌碌无可言者。或谓其稍擅辞藻,而每有投献,以干贵位,审如是,其无老成自重之风可见"。在杨畏眼中,魏广一生碌碌无为,凭借着不断讨好权贵,得到了今天的地位,这样的人不宜授予侍讲,不然会误人子弟。正言姚勔也进言,弹劾魏广"人材猥下,学问空疏,但以自来浪游市廛,熟谙邪径,惯习里巷群小之事",与传统意义上"经术文学、履行修洁"的侍讲不可同日而语。朝廷随即下诏,改任魏广为军器少监。

几天后,枢密院回应了此前章楶提出的御敌之策。在章楶眼中,只有主动出击,方能彻底击溃西夏,让他们臣服。但朝廷的意见却恰巧相反。枢密院给章楶的建议是:"诸路遇贼并兵入寇,坚壁清野,俟贼气惰,觅便掩击。"章楶担心这样的诏命只会捆绑住边境将士的手脚,于是重新进言,请求朝廷给他主动权,可以让他随着战争形势的发展相机行事,也就是将敌军入境后军队调拨权授予他,让他抢占时机,预防西夏入侵。

朝廷没有立即表态。随即,章楶再上奏疏,解释朝廷坚壁清野政策的优劣,依然主张主动出击,而且表示自己愿意带兵出征。枢密院的态度却是:"熙河路遇西贼于别路入寇,本路合出兵牵制。缘兰州限隔大河,缓急济渡有无船筏,曾与不曾豫计置以备缓急,欲下本路经略司勘会,如别无准备,即疾速计置。"若西蕃入侵,熙河路要出兵牵制。兰州也要做好西蕃入侵的准备,以防止敌人入侵时缺少物资。

这些命令显然不是章楶所希望的,但他必须接受。不过,因为陕西是宋朝西北边境的大后方,也是军队、物资运转地,朝廷还是对陕西等地的官员做了一次大调整。"丁卯,权陕西转运使李南公除直秘阁。""引进使、嘉州防御使、权枢密院副都承旨李绶为隰州防御使,罢副都承旨,以忠州团练使曹诵代之。""步军都虞候、

---

① 《续资治通鉴长编·卷四百七十》。

信州团练使、定州路副都总管刘斌权同管勾马军司。"

此后不久，枢密院在奏对时，再次重申修筑堡寨的好处，并将章楶奏疏中的核心内容梳理出来，递交给了朝廷。由此，朝廷也认真对待起这件事情来。最终，朝廷同意了章楶提出在边境修建堡寨的建议。如果这项工程能够顺利推进，让各个堡寨连成一线，进而形成一道堡寨壁垒，用来牵制西夏，就能彻底解决西夏常年骚扰的问题。然而，朝廷虽同意修筑堡寨，却依然不主张主动出击，朝廷明确表示，修筑这些堡寨的目的，是为了预防西夏、西蕃入侵，这与祖宗历来"防患于未然"的主张不冲突。

六天之后，枢密院再次进言，指出："窃虑诸路所遣官不量事势，缘此深入贼境，却致落彼设伏奸便。"枢密院似乎并不相信刚刚调整的这批边境官员，担心他们贸然入侵敌境，玩火自焚。朝廷立即下诏，命"逐路经略司除汉界寨基依前降指挥外，止作本司意度，严紧约束。所遣官如入生界踏逐，仰只于并汉界侧近去处相度地利，按视选择，即不得轻易深入"。守住自己的地方即可，不许越境作战。

不过朝廷许可章楶筑壁垒建议的诏书依然有效。章楶组织人开始修筑堡寨。只要按照他的思路，在宋夏边界修建一条由堡寨连成的防线，西夏就不可能再轻易入侵。只是这样的工程，需要人力物力来支撑，章楶的愿望是否能实现还是未知数。

有意思的是，就在边境问题困扰朝廷高层时，同知枢密院事韩忠彦却给朝廷递交了辞职报告，朝廷不允。韩忠彦便再次递交辞职报告，哲宗、高太后依然不接受，并给三省下诏，不许三省接收韩忠彦的辞呈。而关于韩忠彦辞职，史料中并无任何说明。不过可以猜测是枢密院长官之间意见不统一。联想章楶此前提出修筑堡寨的建议，朝廷态度先后不一，而韩忠彦一直主张稳妥、息战，必然反对修筑城堡。现在朝廷主张修堡寨，他自然要辞职了。

二十七日，根据章楶的奏报，环庆路第七将折可适统兵八千九百余人，"讨荡韦州监军司贼众，斩首七十级，生禽四人，获马、牛、羊、骆驼等凡二千一百三十余口"。这显然与朝廷的最初设想不一样。不过朝廷并未处罚折可适，只是责令边境经略使约束好手下，未经允许，不得再次入侵敌境。

同一天，朝廷批给西北军区实际负责人范育两道奏疏，算是回应此前游师雄、穆衍给朝廷的进言。游师雄、穆衍在西北边境为官，熟悉边境事务。他们虽越级进言，但他们的建议对国家来说，也是非常重要的治军、御敌依据。游师雄的建议是希望朝廷能够"自兰州李诺平东抵通远军、定西城与通渭寨之间建汝遮、纳迷、结珠龙三寨及置护耕七堡,以固藩篱"。穆衍的建议是在"质孤、胜如二垒之间城李诺平,以控要害,及言纳迷、汝遮、浅井、隆诺皆宜起亭障,以通泾原之援"。这两条建议,与章楶提出修建堡寨的想法不谋而合。或许是游师雄、穆衍看到章楶的建议得到朝廷许可,他们也大胆向朝廷提出修筑堡寨的意见。然而大面积修筑堡寨,朝廷一时很难承受如此巨大的经济压力。因此,朝廷将这两道奏疏传给了范育,让他根据实际参详。

范育详细翻阅了两份奏疏,按照自己对西北边境的局势分析,提出了自己的建议。应当说范育基本同意游师雄、穆衍的建议。修筑堡寨也是宋朝边将多年来探索出克制西夏、西蕃的法宝。游师雄当年就修了很多堡寨,被西蕃称作"结珠龙川",河道就是川,建在河道上的堡寨就是珠。这种办法,彻底阻断了西夏的入侵,百试百灵。不过修筑堡寨需要钱,也需要人力,不是短时间就能完成的。所以范育提出了自己的担心,请求朝廷最后做决定。这等于是将球重新踢给了朝廷,朝廷能提出什么具体策略呢?

二十九日,鄜延路经略使范纯粹也给朝廷进言,指出权发遣泾原路经略使谢麟等人建议各自为战的缺陷。范纯粹认为,西北边境平日驻防时各顾各的防区,可一旦发生战事,都是相互配合。现在各自为战,不形成合力,明显不符合西北实际。并列举了此前元昊进攻宋朝边境的往事,来证明自己的论点。不过朝廷并未回复范纯粹。①

三月三日,章楶得到消息,西夏打劫了北部草原民族政权塔坦国(西夏东北部少数民族),章楶建议不如乘此机会,与塔坦国交好。而邈川吐蕃早就表示愿意向宋朝臣服。假以时日,朝廷可以"遣使至塔坦,陈述大宋威德,因以金帛爵命抚之,使出兵攻扰夏国,以与邈川相为掎角,则蕞尔之国三处被患,腹背受敌"。章楶这个为西夏培植两个对手的建议,无疑是正确的,但依然没有得到朝廷的回应。两天后,章楶再次上奏,借着折可适入侵敌境之事,指出目前边境将士未加约束,会经常入侵敌境,激化矛盾。目前边境正在修筑堡寨,这是最大的事。朝廷应该对边境将士进行约束,选拔合适人选到边境任职,这样才能解决边境将士不听话的问

---

① 《续资治通鉴长编·卷四百七十》。

题。显然，章楶对折可适未经允许贸然入侵敌境之举很不满意。①朝廷依然不予回应。

边境修筑堡寨之事继续进行着，章楶、范纯粹还会就此事进行论述，鼓动朝廷应该大胆应对边境事务。此后，朝廷对待西夏的态度也由原来的一味忍让，变成了试探性防御。这种态度转变是否昭示出已经长大的哲宗的意志呢？

## 为哲宗立后

三月初一，侍读顾临在给哲宗解读仁宗宝训时说到钞法事。所谓钞法事，也就是纸币在发行、流通、兑换等方面的法令，是方便市场、激活贸易的一种特有法令。尽管汉唐时期就已有纸币的雏形，但真正让纸币在贸易中作为货币流通却是在宋朝。仁宗时期，纸币使用越来越广泛，朝廷就制定了相关法令，用来规范纸币流通。吕大防听闻顾临为哲宗讲解钞法，也给哲宗讲解了一些纸币流通的益处，比如："一则人户无科买之扰，二则商旅无折阅之弊，三则边储无不足之患，四则物货无般辇之劳，五则运盐减脚乘之费，实于官私为利。"哲宗也觉得受益匪浅，赞扬了吕大防。签枢密院事王岩叟也趁机恭维了哲宗。

这就很奇怪了，以往对小皇帝不管不顾的宰执们，为何在这一时期关注起了哲宗的学业？原因似乎也只有一个，那就是哲宗长大了，开始有了自己的想法。很多时候，朝臣们在奏事时，需要关注哲宗的情绪变化。

当然，这时候，朝廷依然是高太后主政。国家所有大事，都由高太后最终拍板，哲宗的核心任务就是学习学习再学习。

初四日，殿中侍御史杨畏弹劾左朝奉大夫、前权知和州孙贲，指责孙贲在弟弟去世后，毫无悲伤之情，竟然"式假内用女优饮会"。孙贲的所作所为尽管不是什么大的问题，但能反映出一个人的品质。杨畏还指出，他听闻孙贲交结权贵，很多人都暗助孙贲，建议对孙贲进行罢职。朝廷下诏，"孙贲特差替"。

同一天，三省向哲宗、高太后报告了程颐服丧期满回朝的消息，按照三省的建

---

① 《续资治通鉴长编·卷四百七十一》。

议，程颐回朝，应当授予馆职，判登闻检院。但高太后认为这个建议不妥，程颐此前的种种举动，足以证明他不适合待在馆阁。当初他与苏轼两个人掀起的风波，历时数年尚不能平息。恰巧此时，苏辙也给朝廷上了一封密奏，指出程颐若回朝，必然会让朝廷不得安宁。高太后也觉得有道理，即便程颐不愿意再掀起风波，但他的那些弟子、门人们能安之若素吗？为今之计，还是将程颐安置在西京洛阳最好。于是，朝廷下诏，授予程颐直秘阁、判西京国子监。很难说苏辙的建议就是打压程颐，也可能是为自己的前途着想，他害怕程颐回朝，洛党再次向他和兄长苏轼发起攻击。当然，苏辙也有为国家着想的成分在里面。总之，程颐不适合回京，就让他在洛阳教书育人最妥帖，既能发挥程颐所长，还能避免再次引发朋党风暴。

朝廷不让程颐回朝，其他官员似乎也没有意见。或许大家对程颐那种推己及人的做法无法接受，或许也担心卷入朋党旋涡，竟然无一人出来为程颐申辩。

御史中丞郑雍不是程颐一党，也不愿意参与这些事。他关注的是官员队伍、政令通畅问题。眼下就有个很重要的问题摆在他面前，这就是对原言官安鼎的弹劾。原来安鼎到绛州任职后，对朝廷罢免他言官职务一事耿耿于怀，指责是台谏官员排斥他，导致他被罢职。郑雍作为御史台长官，对此本可以不用辩解，但他认为若不加辩解，只能让外界认为的确是台谏官排斥安鼎。因此，郑雍上奏疏，陈述安鼎被罢职的原因：一是在弹劾刘挚问题上，台谏官集体出动，唯有安鼎沉默不语，这显然有依附刘挚的嫌疑；二是贾易被公认为仗着言官身份，为自己谋私利，安鼎却与贾易私交不一般，这是安鼎依附贾易最直接的证据。正是因为以上两点，安鼎被罢职，非言官集体排斥打压他。郑雍提出了处置办法：安鼎因政治立场问题被罢职，理应到地方及时反省自己所为，尽忠洁己。但他不仅不知反省，而且还诋毁言官，建议对其进行严惩。

殿中侍御史杨畏也上奏疏弹劾安鼎，指责安鼎依附刘挚，在言官弹劾刘挚时，他故意缄默。在刘挚罢相后，安鼎故意告假不工作。种种迹象都表明他是刘挚一党。现在他被罢免言官职务，却为自己喊冤，奸言巧说，巧言令色，这样的人就不应该被重用。

或许安鼎还想回到台谏官，可他的做法简直蠢到极点。已经被外调，再与台谏官纠缠，岂不是自讨苦吃？三月初八，朝廷下诏，命安鼎知高邮军。安鼎被再次远调后，郑雍又盯住了刚刚任命的两个地方官，知秀州王蘧和利州路转运判官王雍。

郑雍弹劾王蘧趣操猥下，与地方豪族结亲，不顾名节，招人非议；王雍虽无劣迹，却政绩平平，毫无才能，不应该重用。

殿中侍御史吴立、杨畏也先后进言，弹劾这两位新任命的官员，弹劾理由与郑雍相差无几。不过杨畏却爆料，王雍是翰林学士梁焘表弟、签书枢密院王岩叟妻之表叔，王蘧系右丞苏辙婿王适之兄。也就是说，这两人的提拔重用，完全是朝廷高层在运作。这种事天下尽人皆知，朝廷高层利用个人的影响力，提拔了两个毫无才能的人，这会让天下寒心的。

朝廷也不愿意将梁焘、王岩叟、苏辙等人卷入斗争中，立即下诏，命王蘧知无为军，王雍知遂州（今四川省遂宁市）。

这两人被罢职后，朝廷暂时平静了。但新问题再次摆在执政者面前，这就是干旱问题。于是，朝廷召集辅臣在延和殿议事。高太后对久旱不雨忧心忡忡，辅臣们也没有更好的办法，只能祈求上天尽早下雨。不过朝廷没有命人四处祭祀，似乎还在等待着上天垂怜。然而，不久就发生了月食。这让朝廷上下不得安宁，王岩叟还就此次月食做了分析，认为是上天的警示。朝廷根据王岩叟所请，下诏令各地清理积案，对罪犯都进行宽宥处理，"杂犯死罪已下第降一等，至杖释之"。

做完了这一切，依然不见降雨。不过，也没有发生更大的事情。朝廷等待着天降甘霖，滋润大地。只要上天降雨，也就说明上天对朝廷清理积案的认可。

然而，就在朝廷等待下雨时，鄜延路经略使范纯粹的奏疏传到了枢密院。范纯粹并不看好目前朝廷允许章楶修筑堡寨的做法，他认为朝廷"久厌戎事，姑务息兵"，才与西夏讲和。如今两国之间和谈正在推进，朝廷却重启修筑边寨工程，必然会惹怒西夏，此前朝廷与西夏和谈的努力将会付诸东流。范纯粹还提出了重修边寨的四大弊端：诸路中必有永乐之祸、他日愈无息兵之期、人力不足、支费难胜。范纯粹的担忧有一定道理，但此时朝廷正在为干旱苦恼，范纯粹的奏疏，不但起不到建言的作用，还可能会触怒朝廷高层。所幸的是，朝廷没有给范纯粹批复。或许是枢密院本身就没有将范纯粹的奏疏递呈。

朝廷为了体现爱民的意思，还下诏，"义养子孙合出离所养之家而无姓可归者，听从所养之姓。若同居满十年，仍令州县长官量给财产。虽有姓而无家可归者准此"。这是对无家可归之人的特殊安排，也可以看作宋代救济制度的成形。

当然，朝廷做这一切，都是希望上苍垂怜，及时降雨，减少灾害。要命的是，朝廷在做这一切时，另一些令朝廷烦恼的事情也正在发生。如，殿中侍御史吴立礼上奏疏弹劾程颐。吴立礼认为程颐守制期满，被授予直秘阁、判西京国子监，"进职无名，颇骇士论"。在吴立礼看来，程颐在元祐初年不过是洛阳边上一介布衣，受到大臣举荐，才充西京教授。但程颐很奸诈，朝廷给了他西京教授，他嫌职位低不接受，朝廷重新授予他通直郎、崇政殿说书，他就立马接受了。这显然"志在躁进，故辞卑居尊，速冀显达"。充任帝师后，程颐本当尽心竭力报答朝廷，但他却经常游走于执政、谏官、御史之间，用他的邪说歪理来蛊惑人，以进退人物为己任。后来经孔文仲等人弹劾才被罢职。现在守制期满，重新回到西京任职，实在对他恩宠过度了。建议对其进行罢职，让程颐回去继续当农民，以平士大夫之间的议论。但朝廷哪有时间去管程颐？再比如，根据章楶的奏报，环庆路经略司差使马琮等人不受约束，领兵出界攻讨叶结贝威野寨，斩大小首领二人，首级五十。朝廷很生气，但没有处置这些贸然入侵西夏的宋将，只是令章楶约束好手下。

此后，朝廷一切逐步恢复常态，上天不下雨，朝廷也不能任何事都不做吧。三月底，朝廷调整了两个新党人士岗位。"丁未，知郑州、观文殿学士安焘知颍昌府。""辛亥，知河中府、资政殿学士蒲宗孟知永兴军。"

与此同时，另外一件事也在有条不紊地准备着，这就是礼部、太常寺关于哲宗皇后选拔事宜的一些注意事项。很多礼仪制度也在修订之中。朝廷的态度是，只要礼部、太常寺有所请示，一律同意。①

四月初，朝廷又调整了两个人的岗位。"资政殿学士胡宗愈为礼部尚书，龙图阁待制、知永兴军蔡京为龙图阁直学士、知成都府。"翰林院学士梁焘不同意重用蔡京，认为蔡京人品有问题，若用他，必然会给成都带来灾祸。这次朝廷并未听从梁焘的建议。既如此，蔡京就到成都去任职了。后来的事情果然证明梁焘所言非虚，蔡京到了成都后，"盗发正昼，烧药市几尽。后又为万僧会，穷极侈丽，两川骚扰，齐集累日，士女杂乱，恶少群辈杀人剽夺一日十数处云"。不过这都是后话了。②

不久之后，有司部门报告，朝廷的一项巨大工程完工，这就是代表了宋代科技

---

① 《续资治通鉴长编·卷四百七十一》。
② 《续资治通鉴长编·卷四百七十二》。

高峰的浑天仪制作完成了。朝廷组织朝臣观摩了浑天仪,并下诏让尚书左丞苏颂为浑天仪撰写铭文。浑天仪被陈列在皇宫中,非开放日不得瞻仰。几天后,天降甘霖,这或许是浑天仪完工带来的福祉。总之,困扰朝廷整个春天的干旱问题得到解决。首相吕大防专门就此事与哲宗、高太后展开讨论,吕大防认为这都是人君至诚的结果。

此后,台谏官轮番上疏,就天降甘霖与政务勤勉进行论述。御史中丞郑雍列举了元祐年间天旱之事,请求朝廷"察阴阳交泰之由,在天人相与之际,惩革弛弊,肃振纪纲,毋为烦文,责成实效,然后内外百职为官择人,则阴阳调和,休气应矣"。右正言虞策对朝廷给囚犯减免刑罚、清理积案的做法很认可,但他又指出,朝廷的德音只是恩惠京城附近,全国其他地区尚未能感受到,建议朝廷继续将这种德音遍及四海,必然感动上苍,全国各地的干旱问题自然也就迎刃而解了。监察御史董敦逸的建议是加强官员之间的考核,选择有才能之人任要职,自然会政治清明,上天自会垂怜。

由于台谏官这些建议都是天降甘霖之后提出的,所以朝廷也都虚心接纳了。

接下来,朝廷册封皇后大事被正式提上日程。这件事其实提出来一年多了,朝廷一直在不间断地进行着。礼部、太常寺负责礼仪制度、服饰等准备工作。三省、枢密院长官则主要负责皇后人选物色。此前,朝廷选中了狄青的一个孙女,只因女孩为庶出,就被否定了。本年年初时,高太后专门召集宰执再进行讨论。当时,宰执们将给哲宗勘婚的文字敬呈后,高太后与辅臣们的意见并不统一,有人主张选皇后要看门第,有人主张关键是品德。吕大防认为给皇帝选皇后,不管是门第还是勘婚都要慎重,不能像一般人家娶妻。高太后、王岩叟等人基本同意吕大防的建议。高太后还说起仁宗皇帝选皇后的往事。不过由于宰辅意见不统一,朝廷第一次商议为哲宗选皇后没有形成定论。

第二次商议在二月。吕大防征求高太后的意见:"在选皇后这件事上,咱们是以门第为主还是以勘婚为主?"高太后当然表示是两者结合,既看门第,也要勘婚。吕大防认为若两者都坚持,很难选出理想的皇后人选。不过既然高太后是这意思,那宰执还有什么意见,只能按照高太后的意见来选。因此,一大批人员投入海选皇后工作中。所幸的是,皇天不负有心人,他们终于发现了一个姓孟的女孩儿比较符合高太后的标准。于是,这帮人将孟氏的资料呈上,请太皇太后定夺。高太后立即召集宰执商议。高太后表示选出的这个女孩儿最符合条件，唯一遗憾的就是比哲宗大三岁，具体相貌还不曾见到。王岩叟很警觉，马上问："是不是嫡出？"高太后则表示，这是下级军官王广渊的外甥女，根正苗红的嫡出。吕大防对此并不看好，因为即便门第这关过了，但勘婚也是一个重要因素，他担心彼时孟氏会被刷掉。只是朝臣们发现，高太后看了孟氏的资料后，非常感兴趣。

随即，宰执们再议孟氏家世。有一半宰执对孟氏的门第并不看好。此时，高太后才说出了她重视孟氏的原因："不欲选于贵戚家，政恐其骄，骄即难教。"不能选那些权贵家里娇生惯养的女子，那样会魅惑皇帝，让皇帝荒疏政务。韩忠彦也支持高太后的意见，其他宰执则集体沉默了。可是将孟氏选为皇后，哲宗愿意吗？高太后并不在意这些，她已经认定了孟氏。几天后，高太后看到了孟氏的画像，姿色平平，符合预期，确定孟氏可以作为皇后人选来培养。经过一段时间观察，孟氏的本分端庄让高太后非常满意。不久，高太后给三省下手诏："孟家女进宫后很懂礼仪规矩，可以立为皇后。"吕大防很谨慎，没有立即表态，只是表示应当选合适日子册立。但高太后似乎迫不及待，她对吕大防说："择日不如撞日，哪天都是好日子，就近选一个日子吧！"王岩叟也妥协了，请高太后给学士院降手书，由学士院草拟册封诏命。于是，一份手诏传到了学士院："吾近以皇帝年长，中宫未建，历选诸臣之家，参求贤德。故马军都虞候、赠太尉孟元孙女，阀阅之后，以礼自持，天姿端靖，雅合法相，宜立为皇后。付学士院降制施行，其他典礼并依已降指挥。"

学士院领了这份差事之后，即开始查阅典籍，撰写皇后册封的诏书。学士院这次显得很慎重，一直到四月份，他们草拟的皇后册封诏书才完成。四月初七，经过一个多月酝酿，内出制书："立故马军都虞候、眉州防御使、赠太尉孟元孙女为皇后，仍令所司择日册命。"翰林学士梁焘给朝廷即将册封孟皇后提了四点要求，大致意思是重视礼节、施恩天下、选拔人才、任人唯贤等。

十二日，朝廷下诏，让三省、枢密院的长官分别担任皇后册封的各种"使"，还有亲王、两制官、六部长官、台谏系统长官等都参与到皇后册封事宜中来，暂时搁置一切的不和谐因素。但还是有些不和谐因素压也压不住，比如范育就给朝廷上奏疏，指出边患问题。殿中侍御史吴立礼再次进言，弹劾程颐。户部也就各种法令、税收问题向朝廷索要意见。朝廷在能及时处置的范围内，对各部门提出的请示都予以批复。对于那些弹劾的奏疏则压着不报,对于边境将士提出的建议也不予回应。

目前朝廷只注重一件事,那就是皇后的册封。这段时间,是礼部、太常寺官员最忙碌的时间。他们一生中,可能只会遇到一次册封皇后的事情——前提是皇帝长寿并不废除皇后。太常寺和礼部官员,不断给朝廷上奏疏,请示一些需要注意的事项。

月底时,三省、枢密院进宫奏事,最后敲定一些关于皇后册封的事项。三省、枢密院的宰执认为,册封皇后之后,按照惯例应当给将士们赏赐钱财,以示恩宠。但是在具体赏赐数额上,几位宰执意见不统一。吕大防主张"大特支",即多给点钱,王岩叟则反对给将士多赏赐钱,苏辙直接主张不赏赐。最后,朝臣们在争论中意见趋于统一,认为赏赐军士钱财师出无名,也就不再赏赐了。

至此,整个皇后册封事宜基本准备完成,只需要等待黄道吉日册封了。三省、枢密院的宰执们继续忙碌着。不过有个现象,让宰执们隐隐担心。那就是给哲宗选皇后时,这位已经懂事的皇帝,没有任何反对的意思,甚至连不满的情绪都没有,高太后怎么安排,他就怎么接受。可这样的隐忍,会是诚心接受这种被安排的命运吗?这一切都无从得知,只是所有人都清楚,哲宗一直以来很听高太后的话,仅此而已。

之后,礼部侍郎兼侍讲范祖禹瞅准朝廷册封皇后的时机,给朝廷上了一道奏疏,指出目前讲读官有缺,急需要补充一批有才学的人充任侍读。他对有争议的苏轼、赵彦若、郑雍等人虽然推崇,但认为这几个人历次任命都会引发争议,不敢给朝廷举荐。因此,范祖禹向朝廷举荐了孔武仲、吴师仁、吕希哲等人,希望由这些人充任侍读。范祖禹单另谈论程颐,指出台谏官弹劾程颐,很多原因是程颐的博学,遭到了群小的嫉妒。范祖禹还指出,程颐可以担任侍读,且放眼目前官僚系统,没有几个官员能有程颐那般学识渊博。上了奏疏后,范祖禹似乎清楚得罪了朝臣,屡请知梓州。执政官也打算顺从范祖禹所请,将其外调。但高太后却说:"皇帝没有下令让范祖禹外调,那就为皇帝留着吧!"范祖禹听到这个消息后,再也不敢上辞职报告了。①

---

① 《续资治通鉴长编·卷四百七十二》。

## 朝臣的担忧

进入五月，一个重要的消息传到了朝廷：按计划修缮的定远城已完工。朝廷赏赐了经略使范育，副都总管王文郁，钤辖、知兰州种谊等人。这也给了范育信心，他再给朝廷上奏疏，希望继续修筑堡寨。因为朝廷既然同意修筑定远城，那就应该同意他提出的"汝遮谷修八百步大寨及先次修筑"的计划，为此，范育专门陈述修这些堡寨的利害，但没有得到朝廷的回应，此事也就被束之高阁。①

与此同时，另一件事情再次吸引了朝臣的注意。这就是台谏官对程颐的弹劾。此前吴立礼已多次上奏疏，弹劾程颐。这次弹劾程颐的是监察御史董敦逸。他没有重复吴立礼的言论，而是揪住了程颐的话茬儿。原来在吴立礼弹劾程颐后，程颐主动提出了辞职。但是在辞职报告中，有"不用则已，获罪明时，不能取信于上""道大难容，名高毁甚"等言论。在董敦逸看来，程颐这哪里是辞职报告？辞职就辞职，说这么多含沙射影的话干什么？程颐这是对朝臣的集体贬低，甚至是对台谏官的集体指责。董敦逸不能容忍程颐这个狂人，直接指责程颐"怨躁轻狂，不可缕数。臣按颐起自草泽，劝讲经筵，狂浅迂疏，妄自尊大。当时有所建白，人皆以为笑谈，而又奔走权门，动摇言路"。即便这样，朝廷依然对程颐格外恩宠，但他在辞职报告中发出如上言论，哪有为人师表的样子，简直是"惑众慢上"，建议对其进行罢职处置。

程颐连着被吴立礼、董敦逸弹劾，朝廷也不想让此事继续酝酿，继而引发更大的风波，因此对程颐的岗位做了调整，"程颐许辞免直秘阁、权判西京国子监，差管勾崇福宫。"给了程颐一个宫观闲职，只领工资不干工作。按理说，这样的安排是对程颐最大的保护。在朝廷看来，这样安排，程颐应该满意。但事实恰恰相反，程颐对朝廷这样的安排很不满，他连着上奏疏，请求辞官回故里，继续当一个自由闲散的农民。朝廷不允许。程颐继续辞职，朝廷依旧不许，程颐只好接受了这个宫观之职。

---

① 《续资治通鉴长编·卷四百七十三》。

程颐安置之事结束后，皇后册封事宜也正式启动。朝廷先下诏，提升了皇后孟氏家人地位："皇后母崇仪使、荣州刺史孟在妻王氏特封华原郡君；孟在赐钱、银、绢各一千。"

五月十六日是有司衙门选的黄道吉日，朝廷要在这天举行盛大的皇后册封仪式。按照礼仪制度，哲宗要亲自写册封皇后的诏书，并派出使者去迎接皇后进宫。等载有皇后的队伍进宫之后，哲宗要在文德殿册封孟氏为皇后。对于这一切被动的安排，哲宗都接受并照做了。哲宗可能有不开心，但也怀着极大的好奇心完成了人生最大的一件事。

事后，高太后对哲宗说："如今官家得到了贤内助，可不是一件小事。"言外之意，自然是要哲宗收起平日里没有皇后时的性子。另外，从此之后，哲宗也要从高太后身边搬离，开始与孟皇后一起生活。高太后担心没有了自己监督，哲宗可能会放纵欲望，做出不合礼仪之事。所以她这么说也是在提醒哲宗。那么，哲宗对此有何看法呢？事实上，此时的哲宗是开心的，他终于拥有自己的空间了。册封皇后之后，意味着他成年了。虽然朝政依旧有祖母垂帘听政，但离开祖母的监视区，似乎也成为他的迫切需要。

此后，根据朝臣的请求，皇后的各位亲戚都得到了朝廷的恩宠。孟氏一家的地位直线拉升。

十七日，朝臣们上表，向哲宗表示祝贺。哲宗看起来很高兴。难得他可以拥有自己的小家庭和生活新环境。朝廷大赦天下，到处散播德音。即便对那些新党，也给予了格外照顾，调整了几个新党人员岗位，"龙图阁待制钱勰知青州。龙图阁学士、知青州曾布知瀛州。宝文阁待制、知瀛州蒋之奇知河中府"。

然而，朝廷刚刚调整了曾布等人，却不得不面对新问题——台谏官对宰执王岩叟发起了弹劾。侍御史杨畏弹劾王岩叟"天资至险，强愎徇情，父子预政，货赂公行"。监察御史黄庆基弹劾王岩叟"废法徇私，强狠自用，父苟龙、子横交通货贿，窃弄威福"。右正言虞策弹劾王岩叟"罪状颇多，其间至有赃贿等事，犹得端明殿学士而领辅藩。伏乞将臣僚前后论列岩叟文字，悉付外逐一究治，别白是非，以正其罪"。虞策的弹劾奏疏有点人身攻击，所以没有被上报。不过杨畏、黄庆基的弹劾，已经让王岩叟很紧张了。王岩叟出身于台谏系统，他清楚台谏官弹劾宰执意味着什么。因此，王岩叟以生病为由，请求朝廷罢其宰执。朝廷这次同意了王岩叟所请："枢密直学士、签书枢密院事王岩叟为端明殿学士、知郑州。"

不过王岩叟的罢职充满了诡异。按照高太后对王岩叟的宠信，即便他被台谏官弹劾，朝廷也不见得会同意他辞职。不妨参照上一次台谏官对苏辙的弹劾，就能发现王岩叟的弹劾扑朔迷离。朝廷这次对王岩叟的外调，显得异常容易。这里面到底有什么曲折，已无法考证了。或许是哲宗御批了王岩叟的请辞报告，而高太后面对已经结婚的哲宗，也不好再做计较。

就这样，王岩叟被罢职了。

此后翰林学士梁焘和知扬州苏轼分别给朝廷进言，谈论国政问题。尤以苏轼《论积欠六事并乞检会应诏四事一处行下状》有名。苏轼在奏疏中，对自己到扬州任职后发现的很多问题进行梳理，并就治理扬州的情况进行了汇报。苏轼的奏疏中，处处透露着对底层人民的理解和对地方官员利用朝廷法令的空子盘剥百姓的不满。①朝廷尽管没有做出具体批示，但还是将苏轼提出的意见作为一种治国理政的参考翻阅了。六月初一，朝廷对苏轼提出的意见做了回应，对江淮地区格外开恩，保证受灾的江浙地区能够顺利挨过灾荒年。②

六月初九，朝廷对宰执、两制官、六部尚书等进行迁官。"左正议大夫、守尚书左仆射兼门下侍郎吕大防为右光禄大夫。右光禄大夫、守尚书左丞苏颂为左光禄大夫、守尚书右仆射兼中书侍郎。中大夫、守尚书右丞苏辙为大中大夫、守门下侍郎。中大夫、同知枢密院事韩忠彦为大中大夫、知枢密院事。翰林学士、大中大夫范百禄守中书侍郎。翰林学士、左朝散大夫梁焘为中大夫、守尚书左丞。大中大夫、守御史中丞郑雍为尚书右丞。左朝请大夫、宝文阁待制、权户部尚书刘奉世为枢密直学士、签书枢密院事。"这是一次宰执人员大调整，自从刘挚罢相后，次相位置一直空着，这次由苏颂接任。其他要职官员都得到了晋升，即便是已无法再迁官的首相吕大防，也得到了荣誉头衔。

有趣的是，梁焘被提拔为尚书左丞后，他竟然提出了辞职，希望朝廷给他一个闲职，将尚书左丞的岗位留给贤良之人。朝廷不许梁焘辞职，哲宗派出中使去安抚梁焘。事后，梁焘进宫感谢高太后对他的重视。高太后则表示，对梁焘授予尚书左

---

① 《苏轼集·卷六十一》。
② 《续资治通鉴长编·卷四百七十四》。

丞，都是官家的意思。高太后还再次劝慰梁焘，希望梁焘能够为国效力。梁焘趁机给朝廷举荐了范祖禹、刘安世、范育、安焘、许将等人。朝廷表示会重视梁焘的建议。

此后，朝廷在处置正常工作时，继续开始人事调整。如："甲子，礼部侍郎韩川为龙图阁待制、知颍州。""戊辰，天章阁待制、吏部侍郎顾临，礼部侍郎范祖禹，并为翰林学士。祖禹以百禄方执政，乞避嫌补外，不许。""龙图阁待制、知青州钱勰权户部尚书，宝文阁直学士、兵部侍郎李之纯为御史中丞，兵部员外郎吕希哲为崇政殿说书。用范祖禹之言也。""中书舍人孙升为天章阁待制、知应天府。""庚午，宝文阁待制曾肇为礼部侍郎。""甲戌，刑部侍郎范纯礼为吏部侍郎，宝文阁待制、知河中府蒋之奇为户部侍郎。光禄卿杜纯权兵部侍郎，国子祭酒丰稷权刑部侍郎，殿中侍御史杨畏为侍御史。""起居舍人乔执中为起居郎，左正言姚勔为起居舍人，右正言虞策为左司谏。"

看起来都是熟悉的面孔，尽管这些人事调整后台谏官有争议，但绝大多数人还是被朝廷迁官了，包括那些曾被罢职的新党。这其实是一个信号，当初朝廷在司马光、吕公著等人的建议下，将新党全部赶出朝廷，现在又陆续调回，似乎朝廷有意调和新旧两党之间的矛盾。

就在朝廷不断调整人事时，边境上又开始不安宁了。枢密院给朝廷上奏疏，指出目前的边患问题，并提出了一些治理边患的建议，有修筑堡寨的，有疏通河道的，还有招募军将的。环庆路经略使章楶也进奏疏，请求朝廷"进筑洪德寨西北白马川，地名灰家觜，及修复大顺城废安疆寨"。不过朝廷对枢密院和章楶提出的这些意见均未采纳。

不久之后，熙河经略司又给朝廷进言，指出西蕃洗纳等族首领背叛了阿里骨，"奔夏国、回纥，两界往来，谋取董毡侄溪巴温儿董菊为主"。目前西蕃处于一种混乱不堪的局面。阿里骨派人送来书信，请求归附宋朝。若朝廷不接受，阿里骨可能投奔西夏，与西夏一起对抗中国，到时必然又不得安宁。朝廷给熙河路的诏命是请"范育审探的实，精心讲虑，预为谋画，密具方略以闻"。看起来是将权力交给了范育，实际上朝廷没有提供任何有价值的意见。这时候的范育就面临着非常尴尬的局面，处置好了阿里骨的事情，那是朝廷的功绩，若处置不好，那就是范育自己没有把握好形势，责任全在范育身上。不得不说，这道诏命非常有水平。

作为西北边境长官，范育明知这道诏书里面的意思，但他必须按照朝廷的要求来处置。只要朝廷有御敌之心，范育就能想出各种办法来对付西夏、西蕃。然而，几天后，宣州观察使、提举明道宫李宪的去世，给范育浇了一盆凉水，也在一定程度上加深了范育内心的悲壮感。众所周知，李宪虽是宦官，但在神宗朝立下了赫赫战功。只因党争问题，他一直被朝廷打压。现在他去世了，朝廷也没有表现出任何的垂怜之心，这或许就是武将一生的悲哀。①

不管范育如何想不通，朝廷也不会给他更多的思考机会，他必须密切关注西蕃动向，审时度势，处置好阿里骨的投奔问题。所幸的是，阿里骨只是表示愿意归附宋朝，但没有采取具体行动。这也让范育松了口气。按照范育对阿里骨的了解，他断然不会轻易归附宋朝。这时候他表示归附，不过是西蕃有些部落首领投奔了西夏，让他感觉到自身实力减弱，不敢与宋朝叫板而已。

边患问题似乎一直存在，但又一直没有爆发大规模战争的可能。朝廷也没有更多精力关注边境。这时候，还有一件大事需要着手去做，这就是为神宗皇帝修史。朝廷选拔的修史人员是翰林学士范祖禹和枢密直学士赵彦若。由吕大防牵头，著作佐郎张耒参与编修，期限是一年。这几位人员，在宋朝的史学界都有很高的地位，因此选他们修史也合情合理。不过侍御史杨畏对这样的安排并不满意，他给朝廷上奏疏，弹劾赵彦若。杨畏认为神宗皇帝"天纵睿智，文经武略"，给神宗皇帝修史，一定要选正直之人，而赵彦若这种为了儿子不顾国家利益的人，根本没有资格参与，朝廷只好不让赵彦若参与修史工作。

月底时，龙图阁学士、知扬州苏轼被朝廷迁官兵部尚书，他在离开扬州前，给朝廷上了《论仓法札子》，指出朝廷推行仓法本是为了增俸养廉，但仓法在实际推行过程中实在过于严苛，对百姓盘剥厉害。因此，目前施行的仓法背离了初衷，甚至造成了混乱，给地方百姓带来极大不便的同时，也损害了政府的形象，建议废除仓法。②应当说，苏轼的每一次进言，都带着浓烈的忧国忧民情怀，可这样往往就站在了统治者的对立面。因此，苏轼的进言没有得到朝廷回应。

八月也是个官员大换血的月份。朝廷一边处置政事，一边开始调整一些官员的

---

① 《续资治通鉴长编·卷四百七十五》。
② 石妍婷：《废仓法，益圣德，济苍生——评苏轼〈论仓法札子〉》，《名作欣赏》2019 年第 2 期。

岗位。原知大名府、资政殿学士张璪为资政殿大学士、知扬州。这是接替了苏轼的岗位。随即，调进京不久的吏部尚书、资政殿学士王存因为上了朋党言论，被人抓住话柄，再次被外调知大名府，接替了张璪的岗位。原枢密直学士赵彦若为国史院修撰。原秘书丞吕希纯为著作郎、充国史院编修官。不过吕希纯因为妹夫范祖禹也兼修国史，主动请辞，朝廷将他调整为编修官。有意思的是，朝廷对原枢密使、后降授通议大夫的章惇也格外开恩，授予其实职，让他知湖州。但章惇依然不接受这个安排。于是，朝廷只能下诏，命其依旧提举洞霄宫。

苏轼也被重新授予龙图阁学士兼侍读。[①]原资政殿学士、知永兴军蒲宗孟知大名府，集贤殿修撰、知河阳文及为太仆卿。原端明殿学士、知蔡州邓温伯知永兴军，太仆卿刘忱加集贤殿修撰，为陕西路都转运使。[②]以上这些官员的调整，其实是个信号，朝廷在陆续开恩，平息风波。只有章惇不接受这种安排，似乎是认为他的第二次机遇还未到来，索性继续躲在洞霄宫里当一个局外人，观察着朝廷的一举一动。

这期间，边境的奏报也不断传进朝廷。很多信息并不准确，因为西北边境的局势每时每刻都在发生变化。前一秒，范育还表示阿里骨打算率众归附宋朝。后一秒，阿里骨就带着自己的部众撤离了。范育不断向朝廷进言，提供应对西夏、西蕃的建议，朝廷都不予采纳。枢密院尽管收到很多前线奏报，但最后的处置意见都大大缩水，完全与边将的想法大相径庭。这种情况下，边将除了不断上疏外，似乎也没有任何办法。九月初一，范育再次上奏疏，指出目前西北边境上，一些来意不明的番族正在秘密集结，似乎要对国家不利。建议由他率领熙河路，与秦凤路之间形成某种相互策应，以备不时之需。秦凤路经略司吕大忠也有类似奏疏进呈，朝廷这次基本同意范育、吕大忠的建议。

此后，朝廷采取了两种方式来安抚西蕃：一是派使者出使青唐，带着厚礼安抚阿里骨，同时也突出训诫的意思，做到恩威并施；二是做好阿里骨反叛后的准备，防止青唐地区彻底摆脱宋朝，与西夏相连，成为围困宋朝西北边境的重要力量。朝廷还将东上阁门使、吉州防御使苗履擢升为泾原路都钤辖、知镇戎军，以加强镇戎

---

[①]《续资治通鉴长编·卷四百七十六》。
[②]《续资治通鉴长编·卷四百七十七》。

军的领导班子。

## 南郊大典的信号

朝廷给一些重要岗位补充人员后，这一年最大的一件事也提上了日程。这就是南郊大典。其实，朝廷早在七月初七的一道诏书中，就专门提到了南郊事宜，"戊子，诏以十一月十四日有事于南郊"。①这是对大典的时间做了说明，有司官员要提前着手准备南郊事宜。

由于南郊大典三年才举行一次，对朝廷来说，这件事不容马虎，到时周边各国都会派使者来参加，事关朝廷威严。随后，朝廷也给宰执各自加冠了各种"使"的头衔，"以尚书左仆射、兼门下侍郎吕大防为南郊大礼使，礼部尚书胡宗愈为礼仪使，龙图阁学士苏轼为兵部尚书、充卤簿使，御史中丞李之纯为仪仗使，权知开封府韩宗道为桥道顿递使"。这些"使"都是极高的荣誉头衔，非公认能臣不能担任。

在这之后，由于朝廷面临着修河争议、边境不宁等事宜，暂时将南郊问题搁置在一边。直到九月份，修河争议、边境不宁等全部处置妥当后，朝廷才再一次将南郊之事作为重点工作来抓。由于时间已进入九月，朝廷除了要解决各种亟须解决的问题外，全面投入南郊事宜中。否则，准备工作不充分，到时会让朝廷在各国使者面前失威。因此，进入九月后，朝廷开始将南郊之事作为一件大事来做。不久，吕大防等宰执联合上奏，请求朝廷减免对宰执的赏赐。但朝廷表示南郊大典不比明堂大礼，因此对宰执的赏赐不仅仅是赏赐，也是朝廷脸面问题，不可减免。②

之后，朝臣们就南郊典礼展开了讨论。参与讨论的有吏部侍郎范纯礼、彭汝砺，户部侍郎范子奇，礼部侍郎曾肇，刑部侍郎王觌、丰稷，权知开封府韩宗道，枢密都承旨刘安世等二十二人。这群人在一起商议南郊大典需要注意的事项，各抒己见，相互不能说服。很多意见都被朝廷记录下来，用以完善南郊事宜。

---

① 《续资治通鉴长编·卷四百七十五》。
② 《续资治通鉴长编·卷四百七十七》。

与此同时，在祭祀时是天地同祭还是分开祭祀，在朝臣中也引发了强烈的讨论。如孔武仲等人请求"以孟冬纯阴之月，诣北郊亲祠，如神州地祇之祭"。权兵部侍郎杜纯议也希望在苑中"设望祀位，置燎火于坛所，俟躬祀南郊之岁，则夏至北郊上公摄事。每献，举燎火"。彭汝砺、曾肇两位侍郎官向朝廷进言，继续陈述自己的观点，希望朝廷举行合祭、亲祠活动。朝廷一时半刻并无更好的处置办法。礼部的官员坚持遵从元丰年间的制度，只祭祀天帝，不祭祀地神。但也有些官员反对这种提议，列举了祖宗祭祀活动。

九月二十二日，高太后垂帘听政，专门召集三省宰执和翰林学士顾临等人商议郊祀大典。高太后的意见是应当遵从仁宗时期的制度。吕大防却认为，南郊事宜自从汉代以后，各个朝代都不尽相同。唐代天宝之后，只有在南郊时，才由天子主持，其他时间的祭祀，都是派官员主持。宋朝立国以来，每三年天子都要主持郊祀，并祭天地宗庙，然后大赦天下、赏赐军士，不能废弃。现在有礼官建议在郊祀时"不设皇地祇位，惟祭昊天上帝"，不知道是何原因？次相苏颂也表示，仁宗皇帝生前举行过九次祭祀，都是天地同时祭祀，只有元丰六年，朝廷只祭祀了天帝，但这并不是祖宗故事。苏辙、范百禄也支持神宗祭祀天地的做法。因此这场商议并未取得实质性进展。

苏轼也在这时候上了《上圆丘合祭六议札子》，谈论南郊圆（圜）丘事宜。

两天之后，宰执再次商议南郊祭祀事宜。吕大防依然坚持在祭祀时，不仅要设立天帝神位，也必须设立地祇神位。如此才不会引起各地不安。其他人有支持吕大防意见的，也有反对的。之后，这帮宰执分别根据各自对郊祀的理解，提出了自己的意见。不过争论归争论，最后大家意见还是统一了："特设地祇位于圜丘，则于先帝议行北郊之礼，并不相妨。"十八日，朝廷正式下诏，宣布郊祀大典事宜。

> ……是岁，郊祀不设皇地祇位，而宗庙之飨，卒如权制。朕以凉昧，嗣承六圣休德鸿绪，今兹禋礼，奠币上帝，祼鬯庙室，而地祇大神，久未亲祠。矧朕方修郊见天地之始，其冬至日南郊，宜依熙宁十年故事，设皇地祇位，以严并贶之报……

郊祀之事确定后，有司还在继续准备着各种工作。这时候，范育又给朝廷上奏疏了。他这次提出的事情也很紧急：黄河以南的羌人打算归附宋朝，请求朝廷批准。范育还在奏疏中表示，若吸纳这部分羌人，就能以夷制夷，预防西夏进攻邈川。朝廷的态度却很坚决，禁止范育接纳这部分羌人，如西夏确有入侵情况，而范育又难以出兵，则"张大军声，于要害处遥为声援，以解贼势。若所探非实，不得张皇"。几天之后，西北发生了地震，兰州、镇戎军、永兴军有明显震感，这让边境将士愈加不安。虽然宋朝对地震的认识已远超前代，但在处置西夏问题的关键时刻发生地震，是否意味着上苍的警示呢？

不过朝廷并未重视这件事，因为目前最重要的还是郊祀事宜。月底时，礼部侍郎曾肇两次上奏疏，请求朝廷按照礼仪制度进行祭祀，不可"设皇地祇位"。朝廷没有回应。因为具体设立神位的事情已经敲定，如此反复更改很不便。①

进入十月后，朝廷开始了新一轮人事调整。"乙卯，皇叔祖建雄军留后，同知大宗正事宗景为感德军节度使，礼部侍郎曾肇为刑部侍郎，权刑部侍郎王觌为权礼部侍郎。""戊午，朝奉郎、权发遣开封府推官来之邵为监察御史。""中书舍人孔武仲兼直学士院，起居郎乔执中为中书舍人，起居舍人姚勔为起居郎，右司郎中吕陶为起居舍人，考功员外郎高士英为右司员外郎，直集贤院兼侍讲吴安诗为天章阁侍讲。知舒州王安礼知宣州，知宣州贾易为京西路转运副使。""辛酉，皇叔徐王颢充南郊亚献，高密郡王宗晟充终献。"②

然而，也是在这一天，西北边境发生了战争。西夏大军围攻环州及乌兰、肃远、洪德、永和寨，以及合道、木波镇等地。连续攻打七日，才带着人马离去。而这时候西夏进攻西北边境，竟然是之前章楶派折可适等人入侵西夏的结果。这是西夏的一次报复行动。具体损失不得而知，但西夏肯定是大军出动，宋朝边境也必然受到创伤。很难想象，当战报上奏时，朝廷会以怎样的方式来处置章楶等人。

不过即便战报传到朝廷，朝廷也没时间处置，因为此时朝廷的一切重点都落在南郊大典上。甲子日（十月十五日），皇帝、朝官及后宫集体朝献景灵宫。这算是已经开启了南郊大典的序幕。

然而，就在朝廷开启郊祀活动时，一位官员因言论不当，遭到了罢官处置。这

---

① 《续资治通鉴长编·卷四百七十七》。
② 《续资治通鉴长编·卷四百七十八》。

就是刑部侍郎曾肇。朝廷打算将他外调知徐州，原因是在郊祀时他所提"天地不当合祭"的建议未被朝廷采纳，因此他主动提出了辞职。朝廷的态度自然不能改变，必须合祭天地。在这种背景下，曾肇就被外调了。然而，朝廷的诏命下达后，台谏官却跳出来反对。左司谏、权给事中虞策认为曾肇"守经议礼，别无过失"，因此他封还词头，请求朝廷收回成命。侍御史杨畏也反对将曾肇外调。

权吏部侍郎彭汝砺也进言，指出礼仪争论是常见的政事讨论，不能因为曾肇的提议不对，就将他罢职。望朝廷能够爱惜人才，包容曾肇的直言，将他留在朝中。彭汝砺还表示，若朝廷执意要外调曾肇，那就将他一起外调，他愿意与曾肇一起承担罪责。

但朝廷似乎不为所动，这是立场问题，与直言不直言无关。为了堵住台谏官的嘴，朝廷还罢免了左奉议郎、太常博士朱彦，让他通判博州。原因是朱彦与曾肇在郊祀合祭之事上观点一样。由此可以看出，朝廷不打算收回罢免曾肇的诏书。

解决了曾肇的问题，朝廷才收到了从环庆路传来的战报，章楶报告了西蕃入侵烧杀抢掠七天后撤兵的消息。朝廷给章楶下令，命其"丁宁各城寨，专作守计，但能坚守无虞，即为有功。密诫诸将，凡事慎重，勿与贼锋迎斗。仍选募死士，夜击贼寨，或俟惰归，及分掠之际，择利邀击，痛行杀戮。并下鄜延、泾原两路，虑贼马恃众分兵寇犯，亦仰丁宁过设堤备"。一切都要以预防为主，冬祀即在眼前，不能出任何岔子。朝廷还调整了部分西北军政负责人。如，正字陈祥道为馆阁校勘。太常博士、工部员外郎游师雄为集贤校理、权发遣陕西路转运副使。户部侍郎、宝文阁待制蒋之奇知熙州。原宝文阁待制范育调整为给事中。

进入十一月之后，朝廷就全面开始准备南郊的祭祀活动。吕大防、苏颂、苏辙等人都忙碌起来，一些需要核定的礼仪制度不断在修订中。还有各种服饰、祭品等，也在有条不紊地准备当中。十一月十一日，正式进入祭祀阶段。哲宗在众人的簇拥下，先受斋于大庆殿。十二日，哲宗荐享于景灵宫，又斋于太庙。十三日，哲宗带领群臣、宗室、皇后祭祀祖宗，朝飨八室。等到了安置神宗神位的地方，看着神宗的画像，哲宗忽然"涕洟不止"。在众人的劝说下，他才止住哭泣。第二天黎明时分，哲宗又在群臣的簇拥下，到了开封城外南郊的青城。

这天是十一月十四，也就是冬至日。哲宗合祭天地于圜丘，配以太祖皇帝神位。这是一场盛大的仪式，是哲宗即位以来，唯一一次由他自己主持的郊祀大典。

在这场郊祀大典上,哲宗以天子身份祭祀天地,向天下展示宋朝的强大。那些宋朝边境的小国使者也都感受到了宋朝的威严。南郊礼毕,群臣在端诚殿向哲宗称贺。此后,各种大赦的诏命传达到全国各地,让天下都感受到君王雨露。对于后宫的封赏也全面进行,只要能与后宫牵扯上关系的人,都得到了封赏。

然而,十日后,兵部尚书苏轼忽然给朝廷上奏疏,请求外调越州。朝廷不允,改任苏轼为端明殿学士、礼部尚书兼翰林侍读学士。与苏轼一起调整岗位的还有几个要职官员,"礼部尚书胡宗愈为吏部尚书。枢密直学士赵彦若为翰林侍读学士,新知襄州、集贤殿修撰杨汲知越州。吕嘉问知襄州"[1]。

进入十二月,朝廷继续调整官员岗位,"集贤殿修撰知、襄州杨汲,知河阳章衡,并除集贤院学士"。这里面还有个人的岗位调整也被吏部提上了议事日程。这就是邢恕。按照官员管理制度,又到了给邢恕复官的时间。吏部将这一请示递交给朝廷。皇帝、宰执似乎觉得此举并无不妥,既然邢恕的打压期限已满,该给他授予什么官,就给他授予什么官。不过,朝廷给邢恕迁官的诏书传到中书舍人乔执中手中时,被他驳回了。乔执中认为,邢恕"奔趋权势,鼓唱扇摇,交结蔡确,冀确复有进用。幸朝廷黜降监当,今来若遂与复官,恐中外疑之,所有词头难以具草"。若朝廷给邢恕复官,那必然天下都会议论纷纷。朝廷只能继续将邢恕晾起来,等到朝臣们不再弹劾他时,再给他复官。

此后,枢密院及章楶、范百禄分别就边境事宜进奏疏,不过朝廷并未回应他们。月底时,次相吕公著以疾病缠身为由提出辞职,高太后却疑惑在哲宗成长期间吕大防都没有辞职,如今皇帝已成年,吕大防肩上担子没那么重了,竟然要辞职?她希望吕大防继续坚持为国效力,直至她还政给哲宗后再说。如此,吕大防也不敢再提辞职之事。[2]

时间大踏步进入元祐八年(1093)。春节将至,为了让忙碌了一年的臣子们能过个安稳祥和年,哲宗不临朝,朝中官员也都回家合家团圆了。

但正月初六,一个消息忽然从岭南传来:英州别驾、新州安置蔡确去世了。"车盖亭诗案"后,蔡确就被安置在了岭南,几年来,朝廷没有任何关于蔡确的消

---

[1]《续资治通鉴长编·卷四百七十八》。
[2]《续资治通鉴长编·卷四百七十九》。

息。中途虽有蔡确母亲为蔡确求情，但朝廷没有放过蔡确的意思。如此，蔡确就一直待在岭南。蔡确去世，可能是由于地理环境恶劣，让他身体受到了侵损；也可能是内心悲愤，加剧了他病情的恶化。总之，这个消息从岭南传到开封后，朝臣们陷入了沉思。谁都清楚，对蔡确的处置太过了。纵然蔡确在宰相岗位上打压同僚、排斥异己、包庇亲属……但随着他的去世，这一切的罪责，都让新党人有一种兔死狐悲的感觉。他们尚不清楚，朝廷对他们的冷漠会持续到什么时候，但所有新党人心中都憋着一口气。①

朝廷似乎对蔡确去世并不意外，甚至对蔡确没有任何垂怜举动，依旧处置着其他政事，似乎蔡确的死亡无关轻重。宰执们与哲宗一起讲礼制，读宝训，学习祖宗之法。不过越是这样，越显得旧党心虚。不管怎样，蔡确都是前宰相，随着他的去世，一切的恩怨都应该放下。朝廷也应该出面，给蔡确一个盖棺论定。但朝廷没有做这些安慰性举措。蔡确就在家人的操持下，入土为安了。不过蔡确的家人，对蔡确的死亡耿耿于怀，认为蔡确的死都是旧党一手导致的。蔡确的儿子蔡渭在等待着为蔡确平反的时机。

几天后，熙河兰岷路经略安抚使范育给朝廷进言，指出阿里骨派人带着书信又到了边境，请求与宋朝建立长久和平关系，相互不再侵犯。朝廷对此持观望态度。最后，朝廷让范育给阿里骨训诫："汝但子孙久远，常约束蕃部，永无生事，汉家于汝蕃界自无侵占。"只要阿里骨约束子弟不再骚扰宋朝边境，宋朝就不会入侵青唐地区。这显然是对阿里骨不信任。不过朝廷的这种做法也算妥当。阿里骨此时众叛亲离，青唐地区几个部落已经投奔了西夏，若与宋朝关系处置不当，万一宋朝出兵讨伐，他很难应付。这也是阿里骨要与宋朝结好的原因。只是阿里骨高估了宋朝，只要高太后继续垂帘听政，宋朝就不会向西面出兵。

枢密院也给朝廷进言，指出西夏不断入侵宋朝，多处城寨被毁，建议以后各处要塞都要坚壁清野。朝廷就给陕西、河东路帅臣下诏，让他们递交应付西夏入侵的策略。吕大忠提出了恩威并施的办法。此后，吕大忠再上奏疏，希望朝廷能够多留心边境问题。但朝廷依旧没有回应。

不久，朝廷收到西夏臣服的消息。但高层对此很谨慎，认为西夏猛然间表示与

---

① 《续资治通鉴长编·卷四百八十》。

宋朝交好，不见得是真心臣服，可能是西夏放出的烟幕弹。于是，朝廷下诏，命陕西、河东帅臣"约束缘边，过为备御。仍戒约兵马不得于边界生事"。只要宋朝的将帅不生事端，西夏也不一定会生事端。有意思的是，不久之后，朝廷对西北边境将领进行了调整，"知桂州、直龙图阁、左朝请郎孙览为宝文阁待制、知庆州。知庆州、直龙图阁、左朝散大夫章楶权户部侍郎。知渭州、直龙图阁、左朝散大夫谢麟权知桂州。知澶州、雄州团练使张利一知渭州"。章楶这位战将被调离西北。御史中丞李之纯对朝廷调整西北帅臣的做法并不看好，他曾给朝廷进言，提示朝廷如今"西贼未附，边鄙用兵，守土之臣，不宜屡易"。①但朝廷并未采纳李之纯的建议。所幸的是，西夏、青唐吐蕃没有乘机入侵，不然宋朝很难应对。

这时候，国家的重心也转移到具体工作上来，刑部、礼部、户部等部门各有各的工作，需要朝廷来安排部署。

不过在回河这件事上，中书侍郎范百禄依旧不同意。事实上，去年年底时，负责水务的吴安持给朝廷上奏疏，请求"北流作土堰，定河流，以免淤填事"。台谏官李之纯、董敦逸、黄庆基等人附和吴安持，建议朝廷实施回河东流工程。谏官杨畏很谨慎，建议派出官员去调查，得出是否回河的结论，因为此前朝廷回河时，就曾遭到朝臣集体反对，现在若实施回河东流工程，必然要让多数官员同意。朝廷征求宰执们的意见，由于吕大防告假，苏颂等人意见不统一，苏辙则坚决反对回河。加之此事范百禄也进言，请求朝廷罢回河。眼见很多人不同意，朝廷的态度便很暧昧，不回复也不批准。②

不过谁都清楚，引黄河回流的事情尚未结束，朝臣之间需要来一轮更大规模的集体讨论，才能决定是否实施回河东流工程。

## 继续斗争与垂死挣扎

时间进入二月，台谏官又集体出动了。自从去年南郊大典后，台谏官尽管偶有

---

① 《续资治通鉴长编·卷四百八十一》。
② 《续资治通鉴长编·卷四百八十》。

进言，但都不涉及重大事项。经过几个月的休整，台谏官掀起了新一轮的弹劾热潮。

二月初一，监察御史黄庆基先向边境将士发难。他弹劾泾原路的帅臣张利一才能卑下，不足以当其任。又指责其"以恶逆之家，其弟兄尝以从叛而蒙显戮，安可委以疆兵，付以重任"？侍御史杨畏、监察御史来之邵也进言，弹劾张利一"素无实望，兵机将略皆非所长"。权给事中虞策指责张利一在"武臣之中虽薄有可称，实未足以当大帅之选"。朝廷立即下诏，罢张利一知渭州。

几天后，朝廷授予左朝奉郎、直龙图阁、知荆南府唐义问集贤殿修撰、知广州。中书舍人孔武仲反对，但朝廷没有回应。随即，朝廷又给太中大夫、知宣州王安礼恢复了端明殿学士。

之后，苏轼给朝廷上了《论高丽买书利害札子三首》，指出高丽请求购买宋朝的书籍，"其《册府元龟》、历代史、太学敕式，本部未敢支卖"。苏轼不建议向高丽出售这些书籍。为什么呢？其实，这就涉及国家安全层面了。宋朝雕版印刷业的兴起，让图书印刷有了飞跃发展。很多原来只能凭借抄写读到的书籍，在宋代都成了印刷品。由此，整个国家印刷业也逐渐成为一种产业。而随着这种产业的发展，很多资料都变成印刷品。在苏轼看来，这些印刷品中，存在着国家的情报。辽国经常派人假扮他国商人，购买宋朝的书籍，其目的就是搜集宋朝情报，窥测国家内幕。一直以来，高丽都希望学习借鉴宋朝先进文化，因此不断向宋朝购买书籍。因此苏轼在这三道奏疏中陈述了不能向高丽出售书籍的问题。但朝廷似乎对此并不担心，而是允许在政策范围内，向高丽出售书籍。苏轼还提出了"高丽入贡为朝廷五害"的观点，但朝廷对于苏轼这种建议并不重视。

与此同时，门下侍郎苏辙也进奏疏，反对水务部门提出的修河建议。在苏辙看来，给黄河复道，那是用人力与自然抗衡。即便一时修好了河道，但只要遇到洪灾，这些人工修筑的建筑根本禁不住大水冲击，"若所塞浮虚，涨水一至，随流荡去，人工、物料无虑数百万，顷刻而尽。民之膏血，深可痛惜"。与其这样，不如不修复，任由河道自流。苏辙列举了这些年朝廷修河的数据，用来证明自己所言非虚。朝廷最终还是妥协了，罢了修河事宜。

二月十八日，朝廷调整了几个人员岗位，"左朝议大夫、直龙图阁、淮南等路发运副使谢卿材知相州，从所乞也。司农少卿王宗望为发运使。淮南路转运使王子渊为司农少卿。江南西路转运副使张商英徙淮南路。新京西转运副使贾易与知苏州范锷两易其任"。这几份官员任命书，马上引起了争议。这争议来自贾易。朝廷命范锷与贾易相互交换岗位后，次相苏颂认为这个安排不符合制度。苏颂认为贾易之前是因为言论失误被罢职，现在朝廷大赦，他应该被重用，可从京西转运副使换成知苏州，看起来是平调，实际上是贬黜了。于是负责官员考核的官员提示，可以给贾易授予馆阁职务。苏颂又认为贾易不适合出任馆阁。有意思的是，就在朝廷高层商议贾易岗位调整事宜时，有人提出来贾易曾被人称为奸邪，若重用必然会引起舆论风波。可士大夫立于朝廷，凡事都要讲事实。如今既然没有贾易为奸邪的事实，怎么能轻易断言贾易是奸邪呢？

这件事很快被闻风而动的台谏官杨畏听见，他约上另一位言官来之邵进呈奏疏，指责苏颂偏袒贾易。细细分析苏颂对贾易任职的建议，能发现苏颂在贾易任用问题上确有偏袒。遭到弹劾后，苏颂给朝廷上疏，请求辞去次相职务，朝廷不允。苏颂又上疏，请求外调，朝廷依然不允。

苏颂清楚，他暗助贾易这件事一出，就不会有安稳日子过了。不过眼下，台谏官还没有集体弹劾他，他们各自有各自监察的重点。

来之邵盯住的人是刚刚被授予礼部侍郎的林希。此人最早被授予台谏官，因被弹劾而罢职。后来朝廷屡次起用，都遭到台谏官反对。即便如此，朝廷依然没有忘记林希，只要有合适的岗位，朝廷都会给林希挪地方。这次授予他礼部侍郎，其实就是朝廷额外的恩宠。与前几次一样，这次朝廷刚刚给林希调整岗位，来之邵就继续翻林希旧账，指责林希浮薄，建议撤回给林希的新任命。不久之后，朝廷下诏，命原礼部侍郎林希出知亳州。

监察御史黄庆基盯着朝廷关于科举人才的一道诏命。原来去年南郊大典后，朝廷下赦书，命各地举荐"经明行修进士"。黄庆基担心各地会利用这道诏命的漏洞，给朝廷举荐一些毫无真才实学的人。所以他建议朝廷在选拔这些人才时，要慎重、细心、多方考察。同时，黄庆基还给朝廷举荐了福建路荐朱朝倚和江西路荐李存。这次朝廷同意黄庆基所请，录用了这两位人才。与此同时，朝廷还补充了台谏官人员，调兵部员外郎、崇政殿说书吕希哲为右司谏，但吕希哲坚决不受此任命。

二十五日，由贾易岗位调整引起的风波迎来了第一次高潮。朝廷先对贾易和曾肇的岗位做了调整，知徐州曾肇改知江宁府，知苏州贾易改知徐州。①随着贾易的外调，苏颂的身份就显得非常尴尬，尽管此时，台谏官并未弹劾苏颂，但他依然觉得没有脸面继续担任宰执。因此，苏颂不断给朝廷上奏疏，请求辞职。朝廷在综合考量之后，于三月初五下诏："尚书右仆射苏颂累上表引年，乞解机政，可依所请，特除观文殿大学士，充集禧观使，所有实封食邑，依自来体例施行，于今月六日宣麻。"这是对苏颂罢职的回应。第二天，朝廷正式下诏："左光禄大夫、尚书右仆射兼中书侍郎苏颂依前官观文殿大学士、集禧观使。"苏颂自此罢相。②

可能朝臣都认为，随着苏颂罢职，贾易迁官风波就会平息下去。因为遇到了一件棘手的事。这件事来自三省的一份奏报。三省的奏报指出，已被朝廷除名的王宗正竟然状告谢景温。这件事马上引起哲宗的警觉，命三省对整个事件的来龙去脉进行梳理。原来，王宗正为真定路安抚司指使，在任职时贪赃枉法，理当被处死。但朝廷对其格外照顾，只是开除了他的公职，将其安排在贺州编管。王宗正却心怀怨恨，在路过京师时，指责谢景温曾遣属官吴处厚攻击蔡确，现在吴处厚死了，王宗正就极力诬陷谢景温。这件事惹怒了高太后，认为王宗正简直是乱咬人，建议严惩王宗正。有司衙门从重从快处置了王宗正。

王宗正被处置后，朝廷本来以为可以有暂时平静的时刻，但谁也没有料到，另一场风暴又在酝酿着。这次风暴比上次苏颂袒护贾易引起的风暴更大。三月初八，中书侍郎范百禄也给朝廷进奏疏，指出台谏官指责苏颂稽留贾易知苏州诏旨，被台谏官弹劾，苏颂多次请辞，最终被朝廷罢免。范百禄表示，尽管在台谏官的弹劾奏疏里没有牵扯到他本人，但他已无颜面继续在三省任职，请求罢职。朝廷下诏不允。范百禄的进言其实也很有道理，在审核贾易知苏州这件事上，他作为中书侍郎也有责任。若当时他劝谏苏颂不要插手贾易外调之事，可能就没有这些风波了。

随即，监察御史黄庆基就苏颂稽留制书问题再次翻案，他指出，朝廷对官员的除授、差遣，应该由中书省宰执集体商议，得出结果后，方可进呈。但在调任贾易这件事上，范百禄不能逃脱责任。若范百禄不知道整件事的原委，那是他作为宰执人员的失职；若范百禄知道整件事的曲直，明知苏颂稽留制书而不阻止，那就不仅

---

① 《续资治通鉴长编·卷四百八十一》。
② 《续资治通鉴长编·卷四百八十二》。

是工作不实不细的问题了，他就是有罪的。黄庆基还给范百禄列举了两条罪责："一则朋比宰相，欺罔朝廷，不守典法，是不忠也；一则内怀险诈，恣颂所为，阴图倾夺，是不正也。"不管范百禄知道不知道此事内幕，他都没有尽到一个宰执人员应尽的职责，建议对其罢黜。侍御史杨畏、监察御史来之邵也认为苏颂既然罢职，范百禄也不能逃脱连坐罪责，建议对其进行罢职。

朝廷当然不同意罢免范百禄。即便当初范百禄在苏颂稽留制书问题上存在失职行为，但朝廷已经罢黜了次相，现在再罢职中书侍郎，岂不是要失去两位宰执？

不过，按照宋朝言官的惯用手法，朝廷若袒护宰执人员，他们会集体上疏弹劾，直到朝廷妥协为止。果然，三月十一日，黄庆基再次进言，弹劾范百禄"非特朋比欺罔，不守典法，内怀险诈，阴图倾夺而已，其很愎自任，援引党与，皆有显然事迹"。在黄庆基眼里，即便范百禄没有被坐实朋党身份，他依然难以摆脱朋党嫌疑。自从他执政以来，援引吕陶为起居舍人，岑象求为诸王说书。众所周知，吕陶、岑象求都是蜀人，是范百禄的同乡。范百禄举荐的宋炶、扈充、冯如晦等人，也都与范百禄是同乡关系，范百禄利用职务之便，为这些同乡谋私利，简直是置国家公器于不顾。另外，范百禄在修河问题上，也站在朝廷对立面，坚持回河之役，不顾劳民伤财。黄庆基还指责范百禄"上罔圣明，下紊纲纪，擅威福之权，行邪枉之道"，又给范百禄列举了五大罪状，建议将范百禄罢职。

但朝廷置之不理。

迟迟得不到朝廷的回应，监察御史黄庆基再次上疏，弹劾范百禄"朋比欺罔，很愎自任，援引党与"。范百禄做这些，当然是为了"欲擅权势而固宠利"。黄庆基还指出，朝廷不久前罢刘挚、王岩叟、朱光庭、孙升、韩川等人之后，洛党势力暂时得到遏制。然而此时，蜀党却复盛了。范百禄的亲朋"皆在权要"，朝廷如今能做的就是从速从快罢免范百禄，"以离其党与，庶使当路者有所畏惮，不敢招权徇私，以欺罔圣明"。若不这样做，让蜀党一党独大，必然形成各种牢不可破的关系，溃乱纪纲。黄庆基还列举了唐代牛李党争对国家造成的损害，来说明蜀党日趋强盛对朝廷的威胁。

其实，从这时候起，台谏官对范百禄的弹劾已经变味了。最初他们弹劾范百禄，无外乎是范百禄作为中书侍郎没有尽职尽责。不过，事情发展到这一步，已经演变成党争，而这对于朝廷和四川籍官员来说都是灾难。尽管黄庆基在弹劾奏疏中未曾指出蜀党人员具体名单，可早在几年前，贾易就指出了蜀党有苏轼、苏辙、吕陶等人。而黄庆基那句"皆在权要"，是否暗指苏轼、苏辙等人呢？

朝廷应该也是预料到了这样的问题，因而对于黄庆基揪住范百禄"蜀党"问题不予理会，任由黄庆基叫嚣。直到一点点消耗掉他的热情，让他变得温顺、乖巧。

三月十四日，居家待罪的范百禄继续给朝廷上奏疏，请求辞去中书侍郎职务："蒙赐诏书依旧供职，深沐厚恩。但臣思国法有常，人言可畏，虽善贷之明不惑，而愚臣之分难安。伏望圣慈亟加臣责罚，以为小人之福，以警在位之臣。"显然，范百禄觉得台谏官给他扣上朋党的帽子是诬陷，不过作为宰执人员，遭到台谏官弹劾就得辞职。范百禄还要求对那些乱咬人的小人，要加以制裁，以警示在职官员。范百禄的这种做法，完全不像是一个为官多年之人的举动。在台谏官轮番进攻时，最好的办法是沉默，而不是反驳。范百禄此举也引起了朝廷的反感。不久，朝廷也就顺水推舟，下诏罢范百禄门下侍郎，让他以大中大夫头衔，充资政殿学士、知河中府。

至此，由贾易迁官引起的风波逐渐平息。此时，左司谏虞策也给朝廷上了一道辞职奏疏，理由是当初调他回京任职言官是苏颂的举荐，如今苏颂都被罢职了，他也不适宜待在台谏系统，请求罢职。朝廷当然不同意虞策辞职。苏颂、范百禄因此受牵连，已让朝廷感觉痛失人才了，现在朝廷如果继续罢免虞策，那影响范围太大了。

之后，朝廷就开始了新一轮人事调整。"癸巳，知郑州王岩叟知河阳府。知河阳府范纯仁知颍昌府。知颍昌府安焘知河南府。天章阁待制、知郑州赵君锡移知陈州。""新权户部侍郎章楶知同州。言者论楶环州之役，所上失亡数不实，又纵贼使全而归，户部侍郎非楶能任，故有是命。""壬寅，资政殿学士、知扬州许将知大名府。""癸卯，翰林侍讲学士范祖禹为翰林学士兼侍讲学士，祖禹力辞，不许。""中书舍人孔武仲为给事中。给事中范育为户部侍郎。河东路转运副使朱勃为右正言。"

朝廷及时调整这批人员，或许是为了掩盖苏颂、范百禄风波。这期间，苏轼不管台谏官如何谈论蜀党，一如既往正常就职，他还给朝廷进言，指出目前米价太低，对百姓造成了损害，建议朝廷对市场进行调控。这当然是说目前常平仓法还有漏洞，希望朝廷派人督促地方官员尽职尽责。苏轼还从米价谈论到国家法度，对一些法令的执行提出了质疑。这也是苏轼的巨大变化，从"乌台诗案"后，他就从一个理论家，彻底变成一个为国为民的务实家了。但苏轼的这种进言，又让台谏官将进攻的目标对准了他。因为苏轼才是台谏官经常说的"蜀党领袖"。

事实上，即便苏轼不愿意参与这种党争，元祐年间形成的这种相互指责朋党的做法，也已传承下来了。黄庆基弹劾范百禄的奏疏涉及蜀党，苏轼、苏辙自然不能独善其身。要命的是，这时候，另一位御史董敦逸也进言，指出蜀党势力庞大。董敦逸特别指出差知梓州冯如晦工作不实不细，贪赃枉法，但范百禄、苏辙联合袒护同党，没有制裁冯如晦。这种情况下，苏辙作为宰执就不能继续充耳不闻，装作什么事也不曾发生。他必须要替蜀中官员申辩。因此，苏辙也给朝廷上了一道奏疏，指出董敦逸对他的弹劾是诬陷，但也让他很不安。尤其是董敦逸指责他暗助四川籍官员冯如晦，简直是乱泼脏水。苏辙表示，他本来不想辩驳，可不辩驳又显得自己理亏，仿佛是在默认董敦逸弹劾情况属实。而要申辩，又显得自己没有肚量，与言官争论。苏辙最后请求朝廷对此事进行调查，若董敦逸弹劾属实，那就将他罢职；若董敦逸的弹劾是无中生有，是污蔑、人身攻击，就请朝廷严惩董敦逸，也算是为自己正名。

苏辙希望将董敦逸的弹劾奏疏批给三省，由三省出面调查。这件事也让朝廷很为难，因为朝廷不想将事情扩大化。若在小范围内解决，自然最好不过，既不影响朝廷声誉，也可以对苏轼、苏辙形成保护。然而，在反驳董敦逸这件事上，苏辙的态度也很强硬，这又让朝廷对苏辙产生了不好的看法。

随着苏辙的反驳，董敦逸也不甘示弱，在奏疏中直截了当地表示"乞减杀川人太盛之势"，请求朝廷杀一杀川人的嚣张气焰，罢黜一批川籍官员。不过他攻击的根本目标却是苏轼、苏辙、范百禄等个别官员。董敦逸在他接下来的奏疏中，罗列了苏轼等人三大罪状：一是川蜀高层官员给朝廷多举荐同乡，其中苏轼举荐川人最多。只要让吏部将这些官员名字罗列出来，就能证明；二是高丽买书之事，朝廷已下诏，但因为苏轼阻拦而差点作罢，苏轼这是干涉国政，破坏公议制度；三是黄河修筑软堰之事朝廷也已下诏，因苏辙反对而作罢，苏辙的性质和苏轼一样，都是破坏公议制度。在董敦逸看来，作为臣子，理应对朝廷下达的诏命全部落实，但苏轼、苏辙却违而拒之，让中外震惊。联想此前苏颂、范百禄的所作所为，这无疑就是川党盛行，破坏朝廷法度。建议朝廷对这些蜀党进行打压，并对吕大防放纵蜀党的行为进行问责。①

对于董敦逸这样没有底线的弹劾，朝廷置之不理。然而，董敦逸似乎也与蜀党较上了劲，新的弹劾蓄势待发。

## 蜀党离朝的背后

进入四月，董敦逸、黄庆基对蜀党的弹劾暂时停歇了。朝廷也着手准备着新一轮人事调整。"戊申，左朝请郎、权发遣湖州张询就差河东路转运副使。河北东路提点刑狱郭茂恂为户部郎中。秘书丞孙朴为工部员外郎。中书舍人陈轩为龙图阁待制、知庐州。""庚戌，给事中孔武仲为礼部侍郎。翰林侍讲学士范祖禹为翰林学士。""壬子，中书舍人乔执中为给事中。"②

四月十一，按照哲宗的要求，范祖禹草拟了一道关于南郊合祭天地的奏疏，并申明此后朝廷举行的南郊祭祀，都要以元祐七年（1092）的各项制度为参考。这看起来只是界定了南郊合祭天地事宜，但这道诏命里面，却隐隐透露着哲宗要亲政的意思。在此之前的七八年时间里，哲宗都没有参与具体事务，只是挂着皇帝头衔，一切政务都是祖母高太后和宰执完成的。但自从成婚搬离高太后身边，哲宗似乎也正式成年了。现在他虽不急着立威扬名，但也透露出了要整顿朝纲的意思。合祭天地，只是向朝臣们抛出一个信号而已。五月初八，朝廷专门下诏重申"南郊合祭，依元祐七年例"。

四月十二日，御史中丞李之纯给朝廷进言，请求朝廷"严立制度，以绝奢僭之源；杜绝邪侈，以成风俗之厚"。李之纯从社会治理的角度，对目前社会风气不良、骄奢淫逸成风的问题进行了梳理，并提出了整治建议。朝廷马上回应李之纯，并要求礼部抓紧时间制定方案，开展具体整治活动，持续改善社会风气。若不看李之纯的身份，很难想象这样的建议出自御史台长官的奏疏。

此后不久，朝廷又调整了一批人员岗位。"利州路转运判官陈察为户部员外

---

① 《续资治通鉴长编·卷四百八十二》。
② 《续资治通鉴长编·卷四百八十三》。

郎。""甲子，资政殿学士、通议大夫、知永兴军李清臣为吏部尚书。光禄卿韩宗师权兵部侍郎。权礼部侍郎王觌为户部侍郎。""丁卯，四方馆使、嘉州防御使李绶致仕。"这样的人员调整，又让台谏官两眼放光。他们寻找着机会，向这批新调整的人员发起弹劾。不过目前他们尚未找到弹劾的角度。

随即而来的是监察御史来之邵的进言，他弹劾的内容与苏颂有关。原来，朝廷近期调整前颍昌府教授邹浩为太学博士。按照来之邵的说法，邹浩在言官弹劾苏颂后，曾"怀其私恩，怨望朝廷，诋毁言路"，为苏颂喊冤。在来之邵看来，邹浩"以媚道交结苏颂子弟"，又为苏颂喊冤，诋毁言官，明显是苏颂一党，建议对其罢职处置。朝廷下诏，"令吏部差充襄州州学教授"。监察御史黄庆基则建议吏部制定选择"守令"的制度，用来选拔地方人才。

不过由于苏颂已被罢职，再对其进行弹劾意义不大。此时董敦逸、黄庆基盯着的人是苏轼、苏辙、范百禄。他们在酝酿着一场更大的弹劾。

月底时，苏辙进言，谈论董敦逸对他及四川籍官员弹劾的问题。苏辙表示，在董敦逸的弹劾下，朝廷对四川籍官员"枉陷徒、配、杖刑人数不少"。苏辙对董敦逸奏疏中指责四川官员结党的问题表示否定，指责董敦逸捕风捉影，完全是诬陷，请求朝廷认真调查。苏辙还表示，若任由董敦逸逞口浸渍，诬陷朝臣，必然导致朝廷不得安宁，建议杀一杀董敦逸的风气。①苏辙对董敦逸等人的弹劾，也让原来逐渐平息的事态再次恶化。此后，董敦逸、黄庆基继续上奏疏，弹劾苏轼、苏辙等人，但他们的札子被压了下来。

既然朝廷不回应台谏官对蜀党的弹劾，台谏官只能转而盯着其他政务。五月初二，黄庆基进言，建议朝廷恢复义仓法，加大对受灾地区的救济。所谓的义仓法，其实是一种社会救济制度，它是常平仓的一种补充法令，旨在解决常平仓法无法解决的短时间救济。朝廷这次回应了黄庆基，命户部进行调查，若确实可以恢复义仓法，那就拿出具体方案。若不能恢复义仓法，也请拿出反驳的理由。②这看起来没有任何问题，但义仓法重视"义"，也就是社会救济。这种制度在地方实施时，往往会出现执行偏差的问题。所以是否推行义仓法，还得等到户部调查结束后才能

---

① 《续资治通鉴长编·卷四百八十三》。
② 《续资治通鉴长编·卷四百八十四》。

定论。

几天后,朝廷又对一批人员进行了调整。"知越州蔡卞知润州。知庐州朱服知寿州。秘书少监王古兼国子祭酒。""庚辰,承议郎、签书颍州节度判官事赵令畤为光禄寺丞。""辛巳,王崇极为引进使。"与此同时,由于权给事中姚勔弹劾李清臣,朝廷便将刚刚被任命为吏部尚书的李清臣外调,授予其资政殿学士、知真定府。不过,一个多月之后的六月十八日,朝廷又会调回李清臣。

五月初七,苏轼同吕希哲、吴安诗、丰稷、赵彦若、范祖禹、顾临等帝师集体上疏,谈论皇帝治学之道。从内容来看,这道奏疏极可能出自苏轼之手,只是帝师集体签名上奏而已。奏疏的内容,当然是累积了很多前朝帝王治学的事例,用来劝哲宗认真学习。尤其是陆贽对唐德宗的劝谏,简直是帝师劝谏皇帝的典范:"德宗以苛刻为能,而贽谏之以忠厚;德宗以猜疑为术,而贽劝之以推诚;德宗好用兵,而贽以消兵为先;德宗好聚财,而贽以散财为急。"几位帝师很谦虚地表示,他们不过是列举出了一些前朝治国的典范案例,希望哲宗能认真研读这些案例,从中得到启发,为宋朝繁荣昌盛做出应有的贡献。

那么,为什么帝师联合上了这样一道奏疏呢?只有一个解释,那就是已经懂得皇帝权力是怎么回事的哲宗近期学习不用功了,可能还有逃学的问题。所以,这帮帝师才联合上疏,劝谏哲宗要认真学习治国本领。

从之前规定以后南郊合祭要尊崇元祐七年制度,到现在帝师集体进言请求哲宗认真学习,似乎这位自小没过多言论的皇帝正在撼动着朝廷原来的制度。哲宗这些很隐秘的变化,引起了尚书左丞梁焘的注意。他隐隐觉得不安起来,因此上表称疾,请求朝廷将他外调。但是朝廷不同意梁焘外调。此后,梁焘继续上疏,请求补外。朝廷则给梁焘放了一个长假,允许他在家养病,但不许他辞职,这让梁焘愈加不安。

与此同时,朝廷又调整了几个重要人员岗位,如御史中丞李之纯复中大夫。将李之纯调离台谏系统,是否意味着哲宗对他在台谏系统的作为不满意?另外,董敦逸、黄庆基也被罢职。"辛卯,监察御史董敦逸、黄庆基皆罢,敦逸为荆湖北路转运判官,庆基为福建路转运判官。"这两个官员的罢职,其实在预料之中,朝廷不愿意赶走苏轼、苏辙,只能将此二人赶走,才能让党争的舆论平息下去。

有意思的是,就在董敦逸、黄庆基罢职言官后的十六日,三省将此前两人弹劾苏轼、苏辙的奏疏敬呈。其中董敦逸四状弹劾苏辙，黄庆基三状弹劾苏轼。

且看黄庆基弹劾苏轼的内容。黄庆基在第一道奏疏里先指责苏轼"天资凶险，不顾义理，言伪而辨，行僻而坚，故名足以惑众，智足以饰非，所谓小人之雄而君子之贼者也"。这明显就是在骂人了，很难想象三省宰执看到这样的奏疏后的感想。黄庆基还将苏轼为官履历中的"黑点"进行了曝光，尽管都是些芝麻小事，但黄庆基将这些小事无限放大，用来证明他的第一个论点：苏轼不遵法令，对朝廷不忠。当然，骂人是无能的表现，也是没有证据而恶意诋毁的表现。黄庆基深知这一点，接下来他就剑指苏轼"自进用以来，援引党与，分布权要，附丽者力与荐扬，违忤者公行排斥"。苏轼对附和自己的人极力推荐，对违忤自己的官员进行打压，比如他举荐王巩、张耒、秦观等人，纯粹是为了私人交情。这就要命了，因为弹劾的内容是引用朋党。朋党一词几乎困扰了苏轼一生。现在好不容易贾易、朱光庭、程颐等人都不再纠缠此事，可这些曾经的风波，依然被台谏官揪住不放。

第三条罪责，是指责苏轼"在先朝，恣为歌诗，谤讪朝政，有司推治，实迹具存"。这就是指"乌台诗案"了。这件事已经过去多年，其中曲直几乎同时代的官员都清楚，"乌台诗案"不过是舒亶、李定等人联合起来制造的文字狱案，是对苏轼的打击报复。现在，黄庆基继续深挖李定、舒亶等人给苏轼定性的"讥讽朝政"，显然已不顾任何后果了。

在第二道奏疏里，董敦逸先陈述朋党对朝廷的损害，"治天下者必先于正朝廷，正朝廷必先于破朋党，自非明足以察微、公足以兼听、睿足以独断者，未有不为奸邪所蔽也"，然后将攻击的目标放在了苏辙身上。

相较于苏轼，苏辙在官场上确有一些可以令人议论的举措。因此，攻击苏辙时，能被台谏官抓住的点也会有很多。董敦逸先指出苏辙"怀邪徇私，援引党与，怙势曲法，务与其兄相为肘腋，以紊乱朝政"。在苏辙、苏轼两人援引朋党问题上，吕陶成为一个直接证据，因为近期朝廷将吕陶升为中书舍人。另外，苏轼还向朝廷举荐了昔日旧友赵令畤，苏辙也迎合苏轼，举荐赵令畤，简直是欺君大罪。董敦逸还列举了赵挺之的事例，来指责苏辙公报私仇，"挟私怨而忘公议"。

由此，董敦逸得出了苏辙不忠的结论。他表示作为人臣，对君王的忠诚是一切的基础，只要对君王不忠的官员，终身都不得委以重任。苏轼、苏辙这样的人，根本不应该被朝廷重用。之后，董敦逸继续翻旧账，把苏轼与程颐的矛盾归结于苏轼，认为苏轼在对朝廷不忠问题上，远甚于苏辙。

由于这些弹劾奏疏内容太长，只能挑重点选一些进行解读。不过不管是董敦逸还是黄庆基，在他们弹劾苏轼、苏辙的这几道奏疏里，已经失去了一个言官对朝廷大臣弹劾的职业操守，直接骂人，或者恶意诋毁。难怪这样的弹劾奏疏被三省压了下来。这种风气的起源，是元祐初年台谏官弹劾蔡确、章惇时的口吻，不过那时候，即便台谏官弹劾两位新党首领，也依然保持着理智，最严重时才出现奸邪之类的言论，没有直接骂人、诋毁。

而这批台谏官弹劾苏轼、苏辙等人时，弹劾的风向已经改变。所幸朝廷很理智，马上对黄庆基、董敦逸进行罢职，不让他们再说话了。不过即便将这两人外调，他们心里也不会平衡，一定会寻找新的机会，向苏轼、苏辙等川籍官员发起攻击。

有意思的是，即便黄庆基、董敦逸等人不顾一切诋毁苏轼、苏辙，李之纯、杨畏、来之邵等台谏官却在维护苏轼、苏辙。这些台谏官看到董敦逸、黄庆基弹劾苏轼、苏辙的奏疏后，也觉得董敦逸、黄庆基毫无底线，于是进言弹劾两人"诬陷忠良，朝廷容贷，止令出使，臣恐后人观望，得意任私，敢肆狂诬"。不久之后，朝廷将这两位官员再度罢职，"左朝请郎、新荆湖北路转运判官董敦逸知临江军，左朝请郎、新福建路转运判官黄庆基知南康军"。

这场弹劾苏轼、苏辙的风波因董敦逸、黄庆基的远调落下帷幕。五月十八，朝廷调整了几个此前有争议的官员岗位。"权户部尚书钱勰为龙图阁直学士、知开封府。宝文阁待制、权知开封府韩宗道为户部侍郎。端明殿学士邓温伯为兵部尚书。龙图阁待制、知陕州王震知永兴军。集贤院学士、知河中府李周知陕州。工部员外郎孙朴为司封员外郎。"与这批官员一起调整的，还有几个馆阁人员。"校书郎陈师锡为工部员外郎、集贤校理。著作佐郎时彦为兵部员外郎、集贤校理。朝奉郎常安民为开封府推官。太仆寺丞刘当时为河北转运判官。"十九日，尚书左丞梁焘再次给朝廷上奏疏，请求辞职。但朝廷依然不允。

随着黄庆基、董敦逸的降级远调，苏轼却不安起来，他给朝廷上奏疏，辩解董敦逸、黄庆基弹劾他的那些事。事实上，朝臣都清楚董敦逸、黄庆基对苏轼、苏辙的弹劾，完全是曲解事实，是对苏轼、苏辙进行人身攻击，完全可以置之不理，若辩解，可能会越描越黑。但苏轼就是那种不愿意遭受不白之冤的人，他没有做过的事被人拿来批评，他必须站出来澄清。由此，就有了这道《辨黄庆基弹劾札子》。以苏轼的文采，这道奏疏自然有理有据，极具说服力。另外，苏轼还替两位言官说情，希望朝廷不要严惩两位言官。高太后看到苏轼的这道辩解奏疏后，给苏轼降下了手诏，安抚苏轼的情绪。苏轼感念朝廷对他的恩宠，上奏疏表达感激之情。

至此，这场对苏轼、苏辙、范百禄等四川籍官员的弹劾彻底结束。朝廷也继续处置其他事务了。不过，这也让苏轼对在朝为官失去了兴趣，他在思考着离开朝廷。此后，苏轼继续向朝廷提出辞职，请求到越州任职，朝廷不允。

六月初八，朝廷调整了一批人。"起居郎兼权给事中姚勔、起居舍人吕陶并为中书舍人。秘书少监王古为起居郎。秘书丞吕希纯为起居舍人。监察御史来之邵为殿中侍御史。知润州、集贤校理崔公度为秘书少监。公度辞不至，加直龙图阁，仍知润州。右朝奉郎、司农少寺丞秦定为江南东路转运判官。"

六月十二日，朝廷同意中大夫、守尚书左丞梁焘所请，罢免他的宰执，让梁焘充资政殿学士、同醴泉观使。

之后，朝廷给首相吕大防降了手诏："见任执政官阙员稍多，今欲先除右仆射一员，若以见任人递迁除授，又虑中外人情不予，必致议论纷纭。今思之，不若且于旧人中图任。欲除范纯仁作右仆射，不知如何？或得稳当，且先遣一御药院官赍诏书召赴阙，然后降麻。"朝廷重要岗位缺员较多，应该先选拔官员充任次相。朝廷反复考量后，认为由范纯仁出任次相较为妥帖，但不知首相有何意见。吕大防很有官场经验，他没有立即表态，而是说："进用大臣，非臣所敢僭预，如所宣示，实允群议。"选拔宰执大臣，我不敢自己表态，既然朝廷已有人选，应当群臣商议。随即，朝廷直接下诏，催促范纯仁乘驿赴阙。

为什么这时候朝廷忽然重视次相人选？原来不久前，苏颂被罢职，侍御史杨畏曾向朝廷进言："苏颂初罢，恐必用尚书右丞、同知枢密院事二人而已。一则天资褊狭，非有疏通济务之材，且徇己强愎，未必无怀恩报怨之意；一则器业、节操、材望之类，一切未见可取，只缘联姻近戚而处本兵，中外已籍籍不平，况任宰相乎？"苏颂罢相，能接替他的只有尚书右丞郑雍、同知枢密院韩忠彦。可在杨畏看来，这两人都不具备次相能力，所以他反对朝廷给两人授予次相职位。杨畏这是给朝廷打预防针。

朝廷捕捉到台谏官反对郑雍、韩忠彦出任次相的态度，于是决定让范纯仁出任次相。可杨畏再次上奏疏，指出范纯仁去年在太原府任职，"上下失备，西贼乘之犯麟州，蹂践千里，死者数万人"。朝廷刚刚将他罢职，现在又打算授予其次相职位，这到底是何道理？监察御史来之邵也反对授予范纯仁次相职位，但高太后这次似乎拿定主意要范纯仁出任次相，对两位言官的规劝拒不听从。

由此，范纯仁就被调回了。

此后朝廷继续调整官员岗位。"甲子，资政殿学士、知真定府李清臣为户部尚书。资政殿学士、同醴泉观使梁焘知颖昌府。宝文阁待制、枢密都承旨刘安世知真定府。提点河东路刑狱毕仲游为职方员外郎。""乙丑，左宣德郎、秘书省校对黄本秦观为正字。""壬申，资政殿学士、知定州许将知扬州。"①以上这些官员多是元祐年间的名臣，现在将他们进行调整或直接调回，是朝廷做出的慎重选择。尽管外调许将、梁焘这些官员让朝廷很不舍。

这期间还有一件事需要指出，那就是资政殿大学士、右光禄大夫、知扬州张璪去世了。这是新党在元祐年间留在朝廷时间最久的人，当初对他的罢职，也意味着新党中绝大多数人被赶出了朝廷。现在他去世了，朝廷对张璪却表示恩宠，追赠张璪右金紫光禄大夫，赐绢五百匹，谥号简翼。

①《续资治通鉴长编·卷四百八十四》。

## 尾声：哲宗亲政意味着另一个时代的到来吗？

随着一大批官员外调，似乎预示着朝廷大换血的时代也即将到来。七月初一，朝廷下诏："观文殿学士、大中大夫范纯仁为通议大夫、尚书右仆射兼中书侍郎。"范纯仁入对谢恩。高太后说："公父仲淹，可谓忠臣，在章献垂帘时，惟劝章献尽母道；及仁宗亲政，惟劝仁宗尽子道，可谓忠臣。相公名望，众人所归，必能继绍前人。"你要像你父亲一样为国尽力。显然这是对范纯仁的任前训诫。范纯仁表示："臣不肖，何足以当劝奖委任之意，然不敢不勉。"①

这时候，哲宗又问范纯仁："听闻外面议论，等你回来一定会先用王觌、彭汝砺两人，是否如此？"范纯仁则表示："此二人实有士望，臣终不敢保位蔽贤，希望陛下能够加以审查是否可用。"②范纯仁也变得很谨慎，他不会轻易给朝廷举荐人。眼下他刚刚被授予次相，就给朝廷举荐人才，恐招人非议。

此后整个七月，朝廷都无大事发生。范纯仁也迅速转变角色，开始与吕大防一起处置政务。当然，朝中无事的一个重要原因是高太后病了。到八月初一时，高太后已经病得很重了，无法垂帘听政。哲宗也很懂事，以高太后生病为由，"帝不视事"。

此后半月有余，哲宗都不视朝。八月十七日，吕大防、范纯仁、苏辙、郑雍、韩忠彦、刘奉世等一起入崇庆殿问圣体。高太后此时身体尚有力气，吕大防建议说，神宗得病时赦免京畿附近的罪犯身体就好了，朝廷若按照这个法子做了，高太后的病也就好了。高太后并未表态。③问安结束后，宰执临退前，高太后说了这样一番话："老身受神宗顾托，同官家御殿听断，公等试言九年间，曾施私恩与高氏否？"我受先帝委托，与官家一起听政，你们也在朝中近九年时光，可曾发现我为

---

① 《续资治通鉴长编拾补·卷八》。
② 《续资治通鉴·卷八十三》。
③ 《续资治通鉴长编拾补·卷八》。

高家谋过私利？高家自然指的是高太后的娘家。吕大防等人立马表示高太后垂帘听政九年，从未给过娘家人什么好处。高太后这时候才意味深长地说："我一心为公，一个儿子、一个女儿去世，我都没有去看啊！"说完之后，高太后号啕大哭。吕大防等人都劝慰高太后保重身体，好好吃药，等待康复。但高太后似乎有预感，并不指望有奇迹发生。她对吕大防等人说了这样一番话："等我去世后，必然有人会挑唆官家，指责朝廷政务阙失，希望官家不要听从这样的言论。你们这些宰执，也宜早求退，让官家重新选用一批人。"高太后这些弥留之际的言论，似乎是她预感到某些事情即将发生。最后，高太后很悲伤地说："一会儿出去后，你们各自吃一碗社饭。等到明年你们再吃社饭时，就能想起我了。"这当然是一种对死亡的预料。宰执们诚惶诚恐地退了出来。

二十二日，吕大防等宰执继续入崇庆殿，问太皇太后圣体。高太后表示病情加重，无法与宰执一起处理政务，要求宰执悉心辅佐哲宗，为朝廷社稷多做贡献。宰执们表示一定尽心竭力辅佐哲宗，不让高太后操心。

二十三日，朝廷下诏大赦天下，为高太后祈福。不过即便朝廷做出了这些举措，高太后的病情依然没有好转的迹象。九月初三，高太后病情加重，宰执们进宫问安。哲宗在崇庆殿西楹召见了宰执，哭着向宰执表示："太皇太后保佑朕躬，功德深厚，今疾势至此，为之奈何？应祖宗故事，有可以尊崇追报者，宜尽施行。"宰执们表示完全按照哲宗的安排来操作。

可宰执们尚未行动，就传来了高太后驾崩的噩耗。宰执们哭声一片。这位垂帘听政九年的传奇女性，终于在恋恋不舍中离世。北宋的元祐，实际上是太皇太后高氏的元祐。《续资治通鉴》这样总结高太后的一生："自垂帘以来，召用名臣，罢废新法苛政，临政九年，朝廷清明，华夏绥安。杜绝内降侥幸，裁抑外家私恩，文思院奉上之物，无问世细，终身不取其一。人以为女中尧、舜。"朝廷下诏，以皇帝的规格厚葬高太后，设置山陵使，由吕大防出任。并火速派出使者，将这个消息奏报给辽国。此后，吕大防就投身于高太后安葬事宜中，国事暂时由次相范纯仁和几位宰执操持。

不过大臣们隐隐觉得，危机到来了。按照惯例，高太后去世以后哲宗亲政，一切都要有新举措。然而，哲宗似乎并不急着开启亲政之路。他将高太后安葬事宜交给吕大防之后，本人则躲在深宫中，没有任何举动。这让朝臣很困惑，也很恐慌。

朝臣们很着急，天下有那么多事需要哲宗亲自去处置，可哲宗并不在意。观望中的苏轼坐不住了，他给朝廷上奏疏，请求皇帝辨白君子、小人，慎重处置目前国家存在的问题。朝廷对于苏轼的奏疏没有回应，这也让苏轼看到了哲宗的态度。他隐隐感觉到一种风雨欲来的气氛，因此，请求外调定州。这次，哲宗爽快地答应了苏轼的请求。于是，九月二十六日，朝廷下诏，端明殿学士兼翰林侍读学士、礼部尚书苏轼出知定州。苏轼临走前，又给朝廷上了一道《朝辞赴定州论事状》，大致意思与之前所上奏疏类似。朝廷依然没有回应。苏轼果断离开了朝廷。①

十月二十八日，范祖禹也给哲宗上了奏疏。他表示，哲宗即将"总揽庶政，延见群臣，四方之民，倾耳而听，拭目而视"。天下人都在观望亲政的皇帝会有哪些举措。值此关键时刻，最重要的就是继续原来的道路。范祖禹表示，他最近听闻有人传言"太皇太后不当改先帝之政，逐先帝之臣"。在范祖禹看来，持这种言论的人不怀好意，完全是挑拨离间，当初朝廷更张新法，完全是为了百姓，因为当时群臣集体上疏，请求罢新法，高太后是觉察到"天下人心欲改"，才与陛下一同改之，"非以己之私意而改也"。

范祖禹的奏疏谈到了问题的核心，因为随着高太后的去世，一些新党人开始指责高太后废除新法，毁了神宗一生的事业。哲宗作为神宗的接任者，本可以在大臣的协助下，延续神宗未竟的事业。可恰恰在他成长期，高太后伙同司马光、吕公著等一批旧党更张新法，"以母改子"，废除了神宗时期的一切。现在哲宗亲政，就应该继承神宗的事业。也正是出于这方面考虑，范祖禹才说，是哲宗与高太后一起更张的新法。事实上，不管当初是不是哲宗本人的意愿，他作为帝国合法继承人都同意了高太后、司马光等人所做的一切，因此，也就不存在是高太后废除新法了。若论废除新法的直接责任人，那肯定是哲宗。

苏辙本来也打算进言，但发现自己要说的内容与范祖禹差不多，甚至范祖禹说了他不敢说的话。因此，苏辙将范祖禹的这道奏疏敬呈。有意思的是，这道札子竟然被人压下不报。因此，哲宗没有看到这道奏疏的具体内容。这或许也是范祖禹的幸运，若哲宗看到这道奏疏，相信不会轻易放过范祖禹。高太后垂帘听政期间，哲宗虽贵为天子，可没有决策权，一切国家大政方针都由高太后和宰执决定，现在范

---

① 《续资治通鉴长编拾补·卷八》。

祖禹将废除新法的责任推到哲宗头上，于理不通。

十月初二，中书舍人吕陶也坐不住了，他也给朝廷上奏疏，先肯定高太后垂帘听政期间的所作所为，"垂帘以来，屏黜凶邪，裁抑侥幸，横恩滥赏，一切革去，小人之心，不无怨憾"。又很隐晦地表示，"太皇太后凡有更改，固非出于私意，盖不得已而后改也"。高太后更改的制度、法令都不是出于私意，而是站在国家的角度，不得已而更改的。吕陶表达的意思与范祖禹类似，不过吕陶很谨慎，没有说是哲宗与高太后一起更改的法令。

但哲宗还是不为所动，继续躲在深宫大院中，不见朝臣，所有政事都由宰执来传达。十月初四，朝臣们终于忍不住了，群臣连续七次上表，请求哲宗听政，但哲宗依然无动于衷。然而，哲宗这样的态度，让群臣愈加不安了，尤其是那些曾参与废除新法的旧党人，他们明显感觉到危机来了。

因此，朝臣们继续上奏疏劝谏哲宗。他们要不断给哲宗灌输坚持当前执政路线不能改的意思。范祖禹上疏论证高太后废除新法的正确性，"先太皇太后以大公至正为心，罢王安石、吕惠卿等新法而行祖宗旧政，故社稷危而复安，人心离而复合"。范祖禹指出，"今陛下亲万机，小人必欲有所动摇，而怀利者亦皆观望。臣愿陛下上念祖宗之艰难，先太皇太后之勤劳，痛心疾首，以听用小人为刻骨之戒，守元祐之政，当坚如金石，重如山岳，使中外一心，归于至正，则天下幸甚"！① 不能听信小人言论，要坚持元祐路线不动摇，才能让天下安心。吕希哲等人也上疏，劝谏哲宗要坚持当前的治国方向。但这些奏疏都被压了下来。

这期间，言官来之邵和杨畏上奏疏弹劾张耒，阻止朝廷授予其起居舍人。朝廷没有罢免张耒，但哲宗对杨畏却另眼相看。原来，吕大防打算让杨畏出任谏议大夫，范纯仁不同意，可吕大防坚持要用。范纯仁担心因杨畏迁官与吕大防发生龃龉，也就没有过多阻拦。苏辙当时也在场，指出杨畏人品不佳，因此杨畏迁官谏议大夫的事情也就暂时被搁置了。可能是杨畏听说了此事，秘密给哲宗写了一份奏疏，赞扬了章惇、安焘、吕惠卿、邓温伯、李清臣等人，指出哲宗一个人很难实现大展宏图的目的，建议调回这些人。哲宗看到杨畏的这份奏疏后，对杨畏另眼相看，还嘉奖了杨畏。

---

① 《续资治通鉴·卷八十三》。

哲宗嘉奖杨畏虽只是一件小小的事情，但也能看出哲宗对元祐年间更张新法痛恨至极。杨畏提出召回章惇、吕惠卿等人，哲宗是同意的。不过此时的哲宗刚刚亲政，他需要在朝局稳定的情况下，徐徐召回新党这批人，恢复父亲的大志。

十月二十六日，在高太后去世五十多天后，哲宗做出了第一个决策：给六个内侍复官。苏辙则表示，哲宗刚刚亲政，中外贤士大夫未曾进用一人，却优先使用身边的内侍，会招致天下议论纷纷，建议暂时不要重用几位内侍。几天之后，哲宗传出了内批："以刘惟简、梁从政等四人并除入内侍省职。"中书舍人吕希纯封还词头，拒绝审核这份内侍任命诏书。哲宗不得不解释："由于朕身边缺人，才给这六个内侍复官的。"苏辙还是反对，哲宗只能作罢。

这是哲宗第一次表达自己的意愿，却遭到群臣一致抵触。这让哲宗很不高兴。但宰执们却认为这是哲宗从善如流，相互之间还表示庆贺。只是他们没有看到哲宗意愿被群臣阻止后的不悦。他们看起来是阻挡了哲宗重用内侍，但这会引发哲宗更大的反弹。

其实自从高太后去世，朝廷关于恢复旧制、召回新党的言论就已四处传播。宰执们只是尽力在劝谏哲宗，他们也不知道哲宗哪天会下达"绍述"指令。

月底时，范祖禹继续上疏，谈论元祐年间废除新法的正确性，又指出王安石、吕惠卿、蔡确等人是奸邪，推行新法，误国误民。这样的奏疏传到哲宗面前，可以预料哲宗的愤怒："时绍述之论已兴，有相章惇之意，祖禹力言惇不可用，帝不悦。"

十一月初二，哲宗御垂拱殿，却并未处置任何政事。即便如此，朝臣也在担忧之余有了一丝丝欣慰，因为皇帝终于临朝了。

此时，群臣中有一个人很清醒，他看到了哲宗要"绍述"的决心。这个人就是次相范纯仁。因此，范纯仁向哲宗提出了辞职："臣多疾早衰，自叨宰执以来，益为职事所困。窃位已将五月，辅政讫无寸长，上负国恩。又况蒙命之始，已招弹击之言。伏望察其至诚，退之以礼。"哲宗知道范纯仁所称身体多疾显然是借口，因此不允许范纯仁辞职。哲宗又对首相吕大防说："范纯仁素有威望，不能离开朝廷。卿权且劝解，让他进宫入见。"范纯仁就进宫见哲宗。两人见面后，哲宗也没有过问范纯仁的病情，而是直接问："先朝行青苗法如何？"这显然是让范纯仁回答对熙宁变法的看法。哲宗为什么只问范纯仁青苗法的优劣？原因是朝廷在全面废除新法时，因朝廷用度锐减，范纯仁曾主张恢复青苗法。范纯仁似乎明白了哲宗询问他的意图。若范纯仁是见风使舵之人，一定会夸熙宁变法的好处。可范纯仁是一位道德君子，他只会按照他对世界的认可去回答："先帝爱民之意本深，但王安石立法过甚，激以赏罚，故官吏急切，以致害民。"先帝没有错，错全部在王安石身上，是他立法过甚，导致新法害民。哲宗听了范纯仁的叙述后，也就不再与范纯仁说什么了。他这次召见范纯仁，应当说是对范纯仁的一种刻意考察，若范纯仁认为新法没有问题，那范纯仁在哲宗亲政后必然会受到重用。然而事与愿违，范纯仁身上流淌着父亲范仲淹的血液，他只会遵从自己认为正确的事情。不过范纯仁还是感觉到了哲宗询问他对青苗法意见的言外之意，因此他回家后，重新写了一道奏疏，表达了"青苗非所当行，行之终不免扰民"的意思，这依然是不认可青苗法。由此，哲宗对范纯仁也失去了信心。①

其实，通过哲宗召见范纯仁之事，也能看出哲宗在为自己物色开启新政的人才，但显然范纯仁不是他理想中的人物。接下来的日子，哲宗需要组建自己的一套人马，就像当初高太后选司马光为废除新法的助手一样，哲宗也要选一个与司马光一样的人，来与自己一起实现绍述大业。其实，哲宗心中已有人选，这个人就是章惇。不过调回章惇不能操之过急，因为章惇还是宫观职务。

有意思的是，吕大防就显得很识时务。他向朝廷进言："乞放《唐六典》，委官置局，修成官制一书，为国朝大典。仍乞修史院官兼领之。"这就是重申元丰改制。哲宗自然很高兴。元丰改制是宋神宗熙宁变法后半截的功绩，现在重新按照《唐六典》修官制，自然是继承神宗事业。因此，朝廷下诏，令三省在秘书省设置机构，专门负责《唐六典》修官制事宜。具体事务交给范祖禹、王钦臣。这次，范祖禹没有任何异议地接下了这份差事，并请求朝廷将宋匪躬、晁补之划拨给他当助手。朝廷同意了范祖禹所请。②

十二月十四日，朝廷下诏，调十万钱、粟十万赈济流民。此时，朝廷的每一次诏命，都让朝臣们心惊肉跳。

十六日，哲宗终于实施了他的第一步计划，下诏："降授通议大夫、提举洞霄

---

① 《续资治通鉴·卷八十三》。
② 《续资治通鉴长编拾补·卷八》。

宫章惇复资政殿东学士。散官吕惠卿复中大夫、提举崇福宫。王子韶除集贤殿修撰。"这封诏命在宋朝官场引起了巨大波澜，这三个人在元祐年间，一度被视为奸邪，一直遭受打压。现在哲宗刚刚亲政，就给他们复官，难道外界传言的绍述之事真要来了吗？

腊月二十三，还在外地的章惇给朝廷上了一道奏疏，建议朝廷给黄河复道。要知道这件事在元祐年间不断引起过争议，以苏辙为首的官员，一直强烈反对修河事宜，此事也就一直悬而未决。现在刚刚复官的章惇马上盯着修河事宜，请求朝廷下诏调拨物资，开启修河之役。

朝廷暂时没有回应章惇的请求，可能是担心修河事宜会引发论战。当然，章惇的修河奏疏，不妨看作他对朝臣的一种试探。此前，那么多人反对修河，现在他就是要重新挑起这个争论。不过没有人回应章惇，这也让章惇获得了信心。

月底时，绍述的声音已越来越强。即便吕大防、范纯仁、苏辙等人为宰执，依然难以扭转舆论风向。一场真正的变革即将到来了。

然而，明知山雨欲来，绍述已不可避免，不受待见的苏轼还是给朝廷上了一道与绍述完全背道而驰的奏疏。苏轼在奏疏中指出："古之圣人将有为也。必先处晦而观明，处静而观动，则万物之情毕陈于前。陛下至智绝人，春秋鼎盛，臣愿虚心循理，一切未有所为，默观庶事之利害与群臣之邪正，以三年为期，俟得其实，然后应而作，使既作之后，天下无恨，陛下亦无悔。"苏轼的意见是，目前朝廷风向未定，人心惶惶。建议哲宗暂时不要对国政做任何大的调整，只需静静观望三年，用来识别朝廷治国方略、朝臣忠奸。三年之后，根据这些观望，可以制定出符合实际的治国新方略。

但哲宗根本不听苏轼的建议。三年时间太长了，可以改变很多事情。他一刻也等不了了。为什么哲宗对父亲神宗怀有那么崇高的敬意呢？这其实在很早以前就有预兆。相传哲宗小时候念书时，用着一张很破旧的书桌，高太后发现后，就命人给换了。但不久之后，高太后发现哲宗还在用那张旧书桌。于是就询问原因，想不到哲宗却说："这是先帝使用过的书桌。"这个小孩子对他父亲那么迷恋和崇敬，可在他当皇帝的九年时间里，朝廷废弃了神宗一手创建的新法，这能让年轻的哲宗不恨吗？

新年如期而至，所有人都没有心思过年，大家都在观望哲宗的下一步行动。随即，朝廷下诏，开始陆续调新党回朝，"以户部尚书李清臣为中书侍郎，以兵部尚书邓温伯为尚书右丞。清臣首倡绍述，温伯和之"。①李清臣回朝后，马上给朝廷上奏疏，请求朝廷恢复神宗时期的事业。邓温伯也上疏附和李清臣。其他宰执不敢反对。

不久，朝廷改元绍圣。"绍"是继承、恢复的意思，"圣"字面上指的是圣人、先贤，实际上是指神宗。合起来就是朝廷要恢复神宗神圣的事业。朝廷的意图再明显不过了：推倒当下的路线，重新回到神宗时期的路线上来。也就是说，随着高太后去世和哲宗亲政，一个新时代又开启了。

那么，这个新时代又会发生哪些惊心动魄的变革呢？

---

① 《续资治通鉴·卷八十三》。

# 大事记

## 元丰八年（1085年）

正月，帝不豫。

二月，帝大渐，迁御福宁殿。蔡确、邢恕暗地里打算册立赵颢。

三月，皇太后垂帘，皇子立帘外。三月初八，帝崩于福宁殿，年三十有八。

四月，以资政殿大学士吕公著兼侍读。以资政殿学士司马光知陈州。

五月，朝廷下诏命司马光过阙入见。随即，朝廷调整三省长官，以尚书右仆射兼中书侍郎蔡确为尚书左仆射兼门下侍郎，知枢密院事韩缜为尚书右仆射兼中书侍郎，门下侍郎章惇知枢密院，资政殿学士司马光为门下侍郎。司马光谈论新法问题，主张废除新法。

六月，罢府界三路保甲。以资政殿学士韩维知陈州。不久，吕公著入见，太皇太后遣中使赐食。公著上奏十事：一曰畏天，二曰爱民，三曰修身，四曰讲学，五曰任贤，六曰纳谏，七曰薄敛，八曰省刑，九曰去奢，十曰无逸。

七月，罢市易法。随即，以资政殿大学士兼侍读吕公著为尚书左丞。司马光请全部废除保甲法。

八月，旧党继续进言，请求全部废除新法。

九月，上大行皇帝谥曰英文烈武圣孝皇帝，庙号神宗。不久，朝廷以秘书少监刘挚为侍御史，以朝奉郎、知登州苏轼为礼部郎中。

十月，王岩叟、刘挚进言，弹劾蔡确。

十一月，旧党继续谈论新法问题。

十二月，台谏官继续弹劾蔡确，旧党谈论新法弊端。

## 元祐元年（1086年）

正月，改元。

二月，蔡确罢。

三月辛未，以程颐为崇政殿说书。

四月，韩缜罢。以吕公著为尚书右仆射兼中书侍郎，文彦博平章军国重事。

五月，以资政殿大学士韩维为门下侍郎。

六月，吕惠卿落职，分司南京、苏州居住。程颐上疏论辅养君德。

七月，设十科举士法。

八月，诏常平依旧法，罢青苗钱。

九月，司马光薨。试中书舍人苏轼为翰林学士、知制诰。张璪罢。

十月，夏人来告哀。

十一月，以尚书左丞吕大防为中书侍郎，御史中丞刘挚为尚书右丞。

十二月，华州郑县小敷谷山崩。干旱。

## 元祐二年（1087年）

正月，封李乾顺为夏国主。

二月，施行陕西、河东行策应牵制法。

三月，奉安神御于景灵宫宣光殿。

四月，交阯入贡。西北局势紧张。以徐州布衣陈师道为亳州司户参军。李清臣罢。

五月，夏人围南川寨。以刘挚为尚书左丞，兵部尚书王存为尚书右丞。

六月，以安焘知枢密院事。

七月，修《会计录》。韩维罢。

八月，程颐罢经筵，权同管勾西京国子监。西北战事爆发。

九月，夏人寇镇戎军。

十月，种谊等收复洮州。

十一月，大雪，民冻多死，诏加振恤。

十二月，颁《元祐敕令式》。

## 元祐三年（1088年）

正月，复广惠仓。阿里骨奉表诣阙谢罪。

二月，罢修金明池桥殿。罢春宴。

三月，韩绛薨。御集英殿策进士。西夏人寇德静寨。

四月，以吕公著为司空、同平章军国事，吕大防为尚书左仆射兼门下侍郎，范纯仁为尚书右仆射兼中书侍郎。壬午，以观文殿学士孙固为门下侍郎，刘挚为中书侍郎，王存为尚书左丞，御史中丞胡宗愈为尚书右丞，户部侍郎赵瞻签书枢密院事。

五月，汉东郡王宗瑗薨。

六月，夏人寇塞门寨。

七月，天气异常。

八月，阿里骨入贡。渠阳蛮入寇。

九月，阿里骨复迁职，加封邑。

十月，诏罢新创诸堡寨，废渠阳军。复南、北宣徽院。

十一月，遣范百禄等巡河。

十二月，渝州獠人寇小溪。

闰十二月，颁《元祐式》。

## 元祐四年（1089年）

春正，不受朝。以夏人通好，诏边将毋生事。

二月，吕公著薨。夏人来谢封册。

三月，作浑天仪。胡宗愈罢。

四月，吕大防等以久旱求罢，不允。

五月，贬观文殿学士蔡确为英州别驾、安置新州。

六月，范纯仁、王存罢。以赵瞻同知枢密院事，户部尚书韩忠彦为尚书左丞，翰林学士许将为尚书右丞。

七月，诏复外都水使者。安焘以母忧去位。

八月，吏部岁上监司考察知州状。

九月，大飨明堂，赦天下。

十月，翰林学士苏辙上《神宗御集》，讲官进讲《三朝宝训》。

十一月，以孙固知枢密院事，刘挚为门下侍郎，吏部尚书傅尧俞为中书侍郎。

十二月，曲宴垂拱殿。

## 元祐五年（1090年）

正月，御大庆殿视朝。丁丑，朝献景灵宫。

二月，以旱罢，修黄河。彦博乞免册礼，从之。

三月，赵瞻薨。以韩忠彦同知枢密院事，翰林学士承旨苏颂为尚书左丞。

四月，吕大防等以旱求退。孙固薨。

五月，诏差役法有未备者，令王岩叟等具利害以闻。

六月，录囚。昼有五色云。

七月，夏人来议分划疆界。

九月丁丑，诏复置集贤院学士。

冬十月，罢提举修河司。

十二月，许将罢。高丽、于阗、龙蕃、三佛齐、阿里骨入贡。

## 元祐六年（1091年）

正月，不受朝。

二月，以刘挚为尚书右仆射兼中书侍郎，龙图阁待制王岩叟签书枢密院事。癸巳，以苏辙为尚书右丞，宗室士㑤追封魏国公。

三月，吕大防上《神宗实录》。御集英殿策进士。

四月，复置通礼科。夏人寇熙河兰岷、鄜延路。

五月，日食，罢文德殿视朝。后省上《元祐敕令格》。

六月，置国史院修撰官。

七月，复张方平宣徽南院使致仕。复制置解盐使。赈两浙水灾。

八月，三省进纳后六礼仪制。夏人寇怀远寨。

闰八月，严饬陕西、河东诸路边备。

九月，夏人寇麟、府二州。

十月，朝献景灵宫。幸国子监。编修神宗御制官转秩加赏。

十一月，刘挚罢。作《元祐观天历》。

十二月，开封府大火。

## 元祐七年（1092年）

正月，耶律迪卒，辍朝一日。张诚一责授左武卫将军，提举亳州明道宫。

二月，诏陕西、河东边要进筑守御城寨。

三月己亥，录囚。

四月，立皇后孟氏。

五月，御文德殿册皇后。王岩叟罢知郑州。

六月，以吕大防为右光禄大夫，苏颂为尚书右仆射兼中书侍郎，韩忠彦知枢密院事，苏辙为门下侍郎，翰林学士范百禄为中书侍郎，翰林学士梁焘为尚书左丞，御史中丞郑雍为尚书右丞，户部尚书刘奉世签书枢密院事。

七月，诏修神宗史。复翰林侍讲学士。

八月，罢监酒税务增剩给赏法。诏西边诸将严备，毋轻出兵。

九月，下诏将行南郊大典。

十月，夏人寇环州。

十一月，祀天地于圜丘，赦天下，群臣中外加恩。

十二月，阿里骨、李乾德加食邑实封。祈雪。

## 元祐八年（1093年）

正月不受朝。蔡确卒。召宰臣读《宝训》。诏颁高丽所献《黄帝铖经》于天下。

二月，礼部尚书苏轼阻止向高丽出售书籍。

三月，苏颂罢。范百禄罢。

四月，夏人来谢罪，愿以兰州易塞门寨，不许。

五月，监察御史董敦逸、黄庆基以弹劾苏轼、苏辙，罢为湖北、福建转运判官。

六月，梁焘罢。中书后省上《元祐在京通用条贯》。

七月，以观文殿大学士范纯仁为尚书右仆射兼中书侍郎。

八月，以太皇太后疾，帝不视事。祷于天地、宗庙、社稷。祷于诸陵。

九月，太皇太后崩。诏以太皇太后园陵为山陵。命吕大防为山陵使。

十月，群臣七上表请听政。复内侍刘瑗等六人。

十一月，始御垂拱殿。

十二月，范纯仁乞罢，不允。仿《唐六典》修官制。

# 元祐时期重要官员

司马光（1019—1086），字君实，号迂叟，陕州夏县涑水乡人，北宋政治家、史学家、文学家。哲宗时期宰相，主导元祐新法废除运动。

文彦博（1006—1097），字宽夫，号伊叟，汾州介休人，北宋时期著名政治家、书法家。元祐年间被召回，给朝廷提供治国方略。

吕公著（1018—1089），字晦叔，寿州人，吕夷简第三子，哲宗时期宰相，与司马光一起开展新法废除运动。

吕大防（1027—1097），字微仲，京兆府蓝田人，哲宗时期宰相。

刘　挚（1030—1098），字莘老，永静东光人，北宋大臣，元祐年间宰相，也是公认的"朔党"领袖。

范纯仁（1027—1101），字尧夫，苏州吴县人，范仲淹次子。北宋时期名臣、政治家，哲宗时期宰相。

韩忠彦（1038—1109），字师朴，相州安阳人。北宋名臣韩琦长子，哲宗时期枢密院长官。

曾　布（1036—1107），字子宣，太常博士曾易占之子，中书舍人曾巩之弟，新党人士，元祐年间被贬黜。

梁　焘（1034—1097），字况之，北宋郓州须城人，兵部员外郎梁蒨之子。元祐年间历任台谏官、宰执。

王岩叟（1043—1093），字彦霖，大名清平人。仁宗嘉祐六年（1061）明经科状元，以刚直不阿著称，先后在台谏系统、枢密院任职，在元祐年间名气很大。

苏　辙（1039—1112），字子由，一字同叔，晚号颍滨遗老。眉州眉山人。苏轼之弟，元祐年间先后在台谏系统、三省任职。

郑　雍（1030—1098），字公肃，开封府襄邑人。元祐年间台谏官。

傅尧俞（1024—1091），字钦之，本贯郓州须城，徙居孟州济源。先后担任殿中侍御史、右司谏，因反对新法被罢职。哲宗时期复起，官拜中书侍郎。

韩　维（1017—1098），字持国，颍昌人，韩亿第五子，与韩绛、韩缜等为兄弟。王安石举荐者，后因反对王安石变法被贬。元祐年间被调回，任门下侍郎。

孙　固（1016—1090），字允中，号和父，郑州管城人，哲宗时期拜门下侍郎，复知枢密院事。

范百禄（1029—1094），字子功，成都华阳人，北宋名臣范镇之兄、范锴之子，历任翰林学士，拜中书侍郎。后因谏官弹劾罢职。

胡宗愈（1029—1094），字完夫，常州晋陵人。胡宿从子。元祐中官至礼部尚书，迁吏部。

李清臣（1032—1102），字邦直，河北大名人。新法支持者，哲宗朝范纯仁去位后，独专中书省事务，复青苗、免役诸法。

范纯礼（1031—1106），字彝叟，一作夷叟，江苏苏州人。范仲淹第三子，右相范纯仁之弟。

安　焘（1034—1108），字厚卿，河南开封人，仁宗嘉祐四年（1059）己亥科刘辉榜进士第三人。元祐年间的台谏官。

苏　轼（1037—1101），字子瞻，一字和仲，号铁冠道人、东坡居士，世称苏东坡，祖籍河北栾城，眉州眉山人。元祐时期名臣，他的去留曾多次在朝中掀起风波。

刘安世（1048—1125），字器之，号元城、读易老人，魏州元城县人。刘航之子。从学于司马光，历任右正言、左谏议大夫、枢密都承旨，以直谏闻名，时人称为"殿上虎"。

范祖禹（1041—1098），字淳甫，一字梦得，成都华阳人。北宋著名史学家、文学家、诗人，元祐年间被司马光举荐，出任台谏官、翰林学士等职。

朱光庭（1037—1094），字公掞，河南偃师人。程颢门人。嘉祐二年（1057）登进士第。哲宗朝被司马光举荐，出任左正言。与贾易等人掀起蜀洛朔党争。

姚　勔（生卒年不详），字辉中，山阴人。哲宗元祐年间，历任秘书丞、太常丞、右正言、左正言、中书舍人、宝文阁待制、国子祭酒等职。

赵君锡（1028—1099），字无愧，赵良规子，河南洛阳人。元祐初，迁司勋右司郎中、太常少卿，擢给事中。论蔡确、章惇有罪不宜复职，大河不可轻易东回，请亟罢修河司，以省邦费，宽民力。

吴安持（生卒年不详），吴充次子，王安石婿。哲宗元祐三年（1088）为都水使者。先后多次上疏，请求修河。也因此遭到苏辙等人弹劾。后迁工部侍郎，终天章阁待制。

钱　勰（1034—1097），字穆父，杭州人。吴越武肃王六世孙。

孙　觉（1028—1090），字莘老，江苏高邮人，北宋文学家、词人。社会关系网非常复杂。哲宗即位，兼任侍讲，升为右谏议大夫。韩缜建议提升孙觉为给事中，被孙觉辞谢。后升任吏部侍郎，掌领右选，又改主掌左选。后提升为御史中丞，因病请罢，被任命为龙图阁学士兼侍讲，提举醴泉观。

赵彦若（1034—1095），字元考，青州临淄人。宋皇室宗亲赵师民子。元祐年间任翰林学士，因儿子赵仁恕之事被罢职，不久又复官。

赵　卨（1027—1091），字公才，邛州依政县人。元祐年间驻守西北，积极抵御西夏、吐蕃入侵，为宋朝国家稳定打下基础，去世后赠右光禄大夫。

孙　升（1038—1099），字君孚，孙觏之子，北宋高邮州甓社湖畔人。哲宗立，为监察御史，正法令，逐奸邪，多所建树，迁殿中侍御史。后出知济州。逾年，提点京西刑狱，召为金部员外郎，寻拜殿中侍御史。

贾　易（生卒年不详），字明叔，无为县人。嘉祐六年（1061）进士，程颐门生，"洛党"核心人物之一，曾对苏轼、苏辙、吕陶等发起攻击。

曾　肇（1047—1107），字子开，号曲阜先生，宋建昌军南丰县人。文学家曾巩异母弟，"南丰七曾"之一。

王　觌（1036—1103），字明叟，泰州如皋人。元祐年间谏官。一生著作颇丰。有《谏疏》三十卷，《奏议》三十卷，《杂文》五十卷，《内制》三十卷。

范纯粹（1046—1117），字德孺，北宋官员。范仲淹第四子，出生于邓州。元祐年间驻守西北战场。为朝廷提供了很多邦交、战争建议。

吕　陶（1028—1104），字元钧，眉州彭山人。元祐二年（1087）被贾易、朱光庭弹劾，贬为梓州、成都路转运副使。元祐七年（1092）召回，入为起居舍人，迁中书舍人。

丰　稷（1033—1107），字相之，谥清敏，明州鄞县人。嘉祐四年（1059）进士。

张舜民（生卒年不详），字芸叟，自号浮休居士，又号矴斋。邠州人。元祐初曾任监察御史，以刚直敢言著称，在台谏官队伍中名声很大。

杨　畏（生卒年不详），字子安，其先遂宁人，父徙洛阳。元祐年间因得罪司马光未被重用。司马光去世后，被召回，除监察御史，擢殿中侍御史。在元祐年间掀起过巨大风波。

董敦逸（1031—1101），字梦授，江西乐安县人。元祐六年（1091）任监察御史，曾在官场掀起巨大风波。

上官均（1038—1115），字彦衡，福建路邵武人。神宗熙宁三年（1070）科考榜眼，元祐年间任监察御史等职。

杨康国（生卒年不详），元祐年间谏官。

秦　观（1049—1100），字少游，一字太虚，号淮海居士，别号邗沟居士，高邮人。

王　巩（1048—1117），字定国，号介庵，自号清虚居士，莘县人。宋真宗时期宰相王旦之孙。北宋诗人、画家，与苏轼私交深厚。

吴处厚（生卒年不详），邵武人，仁宗皇祐五年（1053）进士。收集蔡确车盖亭诗作，最终酿成"车盖亭诗案"。

姚　雄（1075—？），字毅夫，陕西三原人。宋代将领，参加了安南、泸川战役。

章　惇（1035—1106），字子厚，号大涤翁，建宁军浦城人。新法拥护者，元祐年间遭受旧党打压最严重的新党官员之一。

# 参考书目

《续资治通鉴长编》，[宋]李焘撰，北京：中华书局，2016年版。

《宋史》，[元]脱脱等撰，北京：中华书局，1985年版。

《续资治通鉴》，[清]毕沅撰，长沙：岳麓书社，2008年版。

《宋朝事实》，[宋]李攸撰，北京：中华书局，1955年版。

《宋史全文》，[宋]佚名撰，李之亮校点，北京：中华书局，2005年版。

《契丹国志》，[宋]叶隆礼撰，贾敬颜、林荣贵点校，上海：上海古籍出版社，1985年版。

《四库全书》，[清]永瑢等撰，北京：商务印书馆，1983年版。

《皇宋通鉴长编纪事本末》，[宋]杨仲良撰，哈尔滨：黑龙江人民出版社，2006年版。

《续资治通鉴长编拾补》，[清]黄以周撰，北京：中华书局，2004年版。

《东京梦华录》，[宋]孟元老撰，北京：中国画报出版社，2013年版。

《帝学》，[宋]范祖禹撰，四库全书本。

《癸辛杂识》，[宋]周密撰，北京：中华书局，1988年版。

《皇朝编年纲目备要》，[宋]陈均撰，北京：中华书局，2006年版。

《宋大诏令集》，[宋]司义祖编，北京：中华书局，1962年版。

《宋会要辑稿》，[清]徐松辑，刘琳等校点，上海：上海古籍出版社，2014年版。

《宋论》，[清]王夫之撰，北京：中华书局，1964年版。

《宋史纪事本末》，[明]陈邦瞻撰，北京：中华书局，2018年版。

《邵氏闻见录》《邵氏闻见后录》，[宋]邵伯温撰，北京：中华书局，1983年版。

《宋人轶事汇编》，[清]丁传靖撰，上海：古籍出版社，2014年版。

《曾公遗录》，[宋]曾布撰，郑州：大象出版社，2003年版。

《忠肃集》，[宋]刘挚撰，北京：中华书局，2002年版。

《苏东坡全集》，[宋]苏轼撰，北京：北京燕山出版社，2009年版。

《苏轼集》，[宋]苏轼撰，南京：凤凰出版社，2014年版。

《司马光年谱》，[明]马峦、顾栋高撰，北京：中华书局，1990年版。

《历代职官表》，[清]黄本骥编，上海：上海古籍出版社，2005年版。

《梦溪笔谈》，[宋]沈括撰，上海：上海古籍出版社，2015年版。

《资治通鉴》，[宋]司马光撰，萧放、孙玉文点注，北京：中国友谊出版公司，1996年版。

《东坡志林》，[宋]苏轼撰，青岛：青岛出版社，2010年版。

《辽史》，[元]脱脱等撰，北京：中华书局，2011年版。

《西夏书事》，[清]吴广成撰，兰州：甘肃文化出版社，1995年版。

《梦粱录》，[宋]吴自牧撰，杭州：浙江人民出版社，1980年版。

《饮流斋说瓷》，[民国]许之衡撰，济南：山东画报出版社，2010年版。

《司马光集》，[宋]司马光撰，成都：四川大学出版社，2010年版。

《雩都县志》（同治版），于都县志编纂委员会办公室，1986年版。

《宋诗纪事补遗》，[清]陆心源撰，徐旭、李建国点校，太原：山西古籍出版社，1997年版。

《大宋之变》，赵冬梅著，桂林：广西师范大学出版社，2020年版。

《历代名臣奏议》，[明]黄淮、杨士奇编，上海：上海古籍出版社，2012年版。

《临川先生文集》，[宋]王安石撰，北京：中华书局，1959年版。

《王安石传》，[清]梁启超著，海口：海南出版社，2001年版。

《中国通史》，吕思勉著，北京：中国社会科学出版社，2013年版。

《赫逊河畔谈中国历史（增补本）》，黄仁宇著，北京：九州出版社，2015年版。

《后山谈丛　高斋漫录》，[宋]陈师道、曾慥撰，王云五主编，上海：商务印书馆，1936年版。

《二程文集》，[宋]程颐、程颢撰，上海：商务印书馆，1937年版。

《剑桥中国宋代史》，（英）崔瑞德、（美）史乐民撰，北京：中国社会科学出版社，2020年版。

# 参考论文

马玉臣:《试论宋神宗时期的州县省废》,《中国历史地理论丛》,2005年10月,第20卷第4辑。

雷定美:《论苏轼的法律思想》,《中西法律传统》,2021年第2期(总第17卷)。

刘缙:《北宋华山信仰初探》,《中原文化研究》,2016年9月。

谷更有、尹子平:《宋代豪民与官吏勾结对国家的内耗性分析》,《河北师范大学学报》(哲学社会科学版),2004年7月(第27卷第4期)。

许皓婷:《从〈乞赈济浙西七州状〉看苏轼公文写作风格》,《文学教育》,2018年9月。

石妍婷:《废仓法,益圣德,济苍生——评苏轼〈论仓法札子〉》,《名作欣赏》,2019年第2期。

# 后记

"元祐"作为宋哲宗的第一个年号,被后世记住的可能只有一个总结词条——"元祐更化"。对宋史略有研究的人,也可能会联想到洛、蜀、朔三党斗争。不过,这些都是结论性的成果。元祐更化指的是以司马光、吕公著等为首的旧党,对宋神宗、王安石变法全盘否定的过程。洛、蜀、朔三党斗争,更是持续了整个元祐年间。因此,单纯认为元祐年间只发生了法令、制度更化和党争,是片面的。元祐更化和党争也不能概括整个元祐年间的历史。

事实上,元祐这个年号共持续八年时间。在这八年里,北宋朝廷内外除了废除新法和党派之争,还发生了很多事情,比如宰执之间的内斗、台谏官相互攻讦、宋夏关系,等等。

因此,为了弄清元祐年间的施政方向、人事变革、制度更新、党派争议等,我开始翻阅大量史料,以《续资治通鉴长编》《续资治通鉴》《宋史》等为基础,同时参阅一些私人笔记、奏疏,对发生于其间的大事件做了系统梳理,然后从这些事件中,找寻推动历史前进的动力。说白了就是从元祐年间宰执、台谏官、两制官、六部郎官及哲宗、高太后等人的言行举止入手,通过研究关键人物在历史中的作用,分析当时国家高层的治国方略、政治立场。其实就是将人物置于事件中,在事件中看当局者应对事件、处置事件的做法,以及由此带来的后果,进而推动历史的进程。也是这种深入分析,让我眼前不断涌现一个个鲜活的人物。我与他们对话,体会他们的喜怒哀乐,和他们融为一体。

不过,在深入研读史料之后,我还是发现了元祐时代几个独具特色的现象。

第一个是台谏官选拔、任用,并不完全遵从制度,有时候宰执也参与台谏官选拔工作。这与北宋初年制定的台谏官选拔制度完全不相符。按照制度,台谏官由侍从官等举荐,由君主直接任命。可从司马光担任宰相开始,一些与宰执有亲属、利益关系的人纷纷被安插在台谏系统。这样选出来的人,很难做到公平公正。

第二个是台谏官每次进言弹劾官员，若朝廷不允，他们就一直弹劾下去，翻旧账、扯黑幕，直至所弹劾之人被朝廷罢职为止。司马光在世的最后一年多时间里，台谏官超越职责，弹劾蔡确、章惇等人的现象，足以说明司马光默认这种弹劾，也表达了他的态度。根据史料记载，蔡确被罢职前，台谏官连续上了二十多道奏疏，指责其人奸邪，请求将其罢职。最后蔡确不得不主动辞职，朝廷也就顺势罢了他的宰执。章惇也是如此。众所周知，宋朝的言官监察官员，制约相权、君权本是职责所在。然而，元祐年间的台谏官弹劾，往往并不单纯为了国家，更多时候则是以个人或者利益集团为核心。作为摄政者的高太后有意无意间，也会纵容这些台谏官。因此，台谏官系统对官员的攻击，也与之前的性质和手段完全不一样，甚至一度出现人身攻击现象。各党派之间也由原来的政见不同，发展成你死我活的黑暗斗争。

第三个就是对外软弱。尽管边境帅臣范纯粹、范育、章楶等人不断给朝廷提出抵制西夏和熙河少数民族的策略，但朝廷都没有采纳，反而延续了司马光提出的宋夏和谈的建议。事实上，司马光在生前就主张割让西北兰州及其另外四寨给西夏，希望与西夏建立和平共处关系。当时反对的人很多，以章惇为首的新党人士认为这些堡寨是用数十万人的性命和数以千万计的钱财换来的，若无条件交给西夏，并不能让西夏臣服。但由于章惇等人被罢职，司马光的建议便成了朝廷对待西夏问题的主流意见。司马光去世之前，此建议虽未来得及实施，但在后来的争论中，还是将四寨割让给了西夏。所幸的是，兰州没有交给西夏。

然而，即便朝廷割让了四寨，但在交割及边境线划定问题上，宋夏双方的意见迟迟不能达成一致。这也导致北宋与西夏的边境线划界迟迟悬而未决。在哲宗亲政后，引发了更大规模的宋夏战争。

总之，元祐年间的历史很精彩，很多原来被忽略的人和事，在这一时代显得独具特色。尤其是那些元祐年间的弄潮儿，他们在特殊时代背景下，各自大放光芒，直接或间接参与理政，影响国家进程。读这段历史，很难对每一个历史中的人产生单一的评价，因为历史本身就是复杂的历史，身处历史中的人也都是复杂的人。最后，我得出了这样一个结论：从政治层面讲，在元祐年间，你找不到一个真正意义上的反面人物，所有人都在为自己而活着。他们是这个时代的幸运儿，也是这个时代的不幸者，更是用一双双无形的手将这个时代一步步推向不幸的始作俑者。

需要补充说明的是，本书各章每一节都以一种切入的角度（即观察视角），来描述当时朝廷的动向。有时候是单独的个体状态，比如第一章第二节的标题是"司马相公的忧郁"。有时候是一群人的行为，比如会以朝臣、台谏官等的立场为出发点。还有一种角度即局外人，就是跳出当时的历史情景，用发展的目光去看待、审视整个事件过程。当然，由于每一阶段的事件并不是单一且孤立的，因此一个简单的标题可能并不能全面概括章节中的内容，希望读者朋友勿怪。

最后，感谢在成书过程中给予我帮助的朋友们。这本书的顺利出版得益于陕西人民出版社的彭莘、王彦龙老师，从这本书的选题策划、编辑审校、装帧成书到付梓印刷，他们付出了大量心血。另须特别提及的人是苏志强先生，他是我人生的贵人，像父亲一样爱护着我，在包容我的任性、张扬外，为我的写作排除了很多阻碍因素，我才能够安心笔耕。应当说，一本书的诞生，缘于很多因素的叠加，朋友们的帮助显得弥足珍贵，再次向所有帮助过我的人致以诚挚的感谢。

2023 年 9 月 30 日